Mirk's Festial:

A Collection of Homilies

Part I

Extra Series
XCVI.

MS. Gough, Eccl. Top. 4. Bodl. fol. 78ᵇ.

MYRC'S FESTIAL.

Mirk's Festial:

A COLLECTION OF HOMILIES,

BY

JOHANNES MIRKUS (JOHN MIRK).

EDITED FROM BODL. MS. GOUGH ECCL. TOP. 4, WITH
VARIANT READINGS FROM OTHER MSS.,

BY

THEODOR ERBE, Ph.D.

RHODES SCHOLAR, MERTON COLLEGE, OXFORD.

PART I.

LONDON:
PUBLISHED FOR THE EARLY ENGLISH TEXT SOCIETY,
BY KEGAN PAUL, TRENCH, TRÜBNER & CO., Ltd.
DRYDEN HOUSE, 43 GERRARD STREET, SOHO, W.
1905.

OXFORD

HORACE HART : PRINTER TO THE UNIVERSITY

PROVISIONAL PREFACE

THIS first part contains only the text and a glossary. In the second part, with Introduction, Notes, &c., I hope to give all the necessary information concerning the MSS. and the arrangement of the text, &c. I may, therefore, here confine myself to a very few remarks.

In addition to the ordinary contraction signs the scribe of the *Gough* MS. frequently makes a stroke over or otherwise adds a stroke to the last letter of the words.

1. A thin horizontal stroke over the last letter (especially over *m* or *n*), where on the whole they cannot mean anything [1] : facsim. l. 1, *poyseñ* ; l. 2, *doñ* ; l. 4, *hym̄* ; l. 5, *passyoñ, com̄* ; l. 8, *Theñ* ; l. 17, *Ierusalem̄*.

Very rarely this stroke is found over the middle of a word, *boñdage*.

As in every line a number of these meaningless strokes occur, which would impair the legibility of the text if reproduced in print, it was thought advisable to leave them out.

2. *tt* at the end of a word regularly shows a bar through the upper part: facsim. l. 6, *schatt* ; l. 11, *att* ; l. 23, *wytt* ; l. 27, *schutt* ; l. 29, *pepull* ; l. 31, *full*. Owing to the constant use of this bar throughout the whole of the MS., I did not give it in the text.[2]

3. The same is the case with the flourish after a final *g*, which is used regularly in the MS. : facsim. l. 3, *prayng̃* ;

---

[1] These lines differ from the more rounded contraction signs for *m, n,* and *y* : facsim. l. 1, *mâ, anô* ; l. 2, *Thê* ; l. 4, *côfort* ; l. 13, *cristê mê* (some for *y*) *concepĉon* ; facsim. l. 2, *anoñ* is an exception, the scribe putting the stroke apparently under the influence of *anô* in the preceding line, where he omits the *n*.

[2] When a plural is needed, castelⱡ = castell*es*.—F.J.F.

l. 7, *blessyng, tong, long.* Also after a final *r*, although the use is not regular here: *hur͡, aftyr͡, butler͡, hedyr͡, offyr͡, watyr͡, chyldyr͡.* In either case the flourish has been ignored.

4. In the same way the usual stroke across an *h* is disregarded : facsim. l. 7, *stegħ* ; l. 22, *slogħ* ; l. 27, *sucħ.*

In MS. *Claudius A. II,* from which the appendix is taken, the various kinds of marks as mentioned above are hardly used at all with the exception of an occasional flourish after a final *r* and in a very few other cases, and their use here seems to prove that they are meant to represent a final *e*, which I consequently put in the print.

As in many late MSS. the distinction between *e* and *o* and between *t* and *c* is not clearly marked, I have ventured in some instances to put an *o* or *c*, although the letter looks rather like an *e* or *t*, and vice versa.

As regards the glossary, I have endeavoured to record one instance of each of the different spellings occurring in the text with the following exceptions. I disregard the difference in spellings which vary only (1) in having *a, e, i, o, u,* or *y* in the unaccented syllable (e. g. *after, aftyr, aftir*) ; (2) in placing or omitting a final *e* ; (3) in the use of final *d* or *t* in the pl. and pp.

In the case of the nouns the gen. sg. and plural forms, and in the case of the adjective the adverb, comparative, and superlative forms are omitted.

I have to acknowledge gratefully the help of Professor Napier in revising the text and in other ways.

CONTENTS

APPENDIX

(From MS. Claudius A. II.)

b

LIST OF MSS. USED FOR THE TEXT

G. = MS. Gough Eccl. Top. 4, Bodl.
d. = MS. Douce 60, Bodl.
D. = MS. Douce 108, Bodl.
C. = MS. Claudius A. II, Brit. Mus.
H. = MS. Harleian 2403, Brit. Mus.
L. = MS. Lansdowne 392, Brit. Mus.

FESTIAL

By IOHANNES MIRKUS

(MS. Gough Eccl. Top. 4, Bodl.)

GOD, maker of all þyng, be at our begynnyng, and ȝif vs all
his blessyng, and bryng vs all to a good endyng.   Amen.

Hic incipit liber, qui vocatur festiualis [1].

1.

ADVENT SONDAY.   4

Good men and woymen, þys day, as ȝe knowen well, ys cleped
Sonenday yn þe Aduent; þat ys, þe Sonenday of Cristys comyng.
Wherfor þys day holy chyrch makyth mencyon of two comyngys
of Crist, Godys sonne, ynto þys world, forto by mankind out 8
of þe deueles bondage, and to bryng hym and weldoers to þe
blys þat euer schall last.   And his oþer comyng, þat schall be
at þe day of dome, forto deme all wikytdoers ynto þe pyt of
hell for euermor.   But þe for[m]e comyng of Cryst ynto þys world 12
broght ioy and blysse wyth hym; þerfor holy chyrch vsyth
summe songes of melody, as Alleluja and oþer.   And for þe co-
myng of Cryst to þe dome schall be so jrus and so cruell, þat
no tong may tell, þerfor holy chirch layth downe sum songes 16
of melody as: 'Te Deum laudamus,' 'Gloria in excelsis,' and
'Weddyng.'   For aftyr þat day schall weddyng neuer be.   Þus
holy chirche layþe downe songys of melody befor, yn tokenyng
of vengans þat woll come aftyr.   20

Then of þe fyrst comyng of Cryst into þys world, þus sayth
Seynt Austyne: 'Þer ben þre þyngys þat ben ryuet yn þys
world: burth, trauell, and deþe.'   Þys ys þe testament þat
Adam, our formast fadyr, made to all his ospryng aftyr hym, þat 24
ys: forto be borne yn sekenes, forto lyuen yn trauayle, and forto
dye yn drede.   But Crist—blessyt most he be!—he come forto
be executure of þys testament: and was borne, and trauayld,
and dyet.   He was borne to bryng man out of sekenes ynto 28
euerlastyng hele; he trauaylde forto bryng man ynto euer-

[1] MS. festiuale.

1

lastyng reste; he was ded forto ‖ bryng man ynto þe lyfe þat **1 b**
neuer schall haue ende. Þys was þe cause of Crystys fyrst comyng
ynto þys world.   Wherfor he þat wyll scape þe dome þat he
4 wyll come to at þe second comyng, he most lay downe all maner
of pride and heynes of hert, and know hymselfe þat he ys not
but a wryche and slyme of erth, and soo hold mekenes yn his
hert.   He most trauayl his body yn good werkes, and gete his
8 lyfe wyth swynke, and put away all ydylnes and slewth.   For
he þat wyll not trauayle here[1] wyth men, as Seynt Barnard
sayth, he schall trauayle ay wyth þe fendes of hell.   And for
dred of deth he mot make hym redy to his God, when he woll
12 send aftyr hym, þat ys: schryuen of his synnys, and allway
kepe his concyens clene not forto abyde from lenton to lenton,
but as sone as he feleþe þat he hath synnet, anoon goo schryue
hym, and mekly take þe dome of his schryft-fadyr: þen schall
16 he haue yn þe day of dome gret remedy and worschip.   For
ryght as a knyght scheweth þe wondys þat he haþe yn batayle,
yn moche comendyng to hym; ryght so all þe synnys þat
a man hath schryuen hym of[2], and taken hys penans for, schull
20 be þer yschewet yn moch honowre to hym, and moche confucyon
to þe fende.   And þose þat haue not schryuen hom, hit schall be
schowet to all þe world yn gret confusyon and schenschyp.   Þys
ys sayde for þe fyrst commyng of Cryst ynto þys world.

24   The secunde comyng of hym to þe dome schall so cruell be,
and ferdfull, and horrybull, þat þer schal com befor xv dayes of
gret drede; so by þe drede of þes dayes þat comen befor, a man
may know aparty the horobylyte þat schall be yn þe dome, þat
28 comyth aftyr.

    The fyrst day, as Saynt Jerom sayth, þe see schall aryse
vp yn hyr styd, soo þat þe watyr schall be hear ‖ then ayny hyll, **2 a**
by xl^{ti} cubytys, stondyng styll yn her styd, as hit wer a wall.

32   The ij. day hit schall fall downe, so þat vnneþe hit schall be
yseyne.

    The iij. day þe seeswyne and þe cloppys of þe see schull

[G. = MS. Gough Eccl. Top. 4.   D. = MS. Douce 108.   d. = MS. Douce 60.
C. = MS. Claudius A. II.]

---

[1] here d. D.   herere G.
[2] hym of d. D. C.   of his synnys (his synnys *crossed out*) G.

stond on þe see and make roryng noyse so hyddous, þat no man
can tell hit but [1] God hymselfe.

The iiij. day þe see and all watyrs schull bren.

The v. day treus and herbys schull swete blode, and all 4
fowles schull come togedyr and noþer ete ne drynke for ferd of
þe dome comyng.

The vj. day all byldyngys and castelles [2] schull fall adowne to
þe grownde, and an horrybull fyre schall aryse at þe sonne goyng 8
downe, and þen aȝeyne at þe vprysyng of hym.

The·vij. day all stons and rockes schull vche all tobeton oþer
wyth a hydwes noyse, whech noyse God hymselfe schall know
and vndyrstond.   12

The viij. day þe erþe schall quake so horribuly, þat no best
schall stond on hit, but all schall fal to þe grownd.

The ix. day all hyllys and mowntaynys schull turne ynto
powdyr, and þe erþe schall be made playne and euen.   16

The x. day men schull goo out of hur dennys þer þay daret
for drede so amated for fer, þat non schall speke to oþer.

The xj. day all þe bones of þe ded men schull ryse and stond
vp on hor *graues*, and þat day all *graues* schull opyn.   20

The xij. day sterres schull fall from heue*n* and spred out of
hom brennyng lemes.

The xiij. day all men schull be redy to aryse þat hau*e* ben
ded befor.   24

The xiiij. day heuen and erþe schull bren so horrybly, þat
no man may tell hit.

2 b   The xv. day ‖ heuen and erþ schull be made newe, and all men
and woymen and childyrne schull aryse vp yn þe age of xxx[ti] 28
ȝere and come to þe dome.

Then schal Ih*es*u Crist, veray God and man [3], come to þe
dome, and al seyntys w*yth* hym, and schow all his wondys all
fresch, and newe, and bledyng, as þat day þat he deyet on þe 32
crosse. And þer þe crosse schall be schewet all blody, and all
oþer ynstrumentys of his passyon. Then sory may þay be þat
haue ben wont to swer by his hert, by sydes, by blod and bones
of hym; þat schall be to hym a hygh fure and a hygh confusyon, 36
but þay wer sory þerof befor.

---

[1] but *d. D.*   so *G.*   [2] castelles *d. D.*   castell *G.*   [3] man *d. D.*   man and *G.*

Then schall Cryst heghly þonke hom, and prayse hom þat han
don mercy to hor euen-cristyn, and schall say þus to hom : 'My
fadyrs blessyd chyldyrne comeþe ynto þe joy þat euer schall last.
4 For when I was hongry, ȝe fedden me ; when I was thursty, ȝe
gaf me dryngke; when I was naket, ȝe cloþet me ; when I was
herberles, ȝe herbert me ; when I was seke, ȝe vyset me, ȝevyng
me þat þat was nedfull to me; when I was yn pryson, ȝe come to
8 me and confortet me.   ¹ For when ȝe dyddyn þus for my loue, ȝe
dydden hyt to me and as moche þonke I kan you for þat ȝe
dydden to þe lest of myn, as ȝe hadden don hit to myn owne
selfe ; wherfor goo ȝe now ynto þat ioye þat euer schall last¹.'
12   Then schall he horrubly rebuken ryche men þat han don no
mercy, and say to hom spytwysly þus : ' Goo ȝe curset lystes
ynto þe payne of helle, for ȝe hadden ynogh wherof to haue fed
me and my seruantys, and ȝeue me dryngke, ycloþet me, and
16 herbert me, and holpen me yn my sekenes, and vyset me yn my
dyses, and ȝe wold not, but louet your good and not me.   Wherfor
goo ȝe now ynto þe fyre of helle þat ys ordeynt to þe fendys
of hell wythout any mercy ; for ȝe wold do no mercy, and þerfor ȝe
20 schull haue no mercy.'
Then woo schall be to hom þat schall here þys rebuke yn þat
day ; þer schall ² no pleder helpe, ne gold, ne syluyr, ne othyr ‖
yftes ; but as a man hath don, he schall haue.   He schall haue 3 a
24 accusars aboue hym, wythyn hym, on aythyr syde hym, and vndyr
hym, þat he schall no way scape.   Aboue hym schall be Crist his
domes-man so wroþe, þat no tong con tell, for he dyt no mercy ;
wythyn hym his on concyens accusyng hym of þe lest þoght þat
28 euer he dyd amys; hys angyll on þat on syde tellyng hym redely
wher and how oft he haþe don amys ; on þat oþer syde fendes
chalenchyng hym horres as by ryght; vndyr hym helle ȝeonyng,
and galpyng, and spyttyng fyre and stench redy forto swolon hym
32 ynto þe payne þat neuer schall haue ende.
Thys, good men, ȝe schull know well þat yn þe day of dome
pore men schull be domes-men wyth Cryst, and dome þe ryche.
For all þe woo þat pore men hauen, hit ys by þe ryche men ;

---

¹ For . . . last.] And as moche thonke I coude you for that *y*e didde to þe lest
of myn, as ye hadde done hit for me. *d. D.*
² schall *C. d. D.*   schall be *G.*

and þogh þay haue moche wrong, þay may not gete amendes,
tyll þay come to þat dome; and þer þay schall haue all hor one
lust of hom.   For when þay haue wrong, and mow gete non
amendys, þen þay pray ful hertely to God forto qwyt hom yn 4
þe day of dome; and woll he truly.   For þus he sayth by his
profyt: 'Kepytt your veniauns to me, and I wyll qwyt you.'
Wherfor, syrs, for Goddys loue, whyll ȝe byn here, makyth
amendes for your mys-dedys, and makyþe hom your frendes 8
þat schall be our domes-men, and tryst ȝe not to hom þat schall
com aftyr you, lest ȝe ben deseyuet, and dredyth þe payne of hell
þat schall last wythouten any ende.

Seynt Bede telleþe þat þer was a husbond-man here yn Englond 12
þat fell seke, and lay as for ded from þe euentyde tyll þe morow.
Þen aros he, and departed his godys yn þre partyes, and his partye
he gaf to pore men, and ȝede and was made a monke yn an abbay
þat stod by a watyr syde.   Ynto þe whech watyr ych nyght he ȝede 16
yn, wer hyt neuer soo coold forste, and stod ther long tyme of þe
nyght.   And when he was asket, why he put hymselfe ynto so
moche penaunce, he vnswered: 'Forto eschoyn þe more payne
þat I haue seyn,' and ete barly-bred, and dranke watyr all his 20
lyfe aftyr.   And he wold tell to relygyous men þe payne þat he
3 b segh, þat was soo gret, ‖ þat he cowthe not tel hit openly.   He
sayde þat an angyll lad hym ynto a place þat on þe toon syde
was suche a colde, that no tong myght tell þe payne þerof; and 24
on þat oþer syde was suche a hete, þat no man myght tell þe
payne þerof, ny of þe hete : and sowles wern cast out of þat won
into þe toþer.   And so þat angyll schewet hym þe fyre þat come
out at þe mowþe, þat was þe fyre of hell; þat was so hote, þat als 28
ferre as he myght seen hit, hym þoght he brennet for hete.   And
yn þe lees þerof he segh sowles bulmyng vp and don, cryyng
horrybuly, and a noyse of fendes cryyng: 'Sle, sle, sle, sle, sle,
sle, opon þe broche, rost hote, cast ynto þe cawdren, sethe fast 32
yn pyche, and cood, and brymston, and hot leed!' Þus þay þat
ben dampnet to hell, þay styntyn neuer to cry and ȝelle : 'Woo
ys hym þat þedyr schall goo.' God hymselfe scheld vs þerfro,
and bryng vs to þe blys he boght vs to. Amen.   36

2.

DE FESTO SANCTI ANDREE
ET EIUS SOLEMPNITATE SERMO BREUIS.

Good men and weymen, such a day ȝe schull haue Seynt
4 Andrawys daye, and fast þe euen.   Þe whech dey ȝe schull come
to þe chyrch to serue God, and forto worschip the holy apostoll
for þe speciall uertues þat he hade: an for his hygh holynes of
lyvyng, anoþer for gret myracles doyng, the thrid for gret pas-
8 syon suffryng.   He was a man of holy lyuing ; for when he herd
þat Seynt Ion Baptyst prechet yn deserte, he laf[t] al his worldes
occupacyon, and ȝede to hym, and was his descypull.   Then
befell hit apon a day Crist come walkyng, and when Seynt Ion
12 segh hym walkyng, he sayde þys to his dyscypull : ' Lo, ȝonde
ys Godys lombe þat schall do away þe syn of þe world.'   And
when Seynt Andrew herd þat, anon he laft Ion and suet Cryst.
And when he herd Crist preche, hym lyket soo well þat he fatte
16 Seynt Petyr, his broþer, to Crist forto here his prechyng.   And
þen þay boþe casten such a loue to Cryst, þat on a day sone
aftyr, as[1] þay wer yn þe see of Galyle fyschyng, Cryst come by
hom, and callet hom.   Þen þay boþe anon laften hor schippe,
20 and hor nettys, and all þat þay hadden, and sewet Crist forþe ay,
tyll he stegh ynto Heuen.   And when he was gon ynto Heuen, ||
Andraw prechet Goddys worde to þe pepull.   **4 a**

Among þe wheche was on, callad Nicol, þat lyvet lx[ti] wyntyr and
24 more yn lechery.   But by grace of God he þoght to amende his lyfe,
and let wryte a gospell on a boke, and had þat wyth hym yn hopyng
þat þe vertu of Cryst schull put away his temptacyon.   And soo,
by þe vertu of Goddys worde, he abstaynet hym of his synne a
28 while ; but ȝet by entysyng of þe fend, on a day, he forȝet hymselfe,
and ȝede to þe bordell-hous, as he was wont to do.   And when he
come þedyr, þe womon criet vpon hym, and sayde : ' Vnsley old
man, goo heþen ! for I se apon þe mony meruayles.'   Þen þys
32 Nycol byþoght hym þat he hade Goddys gospell on hym.   And
anon he ȝede to Seynt Andraw, and told hym þys caas, and
prayde hym forto pray for hym to God þat his sole wer not
forlorne.   Then Seynt Andraw sayde þat he wold neuer ete ne

---

[1] as *C.*   om. *G. d. D.*

dryng, tyll he wyst wheþer he schuld be saued or noo. Þen he
fast fyf dayees prayng and bysechyng for hym. Þen, at þe fyuet
dayes ende, þer come a voyce to hym, and sayde: 'As þou fastes
and prayes to God, make Nycol forto don; and þen he schall 4
be sauet.' Þen callet he þis Nicol to hym, and bade hym fast
fourty dayes bred and watyr, and pray bysily to God; and soo
he dyd. And when þe fourty dayes wer done[1], sone aftyr þys
Nicol deyd. Þen[2] come þer a voyce to Andraw, and sayde: 'By 8
þy prayer I haue wonen Nicoll þat was lost.'

Narracio.

Also a ȝong man com to Seynt Andraw, and preuely sayde to
hym: 'Syr, my modyr haþe besoght me forto lye by hure; but 12
for I wold not, hoo hath accuset me to þe justyce. Wherfor
well I wot y schall be ded. And ȝet I haue leuer take þe deth
þen sclaundyr my modyr soo fowle. Wherfor, syr, for Godys
loue pray for me þat I may take my deth mekely.' Þen sayde 16
Saynt Andraw: 'Sonne, goo forth to þy dome, and I wyll goo
4 b wyth þe.' Þen anon comme men, and ‖ fatten hym to þe[3] justyce.
And his modyr accusyt hym styfly to þe justice; and he held his
tong, and sayd naght. Then spake Seynt Andraw and sayde to 20
hys[4] modyr: 'Þou wyket woman, þat for lust of þi lechery art
aboute to do þi sonne to deth; veniaunce wol fall apon the!'
Þen seyd ho to þe justyce: 'Syr, syþen my sonne wold haue done
þys orybull dede, and myght not spede, he has drawen to þys man 24
for socowr.' Þen þe justyce commaundet to put þe sonne yn a
fet, and cast hym yn a watyr forto drowne hym, and Andraw
ynto prison, tyll he wer aviset on what deþe he schuld sle hym.
Then Saynt Andraw pra[y]de bysyly to God for help. Þen anon 28
com a hydewes þondyr þat made all hom aferde, þat þay wern
all fayne to fach Andraw out of pryson. And þerwyth com
a bolt of layte, and brant þe modyr to côlys yn syght of all men.
And þus he sauet þe man fro þe deth, and turnet þe justyce and 32
all þe pepull to þe faythe of Crist. Herby ȝe may vndyrstond
þat he was a man of holy lyvyng.

He was also gret yn myracles doyng. For on a day, as he
walket on þe see-warth, he segh a drownet man cast vp on þe 36

---

[1] done *C. d. D.* comen *G.* [2] þen *d. D.* þer *G.* [3] þe *d. D.* om. *G.*
[4] hys *inserted above the line in red ink G.*

watyr. Þen he prayde to God to reysen hym to lyue. Þen anon
þys body ros to lyue. And when he was raysed to lyue, Seynt
Andraw askyt hym how he was drownet. Þen he vnsward and
4 sayd þus : ' We wer fourty ȝeong men ynfere, and herden of a holy
man þat was yn þys contre, and wolden haue [1] gon to hym to
haue herd his prechyng. But when we wern yn þe see, a tempest
comme on vs, and drownet all ynfere. But wold God þat we haden
8 ben cast vp all ynfere, þat we myghten haue ben rayset all
togedyr ! ' Then, at þe prayer of Seynt Andraw, all þe bodyes
wern cast to lond on dyuerse partyes. Then Seynt Andraw
made to gedyr hom togedyr, and knelet adon, and prayde longe
12 for hom, tyll þay werne rayset all. Then Seynt Andraw prechet
hom þe fayth of Cryst, and ‖ folowed hom all; and when þay werne 5 a
stedfast yn þe fayþe, he send hom to hor contray aȝeayne wyth
moche ioye and myrþe.

16   Mony oþer myracles he dyd þat wer to long to tell; but hereby
ȝe may know þat he was myghty yn makyng of myracles, þat
þus rayset fourty drowned bodyes infere.

He sufferd also gret passyon for Cristis loue. For when he
20 was yn þe cite of Patras, he turnet to þe fayth a wyf of þe
iustyce, þat was called Egeas : he made men to do [2] mawmetry,
þat ys, to offerne to fendys. But for Saynt Andraw repreuet
hym þerof, anon he made to take hym, and constrayne hym forto
24 haue done þe same. But for he stedfastly aȝeynstode hym,
preuyng by mony resons þat he and all oþer men schullden
worschyp God of Heuen, and not þe fende of hell. Then Egeas
wax wod wroth, and made men to do Andraw naket, and bete
28 hym wyth scorgys, þat all his body ran on blod. And aftyr he
commaundet to bynd hym hond and fote to a cros, þat he schuld
payne þer long, or he deyet. But when Seynt Andraw come
to þe place þer þe cros was made redy, he knelyd adowne, and
32 sayd : ' Hayl be þe cros þat my maystyr Ihesu Crist deyd on.
I worschippe þe wyth all my hert, and desyre forto clyp þe.
Wherfor now take me to þe, and ȝeld me to my maystyr þat
deyd apon þe.' Þen he stode vp, and dyd of his cloþys, and ȝaf [3]
36 hom [4] to þe tormentowrs, and bade hom do, as Egeas commawndyd

---

[1] haue *d. D. om. G.*   [2] men to do] also men forto vndo *d.* men forto vndo *D.*
     [3] ȝaf *d. D.* af *G.*   [4] hom] hem *d. D. om. G.*

hom. Then þay bonden hym to þe crosse, hond and fote, so
hard and strayte, þat þe blod wrast apon yche a knot. Þus he
hongyt on þe crosse twoo dayes alyue, *prechyng* allway þe pepull,
so þat þer come to his *prechyng* mony a þowsand of folke. 4
And for þe rewþe þay hadden of hym, þay beden Egeas do hym
downe of þe crosse, or ellys þay wold sle hym. Þen, for fer of
þe pepull, he come forto haue taken hym downe. But þen
Andraw aȝeynestode and sayde : 'Egeas wyt þou well þat þou 8
schalt haue no myght forto take me downe ; for her I woll deye ||
5 b on þe crosse.' Then þer come a gret lyght, so þat þer myght
no man se hym half[1] a*n* oure, and yn þat lyght he af vp[2] þe gost.
Þus, when Egeas segh þat he was ded, he ȝeode homward. Þen 12
aftyr þe way he waxet wod, and sone aftyr, among all men, he
stervet yn þe way. And Maximilla, his wyfe, herd þerof.
Anon scho mad take Seynt Andraws body downe, and bury hit yn
a tombe. Out of þe whech tombe ma*n*na and oyle walleþ out 16
yfere, so þat men of þat co*n*tre mowu*n* know, when þay schull
haue derþe, and when gret chep. For when hit schall be dere,
hit walleth scarce ; and when hit schall be gret schep, hit
walleþe plentwysly ynogh. 20

Narracio.

Aftyrward hit fell þat þer was a byschoppe þat[3] louet well
Saynt Andrew, so þat all þyng þat he dyd, he *com*mendyd hit to
Saynt Andrew. Then, for þe deuell myȝt not putt hym out of 24
purpos, he come to þis byschoppe yn þe lickenes of a fayre
woman, *pr*ayng þat ho most speke wyth hym yn schryft ; and he
graunted. Þen scho began to speke þus : 'Syr,' ho sayde,
'I am a kynges doght*yr* and haue ben cheresly ynorysched ; but 28
for I se þe well of þys world nys but a floure, I haue avowet
chastite. And when my fadyr wold haue mariet me to a gret
pr*i*nce, for I wold not breke my vow, pryuely yn a nyght,
I stale forþe yn pore wede. And when I hert of your gret 32
holynes, I drewe to you to[4] haue your helpe, and *c*onsayle, and
sokur. Wherfor, syr, I pray you þat ȝe ordeyne so for me, þat
I may be holpen, þat þe fende let me not of my purpos.' Then
þe byschoppe confortet hur, and bade ho[5] schuld haue trust yn 36

---

[1] half *d. D.* salf *G.*   [2] vp *d. D. om. G.*   [3] þat *d. D.* and *G.*
[4] you to *d. D. om. G.*   [5] ho] she *d. D.* hur *G.*

God ; for ho þat had sette soo gret a purpos yn hir hert, he [1] wold
ȝif hur grace w*yth*. ' But, þis day, ȝe schull ete wyth me ; and
aftyr mete, we schull be good cownseyle soo ordeyne for you, þat
4 ȝe schull be holpen.' ' Nay, syr, not so, lest men wold haue
suspessyon of euell.' ' Þerof no charch,' quod þe byschop. || For **6 a**
we schull be so fele yn company þat þer schall be no suspessyon
of mys. Þen ho gentyllych þonket hym, and was sette yn a
8 chayre befor hym at mete. But euer when þe byschoppe loket
on hur, hym þoght hur soo fayre þat he was soo temptyd apon
hur, þat he had negh forȝeetyn hymselfe. Then anon þer come
a pylgrym to þe ȝeate, and put open þe ȝeate so haid, þat all
12 þat weren yn þe halle, werne astonyet. Then sayde þe byschoppe :
' D[a]me, schall þys man com yn or no ? ' ' Syr,' sayde ho, ' fyrst
let hym vnswar to a questyon, and þen lette hym yn.' ' Dame,'
sayde þe byschop, ' make ȝe þys questyon, for we byn vnavyset
16 as now.' Then sayde ho : ' Let aske hym : what ys þe grettest
merueyll þat eu*er* God made yn a fote of erthe ? ' Then when þe
pylgrym was asket þus, he vnswerd and sayde : ' A manys face ;
for þat ys eiþe, and but a manys one fote. For þogh all þe men
20 and wymen, þat euer wer borne, stonden yfere, I schuld know on
by anoþer by su*mm*e degre.' Then when he had made þys vnswar,
he was gretly commendet for his wyse vnswar. Then sayde ho :
' I se þat he ys wyse. Byd hym make anoþ*er* vnswar ; aske hym
24 wheþ*er* þat erþe ys herre þen Heuen ? ' Then when þe pylgrym
was asket þis, þen he sayde : ' Þeras Cryst ys bodylyche. For
Crystys body ys of oure kynd, and oure kynd ys erþe. Wherfor,
þeras Crystys body ys, þer is Crystys body herre þen Heuen ; for
28 Crist ys herre þen any Heuen.' Then when he had made þis
vnswer, he was alowet and beden come yn. Then sayde ho :
' Let him asoyle þe thryd questyon, and þen let hym com yn.
Late aske hym, how ferre hit ys from Heuen to helle ? ' Then
32 when he was aposet of þis, he vnswerd and sayd to þe messagere :
' Goo aȝeyne,' sayde he to þe messager, ' and byd hur þat
syttyþe yn þe chayre byfor þe byschoppe make þis vnswar ; for
ho con bettyr þen I. Ho ys a fende, and haþe mette hit [2] ;
36 and so dyd I neuer. Ho fell downe, wyth Lucyfer, from Heuen

---

[1] he *d. D.* ȝe *G.*   [2] hit *d. D.* hytte hit *G.*

to helle: echo syttyþe þer forto tempte þe byschoppe, and ‖
6 b make hym les his sowle.' Þen when þe messager herd þys, he
was all hevy; but he made þys v[n]swar þat all myghten here.
Þen anon þys fend vanechet away wyth an horrybull stenche. 4
Þen þe byschoppe byþoght hym of þys temptacyon, and was sory
yn his hert, and made send aftyr þis pylgrym. But by þat þe
messager come to þe ȝeate, þe pylgrym was goon, and myȝt not
be fonde. Then þe byschoppe made all men forto pray to God 8
forto send hom wyttyng, what þys pylgrym was þat soo godly
halpe hym yn his nede. Þen come þer a voyce and seyde hit
was Seynt Andrew, þat come forto socour hym for þe good lyfe
and serues þat he dyd to hym. And bade hym eft be war yn 12
tyme comyng, and preche þat to þe pepull yn help of hom.

Now ȝe schull knele adowne, and make your[1] prayer to þis
holy apostoll, Seynt Andrew, þat he be your mediator bytwyx
God and you, prayng hym to ȝyue you grace suche a lyfe to lede 16
here, þat hit be plesyng to hymselfe, and to our lady, and to all
þe company of Heuen. Amen. And also ȝe schull pray for þe
state of all holy chyrch, and for þe pope[2] of Rome and all his
cardenalles, *et* cetera. 20

3.

De Festo Sancti Nicholai
et Eius Solempnitate Sermo Breuis.

Goode men and woymen, such a day ys Saynt Nycholas-daye.
Þe wheche nome ys vndyrstonden þe praysyng of þe pepull; for 24
among all corseyntys of Heuen, Seynt Nycholas ys heghly
yprayset of þe pepull, and also yn holy chyrch specyaly for þre
vertues: for his meke lyuyng, for his heuenly chesyng, and for
his gret compassyon hauyng. He was meke of lyuyng; for as 28
we reden, he had a fadyr þat was callet Epyphanyus, and a
modyr þat was heton Iocn. Þe wheche yn hor ȝouþe geton
Saynt Nycholas. And when he was borne, þay auoued[3] chastyte,
and delet no mor togedyr, but hulden hom payet of þe chyld. 32
Þen þay maden forto cristen hym, and callet hym Nychol
þat ys a manys name; but Nicholas, þat ys a chyldys name, so

---

[1] your] you *G. not in d. D.* [2] pope *scratched out G.*
[3] auoued *d. D.* wolden *G.*

þat, ‖ all his lyfe-dayes, he huld þat name of a chyld, and þe **7 a** vertues w*yth* þat ben mekenes, and sympulnes, and w*yth*out maleys. Also when he was yn cradull, he fast Wennysday and 4 Fryday; þe wheche dayes he nold sowke but ones yn þe day, and soo hold hym apayde. And for he huld forþe þes vertues all his lyfe-days wyth his chyldes name, ȝet childyr dydden hym worschyp spesyaly byfor any oþ*er* seynt. Þus all his lyfe-dayes, 8 he lyued so mekly, and so symply, and soo w*yth*out maleys, þat all þe pepull hym louet and p*r*aysyd for his meke leuyng.

He was choson by a voyce, þat com from Heuen, forto be byschoppe of þe syte of Myrre. For when þe byschoppe of þat 12 cyte was ded, þe byschopp*ys* of þe contrey comen togedyr forto chese anoþ*er* byschoppe. Þen com þ*er* a voyce to on of hom þat was chef of hom, and bade him[1] goo erly yn þe morow to þe chyrche-durre and make hym byschoppe þat he fond þer, 'and he ys 16 callet Nycholas.' Thus on þe morow þe byschoppe was erly vp, and ȝede to þe chyrche-dyr, and fonde þer Nycholas, and sayde to hym: 'What ys þi name?' Þan he, as he was full meke, vnswerd: 'Syr,' he sayde, lowtyng downe wyth hys hed, 20 'Nycholas, seruant to your holynes.' Þen sayde he: 'Comme, my sonne, w*yth* me; I haue forto speke w*yth* þe yn pryuety.' And ladde hym to þes oþ*er* byschopp*ys* and seyde: 'Lo, syrres, here he ys þat God haþe schowet vs before!' and sakeret hym 24 byschoppe. Þus was he made byschoppe by heuenly chesyng.

He had also gret compassyon to all þat werne yn woo. For when his fadyr and his mod*yr* boþe werne dede, þay laftyn hym wordely good inogh, þe wheche he spende apon hom þat weren 28 nedy. Then fell hit soo þat þ*er* was a ryche man, þat had þre doghtren, fayre woymen and ȝong; but by myschet, he was fallen yn suche poue*r*te, þat for gret nede he ordeynet his doghtren forto becomyn woymen, and so to gete hor lyuyng 32 and his, boþe. But when Nicholas herd þerof, he had gret compassyon of hem; and on a nyght, p*r*iuely at a wyndow, he‖ cast ynto þe mann*ys* chambur a gret some of gold yn a bagge. **7 b** Þen yn þe mornyng, when þ*ys* mon fou*n*[d] þ*ys* gold, he was soo 36 glad, þat no man cowþe tell; and wyth þis gold anon he mariet

---

[1] him *d. D.* hom *G.*

his eldyst doghtyr. Then, yn anoþir nyght, Seynt Nycolas kest yn anoþir somme of gold ynto þe mannys chambur, as he dede er befor; and soo þe thryd tyme, tyll þay were all yweded. But þe thryt tyme, when þys man herd þe gold fall dowen, anon he 4 ȝede out, and ouertoke Nycholas, and knew þat hyt was he þat so holpe hym yn his nede. But Nycholas charched hym forto kepe hit cownsell, whyles he lyuet.

Also anoþir tyme, men weren yn þe see yn despeyre of hor 8 lyues, cryyng to Seynt Nycholas for helpe. Þen anon he com to hom, goyng on þe watyr, and sayd to hom : 'Loo, I am here redy at your callyng,' and holpe hom soo, þat þay comen sonde to hauen.

Also þat tyme was suche a derth and hongyr yn þat contrey, 12 þat all negh spylleden for defawte. Þan hit happude so, þat þer comen schyppys of þe Emperour, freght wyth whete, ynto þe hauen. Then went Seynt Nycholas to hom, prayng hom to grawnte hym of yche skynnys corn yn þe schyppe a hundered 16 boschelles, and of whete, for to releue þe pepull wyth; and he wold vndyrtake þat þay schuld want ryght noght of hor mette, when þay comen home; and so he had his askyng. And when þys schyppe-men comen home, þay had all hor mette, and wonted 20 ryght noght. And hit þat Saynt Nycholas hadde by hys holy prayer, hit was of suche fuson and plent[e], þat hit fond all þe pepull to ete and to sowe þe ȝerthe aftyr.

Thre knyghtes also weren enpeched to þe Emperour of traytere 24 by fals suggestyon, and wer commawndet to pryson forto haue ben slayne þat nyght. But for þes knyghtys wepyng and cryyng to Seynt Nycholas, then he come þat nyght to þe Emperour, as he lay yn 8 a hys bedde, and sayde þus to ‖ hym : 'Why hast þou soo wrongfully 28 ydampned þes knyghtes to deth ? Ryse vp anon, and make forto delyuer hom, or elles I pray God þat he rayse a batayle aȝeynys þe yn þe whech þou schalt be ded, and bestys schull ete þe.' Then sayde þe Emperour : 'Who art þou þat spekys so boldly to me ?' 32 'I am,' he sayde, 'Nycholas, þe byschoppe of Mirre.' Then was þe Emperour soo aferd, þat anon he send aftyr þe knyghtys to hym, and sayd þus : 'What wychecraft con ȝe, þat ȝe haue trowblet me al þys nyght; know ȝe a man þat hatte Nycholas, þe 36 byschoppe of Myrre ?' Þen when þay herd his name, þay fellen to þe grownde on knees, and helden vp hor hondes, thonkyng

Seynt Nycholas. And whan[1] þay haden told þe Emperour of
his lyfe, he bade hom goo to hym, and þonke hym hor lyfe, and
pray hym heghly þat he schuld þrete hym no more so : but pray
4 to hym þat he pray to God for me and for my reme. And so
þay dydden. Þus ȝe mvn se þat he hadde gret compassyon of
all þat weron yn doses.

And þan aftyr, when he wyste[2] þat he schuld dye, he prayde to
8 God forto send hym an angyll and fache hys soule. And when he
segh þe angell comyng, he lowtet downe wyth hys hed and sayde :
'In man*us* tuas, Dom*ine*, commend*o* sp*iritu*m meu*m*,' and soo ȝelde
vp þe gost. And when he was buryet, at þe hed of þe tombe
12 sprong a well of oyle þat dyd medysyn to all seke. Þen fell hit so
þat, mony ȝere aftyr, Turkes stryeden þe cyte of Myrre þer Saynt
Nycholas lay. And when men of þe cyte of Barus herden
þat, seuen and fourty knyght*ys* wit'ı[3] hor helpes, ordeynet hom
16 schyppes, and ȝeodyn þedyr. And when þay comen þedyr, by tellyng
of four monkes þat werne lafte þer, þay knew hys tombe; and[4]
anon þay vndedyn hit, and fonden his bones swymmyng yn oyle.
And þen þay token hom vp, and broghton hom ynto þe cyte of
20 Barus wyth mekyll joye and murþe.

Then aftyr, for gret myrackles þat wern ‖ ywroght þer, hit fell **8 b**
þat a Jew lett make an ymage of Saynt Nycholas, and set hyt yn
his schop among his good, and bade hym kepe well his good,
24 whyll he wer from home, othyr ellys he schuld der abye hit; and
soo went his waye. So, when he was gon, comen theues and
stelen his good, and beren hit away. Soo when þys Jew was com-
men home and fonde hys good ystolne, he was wod wroth wyt
28 Saynt Nycholas, and toke and schowrget and bete þus image of
Saynt Nycholas, as hyt had ben Seynt Nycholas hymselfe, and
þus spake to hym: 'I toke þe my good to kepe, Nycholas, for
gret tryst I had yn þe; and now þow hast þus fowle *ser*uet me.
32 Þow schall bye hyt ych day, tyll I haue my good aȝeyne.' Than, as
þes þefes weren yfere to depart þis stolen goode, come Seynt
Nycholas to hom and sayde: 'How ȝe haue made me betyn for
þis good ?' and schowet hom hys sydys all blody. 'Goth,' sayde

---

[1] whan *D.* *om. G.* *not in d.*
[2] when he wyste *C.* *om. G. D.* *not in d.*   [3] with *D.* wer *G.* *not in d.*
[4] and *D.* and anon hys tombe and *G.* *not in d.*

he, ' and beryth þis good aȝeyne, othyr elles vengeans schall falle
apon you, and ȝe schull be hongyd ych on.' Then sayde þay to
hym : ' Who art þou þat þretyst vs þis ? ' Þen sayde he : ' I am
Nycholas, Goddys seruant, þat þe Jew betoke his good to kepe.' 4
Þen wer þay sory aferd þat anon, þat same nyght, þay beren
aȝeyne all þys good. Then, on þe morow, when þe Jew segh his
good brogh[t] holy aȝeyne, anon he toke fologht, and was aftyr
a trew crysten man, and hadde þe blysse of Heuen. To þe whech 8
blysse, þrogh þe prayer of Seynt Nycholas, God bryng vs to.

4.

DE CONCEPCIONE BEATE MARIE ET [EIUS]
FESTIUITATE.

Alsoo, good men and woymen, suche a day ȝe schull haue our Lady-
day þat ys callet þe Concepcyon. Of þe wheche day holy chyrch 12
maketh mencyon of þe concepcyon of hyr for þre specyall poyntes :
for hor fadyr holynes, for hor modyr goodnes, and for hyr owne
9 a choson mekenes. Scho had a fadyr þat was callet || Iohachym, þat
was of such holynes þat, when he was fyften ȝere old, he departyd 16
his good yn þre partyes : on to wydows and to fadyrles chyldyrn ;
anoþyr to þo þat wern pore and nedfull, and seruet God nyght
and day yn þe tempull ; the thryd he kepyd to his howswold.
And when he was xxti ȝere old, for þe gret godenesse þat he herd 20
and knew by Saynt Anne, he weddyd hur, and werne yfere xxti
ȝere. Þe wheche tyme, Anne neuer dysplesyd hym, by nyght
nor be day, for þe gret godenes þat was wythyn hur. But þaȝ
þay wer boþe good and holy, God gaue hom no fruyth of hor 24
body ; but wern barayne boþe. Therfor þay maden a vow to
God, bothe, yf he wold ȝif hom a chyld, þay wold offyr hit vp
ynto þe tempull þat schulld serue hit day and nyght. Then as
Iohachym, on a day, wyth hys neghtboures ȝede to þe tempull, for- 28
to bryng his offryng to þe byschop of þat contrey, þat heght
Isakar, and he rebuket hym openly, and þus to hym sayde :
' Iohachym,' quod he, ' hyt fallyth not to þe þat art barayne, for-
to offyr yn company wyth þes þat God hath ȝeuen fruyte yn 32
Israell.' Then was Iohachym sore aschamet of his rebuke, þat
he went home wepyng, and preuely toke his schepherdus wyth
his schepe, and ȝede forth yn ferre contrey among hylles, and

purposet hym forto haue lyuet þer all his lyfe-dayes, and neuer
efte haue sene Anne, his wyfe.   Then was Anne sory, and prayde
to God and sayde þus : ' Lord,' scho sayde, ' þat me ys woo, for I
4 am barayne, and may haue no chyldren ; and now more, for my
husbond ys gon, and I not whethyr.   Lord, haue mercy on me ! '
Then, as scho prayde this, an angyll com to hur, and comforted
hur, and sayde : ' Anne, be of good chere, þou schalt haue a chyld
8 suche þat neuer noon had lyke, ný neuer schall be byfore nor
aftyr.'   Then was Anne aferde of þys angeles worde and of þe
syght of hym, and lay all day yn hur prayers, as ‖ scho had ben **9 b**
ded.   Then went þis same angell to Iohachym, and sayde to hym
12 þe same wordes, and bade hym take a lombe, and offyr hit to God
yn sacryfyce.   And soo he dyd.   And when he had ydone, fro
mydday to euensong tyme he lay apon þe erthe yn his prayers,
þonkyng God wyth all hys hert and all hys myght.   Then, on þe
16 morow, as þe angell bade, he ȝede homward on soft pace wyth hys
schepe.   And when he come negh home, þe angell come to Anne,
and bade hyr goo to þe ȝeate þat was called þe gylden ȝeate, and
abyde hor husbond þer.   Þen was scho glad and fayne, and toke
20 hor maydens wyth hor, and ȝede thedyr, and met þer wyth Ioha-
chym, hor husbond, and sayde : ' Now, Lord, I thonke þe heghly,
for I was wedow, and now I am noon ; I was barayne, and now
I schall haue a chyld ; I was yn mornyng and woo, and now
24 I schall be yn joy and lykyng, and conseyue our lady.   And
when scho was borne, scho called hor Mary as þe angell bade
before.   Then aftyr, when scho was wened, þay broght hur to þe
tempull, and laften hyr among oþer maydens to serue God day
28 and nyght.   Then was scho so meke yn all hor doyngys, þat all
othyr vyrgenes called hor qwene of maydens, so þat scho was and
ys ȝet þe mekest seynt yn Heuen, and most redy ys ay to helpe
all þo þat callyth to hyr yn nede.

Narracio.

32
I rede ther was a lord þat hade a peny-reue, þe wheche hade
gederet hys lordes rent, and ȝede to bere hyt to hym.   Þen wer
þer þefes set for hym yn a wod þat he most nede goo þrogh.   But
36 when he come ynto þe wode, he beþoght hym þat he had not sayde
oure lady [1] sawter þat he was wont to saye ych day.   Þen anon
___
[1] lady *C. H.*   om *G.*   not in *d. D.*

he kneled adowne, and bygan forto say. Then anon com oure
lady lyke a fayre mayden, and set a garlond on his hedde ; and at
yche 'Aue,' scho set a rose yn þe garlond þat schon as bryght as
a sterre. So by þat he had jsayde, þe garlond was made; hyt || 4
10 a was so bryght, þat all þe wode schon þerof. Thus when he had
ydone, he kysset þe erþe, and went his way. Þen wer þes þefes
redy, and broght hym to hor mayster þat hade seyn all þys
doyng. Þen sayde þe þef to hym : 'I wot þou art suche a 8
lordys seruant, and haues hys mone wyth þe. But tell me what
woman was þat, that set þis garland apon þi hed ?' 'For sothe,
I segh no woman, nor haue no garlond þat I knew. But for
I hade forȝeton forto say our lady sawter and was adred of 12
you, I kneled adown and seyde hit, prayng to hir to helpe me at
my nede.' Then sayde þe þef : 'For hor loue, now go þi way,
and pray hor for vs.' And soo he ȝede sonde and saf hys way by
socour of our lady. 16

But now schull ȝe here how þys fest was fyrst fonden. Þer
was yn Englond a kyng, was cleput Wylliam þe Conquerour
þat send þe abbot of Ramsey to þe kyng of Denmarke on
message. But when he was yn þe see, þer com a derkenesse to 20
hym and such tempest wyth þat, þat he and all þat wern wyth
hym, went to haue be yspyld anon ryght. Then yche man
prayde bysyly on his ende to dyuerse sayntys of Heuen, to haue
helpe and socour yn þat gret nede. Þen as þys abbot prayde 24
deuoutly to God, þer come a fayre man to hym and sayde þus :
'Woldyst þou halow þe concepcyon of oure lady, þat ys þe secunde
daye aftyr Saynt Nycholas-day, he woll socowr þe and þi men now
yn þys nede.' 'Syr,' sayde he, 'wyth a hertly wyll, soo þat þou 28
telle, what schall þat serues ben.' Þen sayde he : 'Þe same, worde
for worde, þat ys yn hor natyuyte, saue turne þe natyvyte yn-
to þe concepcyon.' 'Ful gladly,' sayde he, 'schall þys be don.'
And anon sesut þe tempest, and clere wedyr com aȝeyne. And 32
he dyd his mesage, and spedde wele yn all his doyng. And when
he had told þe kyng of þys vysion, þe kyng made preche hit
ouer all þe reme. And soo hit was halowet for euermore yn
10 b holy chyrche ; and so, out of þe reme, hyt || ys now cananyset yn 36
þe courte of Rome, and halowet proȝ all crystyndome.

Now pray we to oure lady wyth good entent of our lyuyng

2

to haue amendement, and pray for vs to hor sonne þat we may
[be] wyth hym yn Heuen. Lady, we pray þat hit soo be. Amen,
amen ; pur charyte.

5.

4

De Festo Sancti Thome Apostoli
et Eius Solempnitate Sermo Breuis.

Good men and woymen, such a day ȝe schull haue Seynt
Thomas-day of Ynde, þat was Crystys holy apostull, and fast
8 þe euen, and come to chyrche þat day to worschyppe God and
his holy apostole Seynt Thomas, as all holy chyrche dothe, and
specyalle for þe propurtes þat þis apostle had; þat ben to say:
hegh preuyng of our fay, grette wondres yn his way, and gret
12 myracles on his day. This holy apostoll preuet so oure fay, þat
he lafte no scrypull yn no parte þeryn. For when all þe dyscy-
pull beleuedon and tolden hym, þat Cryst was rysyn from
dethe to lyue, and þay haden seen hym on lyue, and spoken
16 wyth hym, Thomas vnswaret and sayde he wold neuer beleue
þat, tyll he had put hys fyngyr yn þe wond þer þe nayles wern
dryuen yn Crystes hondes, and put his hondes yn Crystys syde,
yn þe wond of þe spere. Then viii dayes aftyr, when all þe
20 dyscypules wern yfere, and Thomas wyth hom, þen come Ihesu
bodely to hom, and seyde to hom: ' Pees be to you!' And þen
he sayde to Thomas: ' Come and put þi fyngres yn þe
holes of þe nayles þat persed my hondys, and put þy hondys
24 ynto my syde, and be no lengyr out of beleue, but heraftyr
stedfast yn þe byleue.' Then when Thomas had soo ydo, anon
he criet for wondyr and for fere, and sayde: ' My Lorde and
my God !' Þat ys forto say: ' Now I beleue, Ihesu, þat þou art
28 God and man.' Then sayde Cryst to hym: ' Thomas, for þou
haues seen me, þou beleuest yn me.' This þe taryng of
Thomas byleue broght vs yn full byleue, and to þe ‖ beneson of 11 a
Ihesu Cryst. Of thys sayth Saynt Gregory þus: ' Moch more
32 Thomas of Inde helpys me to þe fayth þat wold not byleue, tyll
he had hondelet and groped þe wondes of Cryst, þen Mary
Mawdelen þat byleuet anon at þe forme tyme and furst.' Þus
Thomas preuet our fay.
36   He made also wonders yn his way. For when þe kyng of

Inde had send a messager, þat heght Abbanes, ynto þe contrè
of Cesare, to seche hym a carpenter þat couþe make hym a
palyce, then Crist speke wyth Abbanes, and sayde to Thomas of
Inde : 'Goo wyth hym.' And when þay wer passed þe see, þay 4
comen to a cyte of þe wheche þe kyngys doghtyr was þat day
weded. Wherfor yche man was commawndet forto come yn to
þe mete. Then, among oþer, Thomas and Abbanes comen yn to þe
fest. But for Thomas had all his þoght yn God, and had no lust 8
to ete, þe butler smot hym on þe cheke, and bade hym ete.
Then sayd Thomas : 'I nyll not ryse of þys place, tyll þat same
hond be gnawen wyth dogges, and be broght hedyr befor me.'
Then anon þe butler ȝede aftyr watyr, and [1] a lyon slow hym, and 12
dranke hys blod ; and dogges etyn his body. Among þe wheche
þer was won blacke dogge þat toke hys hond yn his mowth, and
broght hyt ynto þe hall, yn syght of all men, and leyde hit downe
befor Saynt Thomas. Then was þer a woman, a mynstrell, þat 16
vndyrstode Thomas wordes. The whech anon fell downe to
Thomas fete, and cryed þat all men herden : 'Oþer þou art God
oþer Goddys dyscypull ; for ryght as þou saydes, hit ys fallen ! '
Then was þe kyng and all men abasschet, and prayden Thomas 20
þat he wold bless hys doghtyr and hor hosbond. Then Thomas
prechedde hom boþe, so þat he made þe husbond byschop of þe
cyte, and þe wyfe a nonne þat weren bothe martyres for Crystys
sake.   24

Then went Thomas forth ynto Inde to þe kyng, and beheght
11 b þe ‖ kyng to make hym a pales, abull for a kyng. Wherfor þe
kyng was glad, and made to delyuer hym a gret som of gold
forto make þe pales wyth. And sco he went ynto anoþer feer 28
contre, whyll Thomas schuld make þys place. But for Thomas
þoght þat hit was bettyr forto make hym a palyse yn Heuen þen
yn erth, þerfor he toke þys money and dalt hit among pore
men and woymen, and ouer all þeras was nede. And soo aftyr 32
went about, and preched Goddys worde to þe pepull, and turnet
mony ynto þe faythe of Cryst. Then aftyr þe kyng come home,
and had gret hope to haue his paleyse made redy, and herd how
Thomas had don, he was wod wroth and wold do Thomas and 36

---

[1] and *d. D. om. G.*

Abbanes bothe to deth. But for his broþeʳ was dede þat same
tyme, þerfore he made forto do hom boþe yn pryson, tyll þe
tyme he had buryet his brothyr. Þen, as God wold, whan hys
4 brother had layne longe ded, he ros from deth to lyue, and told
þe kyng þat he had yseen þe palyce þat Thomas had made to
hym : ' Wherfor I pray the, let me bye hit, and I wyll ȝef þe as
moche as hit cost þe.' Then þe kyng bythoght hym, and by
8 counsell he sayde : ' Naye ! ' and toke foloȝt and mony þousand*ys*
of pepull w*yth*. Þen seon þe byschopp*ys* of mawmetry þat all þe
pepull laft hor lawe, and ȝeden to crysten fayth. Wherfor þay
wer so wroth wyth Thomas, þat won of hom seyde he wold
12 wreke his goddys ; and wyth a sper ryuede Thomas þrogh þe
body, and slogh hym. Then crysten men buryeden hym yn
a tombe of crystall. Þer God worcheth mony wondyrfull myracles
for hym ; for the honde þat was yn Crystys syde, hit wold neuer
16 ynto þe towmbe, but lythe euer wythout. Thus he dyd mony
wondres yn hys daye.

　He dyd also mony wonders on his day ; [1]for alle þe contre
cometh þedur[1] on hys day, and taketh howsell of hys hond yn þis
20 wyse. The byschop ‖ of þe see syngyth þe masse þat day. When 12 a
he beginyth þe masse, er he say þe 'Confyteor,' he taketh a branche
of a vyne, and puttyth yn Thom*a*s hond ; and soo goth to masse.
Þen [2]oute of this branche burgeneth[2] out grapes. And soo, by þat
24 þat þe gospell be sayde, þe byschop taketh þis grapes, and wrengyth
ynto þe chales, and syngyth w*yth* þat wyne, and howseleth all þe
pepull aftyrward þerwyth ; and puttyth þe ost ynto Thom*a*s honde,
and so howseleth all þe pepull. But when any comyth þat ys
28 vnworthy, anon þe hond closyth togedyr, and woll not open, tyll
he be schrevyn clene ; and þen hit openeth and howseleth hym.
Also when men byn yn debate, þay ben ybroght byfor þe towmbe
of Saynt Thomas, and sette on twyn, and þe cause of þe debates
32 ys rehersed. Þen wyll þe hond turne to hym þat ys yn þe ryght ;
and so ben þay made at wone. Thus he pr*eu*et our fay and dude
wondres yn his way, and gret myracles on his day.

　Wherfor pray we to hym to make vs studfast yn our fay
36　And helpe vs yn oure long day,

---

[1] for . . . þedur *C. d. D.*　all that comyth *G.*
[2] oute . . . burgeneth *d. D.*　þe branche begennyth *G.*

And bryng vs þer as ys no nyght but eu*er* day:
That ys þe joy þat lestyth ay.

Amen.

Ion Grysostom seyth, þat Thomas come to þat contray wher þe 4
kynges of Coleyne were, and folowed hom, and made hom
crysten men. For, þogh þay haden worschypped Crist yn his
burthe, þay herden no more of hym, tyll Thomas come to home,
and taght hom þe faythe. Þe whyche now þay lyne at Colen. 8

6.

De Nativitate Domini Nostri Ihesu Cristi
et Eius Solempnitate.

Godde men and woymen and crysten creatures, as ȝe here and
sethe, þys day all holy chyrche syngythe, and redythe, and maketh 12
melody yn mynde of þe swete byrþe of our Lord, Ihesu Cryst,
veray God and man, þat was as þys day borne of hys modyr,
Seynt Mary, yn gret help and socour to all monkynd, but specyaly
12 b for þre ‖ causes: forto ȝyue pes to men of good wyll, forto lyghten 16
hom þat loken ill[1], and forto draw men so wyth loue hym tylle.

Then, as to þe forme cause þat he was borne forto ȝeuen pes
to men of good wyll, I may preue þus. For when he was borne
angeles songen þus: 'Gloria in excelsis Deo.' Þat ys to say: 'Ioye 20
be to God þat ys hegh yn Heuen, and pes be yn erþe to men of
good wyll.' At mydnygh[t] Crist was borne, for þen alle þyng
be kynd taketh rest yn schewyng þat he ys prynce of pes, and
was comen to make pes bytwyx God and man, and bytwyx angeles 24
and man, and bytwyx man and man.

He made pes bytwyx God and mon; wherfore forto be a
trewe mediatur bytwyx hom, he toke kynde of boþe: and veray
God and man. And soo, by hys medyacyon, he knet þe loue of 28
God to man so sadly, þat þe fadyr of Heuen spared not his owne
sonne, but send hym forto bye man wyth his blod, and bryng hym
by wayes of mekenes aȝeyne to þe joye of paradyse þat man lost by
couetyse and heghnes. Thus he made pes bytwyx God and man. 32

He made pes bytwyx angeles and man; for when angeles

[1] ill *d. D.* euell *G.*

seon[1] þat hor Lorde was wroth wyth man for vnbuxamnes
—[2]fore vmbuxomnes is a thing that angeles haten[2]—wherfor þay
kepton þe ʒeatys of paradyse, and letten no sowle come yn, tyll
4 þay seen hor Lord borne yn mankynde. Þen anon, for loue of hor
Lord, þay deden mon worschippe, and speken godely and louyngly
to pore schephordes þat kepten hor schepe yn þe contre by, and
bade hom goo ynto þe cyte of Bedelem ; for þer þay schuld fynd
8 a chyld borne and layde yn a cracche, and do hym worschip. And
soo þay dedyn, so þat euer sethen angeles haue ben frendys and
seruandys to all good men and woymen, and all yn þe reuerens
of þe yncarnacyon of oure Lord Ihesu Cryst. Thus he made pes
12 bytwyx an‖geles and man.   13 a

He made also pes bytwyx man and man. For aʒeyne tyme
þat he wold be borne, he made such pes þrogh all þe world, þat
þeras kyndomes and prouynces wern at werre, yche on wyth
16 oþer, in his burth-tyme was soo gret pes, þat on man þat heght
Octauian, and was Emperour[3] of Rome, and had þe gouernance
of all þe world, [4]and all þe world was suget to þe Emperour of
Rome, and duret soo þrytty wyntyr yn so moche þat þan was
20 send out a mawndement þrogh all þe world[4], comawndyng þat
euer-yche man schuld go to þe cyte þat he drogh lynage of, and
ley[5] a peny apon his hed, and offeren hit vp knowlachyng þat
he was suget to þe Emperour of Rome. Then most Ioseph, our
24 ladyes husbond, nedys go to þe cyte of Bedelem to offyr wyth
oþer men. But, for he had no money, he toke an ox wyth hym
forto sell þer, and make hym money of. But, for he durst not
leeue our lady byhynd hym—for scho was negh tyme of burthe—
28 he sette hyr on an asse, and toke hyr wyth hym. But when þay
comen ynto þe cyte, hit was soo full of pepull, þat þay myght
gete hom no herber ; but turnet ynto a caue þat was bytwene
two howsys, þeras men setten hor capuls when þay comen to þe
32 marked, and fonden þer a crache wyth hay, and setten þe ox
and þe asse þerto. Then, a lytyll byfor mydnyʒt, oure lady bade
Ioseph gete hyr mydwyues, for scho schuld be delyuerd. But,

---

[1] seon *D.* synned *G. not in d.*
[2] fore . . . haten *d. D.* ys a synne hely þat angeles *G.*
[3] Emperour *d. D. om. G.*
[4] and all . . . þrogh all þe world *om. d. D.*   [5] ley *d. D.* leyde *G.*

whyle he was yn þe towne aftyr mydwyues, our lady was de-
lyuerd, and lappyd hyr sonne yn cloþes, and layde hym yn the
cracche befor þe ox and the asse. And þay anon knewen hor
Lorde, and fellen downe on knees, and worschepen hym, and ete 4
no more of þe hay. That same tyme as men of þe contrey ȝeden
13 b at þe plogh, exen speken to the ‖ plogh-men and sayden: 'Þese
sedys schull encrese and men schull wax few.' Then, sone aftyr,
com Ioseph wyth two mydwyues, ȝebel and Salome. But when 8
ȝebell fonde well þat our lady was clene mayden, scho cryed anon
and sayde: 'A mayden hath borne a chylde!' Then þat oþyr,
Salome, would not leue þat, but busturly hondeled our lady; and
þerwyth anon hor hondes dryden vp. Then come þer an[1] angell, 12
and bade hyr towch þe chylde, and be hole. And soo scho dyd,
and was hole. Then went Ioseph, and dyd hys offryng wyth
oþyr men, and kept oure lady yn þe same caue whyll scho was
yn chyld-bed. Þus, good men, ȝe mou vndyrstonde how God 16
ȝeueth pes to hom þat ben men and wymen of good wyll, and
callyth hom his chyldren. In verefiyng of thys thyng þe fyrst
masse þat ys songon þis day sone aftyr mydnyght, begynnyth
thus: 'Dominus dixit ad me: filius meus es tu!' 'God sayde to 20
me: þou art my sonne.' God calleþe hym his sonne þat loueth
here pees and rest; and when he parteþe from þis world, he wyll
bryng hym to þe blysse þat euer schall last. And þay þat wyll
haue no pees here, þay schull go hethen ynto euerlastyng wo. Þus 24
Crist ȝeuyth pes to men of good wyll, and blessyth hys pepull
yn pees.

He leghteneth also þat loketh euell. Herby, good men, ȝe schull
vndyrstond þat Cryst heled not þoo þat weren blynde yn body, but 28
mony mo þat wern blynd yn sowle, and combyrd wyth derkenes of
synful levyng[2]. For, as Seynt Austeyne saythe: 'When Cryst
schuld be borne, þe world was so full of derknes of synful lyuyng,
and nomely of syn of lechery, and of syn aȝeyne kynde, þat had nye 32
to haue laft to haue ben yborne of mankynd.' Wherfor þat nyght
þat Cryst was borne, all þat doden synne aȝeyne kynd, deydyn
sodenly þrogh all þe world, in schowyng how horrybly þat synne
ys before Goddys een. Then loket þay full euell and had gret nede 36
14 a to be j‖lyghnet þat haden ay her hert to synne. Wherfor Cryst

---

[1] an *d. D.* om. *G.*   [2] levyng *d. D.* lyng *G.*

was borne at mydnyght, and turnet þe darkenes of nyght ynto
day-lyght, schowyng þat þan was þe sonne of ryghtwysnes comen,
forto lyghten all þat wern combret wythyn-forthe wyth darkenes
4 of synne.

Also þat same tyme þat he was yborne, as mony doctors sayn,
Crist apered yn a bryght sterre to þre kynges yn þe est, and bade
hom goo ynto Bedeleem, and worschip þer a chyld þat schuld be
8 kyng of Iewes þat was borne. And soo þay deden, suyng þe
sterre, tyll þay comen þedyr. Thus he leghtenet hom þat byfore
loked full euell. For before þay wer paynones, and leued on
mawmetrye and fals goddys. But aftyr þay loueden Crist, and
12 wern holy men ; and now þay lyen at Coleyn. Þus þe byrth of
Cryst made mony to see full well þat befor loked full euell.
For he lokyth full euell þat algate haþe er to his good and to
wordely worschippe. For þys maketh a man blynd, so þat he
16 forȝeted his God, and hath no lyst forto desyre þe ryches of
Heuen, ne forto see þe lyght þat þer ys but maketh hys good his
god and hys mawmet. For þat a man loueth most yn þys world,
þat ys callet his god and his mawmet. Then—for Cryst was borne
20 forto destrye suche mawmetry—whan þat Herode pursewed hym,
and wold haue slayne hym, his modyr bare hym ynto þe lond of
Egypt. And when he come þedyr, anon all þe mawmetys þat
weron yn þe lond, þay fellen downe to þe grownde, doyng to
24 vndyrstond þat he was yn þe world þat schuld cast don yn
monnys hert þe mawmetry of couetyse of good and of worldes
worschyppe, and pompe, and pride þat men vseden þat tyme.
Wherfor, þagh he hymselfe wer lord of all lordes, he was borne
28 full porly, and of a pore mayden, and yn pore place, and yn
a pore araye, ȝeuyng ensampull to all men forto set not by
worldly ryches, noþer by pryde of þys world; for haue a man
neuer so moche good ne so moch worschyp, ‖ here he fyndythe hit, **14 b**
32 and here he schall leue hit. Thus Cryst by myracles þat he
scheweth yn hys burthe, lyghtenyth mony-on wythyn-forthe þat
weren before fallen blynd.

Yn tokenyng of þis[1] þe secunde masse of this day ys sayde yn
36 þe dawyng, when nyght and daye departyth. Þe wheche masse
begennyth þus : 'Lux fulgebit hodie super nos.' 'Lyght schall

---

[1] þis C.   om. G. d. D.

schyne þys day apon vs.' For þe Fadyr of Heuen sendyth grace
of gostly lyght apon all hom þat leueth þat Cryst was borne þis
day, veray God and man, of his modyr Mary, veray modyr and
mayden. And sette noght be vanyte of þis world, but set all his 4
hope yn Cryst and yn his modyr Mary. Þus Crystys burth
lyghtned mony þat befor loket[1] euell.

Also wyth loue he drogh men[2] hym tyll. Ȝe seen wele, good men,
by experyment al day, þat a fayre chyld drawet loue of þo þat sene 8
hyt, and maketh hem to haue lykyng to speke and to play wyth hyt.
Thus Crist was borne a chyld, þe fayrest þat euer was borne of
a woman, forto draw loue to hym of mankynd. For whyll a chyld
ys ȝeong and wythout synne, hit ys more amyable þen hit ys aftyr, 12
when he comyth to man-state. This not ouly for his bewte, but
also for hys bonte yche man haþe mater forto drawe to hym, and
do hym worschyppe as dude Octouiam, þe Emperour.

Þe whech Emperour plesed so þe empyre of Rome, þat all men 16
wolden haue worschypped hym as hor God. But þen þe Emperour
was so wyse, and knew well þat he was but a man as oþer werne,
and durst not take þat name apon hym; but send aftyr Sybyll, þe
sage, and asked hyr wheþur [3]ther shuld be after him eny[3] 20
iborne, þat schuld be grattyr þen he. Then Sybyll loket yn þe
sonne, and sygh at mydday a cercule of gold aboute þe sonne, and
15 a yn þe myddyll || of þe cerkyll a wondyr fayre mayden, and a chyld
yn hyr barme. And when Syble had schewet þys to þe Emperour, 24
scho sayde to hym: 'This chyld schall be grettyr þen þou;
wherfor do hym worschyp and reuerence.' Þen þe Emperour
toke sens, and dyd hym sacryfyce; and charget all men þat þay
schulden do also, and call þat chyld God, and not hym. By þys en- 28
sampull ych crysten mon and woman schuld lerne to do reuerence,
and seruyce, and honor þys day to þys child.

Wherfor þe þrydde masse of þys day ys sayde at mydday, yn
schewyng þat yche man and woman ys holden to come and offer of 32
þis child and of hys modyr; and soo schowe hym seruant[4] and soget
to hym, and knewlech þys schyld for hys God and for his Lorde.
And, for euery man schuld do þus for loue and not for awe, þe
masse bygynneth þus: 'Puer natus est nobis.' 'A chyld ys borne 36

---

[1] MS. loknet.   [2] men *Harl.* 2403.   *om G.   not in d. D.*   [3] ther . . .
eny *d. D.* þe schyld schuld be aftyr hym *G.*   [4] seruant *d. D.*   serues *G.*

to vs.' A chyld, he sayth, and not a man, soo þat all men and woymen for loue schuld haue boldnesse forto com to hym to seche grace. [1]And for he ys full of grace and redy forto do mercy to
4 hem þat askyth hit mekely wyth dew reuerence[1]; and he ys ay redy to ȝeue grace and mercy. Yn tokenyng of þys þyng, þat same day Cryst was borne yn Bedeleem, a well yn Rome of watyr turned ynto oyle and ran soo all þat day, schewyng þat þe
8 well of grace and of mercy was borne þat day þat schuld ȝeue grace and mercy to all þat wold come to hym þerfor.

Narracio.

I rede of a woman þat was defowled wyth þe synne of lechere,
12 and almost fell yn dyspayre. For when[2] scho þoght on Crystys dome, scho knewe hur gylty; when scho þoght on þe paynes of hell, scho knew well þat þylke paynes wer ordeynet for suche as scho was; when scho þoght on paradyse, scho wyst well scho
16 myȝt not[3] come þer, for scho was vnworthy; when scho þoght on þe passyon of Cryst, scho wyst well þat scho || was vnkynde to **15 b** hym þat suffred so moche for hur. At þe last, scho beþoght hur how þat chyldern don no vengeans, but lyghtly ben saȝt, þogh
20 þay ben wrothe. Wherfor scho cryet to Cryst prayng hym for his chyldhede þat he wold haue mercy on hor, and forȝeuen hor hyr synne and hyr trespas. Then scho herd a voyce on hegh þat[4] sayde : 'Þy trespas ys forȝeuen þe.'
24 And soo hertly pray we to hym þat he forȝeue vs our synnes, and ȝeue vs þe blysse þat he boȝt vs to. To þe wheche blys God bryng vs all to. Amen.

7.

De Festo Sancti Stephani et Eius Solempnitate.

28 Blessyd pepyll of Goddys mowth, þat byn comen þys day to holy chyrche yn worschyp of God and þys holy martyr, Seynt Steven, þat ys callet Goddys fyrst martyr, for þe enchesen þat he was þe fyrst martyr þat suffeɾd deth for Crystys loue, aftyr þat
32 he was ascendet ynto Heuen. Then, forto ster you to deuocyon þe more to þis holy martyr, ȝe schull now here what he sufferd

---

[1] and . . . reuerence. *Probably a superfluous repetition of the preceding line G. C.* om. d. D. Harl. 2403.   [2] when d. D. om. G.
[3] not D. no G. not in d.   [4] þat d. D. and G.

for Crystys loue. As þe boke of þe dedys of þe apostoles tellyth, whan Cryst was styet vp into Heuen, þe apostoles tentedon all to prechyng of Goddys wordes and to holy prayeours, and myght not serue all þat turneden to þe fayth, þay chosen syx holy men 4 and goode out of syxty and ten þat wern Crystys dyscyples forto helpen hom yn Goddys seruyce. Of þe wheche Seynt Steven was þe fyrst and þe wysyst, and was full of grace and myght of þe Holy Gost, þat he dyd mony wondres and myracles yn þe pepyll. 8 But, þagh a man be neuer soo holy a lyuer, ȝet he schall haue enmyes.

Wherfor þe Iewes of dyuerse contre þat haden envy to Seynt Steuen, rysen, aȝeynes hym, and dysputed wyth hym 12 aȝeynes Crystys faythe, hauyng full purpos, yf þay myghten, to
16 a ouercome hym by dysputson, and by ‖ fals wytnes, to do hym to deth. But when Seynt Steven knew hor males, he þoght forto sese hom wyth won of þes þre wayes : by schamyng yn dys- 16 puteson, oþir by drede of reuelacyon, othyr by loue and holy oryson. But furst he assayeth by schamyng and dysputeson. For þay began to dyspute wyth hym ; but he was so full of þe Holy Gost, þat þay haden no wytte ne no powste forto ȝeynestonde hym. 20 But openly he ouercome yn all hor maters, and preued hor wyttys fals, and sayde, he was redy forto take dethe yn verefyyng of all þat he had sayde. And preued wele þat hit was a gret schame to all hom þat werne gret clerkes, and knew þe lawe 24 and þe profesyes þat schulden come and wer fulfylled yn Ihesu Cryst þat he prechet ; and ȝet wold not leue in hym. But algate aȝeynstode þe Holy Gost þat spake yn hor hertes, and schewet hom yn concyens þat þay dedden amys. And, þeras þay seen þe 28 comyn pepull turne to þe faythe for wondyrs and myracles þat God schowet ynto hor syght, þay algate aȝeynestoden styfly, and setten Goddys werkes at noght, only by males of envyus hertys and by no maners of resyn of scriptures. Þen wer þay 32 more anangrede[1] aȝeynes hym, and freton hor hertys wythyn, and gryspude wyth hor teeth aȝeynes hym. And, for þay myght not ouercome hym wyth dyspytson, þay þoghten forto take hym wyth som wordes of sclawndyr yn God, wherby þay myghten lawfully 36 haue mater and cause to do hym to dethe. Then knew Saynt

---

[1] angrede *D. not in d.*

Steuen hor malyce, and lyft vp his een ynto Heuen and segh
Ihesu, Goddys Sonne, stondyng at his Fadyr ryght hond. And
þen sayde Seynt Steuen: 'Loo, I see Ihesus stondyng at hys
4 Fadyr ryght hond, redy forto helpe me.' And þerwyth ‖ anon his 16 b
face schone lyght[1], as þagh he had ben an angell of Heuen. But
when þay herdyn hym speke soo, þay weren fayne and stoppet
hor eres[2], als þoght þay haden herde hym speke fals sclawndyr yn
8 God, and had ben to horryble for any mon to haue herd hym[3]
lye so. Then anon þay drowen hym out of þe cyte, forto stenen
hym to dethe, as for a sclawndyr of God, and chosen two men þat
cowth best hurle stones at hym, and despoyled[4] hym of his cloþes,
12 and layden hom at þe fete a ȝong man þat was callet Sawle,
þat was aftyrward called Paule; for he was of þe chef of hom þat
dyden Saynt Steuen to deth. But when Saynt Steven segh þat he
myght not sesen hom byfor by reuelacyon, þen he turnet to
16 devot oryson; and when[5] þay hurled at hym stones, and smyt-
ten out his braynes, he cryed to God and sayde: 'Lord God,
take my sowle.' And, for he wold pray more devotly for his
enmyes þen for hymselfe, he knelet don to þe erthe and sayde:
20 'Lord Ihesu, reet not to hom þis synne, but forȝeue hom þis gylt.'
And when he had sayde soo, anon he sleput yn God.

Þen taketh hede, good crysten men, whyche a brennyng loue
þys mon had yn hys hert, þat prayde more devotly for his
24 bodely enmyes þan he dyd for hymselfe. In þis he ȝaf an hegh
ensampull to all crysten men forto haue charyte yche on to oþir,
and forto pray hertfully for herre enmys, and for yche mon þat
pursewyth hom, or doth hom any doses. For he þat praythe
28 deuotly for his enmy, he ys yn þat a martyr; for martyrdom
fallyth by þre wayes: þat ys, by passyon and wyll þerto, by
wyll wythout passyon, by passyon wythout wyll. In schewyng
of þes þre martyrdomes, þes þre festys þat seuþe ‖ þe byrth of 17 a
32 Crist, ben set togedyr, in tokenyng þat whosoo sufferth any of
þes, he schall be sett next Cryst yn Heuen. Seynt Steuen, he ys
set next, for he had passyon and wyll þerto. Seynt Ion had
wyll, but he was not slayne. The Innocentys, thay suffreden

---

[1] lyght *D.* lyghth *G.* *not in d.*   [2] eres *d. D.* ees *G.*
[3] hym *C. H.* hom *G. om. d. D.*   [4] despoyled *d. D.* dysplude *G.*
[5] when *d. D.* *om. G.*

deth, but þay had no wyll þerto, but not aӡeynes wyll. Þus
may a man be a martyr, þagh he sched no blod, þat ys when he
suffereth wrong, and ys pursued of euell men, and þonketh God
þerfor, and taketh hit wyth good wyll, and prayth for his 4
enmyes to God yn full scharyte. For martyrdome wythout
charyte, as Seynt Poule saythe, profutyþe noght. Wherfor taketh
good hede, and ӡe schull fynde þat þes þre wern full of charyte.
Seynt Steven when he schuld dye, he knelet adown forto pray 8
for his enmyes. Seynt Ion when he went to hys deth, he sayde
to hom þat ladden[1] hym: 'My chyldyren, loueth togedyr, and þat
ys ynogh.' The Innocentes, for þay wern so ӡong, þat þay cowthe
not speke, þay schewet hor loue by open sygne. For þay dydden 12
lagh on hom þat slowen hem, and playde wyth hor hondes when
þay seen hor bryght swerdes schyne. Then, for enchesen þat
Saynt Steuen was so gloryous martyr, God schewet mony my-
racles for hym of þe wheche þis ys on.   16

Narracio.

Ther was an honest woman, and had seuen sonnes and þre
doghtyrs. But yn a myshappe, apon a day, all þay wraþeden
hor modyr, so þat scho yn a gret maleyse cursed hom all. And 20
anon þerwyth fell vengeans apon hom, so þat þe membrys of hom
qwoken, þat all þat seen hom, had compassyon of hom, and
reweden hom gretly. And for þay myght not do no good, þay
17 b ӡeden as maset bestes þurgh ‖ all þe contre. Then hapenet hit so 24
þat a brothur of hem þat het Pole, and a sustyr þat het Pallyda,
comen ynto a chyrche of Saint Steuen. And when þys man
herd how deuotly Seynt Steuen prayde for hem þat sloghen
hym, he had full tryst þat he wold pray for hym, and he wold be 28
hys seruant alway aftyr. And so, yn þys full hope, he ӡede ynto
chansele, and wyth all hys hert prayde Seynt Steven of helpe.
And anon yn seght of all men he was all hole. Þen when his
syster segh hyr broþer hole, prayde þe same wyse þen to Seynt 32
Steuen. And þen, as scho prayde, scho fell on slepe; and when
scho woke, scho was hole, and wyth all hyr hert thonket God
and Seynt Steuen.

Anoþer myracull Seynt Austeyn telleth þus: A senatour of

---

[1] ladden *d. D.* layden *G.*

Rome wyth his wyfe went to Ierusalem, and ther byld a fayre
chapell yn worschyp of Seynt Steuen. And when he was ded,
he ordeynet hymselfe to be buryed þeryn by Seynt Steuen. But,
4 longe aftyr hys deth, his wyfe wold goo aȝeyne to hyr contrey,
scho wold haue þe bonys of hyr maystyr wyth hyr. And soo
wyth praye[r]s and yftes, þe byschop broght hur þe bones of
Steuen and of hyr husbond, and sayde to hyr: ' I know not,
8 wheþer ben þe bonys of þy maystyr.' Þen sayde scho: ' Syr,
I know well, þes ben my maysters bones,' and toke Seynt Steuen's
bonys ynstude of hyr maystyrs, vnwyttyng. Þen, when scho
come on þe see, angeles songen yn þe ayre, and as swete sauour [1]
12 come out of þe bones þat passed any spyces. And þerwyth
fendys cryedyn: ' Wo ys vs, wo ys vs; for Steuen goth, and
byttyrly brennyth vs, and betyth vs.' And þerwyth reryth a
tempest þat þe schepmen wenden to haue byn d[r]ownet, and cryed
16 to Seynt Steuen. And he anon ‖ aperet to hom and seyde: ' Be 18 a
not adred,' and anon þe tempest sesud. Then herden þay fendes
cryyng: ' Þou wykked [2] prince, our mayster brenne þe scheppe,
for Steven, þat ys our aduersary, ys þeryn !' Then þe prynce of
20 fendys sende fyue fendes forto brenne þe schyppe; but þen was
þe angell of God redy, and drownet hom ynto þe grownde of þe
see. And when þay come wyth þe schyppe to londe, fendes
cryedyn: ' Goddys seruand comyth þat was stenet to deth wyth
24 wyket Iewys !' Then, yn þe worschyppe of Seynt Steven, men
maden a chyrche, and put hys bonys þeryn, wher God wroght
mony myracles for hym.

Now pray we to þys blesset martyr of Crist þat he woll pray
28 for vs, þat we may come to þe blysse þat euer schall last. To þe
whech blys God bryng you and me to. Amen.

8.

DE FESTO SANCTI IOHANNIS, APOSTOLI ET EUANGELISTE, SERMO BREUIS.

32   Goddys blessyd pepull, ȝe ben comen þys day to holy chyrch to
worschyp God and our lady and Seynt Ion, þe Euangelyst, þat
ys Goddys owne derlyng. Wherfor all holy chyrche þys day

---

[1] sauour *D.* sauorn *G. not in d.*   [2] prince *D.* woman *G. not in d.*

maketh mencyon of þe specyall grace þat Cryst ȝaf hym befor all
oþer dyscyples. He ȝaf hym grace of vyrgynyte, and *grace* of
kepyng of his modyr fre, and grace of schowyng of hys pryuyte.

He ȝaf hym *grace* of vyrgynyte, þat ys, of maydenhode. For as 4
þe story tellyth, and summe han an opyneon, when he schuld haue
wedded Mary Mawdelen, Cryst called hym and bede hym sewe
hym. And he anon laft all þis worldes vanyte, and sewed Crist
forth, and kept hym clene mayden tyll his endyng-day. In 8
preuyng of þis, as we reden, when Domician, þe Emperour of
Rome, herd þat Ion *pr*echet yn a contrey þat ys called Asy, and
byld mony chyrches, he was wroth þerwyth, and send aftyr Ion,
18 b and made put hym yn a brasyn tonne full of ‖ oyle, and so settyth 12
hym þeryn. But when he had long sothen þeryn, and all men
went he had ben sothyn to pesys, þen þe Empe*r*our bade apon þe
tonne. And when þe tonne was openet, Ion come out of þe oyle
and of þe brennyng of þe fure, as hole and as sond yn ych *pa*rte 16
of his body, as he was clene of part of womonnys body, boþe of
þoght and of dede. And oþer assay he had full hard. When he
see a tempull of Iewes full of mawmetry, he prayde to God forto
dystrye hit. And þer*wyt*h anon hit fell downe ynto powdyr; 20
wherfor Arystodem*us*, a byschop of þe tempull, pursewed Ion to
þe deþe. Þen sayde Ion to hym: 'What woll þou, þat I do forto
make þe byleue on Ih*es*u Crist, my Lord?' Þen sayde he: 'I
wyll make venym, and do men forto dryngke hit befor þe. And 24
when þou sest hom ded, drynke þou þat w*yt*hout harm; and þen
I schall leue on þy God.' Then sayd Ion: 'Goo, and do as þou
sayst.' Þen oi deynet þis byschop poysen, and geten two men
þat wern dampned to þe deth, and made hom drynke of þat 28
poysen befor Ion. And when þay haden drongken, þay werne ded
anon ryght. Then Ion toke þat poysen, and blessed h*y*t; and so
drangke hit of, and was neu*er* þe wors, and semede lyflaker aftyr,
þen he was before. For as clene as he was wythout venym of 32
lechery, so clene he was of þat poysen, aftyr he had drongken hit.
But ȝet þ*y*s byschop seyde, he myght not leue, tyll he segh þe
men reyset aȝeyne to lyue þat wern sleyne by dryngkyng of þat
venym. Then Ion cast of[1] h*y*s cote, and sayde: 'Haue þis, and 36
lay hit apon þe ded bodyes, and say þus: Ion, Crystys apostole,

---

[1] of *d. D.* oft *G.*

send me to you, and bede you ryse vp yn Crystys name.' And
when he had don so, þay rysyn aȝeyne to lyue.   Then this
byschop wyth mony oþer leued yn Cryst, and weron ‖ folowet of **19 a**
4 Ion ; and he was aftyr a full holy man.   Thus he þat hath grace to
kepe hym clene yn body and sowle, þagh þe fende held ynto hym
venym of lechery or of othyr synne, hyt schall do hym no harme ;
but yn þe aȝeynestondyng of his lust, he ys a martyr befor God, and
8 he schall be taken as for worthy to be keper of Crystys modyr.

Then þus, for þe clennes þat Cryst sygh yn Ion befor all oþer,
when he schuld dye, he charget Ion wyth þe kepyng of hys
modyr ; and he, as a goode sonne, schuld take hyr ynto hys
12 kepyng. So þat when Cryst was ded and ley in his tombe, Ion
wyth oþer help bare hyr ynto his hous, and kept hir þer, tyll Cryst
was rysen aȝeyne to lyue.   And eft when Cryst stegh ynto Heuen,
he kept hyr yn þe same chambyr, as long as sho lyued aftyr here
16 yn erthe.   Thus had he grace of kepyng of Crystys modyr fre.

And he had also grace yn schowyng of Goddys pryuetye.
Thus was furst when Cryst sate at hys soper on Scher Þursday,
for gret loue þat he had to Cryst, he lenet his hed to Crystys
20 brest.   And þen ryght as a man leneth to a well and dryngketh
his body full of watyr, ryght soo Ion drangke of þe well of
wysdom þat ys yn Crystys brest, and fulled hys sowle so full of
gostly wysdome, so þat aftyr he passed all othyr yn wysdome.
24 Thus Crist schowed hym of hys priuete before all othyr.

Also for he wold not stynte to preche Goddys worde, the
Emperour exilet hym alonly ynto þe yle of Pathmos.   But when
he was þer hys one, God schewet hym þe apocalyppys of þys
28 world þat were forto come, and most of Antecryst, and of þe
worldes endyng, and of þe day of dome.   And as he segh hit, he
wrot hit yn gret confyrmacyon of holy chyrche.   But aftyr when
þe Emperour was ded, Ion was callet a ‖ȝeyne to þe cyte of **19 b**
32 Ephesim, þer he was byschop.

And when he come þedyr, a wydow þat het Drusyan, lay ded
on bere.   Þen for Ion segh mony wepe for hyr, Ion sayde to hyr :
' Drusyan, ryse vp, and go, and make me some mete.'   And scho
36 anon ros vp, as þogh scho had rysen from slepe.

Anoþer day, two ȝong men and rych, by þe prechyng of Saynt
Ion, þay solden all hor godes, and sewoden hym.   Þen, on a day,

as þay comen ynto a cyte of Pergame, when þay segh þos þat wer
hor *ser*uandys byfor, gon yn ryche araye, and þay homselfe yn
pore wede, by temptac*y*on of þe fende, þay forthoght hor purpos,
and wer sory þat þay haden so laft hor goodys. Then anon, by 4
reuelac*y*on of þe pr*i*uetye of God, Ion knew hor þoght and sayde
to hom : 'I see how þe deuell tempteth you, and makyth you
forthynke your purpos þat ȝe ben yn. Wherfor goo ȝe to þe
wode, and bryngyth ayþ*er* of you hys burden of ȝard*ys* ; and aftyr 8
goþe to þe see, and bryngyth ayþer of you hys borden of stones.'
And so þay deden. Then, at þe pr*a*yer of Seynt Ion, þe ȝardys
turnet ynto gold, and þe stons ynto jewels. And þen Ion sayd to
hom : 'Now takes þ*ys* gold and þese precyous stones ; and ȝe be 12
as rych as ȝe wer befor ; and knoweth well þat ȝe haue lost þe
kyndom of Heuen.' Then happened hit þat men broghten a ded
body to burye hit. When þe modyr of þe corse segh Ion, scho
fell on knees to hym, prayng hym þat he wold rere hyr sonne to 16
lyue, as he reryd Drusyan, þe wedow. Þen Ion pr*a*yde to God ;
and ano*n* he þat was ded, roos vp. Þen Ion sayde to hym : 'I
bydde þe, tell þes men whad þou hast yseyne, and whad joy þes
men han lost.' Then he, yn heryng of all men, told of þe joye of 20
paradyse and of the paynes of hell, how strong and how horrybly
20 a þay wern ; ‖ and how he segh gloryous places ordeynet for þos
men ; and now how sore hor angeles wepton for loue of hom ; and
moch joye fendes maden, for þay wer turnet from hor p*er*fyt louyng. 24
Þen anon þese weren sory yn hor hertys, and repenteden hom for
hor doyng, and wepyng cryed to Ion þat he schuld pr*a*y to God
for hom, and ȝeue hom penaunce. And when þay haden don hor
penaunce, anon þe gold turned aȝeyne ynto ȝeardes, and þe jewelles 28
ynto stones ; and þay wer holy men aftyr.

Anoþ*er* reuelac*y*on Ion had by schowyng of Goddys pr*i*uete ;
for on a day he segh a child þat was lyke forto haue ben a good
man. Wherfor Ion broght hym to a byschop, and bade hym kepe 32
hym and teche hym. Þen þis chyld waxed a man, and ȝaf hym
to foly, and so fell to a company of þefes, and was sone aftyr
a maystyr of hom. Þe*n*, by reuelac*y*on of God, Ion knew þat
anon ; and he ȝede to þe byschop, and blamed hym sore for 36
myskepy*n*g of hys chyld, and bade tell hym wher he was. Then
þe byschop, wyth moche fere, sayde he was a leder of þeues yn

3

suche a place. Þen Ion, for he was old, and myght not well goo,
toke a hors, and rode þedyr. And when þys þef segh Ion, he was
aschamed þat he flogh. Then Ion rode aftyr, and sayde : ' My
4 swete sonne, my dere sonne, abyde and speke wyth me, þy old
fadyr.' So, at þe last, þys mon abode. Þen Ion preched hym, so
þat he laft all hys foly, and was aftyr so holy a mon, þat he was
a byschoppe aftyr. Þus Ion had reuelacyon of Goddys pryuete.

8   Anoþer reuelachyon he had when he was ᴸᵗⁱ wyntyr old
and vii. Þen come Ihesu to hym wyth his dyscyples and þus
to hym sayde : 'My derlyng, come now to me ; for now hit ys
tyme to ete wyth me and thy ‖ brethern yn my fest.' Þen anon he **20 b**
12 arose, and wold have gon. Then sayde Cryst to hym : ' Apon
Sonday þow schalt come to me.' Þen, by Sonday, he was so febull,
þat he made lede hym to þe chyrche, and euer, as he myght,
speke to hom þat ladden hym : ' Chyldren, loueþ yche on othyr.'
16 Þen sayde on to hym: 'Fadyr, why say ȝe þus soo oft?' Þen
sayde he : ' For, yf ȝe louen togedyr, hit ys jnogh to saluacyon.'
Then made he to make hym a graue before þe auter. And when
hyt was made, he lay downe yn hit; and ther come such a lyght
20 apon hym, a gret whyll, þat no man myght see hym. And when
þis lyght was gon, þe put was full of manna, and wallut vp so
doth sonde yn well wyth watyr.

    In þe lyfe of Saynt Edward þe Confessour þat lythe at West-
24 mynster, ys wrytten þat Saynt Ion aperyth to Seynt Edward on
a day, as he ȝode on processyon, and prayd hym forto ȝeue hym
summe good for Seynt Ionys loue, th' Evangelyst; for he louet
hym moche. But for þe kyng hadde noght elles redy forto ȝeue
28 hym, he toke þe ryng of hys fyngyr, and ȝaf hym ; and soo Ion
had þe ryng vii ȝere. And at þe vii ȝerys ende, Ion aperet to
a knyght of þe kyngys byȝonde þe see, and bade hym bere þat
ryng to þe kyng, and bade hym beþenke hym well for whos sake
32 he ȝaf hyt away, and say þat he greteth hym wele, and bade hym
make hym redy, for he schall dey sone. And so he dyd, and
ȝede to þe blysse of Heuen. To þe whech blysse God bryng you
and me to, yf hit be his wyll. Amen.

9.

DE INNOCENTIBUS ET EORUM FESTIUITATE.

Goddys owne blessed chyldern, þat byn comen þis day to holy
chyrch yn þe worschyp of God and þe chyldern þat weren yslayne
21 a for Goddys sake.　As holy ‖ chyrche þis day maketh mynde, and **4**
reduþe and syngythe of hom, þes chyldren ben called yn holy
chyrche Innocentys, þat ys yn Englysche : wytheouten nye.
For þay wer not nyes to God by pride, for God ys euer anyed
wyth pryde, men and woymen, and aȝaynestondyth hom, nor to **8**
hor neghtbur by [1] no wrong doyng, ny to homselfe by no concent of
synne.　I may well say, þay lyueden here clanly wythout schame,
þay dyedyn wythout [2] blame, and wern folowed yn her same.　This
Innocentes þat holy chyrche syngeth [3] of, lyueden her wythout **12**
schame ; for þay wer all within [4] two ȝer of age.　Wherfor þay
wer not aschamet of hor owne schappe ; for when a chyld ys
wythyn state of innocentes, he ys not aschamet of hys schappe,
for he ys not defowled wyth fulth of synne, but of þe synne þat **16**
he [5] hathe, he draweth of þe synne of Adam and of Eue [5].　For so
ferden þey [6] yn þe same wyse.　For whyle þay wer yn paradyse
yn þe state of jnnocentes, þay wer naket ; but þay wer not
aschamet of hor schappe, for þay wer wythout synne.　But as **20**
sone as þay haden synned, þay seen hor schappe, and wern
aschamet þerof, and hydden hit wyth leues of fygge-tre.　Thus,
when synne bygynnyth to take rote yn a chyld, þen jnnocentes
gothe away ; for þen he begynnyth to know þe good from þe **24**
euell.　Þen he synneth, and þen he greueth hys God.　But þes
chyldyr lyued not soo long forto knew þe good from þe euell,
but wern jslayne wythyn degre of jnnocentes.　Wherfor þay
lyuedon here wythout schame.　　　**28**

Þay dyeden alsoo wythout blame ; for Herode, kyng of Iewes,
21 b made to sle hom ‖ wythout gult.　For when þe kyngys comen to
Herod, and askyt hym wher þe kyng of Iewes was borne, and
bede tell hom, for þay wern comen to worschyppe hym ferr out **32**
of þe est.　Þen was Herod all astonyed of hor wordes, and asked
his clerkes wher he schuld be borne.　Þen sayde þay yn þe cyte

---

[1] by *C. om. G. not in d. D.*　[2] wythout *D.* wyth *G. not in d.*　[3] syngeth
D. H. syngeht *C.* syngen *G. om. d.*　[4] within *d. D.* wyth *G.*　[5] hathe, ...
Eue.] hath of þe draught of þe kynde of Adam and Eue. *d. D.*　[6] þey *d. D.* scho *G.*

of Bedeleem. Þen sayde Herod to þe kynges, byddyng hom goo
þedyr, and do hym worschip; and come aȝeyne to hym, and telle
hym all hor doyng, þat he myght come and worschip hym also.
4 But when þes kynges haden don hor offryng to Cryst, þay ȝedyn
hom by anothyr way. Then was Horod wondyr wrothe, and
schaped anon to haue slayn Cryst. But when he had made hym
redy þerfor, þat same tyme, þe Emp*er*our of Rome sende to hym
8 by lettyr forto come to hym yn all þe hast þat he myght; for
two of his owne sonnes hadden apechet hym of traytery to þe
Emp*er*our. Soo at þat tyme he laft þe sleyng of Cryst, and ȝede
to Rome, and had þe bettyr of hys sonnes, and come hom w*yth*
12 mor worschip þen he had byfor-hond [1]. Wherfor he þoght þe
more forto sle Cryst, lest he had, when he come to mon*nys* state,
put hym out of hys kyndome. Then send he anon men, and
bade sle all þe chyldyr þat weren yn Bedeleem and yn þe contrey
16 abowte, þat wer too ȝer old and wythynn, þagh hyt were a chyld
þat was borne þat same day. And soo þay dedyn. He was
aferd, lest Crist þat made þe sterre brynge þe kynges so ferre,
couþe haue turnet hym ynto dyu*er*se ages, and made hymselfe
20 old*yr* or ȝong*yr*, at his one lyst. And for he was a ȝere goyng
and comyng to Rome, þerfor he made to sle all þe chyldre þat
wern [2] two ȝer olde or within[2] two. And for wrach schuld falle on
hymsel*f*e yn party, þerfor a chyld of his owne þat was don to
24 norysche yn þe contrey was slayn among oþ*er*. But þen come þ*er*
an angyll to Ioseph, || and bade hym take þe chyld and his modyr, **22 a**
and fle ynto þe lond of Egypt, and be þ*er* tyll he wernet hym.
And so þay dyden. Þus þes Innocentes wern slayn w*yth*out blame.
28   Thay wer also folowed yn hor same, þat ys to say, yn hor
owne blod. Þay wer not folowet yn no font, but yn schedyn[g] of
hor blod. Wherfor ȝe schull vndrystond þat foloȝt comeþ þre
man*er* of wyse: yn watyr, as we ben crystened yn þe fonte at þe
32 chyrch; in chedyng blod, as þe childyr and mony þowsandys
of oþ*er* martyrs þat schedden hor blod for Crystys loue; the þryd
fologht ys in fayth, yn þe wheche all þe patryarches, and pr*o*-
phetys, and all othyr holy fadyrs þat wern befor Crystys yncarna-
36 *cyon* þat leuedyn yn Cr*ist*es comyng; þay wern folowed yn
fologht of faythe. Th*us* ȝe mou see how moch cruelte þis man

---

[1] byfor-hond] before *d. D.*   [2] two . , . within *d. D.*   yn two ȝer old oþer *G.*

had yn hert, þat slogh so mony chylderne for envy þat he had to
Cryst þat noght gult to hym nor non oþer. Þen, for he made mony
a modyr chyldles, and forto wepe for hor deth, God wroght so for
hom þat he mâde to sle his owne schylldren. And aftyr, as he 4
pared an appull, wyth þe same knyfe he slogh hymselfe. Thus
he þat was lusty for to schedde gyltles blod, at þe last he schedde
hys[1] owne hert-blod. For he that[2] ys wythout mercy, vengeans
schall fall apon hym. And he þat loueth to do mercy, God wyll 8
ȝeue hym mercy.

And þis I aferme by ensampull þat I fynde yn þe lyfe of Seynt
Syluestyr. Ther I fynde þat Constantyn, þe Emperour, was
mesele and, by consele of hys leches, he made forto get þre þowsand 12
chyldren yfere, forto haue slayn hom; and all hor blod schuld
haue be done yn a vessell, and þe Emperour be bathyd þeryn,
whyll hit had ben hote. Then when þese chyldren wern gedert
yn a place, þis Emperour com rydyng in a chare þedyr. But 16
22 b when he come negh, þe modyrs || of þe chyldren comen aȝeynys hym,
cryyng, and wepyng, and makyng a dulfull noyse. Þen asket þe
Emperour, what woymen þay wern. Þen sayden oþer, þay wern
þe modyrs of þe chyldren þat schuld be ded, and made þat noyse 20
for sorow of hor chyldren. Then sayde þe Emperour, hyt wer
a cruell dede of vs forto make so fele bodiys to be slayn, forto hel
my body þat am but on man; and mony of hom may be full[3] worthy
men here aftyr. Þen stode þe Emperour yn full gret stude. 24
'Nay!' quod he, 'I woll not so, let hom goo hom aȝayne hole and
sonde, and I wyll take þe penance þat ys ordeynet for me!' And
made ȝef þe modyrs gret ȝiftes, and so bade hom goo hom wyth
myrth and laghyng þat comen þedyr wyth sorow and wepyng. 28
Then þe nyght aftyr as þe Emperour slepyd yn his bed, Petyr
and Poule comen to hym and sayden, for þe gret compassyon þat
he had of þe chyldren and hor modyrs, God send hym word þat
he wold haue compassyon of hym, and bade hym send aftyr Seynt 32
Syluestyr, and folow hym; and þen he schuld be hole. And soo
he dyd. So when þat he was folowed þer anon yn þe watyr, þe
lepull felle away from hym, and he was as clene of skynne and
hyde as any chyld þat he delyuerd before. 36

Thus ȝe mow se, good men, how he þat woll do mercy, schall

---

[1] hys d. *D.* hy *G*   [2] that *inserted above the line.*   [3] full d. *D.* felle *G.*

haue mercy; and he þat wyll do vengeans, vengeans schall fall
on hym. So for Herod dyd vengeans, vengeans fell on hym; and
for þys oþer man dyd mercy, he had mercy and grace, boþe her
4 and yn Heuen. To þe whech mercy God bryng you and me, þat
for vs dyed on þe rode-tre. Amen.

10.

DE FESTO SANCTI THOME, MARTIRIS ET EIUS SOLEMPNITATE.

8   Good men and woymen, þat ben ytaght by Goddys lawes forto
come þys day to holy chyrch, forto worschip God and þys holy
martyr Seynt Thomas þat was slayn for þe lawes of holy chyrch
and for þe ryght of þe rem. ‖ This holy Seynt Thomas was born yn **23 a**
12 þe cyte of London, and had a fadyr was callet Gylbert, þat was
scheryue of London.

Þen felle hit, as þys Gylbert went to þe holy lond, he was taken
and put yn dysstres. Þen come þer a worschypfull woman of þe
16 contrey to hym and sayde, yf he wold plyght hys troth to wed
hur, scho wold helpe hym out of his doses. And soo scho dyd.
Then went Gylbert hom to Englond. And when scho segh hyr
tyme, scho come aftyr and met wyth hym at Seynt Poules chyrch
20 yn London. Then made Gylbert þe byschop of þe cyte[1] forto folow
hur, and aftyr forto wed hom. And so Gylbert gate Thomas of
this woman. And when[2] scho was wyth chyld, scho met yn
a nyght þat scho come to Saynt Poulys chyrch; but when scho
24 wold haue gon yn, hur wombe was so gret þat scho myght not by
no way. Then, on þe morow, scho ȝode to hur scheryft-fadyr,
and told hym hur swyuen. Þen sayde he : ' Dame, be glad and
þonke your God; for þou hast a chyld yn þy body þat schall
28 be so holy a man, þat all holy chyrche schall be to lytyll to
receyue hym. Þen was scho glad and þonked God ȝorne. And
aftyr, when þis chyld was borne, he was folowed and callet
Thomas, þat ys to vndrystond : alle mon. For he was aftyr
32 a man at all; for he serued þe kyng monly, he serued God
devotly, and deyd for þe law mekely.

For what tyme he was made chaunseler, þys lond was full of

---

[1] þe cyte *C. D.* þe ce *G.* London *d.*   [2] when *in red ink above the line G.*

Flemyng*ys*, and so ou*er*sette wyth hom, þat a man myght
not goo bytwyx townes for hom vnrobbet. But yn a schort tyme,
Thom*a*s, what wyth wysdome, what wyth monhed, drof hom out
of þ*ys* lond, and made suche rest and pees þrogh all þe lond, 4
23 b þat a man myght goo wher he wold vnrobbet, wyth his good || yn
hys hond. He was also monfull yn reparelyng of þe kynges
maners þat wer astryed, and namely of þe kyng*ys* palyce yn
London þat was all forlet. But bytwen Astyr and Whyssentyde 8
Thomas made reparayle h*y*t aȝeyne; for he had so mony werke-
men of dyu*er*se craftys, þat a man schuld not here his felow
speke for dount of strokes. He was also monfull ȳn dede of
armes. For þer*as* þe kyng had beȝonde þe see mony castellys 12
and town*ys* out of his hond, and had spende moche goode, and
sched moche blode, forto gete hom, and myght not avayle, then
Thom*a*s wyth hys wytte and monhed gete hom aȝeyne. And also
yn werres of þe kynges of Fraunce, he bare hym soo, þat eu*er* 16
aftyr þe kyng loued hym cherly, and was aftyr hys best frende
yn exhile, and his chef helpe and socoure. He was also monfull
yn all his aray, cloþede yn þe rychest cloþ þat myght be fonde,
and yn furures. He had also þe best horses þat wern yn þe 20
reem. And also hys sadyls and brydyls, þay schone all of syluer.
He was monfull yn howshold, þat hys hall was yche day of þe
ȝere new strawed, yn somyr wyth grene rosches, and yn wyntyr
wyth clen hay, forto saue knyghtys cloþ*ys* þat setton on þe flore 24
for defaute of place on þe benche: so fele comen yche day to his
mete. For of all þe dayntees þat weren wythyn þe reem, yn his
howshold weren plente. So þat þe kyng hymselfe wold mony
a tyme vnwarned come to þe mete, and sytte downe, boþe for þe 28
loue þat he had to Thomas, also forto se þe aray of Thomas
howshold þat all men speken so moche þerof.

For trewer loue was neu*er* bytwene two men þen was bytw*en*
24 a þe kyng and || Thomas, whyll hit last. Wherfor I put here þ*ys* 32
ensampull: Yn a cold wyntyrs-day, as þe kyng and Thomas
rydyn yfere yn þe Chepe of London, þen was þe kyng war of
a pore man, sore acold wyth toren cloþes, and sayde to Thomas,
hit wer almes forto ȝeue ȝondyr pore man warmer cloþes þen he 36
haþe, 'he semeth sore acold.' 'Syr,' qu*o*d Thomas, 'so hit wer and
to suche ȝe schuld take hede.' Þen sayde þe kyng; 'He schall

haue þys.' Then had Thomas a cloþe on hym þat was of fyne
scarlad, well yfurred wyth grys. This cloþe þe kyng pullet at
fast, forto haue drawen hyt of, but Thomas logget aȝeyne. Þus
4 þay wrastelet long, soo þat þay wer negh to haue fallen to
grounde. But forto fauer þe kyng, Thomas suffred hym to pull
hit of. And when he had hit of, þe kyng kest hyt to þe pore
man, and bade hym ren away fast, and sayde : ' Haue þis, and
8 sell hit, and by þe oþir kloþes ; for yf þou besette hit well, þou
myght fare þe bettyr al þe dayes of þi lyfe.' Then Thomas
faynet hym wroth, but he was well apayde þerof þat hit was so
beset. Then haden men furst gret mervayle, whad come bytwene
12 þe kyng and Thomas ; but when þay knew how hit was, all
men logh and maden gret joye and borde þerof. Thus I schow
by ensampull how þay loued togedyr ; for bettyr loue, ne trewer,
was neuer bytwene two breþer, þen was bytwene þe kyng and
16 Thomas, whyle hyt last. Þus Thomas serued þe kyng monfully.

He serued God devotly. For als sone as he was made arche-
byschop of Caunturbury, anon he waxyd anoþir man, and
turned al hys lyfe ynto bettyr, and þoght forto serue þe Kyng
20 of Heuen als well afture, als he dyd hys kyng yn erþe befor.
Þen anon he leyde away scarlat ‖ and ryche forres, and wered[1] blake **24 b**
kloþes of myddyll price, and kest away sylke and syndall, and
wered[1] next his flesche an hard heyre and a breche syde to hys
24 hommes of þe same þat bred so moch vermyn on hym, þat hit
was an horrybull syght forto se. But þis penance no mon
knoweth, but he þat hath seyn hit[2]. But he euer hudde hym, so þat
þer wer but few þat knew hit. Also, yche Wenysday and Fryday,
28 he made hys confessour bete hym wyth a ȝarde apon þe backe al
bare, as a chyld ys beten yn scole. Alsoo, yche day, he vsyd
forto wasche þe fete of xxx^{ti} por men, knelyng, and ȝef yche
man iiii penyes of syluer. Moche more holynesse he vsed of
32 prayng and of wakyng þat wer now to longe forto telle.

But forto schew þat God suffrede hym specyaly, þus ensampull
I tell : When Thomas was exilet, and dwelled yn þe abbay of
Ponteney, on a day, when he had sayde his masse, he kneled
36 adon byfor an auter yn hys prayers. And as he kneled don
þer, the abbot of þe place sayde he hadde to speke wyth hym,

---

[1] wered *d. D. C.* wer *G.*   [2] seyn hit *D.* but he himself *d.* jsayde *G.*

and abode wythout pryuely vndyr a pilere. And as he stode þer,
he herd our Lord, Ihesu Cryst, speke wyth Thomas, and told hym,
how he schuld be slayn yn his owne chyrche for his loue ; wher-
for he bade hym be studfast, and hold forth as he had begon- 4
nen. Þen when Thomas was comen out of his chapell, þe abbot
felle downe to þe grownde and sayde : ' Syr, ȝe mowe blesse þe
tyme þat ȝe wer borne, forto haue suche vysitacion, as I now
haue herde.' Þen sayde Thomas : ' Yf þou haue oght herde, 8
I charche þe þat þou neuer telle hit, whyll I am [1] on lyue.' Soo,
whyllys he lyued, he kept hit clos ; but when Thomas was ded, he
25 a told hit openly to all men. || Thus, I say, Thomas seruet God deuotly.

He deyd also full mekely. For when he segh þe kyng ouerset 12
holy chyrch, and made lawes suche as schuld destrye þe londe,
þen Thomas put hym forth, and repreued þe kyng of hys mys-
doyng. Þen was þe kyng wroth, and made a parlament at
Northhampton all yn myschaunce of Thomas. And for Thomas 16
wold not sette to hys sele of þe curset lawe þat þe kyng and his
sory cownsell haden made, he was dampned as a traytour to þe
kyng, and exiled out of þe lond. Then went Thomas to þe kyng
of France for socour ; and he louyngly receyued hym and his 20
clerkys all, and fond hom almost vii ȝere all þat hom behoued.
Þen, aftyr mony deseses and greues and wrongys þat he had
mekely suffered of þe kyng of Englond and of his offycers, boþe
yn Englond and byȝonde þe see, by trety of þe pope and of þe 24
kyng of Fraunce, þer was made a faynt loueday bytwene þe
kyng of Englond and Thomas. But when þe kyng schuld haue
kyssed Thomas, he wold not ; for he sayde, he had made a vow
þat he wold neuer kysse Thomas ; but bade hym boldely goo 28
home to hys chyrche. Þen, whad by cownsell of þe kyng of
Fraunce, and pryncypaly for the byddyng of þe pope, he ȝode
hom to Canturbury. Then wer þer foure knyghtys of cursed
lyuyng þat for gret hope þat þay hadden forto be thonked of þe 32
kyng, þay maden a vow yfere to sle Thomas. And soo at
Chyldyrmas-day, almost at nyght, þay come to Canturbury ynto
Thomas halle : Syr Raynald Bereson, Syr William Tracy, Syr
Rychard Bretane, Syr Hewe Moryvyle. Then Raynold Bereson 36
—for he was boystres of kynde—wythouten any gretyng he.

---

[1] I am *d. D.* we ben *G. C.* we ben booþe *H.* we boþe byn *L.*

sayde to Thomas þus : ' Þe kyng þat ys byȝonde þe see, sendes vs
to þe, and bydd*ys* þe þat þou asoyle the ‖ byschoppys þat þou **25 b**
hast [1] acursed.' Then sayd Thomas þ*us* : ' Syres, þay ben
4 acurset by þe pope, and not by me ; and I may not asoyle þat þe
pope hath acurset.' ' Well ! ' q*uo*d Raynald, ' þen we sene þat
þou wyll not do þe kyngys byddyng. By þe een of God, þou
schalt be ded ! ' Þerfor þen cryed the oþ*er* knyghtys : ' Sle, sle,
8 sle,' and ȝoden and armed hom yn þe courte. Then clerkes and
monkes droghen Thomas to þe chyrch, and sparrut þe dyrres
to hom. But when Thomas herd þe knyghtes yarmed yn þe
cloystyr, and wold haue comen yn, and myght not, Thom*a*s ȝede
12 to þe dyr, and vnbarret þe dyrre, and toke a knyght by hond,
and sayde : ' Hit besemeth not to make holy chyrche a castell :
cometh yn, my chyldern ! ' Þen for hyt was darke þat þay
myght not well know Thomas by anoþ*er*, þen on sayde : ' Wher
16 ys þat traytour ? ' ' Nay ! ' q*uo*d Thomas, ' no traytour, but þe
archbyschop.' Þen sayde he aȝeyne : ' Fle, for þou art but ded.'
' Nay ! ' q*uo*d Thomas, ' I come not forto fle, but to abyde, and
take my deth for Goddys loue and for þe ryght of þ*y*s chyrch.'
20 Then Raynald, wyth hys swerdys poynt, put of his cappe þat he
had on hys hed, and smot at hym, and kut halfe his crowne. Þen
anothyr smot aftyr, and hut yn þe same stroke, and smot his
crowne all of þat hit hongyt by, as hyt hade be a dysche. Then
24 Thomas fel down on knees and elbous, and sayd : ' God, ynto thy
hondys I betake my cawse and the ryȝt of my chyrche.' And
þen þe thyrdde knyght [2] smot, and hutte half his stroke apon þe
clerkeys arme þat held þe crosse before Thom*a*s ; and þat
28 other dele of þe stroke fell downe to Thomas hed. And he þat
had half þe stroke anon he wythdrogh hys arme and flagh away.
Then smot þe fourth knyght his swerde to þe pament, and barst
þe poynt of his swerde. And when þay had so don, þay sayd :
32 ' Goo we hens, he ys ded.' But when þay werne at þe chyrch
dyrr outward on Robert Brok turnet aȝeyne, and set ‖ his fote **26 a**
in Thomas necke, and scraput out þe brayne of þe scolle about
on þe pament. Þus for ryght of holy chyrch and þe lawes of þe
36 lond, Thomas toke his deth full mekely.

Þen how þ*y*s martyrdome was knowen yn Ierusalem, hit fell

---

[1] þou hast *D. d.*   Ion hath *G.*   [2] *MS.* kynght.

þus: In Ierusalem was an abbay of monkes, yn þe whech þat
same day þat Thomas deyd, lay a monke at þe poynt of deth.
Þen, for he was a good man of lyuyng, þe abbot bade hym, yf
God wer apayde, þat he schuld com to hym aftyr his deth, and 4
tell hym of hys fare. And soo aftyr þat he was ded, he come
aȝeyne and told þe abbot þat, when he deyd, angeles broghten hym
befor God, and as he stode þer, he segh a byschop come wyth
a huge company of angeles and of oþyr seyntys. And as he 8
stode befor God, his hed dreppyd downe of blode of his wondes
þat he had. Then sayde God to hym : 'Thomas, þus hit besemyth
þe forto come ynto þy Lordes court.' And set a huge croune of
brennyng gold on his hede þat was ywonded, and sayde : ' As 12
moche joye as I haue geven Seynt Petyr, I ȝeue to þe.' And
þen he sayde : 'Hereby know I now, þat þylke gret byschop of
Caunturbury ys þys day slayne for Goddys sake. And soo know
ȝe well þat I goo to blysse.' 16

Thus told[1] þe patryarcha of Ierusalem, sone aftyr hys deth,
when he come ynto Englond aftyr men to feght aȝeynes
þe Sarysens. Then hit be[fell][2] aftyr, a bryd þat couthe speke,
as he herd þe pepull þat comen on pylgremage to Seynt 20
Thomas, on a day, he went out of his cage, and a sparow-
hawke wold haue slayne hym. Then þis brydde cryed, 'Saynt
Thomas, helpe'; and anon þys sparhawke fell downe ded. Thus
so sone as Seynt Thomas herd a bryd þat wyst not what he 24
seyde ne mant, moche more and sannyr he heruth hom þat
26 b callyth || to hym wyth all hor hertys.

Anoþer man þat Saynt Thomas loued yn his lyue, was seke,
and come to Saynt Thomas prayng to hym of helpe ; and anon 28
he was helyd. But aftyr, he þoght þat God send hym þat
sekenes for gret encrese of soule mede, and ȝede aȝeyne to
Saynt Thomas prayng hym, yf hit wer more helpe to his soule to
be secke þen to be hoole, þat he most be seke aȝeyne. Then anon þe 32
sekenes toke hym aȝeyn, and he thonkyd God and Saynt Thomas.

Thus whan[3] þe kyng herd how God wroght so mony myracles for
Saynt Thomas, he come to Caunturbury, wolward and barfote,
and all naked but a febull cote, forto hyde his body ; and ȝede 36

[1] told *C. d. D.*   he told *G.*   [2] then hit be[fell] aftyr] and *C.* also *d. D.*
[3] whan *d. D.*   om. *G.*

barfote yn þe myre and yn þe lake, as he had ben þe porest man
yn þe reme, cryyng and sekyng full sore, prayng Saynt Thomas
of helpe and of forȝeuenesse [1]. Soo when he come to Saynt Thomas
4 tombe, he made þe couent of þe place by and by to ȝeue hym
dyscyplyn [2] apon his bare backe wyth a scharpe ȝerde, and þer
þe sory costoms and lawes þat made debate bytwen Thomas and
hym, byfor all his pepull þer he dampnet hom, and graunted [3] þe
8 chyrch hys fredomes for euermor ; and soo he ȝeode his way.

Thes foure knyghtes when þay herden, how God wroght for
Saynt Thomas, þay weren full sory of hor cursed dedes, and
cursed þe tyme þat hit befelle hom soo, and laston all hor lord-
12 schyppys and londes and rentes þat þay hadden, and wenten to
Ierusalem ; and þer þay werredyn on Goddys enmys. But
William Tracy, by lettyng þat he had, he taryed behynde, and
fell seke, and rotud all his body, so þat hymselfe lompmale
16 wyth his hondes kest away hys flesche ynto þe flore, and had an
horrybull deth. The thre oþer ‖ also deyden on spytues deþes, so **27 a**
þat, wythyn þre ȝere aftyr, Thomas deth was thus venget. And
þus þay wer ded all ; but euer, whill þay lyueden, þay euer cryed
20 mercy to God and Seynt Thomas.

And soo do we, þat we may haue þe blys þat he boght vs to.
To þe wheche blysse, þrogh the prayer of Saynt Thomas of
Caunturbury, God [bryng [4]] vs to.

11.

DE CIRCUMCISIONE DOMINI NOSTRI, IHESU CRISTI.

Goddys owne seruandys, as ȝe know well, þys day ys called
New-ȝerus-day, as endyng of þe ȝer þat ys gon, and begynnyng
of þe ȝere þat ys comyng. Wherfor, as I hope, ȝe ben comen as
28 þys day to holy chyrch, forto contynue your seruice forth þys
ȝere als well oþer bettyr þat comyþe, as ȝe dyddyn þe ȝere þat ys
gon, wythouten any new cownant makyng. For a good seruand
þat hath a good maystyr, he maketh but onys [5] cownant wyth
32 hym, but soo holdeth forth from ȝere to ȝere, hauyng full tryst yn
his maystyr þat he woll for his good seruyce reward at hys ende

---

[1] forȝeuenesse *d. D.*   forȝenesse *G.*   [2] dyscyplyn *d. D.*   dysplyn *G.*
[3] graunted *D. C. H.*   gyf *G.*   *not in d.*   [4] bryng *om. G.*   *not in d. D. C.*
[5] onys] ones *D.*   ȝenys *G.*   *not in d.*

and at his nede. Now right soo Goddys *ser*uandys maketh
couenant wyth hym, onys at þe fonte when þay ben jcrystenet.
And soo holden forth hor couenantys, hauyng full tryst yn hor
God þat he woll at hor endyng[1] be hor socoure, and ȝeuen hom 4
auauncement *in* his court of Heuen. Then schull ȝe þat ben
Goddys *ser*uantys, know wele þat þis day ys called New-ȝeris-day,
and also þe circ*um*sicȝon of oure Lord, and þe vtas of þe natyuyte.

Hit ys callet New-ȝerys-day, for hit ys þe forme day of þe 8
kalender. Then, for þe ȝere ys rewlet and gou*er*net by þe
kalender, and þis day stondeth yn þe begynnyng þ*er*of, hit ys
callet ȝeres-day. Then sayth Seynt Austeyn þat, þis day and
þis nyght, paynene vsen mony fals opynyons of wychecraft and of 12
fals fayth, þe whech ben noght to telle among crysten men, lest
27 b þay wer drawen yn vse[2]. Wherfor, ȝe þat ben Goddys ‖ seruandes,
be ȝe well war, lest ȝe ben deseyvet by any sorsery and by any
byleue: as by takyng of howsell of on man raythyr þen of[3] anoþyr, 16
othyr forto bye othyr selle, and aske or[4] borue. Yn þe whyche
some men haue dyuerse opynyons þat, ȝyf þay werne clene
schereven, þay wer worthy gret penawnce for mysbeleue; for þat
comyth of þe fende, and not of God.   20

Þis ys callet alsoo þe cyrcumcysyon of our Lord. For, as holy
chyrche techeth þys, he was circumsiset, and sched hys blode þis
day for our sake. For when his flesch was kytte from hym, he
bledde ȝorne and full sore to hym. For he was ȝong and tendyr 24
of age, but eght dayes old; and þerfor he bledde þe more. Þen
ȝe schull know þat he bled for vs v tymes. Þe fyrst day was
þat day when he was circumcyset. Þat othyr tyme was for fere
of his passyon, as he prayde to hys fadyr; þen he swet blode and 28
watyr for drede. For ryght as a chyld wepyth for fere, when he
segh þe ȝerde come, and ȝet hath no stroke, ryght soo þe flesche
of Cryst was aferde of þe strong passion þat was comyng; and
soo swat blod and watyr for drede. The thryd tyme was yn 32
flagellacȝon, when he was w*yth* fers knyghtes beten wyth scorges
apon his bare body, þat he was rennyng on[5] blod all aboute. The
fourthe tyme was, when he was naylet hond and fote to þe crosse,
and soo heuen vp, þat þe body paysude downe to hys fete. The 36

[1] endyng *and* of [3] *written above the line G.*   [2] *MS.* vsne.
[4] or *D. C. om. G. not in d.*   [5] on *D. om. G. not in d.*

v tyme was, when þe spere openet hys syde, and blod and watyr
ranne out. Þes fyve tymes he sched his blod for vs.

Then, syth þat Cryst was wythout synne, and circumsision was
4 ordeynet yn remedy of synne, why wold he be circumsyset ?
Seynt Austyne seyth : for foure causes.   On was forto make a syþ
wyth þe Iewes ; elles þay myghten skylfully haue [1] sayde to hym :
'Þou art not [2] of our lawe ; wherfor we receyue þe not, ne concenten
8 to þy ‖ techyng.'   The secunde cause was to desayue þe fende.   For **28 a**
ryght as he deseyuet our allur modyr and soo dampnet all mon-
kynd, ryght soo lay to Cryst forto desayue hym, wherþrogh al
monkynde schuld be boght to þe blysse aȝeyne.   Þen when þe
12 fend sygh Cryst ycircumcised as othyr werne, he wende, he had
taken þat penaunce yn remedy of orygnall synne, and soo knew
hym not by anoþer synfull mon.   For yf he had knowen hym
redely þat he had comen forto by monkynd out of his bondam [3], he
16 wold neuer haue tysut mon to haue don hym to deth.   This was
also þe cause, why oure lady was wedded to Ioseph, forto deseyue
þe fende, þat he schuld wene, þat he was his fadyr, and not
conseyuet of þe Holy Gost.   The þrid cause was why he was cir-
20 cumcysed, forto conferme þe old lawe, yn gret comfort of oure
faders of þe old lawe and testament.   For yf he [4] had ben foloet
and anon circumcyset, hit had byn a gret dyscomfort to all þat
wern befor þe yncarnacyon of Cryst.   The fourþe cause was of
24 hys cyrcumcysyon.   For he wyst well þat heretykes schuld come,
þat wolden say, þat Cryst had a body of þe ayre by fantesy, and
not veray flesch and blod as we haue.   Þen for a body of þe
ayre may not bledde, ne haþe no blod yn hym, þerfor, forto put
28 away þe erroure, Cryst was cyrcumsysed, and bled yn þe
kyttyng of his flesche.   Þe whech flesche þat was so kytte from
hys membur, an angell broght hit aftyr to kyng Charles, for þe
most veray relyk of all þat lond.   And he, for worschyppe þat he
32 cowþe do þerto, he broght hit ynto Rome to þe chyrch þat ys callet
Sancta Sanctorum.   For þes foure causes Cryst was circu[m]cyset.

This day [y]s also callet þe vtas, þat ys, þe eght day of oure ladys
byrþe, yn techyng to y[ch] [5] crysten seruand forto þenke on þe

---

[1] haue *D.*   ha *G.   not in d.*   [2] not *D.   om G.   not in d.*
[3] bondam] bondage *D.   not in d.*   [4] he *D.*   ȝe *G.   not in d.*
[5] ych] y *G.   om. D.   not in d.*   vs þat ben *C.*

eght day*ys* þat sewyth þe byrth-day. Þe fyrst ys forto þenke
ynwardly on þe sede þat he ys co*n*ceyuet of, þat ys so fowle yn
28 b hymselfe and so wlatfull, þat man oþ*er* woman, be he neu*er* ‖ so
fayre, and he see þe matere þat he ys made of, his hert wold 4
wlaton and be aschamed of hymselfe, to þenk þat he wer con-
ceyuet of so fowle þyng. The secu*n*de day ys forto þenke, how
greuesly he paynes his mod*yr* yn hys burthe-tyme yn so moche,
þat hit ys Goddys hegh miracull þat sche skapyth to lyue. The 8
þryd, þenke how febull and how wrecche he ys, when he ys bore.
For all bestes of kynde, yn somwhat, con [1] helpe hymselfe, saue
þe man ; he noþ*er* may, ne con helpe hymself yn no degre; but
schuld dye anon, ȝyf he wer not holpen of othyr. The fourthe ys 12
forto þenke, how moche drede and pareyle he leueth yn alway;
for euermore, yn ych place, deth seweþ hym redy, forto falle on
hym, what tyme, ny wher, he wot neuer [2]. The fyfte ys forto
þenke, how horryble deth ys when he comeþe ; for yn schort 16
tyme, he makyth hym forto stynke, þat all hys best frendes ben
besy, forto put yn þe erþe, and hyde hym þer. The syxte ys
forto þenke, how rewþefull ys þe partyng of þe sowle from þe
body þat may not be depa*r*tyd, tyll þe hert yn þe body breke, 20
for syghtes þat the sowle seþe. The seuent ys forto þenke, how
dredfull ys þe dome þat he goth to. Anon þen he þat þenkyth
bysely on þes seuen dayes, he schall be circumcyset yn þe ȝeght
day, þat ys to say, he schall kytte away from hym þe lust of his 24
flesche and worldes lykyng; and so schall he come to þe vtas of
Cryst, þat ys, to þe joy þat ys yn heue*n*-blys. To þe whech joye
God bryng you and me to, ȝif hit be hys wyll. Amen.

12.

DE EP*I*PHA*N*IA DO*M*INI SERMO BREUIS.   28

Goddys worschypfull s*er*uantys, as ȝe knoeþe all, þis day ȝe
29 a calleth Twelfeday. But all ‖ mys ; for hit ys þe þretteneth day of
Crystynmasse. Þe whych day holy chyrche makeþe and calleth
þe Epyphany, þat ys yn Englysche tonge : þe schowyng of our 32
Lord Ih*es*u Cryst, veray God and man, þat he was. For þys day
holy chyrche makeþe mynde, how Ih*es*u Cryst was schewet veray

---

[1] con] com *G.* kon *D.*   [2] neuer *C.* uer *G. not in d. D.*

God and man þre wayes: by þre kynges offryngys, yn his one folowyng, and by watyr ynto wyne turnyng. The þretten day aftyr his burþe, he was schewet by offryng of þre kynges; and 4 þat same day, IX and XX^{ti} wyntyr and XIII dayes aftyr, he was folowet yn þe watyr of flem Iordan. And þat same day, twelmo[n]þe aftyr, he turnet watyr ynto wyne at þe weddyng yn þe Cane of Galyle. But, for þys fest makeþe mynde of þes kyngys 8 offryng, þerfor pursew we þe forme of holy chyrche, and tell how yn hor offryng Ihesu Cryst was schewet veray God and man.

These þre kyngys werne of þe lynage of Balaam þat prophysyet, how þat a sterre shuld[1] spryng of Iacob; and þogh þay wern 12 no Iewes of kynde, neuerþeleesse þay haden herd by ansetry of þe sterre. Wherfor þay wylnet moche forto here, and oft-tyme, on nyghtys, comen togedyr apon a certeyne hyll, forto dyspytte by astronomy of þys sterre. Then apon Cristenmassenyght, þe 16 same tyme þat Cryst was born, as þay wer ifere disputyng of þat sterre, a sterre come to hom bryghtyr þen any sonne, and yn þe sterre a fayre chyld, and vndyr hys hed a brygh[t] crosse of gold, and sayde þus to hom: 'Goos anon yn all þe hast ynto þe 20 lond of Iewre, and take wyth you gold, and ensens, and myrre, and offreth þes þre to hym þat ys now þer borne kyng of Iewes, veray God and man. And I woll be your gyde, and led you þe next way þedyr.' Then þay, wythe gret hast, token dromendarys 24 þat ben of ‖ kynd so swyft, þat þay woll renne on a day fur þen **29 b** any oþer hors yn þre dayes, and soo ryden to Ierusalem, þat ys þe hed-cyte of Iewre, hopyng forto wytte þer sone wher þys chyld was borne. But anon, as þay turnet ynto þe cyte, þay 28 lost þe sight of þe sterre[2], þat er glode tofor hom, tyll þay come þedyr, bryghtyr þen þe sonne. Then, for kyng Herode was þer, þay ȝoden to hym, and asked wher þe kyng of Iewes was borne, and sayden: 'We seghen his sterre yn þe est, and ben 32 comen wyth offryng to worschyppe hym.' Then was Herod all trowbuld, and all þe cyte wyth hym, more for glaueryng þen for any loue þat þay hadden to hym. Then asked he his clerkys wher þe chyld schuld be borne; and þay sayde yn Bedeleem. 36 Then Herod asket preuely þes kynges of þe sterre, and bade hom

---

[1] shuld *d. D.*　om. *G.*

[2] sight of þe sterre *d. D.*　sterre anon yn þe syght þerof *G.*

goo to Bedeleem, and worschyp þis chyld, and come aȝeyne to
hym, and tel hym wher he schuld fynd hym, so þat he myght
go and worschip hym as þay dydden.   Then, when þe kynges
passyd þe towne toward Bedeleem, anon þe sterre apered aȝeyne 4
to hom ; and when þay syghen þe sterre comyng aȝeyne, þay
wer gretly ioyet yn hor hertys.   Þen, as hit yn mony place ys
payntude and corven [1], þat kyng þat ys yn þe mydyll, for gret
ioy þat he had, wryde bakward tohys felow byhynd, and pytte hys 8
hond vp, schewyng hym þe sterre ; lewde men hauen an opynyon
and sayne, þat he had slayne a mon, wherfor he turned backeward.
But God forbede þat þys opynyon wer trew.   For now ys mony
hundred of seyntes þat wer befor men-sleers, and dydden mony 12
an holy martyr to deþe ; but aftyr þay wer turnet, and wern
holy martyrs homselfe, and seen God yn his face euermor.   Then
þes kynges sudyn þys sterre forth, tyll þay come ynto Bedeleem.
Þen when he come ouer þe hous wher Cryst was, he stode styll. 16
30 a Then þes kynges lyghten don, and ȝoden ynto the || hous, and
fonden þe chyld wyth hys modyr.   And þen wyth all þe reuer-
ence þat þay cowthen, þay kneleden done, and offeryd yche on of
hom þes þre þenges : gold, and ensens, and myrre ; knowlechyng 20
by þe gold þat he was kyng of all kynges, and by ensens þat he
was veray God, and by myrre þat he was veray man, þat schuld
be ded, and layde yn graue wythout rotyng.   For gold ys kyng of
metelles ; ensens is brent yn holy chyrche in worschip of God [2] ; 24
myrre ys an oynement þat kepyth ded bodyes from rotyng.   Thus
when þes kynges hadden don hor offryng, by techyng of an angell,
þay laften Herode, and wenton hom by anoþer way.   And þe
sterre vanesched away ynto hor forme kynde.   28

Then Ioseph, as Bernard sayth, kept of þe gold as much as
hym nedet for his tribut þat he schuld ȝeue to þe Emperour, and
more þat hym nedet to oure lady, whyll scho lay yn chyld-bedde ;
and þe remenant he dalt to suche as hadden nede.   The ensens 32
he brent to put away þe stench of þe stabull þer scho lay.   And
wyth myrre our lady wassched hur chyld, to kepe hym from
wormes and oþer fulþes.   But what fell aftyr of þes kynges,

---

[1] corven *d. D.*   crowuen *G.*
[2] yn holy chyrche in worschip of God *d. D.*   yn holy chyrche yn worschyppe
of holy chyrch jn worschip of God *G.*

I fynde nothyng put yn certeyne, but by opynyons þat sayn
how Saynt Thomas of Inde when he come ynto þat contre, he
folowed hom.　And þen ryght as þe sterre lyghtneth hom to
4 Crystys byrth, ryght so þe Holy Gost leghteneth hom wythyn,
and schewed hom, whad was þe most profytabull way to Heuen,
so þat þay lafton all hor remes and hor lordschyppys, and
ʒoden forth as pylgrymys to Ierusalem, and so to oþer places as
8 Cryst suffred deþe, and so forth to Melayne; and þer þay deyeden.
But aftyr þay werne translat to Coleyne, and so byn called þe
kynges of Colen.

　　Now, good men, ʒe haue herd how our Lord Ihesu Cryst was
12 þis day schewed by þes kyngys offryng.　Wherfor as þay offered
þen to hym, soo ‖ schuld ʒe do your offryng to hym.　Þus when ʒe **30 b**
come to holy chyrche wyth all þe mekenes and reuerens þat ʒe
can, knelyth adowne, not on your kne as to a lord temporall,
16 but on boþe your knees, and do hym worschippe.　And yf ʒe
soo done, þen ʒe offeren to hym precyous gold.　For þer nys no
gold yn þys world so precyous to God, as ys a meke hert and
a lowe of a man or of a woman.　Þen herwyth hold vp your
20 hondes to hym wyth a deuot hert and say þus: 'Lord, God of
Heuen, haue mercy on me synfull.'　And þen ʒe offren to hym
sence.　For þer nys no brent sence þat sauereth so swete yn
mannys nase, as doþe a deuote oreson yn Goddys nase and yn þe
24 angeles about hym.　And syþe makeþe a crosse yn þe erthe and
sayth: 'Lord, when I þat am erthe schall dye and turne ynto
erthe, þen, Lord God, haue my soule.'　And þen ʒe offern to hym
myrre.　For ryght as myrre kepyth a body from stenche and
28 rotyng, ryght so myght of deth kepyth a soule from rotyng and
stenche yn dedly synne.　In thys wyse doþe your offryng, and
getyth you as moche mede as þes kyngys haden.

　　He was also schowet[1] at his foloyng.　For when he come to
32 flem Iordan, he ʒed ynto þe[2] watyr and[3] halowet hit.　For ryght
as he was circumsyset, to fulfyll and conferme þe old lawe, ryght
soo he was folowed, to begynne and to halow þe crysten lawe
for no nede þat he had þerto, for he was clene wythout synne,
36 but forto make þe sacrament þat schuld wasschen and clanse hom

---

[1] schowet] swowet *G.*　schewet *d. D.*
[2] þe *d. D.*　a *G.*　　　　　　　　　　[3] and *d. D.*　of *G.*

þat takyþe cristyndome yn hys name, of all synne. Þen was Ion
Baptyst redy þer and moche pepull wyth hym þat comen þedyr, to
be folowed. And then Iohn seid [1] to Cryst qwakyng and tremblyng
for fere : 'Lord, ȝe þat ben Godys lombe wythout synne, ȝe haue no 4
nede to be folowed of me ; but I þat am a man getyn and borne
yn synne, I most com to þe, to be folowed yn Ierusalem of my
31 a synnes.' Þen sayde ‖ Crist to Ion : 'Suffyr at þys tyme, for we
most fulfull all rightwesnes.' Then Ion folowed Ihesu Cryst ; and 8
as hit ys credebule, oure Lord was folowed, and othyr þat wern
Cristes discipules [2] aftyr hym, and all þe pepull þat wern come
þedyr. Then when all werne folowet, our Lord Ihesu Crist went
out of þe watyr. And as he prayde on þe waters brynke, and all 12
þe pepull wyth, a gret lyȝt vmbeclypped hym. And so, yn syght of
Seynt Ion and all þe pepull, þe Holy Gost yn lykenesse of a whyte
dowe lyght on Crystes hed, and þe Fadyr of Heuen spake þus yn
heryng of all : ' Þis ys my dere belouet sonne þat well plesyth me.' 16

Al þus was done, forto teche yche cristen man his byleue. For
yche crysten man or woman ys holden forto beleue yn þe Fadyr,
and yn þe Sonne, and yn þe Holy Gost, þat ben þre persons and
won God. And þagh þe Fadyr spake abouen, and [3] þe Sonne 20
Ihesu Crist wer ther bodely, and þe Holy Gost yn lickenesse of
a dowve, ȝe schull beleue þat here ben þre persons and on God
yn Trynyte. This byleue ȝe knowlachen on þe watyrs brynke, þat
ys þe brynke of þe fonte when ȝe ben folowed. Wherfor he þat 24
byleueth and doth [4] þe werkes of þe byleue wythout dowte, he schall
be sauet ; and he þat beleueth not, he schall be dampnet. The
werkes of þe byleue byn mekenes and charyte. For wythout þes
two schall þer no man be sauet ; and he þat hath þes two, he ys 28
wrytten yn þe geanology of Cryst. Wherfor, yn wytnes of þys
geanology þat ys red yn mydwyntyr-nyght, begynnyth aboue at
Abraham, and so comyth downe to Ioseph, and soo to oure lady
Mary, in schouyng þat ys most mekest of hert, ys next to oure 32
Lorde ; and seche he avaunset. And þerfor þe geanology þat ys
31 b red this ‖ nyght, begynyth at Ihesu Cryst, and goth vp to Adam,

---

[1] then Iohn seid *d. D.* sayden *G.*
[2] þat wern Cristes discipules *d. D.* dyscypuls þat wern of Crystys *G.*
[3] and *d. D.* yn *G.*
[4] he þat byleueth and doth *C.* ȝe þat byleuen and don *G. d. D.*

4 — 2

and so ynto God, yn schewyng þat he þat hath perfyte loue to hys
eme-crysten[1], ys wryttyn yn þe geanologe of God yn Heuen; and
schall be as cosyn and dere derlyng to God þer[2] wythouten ende.

4   Thus Cryst was schowet by watyr ynto wyn turnyng for þe
fest of Ion þe Euangelyst and Mary Mawdelen. Þen for Ion was
Crystes ante sonne, he and hys modyr, and moo of his dyscypuls
werne callet þedyr. Þen hit happant so þat hom wonted wyne at
8 þe mete. Þen bade Ihesus seruandus full syxe stones þat stoden
þer wyth watyr, and when þay hadden don soo, Ihesus blessed hom,
and bade hom holden and bere to[3] hym þat began þe bord. Then
sayde he, þat was wyne passyng any oþer. Thus Ihesus schowet
12 hym veray God and man; veray God yn þat he turned watyr
ynto wyne, and veray man yn þat he ete and drangke wyth hom.
This myracull he dyd yn schewyng þat he blessyth þe weddyng
þat ys done, as þe lawe of holy chyrche ordeyneth.

16   Now, good men, ȝe han herd, how oure Lord Ihesu Crist þis
day was schewed by kynges offryng, and efte yn his holy folewyng,
and eftsonus by myracles at þe weddyng. Wherfor do hym
honowre and worschippe wyth [ȝ]oure offryng, and buth stydfast
20 yn þe fayth of your folowyng, and brekyth not þat hygh troth þat
ȝe maken at your weddyng. And þen ȝe schall come to þe blysse
þat ys euerlastyng. To the wheche blysse God bryng you and
me, yf hit be his will. Amen.

13.

24   ## De Conuercione Sancti Pauli.

Good men and woymen, suche a day ȝe schull haue a hegh fest
yn holy chyrch þat ys callet þe conuersyon of Saynt Pole; þat ys
yn Englysche: þe conuertyng of Seynt Pole. For þat day, he
28 was conuerted from a curset tyrand ynto Goddys seruant, from
an hegh || man and a prowde ynto a meke man and a devot, and 32 a
from þe deuellys dyssypull ynto Goddys holy apostoll. Soo, for
þis man was so yturnet from all wyckednesse ynto all goodnesse,
32 yn gret strengþe and helpe to holy chyrch, þerfor holy chyrch
halewoþe his conuersyon. And soo þay doþe of non oþer seynt,

---

[1] eme- *d. D.* one- *G.*   [2] þer] day *G. not in d. D.*   [3] to *d. D. om. G.*

but only of hym. And þat ys for þre skylles : furst for gret
myracull yn hys turnyng, and for gret joy yn his defendyng, and
for hegh ensampull *in* amendyng.

Furst þys man or he was turnet, he was callet Sawle. For 4
ryght as Saule, þe kyng of Ierusalem, pursued Dauid, to haue
slayne hym, ryght soo þis Saule pursewet Cryst, and his dyscyples,
and[1] his *ser*uant*ys*, to haue broght hom to þe deþe. Wherfor,
whill Crist ȝode on erth here, he wold neuer come to hym, forto 8
here his techyng. But as sone as he was styed ynto Heuen, þen
anon—for he was lerede and cowthe þe Iewes lawe—he began
to aȝeynesette Crystys dyscipuls, dysputyng aȝeynes hom, and
pursuyng hom yn all þat he myght, in full entent to haue de- 12
stryed Crystys lawes. Then, on a day, he dysputyth wyth Seynt
Steven ; and for he myght not ou*er*come hym, he schaped how he
myght bryng hym to þe deth, so þat he laft hym neuer tyll þat he
was stenet to þe dethe. Þen, as hit ys þe maner of þe fendys 16
chyldyr when þay haue don a foule turne, þay reioysen hom
þeryn, and ben fayne and prowde yn hor hertys, and encresen yn
hor maleyse, so was þys Sawle glad of þe deþe of Seynt Steven.
And for he wold haue geten hym a name of wykednesse passyng 20
all oþ*er*, he ȝeode to hom þat haden þe lawe of Iewes to kepe, and
gete hym lettyrs of warant, forto take and bryng all crysten men
and woymen þat þay myght fynde yn any place, and bryng hom
bonden ynto Ierusalem, forto take hor deth þer. And when he 24
32 b had þos letteres, he toke suche ‖ a pryde, and such envy yn his hert
aȝeyn cristen men, þat when he herd speke of hom, anon he
snorted[2] at þe nose, and froþe at þe mowth for angur, thretyng
and manassyng so hely toward hom, þat yche man was wondyr 28
sor aferde of hym.

Then, for he herd þat yn þe cyte of Damaske wer mony
crysten men hud for drede, anon he toke hys hors and his men
wyth hym, and rode þedyrward *in* all þe hast. But þen our 32
Lord Ih*esu* Crist—blessed mote he be !—schewed þe swetnes of his
grace þus. When þys Saule was yn his pryde and malys, and yn
purpos forto haue don most males and harme ; þen aboute myd-
day, when þe sonne schone allur clerust, then Crist cast a lyght 36
of grace aboute Saule þat was ferre bryghtyr þen þe sonne ; and

---

[1] and *d.* and yn *G.* *not in D.*   [2] snorted *d.* wold froton *G.* *not in D.*

yn þat lyght spak þus to hym : 'Saule, Saule, qwhy pursues þou
me ?' Þen anon he was so sore aferd, þat he fell downe of his
hors, and for gret fere sayde : 'Lord, whad art þou ?' Then
4 sayde oure Lord : 'I am Ihesus of Naȝareth þat þou pursues.'
He sayde not : I am [1] God of Heuen, ne Goddys sonne of Heuen.
But for crysten men byleven þat Ihesu was rysen from deth to
lyue, þerfor Saule pursued most hom and sayde [2] þat þay leuedon
8 on a ded mon. Herfore oure Lord Ihesu sayde [2] : 'I am Ihesu
of Naȝareth'; for þat ys þe name of monhode. Then leued
Saule yn hym and sayde : 'Lord, what wold þou make me ?'
Þen sayde Ihesu, our Lord : 'Ryse and go ynto þe cyte, and þer
12 schall be sayd to þe what þou schalt do.' Then seen his men
þys lyght, and herden þe voyce, but þay seen no man ; but ȝeden
to Saule, and token hym by the hond, for he was blynd, and
ladden hym ynto þe cyte to a good mannys howse. And þer he
16 was þre dayes and þre nyghtes fastyng, and myght not seon ;
but euer he prayde to God for drede þat he had of þat vysyon.
Þe whech tyme, þe Holy Gost taght hym Crystys lawe. Then þe
thryd day come to hym won of Crystys dyscypuls þat hat Anany,
20 as God bade hym, and sayde to hym full sore aferd : 'Saule,
brothyr, oure ‖ Lord Ihesu Cryst hathe sende me to þe, þat þou 33 a
schalt see and be folowed.' And when he layde his hondys on
his hed, anon he segh ; and þen þer fellen from his eyn lyke skalus
24 of fyssch. And when he had folowed hym, he callet hym Paule.
And when he had eten, he was conforted, and had his strengthe
aȝeyne, and was wyth þe dyscypuls þat wer þer a few dayes.
And þen he went ynto þe tempull, and openly preched Ihesu
28 Crystys, prechyng clerly þat he was Cryst and non oþer. So
þat yche man wondyr of his sodeyne conuersyon, and sayden to
homself þat hit was an hegh myracull of God þat he þat was so
curset of lyvyng, was so sone turned ynto so blessyd a man.
32 Thus, good men, ȝe mo se and here how gret a myracull God
schewet yn his conuertyng.

Holy chyrche maketh alsoo gret joy for hys defendyng. Hit
was gret gladnesse to all cristen men forto see hym þat was so
36 lyghtly before redy forto destrye hom, þen so sodenly bysy forto

---

[1] sayde not : I am *C.* sayde : I am not *G.* not in *d. D.*
[2] þat . . . sayde *C.* om. *G. d.* not in *D.*

encrese hom. And he þat was glad forto schede hor blode for
hom, and he þat ȝede, to drawe hom to þe deth, þen put hym
forth bo[l]dely, to take deth for hom. And þeras no man durst
preche Goddys worde for hym, aftyr, by comfort of hym, þay 4
sparad noþer for kyng, ne for non oþer lord; but opynly preched
þe faythe of Ihesu Crist yn iche place. And he þat was soo
prowde byfor, aftyr fell to yche crysten mannys fote þat he had
gult to, to aske mercy wyth full meke hert. Wherfor Saynt 8
Austyn lykeneþe [1] him vnto an vnycorne and seith [1] : ' Þe vnycorn,
of kynd, he beryth a horne yn his nose, and wyth þe horne sley
all bestys þat he feghtyth wyth and [is] soo feers þat þer may no
hunter take hym, by no craft. But þus he woll spye wher hys 12
walk ys, and þer he settyþe a woman þat ys clene mayden. And
when þys vnycorn segh hyr, anon of kynd he falleth don, and layth
hys hed yn hur barme, myghtles wythout strengthe : and soo ys
taken. Thus,' he seyth, ' Paule was fy[r]st so fers and prowde, þat 16
33 b þer durst no prechour dele || wyth hym ; but when God schewed
hym þys maydyn, þat ys þe faythe of holy chyrch, anon he fell don
of his pryde, and was sympull, and meke, and soget to Crystys
seruantys. Hereof holy chyrche ys glad of his defendyng. 20

He [2] was set also for ensampull of heg amendyng. God ys soo
gracyous yn hymselfe, þat he woll þat no man be lorne ; but he
woll þat all men and woymen ben sauet. Wherfor, yn hegh
ensampull and comfort to all synfull, he settuþe Seynt Paule to 24
loken on. For þagh a man oþer woman haue don neuer so moch
a synne or lyued so curset a lyfe, yf he woll taken ensampull
of Seynt Paule, þat ys, leue pryde and be meke, leue synne and
be bysy to amende, þen schall he make God and all þe Court of 28
Heuen make moche mor myrth yn Heuen of his conuercyon,
þen doþe holy chyrch yn erth of Paules conuersyon. But mor
harme ys : þer byn men and woymen þat lyuen hor synnes mor
þen God ; þat woll noþer for loue of God, ne for drede of God 32
and þe paynes of hell leue hor synne ; but sayn þat God wyll not
lese þat he haþe boght wyth hys hert-blod. ' But þou þat says so,
be þou war þat þou lese not þyself. But whill þou louest þy
synne mor þen þi God, and hades leuer be þe deueles seruant þen 36
Goddys, þou dampnes þiself, and art cause of þyn owne damp-

---

[1] him ... seith *d*. *om. G. not in D.*   [2] he *d*. hes *G. not in D.*

nacyon.' Wherfor to suche, God haþe ordeynt to turment fendes,
and b[r]yng hom to þe payne þat haþe non ende. For, as Gregory
seyth, þo þat schull be dampnet, þay begynnyn hor penaunce *in*
4 party here, and so aftyr hor deþe contynueþe forþe. Wherfor
I telle þis ensampull þat was told me of suche þat knewyn hit
done yn dede.

Narracio.

8 　Ther was a man, a[1] curset lyuer, þat was an officer to a lord.
And as he rode to a maner of þe lordes, he fell wod, and so
vnbrydylt his hors þat bare hym *into* a maner of þe lordes. But
when he come yn, anon þe bayly sagh what þe man ayled, and
12 made anon his hynes bynd hym to a post yn þe berne. Then
when þe ‖ bayly had ysoupyd, he bade on of his hynes go and loke 34 a
how þys man dyd. And when he come to þe berne, he segh þre
grete doggus[2] as blacke as a cole on yche a syde plucke away hys
16 flesche. Þen was þys hyne so sore aferd, þat vnneþe he huld
hys wytte, but ȝode to his bed, and lay seke þer longe aftyr.
But, on þe morow, when men comen to þe berne, þay fonden no
mor of þys man, but his bare bonys and all þe flesche away.
20 　Thus who so lyueth a fowle lyfe, he may be sure of a foule
ende. And þagh his ende be fayre to mannys syght, hyt ys ryght
fowle yn Goddys syght and all his angeles. Wherfor ych man
take good ensampull, whyll he ys here, by Saynt Paule, and
24 amende hym whill he hath space and tyme of amendyng; for
aftyr þat a man ys ded, þer nys no tyme of amendyng. And he
þat soo doþe, he schall come to Saynt Paule and haue þe ioye
þat euer schall last. To þe whech ioye God bring vs all, yf hyt
28 be his wyll. Amen.

14.

De Purificacione Beate Marie et Eius
Solempnitate.

Good cristen men and woymen, þat louyþe to serve[3] oure lady,
32 and to fast hur euens bred and watyr *in* hegh mede to you,

---

[1] a C. om. G. not in d. D. 　　[2] doggus C. dogge G. not in d. D.
[3] to serve H. L. om. G. d. D. not in C.

such a day ȝe schull haue[1] Candylmasse-day; wherfor doþe *in*
þat euen as your deuocyon techeþe you. For, þat day, holy
chyrche maketh gret melody yn worschyppe of hyr and of hyr
swete sonne Ihesu Crist, our Lord, specyaly yn þre þynges: yn 4
our lady puryfiyng, in Symones metyng, and yn candels offryng.

This day, good men, is called þe puryfycacyon of our lady; þat
ys yn Englyssche tong, þe clansyng of oure lady; for no nede þat
scho had, for scho was clansed so w*yth* þe worchyng of þe Holy 8
Gost yn conceyvyng of hur son*n*e, þat þ*er* was laft yn hir no
mater of synne, ne of non othyr fulþe. But for þat day was
þe fourty fro þe byrthe of hyr sonne, and was called yn þe Iewes
lawe þe day of purgacion[2] not only of oure lady, but for all 12
34 b oþ*er* wymen of þe || lawe; wherfor ȝet we callen hit þe pury-
ficacyon of our lady. The lawe of the Iewes was þen suche þat
a woman þat was delyu*er*de of a man-chyld sculd be holden
vnclene by þe lawe VII dayes aftyr hur burth; and þen þe lawe ȝaf 16
hur leue to go to hur husbondys bed. But ȝet scho was vnclene
by þe lawe þre and xxx[ti] dayes aftyr, so þat tyll[3] fourty dayes
wer fulfylled, scho schuld not come w*yth*yn þe temple. Þen,
þat day, scho schuld come to þe tempull w*yth* hyr offryng and 20
wyth hur sonne, and offre for a ryche man a lombe, and for a
pore a payre of turturs oþ*er* two culuer-bryddes. And soo offred
oure lady for hyr sonne. And yf a woman wer delyu*er*d of a
mayden-chyld, scho schuld dowbull þe dayes of comyng to 24
chyrch, and to hur husbonddys bed, and comyng ynto þe tempull.
For, as clerkes techen, hit ys VII dayes aftyr a woman con-
seyueth of þe man, er þan þe sede turne ynto blod; and þre
and þrytty dayes aftyr þat þen, or hit haue shap[4] of man: 28
and þen God sendyth lyfe ynto hit. And yf hit be a mayde-
chylde, hit dowbulth all þe dayes, boþe of turny*n*g ynto blod,
and ynto schappe of body. And þys ys þe cause þat for encheson
þat þe forme woman Eue vexude God more þen dyd man, þerfor 32
scho ys more leng*yr* yn formyng þen þe man. Þus for fleschly
coupull of man and woman ys vnclene yn hymselfe, þerfor lawe
ordeyneth a remedy forto clan*s*e hom.

But þen ȝe schull know wele þat oure lady had no nede to þys 36

[1] haue *d. D.* om. *G.*   [2] purgacion *d. D.* jourificacyon *G.*
[3] tyll *d. D.* om. *G.*   [4] shap *d. D.* schappyn *G.*

clansying, for scho conceyuet not of coupull of man but only
of þe Holy Gost, so þat scho was clene of all maner fulthe
towchyng conseyt of man.   Neuerþeles, scho ȝode to þe tem-
4 pull as oþer woymen dydden for foure skylles.   The fyrst was to
fulfyll scripture þat byddeþe þus: ' Þe grettyr þou be, þe meker
make þe yn all þyng'; þus scho dyd.   For þagh scho wyst þat
scho was modyr to Goddys Sonne of Heuen, and was so full of
8 worschyp passyng all othyr woymen, ‖ ȝet scho made hur as þe 35 a
porest woman þat was yn hur company.   The secunde skyll was
to fulfyll þe lawe.   For ryȝt as scho fulfylled þe lawe yn þe
circumcysyon of hur sonne, ryght soo scho fulfyllet hit yn hur
12 puryficacyon and offryng of[1] hur sonne yn þe tempull, doyng
for hym as oþir pore woymen dydden for hor chyldyrn.   The
þrid skylle was forto stoppe mowthes, lest þay had sayde þat
þay dyd not þe lawe, and soo cast a gret chalange aȝeyns hom
16 yn tyme comyng þeraftyr.   The fowrth skylle was to ensampull
to all cristen woymen þat þay schuld come to þe chyrche aftyr
hor burth, and þonke God heghly þat had saued hom hole and
sonde yn hor trauayle ; for þer nys non euel þat goþe so nygh þe
20 deþe wyth scapyng as doþe hit.   For þes skylles God made mynde
of our lady purefiyng.

He made also mynde of Symones and Anne aȝeyncomyng.   Þys
Symeon was a passyng old man ; but for he prayde besely day
24 and nyght to God þat he most see Cryst bodely, er þen he deyd,
and soo God grawnted hym his bone, and þis Anne also, not
Anne, our ladyes modyr, but anoþer þat was weddyd seven ȝere,
and þen when hur husband was ded, scho lyued tyll scho was
28 foure skore ȝere old, and serued God yn þe tempull day and
nyght.   Þat also þat[2] had grawnte of God to see Crist er scho deyd.
Then when our lady come toward þe tempull wyt hor sonne, þe
Holy Gost warnet þys Symeon and þys Anne ; and þay þen wyth
32 mecull ioye ȝode aȝeynes hom, and broght hom ynto þe tempull.
Þen Symeon toke hym yn his armes wyth all þe reuerens þat
he cowþe, and cussed hym, and þonked hym heghly þat he let
hym lyue to þe tyme forto se hym bodely wyth his een.
36 Wherfor, ȝet yn mynde of þys processe, when a woman cometh

---

[1] offryng of] of offryng *G.* . *not in d. D.*   [2] *MS.* also þat.

to þe chyrche-dyrre tyll þe pryst come and cast holy watyr on
35 b hyr, and clansuþ ‖ hur, and so takyth hyr by þe hond, and
bryngyth hur to þe chyrche, ȝeuyng hur leue to come to þe
chyrch, and to goo to hur husbandys bed. For and scho haue 4
ben at hys bed befor, scho most take hor penance and he, bothe.
Þerfor holy chyrch maketh mynde þys day of candels offryng.
ȝe seen, good men, þat hyt ys comyn vse to all crysten men forto
come to þe chyrche þys day, and bere a candyll yn processyon, 8
as þagh þay ȝedyn bodyly wyth oure lady to chyrch, and aftyr
offyr wyth hyr yn worschip and high reuerens of hur.

Then now hereth how þys worschip was furst yfond, when þe
Romaynes by gret chyualry conquerod all þe world. For þay 12
wern euerous yn hor doyng þat retten not to God of Heuen þat
ȝaf hom þat euere; but made hom dyuerse goddys, aftyr hor
owne lust. And soo, among othyr, þay hadden a god þat was
callet Mars, þat was byfor þat tyme a chyualrous knyght, and an 16
euerous yn batayle. Wherfor þay called hym [1] god of batayle,
prayng ȝorne to hym for helpe. And for þay wolden spede þe
bettyr, þay dyd gret worschyp to his modyr þat was callet
Februa; aftyr þe whech woman, as mony haue opynyon, þys mon 20
þat now ys was called February. Wherfor þe fyrst day of þys mone
þat now ys Candylmasse-day, þe Romans wold goo al nyght about
þe cyte of Rome wyth torches, and blasus and canduls brennyng,
yn worschip of þys woman Februa, hopyng for þys worschip to 24
haue þe rayþyr helpe of hyr sonne Mars yn hor doyng.

Then was þer a pope þat heght Sergyus. For he segh cristen
men drawe to thys mawmetry, he þoght to turne þat foule custom
ynto Goddys worschyp and oure lady Seynt Mary, and com- 28
maundyd all cristen men and wymmen forto come þys same day to
36 a chyrche and iche on offyr a candyll brennyng ‖ yn worschyp of our
lady and hur swete sonne. Soo yche man aftyr, by processe of
tyme, lafton þat worschip þat þay dyden to þat woman Februa, 32
and duden worschip to our lady and to hyr sonne, so þat now
þys solempnyte ys halowed þrogh crystendame, and yche man,
and woman, and chyld of age comeþe þys day to þe chyrche,
and offren brennyng condyls; as þogh þay wer bodyly wyth 36
our lady to chyrche, on chyld hopyng for þys reuerens þat þay

[1] hym *C. om. G. not in d. D.*

don to hyr yn erþe, to haue a gret reward þerfor yn Heuen.
And so þay may be sure þerof.   For a candyll brennyng by-
tokenyth oure lady, and hor sonne, and a man hymselfe; for
4 a candyll ys made of whyte weke and of wax brennyng wyth
fyre. Þus Crystys whyt soule was hydde wyth his monhede
and brenneþe wyth þe fyre of his Godhed; hit bytokenyth also
our ladyys modyrhode and maydynhede, lightnet wyth þe fyre
8 of loue; hyt bytokeneth also yche good man and woman þat
doþe good dedes wyth good entent, and yn full loue and charite
to God and to his euen-cristen. Wherfor yf any of you haþe soo
trespassyd to his neghtbur wherby þat þys candyll of charyte ys
12 qwenchet, furst go he and acord hym wyth his neghtbur, and
so tend his condyll aȝeyne, and þen offyr his condyll to þe pryst.
For þys ys Godys commaundment; and elles he lesyth hys meryt
of his offryng.

16   Narracio.

I rede yn þe lyfe of Saynt Dunstan how þat his modyr, when
scho was gret wyth chyld wyth hym, scho come on Condylmasse-
day to þe chyrch. And when all þe pepull had gon on pro-
20 cessyon wyth candyls brennyng, and stoden all yn þe chyrche,
yche on wyth his lyght yn hys hond, sodenly all the condyls þat
wern yn þe chyrche wern quaynt, and a gret derkenes come
wyth all, so þat vnneth on myght se anoþer. And when þay
24 haden stond soo long sore aferd, þen come þer a fayre lyght
from Heuen, and lyght þe candyll þat Saynt Dunstanys modyr
had yn hond; and so offryd hyr condyll. || And so of hure[1] al 36 b
oþer werne lyght, so þat wythyn a whyle aftyr, all þe chyrche
28 was so lyght aȝeyne, yn token he was yn hyr wombe þat schuld
aftyr tynd mony mannys charite, þat was befor qwenchet by
envy.

                  Narracio.

32 I rede of anothyr woman þat was soo deuot[2] yn oure lady
seruyce, þat scho ȝaf for hor loue all þe cloþys þat scho had, saue
þe febullyst þat scho ȝod yn herselfe. Hit fell so þat on Condyl-
masse-day, scho wold haue goon to chyrche. But for scho was
36 not honest arayde, scho dyrst not for schame; for scho had non

---

[1] and so of hure *C.* om. *G.* and so of hir candell *D.* not in *d.*
[2] deuot] deuo *G.* not in *d. D.*

honest cloþes, as scho was wont to haue. Then when othyr men
went to þe chyrch, scho was wondyr sory; for scho schuld be
wythout masse þat holy fest. Wherfor scho went into a chapell
þat was negh hur place and was þer yn hur prayer. And so as 4
scho prayde, scho fell on slepe, and þoght þat scho was yn a fayre
chyrche, and sygh a gret company of maydens comyng ynto þe
chyrche; and on þat was passyng fayre of hom þen any went
befor, hauyng a fayre crowne of schynnyng gold on hur hed. 8
Then sate scho done all othyr wyth. And when þay werne sette,
þer come yn won wyth a gret burthen of condylls; and furst
ȝaue þe chef-mayden þat had þe crowne, won candyll, and so dalt
all aftyr þat wern yn þe chyrche. And so scho come to þys 12
woman and ȝaf hur a candull, and þen was scho fayne. Then segh
scho a prest and too dekens honestly reueschet, wyth too serge-
berers goyng to þe auter; and as hur þoȝt Crist was þe pryst,
two angels þe too dekens, and Laurence and Vyncent þay beren 16
þe serges. And so too ȝong men begonnen þe masse wyth a mery
note. So when þe go[s]pell was red, þe qwene of maydens furst
offered hur condull to þe prest, and soo aftyr ych on yn rew.
37 a But when all haden offryd, and þis prest abode aftyr þis || woman, 20
þe qwene sayde to hyr and bade hyr goo offyr. And when þys
messager had sayde hys ernde, þys woman vnswared scho wold
not leue hyr serge, but scho wold kepe hit for gret deuocyon.
Then send þe qwene anoþer messager and bade say to hur þat 24
scho was vncurtes forto tary þe prest soo; and but yf scho wold
offyr hit wyth a good wyll, scho bade take hit of hur. ȝet scho
sayde nay, scho wold not offyr vp hur serge. Then þys messager
wold haue taken hyt of hur wyth strength. But for scho huld so 28
fast bytwyx hom two, þe serge brake yn þe myddys. And half
þe messager bar forth, and þat oþer part þe woman huld wyth
hur. And so yn wrastelyng, scho woke of hyr slepe and fonde
halfe yn hor hond. And scho þonkyd oure lady hertly þat scho 32
was not wythout masse þat day, and for scho ȝaf hur such a
relycke to kepe, whill scho lyued aftyr.

Narracio.

Anoþer woman was of so euell lyuyng, þat scho dyd neuer 36
good dede yn hir lyue, but only fonde a serge brennyng byfor

an ymage of oure lady yn a chyrch. Then fel hit, when [1] scho was
ded, fendys comen and fattyn hur soule to hell. But when þay
wern at hell-ȝeate, þer come two angelys and rebuket þe fendes
4 þat þay wern soo bold to fache any soule wythouten dome. Then
sayde þay hur nedyd no dome, for scho had neuer don good dede
yn hyr lyue. Then sayden þe angeles : 'Bryngyþe þe soule by-
for our lady' ; and soo þay dydden. But when hit was fond þat
8 scho dyd neuer good dede, scho most nede goo to hell. Then
sayde our lady : 'Scho fonde a serge befor me brennyng and wold
euer whyll scho had lyued ; þen wyll I be as kynd to hur as
scho was to me.' Wherfor scho bade an angell take a gret serge
12 and lyght hyt, and bade hym sette hit so brennyng byfor hur
yn hell, and commaunde þat no fende schuld be so hardy forto ‖
come nygh hit, but let hit brenne þer for euermor. Then sayde 37 b
þe fendes þat hit schuld be a hoge confort to all þat ben yn
16 hell ; wherfor þay had leuer leue þat soule, þen do such an ese
to þe soules þat ben yn payne. Þen bade [2] oure lady an angyll
to ber þe soule aȝeyne to þe body, and soo he dud. And when
scho was comen aȝeyne to lyue, þen scho beþoght hyr on þat
20 hard dome þat scho was toward, and ȝede, and scherof hyr ;
and was aftyr a good woman, and seruet our lady deuotly all
hur lyue-dayes aftyr, and had þe blysse of Heuen. To þe
wheche blis God bryng you and me to yf hyt be hys wyll. Amen.

15.

24 DE DOMINICA IN SEPTUAGESIMA BREUIS SERMO.

Good men and woymen, ȝe schull all know well þat þys day
is called Sonday yn þe Septagesin. Then for enchesen þat holy
chyrche ys modyr to all cristen pepull, scho taketh hede to hyr
28 chyldern as a good modyr ouyth forto do, and seyth hom all
sore seke yn þe sekenes of synne, and mony of hom wonded to
deþe wyth þe swerd of synne. Þe wheche sekenesse þay haue
caght all þys ȝere before, but namely þes Cristynmasse-dayes þat
32 wern ordeynet in holy chyrche for gret solempnyte. For yche
man schuld þat tyme make more solempnyte, and more bysyly,
and more mekely, and more deuotly serue God þen any oþer

---

[1] when C. when þat, *the* when *being inserted above the line,* G. *not in* d. D.
[2] þen bade þen bade G.

tyme of þe ȝere; for cause þat God schewed all mankynd thelke dayes hegh swetnes of his loue, þat he wold lowen hymself so, forto be born yn þe same flesche and blod as on of vs, and was layde yn a cracche more porly þen any of vs, and aftyr was 4 folowed yn watyr as won of vs, and come to a weddyng, hymself and his modyr wyth his dyscypuls, forto halow weddyng and forto clanse hit of synne all forto make vs holy, and breþern to hym, and ayres of þe blysse of Heuen. 8

For þes causes, men and woymen yn old tyme wern full glad yn soule this tyme, and maden gret solempnite, makyng ||
38 a homselfe clene yn body and yn soule of all fulþe and vnclennes of synne, and dyddyn grownd hom yn sadde loue to God and 12 to hor euen-cristen, doyng gret almes, yche mon aftyr hys hauyng, to hom þat haden nede. But now more harme ys þat solempnite and holynes ys turned ynto fulþe of synne and sekenes of soule, ynto pryde by dyuerse gyses of cloþyng, into 16 couetyse wylnyng worschyp on byfor anoþer vnskylfully ; into envy, for on ys arayde bettyr þen anoþer ; in gloteny by surfet of dyuerse metys and drynkes ; into lechery þat seweth alway gloteny ; into slouþe of Goddys seruyce liyng yn þe morow-tyde 20 long yn bedde for owtrage wakyng ouer nyght ; in rawtyng, in reuelyng, and playes of vanyte, in iapys makyng of rybawdy and harlottry, so þat he ys most worthi[1] þat most rybawdy can make and spende. Þus þe holy dayes of þat fest þat wer ordeynt 24 yn hegh worschyp to God and to hys sayntys, now ben turned ynto hegh offence of God and ynto gret hyndryng and loos of manys sowle. Wherfor holy chyrche seyng[2] hir chyldryn far þus, as a modyr full of compassyon for þe gret myslykyng þat 28 scho haþe yn hyr hert for hom, þys day, scho layth downe Alleluia and oþer songys of melody, and takeþe forþe tractus, þat ben songys of mowrnyng, and sykyng, and longyng.

And also for þe holy sacrament of[3] weddyng ys moche defoulet 32 by suche vanytes, scho layth hom downe þes dayes þat ben comyng, and yn þe Aduent, and also for new weddet ȝeuen hom to lykyng and lust of hor body, and þenke all on þe lyfe, and noght on þe deth. But, as a holy clerke sayth, hit ys moche 36

---

[1] worthi *d*. wroþe *G. not in D.*   [2] seyng *d*. seȝed hyr *G. not in D.*
[3] of *C. om G. d. not in D.*

more spedfull to manys soule forto goo to þe house þeras a cors
ys, þat all wepen þen to þe hous þat all reuelyþe and laghyth ; for
such worldys murthe makyth a man to forȝete his God and
4 hymselfe alsoo.   But þeras ys þe syght of corses and ‖ wepyng, þat **38 b**
makyth a man to thenke on his deth, þat ys þe chefe helpe to
put away synne and þe worldys vanyte. For so taght Salamon
his sonne and bade hym haue hys last ende yn mynde, and
8 þen he schuld neu*er* synne dedly.   Then holy chyrche, hauyng
gret compassyon of hure chyldryn, ordeyned þre maner of salu*ys*
to hele hur chyldryn w*yth* ; that ben : to thynke on deþe yn-
wardly, forto labyr bysyly, and forto chastyce þe body resnably.
12   To þe fyrst, forto thenke on deth ynwardly, holy chyrche
ȝeuyth an ensampull þ*us* yn þe offyce of þe masse. Þer he saythe
þus : ‘ Circumdederu*nt* me gemit*us* mortis.’ That ys in Eng-
lisch : ‘ The sykyng*ys* of deth hauen vmbeclypped me.’ Þus sayth
16 he techyng his good chyldryn, forto haue yn mynde how hard
he ys vmbstad wyth deth on yche syde yn so moch, þat he may
not away-scape ; but euer deþe sewyth hym wyth his bow
drawen and an arow þeryn redy to choton at hym, he wot
20 neu*er* wher ne what tyme. Þys ys a pryncypall salue to ych man
þat takeþe hit to hert, to put away all man*er* worldes vanyte,
and vayn murthe, and reuell. But forto vndyrstond þys þe
bettyr, I schew þys by ensampull.

24   Narracio.

I rede of a kyng þat was a man eu*er* hevy of chere, and wold
neu*er* lagh ne make glad chere ; but euer was yn mornyng and
heuynesse. Then, for his meyne and all oþ*er* men wern greuet
28 þerwyth, þay ȝodyn to þe kyngys broþ*er* pr*a*yng hym forto speke
to þe kyng þat he wer of gladdyr chere, yn comfort of all his
meyne and all othyr. Then went hys brothyr to þe kyng and
sayde þat he greuet all þat werne aboute hym, wyth his heuy
32 chere, and counselyt hym forto leue þat heuy cowntenance and
taken lyghtyr chere to hym, yn tyme comyng. Then was þe kyng
wyse, and þoght forto chast hys b[r]othyr by a wyle, and wroþly ‖
bade hym go hom and medyll hym of þat he had to do of, and **39 a**
36 noght of hym.   Then was hit þe maner of þat co*n*tre þat when
any man schuld be don to deth, ther schuld come trompers and

trompe befor þe ȝeate. Þen sende þe kyng trompers byddyng
trompe befor his brothyr ȝeate, and men wyth, forto haue rest
hym and bryng hym to hym. But, þis mene whyle, þe kyng
called to hym VII men þat he tryst, and bade hom, when hys 4
brothyr come, forto drawe hor swerdys and stond aboute hym,
wyth all þe poyntys about hys heɪt. Soo, when þys brothyr was
comen, anon þes VII men dydden as þe kyng bade. Then þe kyng
commawndyt all men forto dawnce and to make al þe reuell þat 8
þay couthe, on yche syde; and so þay dydden. Then sayde þe
kyng to hys brothyr: 'Brothyr, why art þou of so heuy a
schere? Heue vp þyn hert, and make mery. Lo, al þys myrþe
ys made yn confort of þe!' Then vnswared he and sayde: 12
'How schuld I be of any chere, and se here VII swerdys set to
my hert, and wot neuer wheche of hom schall furst be my dethe?'
Then sayde þe kyng: 'Put vp your swerdys!' and spake to his
broþyr þus: 'Hit faryth by me wher þat euer y be, þe VII dedly 16
synnys ben euer redy, forto rowe me to þe hert; and þys makyth
me þat I make no gladdyr chere, but euer am aferde of my sowle
deþe.' Then sayde his broþer: 'Syr, y crye you mercy! I knew
þys neuer or now; and now schall I be wysyr whyle þat I lyue.' 20
Wherfor y say bo[l]dely: he þat wyll take þys to hert, he schall
haue bettyr lust forto lowren þen to lagh, forto syke þen forto syng,
to reme þen rymov, to drowpe þen to daunce; so þat he schall
fynde mynde of deþe þe pryncipall helpe for all maner synne. 24

   That othyr salue ys forto labur bysyly. To þis labour Seynt
39 b Paule, yn hys pystyll ‖ of þys day, techeþe and saythe þus: 'Sic
currite, ut comprehendatys.' 'Rennyth soo þat ȝe may gripe þe
gome.' By þys gomen and rennyng ȝe schull vndyrstond bysy 28
labour. For he þat rennyþe for þe gamen, he enforsuþe hym yn
all his myght to ren swyftly. So most yche good seruand enforse
hym forto laboure yn þe degre þat God hath sette hym yn.
Men of holy chyrche schuld labour bysily prayng and studiyng 32
forto teche Godys pepull; lordys and oþer rented men schuld labur
bysyly[1], to kepe holy chirch yn pees and rest, and all othyr comyn
pepull; the comyns schuld labour bysyly, forto gete lyflode to
homselfe and to all oþir. Then, for no man ne no woman schuld 36
excuse hym of þys labour, God yn þe gospell of þys day ȝeueþe an

---

[1] labur bysyly *L*. þe bysyly *G*. bysy ham *C*. *not in d. D.*

ensampull, sayyng þus : 'A husband-man ȝede yn þe morow at
pryme, and eftsones at vndyr, and efte at mydday, and eftsonys
at none of þe day, and at euensong, and hyryd men to his vyne-
4 ȝorde for labour.' Soo by all þe tydes of þe day, all þe ages and
degres ben vndyrstonden, and ben hyred by Good, forto labour
whyll þay ben yn þis world. For, as Iop saythe, a mon ys borne
to labour ; and Seynt Barnard seyth : 'He þat wyll not labour
8 her wyth men, he schall labour yn hell wyth fendes.' For þat ys
þe testament þat Adam laft to all his ospryng : labour and sorow.

To þys labour holy c[h]yrche ȝeueth ensampull, þeras he, þys day,
rehersyth how God made Adam and Eue, forto laboure and to
12 kepe paradyse, and bade hom ete of all þe treun yn paradyse,
excepte won tre þat he kepte a chefe to hymselfe. So, as oft as
þay sen þat tre, þay schuld þenke on hym, and know hym as for
God ; and for þay schuld not be to forȝetfull yn hor wele, he
16 forbade hom to ete þerof yn payne of deth. Then, for þe fende
segh hom þer yn so moche wele and hymselfe yn so moche payne,
he had envy to hom, and ȝede to Eue, and asked Eue why þay ‖
ete not of þat tre. Þen sayde scho : 'For God had forbedyn vs **40 a**
20 þat tre, in payne of deth.' Then sayde þe fende : 'He wot full
well þat what tyme ȝeten þerof, ȝe schull be as Godys, knowyng
boþe good and euell. And yf ȝe wyll preue þat I say sothe, ete of
þe tre and say.' Þen ete Eue of þe tre and ȝaf Adam ; and
24 fore Adam loued hyr and wold not wroth hur, he toke an appull.
And anon þerwyth ayþer segh oþerys schappe, and wern aschamed
of hyt, and token leues of a fyge-tre and hydden hit. Then come
God anon, and for þay myght not deyn yn paradyse ne suffyr
28 payne þer, he drof hom naket out of paradyse ynto þe wrecchet
world, wepyng and sore sekyng. Þer þay schulden drye woo and
sorow, and gete hor mete wyth labour and swot, and dye at þe
last. Then prayde Adam sore wepyng to God þat he schuld
32 not set to hard vengens apon hym, but haue mercy apon hym,
and haue reward how he synned by ygnorance, and not by males,
and was deceyuet by envy of the fende. Then had God rewþe of
hym and for þay wer naket, he cloþed hom wyth pylches, and
36 bade Adam labour and ete his mete wyth swote, and Eue bere
hur burþes yn woo and payne ; and ȝaf Adam dyuerse ynstru-
mentys forto labour wyth, and laft hym þer. By þys ensampull

ȝe schull take hede forto labour bysyly; for yf Adam and Eue
had bysyede hom yn labour, þe fende schuld not haue ouercomen
hom so sone.   For þe fend kepyth no more when he woll tempte
a man, but fynd hym ydull.   Wherfor ȝe schull know well þat hit 4
ys a ryche salue to hele synne : labour bysyly.

The þryd ys forto chastes þy body dyscretly.   Herto Saynt
Paule techyth[1] vs yn þe pystyll of þys day, þer he sayth þus :
' Castigo corpus meum et in seruitutem redigo.'   That ys yn 8
40 b Englysche : ||' I chast my body and dresse hit ynto seruage of þe
soule.'   For mannys flesche ys so wyld and lusty to synne, þat hyt
wyll no way leue his lust and serue þe soule tyll hit be chastet
wyth penance ; so þat, by scharpenes of penaunce, þe lyking 12
of synne schall be slayne yn þe flessche þat dothe þe synne.

Thus dyd Adam and Eue yn ensampull to all þat comen of
hom.   For, fele ȝeres byfor hur deth, ayþer of hom stode yn
a watyr, nyghtys fer from oþer, vp to þe chyn, for penaunce. 16
Þen when hor flessch was grene as grece for cold, þe fend come to
Eue, bryght as an angell, and sayd to hur þat God had send
hym from Heuen, and bade hur : 'Go to Adam and say hym how
þat God byddyth hym sese of hys penaunce ; for he haþe don 20
ynogh for hys gylt, and þou also for þyn.'   Then ȝode Eue to
Adam and sayde hym soo.   But, for Adam wyst well þat þys
come of þe fende, and not of Godys sonde, he sayde to hur :
' When God drof vs out of paradyse for oure synne, and had com- 24
passyon of vs, when we wepyd on hym, and mekely prayde on
hym for mercy, he set vs here, to do penaunce to our lyues ende.
But þen, for suche a gret synne may not be qwaynt but wyth gret
penaunce, þe more penaunce we don, þe more ys oure mede befor 28
God.   Wherfor go aȝeyne ynto þy penance yn Godys name.'   Eft
he come aȝeyne to Eue and sayde : 'God haþe take rewarde of
your gret penance þat ȝe suffren, and hath forȝeuen your synne ;
wherfor byd Adam be glad and leue of his penance, lest God be 32
wroþe wyth hym þat he take no reward to his sonde.'   Then,
when Eue had sayde to Adam þus, he vnswared and sayde : 'I
wot well þat oure penawnce greueth hym moch mor þen vs, and he [2]
ys aboute as moche as he may, to make vs to leue of, and so forto 36
41 a lese oure mede befor God.   But for || God rewardyth a good endyng,

---

[1] techythyth *G.*   [2] he *C. om. G. not in d. D.*

and not þe begynnyng, þerfor lese we not our mede, but do we
forth oure penance tyll our lyues ȝende.' ȝet þe þrid tyme he
come aȝeyne to hur and sayde : ' Goo to Adam and say þat he
4 began foule, and wel foulyr he woll ende.   For ȝe gylton [1] furst by
ynnocens and by defaute of þe fende, and now ȝe synneth by good
deliberacyon and knoweth þat ȝe don mys ; wherfor your gylt ys
now wors and dowbull dampnacyon or þat hyt was before.'   Then
8 was Eue aferd, and ȝede to Adam, and sayde hym soo.   Þen
sykut Adam sore and sayde to hur : ' Vnsely woman, God of his
goodnesse made of on of my rybbys forto helpe me ; and now
þou art bysy by techyng of þe fende eft forto combyr me.   But
12 þenke on þat ; for oure forme synne stanke soo yn Godys nase,
þat all our ospryng schall be enfecte and enve[ne]mode þerof ynto
þe worldys ende.   Wherfor þogh we myght do as moch penance as
all our ospryng, hit wer to lytyll forto qwyt vs to our God.   But
16 for God for hys heȝ grace aloweþe a good wyll [2] þeras myght fay-
leth, þerfor do we oure penance wyth a good wyll, þogh hit be
lytyll whyll we ben here ; and þen I hope þat God woll ȝeue vs þe
oyle of mercy when tyme of mercy comyth.'   Then ȝede Eue aȝeyne
20 and dud hyr penaunce mekely tyll hyr lyues ende.   And when
þay haden lyued ix hundyrt wyntyr and þrytty, and haden þritty
sonnes and þritty doghtyrs, þay deydyn, and wer buriet yfere.

Thus, good men, know þat Adam and Eue wern boþe holy or þay
24 deydyn, and þoghten on deþe y[n]wardly, and laburt boþe bysely,
and chastest hor body resnably ; and so most all þat comen of
hom, þat hopen forto come to þe joye of paradyse, and to þe lyfe
þat euer schall last.   In tokenyng of þys, þis Sonday ys called ' Yn
28 Septuagesin,' þat ys a nowmbyr of syxty dayes and x.   Þe wheche
nowmbyr bygynnyth þys day and endythe þe Settyrday yn þe
Estyr-weke ; so þat holy chyrche ys yn mornyng for hur chyldyr
from ‖ þis day ynto Setyrday yn Astyr-euen.   Then scho takythe **41 b**
32 comfort to hyr yn party and sengyth on Alleluia wyth a tracte,
for enchesou þat scho ys not ȝet yn full murth tyll Settyrday
aftyr þat ys callyd Settyrday in Albis.   Þen scho leyþ don
tractys, and grayles, and syngyþe dowbull Alleluia, techyng yche
36 good Godis child forto do penance and labour jn longyng, tyll he
come to Astyr Setyrday ; þat is, tyll his soule passe to rest.   But

---

[1] gylton *C.* gylty *G.* *not in d. D.*   [2] *MS.* whyll.

ʒet þe sowle ys not yn full joy tyll Setyrday *in* Albys, þat is, tyll
þe day of dome when þe body and sowle schull come togedyr, and
be ycloþed *in* albys, þat ys yn whit, seuen syþys brightyr þen þe
sonne. And þen schull þay syng yfere dowbull A*lleluia* yn þe 4
joye þat euer schall last. To þe whech ioy God bryng you and
me, yf hit be his wyll. Amen.

16.

De D*ominica* in Sexagesima Breuis S*ermo*.

Goode men and woymen, þ*ys* day ys called y*n* holy chirch 8
Sonday yn Sexagesin. Þen ʒe schull knowe well þat Sexagesin ys
sette for a nowmbur of þre score. By þe whech nowmbyr ʒe
schull vndyrstond þat holy chyrche techeth yche man and woman,
to þenke on how schort [1] a ma*n*nis lyfe is now in our dayes oue*r* þat 12
hit was in olde tyme before [1]. For, su*m*me tyme, men lyuedon
ix hundyrt wyntur and more ; but, now, he þat lyuyþe þre score ʒer
or [2] su*m*mewhat more, he ys taken for a long lyuyng man. But
þe goodnes of God ys so moche, þat yf we wyll be wyse yn our 16
schort lyue forto plese God and saue our soules, he woll ʒeue vs
as moche mede yn Heuen, as he ʒaf hom þat lyued soo mony
ʒeres. Þen he þat woll haue þat mede of God, he most haue þre
þynges wythe hym; þat ys: forto suffyr tribulac*y*on mekly, forto 20
do almes-dede dyscretly, and forto hate synne namly.

Þen, for a manys dayes byn schort, he most suffyr þe more
tribulac*y*on wyth good wyll, and not wyth grychyng aʒeyne hym.
42 a For hyt comyþe of specyall ‖ grace of God when he sendys any man 24
tribulac*y*on oþ*er* any dysese; for h*y*t ys oþ*er* for remedy of his
synnys forto haue his penance here, oþ*er* yn hey encres of his joy
befor God. Þen, for Saynt Paule, Godis holy apostoll, woll þat
yche man take ensampull by hym forto suffyr tribulac*y*on w*yth* 28
good wyll, he rehersyth yn þe pystyll of þ*ys* day moche of þe
tribulac*y*on þat he suffyrd and saythe thus : 'I haue be put ynto
pr*i*son oft-tymes, and suffyrd wondys of gret chaynes and oþ*er*
dyu*er*se yrens ; and fyue tymes betyn w*yth* scorgys of þe Iewes, 32
and had yche tyme nene and þrytty strokes on my bare body;

---

[1] a . . . before *H. L.* ys mannys lyfe, for now our dayes byn but schort or.
þat þay wer tofor *G. d, not in D.*   [2] or *d.* of *G. not in D.*

and þryse beton wyth ȝardys of paynones ; and onys beton wyth
stons ; and þryse ben yn schipwrak on þe see, and was yn þe
grond of þe see on nyght and on day ; and ofte-tyme *in* pareyle of
4 flodys, and yn pareyl of þeves, and yn pareyle of fals breþer*n* þat
schewedon hom to me louyng and trewe, and werne false and
entyset oþ*er* to do me doses.' He rehersyth all þe woo þat he
suffyrd yn dyu*er*se trauayls, yn myscheves, yn colde, yn naked-
8 schip, yn þurst, yn hongur, yn long wakyng, yn fastyng, and yn
mony oþ*er* myscheves þat he suffurd, þat wern to long to tell.
And all he suffyrd wyth good wyll, and euer þonked God of h*y*s
swete sonde ; for wele he wyst þat all þe doses þat God send to
12 hym, was for syn þat he dyd befor, and for encrese of his meryt
aftyr. Wherfor yche man þat will plese God—what man*er* doses
comeþe to hym, be hit sekenes, be hit lose of goodys þat ben
worldly, oþ*er* deth of any frende—take hyt as esely as ȝe may ; for
16 i*n* tyme aft*yr* when he is maystyr of hymselfe, þen þonke he God
and pray hym mekely of mercy of his ynpaciens. God knoweþe your
fragelte, and þerfor he forȝeueth sone all þo þat askyth hym m*er*cy
wyth a meke hert. ‖ Þus most a man suffyr tribulac*y*on mekely.   **42 b**
20   He most also do almys-dede dyscretly, þe wheche byn fyguret
by þes Syxagesin þat byn syxty dayes. For syxty ys syx tymys
ten, so þat by þe syx ȝe schull vndyrstond þe syx werkes of
charyte þat comen out of þe ten co*m*mawndementys of God. Þe
24 whech werkes byn : forto ȝyue mete to þe hongry[1] ; forto ȝeue
drynke to þe þursty ; to cloþe hom þat byn acold for defaute of
cloþes ; forto ȝeue hom herber þat hauen non ; forto help hom þat
byn seke of þat hom nedyth ; forto viset p*re*soners, and socour hom
28 wyth mete, and drynke, and oþ*er* þat hom nedyth ; and othyr
werke holy chyrch layth to ; þat ys : forto bury þe pore þat haþe
no helpe as Toby dude. Þys ben þe werkes of charite and of
mercy þe whech ych man and woman most nedely do, þat wyll
32 haue mercy of God yn þe dredfull day of dome. Wherfor þis
Sexagesin bygynnyth þ*y*s day and endyth þe Wonnysday yn
Astyr-weke ; þe wheche holy chyrche synguþe : ' Venite bened*i*cti
Patrys mei etc.,' that ys i*n* Englysche : ' Com ȝe, my fadyrys blessed
36 chyldyrne, and takyth þe kyndome of Heuen þat ys ordeynt to
you.' Thes same wordys God schall say to you at þe day of dome

[1] hongry *d*. hongur *G. not in D.*

and to all þat han don þe werkes of mercy dyscretly. Wherfor
all þat han wherof[1], þay moten do hom yn dede; and þay þat
haue not wherof, þay moten haue good wylle forto do, yf þay
hadyn wherof; so þat hor good wyll schall fulfyll þat hor non- 4
power may not. Then, for þes werkes moten be don dyscretly,
lest[2] a man lese all yfere, God techythe by ensampull yn þe gospell
of þys day how þay schull be don and seythe þus: 'A mon ʒode
out, forto sowe his sede; and when he sew, som sede fell by þe 8
way, and fowles of þe ayre etyn hit; and som fell on a stone, and
hit dryet vp for defaute of humore; and somme fell among þornes,
and hoo in þe grownde choket hit; and som fell yn good erthe,
and hyt broʒt furthe frute an hundyrthfold.' This way sayþe 12
Cryst: 'I am þe way to Heuen.' Wherfor his sede fallyth bysyde
43 a þe way, þat ‖ ʒeueþe hys almes not only for Crystys loue, but for
pompe of þe world, and vayn glory, and forto be holden a holy man;
and so lesyþe al yfere.   16

Narracio.

I rede þat þer was a wondyr ry h man, som tyme, yn Eirlond,
and dyd so mony almys-dedys yn hys lyue, þat all men wendon
þat he had ben a gret seynt before God. But when he was ded, 20
he apered to won þat loued hym wele yn his lyue, as blak as
pyche wyth an horrybull stenche, and sayde to hym: 'ʒe wenyn
I am a saynt; but now I am such as þou may se.' Then sayde
þat oþer: 'Wher byn all þyn almys-dedys bycomen?' Þen sayde 24
he: 'Þe wynd of vayn glorye hathe blowen hom away.' Thus he
þat doþe almys-dedys for vayne glorie, he lesyth all his mede, and
fendys of þe ayre strien hit. His sede fallyth on a stone, þat
ʒeuyth his almys to suche as he knoweth well, þat ben groundyd in 28
dedly synne and woll not leue hit, or whosoo mantaynyth hom
yn hor synne, he lesyþe his mede. His sede also þat fallyth
among þornes, þat ʒeuyth hys almes to ryche men þat haue no
nede þerto, and also ʒeuyth hit to his seruandys in reward of hor 32
hyre, and soo lesyth hys[3] mede. But his sede fallyþe yn good
erthe, þat ʒeueth his almes to good, pore, trew men þat ben
Godys ayr, and othyr wher þer he wot, hit ys almes. And þys
sede schall ʒeld a hundrethfold fruyt, and be euerlastyng fode yn 36

---

[1] wherof *d.* wher *G. not in* D.   [2] lest *d.* let *G. not in* D.
[3] hys *C.* hor *G. not in d.* D.

Heuen. Þus ȝe þat don almes dyscretly, schull haue ȝour [1] fode yn Heuen perpetuall.

He most also hate syn namely [2], and sle hit yn all þat he may;
4 for he þat hatyth synne, louyth God, and God louyth hym; and so he is made on spyryte wyth God. God hatyth synne so moche, þat he toke vengeans on all þe world, as holy chyrche nowe makyth mynde, and namely for synne of leche[ry] and of vowtrye,
8 and for synne aȝeynd kynd. Then, for God segh þis wikednes namly of þes synnys regnyng yn þe ‖ world, he sayde þus: 'Me **43 b** forthenkyth þat I made man.' Wherfor he sayde to Noye : 'All þe world ys enfect wyth synne so greuesly, þat I woll strye hit
12 wyth a flod. Wherfor make þe a schyppe, as I woll teche þe, of planke-bordes, and make chambors [3] þeryn, and take of all clene bestys þre coupull and on by hymself of all oþer vnclene bestys take [4] on cowpull yn, and mete wyth hom.' Then made Noye þys schyppe
16 as God taght hym, sqware in þe boþom, of þre hundyrt cubytes yn lengthe, and yn brede fyfty cubytys, and þrytty cubites yn heght ; so þat þis schippe was yn makyng a hundyrt wyntyr, forto schew how mercyable God ys, and how loþe he ys to do vengeans.
20 And he doþe hit, forto loke yf men wold amend and aske mercy. But for þe pepull wold not amende, but was euer þe lengyr þe worse, al maner of bestys, as God bade byfore, werne jbroght byfore Noye by help of þe angelys, and don yn þe schippe. And
24 when all wern broght yn, God bade Noye and his þre sonnes goo ynto þe schyppe by homself; and Noyeys wyfe and hys sonnes wyues by homselfe ; for encheson þat, yn tyme of affliccyon, men schuld absten hom from coupull of woymen. So when þay wern
28 alle in, God closud þe dore aftyr hom wythout-forth ; and þen hit rayned so gretly fourty dayes and fourty nyghtys, þat þe watyr bare þe schyppe herre þen any hull by fyfty cubytys, and stod so styll an hundyrt dayes and fyfty. And so was all þe
32 world drownet, boþe man and best, outtaken hom þat werne in þe schyppe. Neuerþeles Ioseph sayth þat in Armeny ys a hull þat ys called Baris, þat was herre þen þe watyr where mony men and woymen were [6] ysaued, as men haue an oppynyon. Þer was

---

[1] ȝour *C.* hor *G. not in d. D.*   [2] namely *d.* name *G. not in D.*
[3] chambors *C.* chabors *G.* chamberes *d, not in D.*
[4] take *C. H. L.* om. *G. d. not in D.*   [5] where *C.* were *G.*
not in d. D.   [6] were *C.* om *G. not in d. D.*

Noʒe a twolfmonyþe yn þe schyppe. Þen he put out a raven forto bryng woɪde yf þe watyr wer all sesyd or no. Þen fond þys rauen a drowned careyn, and fulled hym þerof, and come not **44 a** aʒeyne. Aftyr Noʒe send ‖ a culuer out þat come aʒeyne wyth 4 a branche of an olyue-tre in hur byll; wherby Noʒe knew þat þe watyr was sesyt and þonkyd God heghly. Then when God bade hym go out, he ʒede out, and toke out þe hed-best of þe clene bestys, and brent hym yn offɪyng to God. Wherfor God was so 8 wele payde þat he ʒaf hym and all men aftyr hym leue forto ete flesche of clene bestys, and forto drynke wyne þeras befor þe flod men etyn no flessche, ne drynkyd no drynke but watyr; for þe erthe was so badfull byfor, þat hom nedud non oþer fode, but 12 suche as come of þe erth.

Þus, good men, ʒe most vndyrstond how gret vengeans God toke on þe world for wykednesse of synne, and now, more harme ys, þe pepull ar as full of synne as þay wer þat tyme; and þerfor 16 God will take vengeans, ner þe prayers of holy sayntys and specyaly of our lady.

Narracio.

For þis I rede yn þe lyfe of Seynt Domink when he was on 20 a nyght yn his deuocyons he segh our Lord Ihesu holdyng þre speres yn his hond, redy forto schote to þe world for vengeans. Then come our lady anon, and kneled befor hym, and sayde; 'My dere sonne and swet, what wyll ʒe do?' Then sayde he: 24 'Dere modyr, þe world ys so full of pride, and of couetyse, and of lechery; wherfor, wyth þese þre swerdys, I woll schote at hom.' Then sayde our lady: 'My swete sonne, haue mercy, and ʒet abyde a whyle; I haue on trew seruand, þe wheche 28 schall goo, and preche, and turne þe world to þe.' And so scho send forth Saynt Domink, and bade hym go, and preche Godys worde, and turne þe pepull; and so he dude.

Thus, good men, ʒe haue herde how by prayer of our lady and 32 by prechyng of þys good man, God spared to do vengeans þat tyme. But nowe, more harme ys, þe pepull ys combyrt wyth þe same synne, and ys full like to be smytten wyth þe same vengeans oþer wyth wors; for now þe pepull settyþe but lytyll 36 by God: for þagh þay heren prechyng and techyng, þay wyll

not amende hom, ny leue hor synne. Wherfor God smytyþe
yn parte now, and woll hereaftyr well hardyr and sarre. Wherfor
ȝe schull pray to God to hold vp his hond of vengeans þat hyt ‖
4 fall not yn our dayes; but þat we may come to amendement **44 b**
and haue þe blysse þat he boȝt vs to. To þe wheche blysse God
bryng you and me, yf hit be hys wyll. Amen.

<h1 style="text-align:center">17.</h1>

De Dominica in Quinquagesima Sermo Breuis.

8   Good men and woymen, þys day is callet yn holy chyrche
Sonday yn Quinquagesin. Þen schull ȝe know þat þys word
quinquagesin ys an nowmbur of fyfty, þe wheche nowmbur by-
tokenyth remission and ioye. For yn þe old lawe, ych fyfty
12 wynter, all men and woymen þat wern sette wyth seruice and
bondage, þay wern made fre in gret ioy and murth to hom.
Wherfor þys nowmbur bygynnyth þys day, and endyth yn Estyr-
day, schewyng þat yche godys-seruand þat ys oppressyd wyth
16 tribulacyon, and takyth hit mekely yn his hert, he schall be
made fre yn his resurrecyon : þat ys yn þe day of dome, and be
made þe ayre of þe kyndome of Heuen. And ȝet yn more confort
of all Godys pepull [1] yche fyfte ȝere, þe pope of Rome grauntyþe
20 a full remyssion of all synnys to yche man and weman þat
comyth to Rome þat ȝer[1]. But for all men may not come
þedyr and haue þys pardon, þerfor þe Pope of Heuen, Ihesu
Cryst, of his specyall grace grauntyþe all men and woymen full
24 pardon of hor synnys yn hor deth-day, so þat þay woll kepe by
hor lyue þre þyngys þat ben nedefull to hom. Þe wheche ben
þese : full contricion wyth schryft, full charite wythout feynyng[2],
and stabull fayth wythout flateryng. And, sothly, wythout þes
28 þre, þer may no man haue pardon at Rome ne elleswher.
    Wherfor he[3] þat wyll be asoylet of þe Pope of Heuen, and haue
playne remyssyon of hys synnys, he most be full contryte, þat ys,
ynwardly sory for hys synnys and his gyltes; and so schryue
32 hym clene, and be yn full purpos neuer forto synne more. Whoso
doþe þus, leue he wele, God forȝeuyth hym his trespas, and full

---

[1] yche . . . ȝer *scratched out in* G.
[2] feynyng d. faylyng G. *not in* D.   [3] he C. ȝe G. d. *not in* D.

perdon þerof. For a man may haue suche a contricion, þat hᵧt
schall quench all þe paynes þat wer ordeynt for hym. ‖

45 a   Ensampull we haue of Petyr þat forsoke Cryst wᵧth heȝ
othys. But for he was contryte, and byttyrly wepte, þerfor God 4
þat ys full of mercy, foraf [1] hym his trespas, and made hym more
chere þeraftyr þen he dude byfore.

Anoþer ensampull.

I fynde þat þer was a gret man and was so wykyd of lyvyng [2], 8
þat all demede hym to helle. Þen happyd hym so, þat he fell
seke yn his deþe-bed. And when he felde he schuld be ded, he
þoght how wyckedly he had ylyued before, and caght such a con-
tricion in his hert, þat he wepte day and nyght, and neuer sesed 12
seuen dayes þat he lyued. And made prestys to be wyth hym,
day and nyght; and euer as hys synne come to mynde, wyth hegh
repentance, he schrof hym, and euer cryed to God of mercy deuotly,
þat iche man haþe rewthe of hym. And so deyd fruth. Then 16
was þer bysyde, in [3] an abbay, a monke þat deyd þat same tyme,
þat þis man dude, and was bedon by his abbot com aȝeyne, and
telle hym of hys state. And so he dude, and sayde to his abbot:
'Syr, I am come as ȝe bade me. ȝeue me leue to go my way; 20
for I goo to joye.' Þen sayde þe abbot: 'Was þer any soule þat
ȝede to þe joye wythout payne, þat day, þat þou dyddyst dye ?'
Þen sayde þe monke: 'For soþe on and no moo, and þat was
þe soule of þat man,' and told his nome. Þen sayde þe abbot: 24
'Now I se well þat þou art a fend, and not my monke þat art
ycomyn, to temp me; for well I wot, ȝyf any sowle be yn payne,
þen ys hys soule.' Then sayde þe monke: 'Ful vnworþy ys
any man to knowe þe pryuete of Godis dome. Þat man had 28
suche contricyon, and wepte so byttyrly, er þat he deyd, for hys
synnys, þat þe watyr of his een persued all hys cloþis, and þe
brest, and so don into þe erthe. Wherfor goo þedyr to-morrow,
and when þou fyndyst hit soþe þat I say, leue þat I am trew 32
and goo to joye.' Then ȝede þe abbot þedyr; and when he fonde
all sothe þat þe monk told, þen he knelyd don, and herut God,

45 b and bade all men be glad: for he was þus certefyet, ‖ þat his soule
was yn blysse. Þus þe gret contrycyon þat þys man hadde, er 36
he deyd, quenched þe gret payne þat was ordeynt to hym.

---

[1] *MS.* foraft.   [2] of lyuyng of lyuyng *G.*   [3] *in inserted above the line. G.*

Hereby ȝe may know opynly how[1] spedfull hyt ys to a man to be contrite of his synnys.

Wherfor forto draw men to contricion namly þes fyfty dayes, 4 þe fyft psalme of þe sauter, that ys : ' Miserere mei, Deus !' ys more rehersyd þes dayes þen any oþer tyme of þe ȝere. Þe wheche ys þus to say yn Englysche : ' God, aftyr þy gret mercy haue mercy on me ; and aftyr þy multytude of þy mercyus, do 8 away my wickednesse !' and soo forth. Thus when a man ys sory for hys synnys and sayth þes wordys wyth full hert, God heryth his prayer and forȝeueth[2] hym hys trespas, so þat he be yn full wyll to amende hym yn tyme comyng, and also full of 12 charyte wythout faynyng.

For, what maner vertu þat a man haue, but yf he be yn charyte, hit stondys hym in no vayle ; for þogh he wepe and crye to God : whyll he ys wythout charyte to any of hys euen- 16 cristen, God heryth hym not. Herto acordyth Seynt Paule yn þe pystyll of þys day and sayth þus : ' Thagh I were as eloquent yn speche as any man or any angell ; þagh I had prophecyus and knew þe priuetyes of God ; or þagh I had so full fayth, þat I 20 myght remewe hylles ; or þagh I dalt all my goodys to pore men for Godys sake ; or þagh I put my body to brenne for Godys loue : ȝif I haue no charite, all prophetyth me noght.' Wherfor, þagh a man wenyth he loueþe his God and loue not hys euen- 24 cristen, he ys dysceyuet ; for he loueþe his God, þat loueþe all þat God loueþe. Thus most a man haue full charite þat woll be sauet befor God. For he þat deyth yn charite, schall be sauet ; and he þat deyth yn dedly synne, schall be dampnet : wherfor of 28 all vertues charite is most necessary.

ȝet ȝe[3] most haue stabull fayth wythout flateryng, so þat ȝe leue saddely as holy chyrche leuyth, þat is, yn þe Fadyr, and yn þe Sonne, and yn þe Holy Gost. Þe Fadyr full God, and þe 32 Sonne full God, and þe Holy Gost full God ; and ȝet þes þre but on God[4] þat made all þyng || of noght. Thus fayth was furst **46 a** schewed to þe holy patryark Abraham, as holy chyrche þys day maketh mynde, and sayth þat Abraham was yn þe vale of 36 Mambre, and segh þre fayre men comyng toward hym. And

---

[1] how *d.* om *G.* not in *D.*   [2] forȝeueth *d.* forȝeuen *G.* not in *D.*
[3] ȝe *corrected from an* in *G.*   [4] God *C.* gon *G.* not in *d. D.*

þen he ȝede aȝeyne hom and, þagh he see þre, he worschepyd but on, ȝeuyng all men ensampull forto se yn hor spyryte þe Fadyr, and þe Sonne, and þe Holy Gost; þre persons, and on godhed; and worschip hom as on God. 4

And alsoo ȝe schull leue yn þe yncarnacyon of oure Lord Ihesu Crist þat oure lady conceyuet of þe Holy Gost wythout wem of hyr body, and was borne of hur yn flessch and blode as on of vs, and he was [1] veray God and man þat aftyr was ded 8 on þe crosse, and buryet, and aros from depe to lyue þe þryd day, and stegh ynto Heuen on þe Holy Þursday, and schall come aȝeyne, forto deme þe quycke and þe ded.

This was fygurt by Isaake, þat was þe sonne of Abraham, þe 12 wheche Abraham gete by his wyfe Sare þurgh byhest of God when þay wer boþe past age forto gete chyldyr; of þe whech sonne God behet Abraham, þat he schuld haue fruyt as mony as wer sterres of Heuen. Þen when þys chyld was borne, he was 16 called Isaake. But when he was xxv ȝere old, God asayde Abraham yn þys wyse: he bade hym take hys sonne Isaak þat he loued wele, and go to suche an hull þat he wold schew hym, and þer offyr vp hym yn sacryfyce [2], þat was, sle hym and brenne 20 hym, as þe maner was þat tyme. Þen Abraham, þogh he loued his sonne moche and had behest of God to haue gret vssu by hym, neuerþelese he toke hym anon wythout grucchyng, and ȝede to þat hulle, and made Isaak to ber wod to bren hymself 24 wyth. And when þay come to þe hullys cop, Abraham made an auter of þe brondys, and set hom on fure; and þen toke his sonne Isaake, and wold han slayne hym, and offred hym vp soo to God. Then anon spake an angyll to hym, and bade hym leue 28 of, and take þe wedyr þat ys byhynde hym, tyed by þe hornys

46 b to brerys, || 'and offor hyt ynstede of þy sonne'; and so he dyd.

Then by Abraham ȝe schull vndyrstonde þe Fadyr of Heuen, and by Isaac his sonne Ihesu Crist. Þe whech he sparyd not 32 for no loue þat he had to hym; but suffered þe Iewes to lay þe wode apon hym, þat was þe crosse apon hys schuldres, and ladden hym to þe mount of Caluary, and þer dydyn hym on þe autre of wode, þat was þe crosse, þat was made of foure treus: 36

---

[1] was om. *G. C. not in d. D.* [2] sacryfyce *C.* sacryce *G. not in d. D.*

cydyr, cypur, olyue, and palme; and þer dyed for all mankynd.
Thus may Crist well be called Isaac þat ys to vndyrstond
laghtur for mony a soule. He broght out of helle laghyng[1] þat
4 ȝode þedyr, full sor wepyng. Þen as þus was fygur of Crystys
passyon longe or he wer borne, ryght so Crist hymselfe þys
day yn þe gospell tolde[2] to his dyscypuls how he schuld be
scornyd, and betyn wyth scorgys, and don to deth on þe crosse,
8 and ryse þe þryd day aȝeyne to lyue.

And, for þay schuld haue full leue hereto, anon befor hom
he made a blynd man to see þat cryed to hym and sayde: ' Ihesu,
Dauid sonne, haue mercy on me !' Þen sayde Crist to hym:
12 ' What wolt þou þat I do to þe ?' And he sayde: ' Lorde, þat
I may see!' Þen sayde Ihesus : 'Þy faythe haþe heled þe, behold
forth !' and anon he sygh gracyously and heryed God hertfully.
Þys most yche man þat wyll haue pardon of God: he most haue
16 full contrycyon wyth schryft, and hole charite wythout faynyng,
and stydfast beleue wythout flateryng[3].

Narracio.

I rede þat þer was a byschop of Lyncolne þat hatte Robert
20 Grosched, and was holden on of þe grettyst clerkys yn þe world
in hys tyme. And when he laye in hys dethe-bedde, þer come
to hym a gret multytude of fendys, and spyted wyth hym so of
þe faythe, þat þay hadden negh turned hym, and put hym ynto
24 dyspayre. But þen was oure lady redy[4], þat ys ay redy in nede,
and sayde to hym : ' My seruand, || say þou beleuyst as holy chyrch **47 a**
doþe.' And he cried and sayde: ' Y beleue as holy chyrch
beleuyth.' And þerwyth þe fendes vanechid away anon; and he
28 ȝaf vp his spyryte.

Now schul ȝe all pray to God þat he ȝeue you all stydfastnes
yn þe beleue of holy chyrch, þat þe fende haue no power of you
yn your deth-tyme and graunt þat blysse to you that he boght
32 you to. Amen.

---

[1] laghyng] laghyn *G.* lawhyng *C.*   *not in* d. *D.*
[2] tolde *C.* *om. G.* *not in* d. *D.*   [3] flateryng d. flynggyng *G.* *not in D.*
[4] redy *C.* *om. G. d.* *not in D.*

18.

DE FESTO SANCTI MATHIE, APOSTOLI [1], ET EIUS SOLEMPNITATE.

Good men and woymen, suche a day ȝe schull haue Seynt Mathis day, Godys holy apostull. Þe whech haþe non euen set 4 yn certeyne forto fast, but at monnys deuocyon, as Ion Belet sayes, þat ys a doctor of holy chyrch ; for cause þat he was not chosen of Crist hymselfe, whyll he went here yn erþe.

Then schull ȝe know well, good men, þat Cryst whyll he was 8 here yn erthe, he ches hym twelf apostull, forto sewe hym, to se, and to here all þat he [2] dude and preched ; for þay schuld bere wyttenes to þe pepull aftyr hys assencyon of all þyng þat he dyde. For þe Iewes werne so hard aȝeyne hym yn all þyng, þat 12 þay wold not beleue noþyng þat he dyd ; but þat most be preuet by wytnes. Then was Iudas Skaryot on of þos twelfe þat Crist had chosen to hym. Þat Iudas had befor slayne his owne fadyr, and bylayn hys owne modyr ; and so com to Crist, to be 16 won of hys dyscypuls. Þen Crist made hym on of hys dyscypull. But, for he was wont before to stele, and cowþe not leue his old wone, he wex wery of Cristys holy lyuyng ; and for heye couetyse of money, he sold his Lord Ihesu Crist to þe Iewes for thrytty 20 penyes. And so, when he segh þat Crist was demed to þe deth by hys sale, anon he fell yn dyspayre, and ȝede anon, and hongyd hymselfe wyth þe grenne of a rope. So, by ryght dome, þat þrote þat spake þe wordes of traytery aȝeynys his Lord, þat þrote was 24 ystrangled wyth þe grynne of a rope ; for he wold haue sayde **47 b** mony foule wordys by his Lord aftyr his deþe, || þat dyd so foule by hym yn his lyue. And for þe fend myght not draw his soule out by þe moþe þat had kyssed þe mouþe of Godys sonne so late 28 befor, þerfor he barst hys wombe, and outsched hys guttys, and drew out his soule þat way, and bar hyt to hell. But ȝet, for bycause þat God ys so good yn hymself, and woll þat yche man haue his good dedes rewardud, and þat yche synne be 32 yponysched,

---

[1] *MS.* apostolo, *inserted on the margin.*   [2] he *D.* om. *G.* not in *d.*

Narracio.

We reden þat Saynt Brandan, as he schyppyd in þe see, he
sawe þys Iudas syttyng on a stone yn þe see, and a cloþe hongyng
4 befor hym þat was putte yn þe watyr, and bete hym yn þe face
ȝorne and thykke. Þen Brendan went hyt had ben some holy
man, þat had suffred þer for penaunce, and asked hym yn þe
name of God what he was. Then vnswared he and sayde :
8 ' I am Iudas, Godis traytour, þat haue þis place of Godys curtesy,
for refreschyng of þe gret hete þat I suffred wythyn ; and for no
gret merete þat euer I deseruet, me thynkyth I am yn paradyse,
whyll I am here.' Then sayde Brandan : ' Why hast þou þat
12 stone vndyr þe, and why betyth þat cloþe þe yn þi face ? ' Then
sayde he þat he layde þe stone yn a hegh-way þeras þe comyn
pepull schuld trede þeron, and be esyd þerby ; and þe cloþe he
ȝaue to a mesyll. ' But for þe cloþe was anoþer mannys, and noght
16 myn ; þerfor hit doþe but halfe þe refreschyng as hit schuld,
had hit byn myn owne.' Then sayde Brandan : ' How long has
þou þys ees ? ' Þen sayde he : ' Yche Sonenday from euensong
to euensong, and from mydwyntyr to þe xii day, and yn þe
20 Passyon-day of oure lady, and in Candylmasse-day.' Then
Brendan þonkyd God þat ys soo mercyabull yn all þyng, and
bade hys felawes rowe fast, þat þay wer goon ; for þay schuld
here typþyngys sone. And þerwyth come out of an hull þat was
24 bysyde, mony fyndes and casten blomes of brennyng yerne ynto
þe see. Aftyr þat þe see brent in ych syde of hom ; but God
kept hom so[1], þat þay haden non harme.

Þen for bycause þat þis Iudas was won of þe xii ‖ apostoles, **48 a**
28 and þe nowmbyr of hom most nede be fulfylled aftyr þat Crist
was styed ynto Heuen, þe eleuon apostyll wyth oþyr mony of
Crystys dyscypuls weren togedyr yn a plase. Þen sayde Petyr to
all : ' Good men and bretherne, hit ys knowen to you how þat
32 Iudas was[2] on of vs twelfe apostols, and fore bycause þat þylke
nombyr may not be vnfulle, hit ys nedfull to chese on of þes men,
þat haue ben wyth our Lord Ihesu from þe tyme þat he was
folowed ynto þe tyme þat he stegh ynto Heuen, forto be wyttenes
36 of his vprist wyth vs. Then þay setten out two men, Iosep

---

[1] hom so *D.*   so hom *G.*   *not in d.*   [2] was *D.*   om. *G.*   *not in d.*

Barsabas and Mathy, and layden loot apon hom, prayng God to
chese, whedyr he wold haue of hom two; and soo þe lote fell[1] apon
Mathy, and was nombyrt *wyth* þe oþer aleuen apostolis.

Then went Mathy anon ynto Iure, and preched Godis worde; 4
and for he had gret grace forto do myracles, he turned moche
pepull to þe fayþe. Then was þe fende sory, and aperyd to þe
byschop of þe Iewes lawe *in* lykenes of a ʒong chyld *wyth* long
herus, and hory, and vnsemely[2], and bade hom take Mathy, and do 8
hym to þe deþe; othyr elles he wold turne all þe pepull to
Cristys faythe, 'and þen schull ʒe be sette at noght, and be
wreches, and begers euermor aftyr.' Then þys byschopys werne
wood wroth, and senden men to take Mathy; and so þay dydyn, 12
and bonden his hondys byhynd hym, and casten a rope about his
necke, and laddon hym ynto pryson, and bonden hym *wyth*
chaynes fast. But þat nyght aftyr our Lord Ihesu Crist come to
hym *wyth* moche lyght, and lowsed his hondys. And when he 16
had wele confortyd hym, he openyd þe pryson-dyrre, and bade
hym go, and preche þe faythe, and spare for no man; and soo
he dyd. Then, as he preched, þer wer som þat aʒeynestoden hym,
and letted[3] oþer þat wold haue turned to þe faythe. Then sayde 20
Mathy : 'Y tell you befor þat ʒe schull falle done qwycke ynto
hell'; and þerwythe anon, yn syght of all þe pepull, þe erth
openyd, and sowoluyd hom yn body and soule, and neu*er* was
48 b more seyn of hom. || Þen was þe pepull sore aferde of þat syght, 24
and turned to þe fayþe, a gret nowmbyr of hom. Then, when þe
byschopys herden hereof, þay maden to take Mathy eftsones, and
set hom to throw stonys at hym; and so þay[4] dyddyn. And
when he was negh þe deþe, he bade cristen men bury þe stones 28
þat he was slayne wyth, *wyth* hym yn his graue, yn wytnes of
his martyrdome; and he knelyd don, and hef vp his hondys to
God, and ʒaf vp þe gost.

Narracio.   32

Rondylf Hyldon, monke of Chestyr, tellyþe yn hys cronyclys
anoþyr myracull and seyth : When Saynt Wolstan vyset hys
byschopryche, men broghten a mon befor hym þat dyd hys
neghtbur moch doses, and woll neu*er* be yn þes, prayng þat holy 36

---

[1] fell *inserted above the line G.*   [2] vnsemely *D.* vrsewly *G. not in d.*
[3] letted *D.* lettyþ *G. not in d.*   [4] þay *D.* om. *G. not in d.*

6

byschop þat he wold chast hym.   But when þys byschop had
preched hym al þat he couþe, and fonde hym euer þe lengur þe
wors, þen he prayde to Seynt Mathy to schewe his myracull to
4 hym [1] and yeve him that he was [1] worþy.   Then anon, yns yght of
all men, þer come of þe erthe two fendes wyth two brennyng
howkes, and pullet þys man quyk don ynto hell; wherby þe
pepull was well comfortet, and euer aftyr lyued yn pes and rest.
8 And so y pray to God þat we may.   Amen.

19.

De Dominica in Quadragesima Sermo Breuis.

Good men and woymen, þys day ys called in holy chyrch
Sonday yn Quadragesin.   Þen ys quadragesin a nowmbur of
12 fourty; for fro þis day to Astyr ben forty dayes þat byth þe teþe-
dayes of þe ȝere.   And for ych man dothe forfet more oþer las,
þerfor, forto make satysfaccyon for þat gylt, yche man ys holden
by þe lawe of holy chyrch to fast þes fourty dayes, outtaken hom
16 þat þe lawe dyspensyth wyth for nede.   That ben chyldyr wythyn
xxi ȝere, woymen wyth chyld, old men passed age and myghtles
to fast, pylgrymys, and seke, and pore, and þes þat labryn sore
fore hor lyuelod : þus þe lawe dyspensyth wyth apon hore ‖
20 concyens.   Þen for bycause þat Sonday ys no day of fastyng, **49 a**
þerfor ȝe schull begyn your fast at Aske-Wanysday, and þat day [2]
com to holy chyrche, and take askes at þe prestys hond, and ber
forth in your hert þat he sayth to you, when he layth askes on
24 your hedys.   Þen he saythe þus : ' Man, thynke þat þou art but [3]
eskys, and to eskys þou schalt aȝeyne turne.'   Þen byn þer þre
dyuerse skylles why ȝe schull fast þes fourty dayes.

On ys, bycause as þe gospell [4] of þys day tellyþe, how þat þe
28 Holy Gost lad our Lord ynto desert [5] þat was bytwyx Ierusalem
and Ieryco, forto be temptyd of þe fende.   And was þer fourty
dayes and so mony nyghtys fastyng for our loue, schouyng to vs
and all cristen men and pepull þe uertu and þe mede þat comyth
32 of fastyng; þe wheche uertu and mede ben expressed yn þe

---

[1] and . . . was D.   þat he G.   *not in* d.   [2] day C.   *om.* G.   ye d. D.
[3] but d. D.   but but G.   [4] gospell d. D.   *om.* G.
              [5] desert d. D.   deset G.

preface yn þe masse þat ys sayde in holy chyrche þes fourty dayes. Ther ys sayde þus: ' Þe bodely fast þrostys don vysis, and lyftyþe manys hert to God, and ʒevyth hym vertu and mede; hit ʒeuyth hym mede in Heuen þat euer schall last, and uertu yn erþe gret.' 4 For, as clerkys tellyþe and techyth, for þe spolde of a fasting man [1] may sle any eddyr bodyly. Then, moche mor, he schall sle þe myght of þe deuyll, þat ys þe old eddyr, þe fende of hell, þat come to Eue yn paradyce in lyckenes of an eddyr, forto tempt hur of gloteny, 8 of vayne glory, and of couetyce. Ryght so he come to Crist yn lykenes of a man, lest he had ben knowyn, and temptyd hym of þat same synne. Thus, as þe gospell tellyþe, when Crist had fast so long, and was by kynd of manhed anhongred [2], þe fende come to 12 hym, and schewed hym stonys, and sayde: ' Yf þou be Godys sonne, make þes stonys brede' ; þat ryght as Eue, when scho sygh þe appull, was raght forto ete þerof, ryght so he had hope forto haue made Crist, and so by gloteny haue eten of þe brede : for 16 gloteny ys not yn a manys mete, but yn foule appetyte. Þen sayd Crist to hym : ' A man schall not only lyue by bred ; but yche woid þat goþe out of Godys mowþe.' Þen þe fende toke **49 b** Crist, and set hym ‖ on a pynacull on þe tempull, and sayde : ' Yf 20 þou be God sonne, bryng þyselfe downe wythout monys helpe, þat I may know þe for Godys sonne.' Then sayde Crist : ' Þou schalt not tempte God, þy Lorde.' ʒet, þe þryd tyme, he toke hym, and set hym on a hegh hulle, and schewed hym all þe kyndomes of þe 24 world by takyng, and all þe ioyes of hom. And when he had all told hym, he sayd þus to hym : ' All þes I woll ʒeue þe, so þat þou wolt fall don to þe erþe and worschyp me.' Then he vnswared and sayde : ' Goo on bak, Sathan, hit ys wryttyn : þou schalt 28 worschyp þy Lord God, and only serve hym.' Þen þe fende lafte hym, and angelys comyn, and broghten hym mete.

Then, for þe fende ys most bysy forto make yche man to gylt yn þes þre synnes, most þes fourty dayes, þerfor you nedythe þre 32 helpys aʒeynys hom ; þat ben þese : aʒeynys gloteny, abstynens ; aʒeynys pryde, mekenes ; aʒeynes couetyse, largenes. Then aʒeyne gloteny ʒe most fast, þat ys, not ete befor tyme ; but abyde tyll none of þe daye. And when ʒe byn at your mete, ete ʒe not 36

[1] a fasting man *d. D.* fastyng *G.*
[2] anhongred *D.* anhongur *G.* an hondred *d.*

frechudly, no more þen anoþer tyme, ny sytte for lust no lengyr
þen anoþer day, and beþe well war þat ȝe fast, boþe day and nyght,
as Crist dude.   Ther byth mony þat fastyn þe day at on mele;
4 but þay wyll sytte moche of þe nyght, and drynke, and soo full
hor wombe wyth drynke as well as wyth mete; and þay þat don
so, don gloteny.   And also ȝe most fast from all maner flesch
mete and whyt-mete; for as Ierom says : ' Eggys and chese byn
8 molton flesche, and mylke ys wyth blod.'   And forto shew en-
sampull of holy chyrch, takyth hede on þe prest þat goþe to
masse, þat ys, to Godys bord, how he at hys bygynnyng bowþe his
knees to God, and byddyþe all oþer do soo; and also, at þe end
12 of hys masse, he bydduþe all men bow herre hedys to God.   So do
ȝe when ȝe gon to your Lord : furst worschip ȝe God wyt a Pater
Noster and an Aue oþer mo, as your deuocyon ys, and maketh
a crosse on your mete, and aftyr mete þonkyth God wyth anoþer
16 Pater Noster and an Aue, ‖ þat euer sendyth you mete at your **50 a**
nede.   Þus ȝe schull aȝeynes gloteny.

And aȝeyn vayn glory þat ys yn mannys hert, ȝe most fast
wythyn-forth gostly.   ȝe schull put away all euell þoghtes of
20 heghnes, and haue þoghtys of lones.   Þenkyþe how a man ys
borne febull, and seke, and naked, and pore ; and how he goþe
yche day a journay toward his deth, woll he, nyll he ; and how
þat, at þe last, dethe comyþe and castyþe hym downe seke yn hys
24 bed, gronyng and sykyng, and sone castyþe vp hys mete and hys
drynke, and turnet hyde and hew ; and how his brethe stinkyth,
hys lyppys wexyn blew, hys face pale, hys een ȝolow, hys mowþe
froþys : and so, at þe last, wyth depe ȝoskyng ȝeldyth vp þe gost.
28 Then lythe þer but a stynkyng stoke of ȝerthe, and ys hyed to be
putte ynto þe erþe, and laft þer, and sone forȝetyn.   Hold þys yn
your mynd ; and I hope þys schall put away pryde.

Aȝeynes couetyse ȝe schull fast wythyn and wythout.   Wythyn :
32 for oure bysy þoghtys of wo[r]ldys occupacyon and of hardnes, to
hold good aȝeynes Godys byddyng.   Also wythout : your hondys
þat han ben ay redy forto take, now ȝe schull make hom redy
forto reche þe pore mete, and drynke, and þat þay han nede
36 to ; for þe hondys be not worþy to heue vp to God, þat be not
wont to reche þe pore mete.   And þi[l]ke folke þat han ben bysy
erly and late to walke aboute worldely good, now schuld be

bysy, alsoo, to vyset pore and seke, and goo on pylgrymage, and
goo to þe chyrch, to here Godys seruyce. And ȝe þat haþe before
fast for chynchnes, now schall spare on hys mouþe, to ȝeue suche
þat haue nede. Thys fast plesyth God more and helpeth þe soule 4
hegly; for ryght as watyr quenchyth fyre, ryght so almys-dede
quenchyth synne. Wherfor þe profyt sayth þus: 'ȝeue allmes,
and all þyng schall be clene to you, soo þat hyt be ȝeuen wyth
good wyll.' But, mor harme ys, þer byn mony þat han mor lust 8
50 b to fede hor owne bodyes wyth lusty metys, and drynkes,‖ and
daynteþs, þen forto ȝeue a pore man a schyue of bred.

Narracio.

I rede þat þer was a nobull knyght of hys own hond and a gret 12
lord, but he cherysched his body to moch wyth daynteþ metys
and drynkes. And so hyt fell þat he was ded, and buryet yn
a tombe of a stone as lordys byn. Þen had[1] he a sonne þat
was a good man, and yn custom to say, yche day, befor mete 'De 16
profundis' for hys fadyr soule befor hys tombe. Then hit fell, on
a day, þat he made a gret fest of lordys and gret men of hys
contrey; and when þay wer redy to wasch, þe sonne þoght he had
not sayd hys deuocyon, and prayd hom to abyde a while, whyll 20
he ȝode to say 'De profundis.' Þen sayde þay þat þay wold goo
wyth hym. Þen, whill þay sayde 'De profundis,' þer fell such
lust yn hys sonneys hert to se his fadyr, þat he þoght he schuld be
ded, but he myght se hym. Then made he men to vndo þe tombe. 24
Þen sygh he a passyng grete[2] tode, as blake as peche, wyth een
brennyng as fyre, þat had vmbeclypped wyth hyr foure fete hys
fadyrs þrote, and gnof fast þeron. Þen, when þe sonne segh þys, he
sayde: 'O fadyr, moche swete mete and drynke haþe gon downe 28
þat þrote; and now þou art strangult wyth a foule helle-best!'
Then bade he hull þe body[3] aȝeyne, and ȝede to mete, and when he
had seruet all men ryaly, preuely he ȝode forth, and laft wyfe,
and chyld, and all his lordschyp, and come to Ierusalem; and þer 32
lyued among beggers, all his lyue aftyr, yn gret penance, and soo
dyed, and had þe blysse of Heuen. To þe wheche blys God bryng
vs all, yf hit be hys wyll. Amen.

[1] had *d. D.* had had *G.*   [2] passyng grete *d. D.*   passyng *G.*
[3] body *d. D.*   bod *G.*

20.

DE DOMINICA PRIMA QUADRAGESIME [1].

Hortamur vos, ne in vacuum graciam Dei recipiatis.
Corintheos vɪᵗᵒ.

4 Good men and woymen, þes wordes þat I haue sayde yn
Lateyn, byn þus to say yn Englysch: 'We amonechen you, þat
ȝe take not þe grace of God yn vayn.' Þes ben þe wordes of
Seynt Paule, Cristys holy apostull, ‖ þat ben red yn þe pystyll of **51 a**
8 þys day; by þe wheche word þys holy apostull chargyth all
good pepull, þat þay take hede what grace God sendyth hom,
and þat þay taken not þat grace yn vayn. God ȝeuyth grace
to man all tymes; but for a man nedyþe more hys grace þys
12 tyme þen anoþer, þerfor, of hys hegh mercy, he ȝeuyth now-dayes
more habundant of Lenton þen any oþer tyme. The whech grace he
partuþe yn þre wayes, þat ys to say: in way of gracyous abydyng,
in way of gracyous demyng, and yn way of gracyous amendys
16 makyng. Þes þre wayes God sendyth hys grace to you now.

Wherfor, ryght as Seynt Paule monyscheþe hys dyscypuls,
ryght soo I monyssch you þat ben my chyldyr yn God, þat ȝe
take not þys grace of God yn vayn. ȝe haue a comyn sayng
20 among you, and sayn þat Godys grace ys worth a new fayre.
Þen takyth hede how moche worth Godys grace ys; for þagh
any of you had as moche gold as a fayre ys worth, but he
had Godys grace wyth hyt, hyt schuld turne hym more ynto
24 schenschip þen ynto worschyp. Þus ȝe may se by veray reson
þat Godys grace ys more worþy þen any fayre. But ȝet ȝe schull
know forþer, for, þagh a man had neuer soo moche riches and
prosperyte here þat comyth all of Godys grace, but yf he take
28 þat grace wele and ples his God wythall, hyt schall turne
hym ynto dampnacyon. But for þe pore playnyth on þe ryche,
and sayn þay ben vnkynd to God, and don not as God byddyth
hom doo, and full eldyr seen a mote yn anoþer manys ee þat
32 con not se a beem yn hor one: þerfor ȝe schull knowe wele þat
hyt ys a specyall grace of God, when he makyth a man ryche
and som mon pore. He makyþe hom rych, þat þay wyth hor
ryches schuld socour þe pore yn hor nede, and soo wyth hor good

---

[1] de dominica prima quadragesime *d. D.   om. G.*

by hom Heuen; and som he makyth pore, þat hor pouerte
schall be hor saluacyon. For God knoweþe wele, yf þay wern
rych, þay wold forȝete hor God, and soo spyll homselfe. Wherfor ‖

51 b we amonyschen yow, boþe ryche and pore, þat ȝe take not þys 4
grace of God yn ydull nor yn vayn. But he þat is rych, set
not hys hert þerapon; but euer be yn drede, lest he myspend
hit, and þonk God of hys grace. And he þat ys pore, gruche he
noght aȝeynes his God, ne deme he not þe rych; but take his 8
pouerte in pacyence and þonke God of hys grace: for, at þe last,
he schall haue þat for þe best. But a man, be he ryche or be he
pore, yf he haue grace of God, to se how moche he takyth of
God, and how lytyll he ȝeuyth agayne, verray reson woll tell 12
þat he ys more worþy dampnacyon þen saluacyon. But for
God ys full of grace, and schewyth hys grace to all his hondy-
werk, and for he knowet oure frelte, he haþe compassyon of vs,
and ȝeuyth vs hys grace in abydyng of amendement. Þat ys: 16
þaȝ thow trespas sore aȝeyne hym, he woll not smyte anon, but
gracyously abydyth; for he haþe moche leuer forto do grace then
vengeans. And þat ys for two causes, as Saynt Austyne seyth.
On ys, yf God had don vengeans, anon the world had ben endyd 20
mony a day agoo, and so mony had be vnborne þat now ben holy
sayntys yn Heuen.

That oþer cause ys, forto schewe how full he ys of grace, and
how fayn he wyll do grace and mercy to all þat wyll leue þe 24
euell and take þe good. Wherfor he sayth þus by his prophet:
'Nolo mortem peccatoris, sed vt magis conuertatur et viuat.'
'I woll not,' he says, 'þat a synfull man be ded, but I woll
raythyr þat he turne to good lyue.' Þus ȝe heryth how gracyous 28
God ys yn abydyng. Wherfor I monyssche you þat ȝe take not
þys grace yn vayn; but thenkyth well how he hathe spared you
from Astyr hydyrto, þeras he myght, by ryght, haue smytyn
you wyth hys swerde of vengeans, ych day. For, as Saynt 32
Anselm sayth, þe lest synne þat a man doth, hyt vnworschypyth
God. Then, yf a man dyd any þyng þat vnworschypyd his

52 a worldly kyng, he wer worthy to ‖ take hys deth; moche more ys
a man worthy þe deth þat vnworschypyth hym þat ys Kyng of 36
Heuen, and Lord and Kyng ouer all kynges. But ryght as he
passyth all yn dygnyte, ryght soo he passyth all yn grace and

bonte. But þogh ȝe felen hym gracyous, be neuer þe boldyr to
lye yn synne; but hyth you forto clanse you þerof. For þagh he
abyde long, at þe last, he woll smyte suche þat woll not amende
4 hom; and when he[1] smytyth, he smytyth sore.

Narracio.

I rede þat þer was a knyght þat had no rentys of his own e,
but he had geton moche good yn werres. And when he hadde
8 all spend out, he ȝode and weddyd a lady of þat contray þat was
rych ynogh; and þogh he was pore, he was a semly man of person.
Scho sayd to hym þus: 'I wot wele þat þou art a semly man of
body; but for þou art pore, y may not, for schame, take þe, but
12 yf þou haue moche gold oþer mony rentys. But for þou has no
gold, do as I teche þe, and gete gold. Goo ynto suche a place
þer mony rych marchandys comen, and gete þe gold, and þen
þou schalt haue me.' Then went he þedyr. And hit hapend
16 þat þer come a ryche marchand þat way; and he anon toke
hym, and bar forth hys gold, and slogh hym, and buryet hym,
and þen aftyr come to þe lady, and sayde: 'Lo þe som of gold
I haue geton of suche a man and buryet hym þer.' Then sayde
20 þe lady: 'Go aȝene to-nyght and loke, yf þou oght here.' Then
ȝede he þat nyght and stode by þe ded graue. And at mydnyght
þer come a lyght from Heuen downe to þe graue; and þen þe
graue opened, and þe cors sate vp, and helde vp his hondys to
24 God, and sayde: 'Lorde þat art ryghtwys juge, þou wreke me
apon þis man þat haþe þus falsly slayne me for my trew catayle.'
And þerwyth come a voyce from Heuen and sayde: 'Thys day
þrytty wyntyr, þou shalt haue vengeans'; and þen þe cors
28 þonkyd God, and lay downe yn hys graue aȝeyne. Þen was þys
knyght sore aferd, and went[2] to þys lady, and told hur all, and ‖
how þe voyce sayde how, þat day þrytty wyntyr, he schuld haue **52 b**
vengeance. Then sayde þe lady: 'ȝe,' qwod scho, 'moche may
32 fall yn þrytty wyntyr; goo we togedyr and be weddyd!' So þay
lyuedyn yfere, xxti ȝere, yn prosperyte and wele; but euer þis
knyght was adred of þys vengeans, and sayde to þe lady: 'Now
xxti ȝere byn pased, and þe x woll hye fast. What is þy best
36 cownsell?' Þen sayde scho: 'We woll make þys castell als

---

[1] he *written on the margin.*　　　　　[2] went *inserted above the line.*

sykur and as strong as we may; and þat same day, we schull
gedyr all oure frendes, and stuffe vs wyth men ynow; and soo
we schall scape wele ynogh. And soo þay dyddyn. When þe
day come, þay gedyrt a grete some of men ynto þe ʻcastell, and 4
set hom to þe mete, and maden all þe myrthe þat þay cowthe.
Þen was þer an harper, and harpyd allway at þe mete. But,
for þer may no wyked spyryte come þer, ne haue no pouste als
fere as þe harpe ys herd, þer come out of þe kychon a broþell 8
bowdet wyth gres, and rubbyd hys stryngys wyth hys bawdy
hondys. Then was þys harper wondyr wroth, and wyth hys
harpe wold haue smyton thys brothell; but for he flagh fast
away, þe harper suet hym out of þe castell; and when he come 12
out, þis brothell vaneschyd away. Then þys harper turned aȝeyne,
and sygh þys castell synke ynto þe erþe, all on fyre.

Thus ȝe may se, þagh God abyde longe, at þe last he smytyth
sore. Wherfor I amonysch you, þat ȝe take not hys grace of 16
abydyng yn vayne; but bythynkyth you wele of your mysdedys,
and comyth by tyme and clansyth you. For God ȝeuyth you all
an hegh grace of demyng; for þeras he ys, ys[1] treuþ and ryght-
wysnes, and may not deme but wyth ryghtwysnes. And þen 20
schall non scape vndampned; for, as Iop saythe: ʻÞogh we
wold st[r]yve wyth him[2], we may not vnswar of on good dede for
53 a a þousand þat he ȝeuyth vs.' Thus, for he sees þat no ‖ man
may scape his dome vndampned, þerfor he, of hys hegh grace, 24
ȝeuyth hys power to a curatour, to deme all þat comen to hym,
hauyng ferme and stabull all þat comyth to hym; as þus þer
schall no good dede be vnquyte, nor no euell vnponysched.
Therfor yf a curatour ȝeue þe more penaunce þen þe nedyth[3], 28
þat ys more, hit schall be quyte, and stonde þe in gret joye of
encrese byfor God; ȝyf he ȝeue þe euen, þou art quyte; but yf
he ȝeue þe to lytyll, þen schall hyt be fulfylled yn purgatory.
Soo þat a man schall neuer be dampned for no synne þat he 32
ys mekly schryuen of, and takyth hys dome mekely of hys
schryftfadyr; for all þyng þat ys not clansed here by schryft
and penance, schall be clansed yn purgatory. For when þou
comyst to schryfte, þou comyst forto be demed of thy schryft- 36

---

[1] ys] is *d. D. om. G.*   [2] him *d. D.* hyre *G.*
[3] *MS.* nedythet.

fad*yr*; wherfor God woll neuer [1] deme þe twy for on þyng.   Then
take hede wheche an hegh grace God ȝeuyth you yn demyng,
when he ordeynet a synfull man, as þow art, to be þy dom*ys*-
4 man; for all ys yn hegh helpe to you, to ȝeue boldnes to you to telle
out all þat lythe yn your hert, and noþyng forto hyde; for all
þat ys not [2] now helyd yn schryft, schall be, at þe day of dome,
knowen to all þe world wyth moche confusyon.   And þen schall
8 he be demed of God þ*er*for ynto þe fyre of helle.   Þerfor þe
apostull sayth þus: 'Horrendu*m* est incidere in manus Dei
om*n*ipotentis'; that ys to say: 'Hit ys horryble and grysly to
falle ynto Godys hondys.'   Wherfor I amonysch you þat ȝe take
12 not þis grace of demyng yn vayn, but schryuyth you clene, and
leue noght yn your hert.

Narracio.

For þus I rede of a woman þat had done an horrybull synne,
16 and myght neuer, for schame, schryue hyr þerof.   And oft, when
ho come to schryf, scho was yn purpos forto haue ben schryuen;
but eu*er* þe fend put such a schame yn hur hert, þat scho had
neuer grace ‖ to clanse hur þerofe.   Then, on a nyght, as scho lay **53 b**
20 yn hur bed, and þoght moch on þat synne, Ih*es*u Crist come to
hur and sayde: 'My doghtyr, why wol þou not schew me þy
hert, and schryue þe of þat synne þat þou lyse yn ?'   'Lord,'
qu*o*d scho, 'I may not, for schame.'   Þen sayde Crist: 'Schew
24 me þy hond'; and toke hur hond, and put hit ynto hys syde, and
sayde, and drogh hit all blody out: 'Be þou no more aschamed to
opyn þy hert to me, þen I am to opon my syde to þe.'   Then was
þys woman agry[s]ed of þe blod, and wold haue weschyn hit away;
28 but scho myght not, be no way, tyll scho had schryuen hur of
þat synne.   Then, when scho was schryuen, anon þe hond was
clene as þat oþyr.   Þus God doþe grace yn esy demyng.

He doþe alsoo *grace* yn amendys [3] makyng.   Whyll for a
32 lytyll penance þat a man doþe here, God forȝeuyth hym þe gret
penance yn helle, and so settyth a man at þe large to do hys
penance, and not yn destresse; but ȝeuyth hym chose wheþ*yr* he
wyll do mekely, wyth good wyll, oþer no.   And yf he do mekely
36 hys penance, he wyll forȝeue hym hys gult, and cheressche hym

---

[1] neuer *d. D.*   euer *G.*   [2] not *inserted above the line.*
[3] amendys] amendy *G.*   amendus *C. not in d. D.*

more þen he dyd byfore, and avaunse hym yn þe court of Heuen.
And þogh he wold do no penance, but prudly put hit away, ȝet,
ynto hys deth-day, he abydyth from ȝere to ȝere, to loke ȝyf he
wyll amende; and ȝyf he wyll not, he wyll make bynde hym 4
hond and fote, and cast hym ynto prison, þat ys, ynto þe paynes
of helle. And soo ys wele worthy.

Thus, good men, ȝe haue herd how þat God geuyth you grace
yn þre wayes: yn gracyous abydyng, yn gracyous demyng, and 8
yn *gra*cyous amendys makyng. For gracyously he abydyth and
woll not take vengeans anon, but euer abydyth amendement;
and *gra*cyously he woll þat a man be demed w*yth* mercy and not
to þe vtmast here; and *gra*cyously he takyth[1] a mo*nnys* amend*ys*, 12
whyll for penau*n*ce of a schort tyme, he forȝeuyth þe penaunce
þat eu*er* schall last. And aft*yr* þat he haþe done his penau*n*ce,
he forȝeuyth hym all hys gylt, and avaunsuþe hym yn Heuen. ||
54 a For þus moche y *p*resume of Godys *gra*ce and hys m*er*cy þat þe 16
fende of hell, and he wold aske mercy w*yth* a meke hert to God,
God woll ȝeue hym m*er*cy. Þen moche more he wold ȝeue a man
mercy þat he sched his hert-blod for. And herof I tell an
ensampull, and make an end.   20

Narracio.

I rede þ*er* wer two chapmen dwellyng bysyde þe cyte of
Norwych. Of þe whech on was a good lyuer, and þat oþ*er*
a curset lyu*er*; but for þ*ys* good man durst not depart from þat 24
oþ*er*, as oft as he durst, he conseylet hym to schryue hym, and
amend hym of hys lyuyng. Þen þat othyr wold say h*yt* wer
tyme ynogh, forto be schryuen when he schuld dye. Then hit
fell aftyr so þat þ*ys* euell man fell seke, and lay on hys deth-bed; 28
and when hys felaw knew, he cryet on hym fast and ȝorne to
schryue hym, and send aftyr his prest, for he was but ded. But
þat oþ*er* ouerprudly sayde nay, he wold not; for he wyst well
ynogh, God wold not forȝeue hym for hys long abydyng. Then þ*ys* 32
good man was wondyr sory for hym, and made fach prestys and
frerys, and all þat he hopyd wold haue holpen hym, and consayle
hym to goode. But eu*er* he made þe same vnswar to hom as he
dyd to þe good ma*n*, and sayde he wold not schryue hym, ne 36

[1] he takyth *C.   om. G.   not in d. D.*

mercy aske. Þen had þys man a lampe brennyng on nyghtys
byfor hys bed, and yn a bed bysyde hym lay oþer two men [1], to
wake hym. Then, aboute mydnyght, þay saw Ihesu Cryst bodyly
4 wyth blody wondys stondyng before þe seke manys bed, and
sayde to hym þus: 'My sonne, why wyll þou not schryue þe
and put þe ynto my mercy, þat am redy alway to ȝeue mercy to
all hom þat wyll mekely aske mercy.' Þen wyth þat sayde he:
8 'For I wot well I am vnworthy to haue mercy; wherfor þou wolt
ȝeue me non mercy.' 'ȝus, sonne, for soþe, aske hyt mekely and
þou schalt haue'; and euer he vnswaret as he dyd before. Then
Cryst toke out of hys wonde yn hys syde his hond full of blod
12 and sayde: 'Þou fendys-chyld, þys schall be redy token bytwyx
me and þe yn þe day of dome, þat I ‖ wold haue don þe mercy, **54 b**
and þou woldyst not.' And þerwyth cast þe blod ynto hys
face; and þerwyth anon þys seke man cryed and sayd: 'Alas!
16 Alas! I am dampnet for ay!' and soo deyd. Then þys oþer
man was so aferd of þys syght and of boþe hor speche, þat hit
was long or he dyd ryse. Then, at þe last, he ros vp, and lyght
a candull at þe lampe, and come to hys felow, and fond hym
20 dede, and þe red blod yn hys face, and þe body blacke as pych.
Þen, for ferd, þys man cryed for helpe; and when men comen, he
told hom þe case, and how Cryst dyd to hym, and how he
vnswared aȝeyne.
24   Wherfor y amonysch you þat ȝe take not þys grace yn vayne;
but schryue you clene of your synnes, and put you fully ynto
hys mercy and ynto his grace. And þen woll he take you ynto
his mercy and into hys grace, and bryng you to þe joye þat
28 euer schall last. To þe wheche joy God graund you and me.
Amen.

21.

DE DOMINICA SECUNDA QUADRAGESIME.

Good men and woymen, þys day ys þe secunde Sonday yn
32 clene Lenton. Wherfor, as ȝe haue ben bysy all þys ȝere forto
make you clene and honest wythout-forth in body, now schull ȝe
be as bysy, forto clanse you wythyn-forth yn your soule; for þat
ys Godys wyll þat ȝe so done. Wherfor þys tyme of Lenton ys

[1] men *d. D.* me *G.*

ordeynt only to scowre and to clanse your concyens of all maner
roust and fulþe of synne þat scho ys defowled wyth, so þat ȝe
may wyth a clene consyens receyue, on Astyr-day, þe clene body
of our Lord Ihesu Crist. Wherfor Seynt Paule tellyth and techyþe 4
you yn þe pystyll of þys day and sayth þus: 'Hec est voluntas
mea etc.': This ys Godys wyll, þat ȝe be holy, and þat ȝe con
hold your vessell yn holynes and worschyp. Þen hit prevyth
well þat he doth God worschyp þat busyuþ hym to clans his 8
vessell aȝeyne þe comyng of our Lord. Þen schull ȝe know well
þat þys vessell ys noght elles, as Saynt Bernard sayth, but a
55 a   manys concyens; hyt ys a trew vessell, ‖ and a hole, and kepyþe
truly all þat ys put þeryn, ynto þe day of dome. That day, yche 12
manis vessell, þat ys ych manys conciens, schall be openyd, so
þat all þe world schall see what a man haþe kepte þeryn, be hit
bettyr, be hyt worse. Þen wele schall hym be þat bryngyth þat
day a clene vessell befor þe justyce!   16

    Then, how schall a man kepe hys vessell clene, holy chyrche
techyth by ensampull of an holy patryark, Iacob, þat ys red and
songen of yn holy chyrche all þys weke, and sayth þus: 'Thys
Iacob had a fadyr þat was called Isaac, and a modyr þat was 20
Rebecca. Þen had þys Rebecca two sonnys at onys by hur
husbond, þat on þat was furst borne het Esav, and þat oþer het
Iacob. Þen God ordeynt so þat þe fadyr loued Esav, and þe
modyr louet Iacob.' But, for þe story ys long, we schull, at þys 24
tyme, take þat þat ys most spedfull, and leue þat oþyr. Then
God ȝaf þe patryarke suche a grace þat, what maner blessyng
þay ȝaue hor chyldyr, þay schulden haue hit. Þen, for þys
Isaac was old, and blynd, and nygh his deþe, he bade hys sonne 28
Esav goo, and hunt, and gete som mete, þat he myght ete of,
and he wold ȝeue hym hys blessyng. But when Esav was goon,
by techyng of hys modyr and sleght, Iacob þat was þe ȝongyr,
gate hys fadyrys blessyng, and was made ayre and lord of all his 32
breþyrn, and curset all þat cursyþe hym, and blessyth all þat
blessyth hym. Then when Esav come home and knew þys, he
hatyd hys broþer Iacob, and þoȝt[1] to haue slayn hym. Wherfor,
by consell of hys modyr, he went out of þe contrey to a vncull of 36
hys þat het Laban. And as he went by þe way, he come ynto

---

[1] þoȝt *d. D.* beȝt *G.*

a contre of euell-lyuyng men, and durst not herber wyth hom;
but all nyght lay by þe way, and layde a stone vndyr hys hed
and so slepyd. And as he slepte, hym þoght he saw a laddyr
4 þat raght from þe erth to Heuen; and God ‖ joynut to þe laddyr, **55 b**
and¹ angyll goyng vp and don þe ladd*yr*. Þen spake God to
hym and sayd: 'I am God of Abraha*m*, Isaac, and Iacob; and
woll ȝeue þe þys lond, and be þy keper yn þe way.' Then woke
8 Iacob and sayd: 'For sᵻ þe, God ys yn þys place, and I wyst not.'
And so ȝede forth to hys vncull, and was w*yth* hym xxᵗⁱ ȝere
his s*er*uand, and wedde hys two deghtren; þ*at* on het Rachel,
þat oþ*er* het Lya. A*n*d when he had byn þ*er* soo long, he had
12 longyng to goo home ynto hys one contrey, and toke w*yth* hym
hys wyues a*n*d chyldyr, and all þe catell and good þat he had,
and ȝede forth. But ȝet, for he dred hys broþer, þer come, to
helpe hym, a gret multytude of angelys yn lykenᵻs of men. Þen²,
16 when he come to a forde of Iaboc, he made all hys meyne and all
his catell go befor ouer þe forde, and he hymself abode byhynd.
And as he was yn hys prayers, an angyll com to hym lyke a
mo*n*, and wrasteled wyth hym, all þe nyght tyll on þe morow,
20 and towched þe gret senew of hys þegh, a*n*d made hym halt
allway aftyr. Then sayde þe angyll to Iacob: 'What ys þy
name?' and he sayde: 'Iacob.' 'Nay,' q*uo*d he, 'þou schalt not
lengyr het Iacob, but Israell schall be þy name'; and soo blessyd
24 hym, and laft hym þ*er* halt. And soo he ȝede home ynto his
contre yn mycull prosperyte.

Þys story ys yn holy chyrch yn hegh ensampull to yche Goddes
ᵴeruant þat desy*r*yth to gete þe blessyng of hys Fadyr of Heuen,
28 and þe herytage þat ys þer. He most furst be Iacob, and aftyr
Israell; for by Iacob ys vndyrst*on*d a wrasteler, and by Israell
a man þat seþe God: for he þat wyll se God yn Heuen, he most
wrastyll i*n* ᵻrþe w*yth* þe euell angyll, þat ys þe fende, a*n*d wyth
32 hys one flessch þus. When he goth to schryue hym, and haþe an
horrybull synne, þe fende puttyþe such a schame yn hys hert, so,
þogh hit be yn his mouthe, he may not for schan*n*e tell hit out;
þen most he wrastyll wyth þe fende, and ouᵉrcom ‖ hym, and so **56 a**
36 tell³ out opynly all þe circumstance þerof. Then woll hys flessch
be aferd of hys penance, and he doþe hyt not aftyr he ys beden

¹ and *d. D.* an *G.*   ² þen *D.* þat *G. d.*   ³ tell *D.* tel *d.* stele *G.*

forto do, for drede þerof. But þen most he also wrastyll wyth hys flesch, and make hym do hys penance fully as he ys beden.

Takyng also ensampull of a woman þat come of ferre to Cryst, as þe gospell tellyþe, to haue bote and helpe of hyr doghtyr þat 4 was trauayld wyth a fende. Þen, among oþer wordys when scho cryet to Cryst, as þe gospell tellyþe, to haue helpe, he vnswaryd and sayde : 'Hyt ys not good to take bred of chyldyrn, and ʒeue hyt howndys to ete.' But þys rebuke þys woman toke mekely 8 and sayde: 'ʒus, Lord, for whelpes eten of cromes þat fallen from hor lordeyis bord.' Þen sayd Crist : 'Woman, þou art of gret byleue ; wherfor as þou wolt, be þy doghtyr hole.'

Thys woman and hur doghtyr bytokenyth[1] a man þat haþe hys 12 concyens trauelyng wyth þe fende of dedly synne þat may no way be holpen, but ʒyf he goo to God and holy chyrch, and opynly schryue hym to þe prest, sparyng no rebuke, ne for no schame, ne drede ; but mekely suffyr þat þe prest sayþe, and take hys 16 penance deuotly ; and so schall he be delyuerd of þe fend that trauelyth hys concyens. For þat man þat haþe don a dedly synne, yf he schall be saued, he schall neuer take rest yn hys concyens, tyll he be schryuen of. For ryght as a hownd gnawyth 20 a boon, ryght soo þat synne schall gnawe hys concyens, schewyng by experyment how howndys of hell schull gnawe hys soule euermor, wythout rest, þat deyþe wyttyngly yn dedly synne þat he myght haue be schryuen of, and wold not. 24

Narracio.

I rede of a woman þat had don an horrybull synne ; and oft scho wold haue schryuen hur þerof, but scho myght neuer for schame tell hit to þe prest. Þen, on a nyght, as scho lay and 28 þoght moche how scho myght do for schame, Crist come to hur 56 b bodely and sayde : || 'My doghtyr, why schryues þou þe not of þat synne ?' Þen sayde scho : 'Lord, for I may not for schame.' Then sayde Crist to hur : 'Schewe me þy hond' ; and put hur 32 hond ynto hys syde, vp to þe elbow, and sayde : 'What felys þou ?' And scho, qwakyng for ferd, sayde : 'Lorde, I fele þy hert.' Þen sayde he : 'Be þou no mor aschamed to schew me þy hert, þen I am to suffur þe to fele my hert.' Then þys woman 36

---

[1] and hur doghtyr bytokenyth d. *D.* bytokenyth and hur doghtyr *G.*

ros vp, and wyth a candyll segh hyr hond blody, and wold haue
waschen hyt away ; but hyt wold not be, tyll scho ȝode on þe
morow to a prest, to schryue hur.   And anon, as scho was
4 schryuen, þen anon þat hond was as whyte as þat oþyr ; and soo
scho hade forȝyfnes of God, and þe blysse of Heuen.   To þe
wheche blysse God bryng you and me to, yf hyt be hys wyll.
Amen.

22.

8 DE DOMINICA TERCIA QUADRAGESIME SERMO BREUIS.

Good men and woymen, þys ys þe þrydde Sonerday of Lenton.
Wherfor we redyn yn þe gospell of þys day how our Lord Ihesu
Crist cast out a dombe fende of a man ; and when þe fende was
12 out, þen þe man spake.   Then schull ȝe vndyrstond by þys dombe
man all þat haue no pouste yn hor tong to schryue hom of ydull
oþes, of ydull wordys, and of ydull þoghtys þat a man wyth delyte
occupyeth his hert yn.   And when he comyth to schryft, þen ys
16 he dombe, and spekyþe not of hom, wenyng hyt be no synne to
þenke on an ydull þoght, ne forto speke ydull wordys to make
men to lagh, ne forto swer an oth doþe no harme.   ȝus, for soþe,
hit ys such a synne, as Crist sayth hymselfe, þat a man schall
20 ȝeue acownte þerof, yn þe day of dome, of yche ydull word þat a
man spekyth.   Wherfore forto wythdraw all men of such oþes and
wordys, Seynt Poule yn þe pystull of þys day forbedyth yche
cristen man not to speke all maner ydull speche, and rybaudy,
24 and harlatry, and all othyr speches þat turnyth to foly and to
noght.   And byddyth hom ‖ speke suche wordys þat ben worschyp- **57 a**
full to God, and profet to hom þat heryn hom.   And byddyþe þat
suche foly wordys and rybawdy schuld not be nempnyd among
28 Godis pepull ; for þeras þay ben oft ynempnet, þay ben þoght on[1],
and so þay fallyn ynto þe dede of synne, and þogh þe dede of
synne sewe not, neuerþeles þe lyst þat a man haþe yn spekyng,
ys a gret synne.
32   Narracio.

I rede of an abbas þat was a clene woman of hyr body as for
dede of lechery; but schö had gret lust to talke þerof.   So when

---

[1] on] vpon *d. D.*   on hit *G.*

scho was ded, scho was buryet yn þe chyrch. And so, þe nyȝt aftyr, fendes token vp þe body, and beten hyt wyth brennyng scorgys from þe nauell vpward, þat hyt was as blak as pych; but from þe nauell donward, þay myght do noȝt þerto, for þat part 4 schon as þe sonne. But euer as þe fendes beten hyr, sho cryed so pittusly, þat two of hur sustyrn þat werne sextens, wer sore agrysut þerof; but ȝet ayþyr confortyd oþer, þat þay comen þer þe body lay, and seȝen how þe fendys ferden wyth hur. Then 8 sayde scho to hur sustren: ' ȝe knowen well ynogh þat I was clene mayden as for dede of flessche; wherfor þat party of[1] my body þat was clene, þat schynyth as ȝe se now. But, for I had lust forto speke of fulth of þe flessch and of oþyr rybawdy, 12 þerfor þat party of my body þat ys gulty, hit haþe hys penaunce as ȝe seen. Wherfor I pray you þat ȝe pray for me; for by your prayers I may be holpen, and buþe war by me yn tyme comyng.'

By þys ensampull ȝe may know, how gret synne hyt ys to speke 16 of rybawdy. Wherfor þe same apostull byddeþe you absteyne you from rybawdy and all such doyng, and sewe Crist, and walke[2] yn loue as Crist dyd, and suffred for you mony scornes, and rebukes, and despytes, and mekely ȝeuyng ensampull to all 20 his pepull to do ryght so; for þat is nedefull to ych Godis 57 b seruant. For þat schapiþ hym to lyue in rest and ‖ pes, he schall haue gret persecucyon of euell men; but yf he take hit mekely and yn charyte, he ys a martyr befor God. Wherfor, yn confort 24 of all such Godys seruantes, holy chyrch makyth mynd, þys day and all þe weke aftyr, of a holy man þat was called Ioseph, þat suffryd gret persecucyon; but for he toke hit mekely, God broght hym aftyr ynto gret worschyp, as ȝe schull now here. But for þe 28 story ys ouerlong, we schull take þerof þat ys most nedfull, and leve þet oþyr.

Thys Ioseph had a fadyr þat heght Iacob, and had oþer eleuen breþren to Ioseph. And for hys fadyr loued hym specyaly befor 32 all þat oþyr, þerfor þay hatud hym, and moche more for a swyuen of hys þat he had told hys breþyr, wherby þay had euer troyng þat he schuld be a lord to hom, and all schuld do hym worschip; herfor þay had schapon to haue slayne hym. But þay durst not, 36 for þe aw of God, sched hys blod; but sold hym ynto þe lond of

---

[1] party of *C*. partyeth *G*. *not in d. D*. [2] walke *D*. walk *d*. walkyþe *G*.

Egypt to a man, for þrytty penyes. Þen, for God was wyth hym,
þe maystyr of the kyngys knyghtys þat heght Putyfare, boght
Ioseph, and made hym chefe of hys howshold. But ȝet þe deuell
4 had envy to hym, and made þe lady of þe howse to couet hym to
haue layn by hur. And soo, on a day, when scho see tyme, scho
toke hym by the mantell[1] and spake to hym of þat mater; but
when he herd that[2], anon he flogh away, and lafte his mantell þer.
8 Þen þys woman rerud cry, and told hyr lord how Ioseph wold
haue layne by hur; and, for he schuld not say nay, scho huld his
mantell yn wytnesse aȝeynys hym. Wherfor þe lord anon made
cast Ioseph ynto prison wher kyng Pharo had don hys botler and
12 hys baxter byfore.

Then met þay two sweuons þe whech Ioseph dude rucche and
sayd þat, wythyn þre dayes aftyr, þe kyng wold restore hys
boteler aȝeyne ynto hys offyce, and þe baxter schuld, wythyn þre
16 dayes aftyr, be hongyd: ‖ and hit was sothe as he sayde. Then **58 a**
fell hit soo, that[3] þe kyng hymselfe met a swyuen; but for þer couþe
no man tell what schuld fall þerof, by steryng of þe boteler, þe
kyng send aftyr Ioseph. And when þe kyng had told hym hys
20 swyuen, þen sayde Ioseph þat God had send warnyng to þe kyng
to be war and puruay before, for he schuld haue vii ȝere plenteþe of
corne and all oþer vytayle, and aftyr hom schuld come seven
ȝere of hongur þat schuld ete out and destrye all þat myght be
24 geton þe vii good ȝeres befor. Then sayde þe kyng: ‘I know no
man þat couþe þus do but þou; wherfor I make þe vndyr me þe
grettyst yn my reme, and all schall bow to þe as to me, and do þy
commawndement yn all þyng.’ Then Ioseph anon let make þe
28 gretest bernys þat euer wer, and gedyr corne þylke vii ȝere. So
at þe vii ȝeres ende, as he sayde, dere ȝere and hongyr come.
And when[4] all men haden spende þat þay had, þen þay come to
Ioseph þat had jnogh, and sold hom corne and oþyr vytayles.
32   Then, when Iacob, Ioseph fadyr, herd þat þer was corn to
byen yn Egypte, he send þydyr hys x sonnes, forto bye corne.
And when þay segh Ioseph, as hys swyuen wold xxii ȝere before,
all þay fell on knes and honowred hym; for þay knew not
36 Ioseph. But for he knew hom well, he spake hard wordes to

---

[1] mantell *d. D.*   matell *G.*   [2] that *d. D.*   om. *G.*
[3] that *D.*   om. *d. G.*   [4] when *d. D.*   om. *G.*

hom by a latymere, lest he had ben knowen, and sayd þay
werne spyes, and wern come to spye þe lond. And þay sayde
nay, þay wern all on manys sonnes, and on broþyr þay haden
laft at home wyth hor fadyr, anoþyr broþyr þay hadden, but he 4
was not alyve (þat þay speken by Ioseph, for þay wenden he had
ben ded). Then sayde Ioseph he wold preue hom, wheþer þay
wer trew, and made bynde on of hom þat het Symeon, and sayde
he wold hold hym fast, tyll þay broght to hym þat broþer þat was 8
58 b at home, and made full hor sackes || wyth corne, and put money
yn þe mouþe of ych sake, vnwytyng hom; and so made hom go
home to hor fadyr. So when þay come home and powred out þe
corne, þay fonden money yn hor sakkes and tolden hor fadyr 12
all tyt[h]yng. Then was þe fadyr sory for hys sonne þat was laft
byhynde yn bondes, and most nede send hym forth þat he louet
most; for he was Iosephys own brothyr, and þat oþer werne
hys half-breþern. But þogh he wer loþe to leue hym, when hys 16
corn faylyd, he most nede haue more and send forth Beniamyn
to Ioseph. And when Ioseph segh hym, he myght not forgo
to wepe, and ȝede ynto hys chambur, and bade delyuer hur oþyr
broþyr Symeon to hom, and sette hom to mete, and bade full 20
hor sekkes wyth corn and putte priuely hys cuppe þat he dranke
of hymself, yn Beniamyn sacke, and soo made hom go hore
way. But when[1] þay wern all gone yn good spede as þay
wenden, þen send Ioseph aftyr hom men þat sayden þat þay 24
wern wycked men þat aftyr þat hur lord had made hom wele at
ȝees, had stolen hys cuppe þat he loued most. Then wern þay
sory and sayden hit was not soo, but bade hom ronsak hom
yche on. And þay begonen at þe eldyst, tyll þay come to þe 28
ȝongyst, and token hym þat þay fonden hit wyth, and ladden
hym aȝeyne, to here hor lordeys wylle; for hom þoght hyt had
ben sykur þat hit had not ben soo. Then when þay come to
Beniamyn þat was Ioseph broþyr, þay fonden þe coppe yn þe 32
boþom of þe sakke. Þen wer þay all sory, and turnet aȝeyne
sore wepyng, and come before Ioseph. But when he se hom
all wepe and hys one broþyr makyng most sorow, for hyt was
59 a fond wyth hym, then Ioseph || spake to hym, and bade hym be 36
of good confort, and sayde: ‘I am Ioseph, your broþyr, be ȝe

[1] when] whhen G.

not aferd: God haþe send me tofore you hedyr for your good.'
And soo send aftyr hys fadyr, and dwellut ay aftyr þer yn þat
lond in gret well and prosperite.

4   Lo, good men, þys story ys red þys weke yn holy c[h]yrche,
for Godys chyldyrne schuld take ensampull at old holy fadyrs,
to suffyr desese and persecucyon wyth meke hert, and yn full
charyte for Godys loue, as he suffred for vs.   And he þat takyth
8 persecucyon aȝeynes hert and gruccheþe aȝeynes God and sayth:
' A, why doþe God þus wyth me, what haue I trespassed [1] þat he
faryth þus wythe me ? '   I do you well to wytte þat ȝe most
schryf you þerof, and aske God mercy for youre inpacyens and of
12 all oþyr synnys, ben þay neuer soo small yn [2] your eye; for þe
trespas of on synne may let moch grace.

Narracio.

I rede yn a myracull of Saynt Wenfryd þat a man come to hur,
16 vnneþe broght apon two croches, full of all maner woo.   Þen, be
helpe of þys holy mayden and virgyn, he was helud, and soo
al day aftyr wcnt hole ynto yche hous of þe abbay, þonkyng God
and þe holy mayden of hys hele.   But at nyght he ȝode ynto
20 hys bed þer he lay before, hopyng to haue gon yn þe morow
home all hole.   Also sone as he come ynto hys bed, anon þe
sekenes toke hym wors þan hit dyd befor; and soo lay all nyght
cryyng þat hit was rewth to here.   Then, on þe morow, mongkes
24 come to hym askyng what he had agylt, þat hys sekenes was
comen aȝeyne.   And he sayde: ' Noþyng.'   Þen sayde on : ' Was
þou schryuen seþen þou come ? '   And he sayde nay, for sothe he
had no nede, and sayde he stele neuer ox ne cow ne hors, ne
28 neuer dyd no greues synne; wherfor he had no nede to schryue
hym.   Þen sayde þe monke ‖ aȝeyne þus: ' For þagh a man do **59 b**
no gret synnes, he may do soo mony venyall synnys vnschryuen,
may charche his soule, and make a dedly synne.   For ryght
32 as a man may wyth mony smal cornys ouercharche a strong
hors, so, wyth mony venyall synnys v[n]schryuen, may charch hys
soule, þat he schall fall ynto þe lake of helle.   Then þys man
toke a prest and schrof hym.   And when he was schryuen, anon
36 he had hys hele, and was hole ay aftyr; and heyly þonked God

---

[1] trespassed *d. D.*   trespas *G.*   [2] yn *C.   om. G.   not in d. D.*

þat he was helut, boþe yn body and yn soule, by confessyon and prayer of þis holy mayden Seynt Wenefryde.

And so pray we to God þat we may be helud yn our bodyes and specyaly *in* oure soules, þat we may haue þe blysse þat he 4 boght vs to. Amen.

23.

DE DOMINICA QUARTA QUADRAGESIME.

Good men and woymen, as ʒe all know well, þys ys þe fourþe Sonday of Lenton. Yn þe wheche day all holy chyrch makyþe 8 mynde of a holy profyt þat was called Moyses, þe whech was a figur of our Lord Ihesu Crist mony ʒeres er he was borne of our lady.

Then, as we redyn thys weke yn holy chyrch, as þys Moyses 12 was yn desert of Synay, God spake to hym and sayde : ' Pharao, þe ¹kyng of Egypt, oppressyth the pepull¹ of Israell wyth bondage and w*yth* vnresynabull werkes, and þay, for woo of oppressyng, cryen to me for socour and helpe. Wherfor goo þou thedyr, 16 and fache hom out of hys bondage, and bryng hom hedyr, and offeryth to me yn þis styd; and I wyll bryng hom *into* a lond plentwys of all good.' So, when he had taght Moyses all how he schuld do, þen he ʒode þedyr, and gederyd all þe old men of 20 hom þat knew by prophesy how þay schuld be lad out of þat lond, and sayde to hom as God bade hym. Then wer þay wondur² glad and fayne, and ‖ suyd hym forth more and lasse, tyll þay come to þe Red See. And God was befor hom yn a pelere of a clowde, to 24 refresch hom for hete of þe sonne, and *in* þe nyght yn a pyler of fure, to leghten hom from harme of edyrs and oþ*er* vemens best*ys*. But when þat Pharao herd þat Moyses had lad forth þis pepull, he toke þre hundyrt of charyotes of hys owne, and oþ*yr* 28 þre hundyrt of þe lond, and fyfty þowsand of horsme*n*, and two hundyrt þowsand of fotemen, and ʒode aftyr hom. But when Moyses segh þys pepull comyng, he p*r*ayde to God for helpe. And God bade hym smyte þe see w*yth* his ʒerde, and hyt schuld 32 open and ʒeue way to hys pepull. And when he had smyten þe

60 a

---

¹ kyng . . . pepull *C.* kyng oppressyth the pepull yn Egypt ʒet þat þe pepull *G.* king oppressed þe peple in Egipt *d. D.*   ² wondur *C.* vndyr *G.* om. *d. D.*

see wyth hys ȝerde, hit cleue yn two partyes, so þat þe watyr
stod on ayþyr syde as walles, and þe grounde was dry sond.
Then ȝode Moyses yn, and all þe pepull sewet hym, tyll þay wer
4 all ouerpassyd. Then went Pharao to haue don soo, and ȝode yn
aftyr. But when he and all hys ost wern yn þe see, þe watyr went
aȝeyne togedyr, and drowned hym and all hys ost, so þat þer
wer [1] laft of hom not on man. Then when Moyses and his pepull
8 segh þat, þay þonkyd God, wyth hegh steuen, and dwellyd þer
seuen dayes aftyr; and yche day ȝode to þe see wyth mynstrelsy,
þonkyng God of hur wondyrfull scapyng. ȝet yn mynde herof,
all þe Astyr-weke, processyon ys made to þe fonte.

12   Then went Moyses forth wyth hys pepull ynto þe desert, tyll
þay come to þe hull of Synay. And þer he laft þe pepull byneþe,
and he hymselfe ȝode vp ynto þe hull þer God was; and was
fourty dayes þer and fourty nyghtys wythout mete or drynke. Then
16 God ȝaf hym twoo tables of stone yn þe whech God wrote wyth
hys fyngyrs þe x commaundementys, and bade Moyses teche hom
to hys pepull. And when he come done to þe pepull, hys face
was so bryght and two spyres of fyre stoden out of hys hed lyke
20 two hornes, so þat þe pepull myght not speke ‖ wyth hym for 60 b
clerte, tyll he toke a kerchef and hulyd hys face. Then wer
þer wryton yn þe on lefe þe þre comaundementys þat longyþe to
God, and seuen yn þat oþer þat longyþe to þy neghtbur.

24   Þe þre commawndementys þat longyþe to God ben þese:
'Thow schalt loue God and worschyp hym befor all þyng, so þat
þou schalt yn all þyng pyt Godys wyll byfore þy wyll, and so
sewe hys wyll and not þyne.' That oþer ys: 'Þou schalt not take
28 Godys name yn vayne.' Þat ys: þou schalt not be callet a
cristen mon, but yf þou lyue a cristen lyfe; for þogh þou be
called a cristen man and serues þe fende, þat name stondyth þe
in veyn. And also þou schalt not swer by God, ne by no party
32 of hys body, ne by no þyng þat he made, but yn affermyng of
trewth, and ȝet when þou art constrayned þerto. The thryd ys
this: 'Thow schalt hold þy holyday.' Þat ys: þow schalt ben as
erly vp and as late don, and be as besy to serue God as þou art
36 on þe werkeday to serue þe world. The fourþe is: 'Þou schalt
worschyp þy fadyr and þy modyr þat han broght þe ynto þys

---

[1] wer *D. om. G. d.*

world[1], and þy god-fadyr and þy god-modyr þat holpen to make
þe a cristen man, and thy faydr vndyr God þat haþe þe charche
of þy soule, and schall ȝeue vnswar þerof befor God.'   The v. ys
þys: ' Þow schalt noþyr sley wyth þy hond, ne wyth þy ee, nor 4
wyth þy tong, ne wyth euell ensampull ; ne wythdrawe lore and
techyng to hom þat þou art holden to tech.'   The vi. is þys :
' Þou schalt[2] do no lechery yn no degre wythout wedlok.'   The
vii. ys þys : ' Þou schalt not stele no þyng, grete ne small.'   The 8
viii. is þys : 'Þou schalt not bere no false wyttenes aȝeynys no
man, by no way.'   The ix. ys : ' Þou schalt noþyr couet seruant,
ne ox, ne no þyng þat ys þy neghtbur, aȝeynys hys wyll.'   The
x. ys þys : ' Þou schalt not wylne þy neghtburs wyfe, ne cownsell 12
61 a hur, by no || maner way, to euell, ne to þat þat ys harme or veleny
to hur husbond.'

Thes byn þe x commawndementys þe whech ych crysten man
ys bondon forto kepe.   Thus was Moyses a fygur and a token of 16
Cryst; for Moyses com before and ȝaf þe lawe, and Crist come
aftyr and ȝaf grace, and mercy, and trewþe.   For ryght as Moyses
fatte þe pepull out of Egypte þrogh þe see to þe hull of Synay,
ryght soo Cryst, when he com, he, by prechyng and myracles doyng, 20
fat þe pepull out of þe darknes of synne and euell lyuyng þrogh
þe watyr of folowyng to þe hull of vertu.   For he þat woll schryue
hym clene, and leue hys fowle leuyng, and hold þe couenantes[3] þat
he made wyth God yn hys folowyng, he schall gedyr vertu so togedyr, 24
þat þe hegh[t] of hym schall passe þe heght of any erthly hulle.

But he þat woll þus do, he most be fed of Cryst wyth fyve
lovys and two fyschys, as we rede yn þe gospell, how he fedde v
þowsand of pepull wyth v louys and two fysches.   The fyrst lofe 28
of þes v ys contrycyon of hert.   The secund ys trew schryft of
mouþe.   The þryd ys satysfaccyon of hys trespas.   The iiii. ys drede[4]
of redemacion[5], þat is, of turnyng aȝeyne from hys synne ; for he[6] þat
ys allgate aferde, he schall do well.   The v. ys persauaracyon in 32
God.   The two fyschys ben orysons and almes-dede, for þes ben
noresched yn terus of deuocyon.   Þes two susters geton whatso-
euer þay woll of hym.

[1] world *d. D.*   wold *G.*   [2] schalt *d. D.*   schat *G.*   [3] couenantes *d. D.*
commawndementys *G.*   [4] drede *d. D.*   om. *G.*   [5] redemacion *d.*
redimacion *D.*   residmacyon *G.*   [6] he *d. D.*   om. *G.*

Narracio.

I rede þat þer was summe tyme a man þat was called Perys,
and was full rych; but he was so hard, þat no begger myght
4 gete no good of hym, by no maner wyse. Þen fell hyt soo, þat
a company of beggers setyn togedyr and speken of þys Perus,
and how þay myght gete no good of hym. Then spake on þat
was as a maystyr of hom, and sayd : 'What woll ȝe lay wyth me
8 þat I schall gete no good of hym?' So þay layden a wager.
Þen went þe begger forth and set hym yn þys Peres hall-porche, to
abyd hym, || tyll he come. Þen anon, as he segh hym come, þys **61 b**
begger began to halson hym so heyly and so horrybly, þat þys
12 Perys, for gret angur þat he had [1]of hys grete halsyng[1] as hys seruant
come by hym wyth a basket full of bred, he kaght a lofe, and wyth
all hys myght he cast at þys begger, and smot hym on þe brest, and
sayde : 'Stop thy mouthe [2] herwyth ; þe deuell of hell choke þe [3] !
16 How begynnys þou on me !' Þen [4], þogh þys begger had an
stroke, ȝet he was fayne þat he had somwhat, forto wynne wyth
hys wager ; and toke þe lofe, and ȝode to hys felaws. 'Lo,'
quod he, ' Þys I haue geton,' and had hys wagyr. Then, yn þe
20 nyght aftyr, hyt happut soo þat þys Perys sterfe yn hys bede ;
and anon fendys comen and fattyn his soule to helle. But þen
was our lady redy, and bade hom bryng þe sowle fyrst to þe
dome, and so þay dydden. Then [5] was þer noþyng to helpe þys
24 soule, but only þat lofe þat he cast at þe pore man. Þen sayden
þe fendes þat he ȝaf hyt aȝeynys hys wyll ; wherfor, by ryght,
hyt schuld not helpe hym. Then went our lady to hyr sonne,
prayng hym to graunt þe soule to goo aȝeyne to þe body, forto
28 loke, ȝyf he wold amend hym. Then bade he bryng þe soule
aȝeyne to þe body. And when hyt was soo, anon þe body sate
vp, and ȝaf a gret syke, and called to hym aȝeyne all hys house-
meyne, and told how hard a dome he was at, and how he had
32 ben dampned, ner þat þe lofe had byn þat he cast at þe begger.
Wherfor anon he made to sell all hys good, and dele hit to pore
men for Godys loue. And when he had so ydon, he was made
a religyous man, and was aftyr a holy man.

[1] of . . . halsyng *C. H. and G.   om. d. D.*   [2] mouthe *C.*   noys *G.*   voyce *d. D.*
[3] þe *d. D. C.*   þe wyth *G.*   [4] Þen *d. D.*   þe *G.*   [5] Then *d. D.*   Ther *G.*

Herby ʒe may know how gret vertu ys yn almys-dede.
Oresons makyþe a man preue wyth God for oft spekyng wyth
hym; for as oft as a man prayþ deuotly, so oft he spekyþe wyth
God. And almys-dede makyth hym sykur aʒeyns the day of 4
dome. For all þat han done almes-dede for Godys loue, schall
62 a be sauet þat day. Also for we speke aboue ‖ of þe synne of vowtre,
þat is, a man to [1] bylyon hys neghtburs wyfe, oþer the wyfe to
take anoþer þen hur husbond, þerfor I tell you þys ensampull.   8

Narracio.

Ther [2] was a man þat made charcolys yn a gret lordys parke,
and when he had made a gret fure, he lay þerby all nyght. Þen
a lytull befor mydnyght, þer come a woman, halfe naked [3] also faste 12
os scheo myghte renne, and scheo ferde os scheo were out [3] of hur
wytte, and aftyr hyr a knyght rydyng on a blacke hors as fast as
he myght pryke, wyth a drawen [4] swerde, and hunted her all about
þe cole-fure. And soo, at þe last, þys knyght slogh þys woman, 16
and hew hyr to pecys, and kest hom ynto þe fure, and rode
aʒeyne wyth all hys myght. So when þys man saw þys syght
fele nyghtys aftyr, at þe last, he ʒode to hys lorde and told hym
all togedyr. Then was þys man a bold man, and sayde he wold 20
wytte what þat myght be, and come þedyr þe nyght aftyr, and
se all þat þe man had told hym before. Þen, when þe knyght
had slayne þe woman and cast hur [5] ynto þe fure, þat oþyr lord
halset þe knyght þat dyd soo, and bade hym tell hym what he 24
was and why he did soo. Then he vnswared and sayde þat he
was such a man þat was hys seruant a [6] lytyll before, and þat
woman was such anoþyr knyghtys wyfe. And for he had bylayn
hur vndyr hor husbond, 'þerfor we wer put [7] boþe to such a 28
penance.' And sayde þat yche nyght he all tosley hur and brent
hur þer; and þe hors þat he rod on, was a fende þat brent hym
an hundyrtfold hattyr þen any erþly fure. And soo þat penance
þay most suffur, tyll þay wer holpen by certeyne masses and oþyr 32
certeyn almys-dedys; and told hym what. Then þat oþyr knyght

[1] is a man to *C. om. G. not in d. D.*   [2] Ther *C.* The *G. not in d. D.*
[3] also . . . out *C.* as fast scho myght renne as a wer aferd out *G.*
[4] a drawen *C.* a draw *G. not in d. D.*   [5] hur *C.* hyt *G. not in d. D.*
[6] a *inserted above the line.*   [7] put *C.* out *G. not in d. D.*

behette hym þat all schuld be done for hym, and dyd so, and halp
hym so of hys penance þrogh þe me*r*cy of God.   Þe whech mercy
God graunt vs, yf hit be hys wyll.   Amen.

24.

4   DE ANUNCIA*CI*ONE DOM*INI*CA SERMO BREUIS.‖

Good men and woymen, þat [1] louen to se*r*ue our lady, suche **62 b**
a day ȝe schull haue an hegh fest i*n* holy chyrch, þat ys callyd þe
Annu*n*ciac*y*on of our lady.   Þe whech eue*n* ȝe schull fast, ych man
8 aft*yr* hys deuoc*y*on, and aft*yr* he haþe made a vow, and also as he
ys joynet of þe holy gostly fadyr.   The schull ȝe know well þat
þis fest ys callet þe Annu*n*cyac*y*on of our lady.

For þ*y*s skyll þe hygh Fad*yr* of Heue*n* send hys holy angell
12 Gabryell downe out of Heue*n* into þe cite of Naȝareth vnto our
lady, þat was new yweddyd by Godys byddyng and reuelac*y*on of
þe Holy Gost, to an old man, þat was called Ioseph.   And as scho
was yn hur chambur yn hyr deuoc*y*on, þe angyll Gabryell come,
16 and gret hur wyth myld steuen, and sayde : 'Heyl be þou, full of
grace ; God ys wyth þe ; blessyþ be þou of all woymen !'   Then
was scho gretly abaschot of þ*y*s metyng.   For þ*er* was þat tyme
i*n* þat contre a man þat cowþe moch of wycchecraft, and so, by
20 helpe of þe fende, he made hym lyke an angyll, and come to
dyuers maydyns, and sayde he was send from God to hom on þ*y*s
message ; and soo lay by hom, and dude hom gret vylany.   Then,
for oure lady herd tell [2] of þ*y*s manys doyng, scho was sore adred,
24 lest hyt had be he.   For oft before scho had spoken wyth angelys,
but such wordys ny gretyng þay made neu*er* to hyr.   Then þ*y*s
angyll conforted hur and sayd : 'Mary, be not adred, þou hast
fond grace wyth God.   For among all maydyns þat ben oþ*er*
28 wern and schull be, God haþe chosen þe for mekest to be modyr
to hys owne sonne, and hym þou schalt conceyue by feyþe and
loue of þe Holy Gost wythouten any werke of man, þat schall
vmbeschadow þe w*yth*out, and quenche [3] all maner flesschly lust i*n*
32 þe, and tend þe fyre of gostly loue yn þy hert.   And so, by fayþ and
by loue, þow schalt conceyue þe sonne of þe hye God of Heuen, and

---

[1] þat *D*.   and þat *G*.   *not in d*.   [2] tell *inserted above the line*.
[3] quenche *D*.   om. *G*.   *not in d*.

63 a þus þou be modyr and mayden ‖ yfere; and soo was neuer non
befor þe, ne aftyr schall be.' Then, when our lady herd þys
word, anon þer come such a spirituall swetness and a joy yn hor
hert, þat non erþly mon couþ tell hit. And soo, wyth all þe 4
reuerence and mekenes þat scho couþe, scho vnswared þus: 'Lo
here, Godis owne meke hond-maydon, redy to do Godys wyll,
prayng þat hyt most be don to me ryght as þou sayst.' Þus scho
conceyued our Lord Ihesu Crist in euerlastyng joy to all þe 8
world.

Thus may I resenably lyken to a precyous ston þat ys callyd
Onys, and ys as clere as cristall, and schall of kynd, when þe sonne
schyneþe hote on hym, opyn and receyue won droppe of þe dewe 12
of heuen ynto hym, and clos hym aȝeyne tyll ix moneþs aftyr.
And þen hit fallyþe, and openyth a stone out of þe same kynd,
and soo closyþe aȝeyne as euer hit was, wythout any wem, and
neuer openyth aftyr. Thus oure lady was as clene as any crystall, 16
and þe hote low of þe Holy Gost openyth hyr hert, and receyuyth
þe vertu of þe hegh God of Heuen. And, at þe ix monyth ende,
was delyuerd of hur sonne Ihesu Crist, and scho euer aftyr as
clene mayden as scho was befor. 20

Then, when þe angyll had don hys message and was gon aȝeyne
to Heuen, our lady went anon to hyr cosyn Elyȝabeth þat was
gret wyth chyld, wyth Saynt Ion þe Baptyst. And soo, when scho
come to Elyȝabeth, scho grette hur full mekely. And soo anon, as 24
our lady spake to Elyȝabeth, þe chyld yn Elyȝabeth wombe
pleyude, and made gret joy, for he saw þat our Lord had take
mankynd, and was com forto saue hom þat wer forlore. Then
our lady dwellyd þer wyth hur cosyn tyll Seynt Ion was borne, 28
and was mydwyff to Eliȝabeth, and toke Ion from þe erþe. And
soo scho lernd all þat hur nedyd, forto come aȝeyne þe tyme þat
63 b hur sonne schuld be borne of hur. Syþen ‖ scho was parfyt þerof,
scho mekely toke hyr leue, and ȝode home aȝeyne to Naȝareth. 32

Then þoght Ioseph þat he wold goo and loke how hys wyf
ferde. And when our lady herd of hys come, scho ȝode aȝeynes
hym, and gret hym full mekely, als scho full wele couþe. But
when Ioseph se hur gret wyth chyld, he merueylt gretly how þat 36
myght be; for he wyst well hyt was not hys, for scho had neuer
part of hys body. And also he knew well scho had made a vow

before þat scho wold neuer haue part of manys body. Þen he
þoght how he was made to wed hur þrogh þe byddyng of God
and gret schewyng of myracles, and þoght yn hys hert þat he
4 was not worþy to dwell yn hur company, and schaput hym priuely
to goo home aȝeyne and leue hur þer. Then come þer an angell
to hym and sayd: 'Ioseph, be not aferd to take Mary, þy wyfe,
ynto þy kepyng, hit ys of þe Holy Gost þat ys qwyk yn hur.
8 Wherfor þou schalt be hur keper, and norys to hur chyld. And
when hit ys borne, þou call hym Ihesu; for he schall be sauyour
of mankynd.

Thus schull ȝe knowe þat for þre skylles, as Seynt Ambros
12 sayth, our lady was wedded to þys old man Ioseph. The fyrst
was: yf scho had conceyuet out of wedlocke, þe Iewes wold haue
sayde scho had ben a lechore; and soo by hor lawe haue stenet
hyr to deth. The secunde cause was: fore scho was so schamfast;
16 and had any man put any fame on hur, scho schuld for schame
haue byn ded. The thryd cause was: for þat Ioseph schuld be
wytnes to hur of hur maydonhed; for when þe wyfe trespassyþe
yn þat degre, þe husbond bysyuþe hym most to knew the soþe.
20 The fowrth cause ys: for þat Ioseph most be helper to hur yn hur
burth, and bryng hur to Bedeleem, ‖ and aftyr ynto Egypte, and **64 a**
soo aȝeyne ynto hur owne contre. For þes causes scho was
weddyt to þis holy man; and soo, forto begyle þe fende þat he
24 schuld not know hym by anoþyr chyld.

Thus, good men, ȝe haue now herd of þys annuncyacyon. Þen
ben þer summe þat asken why þer stondyth a wyne-potte and
a lyly bytwyx our lady and Gabyrell at hur salutacyon.

28   Narracio.

Thus was þe skyll; for our lady at hur salutacyon conceyuet by
syght. And þat was þe fyrst myracull þat was wroght yn pre-
vyng of Cristys fayth. And fell þus þat [1] a cristen man and a
32 Iewe seton togedyr talkyng of þe comyng of our lady. And þer
as þay wern, a wyne-potte stode bytwene hom. Then sayd þe
cristyn man to þe Iewe: 'We belevyn ryght as þe stalke of þe
lyly grouyþ, and conceyuyth colour of grene, and aftyr bryngyth

---

[1] þus þat *C.* om. *G.* not in d. *D.*

forthe a whitte flowre wythout craft of man or any enpayryng of
þe sta[l]ke ; ryȝt soo our lady conceyuet of þe Holy Gost, and aftyr
broght forth hor sonne wythout wem of hyr body, þat ys flour and
chefe fruyt of all wymen. Then sayde þe Iewe : 'When I se 4
a lyly spryng out of þys potte, I wyll leue, and er not.' Then anon
þerwyth a lyly sprang out of þe potte, þe fayryst þat euer was
seyn. And when þe Iew sawe þat, anon he fell down on knees
and sayde : 'Lady, now I leue þat þou conceyuedyst of þe Holy 8
Gost Ihesu Cryst, God sonne of Heuen, and þou clene maydyn
befor and aftyr.' And soo ȝode, and was crystenyd, and was a
holy man aftyr.

For þis skyll, þe potte and þe lyly ys sette bytwyx our lady 12
and Gabryell. For ryght as þys Iewe dysputeþe wyth þys crysten
man of þe maner of þe conceyte of our lady ; ryght soo oure lady
sputyd wyth þe angell of þe maner, and how scho schuld conceyue,
and be mayden er and aftyr. Þen scho asentyd þerto. 16

64 b Then ȝe þat fasten þe v euenes || of our lady yn worschyp of hur
fyue joyes, ȝe schull know wele þat þys was þe forme day of joy
þat scho had of hyr sonne, when scho conceyuet hym of þe Holy
Gost, and so was made modyr to Godys sonne of Heuen. The 20
secunde joy was of Cristynmasse-day, when scho was delyuerd of
hur sonne wythouten any payne of hur body. For ryght as scho
conceyuet hym wythout any lust of flessche, ryght soo scho was
delyuerd wythout any payne of flessche. The þryd joy was on 24
Astyr-day, when hur sonne ros from deth to lyue, and come
to hur, and kyssud hur, and made hur more joyfull of hys vpryst,
þen scho was sory before of hys deth. The fourth joy was, when
scho segh hym stye vp ynto Heuen on Holy Þursday, yn þe same 28
flessche and blod þat he toke of hur body. The v. joye was yn
hur assumpcyon, when scho segh hur swete sonne come wyth gret
multitude of angelys and sayntys, and fache hur ynto Heuen, and
crowned hur qwene of Heuen, and emperess of hell, and lady of all 32
þe world. Syþen all þat ben yn Heuen, schull do hur reuerens
and worschyp ; and þos þat ben yn hell, schall be buxom to hur
byddyng ; and þos þat byn yn erthe, schall do hur seruyce and
gretyng. Thes byn þe v joyes þat scho had of[1] hur swete sonne 36
Ihesu. Then schull ȝe know well þat he schall neuer fele þe

---

[1] of *C.*   om. *G.*   not in *d. D.*

soroues of hell þat woll deuotly yche day grete hur wyth þes v
joyes yn erthe.

Narracio.

4　I rede of a holy mayden þat was deuot yn our lady seruyce
and, ych day, grete hur wyth þese v joyes. Þen hyt befell þat
scho was seke ; aud when scho felde wele þat scho schuld be ded,
scho sykyd wondyr sore and made gret moon, for bycause þat
8 scho ‖ wyst not whedyr scho schuld goo aftyr hur deth.　Þen 65 a
come our lady to hur and sayde : ‘ Why art þou soo sory, þat has
made me oft joye, gretyng me wyth þe v joyes þat I hadde of my
sonne ?　Wherfor wytte þou well þat þou schalt goo wyth me to
12 þe blys þat euer schall last.’

Narracio.

I rede of Saynt Fylbeit þat was negh ded of þe swynasy. And when
hys þrote was soo gret swolne, þat he myght vnneþe [1] draw breth,
16 our lady come to hym and sayde : ‘ Fylbert, my seruant, hyt wer
euell ydone þat þy throt schuld suffyr lengyr þys penance, þat
haþe so oft gladyd me wyth my v joyes.’　And þerwyth toke out
hyr swete pappe, and mylked on hys þrote, and soo ȝode hur
20 way.　And ancn, wyth þat, he was hole as a fyssh, aud þonked
our lady heyly, and taght all othyr to do soo, and at his endyng
went to þe blys of Heuen ; to þe whech blys God bryng vs to.
Amen.

25.

24 ## De Dominica in Passione Domini Nostri
Ihesu Cristi.

Good men and woymen, þys day ys called yn holy chyrch þe
Sonenday yn þe Passyon ; for bycause þat our Lord Ihesu Cryst
28 began hys passyon þys day.　The Iewys and þe Pharyses haden
suche envy to hym, for bycause þat he told hom hor vyses and
repreuet hor wyked lyuyng, þat þys day þay wer fully assentyd
to do hym to deth.　Oft befor þay werne about to haue slayne
32 hym, but euer þay were lettyd by drede of þe pepull ; for þe
pepull heldyn hym a profyt.　But þys day þay knytten hom soo

---

[1] vnneþe C.　om. G.　not in d. D.

togedyr, þat þay nolde spare no lengyr, but algatys he schuld
be ded. Wherfor, as þe gospell of þis day tellyth, as Crist
prechcd yn þe tempull, þe Iewes spytwysly rebuket hym so
foule, þat þay sayde to hymselfe þat he had a deuell wyþyn hym ; 4
65 b and all forto tempte hym, || forto haue made hym to haue spoken
summe worde by þe wheche þay myght haue put hym to repreue.
And for he told hom þat he was Godys sonne of Heuen, þay
wer about to haue stenet hym to þe deth; but for he knew 8
well hor malyce, he hudde hym, and ȝode from hom out of þe
tempull.

Thus, good men, Crist began þys day hys passyon. Wherfor
holy chyrch redyþe þys weke þe boke of þe prophyt Ieremy þat 12
fyrst prophesyet of Crystys passyon, and told how and on what
maner Iewys schuld do hym to deth. Then schull ȝe know
wele : ryght as þe Iewys pursuet Cryst to þe deth whyll he was
yn erþe, ryȝt sco byn þer now mony false crysten men þat 16
pursuen hym regnyng yn Heuen. And Saynt Austyn sayþ þat
he synneth more greuysly þat pursuet hym regnyng in Heuen,
þen þe Iewes þat dydden hym to deþe yn erthe. Then, ȝif ȝe
wyll know whech þos byn, takyþ hede how Crist wyth hys owne 20
mowþe markyth hom, þeras he says þus yn þe gospell of þys
day, wher he sayth þus : 'Whosoeuer ys of God, heryth Godys
worde.' Wherfor ȝe here not, for ȝe be not of God. Thus
Cryst hymselfe schewyth whech þay ben þat pursuen hym now 24
yn Heuen. These byn glad, when þay haue don a fowle dede,
and ben growndud yn fowle lyuyng, and wol not amend hom
for no þyng, for no prechyng, ne for no techyng. But euer
defendyth hor gult by ensampull of such oþyr as þay ben, and 28
ben wroþe and redy forto fyght wyth hym þat [1] tellyth hom
hor soþe. For more harme ys : þe world ys such þat he schall
haue mony enmys þat sayþ þe soþe now allway. Herby I may
schewe you an ensampull. 32

Narracio.

66 a   I rede þat þer was summe tyme a mawmet in a cite, || þat
wold tell of all stolen þyngys, and who hyt had. So was þer
a ȝong man þat had stolen a þyng, and was adred of þat mawmet, 36

---

[1] þat d. D. and G.

lest he[1] had dyskeuered hym, and sayde : ' Wele I wot þou myght
do me schame and vyleny, yf þou wolt. But by þat God I leue
on, and þou dyskeuer me, I woll breke þy hed ' ; and so ȝode forth
4 hys way.   Then sone aftyr com þay þat mysseden hor þyng,
prayng þe mawmet to tell hom who hyt had.   And when þay
prayde soo longe, at þe last, þys mawmet spake and sayde þus :
' Tymes byn changet, men byn worsont ; and now þer may no man
8 say þe soth, but ȝef hys hed be broken.   Thus wo ys þe trew
man þat lyuyth yn þys world, for he schall be so pluckyt at on
yche syde, þat he schall not wytte to whom he schall dyskeuer
hys counseyl ; for þylk þat wyll fyrst dessayue a man, þay woll
12 fyrst speke fayre to hym.'

For, as we redyn yn þe Boke of Kyngys, how þer wer two
knyghtys þat envyut oþyr : Ioab and Amasa.   Then, on a day
as þay meten, Ioab logh on Amansa and sayd : ' Hayl broþer ! '
16 and toke hym by þe chynne, and cussed hym ; but wyth þat oþyr
hond, he smote hym yn þe backe and slogh hym.

Thus faryth moche pepull now-on-dayes þat woll speke fayre
befor a man, but bihynd[2] þay woll sle hym wyth hor tong.   Thes
20 ben þay þat heron not Godys worde, ny settyþ noght þerby ; for
þogh þay heren hit wyth hor heres, hit synkyth[3] not ynto hor
hertys.   Wherfor God compleynyþe greuously by þis holy pro-
phyt Ieremy and sayth þus : ' What gult fonde your fadyrs why
24 þat þay wenton fro me, ȝyf I haue trespast to you yn anyþyng,
tellyþe ! '   Allas, for schame to your pryde, God ys yn þe ryght.
And ȝet he tretyþe wyth you þat ben yn þe wrong ; he proferyth
mercy or we hyt aske ; he mekyth hym to vs þat dysplesyth ‖
28 hym, and schewyth loue þer non ys worþy.   Thus byn our **66 b**
hertys hardyr þen stonys, thus byn we worse þen Iewes, thus
ben we vnkynd to hym þat schewyth vs al maner kyndnesse, and
euer cryeth to vs, and sayt þus : ' I am lyft on hegh, for all
32 schuld here me speke.   Comyth aȝeyne to me, and I woll receyue
you.   Loo, myne armes ben sprad on brode, redy to klyp you ;
my hed ys bowed, redy to kysse you ; my syde ys open, to schew
my hert to you ; my hondys and fete bledyth, to schew you what
36 I suffryd for you.   And ȝet ȝe wryeth away and grucched to

---

[1] he *d. D.*   he he *G.*   [2] bihynd] bi *inserted above the line.*
[3] synkyth *d. D.*   synkynkyth *G.*

come to me, and ȝif¹ ȝe wyll not come to me for loue, com for
ȝyftys.   Comyth to me, and I wyll ȝeue you tresur wythout
nombyr; I schall avance you wythout comperson: I wyll ȝeue
you lyfe and rest and pees wythout ende, so þat all þe defaute 4
schall be yn you, and not yn me.   Þus God prechet and techeth,
and ȝet þer byn but few þat wyll here hym, ne þat hauen þes
wordes sadde yn hor hertys.   But all byn bysy to be rych and
wylfull yn þys lyfe þat ys here, and recchyth lytyll of þe lyfe þat 8
ys comyng, and takyth lytyll hede how sore Crist suffryd, to
bryng vs to blys þat euer schall last.

Wherfor Saynt Barnard yn Cristys person makyth gret
waymentacyon for þe vnkyndnesse þat he sethe yn men and sayth 12
þus: 'Thow man for vanyte syngyst and rowtes, and I for þe
crye and wepe; þou hast on þy hed a garland of flowres, and
I for þe on my hed suffyr a wreþe of stynkyng þornes ; þou hast
on þy hondys whyt gloues, and I for þy loue haue blody hondys; 16
thow hast þyn armes sprad on brode ledyng carallys, and I for
þy loue haue myn armes sprad on þe tre, and tachut wyth grete
nayles ; thow hast þy cloþe raggyd and pynchyt smale, and
I haue my body for thy loue full of gret walus.   And ouer þys 20
þat greuyth me most, þou settyst noȝt by my passyon that I
67 a suffryd for þe; but by me horrybull || swerus all day, vmbraydys
me sweryng by my face, by myn een, by myn armes, by myn
nayles, by myn hert, by my blod, and soo forth, by all my body. 24
And soo þou marterys me by a foule vse and custom of sweryng,
þat schuldust do reuerence and worschip to my wondys and to
my passion, þat I suffred soo sore for þy sake.'

Narracio.   28

I rede yn þe Gestus of þe Romayns þat þe Emperour send
a gret man to a lond, to be a justice ouer hom.   But befor his
comyng, þer was no man þat cowthe swere non oþyr oth but ȝey
and nay.   Then aftyr þat þys justice come, he made all men to 32
swere on bokes, yn schyres and hundurdes.   And he and all
his men wer soo ywont forto swere by Godys passion, and
armes, and sydys, and blody wondys, þat all þe pepull toke

¹ ȝif *C.* ȝet *G.* if *d. D.*

at hom soo yn vse, þat all þe pepull swere as horrybull as
þay dyd. Then, on a day, as þys justyce sate yn hys justyre,
yn sight of all men, þer come yn þe fayryst woman þat euer þay
4 seghen, clothyd all [1] yn grene, and broght a fayre child yn hur
lappe, blody and all tomarturd. And ho sayde to þe justyce:
'Sir, what byn þay worþy þat han þus ferd wyth my child ?'
Then sayde þe justyce : 'Þay byn worthi to haue þe deth.'   Then
8 scho vnswared and saide þus : 'Þou and þy men wyth your
horrybull oþes han dismembryd my sonne Ihesu Cryst, þat I am
modyr to, and soo ȝe haue taght all þyȝ lond. Wherfor þou
schalt haue thyn owne dome.'   Then anon, yn sight of all the
12 pepull, the erth opened and þe justyce fell don ynto hell. And
soo aftyr þe pepull was gretly agast and amendyd hom of
hor oþys.

Wherfor, syrs and dames, do ȝe as crysten men schulden do :
16 leueþ your oþys, and doþe reuerence to Cristys passyon and to
hys wondys, and techiþe all oþyr to do þe same. And kneliþ
now adon, prayng to Crist þat he forȝeue you þat ȝe haue tres-
passyd aȝeyns hym by || recheles sweryng, bysechyng hym for hys 67 b
20 gret mercy forto kepe you yn tyme comyng, þat ȝe may amend þat
ȝe haue don mys aȝeynes hym and his swete modyr, and haue þe
blys þat he boght you to.   Amen.

26.

DOMINICA IN RAMIS PALMARUM SERMO BREUIS.

24   Cristen men and woymen, as ȝe knowyþe well, þys day is
called Palme-Sonday. But for bycause þat þe seruyce of þys
day is so long, I woll schortly tell you whi þys day is called soo.

Thys day, as Seynt Ion tellyþe, our Lord Ihesu Crist was in
28 Bethany wher he reisyd a mon from deþe to lyue þat had layne
four dayes stynkyng yn þe tombe, þat was called Laȝarus, and
was broþyr to Mary Mawdelen and Martha, hyr sustyr. Then
wist Ihesu Crist hyȝ passion was negh, and toke Laȝar wyth
32 hym, and so rydyng on an asse ȝode to Ierusalem. And
when þe pepull herdyn þat, all [2] ȝoden aȝeynes hym, boþe for

---

[1] clothyd all *d. D.* and clothyd *G.*   [2] all *d. D.   om. G.*

wondyr of þe mon þat was raysud from deþe to lyue, and also
forto do Crist worschip. Wherfor mony strawed flowres in hys
way, and mony broken branches of olyue and of palme and
keston in þe way, and spradden cloþys in þe way, makyng 4
melody and syngyng þus: 'Blessid be þou þat comys in þe
name of our Lord, Kyng of Israel!'

Wherfor holy chyrch, þys day, makeþe a solemp procescyon
in mynd of þat procescyon þat Crist made þis day, and also for 8
mony of you ben raysed from deþe to lyue þat han leyn four
dayes dede[1], þat ben synfull þoghtys, synfull speches, synfull werkes,
and synfull customs. But now I hope þat ȝe ben reysed from
deþe of euel lyuyng to þe lyfe of grace, and þat angeles yn Heuen 12
maken as moche melody yn Heuen for your arysyng as þe pepull
dyd for wondyr of rysyng of þe Laȝare. But for bycause we
haue no olyf þat beren grene leues, we taken [2] ive instede of that
and palmes[2] and beren about on procession; and so þys day we 16
calne Palme-Sonday. And as þay songen and duden worschip to
Crist in hor procescyon, ryȝt soo we worschip þis day þe cros
yn our procescyon, þrys knelyng to þe cros yn worschip and in
mynd of hym þat was for vs don on þe crosse, and welcomyng 20
68 a hym wyth songe into || þe chirch, as þay welcomet hym syngyng[3]
into þe cyte of Ierusalem.

Þen askyþe Ion Belet a qwestion: 'Syþen þat Crist had þe
grattest worschyp ridyng on an asse þat euer he had in þys 24
world, and aftyr of þe same pepull was don on þe cros in þe
grattest vyleny þat euer he ha yn þys world, whi we worschip
þe cros, and not þe asse?' To þys qwestion he vnswares hymselfe
and sayþe þat all þe worschip of þys world turnyþe all to vanyte 28
and to noȝt, and makyþe a man boþe to forȝeton hys God and
hymselfe, þeras myschef and woo makyþe a man to thynke on
hys God and to know hymselfe. Herefor, cristen men, puttyþe
away vanyte þat bryngyþe a man to euerlastyng payne, and 32
worschipyþe þe cros þat was cause of our saluacyon and þe ioy
þat we all hopyn forto come to.

Then, when Crist was comen into þe cyte, anon he ȝode into
þe tempull, and drof out all byers and sellers þat he fonde 36

---

[1] dede *d. D.*   *om. G.*   [2] ive . . . palmes *d. D.*   vs ynstede of hit palm*ys*
whyt *G.*   [3] syngyng *d. D.*   sy . . . ng *G.*

þeryn and sayde to hom: 'My fadyrs house ys a hous of prayers and of oresons, and ȝe han made hyt a den of þeues'; ȝeuyng ych cristyn man hegh ensampull forto leue chaffaryng
4 on Sonday, and namly in chirch. Anoþyr skyll ys whi þys day is called Palme-Sonday, for bycause palme bytokenyþe victory.

Wherfor ych cristyn man and woman schall þys day bere palmes yn processyon, schewyng þat he haþe foghten wyth þe
8 fend, and haþe þe vyctory of hym by clene schryft of mowþe and repentans of hert, and mekely don his penance, and in þis wyse ouercome his enmy.

Narracio.

12 Hit was þe maner, summe tyme, as we redyn in þe Gestys of þe Romayns, þat when any lond of the world ros aȝeyne þe Emperour of Rome, anon þe Emperour wold send a worþy knyght wyth pepull ynogh to þat lond, forto set hyt downe and
16 make hit soget to þe Emperour. And when þe knyȝt had so don, þen schuld he be set in a chayre, as ryaly as he myȝt, wyth cloþys of gold drawyn ouer hym and a palme in hys hond, schewyng þat he had þe victory, and so wyth gret worschip schuld be lad
20 aȝeyne to Rome. But when he come þrogh any cyte, þer schuld a man stond by hym in þe char, and bete hym in þe mowth wyth a branche of olyf, sayng þus: 'Anothe selitos'; þat is to say: 'Know ‖ thyselfe.' As þogh he sayde to hym þus: þagh þou haue **68 b**
24 þe victory now, hit may happen þat þou schalt anoþyr tyme have þe wors, and so turne þe in as moch vyleny as now þis doþe to worschip; wherfor be not prowde of þyselfe.

Thus, good men and woymen, ȝe schull bete yourselfe in þe
28 mowþe of your soule wythyn-forth wyth þe branch of olyfe, þat ys, wyth þe uertu of mekenes. And soo hold mekenes in hert, beyng allway adred, lest ȝe fall aȝeyne to your synne, and soo lese þe worschyp þat ȝe haue now ywonon, wittyng well þat
32 mekenes ys þe vertu þat most ourecomeþ[1] your enmy, and most growndyþ a man in doyng good werk and vertu. Wherfor ȝe schull all now pray to God þat he woll of his hygh grace ȝeue you myght and strengþe in tyme comyng soo to ouercome your
36 enmy, þat ȝe may haue þe victory of hym, and haue þe blys þat euer schall last. Amen.

[1] ourecomeþ *C.* ouercom *G.* *not in* d. *D.*

27.

SERMO ISTE DEBET DICI AD TENEBRAS [1].

Good men and woymen, as ȝe se holy chyrch vsyþe þes þre
dayes, forto say seruyce in þe euentyde in derkenes. Wherfor
hyt ys called wyth you teneblus; but holy chyrch callyþe hit 4
tenebras, þat is to say, derkenes. Then why þys seruyce is don in
derkenes, holy fadyrs wrytyþe to vs þre skylles. On skyll ys,
for bycause þat Crist þys nyght, before þat he was taken, he
ȝode þries ynto þe hull of Olyuete, and prayde his fadyr to put 8
away þe hard payne þat hym was toward, yf hit wer his wyll
and elles not; and soo, for drede of þe passion þat he feld in his
spyryte comyng, he swat blod and watyr. Anoþyr skyll ys,
for anon, aftyr mydnyȝt, Iudas gedyrd L knyghtys, strong and 12
bold, wyth oþyr gret company of mysdoers, and comen forto take
Crist. But for hyt was derke nyght, and þay cowþe not well
know Crist by Saynt Iame þat was soo lyke to Crist, þat he
69 a was callyd Cristys brothyr, lest þay || hadden taken Iames ynsted 16
of Crist, Iudas bade hom take hym þat he kyssud. And soo
wyth a kysse betrayde hys maystyr. And so token Crist all in
darkenes, and dydden hym all þe despyte and vylany yn bobbyng
and spyttyng yn hys louely face. The þryd skyll ys, for when 20
Crist was naylet fote and hond, hongyng oñ þe cros, þre oures
of þe day from vndure to none, þe sonne wythdroȝ hyr lyȝt and
was darke þrogh þe world, schewyng þat þe maker of lyȝt
payned þat tyme to deþe.   24

For þes þre skylles þe seruyce of þes þre nyghtys is don yn
darkenes. Þe whech seruyce makyþe mynd how Iudas be-
trayde Crist, and how þes Iewes comen wyth fors and armes as
priuely as þay cowþ, for drede of þe pepull. Wherfor to þys 28
seruyce ys no bell rongyn, but a sowne [2] made of tre wherby ych
cristen man and woman is enformed, forto com to þys seruyce
wythout noyse makyng. And all þat þay spekyn, goyng and
comyng, schall sowne of þe tre þat Crist was don on, and of þe 32

---

[1] *The heading C. om. G. Iste sermo debet dici ad vesperas post tenebras*
D. not in d.   [2] sowne *H.* sounde *D. C.* sowme *G. not in d.*

wordes þe whech Crist spake hongyng on þe tre, þat ben : how
he comawndyd his modyr to Saynt Ion, his dyscypull, and how
he grawnty þe þef paradyse þat askyd mercy, and how he
4 betoke his. soule ynto his fadyr hond, and so ȝelde vp þe gost.
Þus, goyng and comyng to þys seruyce, ych cristen man and
woman schall leue talkyng of all vanyte, and only talke of
þe cros.

8   Anoþyr skyll is, when þat Iudas had trayde Crist, and syȝ þat
by his traytery he schuld be ded, anon he fell ynto dyspayre, and
ȝode and hongyd hymself on a tre, so þat he wraþut Crist more
for hongyng hymselfe yn dyspayre, þen dyd þe traytery þat he
12 dyd befor. For Crist is so mercyabull in hymself, þat he wold
haue ȝyuen hym mercy, and he wold haue askyd hyt wyth
contryte hert.

Also at þys seruyce is set a hers wyth candull brennyng, aftyr
16 as þe vse ys som plase moo, summe las. þe whech ben qwenched
ych on aftyr oþyr, yn schewyng how Cristis dyscypull[1] stelen from
hym, when he was taken, yche on aftyr oþyr. But when all ben
quenchyd, ȝet || on leueþe lyght. þe whech ys borne away a whyll, **69 b**
20 whill þe clerkes syngen Kyrieleysons and þe versys wyth þe
whech bytokenyþe þe woman þat made lamentacyon ouer Cristis
sepulcur. Then, aftyr þys, þe candyll ys broght aȝeyne, and all
oþyr at hit jlyght. þe whech bytokenyth Crist, þat was for a
24 whyll ded and hud yn hys sepulcur, but sone aftyr he ros from
deþ to lyue, and ȝaf lyȝt of lyfe to all hom þat werne qwenchit by
dyspayre.

þe strokes þat þe prest ȝeuyþ on þe boke bytokenyþe þe clappys
28 of þondyr þat Crist brake hell-ȝatys wyth, when he come þedyr
and spylud hom. Now, good men, ȝe haue herde what þys seruyce
betokenyþe. Wherfor holduþe hit in your hert, and be ȝe not
vnkynd to your God, þat þus suffryd for you ; for vnkyndnes ys a
32 synne þat he hatyþ heȝly. Wherfor Seynt Ambros sayþe þat þer
may no man fynde a payne, forto poynych dewly þe vyce of
vnkyndnes.

---

[1] *MS.* dyscypu.

Narracio.

An ensampull of þys I fynd, as Alisandƴr Nekkam telleþe, and
is þys. Þer was summe tyme a knyȝt þat went out of his contrey
into ferre contray, forto sech aventurs. And so hƴt fell þat he 4
come into a gret forest and herd a gret noyse of a best þat was,
as hym þoȝt, in gret dystres. Then, for he wold se what hit was,
he ȝode nygh and sech how an horrybull neddƴr of gretnes and of
lengþe had vmbeclyppyd a lyon, and soo bond hym to a tre as he 8
lened hym to slepe [1]. And when þys lyon awoke, and fond hym-
self fast, and myȝt not helpe hymselfe, he made an hygys noyse ;
and when he saw þys knyght, þen made he grettyr noyse, wilnyng
helpe of hym. Then had þys knyȝt compassyon of þys lyon, but 12
ȝet he dred, lest, when he had losyd hym, he wold haue fallen to
hym and foȝten wƴth hym. But ȝet, for bycause þat he was a
knyȝt, and saw þe lyon, þat ys kyng of all bestys, yn destres, he
drogh out his swerde, and smot þe edyr yn two pecys. Then 16
anon, þe lyon felyng hym lose, [2] he fell downe to þe knightes fete
as [2] meke as a spaynell. And soo allgate, nyȝt and day, in ych

70 a pase, he sewet þys knyȝt, and lay at his bedys fete ych nyȝt, ‖ and
in ich turment and batayle he helpe hys maystyr, soo þat all men 20
speken of þys knyght and of þys lyon. ȝet, by counsell of summe
men, he had þys lyon yn suspescyon. Wherfor when he ȝode
aȝeyne hom to hys one contre, priuelych, wyll þe lyon slepte, he
ȝode into a schyp, and soo saylet forth. But when þe lyon woke 24
and myst hys maystƴr, anon he ȝaf a gret rore, and ȝode aftƴr
hym to þe see ; and when he se non oþƴr bote, he swam aftƴr hym
als ferre as he myȝt, and when his myȝt fayled hym, þen was he
drowned.   28

By þys knyȝt we may vndyrstond Crist, Godys sonne of Heuen,
þat come of a ferre contre, þat ys, out of Heuen, into þys world,
and fonde mankynd bondyn wƴth þe old neddƴr, þat is, wƴth þe
fende, to þe tre of ynobedyens. Wherfor wyth þe swerde of his 32
holy worde and wƴth hys hard pascyon, he lowsed monkynd out of
hys bondys and made hym fre. Wherfor ich man þat is kynd to
hys God, he woll þonke hym for þat lawsyng, and loue hym, and

---

[1] lened hym to slepe *D. C.* lened hym *G.* *not in d.*
[2] he . . . as *D. C.* om. *G.* *not in d.*

be buxom to hym all þe tyme þat he lyueþe here, sewyng þe lore
and þe techyng of hys God. And soo, when he passyth þrogh þe
salt-watyr of payne of deþe, he schall com to þe joy þat euer
4 schall last. To þe whech ioy God bryng you and me. Amen.

28.

Sermo Dicendus ad Parochianos in Parasceue Domini Hoc Modo [1].

Cristen men and women, ʒe schull vndyrstond þat Crist þys
8 day sched hys hert-blod for vs. As ʒe all knowen wele, þys day
is called Good Fryday; for all þyng turned þe pepull to good þat
Crist þys day suffryd for hom vndyr Pounce Pylat. Then, for
hyt ys oft sene, all euell bygynnyng haþe a foule endyng, wherfor
12 we se now how þys Pylat bygan and how he endyd; and for he
began cursetly, he endyd wrecchedly. For as Seynt Austyn
sayth: 'A cursyd lyuyng before, askyþe a cursyd endyng aftyr;
and he þat forʒetyþe God in his lyuyng, he schall forʒete hymself
16 yn his endyng.'

Thus Pylat was a kyngus [2] sonne þat was called Tyrus, þat
gate hym of a woman þat hatte Ato. So when þys chyld was
borne, þen setten þay þe || modyr name befor and þen þe graunsyre 70 b
20 name aftyr, and soo of boþe hor names called hym Pylat. Þen
aftyr þat he was þre ʒer old, þe modyr broʒt hym to þe kyngys
court to [3] his fadyr. Then had þe kyng by his wyfe anoþyr sonne
negh euen-old to Pylat. But for þys chyld was yn all doyng more
24 gentyll and more monfull, Pylat had envy to hym and ofttyme
faʒt wyth hym. So, at þe last, he slogh hym. Soo when þys
chyld was ded, þe kyng was wondyr sory for hym; but for he
wold not sle hym þen anon aftyr þat oþyr, and soo make two
28 harmes of on, he send Pylat to Rome, forto be þer yn hostage for
a tribet þat þe kyng schuld ʒeue to þe Emperour. Þen fell hit so
þat þe kyng of Fraunce had send his sonne also þedyr for þe
same cause. Then, for Pylat segh þat he had more loue, and for
32 men dydden þe kyng sonne more reuerence þen hym, he had envy
þerto, and on a day wayted his tyme, and slogh hym. Then, for he

---

[1] *The heading* C. *om* G. *not in* d. D.   [2] kyngus C. knyghtys G. *not in* d. D.
[3] to *inserted above the line.*

was so fers and cursyd, þe Emperour, by consell of þe Romayns, send hym ynto a contre þat was called Ponse, wheryn wer men so cursed, þat þay slogh all þat wer send forto be maystyr ouyr hom. So when Pylat come þedyr, he conformed hym so to hor maners, 4 þat wyth wyll and sleghtys he had þe maystry ouer hom; and soo gate his nome and was called Pylat of Ponse. Then when þat Herod, kyng of Ierusalem, knew þe fershode of Pylat, he send aftyr hym, and made hym lefetenant vndyr hym of all his 8 lond of Iury. Then, for Pylat lyked well þat offyce, priuely he send to þe Emperour and had his office confermyd of hym, vn-wyttyng of Herod þe kyng. Wherfor Herode and he wern enmys tyll þe tyme þat Crist was taken; and soo in þe assent of Cristys 12 deþe þay becom frendys.

Then fell hit soo þat þe Emperour was seke and send aftyr **71 a** Cryst, to hele hym; for hit was ‖ told hym þat Crist helyd all men þat come to hym. Þen was Pylat adred and toke on hym 16 Cristys cote, soo þat euer whill þat cote was on hym, þe Emperour and all oþyr made hym gret chere. Then had mony oþyr gret wondyr why þe Emperour made hym so gret chere, þat befor had sworen his deþe, and counseylet þe Emperour forto dyspoyle 20 hym. And anon as Pylat was dyspoyled of Cristys cote, anon þe Emperour was gretly agreued aȝeynys hym, þat he made to cast hym yn prison, tyll he had taken counsell on what foule deþe he schuld dye. Then, when Pylat knewe þat, anon wyth hys owne 24 knyfe he slogh hymselfe. Then, when þe Emperour herd þat, he made to bynd a gret ston to his nekke, and cast hym into þe watyr of Tybur. But for fendes madyn such a noyse abowte hym þer, þat all þe cyte was[1] afrayde þerof, he was cast ynto a 28 watyr bytwyx too hylles. Þer wer long tyme aftyr horribull syghtys yseen.

Vndyr þis cursyd man our Lord Ihesu Crist þys day suffred deþe for all cristen pepull. For when he was taken, þay buffed 32 hym and bobbyd hym, and aftyr striput hym naked, and betyn soo dysputysly wyth scorgys all hys body, soo þat from his toppe to hys too was noþyng laft hole on hym, but all ran on blod. And aftyr þay wrythen a crowne of þornys and setten on his hed, 35 and so betyn hit on wyth staues of redys, þat þe þornys persed

[1] *MS.* was all.

hys braynes.   And when þay hadyn payned hym soo, thay ladden
hym all blody toward þe hull of Caluary, forto be done to deþe.
Then woymen þat seghen hym þus ferd w*yth*, had compassyon of
4 hym, and wayled, and wepyd for hym.   Then spake Crist to
hom and sayde: 'Doghturs of Ierusalem, wepyþe ȝe noght on
me, but wepuþe on yourselfe and apon your chyldren; ‖ for þ*er* **71 b**
schall dayes come yn þe whech ȝe schull blesse þe wombes þat
8 wern barayne, and þe pappes þat neu*er* ȝaf sowke.'

Þus he þ*en* prophysyet before of wracch þat aft*yr* fell on þat
cite of Ierusale*m* for v*en*geans of h*ys* deþe.   þe whech v*en*geans
Ieremy þe p*ro*phit spekyþe of i*n* trenis þat is red þes þre dayes at
12 tenebr*ys*.   þe whech was so horrybull of dyu*er*ce myscheues and
specyaly of hong*yr*.   Of þe whech Iosephus tellyth, þat þ*er* was
þen yn þe cyte of Ieru*sa*le*m*, when hit was beseget, so gret
hung*yr*, þat chyldyr lay[1] þe stret*es* full, for defawte of mete,
16 criyng to hor mod*yr* for mete.

Narracio.

Then þ*er* was a woman of gret kynne þat for hung*yr* toke hor
one chyld þat scho fed w*yth* hor owne pappys, and slogh h*yt*, and
20 partyd h*yt* yn too.   Soo þe halfe scho rostud at þe fyre, and half
kepyd tyll þe morow.   Then, as men[2] come by þe strete, þay
hadden sau*er* of þe rost and co*m* yn, forto haue parte.   But
when þay segh how þe mod*yr* rostyd hur own child, þay wern
24 anvgged þerof and myght not ete.   Þen toke þe mod*yr* and ete
þerof boldly and sayd: 'Þis ys myn owne chyld þat I bare of
myn own body, and fedde of my brest.   But ȝet I woll rayþer
ete h*yt*, þen dee for hong*yr*.'   Þys I tell, forto schew þe ven-
28 geans þat fell ynto þat cyte aftyr Crystys deþe.

Soo aft*yr* þat þay had broght hym to Caluary, þay strayned
hym soo wyth cordys on þe cros, þat ych boon of hys body myȝt
haue ben told.   And soo nayled hys hondys and hys fete to þe
32 cros, and heuyn hym vp, þat þe body paysyd soo downe, þat þe
blod ran down by his armys and by his sidys, down to þe ground.
And soo, when he schuld dey, he bygan, as Ion Belet tellyþe,
and sayde: 'Deus, Deus meus, respice in me!'   And so forþe
36 all þe ix psalmys sewyng, tyll he come to: 'In te, Domine,,

---

[1] lay *C*.   lay in *G*.   *not in d. D*.   [2] men *C*.   a man *G*.   *not in d. D*.

speram !' And soo at þe verse : 'In manus tuas, Domine,' while
he seyde þat verse, he[1] ʒaf vp þe gost, ʒeuyng an hygh ensampull to
cristen man and woman forto [2] haue þys verse yn mynde, when
he schall ʒeld vp þe gost.   4

72 a   Wherfor yche man þat con rede, schuld say þes psalmes ‖ þys
day; and he þat sayþe þes ych Fryday, schall neuer dey euell deþe.
Then, aftyr þe passyon, þer suen orysons wyth knelyng at ych
oryson, saue at þe oryson þat ys sayde for þe Iewes; at hyt 8
holy chyrch knelyþe not : for þe Iewes as þys day skornyd oure
Lord knelyng thryse. Then, yn þes orisons, holy chyrch prayth
for all maner folke, for Iewes, and Sarsyns, for herytykys, for
scismatys. But for cursed men holy chyrch prayþe not ; for 12
whill a man or a woman stondyþe acursed, he ys dampned befor
God, and schall be dampned for euermore, but yf he repent and
aske mercy. Wherfor Seynt Austyn sayþe þus : 'Yf þat I wist
for certeyne þat my fadyr wer dampned, I wold pray no mor for 16
hym þen a fende' ; for þer is no suffrage of holy chyrch þat may
help a dampned mon. Then, aftyr þe oryson, þe cros is broʒt
forþe, þe whech ych cristen man and woman schall worschip þys
day, in worschip of hym þat as þys day dyed on þe cros, and pray 20
to God to forʒeue all þat haue trespast aʒeynys you, as Crist
prayd hys fadyr to forʒeue þilke þat dydden hym to deþe þis
day, hongyng on þe cros.

Narracio.   24

Thus dyd a knyght þat was a gret lord, and had a ʒong man
to hys sonne þe whech schuld haue ben hys ayre. Þe whech
sonne anoþer knyʒt þat wonet bysyde, as þay fallen at debate,
slogh þys ʒong man; wherfor þe fadyr of þys ʒong man þat was 28
ded, gedered a gret company, and pursued þys knyʒt þat soo had
slayne [3] hys sonne, nyʒt and day, þat he myʒt nowher haue rest,
but ay floʒ for fere of deþe. Then fell hyt on a Good Fryday,
when he saw all cristen men and woymen draw to chirch, forto 32
worschip hor God, he þoʒt þat Crist deyd þat day on þe cros
for all mankynd, and put hym holy yn Godis mercy, and ʒede
to þe chyrch wyth oþyr men, to here and to se Godys seruyce.
But when he was in þe chyrch, anon þat oþyr knyʒt had 36

---

[1] while he seyde þat verse, he *Harl.*2403. wyth he sayde and so *C. G. not in d. D.*
[2] forto *C.* and *G. not in d. D.*   [3] slayne *C.* so slayne *G. not in d. D.*

warnyng, and come w*yth* gret *com*pany of me*n* w*yth* hym ynto
þe chyrch, wyth his swerd drawen i*n* his hond.   And when þat
oþ*yr* kny3t se3 and knew well he ‖ had trespast to heyly a3eynes **72 b**
4 hy*m*, he 3ode a3eynys þat oþ*yr* knyght, and fell downe to þe
grownd, w*yth* hys armes sprad abrod, as Crist sprad hys armes
on þe cros, and sayd to hym: 'For his loue þat þ*ys* day sprad
h*y*s armes on þe cros, and deyd for þe and me and all mankynd,
8 and for3af þylke þat dydden hym to de*þ*e, haue m*er*cy on me,
and for3eue me þat I haue trespast a3eynys þe!' The*n* þ*ys* oþ*yr*
kny3t þo3t þat had ben to horrybull a dede forto haue don o3t
amys to hym þ*er* yn þe chirche, whill þat he meked hym soo,
12 and soo lowly pr*a*yde of m*er*cy for C*ri*stys sake.   And when he
had well beþo3t hym, he vnswared and sayde: 'Now, for h*y*s
loue þat þis day deyd on þe crosse for ma*n*kynd, I for3eue þe,' and
toke hym vp, and kyssyd hym, and so went togedyr, to worschyp
16 þe cros.   Þen, when þ*ys* kny3t com crepyng to þe cros and
kyssud þe fete, þe ymage losyd his armes, and clyppyd þe
kny3t about þe necke, and kyssyd hym, and sayde þ*us* þat all þe
chyrch herd : ' I for3eue þe, as þow hast for3eue*n* for¹ me.'
20   Þ*us* schull 3e for3eue oþ*yr* for Cristis loue, and klip, and kys,
and be frendes ; and þe*n* woll Crist clyppe and kys you, and 3eue
you þe joy þat eu*er* schall last.   To þe whech joy God bryng
you and me.   Ame*n*.

29.

For h*y*t ys of[t] ysene þat lewde me*n* þe wheche buþe of mony
28 wordys and proude i*n* hor wit, woll aske pr*e*stes dyu*er*se ques-
tyons of þynges þat towchen to s*er*uyce of holy chyrche, and
na*m*ly of þ*ys* tyme, and gladly suche prestys as con not make
a grayþe vnswar so, forto put hom to aschame, wherfor I haue
32 tytuld here dyu*er*se poyntys whech þat byn nedfull to yche
prest to know. So he þat woll loke and hold hit yn hys hert,

¹ for *C.   written in red ink above the line G.*
² *The heading taken from C.   om. G.   not in d. D.*

he may make an vnswar, soo þat he schall do hymselfe worschyp
and oþyr profyt. ||

73 a   Furst, yf a man aske why Schere Þursday ys called soo, say
þat in holy chyrch hit is called our Lordys supperday. For 4
þy[l]ke day he sowped wyth hys dyscypuls openly; and aftyr
supper ȝaf hom his flesche and hys blod forto ete and forto
drynke; and sone aftyr waschod all[1] hor fete, schewyng þe heȝ
mekenes þat was in hym and þe gret loue þat he had to hom. 8
Hyt is alsoo in Englysch tonge: Scher Þursday; for, in old
fadyrs dayes, men wold þat day make scher hom honest, and
dodde hor heddys, and clyp hor berdys, and so make hom onest
aȝeynes Astyr-day. For, on þe morow, þay wold do hor body 12
non ese, but suffyr penance yn mynd of hym þat suffred so
hard for hom. On Settyrday þay myȝt not haue[2] whyll, what for
long seruyce, what for oþyr occupacyon þat þay haden for þe
weke comyng; and aftyr mete was no tyme for holyday.   16

Narracio.

For I rede yn þe lyfe of Seynt Rychard þat was bysy on
a Settyrday befor none, þat he makud to[3] schaue his berd
on Settyrday aftyr none. And þen was þe fende redy and 20
gedyrd vp þe herys; but when þis holy man segh þat, he
coniured þe fende, and bade hym tell why he dyd soo. Then
sayde he: 'For þou dos no reuerence to Sonenday, þat ys
Godys owne day; to þe whech day ych man þat ys cristen, ys 24
holden forto do reuerence yn worschip of Cristys resurreccyon.
Wherfor þes heres I woll kepe tyll þe day of dome in hegh
repreue to þe. Then anon þis man made leef his schavyng, and
toke þe herys of þe fende, and made forto bren hom yn hys owne 28
hond for penance; and soo abode half schauen and half vn-
schauen tyll þe Monday aftyr. This y sette here yn a repref of
hom þat sparyth not forto worch on Settyrdayes aftyr none.

Then, as John Belet tellyth and techyþe, on Scher Þursday 32
a man schall dodde his hed and klippe his berd; and a prest
73 b schall schaue hys crowne, soo || þat þer schall noþyng be bytwene

---

[1] all] all all *G.*
[2] haue *Harl.* 2403. om. *G. C. not in d. D.*
[3] makud to *CH.* myght not *G not in d. D.*

God almyghty and hym. He schall alsoo schaue þe herys of his
berd þat comyth of superfluyte of humors of þe stomok, and
par þe nayles of his hondys þat comyþ of superfluyte of humors
4 of þe hert. So ryȝt as we schauen and scheren away þe superr-
fluyte of fulþe wythout, so we schall schaue and schere away þe
superfluyte of synne and of vyce wythin-forþe.

þe vayle þat haþe be drawen all þe Lenton bytwene þe auter
8 and þe qwere, þat bytokenyþe þe prophesy of Cristis passion þat
was huld and vnknowen, tyll þes days comen. þe whech þes
dayes ben don away, and þe auter opynly schewed to all men.
For þes days Crist suffred so opynly hys passyon, þat he sayde
12 hongyng on þe cros: 'Consummatum est'; that is: all þe prophesy
of my passion now haþe an end. Wherfor þe cloþys of þe auter
byn taken away; for Cristis cloþys wern drawn of hym and don
all naked, save hur lady, his modyr, wonde hyr kerchef about hym
16 to hyll his membrys.

The auter-ston bytokenyþe Cristis body þat was drawon[1] on þe
crosse as ys a skyn of parchement on þe harow, soo þat all his
bonys myȝt be told.

20   The besom þat hit ys waschen wyth, betokenyþ þe scorges þat
beton hys body, and þe þornes þat he was crowned wythall.

The watyr and þe wyne þat hyt is waschen wyth, bitokneþe
þe blod and þe watyr þat ran downe aftyr þe spere from Cristis
24 hert þat waschet[2] his body.

The wyne þat is powred on þe v crossys, bytokneþe þe blod
þat ran out of þe fyue wondys principale of hys body.

This day nys no pax ȝeuyn at mas, for Iudas betrayde Crist
28 þys nyȝt wyth a cosse : þus was þe prophesy of þe passion þys day
endyd. Wherfor þys nyȝt, when he had sowped, he made þe sacra-
ment of hys owne body, and ȝaf hyt to hys dyscypulys forto ete
and forto drynke, and so began þe sacrament of þe masse and of
32 þe new law ; and aftyr þys soper, he wassched his dyscyples fete
þat was a maner of new folgh[t]. For as he sayd þen to Petyr:
' He þat is waschen wyth watyr, he is clene of folgh[t] of all dedly
synne, he haþe no nede but to wasche his fete[3], for þat bytokeneþe
36 þe affeccyon of venyall synne.

---

[1] drawon *C.* draw *G.* *not in d. D.*   [2] *MS.* waschent.
[3] fete *C.* om. *G.* *not in d. D.*

Then, yf a man askeþ why prestes don not hor masse aftyr soper,
74 a as Crist dyd, say þou : for þat was turned into || more honest[e] and
mor saluacyon of mannys soule.   For, as Hayme tellyþ apon þe
pystyll of Seynt Powle, mony yn þe begynnyng of þe fayth comen 4
to chyrch on þe Scher Þursday.   And þylk þat wer rych broȝt
mete and drynke wyth hom and þer eten and dronken, tyll þay
wer dronke and to full of mete, and soo at nyȝt token hor
howsull, sayyng þat Crist ȝaf hom þat ensampull.   But whyll þe 8
rych etyn and dronken, þe pore þat had noȝt aboden, till þe rych
had don, sor ahongyr; and þen eton of relef, and soo aftyr toke
hor howsull.   Wherfor, as þys pystyll of þys day tellyþe, Seynt
Poule rebukeþe hom þerof, and turnyþ þat foule vse into more 12
honest[e] and holynes, þat is, forto syng þe mas fastyng, and all men
forto take hor howsull fastyng.

On Astyr-euen þe paschall is makyþe, þat bytokenyþe Crist;
for as þe paschall is þe chef tapor þat is in þe chyrch, so is Crist 16
þe chef saynt þat ys in the chyrch.   Also þys paschall bytokeneþe
þe pyler of fure þat ȝode befor þe chyldyr of Israell, when þay
went out of Egypte into þe lond of behest, þat is now Ierusalem,
and as þay ȝoden þrogh þe Red See, hole and sonde, seuen dayes, 20
aftyr þay comen to þe see all, ych day, and þonked God for hor
passage.   Herfor holy chirch all þe Astyr-weke gon yn prosessyon
to þe font, þat is now þe Red See to all cristen pepull þat ben
fo!owed in font.   For þe watyr yn þe fonte betokenyþ þe red 24
blod and watyr þat ran down of þe wondys of Cristis syde in þe
wheche þe power of Pharo, þat is, þe veray fend, ys drowned, and
all hys myȝt lorne, and all cristen pepull sauet.

The font is on Astyr-even halowed and on Whytsone-even; 28
for, at þe begynnyng of holy chirch, all men, and woymen, and
chyldren wern kepte to be folowed at þes days at þe font-halowyng.
But now, for bycause þat mony in so long abydynge[1] deyd bout foloȝt,
þerfor holy chirch ordeynyþe to folow all þe tyme of þe ȝere, saue VIII 32
dayes befor þes euens a child schall be kepte to þe fonte-halowyng,
yf þat he may sauely for parell of deþe, and elles not.

Thus is þe paschall halowed, and lyȝt wyth new fure, and of
hyt all oþyr tapyrs byn lyȝt; for all lyȝt and holynes of good 36

---

[1] abydynge *C.   om. G.   not in d. D.*

worchyng comyþe of Cristis lore, and holy chyrch ys liȝt wyth
brennyng charyte of his behestys.

Fyue pepynce of || encens ben steked in þe paschall lyke to þe **74 b**
4 crosse.   Þat bytokenyþe þe v wondys, as Bede sayþe, þat Crist
suffred in hys body, and schull be kepte fresch and swete as
encense tyll þe day of dome, in rebuke of hom þat schall be
dampned, þat haden no beleue in Cristis passion, and wold aske
8 hym no mercy for hor synnes.

In þe fonte-halowyng þe prest castys watyr out in four partyes
of þe fonte ; for Crist bade hys dyscyples go in foure partyes of
þe world, and prech and tech þe foure gospels, and folowing in þe
12 name of þe Fadyr, and of þe Sonne, and of þe Holy Gost.

Aftyr þe prest breþes in þe watyr ; for þe Holy Gost, in þe
makyng of þe wor[l]d, was born on þe watyrs.   Wherfor, when God
for Adam synne cursed þe erþe, he sparud þe watyr.

16   Aftyr he droppyþ in þe watyr wax of a tapur brennyng ; þe
whech bytokenyþ þe manhode of Crist þat was folowed in þe
watyr, and in his foloȝt halowed all þe watyr of foloȝt.

Aftyr oyle and creme byn put in þe watyr ; for yn þat sacra-
20 ment þilk þat ben in Heuen and þilk þat ben in erþe, ben joynet
togedyr.   Þat was preued in Cristis baptyem ; for þer þe Fadyr
of Heuen spake, þat all þe pepull herd, þe Holy Gost was send
like a culuer.   Þus was þe fonte halowed twyys in þe ȝere, at þe
24 begynnyng of holy chyrche, and now aftyr by þe ȝere þat was on
Astyr-euen, for þen all þe pepull was broȝt out of þraldam of þe
fende by Cristis passion ; and on Whytson-euen, for þen is þe
Holi Gost ȝeuen[1], þat is, remyssyon of all synnys.

28   Þen, from þe font, men gon to þe qwere syngyng þe letany,
prayng all þe sayntys of Heuen forto pray to God, ȝeue hom þat
ben folowed grace forto kepe þe heȝ couenant þat þay haue made
in hor folowyng.

32   Then men gon to masse þat is bygonnen wythout office, þat is
called þe hed of þe masse ; for Crist, þat is hed of all holy chyrch,
ys not ȝet rysen from deþ to lyue.

Kyrieleyson is sayd ; for in iche office of holy chyrch, and namly yn
36 þe masse, hit ys gret nede forto aske helpe and socour of God, forto
defende vs out of temptacyon þat assaylyþ vs namly in Godys seruyce.

[1] ȝeuen] yeven *Harl.* 2403.   ȝeue *C. G.*   *not in d. D.*

75 a ' Gloria *in* excelsis ' ys sayde ; for þe Fadyr of Heue*n* ‖ is gretly ioyet forto behold þe pepull þat his sonne haþe boʒt w*yth* hys passyon, þat lyue*n in* charyte and *in* pes, ych on w*yth* oþ*yr*.

Grayle is no*n* sayde ; for þylke þat ben folowed, be not ʒet 4 parfyte to walke yn þe greus of *ve*rtu.

Alle*lui*a ys songen ; for h*yt* ys gret ioy to angeles to sen þe ruyne of angeles be restowred by þylke þat ben folowed.

Aft*yr* Alle*lui*a þe tracte ys songen ; for þagh þay be*n, in* hor foloʒt, 8 waschan of all synnys, ʒet þay most travayle bysyly, forto kepe hom out of co*m*brans of þe fend, þat he fall not *in*to dedly synne aʒeyne.

Offertory is no*n* sayde ; for þe wy*mm*en þat come*n*, forto offyr to Cristys body oynme*ntes*, þay fond hym[1] not *in* his tombe. 12 'Agnus Dei' ys sayde, but no pax ys borne ; for C*r*ist þat[2] is hed of pes, was not ʒet rysen.

Postcomyn is no*n* sayde ; for þay þat ben folowed schul not be howsyld þys day, but on þe morow ; for *in* þe begynnyng of holy 16 chirch þ*er* come*n* moo to folow of gret age þe*n* of chyldren.

A schort euensong ys don, lest þay þat ben folowet for cold oþ*yr* sekenes[3] wer anyet of long s*er*uyce.

Þe*n* is all þys s*er*uyce endyd vndyr on colet for all þe sacra- 20 me*n*t of holy chirch, and of foloʒt is endyd *in* þe passion of Crist.

30.

DE FESTO PASCHE.

Cristes pepull, boþe me*n* and woyme*n*, as ʒe all knowen wele, þys day is called *in* su*m* place Ast*yr*-day, and *in* su*m* plase Pase- 24 day, and *in* su*m* plas Godis Sonday.

Hyt is called Ast*yr*-day, as Candylmas-day of candyls, and Palme-Sonday of palmes. For wel nygh *in* ych plase, h*yt* ys þe mane*r* þys day forto do fyre out of þe hall at þe astyr, þat haþe all þe wyntyr 28 brent wyth fyre and blakyd wyth smoke. Hit schall þys day ben 75 b arayde wyth grene rusches, and swete flowres strawed[4] ‖ all aboute, schewyng an hegh ensampull to all me*n* and woyme*n* þat, ryght as þay maken clene þe howse all w*y*thyn, beryng out þe fure and 32 strawyng flowres, ryʒt soo ʒe schull clanse þe howse of your soule,

---

[1] hym *C*. *om. G.* *not in d.* D.   [2] þat *C*. *om. G.* *not in d.* D.
[3] sekenes *C*. seke *G*. *not in d,* D.   [4] strawed *d.* D. straw *G*.

doyng away þe fyre of lechery and of dedly wraþ and of envy, and
straw þer swete erbes and flowres; and þat ben vertues of goodnes
and of mekenes, of kyndnes, of loue and charite, of pes and of rest :
4 and soo make þe howse of your soule abull to receyue your God.
For ryȝt as ȝe wyll not suffyr no þyng in your howse þat stynkyþe
or saueryth euell, wherby þat ȝe may be dosesyd ; ryght soo Crist,
when he comyþ into þe hows of your soule, and fyndeth¹ þer any
8 stynkyng þyng of wraþ or of envy or any oþyr dedly synne, he
woll not abyde þer: but anon he goþe out, and þe fende comyþe
yn and abydyþe þer. Then may þat soule be full sory þat scho
ys forsaken of God and betaken to þe fende. Þus don þay þat
12 holden dedly wraþe and dedly envy in hor hertys, and woll not
forȝeue þylk þat haue trespast to hom, for no prayer. Wherfor
take hit wyth certeyne: þogh ȝe mow wyth glosyng wordys
desayve me, and say ȝe ben yn full charyte as ȝe owen forto be,
16 þogh ȝe be not soo, you gayneþ not forto begyle God, þat seþe ych
cornell of your hertys. Wherfor, for Godys loue, dessayue ȝe not
yourselfe, but buþe all besy forto kepe your soules clene wythyn to
Godis syȝt, as ȝe ben to make your house clene to mannys syȝt.
20 And ryght as ȝe cloþuþ your astyr wyth fresche flowres and
swete, ryȝt so cloþe your astyr of your soule, þat is, your hert, in
fayr cloþe of charyte, and of loue, and of pes, and of rest wyth all
Godys pepull, þat ȝe mow abull be forto receyve þe best frende
24 þat ȝe haue, þat is Crist, Godis sonne of Heuen, þat þys tyme
suffred deþe, forto bryng you to þe lyfe þat euer schall last.

This day is also callyd Pase-day, þat is in Englysch, þe pas-
syng day. And soo hyt is for two skylles: on for þys day ‖ ych **76 a**
28 cristen man, in reuerence of God, schuld forȝeue þat haue gylt to
hom, and ben in full loue and charyte to Godis pepull passyng all
oþer dayes of þe ȝere; for all þat is mysdon all þe ȝere befor,
schall be helyd þys day wyth þe salue of charyte. Hit ys alsoo a
32 passyng day: for ych Godys chyld schall passe out of euell levyng
into good lyuyng, out of vyces ynto vertuys, out of pride into
mekenes, out of couetyse into largenes, out of sloþ into holy
bysynes, out of envy into loue and charite, out of wraþe into
36 mercy, out of gloteny into abstynens, out of lechery into chastyte,
out of þe fendys clcchus ynto Godis barm; and soo of Godys

---

¹ fyndeth *d. D.* fynd *G.*

enmy make hym h*y*s frende and derly*n*g. Whoso passyþe þus, he ys worþy forto come to þat gret fest þat God makyþe þ*y*s day to all þat þ*y*s passage makut.

This day ys called Godis Sonday; for Crist, Godis sonne of 4 Heuen, þ*y*s day roos from deþ to lyue, and soo gladyþ all hys seruant*es* and frendys wyth his vprist. Wherfor all holy chrych makyþe myrþ þ*y*s day and syngyth þus: 'This ys þe day þat our lord made; be we glad and ioyfull i*n* hure!' þe Fad*yr* of Heuen 8 makyth w*yth* all h*y*s angelys soo gret melody for þe vpryst of h*y*s sonne, þat he makyþe þ*y*s day a gret passyng fest, and byddyþe all h*y*s pepull þerto, als wele hom þat ben i*n* Heue*n* as þylke þat ben i*n* erþe. Þen as wele as hym schall be þat comyþe to þ*y*s fest 12 wele arayde i*n* Godys lyuere, cloþyd i*n* loue and scharyte, als euell schall hym be þat comyþe yn fendys lyuere, cloþyd i*n* envy and dedly wraþe; for þes, as þe gospell tellyþe, schall be taken and cast into þe p*r*ison of hell. Soo that while[1] oþ*yr* lagh and make 16 mery, þes oþ*yr* wepe and be sory; and whyll þat oþ*yr* eten and drynken at Godis bord, þay schall sytte gre*n*nyng w*yth* hor teþe for paynyng of hell-wormys þat gnawen ho*m*. For as þay eten oþ*yr* w*yth* bakbytyng here i*n* erþe, þay schull ete hym backe and 20 body w*yth*out end i*n* payne of hell.

76 b Wherfor, good me*n* and woymen, I ‖ charch you heyly i*n* Godys byhalue þat non of you to-day co*m* to Godys bord, but he be i*n* full charyte to all Godis pepull; and also þat ӡe be clene schryuen 24 and yn full wyll to leue your synne. For yf I wyst whech of you wer out of charyte and vnschryuen, I most, be techyng of holy men, w*yth* a foule mouþe say þus to hym, i*n* audyens of all men: 'I ӡeue þe here not þy howsyll, but þy dampnacyon i*n*to 28 eu*er*lastyng payne, tyll þou co*m* to amendeme*n*t.' Wherfor, for Cristis loue, yche man sech well his conciens and clanse h*y*t, þat he may abull receyue hys sauyour. And ӡet, forto styr you more i*n* co*n*cyens, y tell you þ*y*s ensampull. 32

Narracio.

I rede of a holy byschop þat prayd God bysily to ӡeue hym grace to wytte whech wer worþy to receyue þe sacrame*n*t and whech onworthy. Then, when þe pepull co*m* to Godys bord, he 36

---

[1] that while *d. D.* woll þat *G.*

sagh som com wyth hor face red as blod, and blod droppyng out
of hor mowþys, som hor face as blacke as any pyche[1], summe as
whyte as snow, and summe fayre and rody and lusty forto behold[2].

4 Then, among oþyr, he sagh two comyn wymen comyng and hor
facys schonyng as bryght as þe sonne. Þen had he moch wondyr
of þys syght, and prayde to God to ȝeue hym reuelacyon and
knowyng what all þys bytokenyd.

8   Then come þer an[3] angyll to hym and sayd: 'Þes þat han
blody facys and blod droppe out of hor mowþes, þo ben envyous
men and woymen, and full of dedly wraþe, and woll not amend
hom, and gnawen hom byhynd, and be vsed to swere horrybull

12 oþys by Godys sydys and his blod, and vmbrayden God of his
passyon, and don hym no reuerence: wherfor hor mowþys schull
droppe of blod, tyll þay com to amendement. Þay þat haue
blak facys, ben lecherys men and woymen þat wyll not leue hor

16 synne, ne hor lyst, ne schryue hom þerof. Þay þat haue whit
facys as snow, ‖ ben þay þat haue don gret synnys, and ben 77 a
schryuen þerof, and wyth þe wepyng of hor een han wasshen hor
soules so whyt and clene. Þylke þat ben fayre and rody, ben

20 good comyn lyuers þat lyuen truly by hor mayn swynke, and so
kepyþe hom out of dedly synne. And þes two woymen þat
schynen passyng all oþyr, wer two comyn woymen and of euell
lyuyng; but when þay come into þe chyrch, þay toke suche

24 repentans in hor hertys, þat þay maden a vow to God þat þay
wold do neuermore amys wyth þe helpe of his grace. Wherfor
God of hys mercy haþ forȝeuen hom hor synne, and so clene
wasschen hor sowles, þat þay schyne þus passyng all oþer.'

28   Then þys angyll went his way, and þys byschop þonkyd God of
hys hegh grace þat he schewed hym reuelacyon, and serued God
euer aftyr wyth all hys myght, and had þe blysse of Heuen.
The wheche blysse God graunte you and me. Amen.

31.

32   ## DE FESTO SANCTI GEORGII, MARTYRIS.

Good men and woymen, such a day ȝe schull haue þe fest of
Saynt George. Þe wheche day ȝe schull come to holy chyrch, in

---

[1] MS. byche.   [2] behold] hold G. beholden C. not in d. D.
               [3] an C. om. G. not in d. D.

worschyp of God and of þat holy martyr Seynt George þat boȝt
his day full dere.

For as I rede in hys lyfe, I fynde þat þer was an horrybull
dragon, þat men of þe cyte wer so aferd, þat þay, by cownsell of 4
þe kyng, yche day, ȝeuen hym a schepe and a chyld forto ete ; for
he schuld not come into þe cyte and ete hom.   Then when all þe
chyldyr of þe cyte wer eten, for bycause þat þe kyng ȝaf hom þat
concell, þay constrayned hym þat had but [1] on doghtyr forto ȝeue 8
hyr to þe dragon, as þay had hor chyldyr before.   Then þe kyng,
for fere of þe pepull, wyth wepyng and gret sorow makyng,
delyuerd hom hys doghtyr yn hyr best aray.   Then þay settyn
77 b hur yn þe place þer þay wer || wont to set oþyr chyldyr, and 12
a schepe wyth hyr, forto abyde þe tyme tyll þe dragon wold
come.   But þen, by ordenance of God, Seynt George come rydyng
þat way ; and when he saw þe aray of þys damesell, hym þoght
well þat hyt schuld be a womon of gret renon, and askyd hur 16
why scho stode þer wyth soo mornyng a chere.   Þen vnswared
scho and sayde : 'Gentyll knyȝt, well may I be of heuy chere,
þat am a kyngys doghtyr of þys cyte, and am sette here forto be
deuoured anon of an horrybull dragon þat haþe eton all þe 20
chyldyr of þys cyte.   And for all ben eten, now most I be eten ;
for my fadyr ȝaf þe cyte þat consell.   Wherfor, gentyll knyght,
gos hens fast and saue þyselfe, lest he les þe as he woll me !'
'Damesell,' quod George, 'þat wer a gret vyleny to me, þat am 24
a knyȝt well i-armed, yf I schuld fle, and þou þat art a woman
schuld abyde.'   Then wyth þys worde, þe horrybull best put vp
his hed [2], spyttyng out fure, and proferet batayll to George.   Þen
made George a cros befor hym, and set hys spere in þe grate, and 28
wyth such myght bare down þe dragon into þe erth, þat he bade
þis damysell bynd hur gurdull about his necke and lede hym
aftyr hur into þe cyte.   Then þys dragon sewet her forth, as hyt
had ben a gentyll hownde, mekly wythout any mysdoyng.   But 32
when þe pepull of þe cyte saw þe dragon come, þay floen, ych
man into hys hyrn, for ferd.   Then callyd George þe pepull
aȝeyne, and bade þay schuld not be aferd ; for yf þay wolden
leue in Crist and take fologht, he wold befor hom all sle hym, 36

[1] had but *d. D.*   he put *G.*   [2] hed *d. D.*   hed and *G.*

and so delyuer hom of hor enmy.   Then wer þay all so glad, þat
xx[ti] þowsand of me*n*, w*yth*out woymen and chyldren, wer folowed,
and þe kyng was fyrst folowed and all hys houshold.   Þen George
4 slogh þys dragon, and bade bryng x exen to hym, and draw hym
out of þe cyte, þat þe sauer of hym schuld do hom no greue.
And ‖ bade þe kyng byld fast i*n* eu*er*y hurne of hys lond chyrches, 78 a
and be lusty forto here Godys s*er*uyce, and do honour to all me*n*
8 of holy chrych, and euer haue mynd and compassion of all men
þat wer nedy and pore.

Thcn, when þat George had þu*s* turnyd þ*y*s lond to Godis
fayþe, he herd how þe Emp*er*our Dyaclisian dyd mony c*r*iste*n*
12 me*n* to deþ.   Then[1] he went to hym b*o*ldely, and repr*e*ued hym
of þe cursed dede.   Then þe Emp*er*our ano*n* co*mm*awndyd forto
do hym i*n*to prison and lay hym þ*er* vpryght, and a mylne-ston
vpon his brest, forto haue so cruschet hy*m* to deþ.   But when he
16 was s*er*uet so, he pr*a*yd to God of help; and God kept hym so,
þat he feld no harme yn[2] no p*ar*ty of hys body.   But when þe
Emp*er*our herd þerof, he bade make a whele[3] set full of howkes
yn þat on syde of þe whele, and[4] swerde poyntys i*n* þat oþ*yr*
20 syde aȝeyne þat, and set George i*n* þe myddys, and so forto turne
þe wheles and all torase hys body on ayþ*yr* syde.   But when he
was yn þe turment, he pr*a*yd to Crist of socour, and was holpen
anon.   Aftyr he was put i*n* an[5] hote bre*n*nyng lyme-kylne and
24 closed þeryn, forto haue ben brent; but God t*ur*net w*yth* hys
myȝt þe hete i*n*to cold dew.   ȝette, þe þryd day aftyr, when all
men wendon he had ben bre*n*t to coles, þen was he fonde lyght
and mery, and þonked God.   Aft*yr* when he was fatte and sette
28 before þe Emp*er*our, he repreuyd hym of hys false goddys, and
sayde þay wer but fendys, and wythout myght, and false at nede.
Then made þ*y*s Emp*er*our forto bete his mouþe w*yth* stonys,
tyll h*y*t was all topounet, and made to bete hys body w*yth* dry
32 bolle-senows, tyll þe flessch fell fro*m* þe bon and hys guttes myght
be seyne.   ȝet aftyr þay made hym to drynke venom þat was
made strong for þe non*ys*, forto haue poysont hym to þe deþ ano*n*.
But when George had made þe syngne of þe cros on hit, he dranke
36 hyt w*yth*out any greve, ‖ soo þat, for wond*yr* þerof, þe ma*n* þat 78 b

---

[1] Then *d. D.   om. G.*   [2] yn *d. D.   ny G.*   [3] whele *d. D.   wlele G.*
[4] and *d. D.   om. G.*   [5] an *d. D.   om. G.*

made þe poysen, anon turned to the fayþe, and anon was don to
deþe for Crystys sake. Then, þe nyȝt aftyr, as George was in
prison prayng to God, God come to hym wyth gret lyght, and
bade hym be of good comfort; for in þe morow he schuld make 4
an end of hys passyon, and so com to hym into þe ioy þat euer
schall last. And when he had set a crown of gold apon hys hed,
he ȝaf hym hys blessyng and stegh into Heuen. Then anon, on
þe morow, for he wold not do sacryfice to þe Emperourys false 8
goddys, he made to smyte of hys hed; and soo passed to God.
And when þe Emperour wold haue gone to hys palys, þe layte
fure brent hym and all hys seruantes.

Narracio. 12

In a story of Antioch ys wrytton þat, when cristen men
beseget Ierusalem, a fayre ȝong knyȝt aperut to a prest, and
sayde þat he was Saynt George and leder of cristen men, and
commaundyd þat he schuld bere wyth hom hys relykes, and com 16
wyth hom to þe sege. But when þay comen to þe walles of
Ierusalem, þe Saracens weren so strong wythyn þat cristen
men durst not clymbe vp hor laddres. Then com Seynt George,
cloþyd yn whyte, and a red crosse on hys brest, and ȝode vp 20
þe laddyrs, and bade þe cristen men com aftyr hym. And
so wyth þe helpe of Seynt George, þay wonen þe cyte, and
slogh all þe Saresyns þay fonden þeryn. And þerfor pray we
to Saynt George þat he wyll be our helpe at oure nede, and saue 24
þys reem to þe worschyp of God and his modyr Mary and all þe
company of Heuen. Amen.

32.

DE SANCTO MARCO SERMO BREUIS.

Good men and woymen, such a day ȝe schull haue Seynt Marcus 28
day, þat was on of þe foure þat wryton þe gospellys, and prechet
hom to þe pepull. Then was þys Marke furst an heþen man,
but aftyr he was folowet of Seynt Petyr and soo sewet Petyr
79 a long aftyr, tyll he was full taȝt ‖ in þe byleue. And when he 32
was full ylurned of Cristys fayþe, þen Seynt Petyr made hym
goo and prech þe pepull Godys word. And for he was soo holy
a man, þe pepull allgate wold make hym a prest, he, for gret

mekenes of hymselfe, made to kyt of his þombe; neuerþeles
when God wold haue hyt, Seynt Petyr wyth gret instaunce made
hym to take þe ordyr of prest.   Then was he besy day and nyȝt
4 forto prech Godys word to þe pepull; and all þat he sayde wyth
worde, he confermed wyth good ensampull and wyth doyng of
myracles.

Thus, by inspyracyon of þe Holy Gost, he ȝode to þe cyte of
8 Alysandyr, forto turne þe pepull of þe cyte to þe fayþ of Crist.
Then when he come into þe cyte, at þe forme fote þat he set yn
at þe ȝate, hys schoȝ barst and was toren; wherby he wyst
well þat he schuld not go from þens, but þat he[1] schuld take
12 hys ende þer: and soo dyd.   Then, when he com ynto þe cyte,
he saw a man clowtyng pore men schone þat werne torne; and
þoȝ þis man wer a panyme, he was cristen yn hys doyng.
Wherfor Saynt Marke prayde forto amende his schone þat wer
16 torne.   Þen þis man, for he saw þat Marke was pore, and nedy,
and of sympull aray, hym þoȝt þat hyt was almys forto helpe
hym, and toke hys schone to hym, and began forto sawe on hit.
And as he sewet full helt, by Godis ordenance, he wondyd hym-
20 selfe in þe honde wyth his nalle grevesly; and so, what for ache
and penance þat he had þerof, among his woo he called helpe[2]
of God.   And when Saynt Marke herd þat, he þonkyd God;
and[3] anon he spytte in þe erþe, and makyd fene, and wyth þat
24 fen anoynted þe mannys hond in þe name of Ihesu Crist: and
anon he was hole.   Then, when þys man segh such vertu yn
Saynt Marke, he prayde hym forto dwell wyth hym.   Then
Marke dwelled wyth þys man and preched hym, so þat he
28 folewet hym and all hys || howshold; and aftur for gret holynes 79 b
þat he saw yn hym, he made þys man a byschop.

Thus when men of þe cyte seen how Marke prechd þe fayth
of Crist, and dyspysyd hor fals goddys, they[4] token hym, and tyed
32 hym by þe neke wyth a rope, and drewen[5] hym on þe stonys,
cryyng yfere in despyte of hym: ' Draw we þys bugull to þe
bygulstede[6]! '   So when þay had drawen hym negh to þe deþe,
þen þay putten hym ynto þe prison tyll on þe morow.   Þen

[1] he *d. D.*   ha *G.*   [2] helpe of *d. D.*   of helpe of on *G.*   [3] and *d. D.*
om. *G.*   [4] they *d. D.*   þat *G.*   [5] drewen *d. D.*   druen *G.*   [6] bygulstede *C.*
buglestede *H.*   begullplace *L.*   bygullstete *G.*   bugullstede *D.*   not in *d.*

com þat nyȝt Crist into þe prison to hym and sayde: 'Pes be
to þe, Marke our euangelyst, be noȝt agast; for I am wyth þe!'
Then on þe morow þey[1] come aȝeyn, and fat hym out aȝeyn, and
drewen hym tyll he was ded. And when he felde þat he schuld 4
dye, he sayd: 'In manus tuas, Domine, commendo spiritum
meum, redimisti'; and so þerwyth ȝaf vp hys gost. Then aftyr,
when þay wold haue brent hys body for malyce, anon þer come
such a powdyr and layte and erþe‑qwake, þat no man durst 8
abyde, but all fleen away. Þen yn þe nyȝt aftyr cristen men
token hys body, and buryet hyt wyth gret worschyp, as hyt was
worthy.

Then fell hyt soo aftyr þat yche contrey halowet Seynt 12
Markeys day, saue on contrey the whech was callyd Appuleo.
Þe whech contrey was so desesut by hete and vnkynd droȝt, þat
all þe cornes and frutys faylut hom, þat þay wer negh enfamyscht
for defaute of corne. But þen come þer a voyce from Heuen, 16
and bade halow Saynt Markeys day, as oþyr crysten men duden,
and þen schuld þay be releuet[2]. And when þay dydden soo, God
send to hom all maner of frutys.

Now, good men and woymen, ȝe haue herd of þis seyntis lyfe, 20
and why hys day ys halowet; þen hit is nedfull to tell you why
ȝe schull fast his day and goo in processyon.

Narracio.

I rede þat in þe cyte of Rome on þis day fell such a qwalme 24
and soden deth among þe pepull of þe cyte, þat when a man
80 a gonet oþyr neset, ‖ anon þerwyth he ȝaf vp þe gost; and oþyr
deydyn sodenly a gret nownbyr. Then þe pope Pelagius bade
ych man, when he gonet, to make a cros on his mouþe; and 28
when a man herd anoþyr nese, he schuld bydde: 'Crist helpe
þe!' and so mony wern sauet. And also he made þe pepull fast,
and to go[3] about in procession barfot, and soo pray holy seyntys
of Heuen forto pray for hom to God, þat he of his goodnes 32
schuld haue mercy of hom; and soo dyd. Then come aftyr
Seynt Gregory, and made hom do þe same ych ȝere on Saynt
Markeys day, boþe fast and go on processyon, and canonysyt
hit, forto be don alway aftyr. Then come aftyr a pope was 36

---

[1] þey *d. D.* þat G.   [2] *MS.* reuelet.   [3] to go *d. D.* om. G.

called Liberi*us*, and segh how þe frute of þe erth and of tren,
for tendyrne[s] of homselfe, token at þys day ofte-tyme gret harme,
what by þondyr and by layte, by vnkynde hete, be vnkynd
4 stormys, by whyrlyng-wynde, by mystes, by myldewys, be
grene wormys, be long-taylet fleys.   And also, for þe pepull to
sone aftyr þe receyuyng of hor howsyll t*ur*net aȝeyne to synne,
hauyng no reward to þat hegh sacrament, þer*f*or God send
8 vengeans among þe pepull mor þat tyme of þe ȝere þen anoþyr,
of pestylens, of werres, of derþes, of dyuerse sekenes.   Wherfor
þys holy pope, forto put away Godys wraþ fro*m* þe pepull, he
co*m*maundet all cristen me*n* and woymen forto halow þys day,
12 and fast not to certeyne ȝeres as lewde pepull tellyth, but allway
forth on, and forto come þat day to þe chyrch, and goo on pro-
cession w*yth* þe letany.   Wherfor, good men, ȝe schull wete well
þat all þylke þat don aȝeyne þe co*n*stytucy*on*s of holy chyrche
16 wytyng, he ys acurset tyll he come to amendement; and yf he
dey yn þat curs vnschryuen, he is dampnet fore euer b*e*for God.
Herefor, good me*n* and woyme*n*, I charch you on holy chyrche
byhalfe, þat ȝe fast þat day, but hit fall on a Sonenday oþyr yn
20 Astyr weke; and comyth ‖ þat day to þe chyrch; and heruth God **80 b**
*s*eruyce as *c*risten me*n* owen forto do; and prayþe hertly to
Seynt Marke þat he woll pray for you to God forto put away all
myscheues of body and of soule, and þat ȝe may haue þe blys þat
24 he boȝt you to.   To þe whech blys God bryng you and me to, yf
hyt be h*y*s will.   Ame*n*.

33.

D*e* F*esto* A*postolor*u*m* P*hilippi* *et* I*acobi*
E*t* E*orum* S*olemp*n*itat*e.

28   Good me*n* and woyme*n*, such a day N ȝe schull haue an hegh
fest i*n* holy c[h]yrch: Seynt Phelypys day and Sey*n*t Iacobs, Cristys
holy apostolys.   But for þys comyþ w*yth*yn þe tyme of Astyr
*s*eruyce, ȝe schull not fast þe euen; but comyth to þe chyrch
32 as Godys owne pepull, to worschyp God and his holy apostolys.
Then schull ȝe know þat þys Phylyp was send by all þat oþyr
apostolys i*n*to a contre þat was called Cythya, forto p*r*ech Godis

worde to þe vnbeleued pepull. But when he come þedyr, and
preched aȝeyn hor mawmetys, preuyng þat þay wer fendys, and
not goddys, anon þys mysbeleued pepull token þys holy apostull,
and ladden hym ynto hor tempull, and constrayned hym to do 4
sacryfyce to hor mawmetys, oþir ellys he schuld be ded. Then, as
þay wern besy forto haue done þys doses, sodenly a gret dragon
com out of þe erþe, and slogh þre of þes mysbeleued men, and
venemet[1] so þe pepull wyth hys breþyng, þat þer fell on hom all 8
such a sekenes, þat for woo and passyon þat þay hadon, þay cryed
all waylyng and wepyng yche on to [o]þyr. Then sayde Phelyp
to hom : ' ȝyf ȝe woll be helyd of your sekenes þat greueþe you,
and also þes men be broȝt aȝeyne to lyve þat ben ded, castys don 12
þes mawmetys þat ȝe wolden haue me to worschyp, and settyþe
þer a cros lyke to þe cros þat[2] my maystyr dyed apon, and worschyp
hyt.' Then dyd þay so gladly and fayn, forto be holpen of hor
81 a woo þat ‖ greuet hom soo sore. And when þay hadden soo don, 16
anon ryȝt þay wern all hole ; and Saynt Phelyp, be callyng of
Cristys nome, reryd vp aȝeyne to lyue þre men þat wern ded.
And when he had don soo, he commaundyd þe dragon forto go
into wyldyrnes þeras he schuld neuer greue man ny best; and so 20
ȝode forth, and was neuer seen aftyr.

Thus when Seynt Phelyp had preched þe pepull, and made hom
stedfast in þe fayþe of Ihesu Crist, and ȝode forth into a cyte
Ieropolym ; and for he prechet þe fayþe of Ihesu Crist þat was don 24
on þe cros, þerfor wykked men of þat cyte token hym, and
dydden hym on a cros, as Crist was, and soo payned hym to þe
deþe. And soo he ȝode to Crist, hys maystyr, forto dwell wyþe
hym in þe ioy þat neuer schall haue ende. 28

Now ȝe schull here of Seynt Iacob, þat was called among þe
apostolys 'Iamys þe lasse,' forto be know from 'Iamys þe more' þat
was Seynt Ionys broþyr. But þys Iacob, oþyr Iames, þat ys all
on name, was called Cristys broþyr ; for he was soo lyke to 32
Crist, þat when þe Iewes token oure Lord Crist, þay cowþe not
know þat on by þat oþyr, but as Iudas trayde Crist by a cosse,
and soo taȝt hom to hym. Thys Iamys was soo holy from þe
tyme þat he was borne, all þe tyme of hys lyfe, þat he dranke no 36
wyne ny syser ne ale ; for þys þ[e]re nys non yn þat contrey. And

---

[1] *MS.* vememet.   [2] þat *C.* of *G.* om. *d. D.*

alsoo he ete neuer flessche, ne his hed was neuer schauen; he
vset neuer forto be bawmet wyth oyle, as þe maner of þe contray
ys for hete of þe sonne; he was neuer baþuþ; he weryd neuer
4 lynnen cloþe; he vset forto knell soo moche yn hys prayers, þat
hys kneus wern soo þekke of ylle, þat þay weren boched lyke [1]
a camele. Thys was þe fyrst man þat euer song masse yn veste-
mentys, as prestes now doþe.

8   Þen fell hit soo þat þe cyte of Ierusalem was enfect wyth þe
synne of þe slaght of Crist, þat hit most nede be destriet. || Wher- **81 b**
for þys holy man Saynt Iames was made byschop of þe cyte of
Ierusalem, and laft þer forto prech þe pepull, and turne hom ynto
12 bettyr leuyng. But for þay wer soo combred wyth synne, þat
þay had no grace of amendement, nedly [2] Crystys prophesy
most be fulfylled and þe cyte destryet. Wherfor men token
Seynt Iames, and set hym on a hegh place, prayng hym forto
16 preche þe pepull aȝeynys Cristys fayþe; for moch of þe pepull
was turnet to þe fayth. Þen Iamys boldely and styfly prechet
þe fayþe of Cryst, and preued by godde opyn reson þat all þat
leuet not [3] on Crist schuld be dampned at þe day of dome ynto þe
20 fure of hell, þat neuer schall have end. Then þe maystyr of þe
Iewes lawe þroston hym don from loft, and wyth stonys pounet
hym, so þat he was negh ded. Then he, knelyng on hys kneys,
prayet to God forto forȝeue hom hys deþe. And þerwyth a curset
24 man of hom wyth a walkerys staf smot hym on þe hed, þat þe
brayne wallut out; and soo ȝeld vp þe gost.

   Then aftyr, what for synne of Cristys deþe and for þe synne
of þys holy manys deth, þe cyte of Ierusalem, þat was þe strengest
28 cyte yn all þe world, and vnlykly forto haue ben wonon, was
stryet soo into þe vtmast, þat ych stone of ych wall was turnet
vpso don, and neuer on laft on oþyr; for so Crist, fourty ȝere befor,
sayde hit schuld fall. And þe Iewes wer dryuen ynto [4] dyuerse
32 contrays and cytyes, and dyspoylet, soo þat hor kyndom syþen
haþe ben destryet, and þay weren, and ȝet byn, hyndyrlyngys to
all oþyr pepull. ȝet woll I tell you more of þe destruccyon of þat
cyte of Ierusalem, forto schew you how vengabull God ys apon
36 hom þat ben lef forto sched Cristys blod, as þay weren.

---

[1] lyke *D. om. G. not in d.* os *C.*   [2] nedly *d. D. but nedly G.*
[3] not *inserted above the line.*   [4] ynto *D. to d. om. G.*

Narracio[1].

Thus when God wold do vengeans on þys cyte, hyt fell soo, þat
82 a a man of Pylatus þat dyd Crist ‖ to deþe, come from Ierusalem
toward Rome; but by a tempest he was cast apon þe lond þer 4
as a gret lord dwellet, þat was callyd Vaspasyanus. Then had
þis Vaspasyan such a maledy yn hys vysage, þat out of hys nase-
þurles droppyd wormys out lyke waspes. Then sayde Vaspasyan
to þys man : 'Of what contre comes þou ?' Þen sayde he : 'From 8
þe cyte of Ierusalem.' Then sayde Vaspasyan : 'I am full glad
þerof, for as I haue lernet þat contre haþe mony good leches.
Wherfor I wot þat þou con hele me; and but yf þou do soo,
for soþe þou schalt be ded.' Þen sayde he aȝeyn : 'I am no leche 12
myselfe; but he þat helyd all seke, and raysed þe ded to lyue,
he may hele þe, yf he woll.' 'Who ys þat ?' quod Vaspasyan.
'Syr,' quod he, 'Ihesus of Naȝareth þat Iewys han slayne; yn
whom, yf þou wolt beleue, þou schalt be hole.' Then sayde 16
Vaspasyan : 'I beleue wele he may hele me þat raysyth men
from deþe to lyue.' And anon, wyth þys word, he was hole as
fysch. Then was Vaspasyan so glad of hys hele, þat he send
anon to þe Emperour of Rome, and gete leue to destrye þe cyte 20
of Ierusalem; and soo gedyrd gret nowmbyr of pepull and toke
Tytus, his sonne, wyth hym and ȝode þedyr. Then, in þe mene
tyme, whill he seget þe cyte, þe Emperour deyd, and he was
choson Emperour of Rome. Þen went he to Rome, and lafte 24
Tytus, hys sonne, yn hys styd, wyth pepull ynogh forto destrye
þe cyte. Then Tytus lay soo hard on þe cyte and enfamecht
hom so, þat þay eton hor schone and hor botes for hungyr; and
þe fadyr raft þe mete out of þe sonnes hond, and toke hit out of 28
his mouþe, and þe sonne of þe fadyrs; þe husbond of þe wyfe,
and þe wyfe of þe husbond.

Then, among oþyr, þer was a woman of gret blod þat had a ȝong
chyld, and for hongyr sayde þus to hym : 'My sonne dere, 32
82 b I haue moche more payne for þe þen þou ‖ had for me; wherfor
hit ys more resyn þat I bete my hongyr on þe, þen þat I dee, and
þou boþe. Then toke scho hyr chyld, and sloȝ hym, and rostyd
þat on halfe, and kept þat oþyr halfe raw. Þus as þe flesche 36

---

[1] Narracio *D. om. G. not in d.*

rostyd, þe sauer þerof went out ynto þe strete, and men þat
felden þat sauer, wenden þer had ben plenteþ of mete, and comen
yn, forto haue part of þe mete.   But when þay come yn, þys
4 womon wold haue hyd þys mete from hom; but þay aȝeynstoden,
and sayden scho schuld not, for þay wendon þat hyt had ben oþyr
mete þen of a chyld.   Then sayde þe woman: 'Here I haue rostyd
half my chyld, forto ete; and yf ȝe woll not leue me: lo her þat othyr
8 halfe raw aȝeynys to-morou!'   Þen weren þes men so agryset of þat
syȝt, þat þay ȝode forth and laft þe modyr etyng hyr owne chyld.

Then encreset hungyr so in þe cyte, þat þay dedyn soo þykke,
þat þay casten ded bodyes ouer þe walles, and fullet þe dyches
12 soo, þat þe sauour of hom ȝode ferre into þe contrey.   Then, at
þe last, nede made hom þat wer on lyue to ȝeue vp þe cyte.
Þen com Tytus yn wyth his ost; and ryght as þe Iewes sold
Crist for thrytty penyes, so þay sold þrytte Iewes for on peny,
16 and turned vp þe cyte, þat þay laft not on ston apon anoþyr, but
destriet hyt ynto þe vtmast.

Thus, good men, ȝe mou segh, þogh God abyde longe, how
sore he smytyþe at þe last, and sendyth vengeans apon all þat
20 ben lusty forto sched crysten blod.   Suche men God hatyþe
heghly; wherfor yche man amende[1] hymselfe, prayyng to þes
apostolys to be hur medyatours bytwyx hom and God, þat þay
may haue her[2] veray repentans in hert wyth schry[f]t of mouþ,
24 and so, wyth satysfaccyon of good edes, com to þe blys þat þes
holy apostolys byth yn.   Amen.

<h1 style="text-align:center">34.</h1>

DE INUENCIONE SANCTE CRUCIS
SERMO BREUIS [AD] PAROCHIANOS.||

28   Good men and woymen, such a day ȝe schull haue þe Holy- **83 a**
rode-day.   Þe whech day ȝe schull not fast þe euen, but[3] comyth to
þe chyrch as cristen pepull, in worschip of hym þat deyd on þe
rode for saluacyon of mankynd.   Then schull ȝe know þat þys
32 fest is callet þe fyndyng of þis crosse, þat was fonde in þys wyse.

---

[1] amende D.   to amende G.   *not in* d.   [2] haue her d. D.   om. G.
[3] but H. L. d. D.   but on deuocyon but G. C.

When Adam, our forme fadyr, was seke for age[1], and wold
fayn haue ben ded, he send Seth, hys sonne, to þe angyll to
paradyse, prayng hym forto sende hym þe oyle of mercy, to anoynt
his body wyth when he wer ded. Then vnswared þe angyll and 4
sayde þat[2] he myȝt *in* no maner, tyll fyue þowsand and ij c. ȝere
wer fulfylled. ' But haue þe branch of þe tre þat thy fadyr synned
wyth, and set hyt on hys graue ; and when hit beryth fryte, þen
schall he haue mercy, and noȝt ere.' Then toke Seth þis branche, 8
and fonde hys fadyr ded, and soo sette þy branch on his
burines as þe angyll bade ; þe wheche growet þere tyll Salamon-
ys tyme. So when Salamon made his tempull, for þys tre was
passyng oþyr, he made to hew hit don to þe weike. But for hit 12
wold not accorde wyth þe werke, Salamon made to dygge hit
depe yn þe erthe; and soo was hit hyd þer yn þe tyme þat
byschopys of þe tempull let make a were yn þe same plas, forto
wasch schepe yn, þat were offred vp to þe tempull, þeras þe tre 16
lay. Then, when þis wer was made, þay callet hit on hor
langgage Probatica Pyscyna. Yn þe whech wer, yche day, come
an angyll from Heuen don *in* worschip of þat tre þat lay yn þe
gronde þerof, and soo steret þe watyr, soo þat he þat come furst 20
ynto þe watyr aftyr þe steryng of þe angell, was heled of what
maner euell þat hym greuet, by uertu of þat tre. Soo þis last
83 b mony ȝeres, tyll Crist was taken forto be || don to depe on þe cros.
Then þys tie, by Godys ordenance, plumbet vp and swam on þe 24
watyr ; and for þe Iewes hadde*n* non oþer tre redy to make þe
cros of, for gret hast, þay toke þat tre, and made hit cros, and
soo hongyd Crist þeron. And þen ʄys tre bare þys blesset frute,
Cristys body, of þe wheche wallut mercy to Adam and Eue, and 28
to all hor ospry*n*g. But when Crist was ded and taken don of
ʄys cros, þe Iewes, for envy of hym, token þe cros, and þe oþyr
þat þe twoo þeues horget apon ayþer syde of Crist, and buryet
hom depe yn þe erthe ; for cristen men schuld not wete wher þay 32
wer. And layn þer hude two hundryt wyntyr and mor, tyll Seynt
Elyn, þe Emperourys modyr Constantyn, fonde hit yn þys wyse.
In tyme of þis Constantyne, Maxenci*us* wy*th* strong hond helde
þe Empyre of Rome. Þen Constantyne gedyrt hym power, forto 36

---

[1] for age *d. D.* and for eld *G.*   [2] þat *written on the margin.*

feght wyth Maxenci*us* at þe gret wat*yr*; ouer þe wheche watyr
lay a gret brygge, so þat i*n* þe medyll of þis brygge Maxenci*us*,
for dyssayte of Constantyne, lete make a trappe, forto haue
4 destryet Constantyne. But þe ny3t befor þe batayle, as Con-
stantyne lay yn his bed for drede of Maxens—for he was byggyr
of pepull þen he was—Crist come to hym w*yth* a sygne of a cros,
schynyng as gold, and sayde to hym: 'To-morow when þou gos to
8 þe batayle, take þys syngne yn þy hond, and by uertu þerof, þou
schalt haue þe victory.' Then was Constantyne wondyr glad and
let make a cros of tre, and þay bare hit befor hym to þe batayle.
But when Maxenci*us* saw hym nygh þe brygge, he was so fers yn
12 hymself, þat he forgate þe trappe þat he made; and soo, as he
come a3eynys Constantyn, he fell by þe trappe don ynto þe
wat*yr* and was drowned. Þen was hys ost wondyr fayn, and
3oldyn hom wyth fre wyll to Constantyn. ||

16   Then, be counsell of þe pope[1], he send to hys modyr Elyn, þat **84 a**
was qwene of Ierusalem, and prayet hyr forto seche þe cros þat
Crist was don on. Then was þys Elyn a kyngys doghtyr of
Engelond þat was callet Ceolus; and when Constantyne, fadyr
20 of þ*ys* Constantyne, com ynto þe lond of Engelond and saw Elyn
so fayre, he weddyd hyr for hyr bewte, and soo made hur
Emp*er*es of Rome. But aft*yr* hyr husbond deþe, scho had þe
kyndom of Ierusalem to hur dowre; wherfor scho made to gedyr
24 all þe Iewes þat my3t be fonde, and sayde hom soþly þat all
schuld be brent, but yf þay schewedyn hur þe cros of Crist.
Then, by counsell of hom all, þay token on man þat þay called
Iudas, and sayde þat he wyst wher þe cros was, and how he
28 cowþe bryng hur þerto. Then was scho glad and put þ*ys* Iudas
ynto p*r*ison and dystresse, tyll he wold telle hur wher þis cros
was. Þen sygh þ*ys* man he most nedys, oþ*yr* be ded, and bade
sewe hym to þe hull of Caluarye. And when he had p*r*ayet þer
32 long, þe erth quaked[2] þer þe cros lay, and a smoke swete as any
spycery com out of þe erth; and when þay dygged þer, þay fonde
þre crosses. Then, forto know wheche was Cristis cros, þay
layden hom yche on aftyr oþyr apon a ded body; but when Cristis
36 cros com, anon þe body þat was ded roos, and þonkyt God.

---

[1] pope *D. not in d. scratched out G.*   [2] quaked *D.* qwaquyt *G. not in d.*

Then toke Elyn a party of þys cros and send to Rome to hur
sonne; and þe remenant scho made to schryne hyt yn syluer,
and laft hyt yn Ierusalem wyth all þe worschyppe þat scho
cowthe. Þus, good men, as holy chyrche makyth mynd þys day, 4
þe holy cros was fonde.

Narracio.

Then, as I rede, I fynde þat yn a cyte was callet Beritus
a cristen man hyred an howse at a Iew to wone yn. Then had 8
þis cristen mon a rode þe whech þat Nychodemus made in
84 b worschip ‖ and yn mynd of Crist. Þen toke he þys rode, and set
hit in a preuy plase yn his howse for syȝt of þe Iewes, and dyd
hit worschyp aftyr his connyng. Þen aftyr hyt fell soo þat þis 12
man steryd ynto anoþyr howse, and toke out all his good wyth
hym, saue only þys rode he forgate, as God wold he schuld.
Then come þys Iew and wone[d] in þe same howse þat þys cristen
man laft, and forto make hym dalyance, he called on of his 16
neȝtburs to hym, and made hym forto sowpe wyth hym. So as
þay setten at[1] sowpere and talked togedyr of þys cristen man
þat wonet þer before, þys neȝtbur lokut bysyly abowte and þen
was he war of þe rode stondyng yn a preuy hurne, and when he 20
saw hyt, anon he began[2] grenne and grynd his teþe, and rebuked
sputwyslyche þys oþyr Iew, and bare on hym styfly þat he was
a cristen man, and had þe rode þer, forto don hit worschyp. And
he swor þer as depe as he couþe, þat hit was not soo, for he 24
had neuer befor sen hit. ȝet went þys oþer Iew anon to his
neghtburs, and told hom all þat þys Iew was a preuy cristen
man, and how he had a rode hyd yn his howse. Then come þay
all wroþe and beten þys man on þe worst maner þat þay cowþe. 28
And so, at þe last, þay sayden yfere: ' Þys ys an ymage of þat Ihesu
þat our fadyrs dydden to deth; wherfor, as þay dydden to hys
body, do we now to hys ymage!' Then þay token þys ymage
and blyndwaruet hit, and boffeton hit, and bobbyd hyt, and 32
aftyr beton hit wyth scorgys, and crownet hit wyth þornys, and
aftyr dydden hit on þe cros, and naylet hyt fote and hond to þe
cros. And soo, at þe last, þay maden þe strengest man of hom
take a sper, and wyth all his myght þrost hit to þe hert. And 36

---

[1] setten at *written above the line* G.
[2] began *Harl.* 2403. come *G. not in* d. D. C.

anon when he dyd soo, blod and watyr ran out down by þe syde.
Then wer þay al sore agryset of þat syȝt and sayden: 'Take we
a pycher, and full we hyt full of þys blod, and bere we hit || to **85 a**
4 our tempull þat lyþe full of seke men of dyuerse malodyes, and
anoynt we hom wyth þys blod; and ȝyf þay be hole, anon cry we
Crist mercy, and take we fologht!' Then þay anon anoynted þes
seke men wyth þys blod, and þay anon wer hole and sownde.
8 Then went þes Iewes to þe byschop of þe cyte, and tolden hym
þe case how hyt befell. And when he herd þat, he kneled adon
and þonket God of his hegh miracull. And when he had folowed
þes Iewes, he toke vyals of cristall and of lambur and of glas,
12 and put þys blod yn hom, and send hit all aboute to dyuers
chyrches. And of þys blod, as mony men sayn and vndyrstondyn,
com þe blod of Hayles þerof.

Narracio.

16   As Myletus tellyþe in hys cronyculs, mony[1] ȝere aftyr þat
Ierusalem was destriet, þe Iewys wolden haue bylde hyt aȝeyne.
Then, as þay ȝoden yn þe morow þedyrward, þay fonden mony
crosses yn þe dewe, soo þat þay wern aferd and turned homward.
20 Þat oþyr morne þay comen aȝeyne, and þen wer hor cloþes full of
crosses of red blod; and when þay seghen þat, þay floghen home
for fere. ȝet þay wold not be warnet, but comen aȝeyne þe þryd
day; and þen anon sodenlich a fyre ros vp out of þe erth, and
24 brent hom all to cold colys and askes.

    And þerfor I counsell þat we do reuerence and worschyp to þe
cros, for oþyr defence haue we not aȝeyne oure gostly enmys.
And pray we hertly to God þat we may worschyp hit soo here
28 in our lyfe, þat we may haue þe b[l]ysse þat he boȝt vs to, hongyng
þeron; and soo mote hit be.   Amen.

35.

De Festo Iohannis ante Portam Latinam, Sermo Breuis.

32   Cristen men and woymen, such a day ȝe schull haue Saynt
Ionys day at[2] þe Port Latyne; þe wheche || day ȝe schull come to **85 b**

---

[1] mony *Harl.* 2403. nony *G. not in C. d. D.*   [2] at *d. D.* om. *G.*

þe chyrch, and worschyp God and Saynt Ion. But why þys day
ys called soo, now ȝe schull here.

As þys holy Saynt Ion *pre*chet Godis worde yn a cyte þat was
Ephasy, þe justyce of þat cyte segh þat Saynt Ion turned þe 4
pepull fast to cristen fayth. Wherfor he made to take Seynt
Ion, and constrayn hym forto haue don sacrifice to his[1] mawmetes.
And for he wold not, but he wold rayþ*er* leȝe hys lyfe þen do
suche a synne befor God, then þys justyce co*m*mawndyd forto put 8
Seynt Ion ynto priȝon, whyll he send to þe Emperour of Rome,
forto wyt what he schuld do wyth Seynt Ion. Soo when his
lettyrs come to þe Emp*er*our—yn þe whech lettyrs he callet Ion
all þat noȝt was : wych, and trobulere, and a deȝayuour of þe 12
pepull—then þe Emp*er*our wrot aȝeyne to þe justyce, and bade
send hym to Rome ; and soo he dyd. And when he was comyn
þedyr, and apposyd of hys doyng, and, for he stod stydfast yn þe
beleue of Crist, for gret scorne þe Emp*er*our made to clyppe 16
away þe heris of Ionys hed (for he had a fayre hed of fax).
Then, when he was so clypped, all men loghen hym to scorne, and
dydden hym doses. Þen was he for scorne lad to þe ȝate of þe
cyte of Rome þat was called Port Latyn. And þer was a tonne 20
of bras, full of wallyng oyle, *i*nto þe wheche tonne he was put
and closyd þeryn, and fure made vndyr hote, and so þei weren
ȝerne[2] about for þat Seynt Ion schuld haue ben[3] brent þeryn.
But for he was Godys one derlyng, he kepte hym soo, þat he 24
feld no payne. Þen, when all men wenden, he had ben all for-
soþen to powdyr, þay vndedyn þe ton, and sygh Ion als hole and
sonde yn ych parte of hys body and of hys coloure, as noþyng
had towched hym. Wherfor cristen men maden þer a chyrche || 28
86 a *i*n worschyp of God and Saynt Ion, and *i*n memory of þe m*a*rtyr-
dom þat he suffred þer. Then, for þe Emp*er*our segh þat he
myȝt not ouercome Saynt Ion for fere of no penance, he made to
exile hym ynto an yle þat is callet Pathmos.   32

Then herd Saynt Ionys modyr how hur sonne was send to
Rome, forto haue be don to deþe ; and for gret sorow and com-

---

[1] his *d. D.*   hor *G.*
[2] so þei weren ȝerne *C.*   so they hied hem fast *d. D.*   *om G*
[3] schuld haue ben *C.*   were *d. D.*   schuld haue *G.*

passion of hym, scho ȝode aftyr hym to Rome. But when scho
herd þat he was send ynto an exyle, scho turnet aȝeyne homward.
And scho come to a cyte þat was called Ventulan; þer scho fell
4 seke, and deyd, and was buryet bysyde þe cyte vndyr a roche.
And when scho had layne þer mony ȝerys, Seynt Iames, hur oþyr
sonne, come þedyr, and toke vp hys modyrys body þat smelled
þen as swete as any spycery, and broght hit þen ynto þe cyte,
8 and buriet hit þer wyth gret honour and worschyppe.

Narracio.

In þe lyfe of Saynt Edward I fynd þat þis holy man louet so [1]
Seynt Ion þe Euangelyst, þat he wold werne no pore man good
12 þat askyd hyt for Saynt Ionys loue. Then fel hyt on an hygh
holyday, as þys kyng went yn processyon, Seynt Ion come to
hym yn lykenes of a pylgrym, and prayde to ȝeue hym som good
for Saynt Ionys loue. Þen, for þe kyng at þat tyme had non oþyr
16 þyng redy, he toke þe ryng of his fyngyr and ȝaf þe pylgrym.
Then sone þeraftyr two knyghtys of þis kyngys howshold ȝedon
to Ierusalem on pylgrymage; and when þay come neȝ þedyr, as
hit happyd hom, þen þay laft hor company, and ȝode homself
20 tyll hyt was nyȝt. And when hit was nyȝt, hit wax so derke,
þat þay myȝt neuer on see oþyr; wherfor þay wer all dyswayre of
homself. And as þay stoden þus all adred, talkyng yfer, þer come
by hom an oldely man wyth glad chere and semely of person
24 wyth two chyldyr || beryng two torches brennyng for hym, þe **86 b**
wheche spake yn Englysch and sayde : ' Heyle, syrs! Why stond ȝe
here þys tyme of nyȝt, and what contre be ȝe of ? ' Þen sayde
þay : ' We stonden here all dyswayre of oure way; we ben
28 pylgrymes, and men of Englond, and wolden fayne haue herber
for of oures.' Then sayde þys man to hom : ' How faryth þe kyng
of Englond ? ' Then sayde þay þat he ferd wele, as þay hopyd;
for he was a good man and a holy, as þay vndyrstode. Then
32 sayde þys man to hom : ' Syrs, for þe kyngys sake comyþ now
wyth me, and ȝe schull haue good herber and good ese.' And so
he lad hom ynto a fayre place, and made hom well at ese yn all
degre. On the morow he was redy, and broȝt þes men on hor
36 way, and sayd þus to hom ; ' Gretyth wele your kyng of Englond

[1] so *C. D.* so well *d.* om. *G.*

on þys token!' And he betoke hom a ryng and bade hom:
'Ber þat ryng to þe kyng, bydyng hym byþenke hym for whos
loue he ȝaf hyt away, þat was Seynt Ion þe Euangelyst; and byd
hym make hym redy, for wythyn vj moneþs aftyr ȝe comen hom, 4
he schall be ded and come to me. And ȝe schull go hom sond
and safe in all prosperyte.' So when þes men comen hom, þay
dydden hor message, as þay wer beden, and betoken þe kyng hys
ryng. Then kneled he down on his kneys and þonked God and 8
Saynt Ion. The[n] whoso lust to haue þis preuet soþe, go he to
Westmynstyr; and þer he may se þe same ryng þat was[1] seuen
ȝere yn paradys. And so þys kyng deyd and went to þe blis of
Heuen, to Saynt Ion. To þe whech blys God bryng you and me 12
to. Amen.

36.

DE DIEBUS ROGACIONUM[2] SERMO BREUIS.

Good men and woymen, þes þre dayes suyng Monday, Tuysday,
87 a and Wanysday ȝe schull fast and come to chyrch: || husbond, 16
wyfe, and seruant; for all we byn synners, and nedyþe þe
mercy of God. Wherfor ryȝt as a man may not[3] excuse hym
of synne, ryȝt soo holy chyrche ordeyneþe þat no man schall
excuse hym of þes processyons þat may godly be þer. Then he 20
þat wythdrawyth hym from holy chyrche þes dayes, he synnyþe
greusely befor God and hys sayntys. Furst he synnes yn pryde;
for he ys vnbuxom to holy chyrche not doyng hor comaunde-
ment. He synnyþe also yn slouþe þat wot hymself yn synne, þat 24
woll not com to þe chyrche, forto pray to God and hys sayntys for
socour and remission. He synneþe also gretly forto absent hym
from Godys seruyce yn dew tyme. Wherfor ryȝt as he wyth-
drawyth hym wylfully from þe[4] company of Godys pepull þat 28
ben gedered, forto serue God yn holy tyme, ryȝt soo God de-
partyþe hom from þe company of Heuen and of suffrages þat ben
done[5] yn holy chyrche, tyll þay com to amendement. Wherfor
yche man and woman enfors hym forto com to þe chyrche þes 32

---

[1] was d. D. om. G. [2] rogacionum D. rogacionibus G. not in d.
[3] not *written in red ink above the line* G.
[4] þe D. om. G. not in d. [5] done C. om. D. G. not in d.

dayes, and pray deuotly to þe holy sayntys of Heuen þat þay now
helpe vs in our nede, as þay wolden sum tyme haue ben holpen,
whill þay wer lyuyng here in erþe at hor nede. Then for we
4 synnen in þre wayes, þat ys: yn þoȝt, in worde, and yn dede, we
schull fast þes þre dayes and do oþyr penaunce wyth; for wyth
prayers and fastyng þe power of þe fende ys put away. God for-
ȝeuyth man hys gylt, and all þe angelys of Heuen ben made glad
8 and ioyfull.　þus schull ȝe fyrst pray to God for remission of
your synnes, and syþen to be holpen and socourt in dyuers
myscheues and perelles þat fallyþe namely yn þis tyme of þe ȝere
mor þen any othyr tyme; for now þondyrs ben oft herd.

12　　And þen, as Lyncolnyens saythe, fendys þat flotereþ yn þe
ayre ‖ for fere of a brest of þondyr þat Crist come to. helle-ȝates **87 b**
wyth and all todrofe hom.　ȝet þe fendys ben so[1] agast, when
þay heren þe þondyr, þat þay fallen don to þe erþe; and þen
16 þay gon not vp aȝeyne, tyll þay don som wycked dede.　Then
þay reryþe warres; þay makyþ tempestys in þe see, and drow-
nyþe schyppes and men, þay makyþe debate bytwyx neghtburs
and manslaȝt þerwyth; þay tendyþe fyres, and brennen howses
20 and townes; þay reryth wyndys, and blowyþ don howsys, stepuls,
and trees; þay make wymen to ouerlye hor children; þay makyþ
men to sle homselfe, to hong homself oþyr drowne hom in
wanhope, and such mony oþyr curset dedys.

24　　Thus forto put away all þes perelles and myscheues, holy chyrche
ordeynyþe ych man forto fast þes dayes and forto goo in pro-
cessyon, forto haue helpe and socour of God and of his sayntys.
Wherfor yn processyon bellys ryngyþe, baners ben borne befor, þe
28 crosse comyþ aftyr, and all þe pepull suyth.　For ryȝt as a kyng,
when he goþe to batayle, trompes gon befor, þe baner ys des-
playde and comyþ aftyr, þen comyþ þe kyng and his ost aftyr
sewyng hym; ryght so in Cristys batayle þe belles, þat ben
32 Godys trompes, ryngen[2], baners byn vnfolden, and openly born
on hegh yn þe ayre.　Then þe cros yn Cristys lykenes comyth as
a kyng of cristen men, and his ost, þat ys Cristys pepull, sewyþe
hym.　þus he dryuyþ þe fend out of hys lordschip and reueþ hym

---

[1] so C.　om. G. D.　not in d.
[2] ryngen D.　ryngyng C. G.　not in d.

hys power. And as a tyrand wold drede, and he herd þe trompes
of a kyng þat wer his enmy, and seȝ hys baner dysplayde in þe
feld ; ryȝt soo þe fend, the curset tyrand of hell, dredyþe hym
wondyr sore, when he heryþ þe Kyngys trompes of Heuen ryng, 4
and cros and baners broȝt about. For þis cause, when any tem-
pest ys, men vsyþ forto ryng bellys, and so forto dryue þe fend
away.

Narracio.   8

88 a   I rede at þe cyte of Constantyne, as ‖ þay went in processyon
for a gret fray and doses þat þe pepull had. [And when][1] þay gon
in procession and songen þe letany, sodenly a chyld was pult vp
ynto þe ayre and soo into Heuen and þer angeles taghten hym 12
forto syng þys song: 'Sanctus Deus, sanctus fortis, sanctus et
immortalis, miserere nobis!' And when he was set þer fayre don
aȝeyne, þen he sang þe same song, and anon þay werne holpen.
Then ys þis forto say in Englysch: 'Holy God, holy strong, holy 16
and neuer schall deye, haue mercy on vs!'

God wylnyþe þat ȝe be holy, and he wylnyþe þat ȝe be strong,
forto feght wyth the fende, wyth þe world, and wyth your owne
flessh; and þen woll he haue mercy on vs, and bryng vs to þe 20
lyfe þat neuer mon schall deye. To þe whech life God bryng you
and me to. Amen.

37.

DE ASCENSIONE DOMINI NOSTRI, IHESU CRISTI

SERMO BREUIS AD PAROCHIANOS.   24

Good men and woymen, þys day ys an heȝ day and an hegh
fest in all holy chyrche; for þis day, as þe fayþe of holy chyrche
beleueth and precheþ, Crist, God of Heuen, veray God and man,
stegh vp ynto Heuen, and syttyþ þer on hys fadyr ryght hond 28
in þe blis þat euer schall last. Wherfor yn tokenyng of þys þyng
þat ys þe schef lyght þat ys yn holy chyrche, þat haþe stonden from
Astyr hedyrto oponly yn þe quere, þys day is remuet away in
schewyng þat Crist þe whech ys þe chef lyȝt yn holy chyrch and 32

---

[1] And when *om. G. not in d. D.* And when þay gon in procession and
was in þei *C.*

haþe þes fourty dayes oponly apperyd to hys dyscyplys by mony wayes and taȝt hom þe fayþe, thys day he steȝ vp ynto Heuen, and þer schall abyde tyll þe day of dome. But now ȝe schull 4 here þe maner of hys assencyon.

From Astyr-day to þys day he was not algatys wyth his discipuls, but aperut to hom dyuers tymes. But þys day he apperut to hom, as þay setten at hor mete; and þer he ȝete wyth hom, forto 8 schew || þat he was uerray man yn flesche and blod as þay werne. **88 b** For sum of hom ȝet þedyrto weren yn dout, and wendon þat he had ben a spyryte þat haþe no flesche ne blod. Wherfor forto preue þe soþe and put hom out of all maner dowte, he ete wyth 12 hom yn hor allur syght, and soo bade hom goo ynto þe mont of Olyuete. And þer, in syȝt of all þe dyscypuls, he blessed hom, and soo steȝt vp ynto Heuen, and þer laft þe steppus of hys fete þrost downe into þe hard erth, þat euer sythen has ben 16 sen. Then schull ȝe know þat þe tre of olyue bryngyth forþe oyle þat bytokenyþe mercy; wherfor Crist stegh vp ynto þe hulle of Olyuete, schewyng oponly þat he ys hed of mercy, and ys redy to ȝeue mercy to all þat askyn hit wyth meke hert. Then yn 20 þys vpsteyng þat ys callet þe assencyon, angelys maden such a melody, þat non erþly tong cowþe tell; soo fayne þay wer of þe hom-comyng of our Lord.

He styet vp, for, as hyt wer yn a moment, he was from erþe 24 ynto Heuen. And þus sayde a gret phylosophur, raby Moyses, þat hit ys as [1] ferre from erthe to Heuen as an hole man myȝt lyue a þowsand ȝere, and yche day goo a þowsand myle. But he þat metyþe þis way, he can best telle þe myles and þe lengþe 28 of hom. Þen in his ascencyon he had wyth hym a gret multytude of soules þe wheche þat he fat out of hell from þe fendis bondes.

He stygh alsoo vp wyth his wondis redy and fresshe, all blody, 32 and so, as Bede sayþe [2], for fyve causes. The fyrst ys, forto verefy þe fayþ of his resurreccyon; for he ros yn verray flessh and blod, and deyd on þe cros. The seconde, forto schew hys fadyr his wondys yn helpe of mankynd. The þryd, how mon 36 schall se [3], how meroly he is saued. The fourthe, þat euell men

---

[1] as *d. D.*   a *G.*   [2] Bede sayþe *d. C.*   bedes fayþe *G. not in D.*
[3] se *d.*   soo *G. not in D.*

89 a schall see how ryghtfull þay ben damp‖net. The v. þat he may ber algate wyth hom a syngne of perpetuall victory.

He stegh also vp for gret sycurnes to all monkynde; for ryght as a lord ys sycour þat haþe algate a trew avoket befor 4 þe juge to vnswar fore hym, ryght soo in sykurnes of al monkynd we han hym our trew avoket euermor, redy to vnswar for vs at ych apechyng þat our enmy haþe aȝeynes vs. Wherfor Seynt Barnard sayþe þus: 'A sykur accyon may a man haue to God 8 wher þe modyr, þat ys our lady, schewyþe hyr sonne hyr brest and hur pappes, þe sonne schewyþe hys fadyr hys betyn sydis and his blody wondys.' Then how schall he be put away þat hath[1] soch two frendes yn þe court of Heuen, and next frendys, 12 and most may do wyth þe kyng?

Also by steyng of Crist ynto Heuen, man haþe geten a gret dignyte yn[2] Heuen; for hit ys a gret dygnyte to a man to se hys one kynde, þat ys hys owne flesshe and hys blod, sytte at þe 16 ryȝt hond of þe Fadyr of Heuen yn his trone. Wherfor angelis, consyderyng the dygnyte of man, now þay woll not suffyr mon to do hom worschyp, as þay dydden befor þe incarnacyon; but þay worschepen hom in reuerence of þe monkynd þat Crist haþe 20 bodyly yn Heuen. Here may a man se how moch a man is holden to his God, þat was befor bond and þral and vndyrlyng to þe fende of helle, and now haþe made hym of suche fredom and dygnyte, þat angelis schul do hym worschyp and seruyce. 24

And þeras angelis summe tyme keput þe ȝatys of paradyse, þat no manys soule schuld come yn, wyth brennyng swerdys, now Crist haþe cast apon þe ȝatys, and warneþ[3] entre to none þat is[3] stedfast yn þe beleue. ȝe schull also wytte þat ryȝt 28 as a kyng yn þys world haþe yn his court offycers, boþe herre and louer, and some nere and more preuy þen othyr, ryght soo þe Kyng of Heuen haþ yn his court angelys, som herre ‖

89 b and summe louer, and summe more preuy þen some. Wherfor, in 32 steyng of our Lord Ihesu Crist, þe lowe angelis—for gret wondyr þat þay hadden yn Crist ascencyon, when þay seen hym in flessh and blod bodyly stey vp wyth soo gret multitude of angeles

---

[1] hath *d.* om. *G.* not in *D.*   [2] yn] y *G.* in *C.* not in *d. D.*
[3] entre... is *C. L.* þat non entre to þo þat ben *G.* non to entre þat is *H.* none to entre in to tho þat ben *d.* not in *D.*

makyng melody, and so gret multitude of sowles wyth hy*m*,
and also for gret wondyr þat þay hadd*en*, when þay seghen þe
fe*n*dys of þe ayre fle away for gret drede þat wer befor wont
4 w*yth* gret pryde assayle all þe soules w*yth*out*en* any spare—and
also all good angeles, yn all þe hast þat þay my3ten, þay comyn,
forto do Crist s*er*uyce and reuerens. Þus, for gret wondyr þat
þes angelis hadden, þay askyd þe he3ur angeles and sayden þ*us*:
8 'What ys þ*ys* þat comyth out of þe world wyt þe blody cloþes,
as¹ he wer kyng of joy?' Þen² sayden þe grattyr angelys to
hom þ*us*: 'Þ*ys* ys þe lord of all vertu and ys also þe kyng of
joy. Thys ys he þat ys whyt of his modyr; rody yn hys
12 scorgyng; seke yn þe crosse; strong yn helle; lovely yn deynge;
fayre yn his rysyng; ouercomer of hys enmy; and now ys kyng
glorious yn Heuen.'

Þus, good me*n*, Crist steyd ynto Heuen, and his dyscyples
16 stond*en* w*yth* his modyr for gret wondyr þat þay haden of sy3t
and of heryng, þay loket vp ynto Heuen. And sodenly þ*er* stod
two angelis by hom, cloþet yn whyt and sayden þus: 'Men of
Galyle, what stond 3e here þus lokyng vp i*n*to Heuen? Ryght
20 as 3e sen Ih*es*u, our Lord, stye vp i*n*to Heuen, ri3t soo he schall
ccme at þe day of dome a3eyne, forto deme þe qwycke and þe ded.'

Wherfor, good me*n* and woymen, lyftuþ vp your hertis to
Ih*es*u Crist þat now syttyþ i*n* Heuen at his fadyr ri3t hond,
24 redy forto 3eue mercy to all þat wyll aske mercy wyþe a meke
hert, so þat 3e may have no*n* excusacyon but þat 3e mow be
sauet. But þogh a man or a woman be neuer so synfull, and he
wyll aske mercy w*yth* a meke hert, he wyll 3eue hym mercy
28 and take hym to ‖ hym. Þen forto schew þe gret goder.es of hym, **90 a**
and how gret co*m*passyon he haþe of monkynd, I tell you þis
ensampull:

Narracio.

32 Hit was su*m*me tyme, as we reden yn þe lyfe of Seynt Karpe,
how a misbeleuet mo*n* turned a cristen mo*n* out of his fayþe to
hys mysbeleue; wherfor þ*ys* holy ma*n* Karpe was soo wroþe, þat
he fell ynto a gret sekenes. And when he schuld haue ³ prayde for
36 hor boþe amendement, he prayde bysyly day and ny3t to God to

---

¹ as C. d. a G. *not in D.* ² þen d. þay G. *not in D.*
³ haue C. a. G. *not in d. D.*

sende hom bodely vengeans. The*n*, as he prayde þus, at myd-
ny3t sodenly þe how[s] þat he was yn cleue yn two, and he sa3 an
hoge o[ve]n brennyng so dyspytously, þat wondur was to seen.
Then loket he vp ynto Heuen, and segh Ih*esu* w*yth* gret multy- 4
tude of angeles syttyng i*n* hys trone. And þen he loket a3eyne,
and saw þes two men stondyng befor an ove-mowthe, qwakyng
and tremblyng for gret fere and drede, and neddyrs and brennyng
wormes com out of þe ove mowþe, forto draw þes me*n* i*n* w*yth* hom, 8
and oþ*yr* fendys holpen to put on w*yth* ynto þe oue. Then was þis
Karpe so fayne of þe menys vengenans, þat he laft þe sy3t of
our Lord Ih*esu* Crist and of his angeles, and loket to þe menys
vengeans, and was wroþe þat þay taryet soo longe to be put 12
ynto[1] hor payne, þat he set to hond hymselfe and help what he
my3t. And when þay wer yn þys fyre, þen loket he vp to God
almy3ty, and segh hym for gret compassyon þat he had of þes
two men ryse from hys trone, and come don to þes men, and toke 16
hom out of hor payne, and sayde þus to þos men: 'Karpe, strech
forth þy hond and fe3t a3eynys me. I am 3et redy, and nede wer,
to dye eft for monkynd.'

By þys ensampull 3e mow wele knowe how redy God ys to all 20
þat will aske m*er*cy and des*er*ue to haue mercy. He is worthy to
haue mercy þat is sory for his trespas, and is yn full wyll forto
amende hym. Þe wheche wyll God[2] graunt you and me. Amen.||

38.

90 b   # DE VIGILIA PENTECOSTES SERMO BREUIS.   24

Cristen men and woymen, Setyrday þat next comyþe, as 3e
knoweþe well, ys Whytson-euen, 3e schull all fast and come to þe
chyrche, forto here and se þe s*er*uyce þat ys þat day don yn holy
chyrche. Þerfor 3e schull all make you redy and clene yn soule, 28
þat 3e mow be abull þat day to recyue þe Holy Gost þat þe Fad*yr*
of Heuen senduþe among all monkynd. Wherfor I pray you and
charche you, yf any of you ys fallen i*n*to any greues synne, þat
he come to me and clanse hym þerof, er þen Sonday[3] com; and 32

---

[1] ynto] to *inserted above the line.*   [2] god *d.* god god *G.* *not in D.*
[3] Sonday *D.* Sondon *G.* *not in d.*

I wyll be redy forto helpe, in all þat lyþe yn me, forto do wyth
good wyll wyth þe grace of God. For takeþe in certeyne : ryȝt
as non of you woll goo ynto a place þeras stynkyng caren ys, but
4 stoppyþe his nase and hyþe hym þens; ryȝt soo þe Holy Gost
fleþe from þe soule þat ys combryd wyth dedly synne, and all
angeles, wyth stoppyng hor nosys, for moche more and fouler styn-
keþ dedly synne yn hor noses þen doþe any foule kareyn yn our
8 noses.   And ryȝt soo þe Holy Gost fleþe from hom þat ben
combret wyth synne; ryȝt soo he hyuþ to þylke þat lyuen in
clannes of body and soule, and ben yn charite to God and to
man, and han mercy yn hert and compassion of hom þat ben yn
12 myschef and doses.   To suche þe Holy Gost comyth, such he
vysetyþe, suche he loueþ, wyth suche he haþ lust and lykyng
forto abyde, and techeþ hom, and conforteþ hom yn all nede.
But at þe seruyce of þat fest he ys mor present þen any oþyr
16 tyme ; for at þat fest all holy chyrche halowþe of hym, and
specyaly calluþe to hym for help and grace and part of þe dole
þat he makeþ, þen to all hom þat ben abull to receyue hys ȝiftys.
   But ȝet ȝe schull vndyrstond þat þe Holy Gost makyþe his ||
20 dole oþyr wayes þen men don ; þay delon yche man in lych moche, 91 a
but þe Holy Gost deluþe to yche man, as he wot þat ys spedfull
to hym, and ȝeueþ som more and som las, and som of on ȝift
and som of anoþyr.
24   Somme he ȝeuyth grace of wysdom, and makeþ hom clerkes and
wyse in holy scripture, and ȝef hom so gret sauor and lykyng þer-
yn, þat þay ben lusty forto teche and preche þe vertu and þe
grace þat þay felen þeryn ; but for þay ben wyse, þay don hyt
28 yn tyme and to suche þat þay hopen woll here hyt, and do þer-
aftyr, and bere hit forth wyth hom. For sum sette noȝt by
Godys worde, but hadden leuer here a tale of rybowdy þen hit ;
wherfor to suche Godys word schall not be preched, for þay loue
32 not God.
   Som be ȝeuen grace of vndyrstondyng þat not only vndyr-
stondyþe hor owne speche, but alsoo oþyr langwagys, as Frenche
oþer Romayns wythouten any trauayle of lernyng. Hit ys a
36 gret gyft of God þat ych man can vndyrstond oþyr yn spekyng.
For v lettyrs makyþe ych word of all languagys þat ben vndyr
þe heuen to vndyrstond, and wythout on of þos v lettyrs þer

may no man know what anoþyr spekeþe ; and þes ben þe lettres:
A, E, I, O, V.

Som he ȝaf grace of counsell, some to ȝeue counsell, and som to
do aftyr consell. Some he enspyryþe so wythyn-forth, þat he 4
schewyþ hom, and makyþ hom know befor þat woll fall aftyr,
and ȝeueþe hom dyscrescyon forto know þe good from þe euell,
and þe bettyr from þe wors. Wherfor þay ben soo war and wyse
and councellyng, þat ych man ys lusty forto here hom speke and 8
forto haue counsell of hom. Some he ȝeuyþe grace to do aftyr
counsell þat Crist ȝaf hymselfe, counselyng a mon þat woll be ||
91 b parfyte forto leue all þat he haþe, and go into religyon, and þer
be lad and gouernet by hys wa[r]deynes councell and noȝt by hys 12
owne. Thys counsell comyth of God, and well ys hym þat hit
may performe.

Som he ȝeuyþ grace of strengþe, boþe yn body and yn soule,
forto ber mekly and wyth glad chere gret bodyly harmes, and 16
dyuers sekenes, and losse of goodys, and catayle, and of frende-
schip. He haþe a specyall ȝyft of þe Holy Gost þat may ber
such berþens wyth esy hert, þonkyng God þerof.

He ȝeuyþe also grace of dyuers sciens in lernyng of dyuers 20
craftes, and som to lerne on and som anoþyr, so þat ych man
haþe by ȝyft of þe Holy Gost grace forto lerne a science by þe
wheche he may gete his lyflode¹ wyth trewþe.

Some he ȝeueþ grace of pyte, and fullfylleþe hor hert soo wyth 24
pyte and compassyon of all þat ben yn doses and myscheues, þat
þay ȝeueþe hom of hor good, and helpeþe hom yn hor nede, and
serueþe hom to hond and fote, as þogh þay haddon Crist yn
presence before hom, and haue suche hert of mercy, þat þay ben 28
euer redy forto forȝeue þat trespassuþe aȝeynes hom.

Some he ȝeuyth grace of Godys drede, so þat þay haue ay yn
hert of þe hegh vengeans þat Crist schall ȝeue to þe euell yn þe
day of dome and horrybull paynes of helle. Wherfor þay ben 32
dred day and nyȝt forto do any þyng mys, and ben ay besy forto
do wele, also welle yn priuety, yn syght of his angell, als yn
opon, yn syght of men. Þen he þat haþe þys ȝyft he ys moche
holden to þonke þe Holy Gost, for þis ys a specyall ȝyft of hym, 36
and þer ben fewe þat haue þis ȝift.

¹ *MS.* lyfolde.

Thus ben þe vjj ȝyftys þat þe Holy Gost partuþ among mon-
kynd and ȝeueþe som more and some lasse, so þat none[1] may be
excuset, but he haþ somwhat of ‖ þes ȝyftes. And þus þe Holy 92 a
4 Gost asynyþ ych man in his cristenyng tyme; wherfor þe byschop[2],
when he confermeþ childyr þat ben folowet, he rehersyth þes
eftys prayng þe Holy Gost to conferme in hom aftyr yn hor
lyuyng þat he asyngneþe to hom in hor cristenyng. Þen forto
8 styre your deuocyon more to þys holy sacrament, I tell you þys
ensampull.

Narracio.

I fynde yn þe lyfe of Seynt Remus þat þer waȝ an holy byschop,
12 and turnet Lewys þe kyng of Fraunce to cristen fayth. And
when þe kyng was comen to be folowet, at þe font-halowyng was
so gret þurst on þe pepull, þat þe byschopis clerke þe whech bare
his crismatory myght by no way bryng hit to þe byschope. Then,
16 when þe fonte was halowde to þe takyng of þe creem and myȝt
haue non, he lyft vp his hert and hys een to God, prayng hym
deuotly of helpe. And þen anon þerwyth com þer fleyng from
Heuen yn syȝt of all þe pepull a culuer as whyt as mylke, beryng
20 yn hor byll a fyoll full of creem to þe byschop. And when he
openyd þe fyoll, þer come out so swete a smell, þat all þe pepull
was gretly wondryd þerof, and wer gretly conforted þerwyth, and
last soo tyll all þe seruyce was don.
24   Herby ȝe may knowe well, þoȝ þe prest say þe wordys, þe Holy
Gost worcheþ þe dedys of þe sacrament, and doþe þe vertu of þe
wordys by halowyng þat þe prest sayþe yn manys heryng. Then
schull ȝe all knell adon, and pray þe Holy Gost forto make you
28 clene yn body and yn soule, so þat ȝe mown be redy þat day forto
receyue þe grace of his ȝift to þe reuerence of God and saluacyon
to your lyues and your soules, and so to haue þe blis þat euer
schall last. To þe wheche blysse God bryng you and me to, yf
32 hit be his wyll. Amen.

---

[1] none *C.*   *unintelligible G.*   *not in d. D*
[2] byschop] byschopys *G.*   bisshopp *D.*   *not in d.*

39.

De Dominica Pentecostes Sermo Breuis ad Parochianos.

Goode men and woymen, as ȝe knowen wele all, þys[1] day ys called Whitsonday, for bycause þat þe Holy Gost as þys day broȝt 4 wyt and wysdome ynto all Cristes dyscyples, ‖ and soo by hor prechyng aftyr ynto all Cristys pepull. Then schull ȝe knowe þat mony haue wyt but not wysdom; for mony haue wyt forto speke wele and forto teche well and wysly, but all to fewe[2] þat han 8 wysdom forto do well. For þer ben mony wyse techers, but mor harme ys, all to few good lyuers; for mony traueluþe bysyly forto haue wyt and connyng, but few þat trauelythe aftyr knowlech of good lyuyng. Þus wyt of sleȝt ys made moch of, and wysdom of 12 holynes ys not sette by. For he þat haþe wyt to gete goode, he ys holden a wyse man; but he þat haþe wysdom forto forsake good and be pore for Godys sake, he ys holden a fole. Neuerþeles be a mon neuer so ryche, at þe last he schall be pore; for 16 noȝt he bryngyþe ynto þys world, and noȝt he schal bere out wyth hym. But þe Holy Gost, he bryngyþ wyth hym boþe wyt of his prechyng and wysdom of goode lyuyng; for he þat lyueþe well, he techeþ wele, for a good ensampull ys a good doctryne. 20 The grace as þis day was yn Cristys dyscyples, for þay taȝten wele and lyueden well. Soo by hor good techyng and by ensampull of goode lyuyng, þe fayþe of holy chyrche ys sprad progh all þe world. Þen how þay comen to þys grace, now schull ȝe here. 24

When our Lord Crist was steyut ynto Heuen, his dyscyples wern in care and mornyng, and sorowfull at hert; for þay had lost[3] hor maystyr þat þay louedon so moch, and for hys loue had laft hor good and hor frendschip, and seweden hym yn hope þat 28 þay schuld haue ben gretly holpen by hym. And þen þay wer maset and þrat of þe Iewes to be taken, and cast into pryson, and aftyr don to deþe. Þis made hor hertys sore and cold, and durst not go openly among þe pepull, but in hudeloke, to gete 32 hom mete of som preue frendys þat þay had. But ȝet as Crist

---

[1] þyȝ *d. D.* þat þys *G.*   [2] fewe *d. D.* om. *G.*   [3] lost *d. D.* laft *G.*

bade hom yn hys assencyon, ‖ þay ȝode ynto þe cyte of Ierusalem ; **93 a**
and þer yn a howse of ostage, þay setten yfere prayng to God
wyth on hert and on spyryte for helpe, and socour, and confort
4 yn hor gret doses. Then, as þay weren þus yn hor prayers,
sodenly a gret sowne was made yn þe fyrmament lyke a gret
barst of þondyr and þerwyth anon þe Holy Gost com adone
among hom, and lyȝt yn yche of hom yn liknes of tonges of fyre,
8 as hit wer þe leem of lyght fyre, schapon lyke tonges, brennyng
and not smertyng, warmyng not harmyng, lyȝtyng not fryghtyng.
And fullet hom so full of gostly wit and wysdom, þat anon þeras
þay before were but veray ydeotes and lewde men and ryȝt noȝt
12 couþe of clerge, sodenly þay wern þe best clerkes yn all þe world,
and speken all maner langages vndyr þe sonne. And þeras
befor hor hertys werne cold and sore for persecucyon and drede
of deþe þat þay durst not wher goo, then sodenly þe Holy Gost
16 so chafet hor hertys wyth fyre of loue, þat anon þay prechet and
taght Godys word sparyng for no drede of deth ny of oþyr
penaunce ; but fayne werne and redy to take deþ for Cristys
loue. Then wern þer yn Ierusalem, as God wold, þat day men
20 of all þe nacyons of þe world vndyr þe heuen, and werne comen
togedyr ynto þe tempull for fere of þe berst þat þay herd yn þe
welken, and dowtyd what hit myght be. Then, as þay wern
þer, þe apostolys comen ynto þe tempull, and bo[l]dely prechet
24 Cristys fayþe. Þen wer þes men gretly astonyet and mervelet
þat ych on of hom herd hom speke hys owne langage. Then
sayde som of hom : ' Þes men han dronken so moche of muste '—þat
ys new wyne—' þat þay ben all dronken, and mameluth þay wot not
28 what.' Then on vnswared, ‖ and þat was Seynt Petyr, for al his **93 b**
felaws : ' Syrs and breþern, we be not dronken as ȝe weneþe ; for
hit ys not ȝet vndyr of þe day, and as ȝe wetyþ wele, hit ys not
lawfull noþyr forto ete ne forto drynke befor vndyr of þe day.
32 But þys was proficiet be þe profet Ioel ; how þat þe Holy Gost
schuld be halowet so plentwysly on Godys pepull, þat þay schuld
speke wyth all tonges and prophesye, þat is, forto preche, of þe
joy þat ys forto com to all þat beleuen yn Crist. Then moch of
36 þe pepull þat herd of þes wordes, turned to Crist. And when
þay comen ynto hor owne contre, þay tolden of gret wondyrs and
myrakles þat þay had seen ; and soo turned mony oþyr to cristen

fayth, so þat wythyn a schort tyme of ȝerus þe fayþe was sprad
þrogh all þe world.

Then hit ys now forto wyt why þe Holy Gost come yn lykenes
of[1] tonges rayþyr þen any oþyr membre of monys body, and why 4
to hom syttyng yfere rayþyr þen stondyng. Then to þe fyrst,
why he come yn lykenes of tonges, þys was þe skyll: for a tonge
ys þe best membyr of a man whyll hit ys rewlet, and þe worst
when hyt ys out of rewle. For as Saynt Iames sayþe: 'A tonge 8
ys furut wyth þe fyre of helle, and may neuer be chastist whyll
þat fyre brennyth hur. And for þe tonge most nede speke the
wordys of þe fayþe, þerfor þe Holy Gost come yn tonges of fure.
For ryȝt as a blest fure ouercomyþe and dryueþe away þe fure of 12
layte, ryȝt soo þe fure of tongys of þe Holy Gost schuld dryue
away and ouercome þe fure of hell þat raynet þen, and ȝet doþe
yn manis tonge. And ȝet for bycause þat þe apostolys and all
oþyr prechours aftyr hom schuld speke brennyng wordys, þat ys: 16
94 a noþyr for loue, ne for hate, ne for drede of deþe spare to tell || þe
pepull hor vyces and þe synne þat reyneth wythin hem[2]. And say
bo[l]dely: 'Whoso woll not leue hor synne and amende hom, but
contynew vnto hor deþe-day, he schall wythout remedy goo ynto þe 20
fyre of hell. And he þat woll leue hys syn, and mende hym, þogh
he haue synnet neuer soo greuesly befor, he schall goo to þe blessed
fure of Heuen, þat ys, þe loue of God þat brenneþe amonge
angeles and all holy sayntys.' Also he come yn brennyng tonges, 24
for hit ys þe kynd of fure to make lowe þat ys hegh, and warme
þat is cold, and nesch þat ys hard. So þe Holy Gost makuþe
wyth hys fure hegh heitys and prowde, by grace þat he ȝeueþe,
lowȝe and meke. And hom þat lyþe cold in envy, he makeþe 28
hom warm yn loue and charite. And hertis þat are hard yn[3]
gederyng of good and holdyng, he makeþe hom nesch and
liberalule to dele to þe pore for Godys sake, and forto do mony
werkes of charyte. And nesche yn fleschly lustys he makeþe 32
hard yn doyng of penaunce and straytenes of lyuyng. Thus ys
þe Holy Gost besy yn all wayes forto make salue to all maner of
synne, and to hele þe seke of all maner sorows.

That oþyr skyll ys þys, why þe Holy Gost come into þe 36

---

[1] of *d. D.*   om. *G.*   [2] reyneth wythin hem *C.*   þay rent yn *G.*   om. *d. D.*
[3] are hard yn *d.*   ben harde and *C.*   arn and *G. D.*

11

apostolys syttyng yfere rayþyr þen stondyng.   For syttyng yfere
bytokenyth mekenes of hert in vnyte of pes and rest; þe whech
a man most[1] nede haue þat woll be vyseted of þe Holy Gost, for to
4 such he comeþe and to non oþyr.   For ryȝt as drye brondes, whyll þay
lien togedyr at þe fure wythout steryng, þay brennyth fayr and
lyȝt togedyr, ryght soo, whyll men, togedyr wythout sowrnes or
moystur of malyce, ych on loueþe oþyr, and ych on ys fayn of oþyr,
8 and all makeþe and susteneþe good tonges.   But as sone as þe
brondes ben cast atwyn by dyscencyon and dyscord, anon þe fure
of loue qwencheþe, and smokeþe of malyce and of envy rysuþe
bytwyx ‖ partyes, and greueþ so þe ey of þe hert, þat hit may haue **94 b**
12 no grace forto se reson.   For þen ys þe wykket gost redy and
buyluþe þat hert soo yn envy, þat hyt may haue no rest nyȝt ne
day, but ay þynkyþe and studyeþe how he may be wroken on his
enmy.   And þus ys a man broȝt yn plyte forto be lore, body and
16 sowle, but yf þe helpe of þe Holy Gost socour hym, and all ys
long on[2] wyket tonges.   Wherfor þe Holy Gost come in tonges of
fure forto brenne out the wikket tonges[3] malyce, and so anoynt hom
wyth þe swetnes of his grace, þat þay schuld leue malyce, and
20 speke of goodnes, and leue wordes of envy and debate, and speke
of rest and pes.   Wherfor, good men and woymen, ȝe schull so
pray þe Holy Gost, þat he ȝeue you grace soo forto tempur your
tonges, þat[4] ye may algate speke goode, and leve the euell, and that
24 he fynde your[4] hertys soo wyth þe þoghtes of mekenes, þat ȝe
ben ay worþy to be vysetut of hym, as Seynt Gregory was, when
he expownet þe prophesy of Eȝechyel, þe prophete.

Narracio.

28 Thys holy pope, Seynt Gregory, when he expownet þys pro-
phesy, he toke to hym Petyr, his deken, forto wryte as he
expowned, and made forto draw a rydell bytwyx hom, þat Petyr
schuld not wyt how he dyd yn his studyyng.   Then, as Gregory
32 sate yn hys chayre studyyng and holdyng vp his hondys ynto
Heuen, anon come þe Holy Gost lyke a culuer, whyt as mylke
wyth fete and bylle of brennyng gold, and lyȝt on his ryght
schuldur, and put hor bylle ynto Gregoryys mouþe a whyle.

---

[1] most *d. om. G. not in D.*   [2] on *C. H. L.* of *G. d. not in D.*
[3] the wikket tonges *d.* of wykket hor *G. not in D.*
[4] ye . . . your *d. om. G. not in D.*

And when he w*yth*drogh hym, þen Gregory bade Petyr wryte;
and eft-sones when he began to study, þe Holy Gost put aȝeyne
his byll ynto his mouþe, and so all þe tyme tyll he had made an
end. But for encheson[1] þat he expowned þat harde *pro*phesye so 4
clerkelyk, Petur hadde[1] gret mervayle þerof and þoȝt forto wit,
95 a how þat he dyd; and soo he made pryuely *in* || þe rydell an hole,
and segh all how þe Holy Gost fed hym w*yth* holy þoȝtys. Then
þe Holy Gost warne[d] Seynt Gregory how Petyr aspyet on hym. 8
Then Gregory blamet Petyr þerfore, and charchet hym heȝly þat
he schuld neuer dyskeuer hym whill þat þay wern boþe on
lyue; ny he dud not. But when he was ded, herytykes wold
haue brent þe bokes of þys holy manys makyng. Then Petyr 12
aȝeynestode hom, and told openly how he segh þe Holy Gost
fede hym, whyll he expownet þat *pro*phesy; and so sauet his
bokes vnbrent þrogh þe *grace* and þe mercy of God. The wheche
grace God graunt vs, ȝyf hit be his wyll. Amen.
16

40.

DE FESTO TRINITATIS SERMO BREUIS.

Goode cristen me*n* and woyme*n*, as ȝe all knowen, þys day is
called Trynyte Sonenday, and ys an heȝ *pri*ncypall fest i*n* holy
chyrche. For þeras oþyr tymes of þe ȝere holy chyrch makeþ 20
solempnyte of oþ*yr* festys þat ben halowet yn þe worschyp of þe
Sonne, as Cristenmas-day, and Astyr-day, and þe Ascencyon-day;
and i*n* þe worschyp of þe Holy Gost as Whytsonenday and þe weke
aftyr; but now þis day is halowet i*n* þe worschip of þre *pers*ons 24
yn Trinite: Fadyr, and Sonne, and Holy Gost. Wherfor, as I
hope, ȝe ben come*n* þis day to þe chyrche forto do reuerence and
worschip to þe holy Trynyte, hauyng *per*fet fayth and full beleue
i*n* þe Trynyte. Neuerþeles, forto styr your deuocyon more to 28
þe Trinite, ȝe schull know why, and how, and what was þe cause
þat þys fest was ordeynet. This fest was ordeynet for þre skylles:
for þe trynyte furst fyndyng, for heretykes hegh confondyng,
and for þe hegh Trynyte worschypyng.
32
Furst hit was ordeynet for þe forme trynyte fyndyng; and þat

---

[1] cheson . . . hadde *C.* *om. G.* *not in d. D.*

was, as a gret clerk, ‖ Ion Belet telleþ, þat þe forme trinite was **95 b**
fonden i*n* a mo*n* þat was Adam our forme fadyr.　As þ*y*s Adam
was formet of erþe on p*er*son, and Eue of Adam þe secu*n*de
4 p*er*son, and a mon of hom boþe þat was þe þryd p*er*son.　Thys
trinite was þ*us* fonde yn man furst by worchyng of þe Trinite of
Heuen.　Wherfor þat man schulde haue mynde of þe Trynyte,
holy chyrch ordeyneþe þat yn weddyng of mon and woman þat
8 masse of þe Trinite ys songe*n*; and yn þe deþ of a man þ*er* at
hys knyle, þre tret*ys* schuld be songon[1]; and at a woymon tweyne
tretus, as þe secunde p*er*son yn þe trynyte.　Then, for holy
chirche ordeyneþ suche worschyp forto be don to a mo*n* i*n*
12 mynd of þe Trinite, a[2] mon ys moch[3] holden forto do honowr and
reu*er*ence to þe Holy Trinite of Heuen.

The secunde skyll[4] why þ*y*s fest was ordeynet ys：yn con-
fondyng heretykes, and forto destrye þe fals oppynyons þat þay
16 holden aȝeynes þe holy Trinite, as Lombardys doþe now.　For
ryȝt as heretykes yn þe begynnyng of þe fayþe wern about wyth
hor smeþ wordys and plesyng and fals oppynyons to haue destriet
þe fayþe of þe Trinite, ryght soo now þes Lombardes w*yth* hor
20 smeþe wordes and plesyng to þe pepull ben aboute forto draw
þe pepull from þe faythe of holy chyrche þat holy popys,
byschopes, and doctores taghten, and han ben vset and holden
allway vnto þ*y*s tyme.　Wherfor ryȝt as heritykes yn þe begynnyng
24 of þe holy chirch pursuet holy popes, martyres, and confessores
to þe deth, ryȝt so now þes Lombardes pursuen men of holy
chirche, and ben about forto vndo hom i*n* all þat þay mow, yf
þay myȝten haue hor purpos forth.　And so, yn þat, þay schewen
28 oponly þat they[5] ben not Godys s*er*uan‖tys, for þay ben ferre out of **96 a**
charite; and he þat is out of charite, he ys fer from God.　For
God byddyþe hys s*er*uandys do good to hor e*n*mys, and pray for
hom, and suffur doses and p*er*secucy*on* mekely, and qwyt hom
32 aȝeyne by no way.　But þoȝ God suffyr holy chyrche to be
pursuet by seche mysbeleuet men euermore, at nede he ordeyneþe
such a helpe, þat þay haue hor purpos forth, and hor enmys ben
confou*n*det.

[1] songon *C.*　rongen *G. d. D.*
[2] a *d. D.*　and *G.*
[3] ys moch *d. D.*　ys moch ys *G.*
[4] skyll *C.*　skyll ys *G. D. d.*
[5] they *d. D.*　om. *G.*

Narracio.

This fell yn tyme of an Emperour of Rome þat heght Attyla,
and was made by counseyle of heretykes, as Ion Belet telleþe,
forto pursew cristen pepull and destrie holy chyrche; wherfore 4
all þe bokes þat he myȝt fynde of holy chyrche fayþ, he made
forto bren. But þen, as God wold, þer was a good holy man and
a gret clerke was callet Alpynyus, þat yn mayntenyng of þe
fayþe made þe story of þe Trynyte and of Seynt Steuen, and 8
broght hom vnto þe pope Alysaundyr, forto haue ben songen yn
holy chyrche. But þis pope, by counsell of othyr gret clerkes,
toke þe storye of Seynt Steuen, and refuset þe story of þe
Trynyte, and sayde þat holy chyrche schuld syng no mor of þe 12
Trynyte þen hit dud of þe vnyte. But aftyr hit felle soo þat
for malyce of heretykes þat ryson so þekke, þat Saynt Gregory
þe holy doctor soȝt vp þis story of þe Trinite, and ordeynet hit
to be halowet in holy chyrche[1], and þe story songen in con- 16
fusyon of heretykes þat berket aȝeyne þe Trynyte. Soo, by
halowyng of þys fest and by þe seruyce þat ys don þys day in
holy chyrche, þe fest of þe Trynyte ys worscheput and leuod in
cristen pepull. 20

Þe thryd skyll why þys fest was fonden, ys[2]: for þe hegh
worschypyng, and forto know how and what maner a man
schall beleue yn þe Trynyte. For, as holy chyrche techyth, he
96 b þat beleueþ wele yn þe Trynyte, he schall be sauet; and he ‖ þat 24
beleueþe not, schall be dampnet. Then ys hit nedfull to iche
man to lerne how he schall haue þys beleue. Þen schull ȝe know
wele þat perfyte loue to God makyþ a man to com to þe beleue;
for he þat leueþe wele, he makyþe noon aposayls ny questyons 28
why, for loue haþe no lake, þeras he þat haþe no loue, woll make
questyons and aposayls of suche maters þat schull neuer avayle.
For fayþ haþe no merit wher manys wit ȝeueþe experiment. Þen
hit[3] is good to ych man to make loue to be hys medyatour to þe 32
Holy Gost, þat is, to pray hym soo forto lyȝt hym wythyn, þat
he may haue grace forto se how he schall beleue. Herfor was
þys day set next aftyr Wytsonday, hopyng þat þe Holy Gost

---

[1] *MS.* chyrchyrche.   [2] ys *om. G. d. D. C.*
[3] hit *d. D.   om. G.*

woll be redy to ych man þat wol call to hym, and namly yn
heryng of þe fayþe. But ȝet for þat mony wytt*ys* ben lat and
heuy forto leue þat þay may not here ny se, but þay be broght
4 yn by ensampull. For þogh þe ensampull be not most *commen-*
dabull, ȝet for þe more parte hit may soo lyghten his wit, þat
he may þe sond*yr* come to beleue.

Narracio.

8   Ensampull [1] is þis: Take hede[1] on watyr, and on yse, and on
snow; how þay ben ych on dyv*erse* i*n* substance, and ȝet þay ben
but watyr. Wherfor by þe watyr ȝe may vndyrstond þe Fadyr, by
þe yse þe Sonne, by þe snow þe Holy Gost. For watyr ys an
12 element þat haþe gret myth[2] and strengþe, and ys aboue þe
Heuen, as mayst*yr* Alysand*yr* sayþe, i*n* man*er* of yse lyke to cristall
and doþe worship to Heuen; and anone[3] h*i*t is vnd*yr* þe erþe
and þe erþe groueþ þerapon. So Davyd yn þe sawter sayþe:
16 'Hyt[4] ys also all aboute þe world, and yn all þyng; for hard
ston and þorne summe tyme swetyþe watyr.' Wherfor by þis
watyr ȝe may vndyrstond þe Fadyr þat ys soo gret of myȝt and
strenȝþ, þat he gouerneþe all þyng, he beryth all þyng, and all
20 þyng ys at h*ys* wyll and co*m*maundement. Be[5] þe yse, þat is
watyr congelut hard and bruchull, ȝe may vndyrstond þe Son, ||
Ihesu Crist, þat is v*er*ay God, and toke þe substa*n*ce and þe freylt 97 a
of monkynd, whe*n* he was co*n*seyuet of þe Holy Gost i*n* þe virgyn
24 Mary, and born of hur v*er*ay God and ma*n*, and aft*yr* suffred
payne and passion, and deed on þe cros, and was buriet, and ros
from deþe to lyue, and aft*yr* stegh vp i*n*to Heue*n*, and schall
co*m* aȝeyne forto deme þe qwyk and þe ded at þe day of dome.
28 By þe snow ȝe may vndyrstond þe Holy Gost; for ryȝt as snow
comyþe of wat*yr* and of yse on hegh i*n* þe eyre, but how no ma*n*
con tell, so comeþ þe Holi Gost of þe Fadyr and of þe Sonne,
but how we may not dispute, but sadly leue. Thus ys þe
32 Fadyr full of myȝt, and of hy*m* comeþ þe Sonne, and so of þe
Fad*yr* and of þe So*n*ne comeþe þe Holy Gost. Thus þe Trinyte
was knowe*n* i*n* foloyng of Ihesu Crist. For as þe gospell telleþe,

---

[1] is . . . hede *C.* by þis take he *G.*   *not in d. D.*
[2] myth *C.* om. *G.*   *not in d. D.*   [3] anone *C.* not any *G.*   *not in d. D.*
[4] hyt *C.* hys *G.*   *not in d. D.*   [5] be *C.* but *G.*   *not in d. D.*

when our Lord Ihesu Crist was baptiȝet (þat is foloyng) in flem
of Iordan, and all þe pepul neȝ of þat contre was folowot wyth
hym þer, and wern in hor prayers and Ihesu prayed for hom,
then Heuon oponed, and a huge liȝt com from Heuen. Þen þe 4
Holy Gost in lykenes of a culuer liȝt apon Cristis hed in siȝt of
al þe pepull, and þen þe Fadyr of Heuen spak þus to Crist and
sayde : ' Þou art my lefe sonne þe whech lykyþe me wele.' Þus
was þe Holy Trinyte þen knowen : þe Fadyr was herd spekyng 8
in hys person, þe Holy Gost was sen in hys person, and þe Sonne
was þer bodely in his person ; and ȝet þes þre persons ben but on
God. Wherfor hit is nedfull to yche cristen man and womon
forto pray to God bisily, þat he ȝeue hym grace of vndyrstondyng 12
and of perfyte beleue in þe Trinite.

Narracio.

I rede þat þe modyr of Seynt Edmunde of Pontenay aperit to
hym stondyng, and layde in hys hond þre þynges, ych on wythyn 16
oþyr; and in þe forme wrytten þe Fadyr, and in þe oþyr þe
Sonne, and in þe þryd þe Holy Gost, and sayde to hym : ' My
dere sonne, to such fugurs take hede and lerne what þou myȝt.'
Wherby we haue ensampull forto be bysy to lerne þe beleue of 20
þe Holy Trinite, and know wele þat ryȝt as a ryng ys rownde
wythout begynnyng and wythout endyng, ryȝt so is þe Fadyr, so
is þe Sonne, so is þe Holy Gost wythout begynnyng and wythout
endyng : þre persons in on godhed. But forto study how þis may 24
97 b be, hit is but a foly ; for || monnys wyt may neuer comprehend hit.

Narracio.

I rede of a gret maystyr of diuinyte þat studyet bysily, forto
haue broȝt into won boke why God wold be leuot on God in þre 28
persons. Then, on a day, as he walket by þe se-syde duply studiyng
in þys mater, he was warre of a fayre chyld syttyng on þe see-
sond, and had made a lytyll put in þe sonde, and wyth his hond
wyth a lytyll schell he toke of þe see-watyr and powret into þat 32
put. Then þoght þys maystyr he was a fole forto do so, and
spake to hym, and sayde : ' Sonne, wheraboutes art þow ?' Then
sayde he : ' Syr, I am about forto helde all þe watyr yn þe see
ynto this put.' Then sayde þe maystyr : ' Lef of, sonne, for þou 36
schalt neuer do that.' ' Syr,' quod he aȝeyne, ' I schall als sone

do thys, as thow schalt do that þat thow art abowte.' And when
he had sayde so, he vanesched away. Þen the maystyr bethoght
hym how hyt was not Godys wyll that he was abowte, and laft
4 of hys studiyng, and thonket God that soo fayre warnet hym.

Goode men and woymen, thys I haue sayde to you, as God hath
enspyret me, wylnyng you forto haue fulle beleue yn the Holy
Trynyte. And alsoo I tell you on Thursday next ȝe schull haue
8 an hegh fest yn holy chyrche, the fest of Corp*us* Cri*st*i. The
wheche day ȝe schull come to þe chyrch, and then woll I telle
you of that fest so as God woll then vouchesaf forto enspyre
me. And praye we now alle to the Holy Trynyte that we may so
12 worschip here yn erthe yn vnyte, that we may come ynto hys
mageste where he ys veraye Gode yn persons thre. Amen. ||

41.

DE SOLEMPNITATE CORPORIS CR*IST*I BREUIS
SERMO AD P*AROCHIANOS.*

16   Cr*i*sten men and women, ȝe schul knowe well þat þis is an
heȝe feste in holy chirch of Cristes body, þe which is eche day
offred [1] vp i*n* holy chirch in þe auter to þe Fader of Heuen in
remission of sy*n*ne to [2] al þat lyuen here in p*er*fite charite and i*n*
20 gret socoure and reles of her payne þat ben in purgatori. Then
schul ȝe know þat þis fest was fondon by a pope [3] þat was called
Vrban þe fourth. He had gret deuocion i*n* þis sacrame*n*t, con-
syderyng þe gret grace of God and heȝe help þat God ȝeuet to al
24 his pepul by v*er*tu of þis sacrame*n*t. Wherfor he ordeynet þis
fest forto be halouet þis Þursday, next after þe fest of þe Trinite.
For ryȝt as eche cristen man and woman þat wol be saued mot
nede haue p*er*fite charite in þe Tr*i*nite, ryȝt so mot he haue ful
28 fayth and beleue i*n* þe sacrame*n*t of Cristis body þat is made in
þe auter by v*er*tu of þe holy wordys þat þe prest sayed þer, and
by worchyng of þe Holy Gost. Then, for þis holy pope [3] þoȝt
forto draw Godis pepul w*yth* þe bett*yr* wyl to þe chirch þat day,
32 he grawnteþ al þo þat ben verely schryuen and contrite for hyr
synnes, and ben in þe chirch at boþe euensonges of þis fest, and

---

[1] offred *d. D.* offerth *G.*   [2] to *d. D.* om. *G.*   [3] pope *scratched out in G.*

at masse, and at maytines, for eche of þes a hundret days of pardon, and for eche oþyr owre of þis day fourty days to pardon, and for eche day of þis vtas a hundret days to pardon to dure fore euermore.   4

Then schul ȝe know well þat oure Lord Ihesu Crist on Chere Þursday at nyȝt, when he had sowput and wyst how þat he schul in þe morow suffre deth and so passe out of þis world vnto his Fader, he ordeynet a perpetual memory of his passion forto abyde 8 wyth his pepul. Thus he toke bred and wyne, and made hit his owne flessch and his blod, and ȝaf hit to his discyples, and bade hem ete hit and drynk hit in mynde of hym. And so ȝaf hit to hem and to al oþyr prestes, ȝee and to al oþyr prestes, power and 12 dignite forto make his body of bred and wyne yn þe auter, so þat eche prest haþ of Cristis ȝeft power forto make þis sacrament, be he bettyr, be he wors. For þat sacrament is so heȝe and holy in hymself, þat þer may no good man amende hit, ne no euel man 16 apayre hit. But þe prest þe which is a good lyuere, and doþ his offyce well and worþely, hym schal be well þat euer he was borne;
98 b for he haþ of ‖ Godis ȝeft here in erth þat he ȝaf neuer to no [1] angele in Heuen: þat is, forto make Godis body. Wherfor he schal haue 20 suche a worsschypp in Heuen amonge angeles and passyng, þat no tonge may telle ne hert þenke. And he þat is an euel lyuer, and wot hymself in dedly synne, and is in no purpos to amende hym, be hym sekyr forto haue a perpetual confusion of fendys in 24 helle, and be vndur hem in euerlastyng payne.

Then schal ȝe knowe well þat Crist laft þus þis sacrament forto be vset algate in holy chirch for foure skylles to al Godis pepul: for manes gret helpyng, for Cristis passione mynnyng, for gret 28 loue schowyng, and for gret mede getyng.

The forme is for manes gret helpyng, boþe in lyf and in deth. First in lyuyng. For, as Saynt Austyn sayed, als ofte as a man or a woman cometh into þe chirch to here masse, God ȝeueth hym 32 seuen ȝeftis; and þo ben þes: That day hym schal wonte no bodely fode; idul speche þat day is forȝeuen hym; his idul lyȝt oþes [2] ben forȝeton; he schal not þat day lese his siȝth; he schal not þat day dey no sodeyne deth; and as longe as þe masse lesteth 36 he schal not wax olde; and his angele telleth eche paas þat he

---

[1] no *D.* none *d. om. G.*   [2] oþes *C.* oþnes *G. om. d. D.*

goþ to þe chirch in gret worschip to hym.   Befor God þis help
he haþ in lyuyng.

In deyng a cristen man sendyth aftur þe preste forto come to
4 hym wyth Godys body for two causes nedeful at his endyng.   On
is forto se þe sacrament of Godys body, and receyue hit knolechyng
þat he beleueth stedefastly þat hit is þe same flessch and blod þat
Crist toke in mayden Mary, and was borne of hyr verray God
8 and man, and aftur soffreth deth on þe crosse, and was buryed,
and ros from deth to lyue, and now settyth on þe Faderis ryght
hond in Heuen, and schal come aȝen forto deme þe qweke and þe
dede.   And so wyth his perfite beleue he armeth hym, and maketh
12 hym strong and myȝty forto aȝenstond þe fendes þat wol assayle
hym, when he passeth oute from þe body, in al wyse þat þai con,
forto assay, ȝef þei mow bryng hym oute of þe beleue.   Then schal
þe sacrament þat he receyuet make hym so myghty, þat he schal
16 ouercome hem and sett noȝt by hem.

That oþyr skyl is forto aske mercy of Crist and remission of his
synnes, hauyng ful beleue þat Crist is euer redy to forȝeue al þat
asket mercy wyth trew hert.   This was schowet by ensample, when
20 he honget on þe crosse bytwyx two þeues þat weren men of curseth ||
lyuyng, and were þerfore dampned to be dede.   Then one of hem **99 a**
asket Crist mercy wyth meke hert and repentyng, and at þe forme
prayer anon Crist ȝaf[1] hym mercy, and morewyth grawnted hym
24 forto come to paradyce anone þat same day.   That oþyr nolde aske
no mercy for a prowde hert þat he had; and þerfor he was dampned.
Then as Crist þat day schedde[2] his blod on þe crosse in helpe of al
mankynd, so ȝet eche day in þe masse he scheddet his blod in heȝe
28 mede to al þat þis beleuet; for wythout þis beleue þer may no
man be sauet.   Wherfor I telle þis ensample þat y rede in þe lyue
of Saynt Ode þat was bischop of Canturbury.

Narracio.

32 This byschop had wyth hym of his clerkys þat beleuet not
perfitly in þe sacrament of þe auter, and sayde þat þai myȝt not
beleue þat Crist schedd his blod in þe masse.   Then was þis
bischop sory for her mysbeleue and prayed to God ȝorne for her
36 amendement.   And so, on a day, as he was at his masse, when he

---

[1] ȝaf *d. D.*   ȝyf *G.*   [2] schedde *C.*   schdde *G.*   *not in d. D.*

had made þe fraction as þe maner is, he saȝe þe blod drop doun
from þe ost fast into þe chalice. Þen he made syne to hem þat
mysbeleuet, to come and se. And when þei saue his fyngurys
blody and blod rane of Cristis body into þe chalis, þai weron 4
agryset þat for veray fer þai cryet and sayd : ' Be þow blesset,
man, þat has þis grace þus to handul Cristis body ! We beleue
now fully þat[1] þis is verray Godis body, and his blod þat dropet
þer into þe chalis. But now pray to hym þat þou hast þer in þi 8
hondys, þat he sende no vengaunce vpon vs for oure mysbeleue ! '
and so þe sacrament turnet into his forme of bred as hit was beforn ;
and þai weren good men and perfyte alway aftyr in þe beleue.

The secund cause þat þe sacrament is vset in þe auter is, forto 12
make man by ofte seynge to haue þe sadur mynde of Cristis passion
in his hert, and so to be armet algate aȝen þe fende. For as
Saynt Austyn sayde : ' Þe mynde of Cristis passion is þe best
defence aȝens temptacions of þe fende.' Herefor ben roodes sett 16
on hey in holy chirch, and so by syȝt þerof haue mynd of Cristis
passion. And þerfor roodes and oþyr ymages ben necessary in holy
chirch, whateuer þes Lollardes sayn; for yf þay nade ben profitable,
99 b goode holy faders þat haue be tofore vs wold haue ‖ don hem out of 20
holy chirch mony a ȝere gon. But ryȝt as a man doþ worschip to
þe kyngis sele, not for loue of þe sele, but for reuerence of þe man
þat owet hit ; so for þe roode is þe Kyngis sele of Heuen, and
oþyr ymages þat ben made of holy sayntes þat ben in Heuen wyth 24
hym : and þerfore men worschipen ymages. For, as Ion Bellet
tellet, ymages and payntours ben lewde menys bokys, and I say
bo[l]dyly þ   þer ben mony þousaund of pepul þat couþ not ymagen
in her hert how Crist was don on þe rood, but as þai lerne hit be 28
syȝt of ymages and payntours. Thus forto make ȝow haue þe
bettur mynde of Cristis passion, I telle yow þis ensample.

Narracio.

I rede þat þer was a cristen man of Engelond, and ȝede into 32
heþenes forto se wondurs of þe lond, and hyrut a Saresyn forto be
his gyde. And so þei come into a fayre wode, but al stylle was,
and noþyng steryng of bryddys, ne of oþyr fowles. Þen sayde þe
cristen man : ' I meruayle muche þat þer is no noys of briddys in 36

[1] þat þat *G*.

þis fayre wode.' Then onsueret þe Saresyn and sayde : ' Þis is þe
wyke þat ȝoure gret profete deyt in. Wherfore on Sonday þat
last was, þat ȝe calle Palme-Sonday, al þe bryddes of þis wode
4 weren dede for mornyng, and al þis wyke schal be. But on Sonday
þat next comet þat ȝe called Estyr-day, þai schal qwyken aȝen, and
þen schal þai al þe ȝere aftur fulle þis wode wyth melody of swete
songes. Wherfor lok vp into þe trees and see!' And he saue
8 eche tre full of bryddes lying vpryȝt dede, and her wyngys
sprade als þai hade ben stark of þe crosse. Then if [1] þese bryddys
haue mynde of Cristis passion, muche more schuld a man þat was
boght by his passion.

12   The þryde cause why þe sacrament is vset in þe auter is for
loue, þat man schal for syȝt þerof þenk, how þe Fader of Heuen
hade but one sonne þat he loued passyng alle þyng. And ȝet
forto by man out of þe deueles þraldam, he sende hym into þis
16 world, and wyth his owne hert-blod wrot hym a chartur of fredome,
and made hym fre for euer, but hit so be þat he forfet his chartur.
So whyle þat he loued God, he kepeth his ‖ chartur ; for God asket **100 a**
no more of a man but loue. Wherfor he sayde þus to hym :
20 ' Sonne, ȝyf me þi hert, and þat is ynoȝe for me.'

Narracio.

Then taket þis ensample of syr Auberk þat was erle of Venys,
and louet þe sacrament of þe auter, and dyde to hit al þe [2] reuerence
24 þat he couþe. But when he schuld dye, he myȝt not receue hit
for vpcasting. Then made he to clanse his syde, and hull hit
wyth a clene clote of sandelle ; and layde þeron Godys body, and
sayde þus to hym : ' Lorde, þou knowes well þat y loue þe, and
28 wold fayn receue þe wyth my mouþe, and I durst ; but for I may
not, I lay þe on þe place þat is next myn hert, and so schow þe
my hert and my loue.' And þerwyth, in syȝt of al men, þe syde
opened, and þe ost glode into þe body ; and þen þe syde closet
32 aȝen, hole as hit was befor, and so sone aftir he ȝaf þe gost vp.
Þus loue ȝe þe sacrament of Godis body in ȝoure lyfe, and he wol
socoure ȝow in ȝoure deth.

The fourte cause why þis sacrament is vset, is for gret mede
36 getyng to eche man and woman þat perfitly leuet þeron, þoȝ hit

---

[1] if *d. D.* om. *G.*   [2] al þe *C.* om. *G.* not in *d. D.*

haue þe lykenes of bred and þe tast.   Also he must perfitly beleue
þat þis is verray Cristis body þe which he toke in þe virgin Mary,
and aftyr deyt on þe crosse, and ros from deth to lyue, and now is
in Heuen, and schal come to deme þe qweke and þe dede.   Then 4
he þat receuet hit in þis beleue, he getet hym gret merite ; fore
he getet hym þe kyngdome of Heuen.   And he þat leuet not þus
and receuet hit, he taket hit to his dampnacyon in þe payne þat
euer schal last.   Þen forto scharpen ȝoure beleue þe better, I telle 8
ȝou þis ensample.

Narracio.

I rede þat in Saynt Gregorys tyme was a woman þat het
Lasma and made[1] bred þat þe pope sang wyth and howsulde þe 12
pepul.   Þen, on a day, when þis pope howsulde þe peple, he come
to þis woman Lasma and sayde : 'Take here Godis body.'   And
þen she smylut.   But when þe pope see hir smyle, he wythdroȝ his
hond, and layd þe ost on þe auter, and turnet to þis woman, and 16
100 b sayde : 'Lasma, why smyleste þou, ‖ when þou schuldest haue
taken Godys body ?'   Then sayde sche : 'For þou calles þat Godys
body þat I made wyth myn owne hondys.'   Þen was Gregory sory
for hyr mysbeleue, and bade[2] þe pepull pray to God forto schow so 20
his myracle, þat þe woman myȝt be holpen out of hir mysbeleue.
And when þai hade prayet, Gregory ȝode to þe auter, and fonde þe
ost turnet into raw flessch bledyng ; þe which he toke and schowet
þis woman.   Then sche cryet and sayed : 'Lorde, now I beleue 24
þat þou art Crist, Godys Sonne of Heuen, in forme of bred !'
Then bade he þe pepul pray eft sones þat hit muste turne aȝen
into þe lykenes of bred, and so hit dude.   And so wyth þe same ost
he howsulde þis woman.   Now, good men and women, for Godys 28
loue taket hyde what I haue sayde to ȝow, and worschyppeth Godis
body wyth al ȝoure myȝt ; fore here ȝe schal here a fayre ensample.

Narracio.

I Devonschyre bysyde Auxbryge[3] þer dwellet an holy vykere 32
and hade one of his paryche, a woman, þat lay seke at þe poynt of
deth half a myle from hym in a towen.   Þe which woman at

---

[1] made *D.   om. G.   not in d.*   [2] bade *D.   om. G.   not in d.*
[3] Auxbryge *G.*   Axobrurgge *C.*   Axbrugge *H.*   Axsebrygge *L.*   Axbrige *D.*
not in d.

mydnyȝt sende aftur hym to do hure hyr ryȝtis. Þen þis man wyth
al þe haste þat he myȝt, he ros vp, and ȝede to þe chirch, and toke
Godis body in a boxe of yuory, and put hit in his spayre; for þat
4 tyme men vset spayres. And he ȝode towarde þis woman, and
went ouer a medow, þat was þe next way. Then as he hyet on
his way or euer he wyst, þe box schoget out of his bosome, and fel
dowen on þe erþe[1]; and in þe fallyng þe box openet, and þe ost
8 trondelut on þe grene. Then, when he hade schryuen þis woman,
he asket hyr yf sche wold be howsuld, and sche sayde: 'ȝee.' Þen
put he his hond in his bosome, and soȝt þe box. When he fonde
hit not, he was hegly aferde, and sayde to þe woman: 'Dame,
12 I schal feche Godis body and hye me aȝen in al þat I may.' And
so he come by a wythen-tre[2], and made þerof a goode ȝerde, and
dyde hymself nakyd, and bete hymself als fast as he myȝt, þat þe
blod ran doune by his sydys, and sayde to hym‖self þus: 'Þou **101 a**
16 foule þef þat hast lost þi creature, þou schalt abye.' And when
he hade beten hymself þus, þen kest he on his clothes and ran
furth. And þen was he warre of a pyler of fyre þat last from þe
erth vp to Heuen. Then was he fyrst agast, but aftyr he blesset
20 hym, and ȝode nere hyt; þen saue he al þe bestes of þe medow
about þat pyler in compas. So when he come to þis pyler, hit
schon als bryȝt as any sonne. Þen was he warre of Godis body
lyyng on þe gras, and þe pyler of fyre from hit vp to Heuen. Þen
24 fel he doune on knes and asket mercy wyth al his hert, wepyng
sore for his neclygens. But when he hade made his prayer, he ros
vp, an[d] loket about, and saue al þe bestys knele on bothe her knes
and worschyppyd Godis body, saue one blak hors knelet but on
28 his one kne. Þen sayde þis good man to hym þus: 'Yf þou be
any best þat may speke, I bydde þe in þe vertu of þis body þat
here lyet, þat þou speke and telle me, why þou kneles but on one
kne, whyle al þes oþyr bestes knelen on boþe her knes.' Then
32 ansuered[3] he and sayd: 'I am a fende of helle and wold not knele
on noþyr kne my wylles, but I am made to do so aȝen my wylle;
for hit is wryten þat eche man of Heuen, and erth, and helle schal
bowe to hym.' Then sayde he to hym: 'Why art þou lyke an

---

[1] erþe *C. D.* hert *G. not in d.*
[2] wythen-tre *D.* wydye-tre *G. not in d.*
[3] ansuered *D.* ansuereth *G. not in d.*

hors?' Þen sayde he: 'I go þis like an hors, forto make men
forto stele me. And þus was a man of suche a toun honget for
me, and eft anoþyr, and at suche a toun þe þryde.' Then sayde
þis vykery: 'I commaunde þe in þe vertu of þis body þat here is 4
þat þou go into wyldernes þer no man comet, and be þer tyl domes-
day!' And so anone he vanescet away. And wyth al þe reuerens
þat he couþe, he toke vp þe ost, and put hit into þe box, and so
ʒede aʒen to þe woman, and howsulede hyr þerwyth. And so he 8
ʒede home, þonkyng God wyth al his hert for schewyng of hys
myracle.

Now, good men and women, for Godis loue taket hede what
I haue sayde yow, and worschyppet Godis body wyth al youre 12
101 b myʒt, and loue hit wyth [1] || al youre hert, and beleue sadly þerin as
I haue sayde ʒow. And þen wol he loue you, and bryng ʒow to þe
blysse þer he is in; and so God graunt.

42.

DE SANCTO BARNABE, APOSTOLO ET EIUS   16
FESTIUITATE

Good men and women, suche day is þe fest of Seynt Barnabe,
Cristis holy apostul. But for he was not one of þe nombre of þe
twelfe apostulis, þerfore his day is not halouet but in diuerse 20
places; bot in eure iche place [2] his day ys womons holy, and plees
for Godis loue men. Thys man was an holy man; for when he
herd Crist preche, he dude anone as he concelet hym, he ʒode and
sold al his lond and al oþyr thyng þat he hade, and broght þe price 24
to þe apostules, and put hit into her dysposicione. And he hym-
self sewet Crist, pore boþe in body and in spyrite. For he hade
ful beleue in Godis mercy, and þat he preuet. When he hade
conuertit Saynt Poule, he come to Ierusalem forto haue ben in 28
company wyth Cristis disciplus; but þai al fled from hym as schep
from þe wolfe, and durst not be in his company be no way. Then
Barnabe trust in þe mercy of God þat makyth [3] of lyons schepe;

---

[1] wyth] wyth wyth G.
[2] bot in eure iche place C. boþe here and ower G. *not in d. D.*
[3] þat makyth C. and made G. *not in d. D.*

þat is, of prowd men and hye he made symple and meke; and
prowde he made hem lowe, and symple, and ful of al vertu. Wher-
fore he ȝode to Poule, and broght hym to þe apostlus, and was wyth
4 Poule, and sewet hym in mony myscheues, and dyses, and per-
secucion.

Barnabe was also ful of compassion and ful of mercy; and þat
was preuet, when Poule forsoke a man þat was callet Ion Marke,
8 þat was a man þat hade sewot Poule and Barnabe in Godis
prechyng.   But when he schuld haue goon into a cyte þer were
fers men þerin, he durst not; but openly aȝenstode Paule, and
sayed he wold not, and wythdroȝe hym.   But aftyr he com aȝen and
12 repentyt hym; but neuerþelese Poule wold not suffre hym lenger
in his company, lest by ensample of hym ‖ oþyr wold haue ben **102 a**
bolde forto haue don amys.   Þen hade Barnabe compassyon of þis
man; for he was sory for his trespas, and also for he was his
16 broþyr sonne.   Wherefor he made þis man sewe hym; and so for
loue of þis man Barnabe left Poule, and ȝede into anoþyr contre
forto preche.   And so þis Ion was an holy man aftur in so muche
þat Crist apperyt to hym, and comfortet hym in his tribulacione.

20   Barnabe hade also gret desyre forto suffre deth for Cristis loue;
Wherefor Crist apperet to hym in a vysion, and bade hym goo
into Cypure, and take martirdome þer for his loue.   Then was
Barnabe glad and fayne, and ȝede þyder wyth glade chere.   And
24 when þay comen þydur, þai seen boþe men and women at her
temple renne nakyd and makyng playes of mawmetry.   Wherefor
Barnabe was so wroth, þat he cursed þe temple, and sodenly
a parte þerof fel doun, and ouerfel mony of hem.   Þen were þe
28 byschopes of þe temple so wroth, þat þai token Barnabe, and
bownden hym wyth cordes, and dyde hym gret passion, and aftyr
þai droȝ hym out of þe cyte, and made[1] a gret fyre, and kest
Barnabe þer in, and so brent hym to þe deth.   But on þe nyȝt
32 aftyr Ion wyth his feres token þat was vnbrennet of Barnabe and
buryed hit in a preuy place.   Thus þis man made an[2] ende wyth
þis world, and is now an holy martyr wyth God in Heuen.
Wherfor ȝe schal knele doun and pray þis holy saynt þat he wol
36 so pray for ȝow to God þat he ȝeue ȝow grace, forto be pore in

---

[1] made *om. G.   not in d. D.*   [2] an] and *G.   not in d. D.*

hert, and haue ful fayth[1] in Godis mercy, and also to haue com-
passyon of al þat ben in diseas, and þat ȝe mow dey in ful charite
and in wyll forto com to Crist, forto dwelle wyth hym for euer
in þe ioye þat euer schal last. To þe whiche ioye God bryng vs. 4
Amen.

43.

DE SOLEMPNITATE SANCTE WENEFFREDE

Cristen men and women, suche a day schal be Seynt Wynfrydus
102 b day. Þe which day is now ordeynet || to be halowet, an[d] þer ar 8
mony men that han deuocyon to þis holy mayden. Wherfor ȝe
þat haue deuocion to þis holy seynt, comet þat day to þe chyrch
to worschyp God and þis holy mayden and martyr. Then how
sche suffret martyrdome ȝe schal now here. For, þoȝe some 12
knowen hit, þer ar mony þat knowen hyt not; and þoȝe a good
tale be twys tolde, hit is þe bettyr to lernen and forto vndurstond.

Ther was in ȝoure tyme a holy heremyt þat was callet Bewnow,
þe which com to a good man þe whych was callet Thewythe, þe 16
which was Wynfredes fader, þat was a ryche man of londes and
rentys, and prayet þis Thewyt forto ȝeue hym a place of erth on
þe which he myȝt bylde a chirche to serue God in, and to preche
Godis word to þe pepul. Then was Thewyt glad of þis askyng, 20
and ordeynet hym a place neȝ to his owen house, þat he myȝt
wyth oþyr come to seruyce of God. Thus, in þe mene whyle þis
chirch was in byldyng, ofte he preched Godys word to þe pepul,
and Wynfrede come þydur wyth hyr fader. And when sche herd 24
hym speke of the gret mede þat maydenys schulde haue in Heuen
passyng al oþyr orders, þen hade sche so gret deuocion in his
sayng, þat anone sche made a vow þat sche wold neuer haue part
of manes body, but abyde alwey in hir maydenhode whyl þat 28
sche lyuet.

Then on a Soneday, when þis chirch was made and byld, Thewyt
wyth al his meyne ȝede to þe chirch; but Wynfrede bode at home
for a sekenes þat greuet hir þen, and myȝt not go to þe chyrch. 32
Þen als sche sat at home hurself, come þer in a kynges sonne þat

---

[1] fayth *L.*   fayet *G.*   *not in d. D. C.*

was callet Cradok, forto ly by þis mayden. But when he spak
to hyr of doyng of þat synne, sche sayde þat sche wold go into
hir chambre, and make hyr more honest þen sche was, and so
4 come to hym anone aȝen. And when sche come into þe chambre,
by an vtture dore sche ran towarde þe chirch als fast as sche
myȝt, hopyng fore haue socure þer. But when Cradok saue hyr
renne toward þe chirch, he ouertoke hir, and sayde ‖ but yf sche **103 a**
8 wolde asent to his wyll, he wolde anone smyt of hir hede. Then
knelet Wynfrede doun and sayde : 'I haue leuer þou do me to
deth þen defowle my body þat I made a vowe forto kepe clene in
maydenhode, whyle þat I leue, to my Lord Ihesu Crist.' Then
12 Cradok out wyth his swerde, and at on strok[1] smot of hir hede ;
and for hit was doun þe hylle to þe chirch, þe hede neuer stynt
tombelyng, til hit come þyder in syȝt of al þat weren þer.
Wherfor men were sore afryȝt, þat þai made suche a noyse, þat
16 Bewnow hade gret wondyr what hit myȝt be, and come to hem
forto wyte what was þe cause of þat noyse. Then, when he saue
þe hede, he toke hit vp, and kysset hit ofte-tymes sore wepyng,
and bare hit vp to þe body, beholdyng on Cradok, how he wyput
20 his sword on þe gresse þat was al blody of þe strok. Þen sayd
Bewnow to hym : 'Þou wykket mon, ask mercy of God for þys
horryble dede, and ȝet God wol haue mercy on þe; and ȝyf þou
wol not, I pray God sende vengance on þe anon ryȝt in syȝt of al
24 þys pepul.' But for he wol not, but loȝe þerat, anon he felle doun
to þe erþe ded ; and anon þe erþe oponet, and swolut hym bode
and soule into helle.

Þen tok Bewnow þe hed, and set hyt aȝeyn to þe body, and huld
28 hyt wyth hure mantule, and ȝede to hys masse. And when he had
songon and prechet þe pepyl meche of þys maydyne, he saydy
God wold not þat scho schulde be dede ȝet, for he hade ordeynt
meche pepul to be holpyn by hur. Wherfor he bade vche mon
32 and womon to pray to God, to rase hur aȝayn to lyue; and
so he dudde. And qwhen sche set vp wyth hyr hondys, sche
wyput her face of the dwst þat was þeron, and speke to hom hole
and sownde as sche was before.

36   Then God schewyd þer þre fayr miracles. On was, when þe erþe
swolyt hym bodyly þat had slayn hur. Anoþur was for þeras þe

---

[1] strok] strong G.   not in d. D.

hed abode, ano*n* sprang a fayr walle, þeras was neu*er* sayn on
before. The III ys, whe*n* sche þat was slayn, ros aȝayn to lyue.
Þen þe furþe was þat eu*er*more aftyr whyl scho leued, þ*er* was
a whyt cercule aboute hyr nekke þeras þe strok was, lyk to a 4
103 b whyt ‖ þrede; wherfor þ*er*as before scho was calut Brewafour,
þat day forthe me*n* callut hure Wenfrede, þat ys i*n* Englysch, a
whyt þrede. Then seȝe Wenfrede þe gret myracle þat God
schowet for hyr, and [1] tok hyt hele i*n* herte, and ȝaf hur alway 8
aft*yr* to hole lyuyng, and was bysy nyȝt and day to serue [2] God, as
Bewnow taȝt hure. Then, whe*n* scho was p*er*fete i*n* alle doyng
Bewnow ȝode to anoþ*er* place forto dwelle in; and [3] whan scheo
hadde lyuid þere fele ȝerus [3] scho was warnyd by reuelac*y*on of 12
God and [4] ȝede to a place þer wer yn mony ui*r*ginis. And when
sche com þyd*er*, sche lyuyd so p*er*fytly in al ways, þat al tokyn
ensample of hyr; and for þat whyt cerkyl was ay euydente and
token of hur marturdom, þ*er*for alle me*n* and wyme*n* hadyn gret 16
deuoc*y*on in hur worde and in al hur doyng, so þat mony lafton
þe worldys occupac*y*on, and were*n* fayn forto come and dwelle in
hur company. So whe*n* scho hade lyued þ*er* fele ȝeres, þe spase
of fyftene wynt*yr*, þen scho was warnet by God þat hur deþ-day 20
was neȝe. Wherfor scho made hur rede, and whe*n* scho hade þe
sacrame*n*t of hole chyrche, i*n* syȝt of all hur sustern [5], scho ȝaf
hure sole to Ihesu Cryst þat scho louet w*yth* alle hur hert, and
so was buryet i*n* þe chyrche-ȝorde þyr mony oþ*er* saynte weren 24
buryt in before.

Now how þys holy saynte cam [6] into þe abbay of Schrewsbury,
ȝe schul here. Whe*n* þe abbe of Schrewsbre was new made,
monkys of þe plase madyn gret mon, for þay hade no seynt w*yth* 28
hom forto ben [7] hor patron and berer of hor pra[y]ers to God, as
oþer abbotes of þe cu*n*tre hade. Wherfore þe abbotte [8] of þat
hows, for he hade herde before of Seynt Wenfrede, he made hys
pryour go into Walys, and seche wher þat scho was buryet. So 32
went þys prior forþ, and, be þe grace of God and reuelac*y*on of

---

[1] and L (Lansdowne 392). scho *G. C. not in d. D.*
[2] serue] *the r is inserted above the line.*
[3] whan ... ȝerus *C. om. G. not in d. D.*   [4] and *C. om. G. not in d. D.*
[5] sustern] *the r is inserted above the line.*
[6] cam *C. om. G. not in d. D.*   [7] ben *C. om. G. not in d. D.*
[8] abbotte *C. om. G. not in d. D.*

þys mayden, he com to þe place wher scho lay. And so wyth
strengþ of lordschepe and oþer helpe þat he hade, he broȝt hur
bones into Seynt Gylus chyrche at Scherosbre-townes ende; and
4 þer abode a certeyn day in þe whyche scho schuld be translate, and
wyth honor and worschyp || be broȝt [1] into þe abbay of Schrosbre. **104 a**
Then, when þys day com, gret multitude of pepyl cum þer, in
party for a gret miracule þat was don in þat chyrche of a chylde
8 þat was helut of a gret seknes, and forto do worschyp to þys
hole maydon. And so wyth þe abbot of þe sam place, and þe
couent and mony oþer men of holy chyrche, þay broȝt hur into
þe abby, and letten hur þera[s] cho ys now, wher God yn schort
12 tyme aftyr schewed for hur pryde þrytty gret myrackles þat byn
wrytyn wyth [2] mony other þat byth wrytyn, boþ of thilke þat scho
dyde yn her lyue, and othyr mony þat scho wroght at her walle.

Then, forto ster ȝour deuocyon þe mor to þys saynt, now y telle
16 you a myrackle þat was don to a mon of Erkaleton þat was callyd
Adam. Thys man was gretly jpaynyd wyth þe fallyng-euyl, and
boþe his hondys weren aȝeynward, and liyn flat to his armys, soo
þat the armys wern stompys and no armys. He had also such
20 grevance yn hys leg, þat he myght not goo but wyth moch penance.
Soo thys Adam wyth þes thre wondys, wyth moche penance, he
com to þe chyrch and to þe scryne of Saynt Wenefryd, and was
þer yn his prayers al a nyght. But on þe morow, what for wach,
24 what for wery, he fylle on slepe; and when he woke, he felde
hymself hole yn al his lymmes, and saw hys hondys streght evvn,
and styryd his fyngyrs at his likyng, and asayde whethyr he
myght goo, and he ȝede forth wythout greve, and felde wel þat he
28 was hole of þe fallyng-euyl. Wherfor he thonkyd God wyth hye
voys, and þys holy maydyn. And he was so fayne of his hele, þat
he made a vow þat he wold neuer goo from her, but ben [3] a
seruant yn þat chirch al his lyfe aftyr; and soo he was.

32 Thus, good men and woymen, ȝe haue ensampyl forto do worschip
to þys holy maydyn and martyr. And þach ȝe ben now hole yn
body, ful helt mony of you byn seke yn sowle, wher ȝe haue mor
nede forto seche her forto haue hele yn sowle þen yn body. For

---

[1] broȝt] *the* r *is inserted above the line.*
[2] wyth. wythout *G. not in* d. D.
[3] ben *C.* om. *G. not in* d. D.

oft-tymys God sendyth sekenes yn body, forto hele þe sole, but
sekenes of sole is[1] hor deþ but yf scho be helyd þe sandyr.

104 b Wherfor prayth to her to gete you ‖ helth both in[2] body and in[2]
sowle, þat ȝe may come to hym þat ys hele to al sowlys, Ihesu Cryst, 4
God Sone of Heuyn.

Narracio.

In þe towne of Schorosbury syttyn thre men togedyr.   And also
þai syttyn talkyng, an adyrcope þat somme men callyn an vryn 8
come of þe woch, and bot hom all þre yn þe necke; and þach hit
grevyd hom at þat tyme but lytyl, sone aftyr hyt rankut, and soo
swal al hor throtes and stopyd hor brethys, þat too of hom wern
ded.   Þe thryd was soo nygh ded, þat he made hys testament, and 12
made hym redy yn al wyse, for he hopyd noght ellys but on deþe.
Then, as he lay yn hys turnement, he thoght on Saynt Wenefryd
and her myracles; and soo, as he myght, bade hys modyr goo offyr
a candyl to þe scryne, and bryng hym to þe watyr that hor bonys 16
wer waschyn yn, and soo scho dyd.   And when he had þys watyr[3],
he made to wasch his sore þerwyth; and when he had done soo, he
felde þat he amendyd.   Then he made a vow to Saynt Wenefryd
þat, yf he myght haue lyfe and hele, he wold make an ymage of 20
syluyr and offyr[4] to her.   Thus he amendyd yche day aftyr othyr
ynto þe tyme þat he was hole; and þen he dud make an ymage of
syluyr as he behette, and went thydyr, and offyrd hit vp to þe
scryne, and become her seruant euyr whyl he lyvyd aftyr.   24

Narracio.

Also þat day of her translacyon comme out of Walys knyghtys
and mony men wyth hom, to se þe solempnite and þe maner þerof,
and in her company come a grete man þat was dombe and myght 28
nothyng speke, but al by synys.   So when thay comme into[5] þe
chyrch, sodynly þys dombe man felle downe to þe grownde and lost
hys wyt.   Then, as he lay, Seynt Wenefryd come to hym, and bade
hym drynke of þe watyr þat her bonys wern waschyn yn, and he 32
schuld be hole of his spech and of anoþer euyl þat he had.   And
þen anon he woke, and bade ȝeue hym holy watyr.   Then haddyn

---

[1] is *C.*   om. *G.*   not in *d. D.*   [2] in *inserted above the line.*
[3] watyr *C.*   om. *G.*   not in *d. D.*   [4] offyr] offren *C.*   offyrd *G.*   not in *d. D.*
[5] into] in *inserted above the line.*

his felaws gret wondyr þat þay herdyn hym speke, and askyd hym
what watyr he wold haue.　Þen sayde he of þe watyr þat Saynt
Wenefryd bonys wer waschyn yn.　And when he had dronken of
4 þe watyr, he was hole as any ‖ fysch, and anon went to þe quere, **105 a**
and byfor þe couent he told hom opynly þat he come not thydyr
for non odyr thyng, but only forto se þe solempnite.　'But now
for loue þat he haþ of hur grete curtesy ȝeuyn me my spech, and
8 heled me yn body also, I wol come and be hur pylgrym whyl þat
I lyue;' and soo was.

Now pray we þys holy maydyn and martyr þat scho wyl pray
for vs to our Lord Ihesu Crist, þat we may lyue so here, þat we
12 may come to þe blysse þat he boght vs to.　Amen.

44.

DE FESTO SANCTI IOHANNIS BAPTISTE ET EIUS SOLEMPNITATE.

Crystyn men and woymen, such day ȝe schul haue Saynt Ionys
16 day þe Baptist, þat ys callyd so, for he folowet oure Lord Ihesu
Crist yn þe watyr of Iordan.　Wherfor ȝe schul þat day com to
chyrch yn worschyp of God and Saynt Ion, and also ȝe schul fast
þe euyn.　þen ȝe schul know how such euons werne furst fownde
20 yn olde tyme.　At þe begynnyng of holy chyrch men and woymen
comen ouer nyght to þe c[h]yrch wyth candels and oþer lyght, and
wakyd in þe chyrch al þe nyht yn hor deuocions; but aftyr by
proces of tyme men laftyn such deuocyon, and vsut songys and
24 daunsys, and soo fellyn ynto lechery and gloteny, and þus turnyd
þe good holy deuocion ynto syn.　Wherfor holy fadyrs ordeynut þe
pepull forto leue þat wakyng, and fast þe euyn ; and soo turnet þe
wakyng ynto fastyng.　But ȝet hit haldyth þe name, and ys callyd
28 yn Lateyne vigilia, þat ys wakyng yn Englysch; and yn Englysch
ys callyd þe euyn, for at evyn þay werne wont forto come to the
chyrch as I haue told you.　But ȝet, yn þe worschip of Saynt Ion,
men waken at evyn, and maken þre maner of fyrys : on ys clen
32 bonys and no wod, and ys callyd a bonnefyre; anoþer ys of clene
.wod and no bonys, and ys callyd a wakefyre, for men syttyth and
wakyth by hyt; the thryd ys made of bonys and of wode, and ys
callyd Saynt Ionys fyre.

The fyrst fyre was made of bonys, as Ion Bellet sayth, for yn þat contray ys gret hete þe whech hete encawsut dragons þat þay gedryn ynfere, and fleyn yn þe ayre, and fallyn downe ynto watyrs þe[1] froþe of hur kynde, and soo venemyth þe watyrs, þat moch pepyll 4 takyn her deth þerby and oþer mony gret sekenes.   Then wer þer

105 b mony gret clerkys, and haddyn red of kyng Aliʒandyr ‖ how when he schulde haue a batayle w*yth* þe kyng of Inde, and þe kyng broght w*yth* hym mony olyfaundys beryng castellys of tre on hor 8 backys, as þe kynde of hom ys, and knyghtys armyd yn þe castels, arayde al for þe warre.   Then knew Alyʒaundyr þe kynde[2] of þe olyfaundys, þat þay dredyn nothyng so moch as[3] rorryng of swyne. Wherfor he let gedyr alle þe swyne þat myght be getyn, and made 12 hom to dryue hom also nygh þe olyfaundys, as þai myghtyn wele here hor roryng.   And þen he let make a pig forto crye, and þen anon alle *in*fere made soch a rorryng, þat all þe olyfaundys floen, and castyn downe hor castels, and sloyn þe knyghtys þat werne yn 16 ham ; and soo Alesaundyr had þe victori.   Thes wyse clerkys kneuyn wele þat dragons hatyth nothyng so meche as brent bonys. Wherfor þay tacht þe pepyll forto gedyr al þe bonys þat þay myght fynde, and sett hom on fyre ; and soo w*yth* þe stench of hom þay 20 dryven away the dragon, and soo werne holpyn of hor deses.

The secu*n*de fyre was made of wod forto bren and forto lyght ; for Saynt Ion was a lavntyrne brennyng and lytyng.   And also þay madyn blasys of fyre forto be seyn on ferre ; for hyt ys þe 24 kynd of þe fyre to be seyn ferre on nyʒt.   And soo was Saynt Ion ; for Ieremy þe p*ro*fyt, mony ʒer or Ion was borne, p*ro*phesyet of hym and spake þ*us* w*yth* Godys mowth and sayde : ' Befor þat I fowrmyd þe yn þi modyr wombe, y knew þe ; and byfor þat þou 28 ʒedes out of hor body, I halowed þe and ʒaf þe a p*ro*fytte to þe pepull.'   Then, for Saynt Ion schuld be holy or þen he wer borne, God send his angyll Gabryel to ʒakary, Saynt Ionys fadyr[4], as he dyde þe sacrifice ynstyd of Abia, þe byschop, yn þe tempyl, and 32 prayd to God bysyly to haue a chylde ; for boþe he and Eliʒabeth, hys wyfe, werne barayne and old.   Þen sayde þys angyll to hym þ*us* : ' ʒakary, God hath herde þi p*ra*yer, and grawntyth þe a chylde þat þou schalt cal Ion ; and he schall be fulfyllyd of þe 36

---

[1] þe *d. D.   om. G.*
[2] kynde *d. D.   kyng G.*
[3] as *d. D.   a G.*
[4] fadyr *d. D.   fadyr modyr G.*

Holy Gost yn his modyr wombe, and mony schuld be glad yn þe
day of his byrth.' Then, for Sakary was old, he prayde þe angyl
4 forto haue a tokyn of his behest. Þen ‖ sayde þe angyl þat he **106 a**
schuld be dombe tyl þe chylde wer borne, and soo he was. Þen
conceyvyd Elyȝabeth; and when scho was qwyke w*yth* chylde,
oure lady, also w*yth* chylde, come forto speke w*yth* Eliȝabeth. And
8 anon as scho gret Eliȝabeth, Saynt Ion playde yn his modyr wombe
for joy of Crystys *presence* þat he seȝe yn our lady. Wherfor oure
lady was w*yth* Eliȝabeth tyl Ion was borne, and was mydwyf, and
tok hym from þe erth. And when þe neghtburs herdyn þat Eliza-
12 beth hade a sonne, þay werne glad, and come as þe maner was þat
tyme, forto ȝeve þe chylde his name, and callyd hym ȝakary aftyr
hys fadyr, and Eliȝabeth bad cal hym Ion. But for þ*er* was non of
her kynne þat het soo, þai askyd ȝakary by synys what þe chylde
16 schold hette. Þen he wrot to hom and bade ham calle hym Ion.
And þerw*yth* anon God lowset ȝakaryys tong, and speke redely,
and blessyd God heȝly for al hys sondes[1]. Thus was Ion holy
or he was borne; wherfor he wold ȝeue yche man lyȝt of goode
ensampull.

20   Also sone as he was of couenable age, he ȝede into desert and
was þ*er* pr*e*chyng and folewyng þe pepull tyl C*r*ist com forto be
folowde of hym. Then was Ion cloþed yn herus of camels, and
gurd above w*yth* a gyrdyll of a roch skyn, and ete a man*er* of
24 wormys þat byn noriched yn þat desert among erbys, and byn
alsoo gret as a manys fyngyr, but somdele schorture, and sowkyth
hony of flowrys, and beþ calyd honysoculs þe whech pore men
gedyrth and fryeth yn oyle to hor fode. Also Saynt Ion ete
28 leues, brod and rownd and whyt, þat growth on tren also yn þat
desert[2]; and when þay byn frotude bytwyx menys hondys, thay
byn swete as hony and good forto ete, and byn callyd wod-hony.
Also he drangke watyr of a well þat ys þer. Þus ys Ionys lyfe yn
32 desert tyl þat oure Lord Ih*es*u C*r*ist was thrytty ȝer old. And þen
he and Ion metyn at þe watyr of flem Iordan; and þer Ion tolde
þe pepull of Crist, and wyth hys fyngyr schewyd hym, and sayde
þus: 'Se, þ*ys* ys Godys lombe, þis ys he þat I haue tolde you of.
36 I haue folowet you yn þe watyr, but this schall folow ‖ yn þe Holy **106 b**

---

[1] sondes *d. D. H.* sondus *L.* sowndes *G.* om. *C.*
[2] desert] de *inserted above the line.*

Gost.' Then went Ion and Crist ynto þe watyr, and þer Ion
folowed Crist. And when he was folowed, þer com such a lyght
from Heuyn, þat Ion was abaschet. Then[1] herd he þe Fadyr yn
Hevyn. Here Ion lernyd furst to know þe þre persons of þe 4
Trinite. Al þys ys token of þe secunde fyre.

The thryd fyre of bonys and of wode bytokenyth Ionys martyr-
dome, for his bonys weren brent; but how ȝe schul here. We
redyn þat Herod, þe kyng, had a broþer þat het Phelip; and for 8
þys Felip hade a fayr wyfe þat Herod lykyd, he toke her, and
made her hys wyfe. Wherfor Saynt Ion repreuyd hym oft-tyme,
and sayde hyt was not lawfulle to hym to haue hys broþer wyfe.
Wherfor Herod made Ion don to prison, and schapute bytwyx 12
hym and hys wyfe, how Ion myght be don to deth wythout
sturbans of þe pepyll; for þe pepyll louyth Ion. Then schapud
Herod to make a gret fest of all men of þe contrey, forto holde
wyth hym, yf þe pepull hadde rysyn. And soo, when þe day of þe 16
fest come and all men wer[2] rychely serued, þe wyfe, as cownant was,
sende her doghtyr ynto þe halle, forto dawnse and forto tomble
befor þe gestys, and soo she[3] plesyd Herod, þat he bad hur aske
of hym what scho wold, and scho schuld haue hyt; and þerto 20
swer a gret othe. Then þys damysel, also scho was taght, askyd
Ionys hede þe Baptyst. Þen Herod faynet hym, as he had byn
wroth; but he was fayne þerof. But for he had made such an
othe before so mony worthy men, he wold not be fals, but send 24
anon, and made to smyte of Ionys hed yn prison wythout any
oþer dome,[4] and was broght to þe damysel. And so hyr modur
lette bery þe hede in a[4] pryue place,[5] þeras scheo ordeyned, fer[5]
from þe body. Soo, þe nyght aftyr, Ionys dyscypyls stelyn þe body, 28
and buryeth hit, and was þer tyl Iulianus Apostata, þe Emperour
of Rome, com þylke way. Then made he to take vp þe bonys of
Ionys body, and bren hom, and aftyr wynou ham yn þe wynde,
hopyng þat aftyr þat he schuld neuer ryse aȝeayne to lyue.　　32

Thus, good men, ȝe may vndyrstond how holy þys man was, þat
an angyl com from Heuyn forto telle of his conceyuyng, and
107 a brocht his name from Hevyn, and yn his burthe ‖ oure lady toke

---

[1] Then *d. D.* The *G.*　　[2] wer *d. D. om. G.*　　[3] she *d. D. om. G.*
[4] and . . . a *C. d. D. om. G.*　　[5] þeras . . . fer *C. om. G. d. D.*

hym from þe erth, and was halowyd yn hys modyr wombe, and
aftyr folowde oure Lorde Ihesu Crist. ȝe schuld know alsoo þat
Saynt Ion þe Euangelyst deyde þys same daye ; but holy chyrche
4 makyth no mencyon þerof, for hys day ys halowd yn Crystynmasse.
Then, for þese too Ionys byn holdyn þe gretyst sayntys yn Heven [1],
hyt fel þat too maystyrs of deuenyte, on louyd þat on, and þat
oþer þe toþer Ion. And soo ayþer of hom was besy forto preven [2]
8 hys Ion mor worthy þen þat oþers, and hereopyn on ordeynet a day
forto dyspyte of þe mater. But yn þe nyght befor þe day of
dysputacyon eyþyr Ion apperet to hys louere, and bade ham leve
of hor dysputacyon, for þay werne well acordyd yn Hevyn. And
12 soo, on þe morow, eyþyr [3] told hys vysyon to þe pepull þat com
forto haue herde hor dysputacyon, and soo al þe pepull blessyd
Gode and both Ionys.

Narracio.

16 Alsoo too mesyls louedon [4] wele þe too sayntys, soo þat on mesyl
louyd wele Saynt Ion þe Babtyst, and þat oþer Saynt Ion þe
Euangelyst. And soo as þay felle yn talkyng of hom, þat on
sayde þat his Ion was þe grattyr, and þys oþer sayde nay ; and þus
20 by stryvyng þai begonyn and wold haue fochtyn. Þen come þer
a voyce from Heuen and sayde to hom : ' Let be your feghtyng yn
erthe, for we byn yn hye pees yn Hevyn.' And anon wyth þat
worde boþe werne heelyd of þat mesylry, soo þat þay wer as
24 clene as a chylde yn yche place of hor bodiys. Then kussyd þay,
and werne fryndys, and þankyd God and þos holy sayntys, as þay
hadyn gret enchosen.

 Pray we now þes holy sayntys to ber our ernde to our Lorde
28 Ihesu Crist þat we may soo do here, þat we may haue þys blys
þat he boght vs to. Amen.

45.

De Festo Apostolorum Petri et Pauli et Eorum Solempnitate.

32 Goode men [and] woymen, such a day ȝe schal haue an hie fest yn
holi chirch of Seynt Petyr and Saynt Pole, Godys chefe apostols.

---

[1] yn heven *C*. ys hefnys *G*. *not in d. D*. [2] preven *C*. pray *G*. *not in d. D*.
[3] eyþyr *C*. eyþis *G*. *not in d. D*. [4] louedon *C*. lyfdyn *G*. *not in d. D*.

Wherfor ȝe schul fast þe evyn, and on þe morow come to þe chirche
and worschip God and his holy apostols. Then schul ȝe take hede
107 b how þat Crist wher ǁ þat he syttyþe, he hath Petyr on þat on syde
and Powle on þat oþer syde, and he hath hys wondys opyn and 4
bledyng, schewing[1] to ych man and woymon þat he suffyrd þylke
wondys þat byn fyve wellys of mercy yn v partys of hys body for
soch men and woymen as Petyr and Poule werne. Wherfor ye
schul know well þat þes ii apostyls werne grete synners pasyng 8
mony oþer. But for þay laftyn hor synne, and werne sory þerof,
and ȝeuon ham aftyr to[2] good lyuyng, God toke hom to hym yn
ensampull to al oþer, and made hom as a schoer to al oþer synfull,
schowyng wele þat, as he tok þos too men to hym aftyr hor 12
repentans and set hom next to hym, soo wyll he take al oþer þat
wyll leue her evyl levyng and take to amendment. And as glad
as þe Fadyr ys forto see þe childe ryse from deþe to lyfe, soo glad
ys Crist, and moch mor, forto se a mon to ryse out of dedly syn, 16
and nevyr aftyr do hit mor. Wherfor Powle hath a sworde, and
Peter hath þe keys of Heuyn, schowyng þat al þat wyll by en-
sampull of Powle kut away wyth þe sworde of confessyon the
cheynes of dedly synne, and neuer aftyr do hyt whiche byndyth 20
a manys sowle to þe fende. Petyr ys redy to opyn þe ȝeate of
Hevyn, and bryng hom into þe blys þat euer schal last. Þen
schul ȝe know þat Powle was fyrst so heȝe and fers aȝeynys holy
chirch and all þat seruyd Crist, þat non durst dele wyth hym. 24
But aftyr he laft þat malice, and þeras he was befor fers and
cruele, aftyr he was gracyous and mercyable; and þeras he was
befor high and prowde of hert, aftyr he was lowe[3] and vndyrlyng[4]
to al Godys seruantys.   28

Petyr hulde[5] hymselfe most perfet and stydfast of al Cristys
discipuls; wherfor he made bost by a vayne glory þat he was
redy forto goo wyth Crist ynto þe deth and prison. And when
Criste sayd þat al his decypyls schuld forsake hym, Petyr for hygh 32
bost in heryng of[6] al his brethyrne sayde, þach all forsoke hym,
108 a he ǁ wold neuer forsake hym. And ȝeet mor, when Crist was taken,

---

[1] schewing C. schyuyng G.   [2] to C. om. G.
[3] lowe C. H. legh G.   [4] vndyrlyng C. H. hyndyrlyng G.
[5] hulde C. held H. hadde G.
[6] in heryng of L. heryng C. hauyng G.

Petyr dro hys sworde, and smot of Malkys ere; but sone aftyr,
when he dyd se þat Crist schold be dede, þen he[1] swor and stant[2]
þat he neuer knewe Crist, and forsoke hym at alle.   But when
4 þat he herd þe coke crow, þen he bethoght hym how þat he
schulde forsake hym þryes or þe coke cru.   Þen anon Petyr ȝede
out, and wepyd byttyrly, and went and hyd hym yn a caue, and
durst not for schame com among his brethyrne, tyl þat Criste
8 sende to hym be name.   Then was he aschamyd so sor þeraftyr
and sory for his trespas, þat þeras he was before a boster and
vnstabyll of hys worde, aftyr he was trewe and soo growndyd yn
perfyt lyuyng and studfastnes, þat Crist callyd hym Petyr, þat ys
12 yn Englysch, a ston; for þeras þou lays a ston, þer þou schalt
fynde hit.   So was Petyr aftyr so stydfast, þat for weyle ny wo he
neure[3] floterut; but stod euer stydfast yn Cristys loue, and hadde[4]
algatys hys syn yn mynd.   And forto amende þat he dyd mys,
16 he was of such abstynens, þat he ete neuer aftyr but bred wyth
oyle oþer seldyn flesch wyth wortes, and weryd but on sengyl
curtyll wyth a mantel.   And euermore when he herde any man
myng Ihesu, anon he wolde wepe.   And ych nyȝt when he herd
20 þe cok crow, anon he wold aryse, and goo to his prayers; and þen
wepe soo bytyrly, þat þe terys of hys een brennyn his face soo,
þat he had a cloth algatys yn his bosom, forto wepen[5] away þe
terys.   Þen wa she so holy, þat wher þat euer he ȝeode, and his
24 schadow glod on a seke body, he was hole anon.

On a tyme he send too of hys dyscypuls ynto a fere[6] contrey
forto prech.   But when þay werne passyd xx[ti] dayes jowrnay, on
of hom dyed.   Þen turnyd þat oþer aȝeyn to Petyr and tolde hym.
28 Þen Petyr betoke hym his staf, and bade him goo aȝeyn, and lay
hit on hym þat was dede, and he schuld aryse aȝeyn to lyfe.   And
soo he þat was forty dayes ded ros aȝen to lyfe, and ȝede forþe
ynto fer contrey, || and prechet Godys word.   108 b
32 Then euyl men wern so wroth wyth Petyr, þat he turnyd so

---

[1] he *C. om. G.*   [2] stant] stared *C.   om. H. L.*
[3] neure *C.*   ne *G.*   [4] hadde *C.   om. G.*
[5] wepen] we *G.*   wypon *C.*   [6] a fere *C.*   for *G.*

As most of the following sermons are wanting in *d. D.*, I only shall quote
these MSS. if the passage in question is contained in either or both of them.
On the other hand it will be necessary sometimes to give the readings of
H. (Harl. 2403) or *L.* (Lansdowne 392).

moch pepyl to Cristys fayth, þat þay toke hym, and put hym ynto
prison, and didyn so gret dystres, þat he was nygh dede, and
sendyn mony knyghtys forto wake hym, lest he had byn stolne
out of prison.   Wherfor, yn mynde þerof, yn mony contrey 4
knyghtes waken yn worschip of Saynt Petyr as þys nyght ; and
soo þe comynty takyn ensampull of hom, and so þay makyn a fyre
ȝet, and wakyn yn þe worschip of [1] Saynt Petyr.   But for Petyr
was [2] þus dystressyd yn prison, Cryst come to hym, and confortyd 8
hym, and bade a [3] angyl to lade hym out ynto þe large ; and so
he dyd.

Then went Petyr to Rome, and was þer v and xx[ti] ȝere pope,
and turnyd moch pepyll to Cristys fayth.   But þen come þer a 12
fendys lym þat was callyd Symon Magus, þat was soo perfyt yn
þe deuylys craft, þat he made men summe blynde, and summe defe,
and dombe, croket, and halt, and seke.   So what for fer, what
for wondyr, þe pepul leued moche yn hym.   Þen come Petyr 16
aftyr, and helyd al þat Symon hurt, and bade hom schuld not
leue yn hym, for he was fals, and wroght by þe fyndeys craft al
þat he dyd.   Þen was Symon so wroth with Petyr, for he myght
not haue his wyll forþ for hym ; and namely he myght not rayse 20
a man from deþ to lyfe þat Petyr raised aftyr.   He turnyd a
fende yn lykenes of a dogge þeras Petyr schuld come, forto haue
woryet hym.   But when Petyr blessyd hym, and lete þys dogge
los, þe dogge anon lept to Symon, and pullet hym down vndyr his 24
fete, and wold haue woryet hym.   Þen Petyr sayde nay, he schuld
do no harme vnto hys body ; but he rent so his clothes, þat Symon
ȝede nakyd away, and schapyd all [4] þat he myȝt wyth wyles [4] forto
haue had Petyr dede.   28

Then come Crist to Petyr yn a nyght yn vysyon, and sayde to
hym : ' Petyr, be stydfast, for Symon and Nero, þe Emperour,
han shapyd thi deth ; but I woll send to þe to-morow Poule, my
seruant, yn confort and solas.   And soo schul ȝe suffyr martyrdom 32
for me, and come, and be wyth me yn euyrlastyng joy.'   Then Petyr
109 a þonkyd Cryst || wyth all his hert, and at nyght he told hys broþer
hys vysion.   Yn syȝt of all hom he toke Clement by þe hond, and
hym set yn hys chayre, and made hym pope and successor aftyr 36

[1] of C. om. G.   [2] was C. om. G.   [3] a C. om. G.
[4] þat ... wyles H. þe wchiles þat he cowth G. þe wyse þat he cowth C.

hym. Then on þe morow come Pole, and þen wern þay al glad.
And anon Petyr and he ȝedyn forth, and prechet þe pepull. So, þis
men whyl, Symon hade soo enscharmyd þe Emperour, and he leued
4 on hym, so þat he went þat he had byn God sonne of Heuyn.
Then sayde Symon to the Emperour: 'Þer byn yn þys cyte too
men of Galyle, on heȝt Petyr, and anoþer heȝt Powle, whych don so
doses to me, þat I may no lengyr lyfe here yn erth. Wherfor[1]
8 commaunde al men þat þay be redy such a day at Capitolion, and
þer yn syght of al hom, I wyll fle ynto Heuyn.' So when þe pepul
was gedyrt, Symon went vp ynto þe toure of Capitolion. And
when he was ther, þer comme too fendes lyke too angyls, and set
12 on hys hed a crowne of lorel, and sone aftyr þay beryn hym vp ynto
þe ayre lyke as he had flowen. Then spake Petyr to Pole:
' Broþer, loke vp and se.' Þen sayde Pole: 'Hit lyth to þe forto
commaunde and me forto pray.' Then sayde Petyr: 'I com-
16 maunde you fendys þat beryth þat mon þer þat ȝe lowse your
hondys from hym!' And þen anon Symon fel downe and al
tobarst to pecis. Then þe[2] Emperour was soo wroth, þat he made
lede hom forth, and do Petyr to deth on a cros for a pore mon,
20 and Poule he made to smyte of hys hede for gret worschip þat he
was a gret gentylman. Then sygh þe pepull angyls stondyng
bysyde þe crose by Petyr wyth crownys of rosys and lylyus, so
swete and so fayre þay segh neuer befor. And when Poleys hed
24 was smyte of, fyrst come gret plent[e] of mylke and aftyr blode.
Þen, on a nyȝt after, crysten men tokyn her bodyes, and laydyn
hom yn a graue fer; and soo wern, tyll þat crystyn fayth was
open yn Rome. Þen þe Emperoures[3] maden to eyþur of hom
28 a gret chyrch yn Rome, and wold haue borne eyþur bones to hys
chirch; but þay couþe not know þat on by þat oþer. Then come
ther a voyce from Heuyn and sayde þe mor bones ben of þe
prechurs, and þe lasse of þe fyschers.
32   Þen, aftyr when cristendome com ynto þys lond, kyng Ethelbert ||
made a gret chirch yn London yn þe worschip of Saynt Pole, and **109 b**
anoþer, yn þe west, of Saynt Petyr, and ordeynt what day þes
chyrches schuld be halowde of Saynt Petyr. Then on þe nyȝt

---

[1] wherfor] wherefore *C.* wherfo *G.*   [2] þo *C.* om. *G.*
[3] Emperoures *C.* Emperour *G.*

before þat day was þer a mon fyschyng yn Temmys vndyr West-
mynstyr. Þen, a lytyl befor. mydny3t, come Saynt Petyr to hym
lyke a pylgrym, and prayde þys fyscher to lede hym ouer to
Westmynstyr, and so he dyd.   When he was gon ouer, he 3ede to 4
þe chyrch. And þen anon þys fyscher saw gret ly3t yn þe chyrch,
as hyt had byn al on fyre; and þerwyth he felde þe swetyst
smell þat euer he saverde, and herd so mery song, þat he was
nygh of mynde for joy and for wondyr.   But when he had herd 8
an seyn þys long, þen come Petyr a3eyn, and fonde hym as þach
he had byn yn travnsyn, and sayde to hym : 'Hast þou o3t takyn
þis ny3t ?' Þen he onsweret and sayde nay, he was so astoned[1] of
thys ly3t, and of þys swete smel, and of þe swete melody of song 12
þat he herde, þat he my3t nothyng done. Then Petyr bad hym cast
hys net ynto þe watyr, and he wolde helpe hym ; and he did so, and
he toke a grete quantite of fysch. Then Petyr chos þe gretyst fysch
and sayde to þe fyscher : 'I am Saynt Petyr þat haue halowd 16
your chirch to-ny3t. Wherfor take þys fysch, and to-moro erly
ber hit to þe byschop on my nome, and byd hym on þe tokyn þat
he do no mor to þe haloyng of þe chirch, but only syng þe masse
and make a sermon to þe pepull. And forto know þat hit ys soth 20
þat þou sayst, byd hym[2] goo ynto þe chirch, and se how al þe
pament 3et ys wete of þe holy watyr, and 3et the endys of þe
condyls stekon on þe wallys.' Thus þis fischer dyd his message.
And þen 3ode þe byschop to þe chirch, and fond all þyng soth and 24
veray, as þe fyscher sayde. And þen þe byschoppe[3] wyth all þe
pepull knelyng, þay songyn 'Te Deum laudamus,' þonkyng God
and Seynt Petyr and Poule, þat thay wold pray for vs to our
Lorde Ihesu Crist, þat we may come to þe blysse þe whech God 28
bryng vs to. Amen.

46.

DENARRACIO DE MORTE NERONIS SERMO[4].

3et, for mony haue lyst to here honest talkyng and namely yn
hyr holydays forto be ocupyed yn gode, þerfor 3e schul here how 32
þys Emperour Nero turnyd hys wyt al ynto foly, and whech an
ende he had at þe last. Hyt ys profytabyl and nedfull to þe

---

[1] astoned *C.*   staynd *G.*   [2] hym *C.*   om. *G.*   [3] byschoppe *C.*   bysch *G.*
[4] *The heading is taken from C.*   om. *G.*

soule and to þe lyf alsco forto speke alway þat ys good, and take þat ys honest, and namely to a pryst; for hys mouthe ys halowde to spek Godys wordys, and schal nothyng speke, but þat ys
4 profytabull to þe lyf and to þe sowle. For rybawdy and vice ys poyson to a prystys mowth and atture, for hit poysynnyth his one sowle, and envenomyth oþir þat heryn hym. For þes leude pepull wenyth hit be laufull to hom boþe to speke and to do
8 boþe þat þay seyn a pryst speke, and say: ' Thus I se a pryst do, and þys he sayde; wherfor I may do ryght soo: he ys letturt, and seth yn his boke what hym faylyth and owyth to do.' Thus a pryst hath gret nede to depe hym, boþe yn worde and yn dede,
12 so þat non oþer be corrupt by ensampull of hym. For Sayn[t] Austyn saythe: ' Whyl an euyll ensampul raynyth, he þat ʒaf þat euyl ensampull, schall neuer come to perfyte joy.' Þen, forto be war of spekyng rybawdy I tell you þys ensampul.

16   I rede þat þer was a prest yn Yerlond þat was lusty to speke of rybawdy and iapys þat turnyd men to lechery. Þe whech, yn a nyʒt, wyth fendys was fachyd out of his bed, and soo was out thre days and þre nyʒtys. But yn þe thryd nyʒt he was broght
20 agayne to hys bed all forbetyn and brent, and al his body ful of choynus as a erthyn woch aʒeynys þe sonne. Þe whech choynus stonk as a pulled honde euermor aftyr whil he lyfuyd, and myght neuer aftyr be hole, by no craft. And þen he told
24 how þat fendys brenden hym and beton hym so, for he was lusty forto defowle his mowth wyth fylþ of ribawdy. And al his lyf aftyr, when he herd any mon speke of rybaudy, he wold say a ' Syr, be war be me.' But ʒet ben þer som þat byn soo rotyd
28 yn lust of vanyte, þat þay wenyn || þat Godys¹ worde be but **110 b** vanyte; wherfor þay lesyth hor grace, and haue no sauer yn Godys worde.

    Thus was þys Emperour Nero prechyt and taght by Petyr and
32 Powle. But for he sett noght by hor lore, God suffyrd Symon Magus to betraylon and encharme hym², þat he lost hys kynd wytte þat God ʒaf hym, and ʒaf hym all to foly aftyr, and laft hit neuer til he wer vndon. Þerfor and³ how ʒe schul here. We

---

¹ Godys] ys *is inserted above the line.*
² traylon and encharme *C.* charmed *G.*
³ þerfor and *C.* and þerfor *G.*

redyn of[1] þys Nero þe Emperour þat, when Seneca his maystyr
taght hym yn his ȝouth, com to hym and askyd his waryson as
þe maner was, Nero wyth al his myȝt smot hym on þe hed wyth
a bradlyng sworde; and for Seneca blente[2] at þe stroke[3] he 4
askyd hym why he was ferde. Then sayde Seneca: 'For I am
a man, and a man of kynd dredyth deþe.' Then sayde Nero:
'For þou dredyst deth, I ȝeue þe leue forto ches a bogh of a tre
þat þou wolt forto hong on; for þou schalt be ded algatys. For 8
I am ȝet also oft as I se þe also sore aferd of þe as I was yn my
ȝouth, and myȝt not haue my full lykyng for þe.' Then sayde
Seneca: 'Yf hit may no bettyr be, yf me leue to ches myn
oune deth,' and he grauntyd. Then he ordeynyt a bath of warme 12
watyr, and ȝede ynto hit, and made let hym blode on both his
armys, and so bled to deth yn þe baþe. Wherfor he was callyd
Seneca, quasi se necans; for he yn þat maner sloch hymself.

Anoþer tyme, when he herd of þe[4] brennyng of Troye, he 16
caght a lyst yn his hert forto se townys brent, and made forto
sett Rome on fyre, and soo brent vii days and vii nyghtys.
And he þys while sete yn a hych towre, and beheld, and loch,
and made gret joye þerat, whil mony anoþer wrong his hondys 20
and weput fvll sory.

Anoþer tyme, as he walkyd yn þe strete, he herd a womon cry
trauelyng on chyld. Wherfor he made to sle his oune modyr,
and vndo hur, to se wher he was norychyd yn hor wombe. Þen 24
sayde þys fesycyon how he dyd aȝeyne all maner kynde and lawe,
for þe sone schuld by no maner of way sle hys modyr þat sufferd
111 a soo || moch peyne[5] yn bryngyng forth of hym. Then commawndyd
he þose fesiscyons to make hym wyth chyld anon, to preue whethyr 28
þei[6] sayde soþ or noo. Þan sayde þay þat myȝt not be, by no
way of reson, for hyt was agaynys kynd of mon forto be wyth
chyld. Then sayde he treuly þay schuld al be ded, but þay make
hym wyth schylde. Then, by cownsell of hom al, þay madyn hym 32
drynke of a lytyll frogge; and soo þay deddyn hym wyth such
mete and drynke þat made þys frogge swell yn hys wombe, þat
he[7] was abreþut yn schort tyme. Then, when he feld his breþ

---

[1] of C. þat G.   [2] blente C. bleytow G.
[3] stroke C. stoke G.   [4] þe C. om. G.
[5] peyne C. pyne G.   [6] þei C. om. G.   [7] he C. om. G.

fayle hym, þen he cald hys fesyscyons, and bad hom hye yn all
þat þay myȝt, þat he wer delyuerd of hys schyll[d], for ellys he
schuld be ded anon for defawt of breth.   Then sayde þay yf he
4 wer delyuerd or þe tyme of kynde, hys schyld wolde be bodely þat
he schuld not loke apon hym for abominacion.   Þen sayde he
þat he myȝt abyde no lengyr, but he schuld dye; and leuyr hym
were lese his schylde þen hymselfe.   Then þes fesyscyons madyn
8 hym a drynke, and so cast vp þys frogge lappyd yn glette[1] and
fulthe, and abominabull forto loke on.   And when he seȝ þat[2],
he sayde : ' For soth, here ys a foule chyld ; but ȝet for hyt ys
my chylde, I charch you þat hit be kepyd yn þe best wyse þat
12 hyt may.'   Then þay made forto close hyt[3] yn a wall þer was
aftyr made a chyrch yn þe worschyp of Saynt Ion þe Ewangelyst,
and ys callyd Latrens ; þat ys yn Lateyne, Latens, and yn Englysch,
a daring[4] frogge.

16   Then þe Romayns seen how þys man was all yn a fransy, and
huntet hym out of þe cyte, and woldyn hauen slayne hym.   And
he þen fond a staf, and wyth hys teþe he gnow[5] hit scharpe,
and soo rowude hym þeron ; and ȝet er þen he wer all dede,
20 wolfes come and al totoryn hym.   And þus had he a fowle ende,
and an ende as he was well worthi.

    Thus algatys a curset lyfuyng schewythe a fowle ende.   Thus
deut Herod þat slogh þe Innocent*es*; || he w*yt*h a knyf, as he 111 b
24 paryd an appul, smot hymselfe to þe hert.   Thus dyde Pylat
þat dyd *C*rist to deþe ; he w*yt*h a payre of scherys þat he borowde
forto kytte hys naylys w*yt*h, smote hymselfe to þe hert.   And
þus þose[6] þat sloch þes holy apostols þus fowle, þay maydyn
28 hor ende of homselfe.   Thus whoso lyuyth cursydly, he may be
sykur forto ende dolfully[7].   Þus Symon Magvs, for he t*r*ifuld þe
pepull to holde hym an holy man and forto beleue yn hym, for þe
hych pryde þat he was yn, he fel[8] downe, not only to þe erth, but
32 depe ynto hell.   So al þay þat schoth hom holy to man syght, forto
be praysyd of hom, he may dye fayre to þe worldys ee, but to
Godys ee he goþ to[9] his dampnac*y*on.   Wherfor I tell þis ensampull
þat I fynd wryttyn yn a boke þat ys callyd ' Vitas Patru*m*.'

---

[1] glette *C*. glute *G*.   [2] þat *C*. om. *G*.   [3] hyt *inserted on the margin*.
[4] daring *C*. drawyng *G*. darynge *H*.   [5] gnow *C*. knose *G*.   [6] þose *C*.
he *G*.   [7] dolfully *C*. devylfull *G*.   [8] fel *C*. fyll *G*.   [9] to *C*. to to *G*.

Narracio.

Ther I fynde an holy ermyd þat dowellyd yn desert, and prayde God besely þat he most se þe sowle of an holy man, when hyt departyth from þe body. Then þer come an angyl to hym, and 4 sayde such a man schuld dye þat day: 'Goo þedyr and se!' Þen was þys mon Enklus, and was holdyn an holy man passyng mony oþer. Wherfor þys ermet was wondyr glad, and ȝode þedyr wyth glad chere, hopyng forto se summe spyrituall visyon wherby þat 8 he myȝt haue ben confortyd yn sowle. Soo when he come thedyr, he sawe moch pepull hyyng to þys monys endyng. But when he come, he saw too horrybyll fendys syttyng at his hed, wyth too brennyng evyllys thrast ynto his throt, rakyng aftyr þe sowle; 12 and he made an hoge crie þe whech crye no man seȝ ne herd, but only þys ermyd. And when þay hadyn rakyd out þe sowle, þay tokyn hit, and beryn hit forth wyth hom to his payne. Þen was þis ermyt nych fallyn yn dispayre for drede. But þen speke 16

112 a þe angyll to hym, and sayde: 'Syre, be þou || not yn dyspayre, for þys man dyd nothyng for Godys loue, but forto ples þe pepull, and forto be holdyn holy of hom; wherfor he hath as he deseruyd. But yf þou wolt see a holy man dye, goo downe ynto þe strete, and 20 se þer a pylgrym lyyng yn þe chanell and no lyfe wyth hym.' But when he come þydyr, he saw angyls come from Heuyn, and saydyn þys to his sowle: 'Com out, Godys derlyng, com out, and goo wyth vs ynto þe blysse þat euer schal last.' Then þe sowle 24 put out þe hed at þe mowth, and wold haue gon; þen spake þer a voyce aboue and sayde: 'Abyde a chyle, whyl I send Dauid wyth hys harpe; for he þat hath moch woo for me yn hys lyfuyng, he schall haue gret joy of me yn hys deyng.' And þerwyth come 28 Dauid wyth his harpe, and mony oþer angels wyth hyir mynstrelcy, and soo wyth gret melody beren þys soule vp ynto þe blysse. Then sayde þys angyl to þe ermyt: 'For þys man was a good man, and had no lykyng ne lust of þys world, but only forto ples 32 God, and was desolate of helpe at his ende, þerfor God halpe hym, and send hys angels forto kepe hym, and bryng hym to þe blysse þat euer schal last.' Then ȝede þys ermyd hom to hys ermytage, þonkyng God wyth all his myght. 36

This ys here wryttyn, to ȝeue prestys ensampul, how þay schall

occupy holy festys of þe ȝere ; for al þat ys occupiet of such festys
yn vanyte, he hath a gret onswar befor God.   For þe hyure þat
þe fest ys, þe holyure most a prist be ; þat ys, mor bysely serue his
4 God, not only owtewyþ wyth sayng, but also ynwyth wyth holy
thynkyng.   ' Quia¹ si vox vitam non remordet, dulcis est sym-
phonia, *etc.*'

47.

De Translacione Sancti Thome Sermo Breuis.

8 ..   Crystyn men and woymen, suche a day ȝe schull have Seynt
Thomas day of Cawntyrbury.   Whech day ȝe schul come to God
..   and holy chyrche ‖ yn worschip of God and Saynt Thomas.   For as **112 b**
þat day he was translate, þat ys, he was takyn vp of hys graue,
12 and his bonys layde yn a schryne ; and how, now I schall tell you.

..   This man was ordeynt of God yn his youthe to be aftyr an
holy man and an hygh saynt yn Heuyn ; for þat was furst
schowed to his modyr, while þat he lay yn his kradyll yn forþir
16 age, and now ys knowyn þroch al cristyndom.   Furst hyt was
knowyn to his modyr ; for on a nyȝt, as scho lay yn hur bed
slepyng, scho hade a dreme, and þaȝ[t] þat Thomas lay yn his
cradyll and wepte.   And when scho herd þe chylde grete, scho
20 callyd to þe norse, and bad her loke what hym aylyd.   Then
scho þoght how þe norse arose, and come to Thomas cradyl, and
his cloþes were lompurt, and scho wold haue amende hom, but
scho myght not, for þay wern so wyde.   Then callyd þe norys to
24 þe modyr, and bade hur ryse, and helpe hur forto folde þe chyldys
cloþis ; for scho was to woke, and myght not welde hom.   Then
þoght þe modyr how þat scho roos, and come to þe noris, and toke
þe ton ȝende of þe couerlyt, and þe norys þat oþer.   But þen was
28 hyt so moch, þat þay myght not aweylde hit yn þat schambyr, and
ȝede wyth hit ynto þe halle.   And ȝet þer hyt was soo moch, þat
þay myght not ouerwelde hit, but ȝedyn out into þe Scheppe, þat
ys þe chef strete yn London ; for þer Thomas was borne.   And
32 þen hur þoght þat þe cloþe sprad ouer al London.   Then, on þe
morow, his modyr ȝede to hure schryft-fadyr, and tolde hym her
dreme.   Þen sayde he to hur : ' Þou art moch holdyn forto

¹ quia *C.* qui *G.* om. *H.*

thonke thy God; for þys chyld þat ys now yn cradyll, schal be
soo gret of myȝt and of power, þat al London schall be at his
gouernance.'

Thys, aftyr, when Thomas was of age, hys fadyr send hym to þe 4
abbey of Merton, a howse of schanons, forto lerne and forto be
norychyd. Then aftyr, on a day, Thomas fadyr come thedyr, forto
113 a loke how he ferd. And when Thomas ‖ was broȝt byfor his fadyr,
anon, yn syght of alle men, hys fadyr fel doun on hys kneys byfor 8
Thomas, and dydde hym reuerens. Then þe priour of þat doyng
rebuked hym and sayde: 'Olde fole, þys reuerens þi sonne schuld
do to þe, and not þou to hym.' Þen þe fadyr toke þe prior and
sayd to hym: 'Syr, I wot full well what I haue don, for þys chyld 12
schal be a gret man befor God.' Then Thomas waxet soo wyse
and actife yn al wysdom and honeste, þat þys archbyschop sende
aftyr hym, and made hym to dowel wyth hym of meyne. And for
he fownde hym redy and wyse yn al thyng, he spake soo to þe 16
kyng, þat þe kyng made Thomas chawnseler of Englond; and for
he gouernyd þat offyce wysly yn yche syde, when þe archebyschop
dyet, he made hym archebyschop [1] aftyr.

Thus, when he was made archebyschop, anon he turnyd al ynto 20
holynes of fastyng, and of prayng, and large almys-ȝevyng, and
werd þe her next to hys flesch, and breches of þe same syde to þe
hommes þe whych norychyd soo moche vermyn on hym, þat hit
was an horryble syght for to se hit. But þagh hit wer neuer soo 24
orrybly þyng forto sen hyt, he chanchyd hit neuer, but ons yn
forty days. Thus, when Thomas feld þat he had caȝt such a loue
yn God, þat he dred not for his sake, þen he began and repreuyd
þe kyng of his mys þat he dydde aȝeyne holy chyrch and of ap- 28
pressyon of þe reme. Soo when þe kyng herd þis, he toke such
yndygnacyon aȝeyne Thomas, and made exile hym of þe reme.
And sone after, to don Thomas al þe nye and þe gref þat he cowth,
he made to exile al þe men and woymen, boþe olde and ȝeong, and 32
chyldyr and wymen þat leon on chyld-bed, soo þat he sparyd non
þat was kyn to Thomas, but all he mad ham swer on a boke þat
þay schuld neuer abyde yn a place, tyll þay come byfor Saynt
Thomas, soo forto encres his penance. Then was hit an orryble 36
113 b syȝt forto se ‖ ȝeong and old, som lenyng on krucches for elde,

[1] *MS.* archebyscholp.

som halt and lame lenyng on stauys, wymen w*yth* chyldyrn
sowkyng on hor brestys, and o*þer* childyrn sewyng, criyng and
wepyng for woo, and for defavt of helpe and of lyuyng.   Then was
4 Thom*as* so sory of *þy*s syght, *þ*at he wepyd for compassion *þ*at he
had of hom, and pryuely prayde to God for helpe and succor to
hom.   Then herd *þ*e kyng of Fraunce of *þ*is, and sende aftyr *þ*es
pepull.   And for compassion *þ*at he had of hom, he ordeynt so for
8 hom all, *þ*at yn a lytyll while aftyr *þ*ay werne bettyr at ees yn
Fraunce *þ*en *þ*ay wer yn Englond.

Then when, aftyr *þ*at God wold *þ*at Thom*as* schuld passe out
of *þy*s world, by byddyng of *þ*e pope, he come hom to Cauntyrbury
12 to his owne chirch, and when *þ*e kyngys knyghtys herdyn *þ*erof,
foure of hom *þ*at wern cursyt lyuers ȝedyn aftyr hym.   And so yn
*þ*e v. day of Crystynmas *þ*ay sloen Thom*as* yn his chirch befor an
auter of Saynt Benet, and laftyn hym *þ*er ded, and soo ȝedyn hor
16 way.   Then *þ*e monkes of *þ*e plase, wepyng and gret sorow makyng,
buryet hym yn a new tombe *þ*at was made *þ*er redy.

But for God schewyd so gret miracles and so fele by hym, *þ*at
*þ*e pope Alexandyr sende letters ynto Englond to *þ*e archebyschop
20 Steuon and to o*þ*er bischoppys and grete abbotes, commaundyng
to take vp Thom*as* bonys, and do hom yn a schryne, and sette hit
*þ*eras hit myȝht be worschepyd of al *þ*e pepull, as he was well
worthy.   Then ordeynt *þ*es abbotes and archebyschoppys a day
24 when *þy*s translacyon schuld be done.   And ouyr nyȝt, while *þ*ay
myȝt haue rowme, he toke w*yth* hym *þ*e byschop of Salysbury and
o*þ*er monkys and clerkys fele, and ȝede to *þ*e plase *þ*eras Thomas
had layne fyfty ȝere aftyr his passyon.   And when *þ*ay come *þ*ydyr,
28 *þ*ei [1] fel downe to *þ*e er*þ*, prayng Thomas devowtly of his helpe.   And
when *þ*ay hadyn long jprayde, fowre ‖ of hem reves[t]yd [2] vnduden   **114 a**
*þ*e tombe w*yth* gret drede and quakyng for fere.   And *þ*ay fondyn
a tytyl wrytton *þ*us : 'Here restyth Thomas, archebischop of Caun-
32 tyrbury, prymet of Englond, and *þ*e popeys legat, *þ*at for ryȝt of
holy chirch was slayne *þ*e v. day of Cristynmas.'   Then, for gret
deuocyon *þ*at *þ*ay hadyn at syȝt, al w*yth* on voyce cryet : 'Saynt
Thomas, Saynt Thom*as*.'   And when *þy*s crye was sesyd, *þ*ay
36 tokyn vp *þ*e hed, and rechyt hit to *þ*e archebyschop forto kysse

---

[1] *þ*ei C.   om. G.
[2] of hem reves[t]yd C.   rauechst G.   of hem arayed in vestementys H.

hit. And when þay all had kyssyd hit, þe archebyschop[1] lokyd
bysily on his wondys, and sayde þys to hom : 'Thay loued þe ful
lowsly þat wondyt þe þus wekedly.' And soo layde þe hedde ynto
þe schrine, and al þe bonys aftyr, and beryn þe scryne[2] ynto a[3] 4
certeyne place, and helde þe scryne wyth cloþes of gold, and settyn
torches brennyng about tyl on þe morow, and lafte men þerwyth
to wake. Then, on þe morow, com þidyr the kyng and al þe gret
of þe reme, and beryn þe schryne to þe plas þer hit ys now, wyth 8
al þe worschip and reuerens þat þay cowth and myghtyn, yn
worschip of God, and honor of [þat] holy ma[r]tyr, and gret
fortheryng of al þis reme.

Wherfor ȝe schul al knell adowne, and pray Saynt Thomas of his 12
helpe, so þat God kepe you boþe yn body and yn sowle, and bryng
you to þe blysse þat euer schall last. Amen.

48.

De Solempnitate Sancte Margarete Virginis.

God men and woymen, such a day ȝe schul haue Seynt 16
Margretys day. And þagh hit be a[3] lyȝt holyday, saue þeras
a chirch ys deynt yn hor name, ȝet I warne you, for as I suppos
þer byn some of you þat hauen such a loue to hure, þat ȝe wol fast
hor evyn. But þen ȝe þat fastyn hur evyn, ȝe qwyt you not to 20
her as ȝe schuld do, but yf ȝe come to chyrch on þe morow to here
a masse of her ; for scho wyll con you more þonk forto make
a masse sayd yn þe worschip of her þen forto fast mony evenes[4]
bred and watyr wythout masse. For þe masse makyth ioyfull all 24
þe angels of Heuen, hit fedyth and confortyþ þe sowlys yn purgatory,
114 b and sokeryth all þat lyuyt || yn erþ and charite. And he þat fastyth
þe euyn, he helpyth hymselfe, and no fyrþir. Then forto sture
your deuocyon þe more to þys holy maydyn, I wyll schow yn parte 28
of his lyfe, and what scho suffyrde for Godys loue.

Narracio.

I red yn her lyfe þat scho had a gret man to her fadyr, and was

---

[1] *MS.* archebysch.   [2] þe scryne *C. om. G.*
[3] a *C. om. G.*   [4] evenes *C. om. G.*

paynen, and leued on false goddys and mawmetry. But when [1]
Margret was borne, þe fadyr sende hor ynto þe contrey to a nors.
Soo whyl þat scho was long þer among oþer maydyns, scho herde
4 speke of God and of oure Lorde Ihesu Crist, how he boȝt mankynd
wyth his deth out of thraldom of þe fende, and how he louyd
specialy all þat woldon leven in [2] chastite, and seruyn hym yn sym-
pulnes and yn poverte.   Then, when Margret herde of þys, scho
8 toke such a loue to Ihesu Cryst, þat scho mad a vow yn her hert,
þat scho wold neuer haue part of a manys body, but lyf yn her
maydynhed al her lyfe-dayes aftyr.   But when hur fadyr herde
how Margret, hys doȝtyr, was levyng on Crist, he forsoke hur for
12 his doghtyr, and dispisyd hur to þe outmast.   Then dowellyd scho
wyth her nors tyl þat scho was fyftene ȝer olde, and scho made
hur forto kepe her schepe wyth othir maydyns of hur age.

Then as scho sat by þe way com þe justyce of þe contre rydyng
16 þat way þat was callyd Olybryus, and saw Margret þat scho was
fayr passyng all oþir, anon he caȝte such a loue to her for hyre
beute, þat he bade his mon bryng hur to hym, and yf scho wer
gentyll of kynd, he wolde wed her, and yf scho wer þrale, he wold
20 haue her to leman.   But when scho was broȝt before hym, and
wyst þat scho was of crystyn fayth, þen was he nygh wod for
wroth.   And for scho wold not asent to hym, he made forto honge
her vp by þe here, and soo bet her wyth scowrgis, and forto rase
24 hur fayre body wyth evylys, þat hit was wondyr forto see þe grette
plent[e] of blod þat come out of her body, and aftyr made cast ‖
her ynto prison tyl on þe morow, þat he myȝt beþenke hym what   **115 a**
wer best forto do wyt her.

28   Then prayde Margret to God þat scho most se þe fende wyth
bodly syght þat so raysyd soo strong enmys aȝeynys hur.   Then
anon come þer out of a hyrne of þe prison a gret horryble dragon
and ȝeonet on her, so þat his mowthe was on her hed, and his tong
32 last downe to her hele, and he wold haue swolyt her.   And when
he had her al yn hys mowth, Margret anon made þe sygne of þe
cros, and anon þe dragon barst on-sondyr.   Þen Margret lokyd
abowte hur, and segh þe fende stondyng yn a hurne, al maset,
36 wyth hys hondys bowndyn byhynd hym; and scho start to hym,

---

[1] when] *after* when *stands that inserted above the line.*
[2] woldon leven in *C.* lyfuyn *G.*

and pullyd hym downe vndyr her fete, and sette her fote yn his
necke, and þroste *h*ym downe to þe erþe wyth al her myȝht.
Then cryed þe fende and sayde : 'Alas, I am vndon for eu*er*, and
al my[1] myȝt ys lorne, now such a ȝeong wench hath ou*er*comen me ;　4
for mony a.byge and a strong I haue ou*er*com, and now suche a
noȝtyng haþe getyn þe maystry, and putte me vndyr her fote.'
Herfor Margret ys payntyd oþur coru*en* wher scho ys w*yth*
a dragon vndyr her fete and a cros yn her hond, schowyng how by　8
ue*r*tu of þe cros scho gate þe victory of þe fynde.　Then sayde
Margret : 'Hold thy jangelyng, þou fynde, and tel me anon what
ys þi lynage, and what byn þi werkys ? '　Þen vnswerd he and
sayde : 'My fadyr ys Lucifer, and was fyrst þe fayryst angyll yn　12
Heuyn, and now ys þe fowlyst fende yn hell.　And of my werkes
I telle þe þat by my techyng þe Iuys sloen Cryst on þe crosse and
his apostols aftyr, and mony oþ*er* martyre I haue made forto do to
deth.　I haue made mony on to sle men, and forto syn yn lechery　16
and yn vowtry, and soo to lese hor sowlys ; and most leuest me ys
forto make a crystyn man, forto breke þat vow þat he made at þe
font when he takyth hys c*r*istyndome.'　And ȝeet he sayd more
115 b þat he was on of þe fendys þat Salamon || closyt yn a vessell and　20
hulde yn þe erth.　'But aftyr Salamons[2] deth, for men seon smok
com out of þe erþe þer we wern, þay wende to haue fund gret
plente of tresure, and dyggut to oure[3] vessel þ*er* we were in w*yth*-
out nowmbur, and soo breken þe vessel, and leton vs out.　And　24
soo we fullyþ þe erth, and don cristyn men þe grefe and þe nye
þat we kan and moue.'

　　Then, when Margret herd þys, scho prayde to God þat euyry
fynde most synke ynto helle, and neu*er* greve mor c*r*istyn men.　28
Then anon þe erth opynde, and swolut hym ynto hell.　Then, on
þe morow, Olibry*us* send aftyr Margret ; but for he myȝt by no
way ou*er*come her, he made forto full a gret fet full of watyr, and
bynd her hondys and fete, and cast her þ*er*yn, forto haue drownd　32
her þere.　Then scho besoght God how þat fet most be her fonte,
and þe watyr þe lauere and waschyng of her synnys, and soo be
folowde yn þe nowmbyr of cristyn pepull.　And when scho was yn
þe watyr and prayd þus, anon þe bondys breken, and scho come　36

---

[1] my *C.　om. G.*　　[2] *MS.* Samamons.　　[3] oure *C.* on þer *G.*

out sownde and safe. And þen þe erþ qwakyt so grysly, þat al þe
pepull was gretly aferde.   And þerwyth þer come a mylke-whyte
colu*er* from Heuyn, beryng a crowne of bry3t gold yn her byll, and
4 ly3t on Saynt Margretys hede.   And þerwyth a voyce come from
Heuen and sayde : ' Margret, myn one derlyng, be stydfast yn þi
turnement, for al þe co*m*pany of Heuyn abydyth þi comyng.'

Then, when þe pepul sygh and herde þis, anon þay cryde and
8 sayde : 'Þer ys no God, but he þ*a*t Margret beleuyth on.'   And
soo v þowsant of þe pepull w*y*t*h*out woymen and chyldyrne turnyd
to crystyn faythe.   Þe wheche Olibryus made anon forto hede, and
werne soo fowlut yn hor owne blod, and soo 3eden to Hevyn holy
12 martyrs.   Then Olibryus co*m*mawndyd forto led Margret to a[1]
certeyne plase, and þer to smyt of her hed.   But when scho come
to þe place, scho knelyd downe, and prayde to God þat ych man
þat made a ‖ chirch yn hur name oþer fownde any ly3t þ*er* yn þe **116 a**
16 worschyp of her, and all þat wryttyn her passyon oþir redyth hit
or callyth to hyr yn gret dystres, þat God schuld do hom succoure
radly, and graunt hom þe joye þat euyr schall last, and yche
womon þat callyth to her yn tyme of tr*a*uelyng of chyld, þat scho
20 most be sownde delyuerd, and þe chyld come to crystyndome.
Then come þ*er* a voyce from Hevyn and sayde : ' Margret, þi bone
ys grawntyd, and schall last for euermore.'   Þen scho put furth
her necke, and þe turmentoure smot her hed of at on stroke.
24 Soo þay þat stodyn by, saw her sowle come out of her body as
a mylke-whyte colu*er* ; and angelys token hit, and beren hit ynto
Heuyn.   Þen, yn þe ny3t aftyr, a c*r*istyn mon stele þe body and
buryet hit.

28   Now schal 3e knele adowne and pray Saynt [2] Margret to kepe
you from al myschevys and from þe fyndys comburm*en*t so þat 3e
may lyue and ende þat 3e may haue þe blysse þat Ih*e*su bo3t you
to.   Amen.

---

¹ a *d. D.*   om. *G.*   ² saynt *d. D.*   saynt y *G.*

49.

DE SANCTA MARIA MAGDALENA ET EIUS FESTIUITATE SERMO BREUIS.

Crystyn men and woymen, suche a day ʒe schal haue þe fest of Saynt Mary Mawdelen þat was soo holy a womon, þat our 4 Lorde Ihesu Crist aftyr his modyr louyd her most of all woymen. Wherfore ʒe chull come þat day to holy chyrch, forto worschip God and þis holy woman, for scho was þe forme yn tyme of grace þat dyde penawnce for her syynnes, and soo recouered aʒayn þe [1] 8 grace by doyng of penaunce, and repentyng þat scho had lost by lust of flesch and sore synnyng. Þe whech ys made a spectakyll to a synfull to schow to all þat wyll leue hor synne, and do penawnce for her trespas, þay schuld rekeuyr aʒeyne þe grace 12 þat þay haue [2] lost, and oft moch more. And soo dyde þis womon, and how ʒe schul here.

Thys woman Mary Madelen had a fadyr þat was a gret lord and comen of kynges blode, and had a gret lordschip yn Ierusalem 16 **116 b** þe whech he ʒaf Laʒarus at || his deyng. And þe lordschip þat he had yn Betanye, he ʒaf Martha, hys doʒtyr; and Mawdelen-castell wyth all þe lordschip he af Mary Mawdelen, his oþer dochtyr. Of þe wheche castell scho was callyd Mary Mawdelen, for scho 20 was lady þerof. Then, as mony bokys tellyth [3], when Ion þe Ewangelyst schuld haue weddyd her, Cryst bade Ion sewe hym, and lyf yn maydynhode; and soo he dyd. Herfore Mary was wrath, and ʒaf her al to synne and namely to lechery, yn so moch 24 þat scho lost þe name of Mawdelen, and was callyd þe synfull woman. Then, for hyt was oft seen þat Cryst of þe gretyst synners makyth þe most holy aftyr, wherfor when he seʒ hys tyme, he gaf þis woman grace forto know herselfe and to haue [4] 28 repentaunce of hur mysdedys.

Wherfor, when scho herde when Cryst was at his mete yn a manys howse þat was callyd Symon þe Faryse, scho toke a buysty wyth vnement, such as men vsyn yn þat contre for hete of þe 32 sonne, and ʒede þyder. But for [5] scho durst not for schame goo

---

[1] recouered aʒayn þe *H.* recoured ageyne *C.* reswordyd agayne to *G.* resorte again to *d. D.*   [2] haue *d. D.* hue *G.*   [3] tellyth] tellen *d. D.* tellyth þat *G.*   [4] to haue *d. D. om. G.*   [5] for *d. D. om. G.*

byfor Cryst, scho ȝede byhynd hym, and toke hys fete yn her
hondys; and for sorow þat scho had yn her hert, scho wepte so
tendyrly, þat wyt þe terys of her een scho waschyd Crystys fete;
4 and þen w*yth* her fayre fax scho wepyd hom aftyr; and þen wyth
all þe loue þat was yn her hert, scho kyssyd his fete and soo w*yth*
her box anoyntyd hym. But no word spak scho þat mon myȝt [1]
here, saue in hert scho cryde hely to Cryst for m*er*cy, and made
8 a vowe to hym þat scho wold neu*er* trespas no mor. Þen had
Crist compassyon of hurre, and clansyd her of vii fendes þe
whech scho had wythyn her, and forȝaf her al hur gyltes of synne
yn heryng of all þe pepyll þat werne þer.

12   Then for þat joye þat scho was þus delyu*er*de of þe deuelys bondes,
scho toke suche a tendyr loue to Cryst, þat euer aftyr scho || was glad **117 a**
and fayne to leve all her leudeschip, and sew hym forthe ay wyth
sco feruent loue, þat yn hys passyo*n* þe*r*as hys dyscypuls floen
16 away from hym for drede of deth, scho laft hym neu*er* tyl scho
w*yth* oþ*er* had layde hym yn hys tombe. And when no man dyrst
goo þidyr for drede of þe armyd knyghtys þat kepte þe tombe,
scho sparyd for no drede of lyue, ne deth; but yn derke dawnyng
20 toke w*yth* her swete bawmes, and ȝede þedyr forto haue enbaw-
met [2] Cristys body. Þus scho louyd Cryst, boþe qwyke and dede.

Wherfor he [3], yn hys lyue, for loue of her, helyd [4] Martha, her
sustyr, of þe red flyx þat paynyd her vii ȝere, and also raysyd
24 her broþer Laȝarus from deþe to lyue, aftyr he had layne foure
days stynkyng yn his graue. And when he ros from deþ to lyue,
he apperude bodely to her fyrst of all oþir, and suffyrd her to
towch hym and kys hys fete.

28   Then, for hit was knowyn to þe Iewys þat Crist schowed her
soo mony syngnys of loue befor mony oþyr, aftyr þat Cryst was
styed ynto Heuen, the Iewes token Mary Mawdelen and Martha,
her sustyr, and Laȝarus, her broþer, and Saynt Maximinus, a
32 byschop, and mony oþer, and dyddyn hom al into an old schip,
and put hom ynto þe sec, hopyng soo forto haue drownyd hom al.
But God þat ordeynt for all aftyr his lyst, he broȝt hom al hole
and sownde ynto þe londe of Marcyle; and þer, vndyr a bonke

---

[1] myȝt *the* y *is inserted above the line.*   [2] *MS.* enbawment.
[3] he *d. D.* he ȝede *G.*   [4] helyd] heled *d. D.* he helyd *G.*

þat was nyʒ a tempyll, þai tokyn hor rest. Then sawe Maudelen
mony pepyll comyng towart þe tempyll and þe lorde of þat contre,
forto haue don ofryng and sacrefise to hor mawmetys. But
Mawdelen was so ful of grace of þe Holy Gost, þat scho þurʒ her 4
gracyous wordys turnyd hom al aʒeyne home. And for þis lord
seʒ her ful of al swetenes and gentre, he had gret lyst forto here ||
117 b her speke, and sayde þus to her: 'Yf þi God þou *p*reches, ys soo
full of myʒt as þou sayst, pray to hym þat I most haue a chyld 8
by my wyfe þat ys barayne, and I wyll leue on hym.' Then
grawntyd Maudelen; and so wyt*h*yn a schort whyle þe lady con-
ceyvyd, and was wy*th* chyld.

Then schapyt þe lorde forto goo to Icrusalem, to speke wyt 12
Saynt Petyr, and wytte wheþ*yr* hit wer soth þat Mawdelen
prechet oþ*yr* noo. And when he had vyteld his schippis, and
made hym redy, þen come þe lady, his wyfe, prayng hym wepyng
þat scho most goo wy*th* hym. And soo wy*th* gret strenʒþ[1] of 16
*p*rayer, scho gate leue, þaʒ scho was gret wyth schyld. Then,
wyth boþe her asent, þay token al hor good to Maudelen forto
kepe; and scho set on ayþir of hor schuldyr a crosse, and bade
hom goo forth yn þe name of God. But when þai hade rowde 20
a day and a nyʒt yn þe see, þen began hit forto swelle, and þe
wynde stormely forto blow, and such tempest forto ryse, þat þai
went al to ben spyllyd. Wherfor þys lady was soo afryʒt, þat
scho began to trauell of chyld, and soo was delyu*er*de of a knaue- 24
chyld. And scho yn the byrth fel downe and diet. Then, when
the fadyr saw hys wyfe ded, and þe child borne and graspyng
toward þe modyr pappys, he began to wepe, and wrong his
hondys, and was soo wco on ych a syde, þat he wyst not what 28
he myʒt do. For wondyr sory he was for his wyfys deth, and
nedys he most se his schild dye; for þer was no womans succurre
forto helpe her. And þen cryed he to Mary Maudelen and sayde:
'Alas, Mary Mawdelen, whi dos þou so hard by me? Þou be- 32
hetyst me a chyld, but now his modyr ys ded, and hit most nede
dye þat hath no helpe, and I myselfe redy forto be drownd.
Helpe me, lady, and haue compassion of me, and namely of þe
chyld þat ys borne!' Then toke þe schipmen þe ded body, and 36

---

[1] strenʒþ] streʒþ *G.* strench *C.*

wold haue cast hit to þe see, and sayde þay schuld haue no
rest, whyll þe cors were yn þe schip. Then sayde he ful helt:
'Scho nys not dede, but swownyd[1] for drede. Wherfore, for of
4 myne cost[2], bryngyth þe schip to 3ondyr skerre fast by, þat I may
rayþer graue her þer þen cast her yn þe see, forto be devowryd
of cursid bestys.' || Then toke he vp þis cors, and bare hit vp. **118 a**
And for þer was non erþe to make a graue, he layde hit vndyr
8 a hongyng skyrre, and the chy[l]d wyth, and hult hom wyth a
mantell, and betoke hom Maudelen forto kepe, and 3ode a3eyne
to þe schip wyth wryngyng his hondys and wondyr sore hert.

Then, when he come to Ierusalem, Saynt Petyr was redy, and
12 welcomed hym, and bade þat he schuld not be heuy ne dyscomfort,
þa3 his wyfe was dede; for God was of my3t forto make hym
anoþer tyme as glad as he was þen sory. And so lad hym forth,
and schowyd hym al þe placys of Cristys doyng yn erþe, of his
16 natiuyte, of hys passyon, and his sepulture, and his ascencion;
and soo enfowrmyd hym full yn þe fayth. And when he had byn
þer too 3eer, Saynt Petyr send hym hom a3eyne, and bade hym
be yn full beleve yn Crist, and gaf hym his blessyng, and bade
20 hym grete well Mary Mawdelen and al hur felas.

Then, when þys lord come rowvyng yn þe see, he saw he skyrre
þer he laft hys wyf and hys chylde. Þen felle þer such a longyng
yn his hert forto goo þydyr, þat hym þoght þat he schulde dye,
24 but 3if he went þidyr. Then made he þe schipmen sette þe
schype þedyr; and when he come þedyr vpon þe skyrre, þen saw
he a chylde syttyng on þe see-sownde, playng wyth smal stonys
as chyldyrne wold. But when þe chyld saw hym, he ran forth to
28 þe skerre. Þen sewyd þe fadyr aftyr, and come þer he laft his
wyfe dede, and lyft vp þe mantel, and fonde þe chylde sowkyng
hor pappys. Then thonkyd he Mary Maudelen wyth al his my3t
and sayde: 'O þou Mare Mawdelen, þou art of gret myght wyth
32 God þat þus hath kepte and fedde þys chyld of þis ded body
now too 3eer yn gret comfort and joy to me! Woldyst þou now
of þi godnes ryse my wyfe to lyfe, þen wold I be bowndyn euer
to be thi seruant, and wyll wyth a good wille[3]!' Þen, wyth þat
36 worde, þe body sate vp and sayde: 'Mare Mawdelen, blessyd most

---

[1] swownyd] swowned *C.* sownyd *G.*   [2] cost *H.*   *om. C. G.*
[3] wille *C. D.* woll *d.*   *om. G.*

þou be þat was[1] mydwyf to me yn my burth-tyme, and sythyn hast noryschut my schild hol and sonde, whil I haue byn yn my

118 b pylgrymage!' Then sayde he: || 'My wyfe, lyvys þou?' And scho onswerd and sayde: 'ȝee, syr, I lyue, and come out of my pyl- 4 grymage, as ȝe dyddyn. For as Saynt Petyr hath lad þe abowte, so hath Mare Mawdelen lad me þe same way; and tolde hym all þyng, and varyet yn no poynt.' Then hevyn þay vp hor hondys to God, and thonkyd hym and Mary Maudelen of þat gret myracull 8 þat þai schowdon yn hom. And when þay comyn hom, þay fowndyn Mawdelen prechyng þe pepull. And þen anon þay felle downe to þe erth on kneys, and þonkyd hor wyth all[2] hor myȝt, and bade hir telle hom what þay schuld do, and þay wold wyth glad 12 hert. Then Mawdelen bade hom destri the templus of hor lond, and make þer holy chirche, and rere fontes þat þe pepul myȝt be cristonet. And soo, yn schort tyme, al þe land was turnyd to cristyn fayþe. 16

Then, for Mawdelen wolde ȝyue her al to contempplacion, scho ȝode pryuely ferre ynto a wyldyrnes, and was þer þrytte ȝere vnknowon of all men wythout mete oþir drynke. Then, vche day seuen syþes, angels beron her vp ynto þe eyre, and þer scho 20 was fulfuld wyth melody of angels, þat scho nedude non oþer bodyly fode. But when God wold þat scho schuld passe out of þys world, he made a holy prest to se how angels beren hor vp and downe. And he, forto wytte þe soth how hit was, he ȝede to 24 þe place and halowst yf þer wer any cristyn creature þat he schuld speke, and tell hym what he wer. Then onswarde Mawdelen, and sayde þat scho was þe synfull woman þat þe gospel spake of, þat waschut Crystys fete, and bade hym goo to Maxinius, þe bischop, 28 byddyng hym com on aftyr morow to þe chirch; 'for þer I wyll mete hym.' Thus when þys pryst herd of þis, he was wondyr glad; and when he come to þe chirche, þen saw he Mawdelen borne vp wyth angels too cubytys from þe erþe, and þen was he agast. 32 Then Mary Mawdelen called to[3] hym, and bade hym come ner, and goo syng a masse, þat scho myȝt be howsyld. Soo, yn syȝt of all

119 a þe pepull, when þe masse was don, scho wyth hye deuo||cyon receuyth Godys body; and anon þerwyth scho ȝaf vp þe gost. 36

[1] was *d. D. om. G.*　　　　　　[2] all *d. D. om. G.*
[3] called to *d. D. om. G.*

Then toke þe byschop her body, and layd hit yn a towmbe of ston, and made forto graue alle abowte þe lyf of hur, yn worschip of God, þat dyd soo godely by hur, and yn honowre of her, and also
4 yn hyȝ comfort to al synfull.

Wherfor ȝe schul now knele downe and pray to God as he forȝaf Mary Maudelen her synnys, soo he forgeue you your synnys, and grawnt you þe blys þat he boȝt you to.   Ame*n*.

50.

8 De Festiuitate S*a*n*c*ti Iacobi Ap*o*stoli Sermo
Breuis.

Good men and woymen, such a day ȝe schul haue Saynt Iamys day, Godys holy apostol.   Wherfor ȝe schul fast his euen, and on
12 þe morow come to þe chyrch, and worschip God and hys holy apostoll.   Thys Iames apostoll was a ful holy saynt, for he come of full holy kynde : he was our lady sustyr sonne and Crystys awnte, and Seynt Ion þe Euangelyst broþ*er*, and was send by
16 ordenau*n*ce of al þe apostols ynto Spayne, forto p*r*ech Godys worde, and forto turne þe pepull þat wer out of þe beleue ynto Cristys fayth.   But, for þe pepull was so fers and so comburet wyth deseyt of mawmetry, he myȝt t*ur*ne no mo but nene[1] men.
20 Of þe whech he lafte too þer forto p*r*eche, and vij toke w*yth* hym, and ȝede aȝegne ynto þe Iury, for he herd þat þ*er* was a man þat was full of deuelys craft, þat was callyd Ermegines, and his dyscyple þat was callet Filet.
24   Thes too hadyn soo by hur[2] craft betroylet and p*er*uertyd þe pepyll þe whech Seynt Iames hade turnyd befor to þe cristyn fayth, þat þay lafton þe crystyn fayth, and sewedon þe techyng of cursyt men.   But when Iamys come aȝeyne to hom, he blamyd[3] þe
28 pepull þat þay wer soo sone yt*ur*nyd from þe fayth þat schuld saue hor sowles, and take aȝeyne þat fals beleue þat was dampnacy*o*n to ho*m*, and leuedon on hom þat wroȝton al by deueles craft and his love, and betryfuldyn þe pepull w*yth* wychcraft. || Then herde **119 b**

---

[1] nene *C*.   x *G*.   [2] hur *C*.   for *G*.   [3] blamyd *C*.   bemyd *G*.

Ermogines of þys, and send aftyr Iames Filet [1], his discipull, forto
dyspute w*yth* hym of þe fayth, hopyng þat wyth þe helpe of þe
deuyll he schuld haue ouyrcome hym. But when Iame was comyn,
yn heryng of al þe pepull he had ou*er*come hym, and dyd so gret 4
myrakyll yn his sy3t, þat Fylete forsoke his maystyr and al þe
deuelys craft, and become Iames dyscipull. Then herd Ermogines
hereof, and [2] he was ne3 wod for wroþ, and callyd to hym a
company of fendys, and bade hom goo and bynde Iames and Fylet, 8
his discipull, and so bryng hom to hym. But when þes fendes
come towarde Iames, Godys angelys werne redy, and bonden þes
fendys so sor w*yth* brennyng cheynys, þat þay cryden to Iames
for wo and saydyn: 'Iames, Godys apostoll, haue mercy on vs; 12
for angels han bonden vs soo w*yth* chaynes bre*n*nyng, þat wo ys
vs on ych syde!' Then sayde Iames: 'Wharto byn 3e [3] comyn
hedyr?' Þen sayde þay: 'Ermogines for gret wroþ send vs
hedyr, forto bryng þe and Fylet ybondyn to hym; and now Godys 16
angels han bonden vs þat we may noþ*er* styre hond [4] ne fote, and
woo ys vs forto suffyr þis payne.' Then sayde Iames: 'God lose [5]
you soo þat 3e goo to Ermogines, and bryngyth hym bondon hydyr
to me, so þat 3e do hym no skath.' Then comyn þes fyndys to 20
Ermogines and saydyn to hym: 'Þow sendyst vs þedyr as we wern
bonden wyth brennyng cheynys, but now schul we bynd þe, and
bry*n*g þe byfor Iames. Bote wo ys vs þat we may not, for Iames
forbede þat we mow do þe no scaþe;' and so broghtyn hym bondyn 24
befor Iames, and saydyn thus: 'This man hath don vs moch p*er*-
secucion and moch penance; wherfor 3eue vs power, and we schall
venge þe and vs anon.' Then sayde Iamys: 'My maystyr Ihe*s*u
Crist bade me and al oþir do good a3eynys euyl.' And þen he 28
bad Fylet goo and vnbynd Ermogines; and so ‖ lete hym go lose
whedyr þat he [6] wold. Then was Ermogines so confusyd, þat he
sayde: 'I know þe male[s] of fyndes; wherfor I pray þe, 3eue me
somwhat of þyn wyth me, oþer ellys þay wyll sle me.' Then 32
Iamys betoke hym his owne staf; and when he had hit, he went
bo[l]dely forth to his howse, and toke his bokis, and bar hom alle
to þe see, and drownot hom þer, lest þat þe sauer of hom, yf þay

120 a

---

[1] Filet *C.* and Filet *G.*

[2] and *C.* *om. G.*

[3] 3e *inserted above the line.*

[4] hond *C.* hon *G.*

[5] lose *C.* he lose *G.*

[6] he *inserted above the line.*

had byn brant, wold haue enfecte mony on. And when he had soo
done, he come to Iamys, and fel downe to his fete, and cryde hym
mercy, and prayde hym mekly þat he wold crystyn hym. Then
4 was Iamys fayne, and folowde hym, and made hym stydfast yn þe
byleue of Ihesu Cryst, so þat he was aftyr a holy man, and of such
perfeccion, þat God wroȝt mony myracles for hym.

Then herde þe Iewys herof and anon token Iames and bowndyn
8 a rope abowte his neke, and luggut hym to Herod, prayng hym of
leue to do hym to deth, oþir ellys he wold turne al hor nacion to
crystyn fayth, and soo destrie here[1] lawe. Then Herod com-
mawndyd to smyte of his hed. And soo, when he was beheded,
12 Ermogines, and Fylet, and oþir mo of his dyscyples tokyn Iamys
body; and for þay durst not for drede of þe Iewys bury hym þer,
þay tokyn hym wyth hom ynto a schype, and rowuyn ynto þe see,
prayng God to lede hom þedyr as he wold þe cors wer buryde.

16   Then God gouernet þe schippe soo, þat hit londyd[2] yn Spayne
þeras was a qwene þat was callytte Lupa, þat ys yn Englysch, an
hoo-wolfe, þat for her wykyd lyuyng was callet so. Then token
þay þys cors, and laydyn hit on a gret stone; þe w[e]che waxyt so
20 soft vndyr þe cors, þat þe cors syngkyt downe ynto þe stone, and
lay yn þe stone, as hyt hade byn a tombe makyd þerfore. And
when þay haddyn soo don, some of hom kepte þe cors, and summe
ȝeden to þe whene Lupa, and saydyn her þat, for enchesen þat ||
24 scho wold not receyue Iames, Godys apostoll, while he was on lyue, **120 b**
God had[3] send his body þidyr wythout any gouernance of chypmen,
forto be buriet þer. Wherfor þay prayde her of an abule place,
forto bury hym to his worschip, as felle for such an holy saynt.
28 Then þys whene dyde hyr wolfys kynde, and for scho wyst þat þe
kyng of Spayne was a wyckyd man of maners and wold wekedly
do by hom, þerfor scho send hom[4] to þys kyng prayng hym to
ordeyne such a place, as wer abull to hure cors.
32   Then, when þay comyn to þe kyng and dyde hure message, þen
he made anon to cast hom to prison and bynde hom fast wyth yerns.
Butte when he sate at his mete, an angyl come from Heuen, and
opynd þe prison, and bade ham gone hor waye; and soo þay dyd.
36 But when þe kyng herd þat þay were[5] goon, he sende aftyr hom

---

[1] here *C.*   how *G.*   [2] londyd *C.*   londydte *G.*   [3] had *C.*   hath *G.*
[4] hom *C.*   om. *G.*   [5] were *C.*   we *G.*

yn gret wroþ mony knyʒtys, to fache hom aʒeyne. But when þes
kn[y]ʒttys comyn to þe brygge þer þay wer gon ou*er*, and þay sewdyn
fersly aftyr, anon þe brygge brake vndyr hom, and þay fellen ynto
þe watyr, and wer drownt euerych on. Then was þe kyng aferd 4
of þat vengau*n*ce, and sende aftyr hom oþir men, p*ra*yng hom
plesantly forto come aʒeyne to hym, and þay schuld haue al hor
wyll. Soo þay turnyd agayne to þe kyng, and conue*r*tyd al þe
pepull of þe cyte to crystyn beleue.   8

But when þis come to þe qwhene, sco went nyʒ wode wroþ, and
þoʒt forto don hom boþe harme and despyte, and send aftyr hom
p*ra*yng fayr þat þay wold come to her, and scho wolde ordeyne wel
for hom. Soo, when þay comyn to hur, scho sayde to hom : 12
'Gothe to such a hyll, and take þ*re* bulles and ʒokyn ham yn
a wayne, and lay þe cors yn þe wayne, and let þe bullus chose hor
way, and whydyr þat þay ledyn þe wayne, I graunte you þe place
121 a forto bury þe cors yn.' Thus scho sayde ‖ for gret males, hopyng 16
þat þe wyld bulles wold aslayne hom oþir al todraw hom to þe
wayne, and soo pece-malle al toteren Iames body. But when þos
men comyn to þe hyll, and seen þes bulles, þay madyn a cros
aʒeynys ; and so þe bulles mekely stodyn styll, tyll þay had ʒeokyn 20
ham yn þe wayne. And þen letyn hom goo, and soo, yn syʒt of
all men, wythout any tokyn, þay lad the wayne w*yth* þe cors
streght ynto þe whenys p[a]lace. And when þe whene see þ*ys*, þen
scho repentyd her, and askyte m*er*cy of Saynt Iamys, [1] and was 24
made c*ri*sten, and w*ith* gode wylle ʒaf þat palys to Seynt Iamys [1]
w*yth* al þe lordschip þat lay þ*er*to, and byldytte þ*er* a newe chyrch,
and soo buryet Saynt Iame w*yth* al þe worschip þat scho cowþe ;
wher God vnto þ*ys* day worscheþ mony gret myrakyll of þe which 28
þ*ys* ys on.

Narracio.

A man þat was cald Berna[r]d was takyn wyt enmyes [2], and
don to þe grovnde of an hiʒ towre yn a dep dongen, and was 32
semot wyth yerns also mony as he myʒt bere. And when he was
yn þat woo, he cryde hertely to Saynt Iames for help. Then
Saynt Iames come to hym, and bede hym be of good confort,
and breke þe yerns þat he was bonden w*yth*, and hongyd hom 36
abowte hys neke, and bade hym sewe hym vp to þe top of þe

[1] and . . . Iamys *C.* *om. G.*   [2] enmyes *C.* emyes *G.*

towre, and bade hym lepe downe, and bere his cheynys to his body
in Spayne and soo lept dou*n* to þe erþ wy*t*hout harme, and
ȝode to Sey*n*t Iames, and offird þer his bondys, as Saynt[1] Iame
4 bade hym.

Narracio.

Thre knytus[2] ȝodyn to Saynt Iames yn co*m*pany. Of þe whech
on by prayere of a por woman toke hyr skryp, and bere hyt; for
8 scho was wery.   And sone aftyr he fonde a seke man yn þe way
toward Seynt Iames; and, for he myȝt not goo, he sette hym on
his hors to ryde, and he hymselfe ȝede on his fete, beryng þe pore
woman skryppe and þe seke man staf.   But, what for hete of þe
12 sonne, || what for trauel, when he come to Saynt Iames, he fell **121 b**
seke, and lay þ*er* þre dayes specheles.   So þe ɪɪɪ day he ȝaf a gret
syke, and spake, and sayde: 'I thonke God and Saynt Iames,
for by hys prayers I am delyu*er*d of a gret multitude of fendes.
16 For now come Saynt Iames hedyr yn wy*t*h þe pore woman scrype[3]
þat I bar abowte my necke, and wy*t*h þe seke manys staf þat
I lad on my hors he has dryvyn þe fendes hennys. But now getyth
me a pryst, for I schal lyf but a chyle.'   And þen he tu*r*nyd to on
20 of hys felaws and sayde : 'Frend, leue þi lord þat þou ser*u*yst; for
he ys sothely dampnyd, and schall on a schort tyme dye on a wykyd
deth.'   So, when he had buryet þis knyȝt, he ȝode home, and
tolde his lorde how þe ded knyȝt sayde. But he sette þat at
24 noȝt; and soo wy*t*hyn a schort tyme, he deyd as þe knyȝt told,
and was dampnyd.

Narracio.

And oþ*er* thrytty men plyȝten troþis forto goo to Saynt Iamys
28 and to abyde togedy*r* yn helth and yn sekenes[4], save on of þe
men vold not plyȝt his troþe, but ȝode forth wy*t*h hom yn co*m*pany.
Then hit hapynd so þat on of ham felle seke and lay xv dayes;
and for he lay soo long and he semyd þat he schuld be dede and
32 not scape, al hys felaws ȝodyn forþe hor way, and laft non wy*t*h
hym of alle[5] þat had plyȝt trowþe.   Then þys man þat wold
plyȝt no troth, he abode wy*t*h hym and, as he myȝt, caried hym

---

[1] Saynt *the* y *is inserted above the line.*   [2] knytus *C.* kyngys *G.*
[3] *MS.* scyrpe.   [4] sekenes *the first syllable* se *is inserted above the line.*
[5] of alle *C.* om. *G.*

forth w*yth* hym. But for he myȝt not trauell but softly, he was
bynyȝtet vndyr an hyll; and so wer þay aferde boþe for drede of
wyld bestys and cursyd men of þe contre. But þen, abowte myd-
nyȝt, come Seynt Iamys rydyng, and confortyd hom, and sayde : 4
'Schow me thi felaw, for he ys now ded, and lay hym befor me,
and lepe þou vp byhynd me.' And soo, by þat þe sonne ros, þay
hadyn gon fyftyne day-journes, and come to þe moun*t* Ioy, halfe
122 a a myle from Saynt Iames. Þer Saynt || Iame leyd boþe downe, 8
and bade þe man fach þe chanons of Saynt Iames forto bury his
felaw, and bade hym say to his felaws how Seynt Iame send hom
worde þat pylgrymage stode hom yn no p*r*ofytte, for þay hild not
þe troth þat þay had made.   12

   Now ȝe schul knele adowne, and pray to God and to Seynt
Iames þat he wyl helpe you at your nede to þe saluac*y*on of your
sowles. Amen.

51.

DE SOLEMPNITATE S*A*NCTE ANNE, MATRIS MARIE, 16
BREUIS SERMO.

   Good men and woymen, suche a day ȝe schul haue Seynt
Anneys day, on þe morow aftyr Seynt Iameys day, þat was
modyr to our lady. Wherfor, yn worschip of þat gentyll lady, 20
ȝe schul come þat day to þe chyrch, and worschip her modyr,
Seynt Anne. Then schul ȝe know þat we redyn of v holy
woymen þat werne cald Anne, and lest any vnconyng man take
on for anoþir, I will tell you þes woymen, forto know on by 24
anoþir.

   The fyrst Anne was modyr to Samuel, Godys holy p*r*ofytte,
þat was byschop aftyr Hely, and gou*er*nyd þe pepull of Israell
mony ȝeres. Þis Anne had an husband and was cald Elcana, 28
and he myght haue no childyrne by þ*y*s Anne, for scho was
barayne. But, at þe last, by geuyng of gret almys-dede and
prayers to God, God grawntyd þ*y*s Anne a sonne þat was cald
Samuel, as I sayde befor.   32

Anoþer Anne was wyfe to a mon þat was cald Raguel; and
þay had a dochtyr and þat was[1] cald Sare. Þe whech Sare had
vii husbondys; and euer þe fyrst nyȝt þe fende strangylt hom,
4 for þay wold haue cowpult wyth þys woman Sare for gret lust of
flesch, and not yn þe reuerens of God, ne yn purpos forto gett
chyldyrn to Godys seruyce. Wherfor God ȝaf þe fende power
to sle hom, er þat þay had defowlyd þys woman. But aftyr come
8 Toby, þe ȝonge, þe whech an angyl broȝt to þys Raguell hows.
And soo, by techyng of this angyl, þis Toby weddyt þys Sare,
and thre dayes and thre ‖ nyȝtys forbare hys wyf, and werne yn **122 b**
hor prayers, and soo þe forþe nyȝt ȝode to hor bed and hade
12 childyrne.

The thryd Anne was Tobyys wyfe, þe aldyr, þe whech was
fadyr and scho modir to Toby þat I haue spokyn of befor. Þe
whech þe aldyr was an holy man, and bysely did[2] þe werkys[3] of
16 mercy and of charyte. And ȝet God, forto preue hym and his
meke suffrance, made hym blynd. Þus, on a day, when he had
buryet soo mony dede bodyes þat werne slayne, he was soo wery
of travayle, þat he layde hym downe yn his hows by þe woch,
20 forto rest hym; and soo, as he lokyd vp, þe fewte of swalows
felle on his een, and soo he was blynd. But for he toke þys deses
paciently, and euer thonkyd God of his vysitacyon, God send
hym his syȝt aȝeyne.

24 The fowrte Anne was yn þe tempull of Ierusalem whan[4]
Ioseph and our lady broȝt Crist ynto þe temple on Condylmas-day.
And þen come þys Anne, and profyseyt of Cryst how hit fell of
hym aftyrward. This Anne was soo holy, þat when scho had
28 byn weddyt seuen ȝere, and her husbond deyd, scho ȝod ynto þe
tempul of Ierusalem, and was þer seruyng day and nyȝt, tyl þat
she[5] was foure score ȝere old. And þen scho hade such grace, þat
scho saȝe, or scho deyt, Crist wyth her een, and scho hondylt
32 hym wyth her hondys.

The v Anne ys scho þat bare oure lady of hir body, and fostrut[6]
her wyth her brestes. And when scho was of age, scho broȝt her
ynto þe tempull of Ierusalem, and laft hyr þer among oþer virgyns

---

[1] was *C. om. G.*

[2] did *d. om. G. not in D.*

[3] werkys *the r is written above the line.*

[4] whan *d.* whom þat *G. not in D.*

[5] she *d. om. G. not in D.*

[6] *MS.* forstrut.

of her age, forto lerne Moyses lawe, and forto serue God boþe day
and nyȝt; and soo scho dyde. This Anne hade a husbond þat
was Ioachym þat come of lyne of þe kynde of Dauid þe kyng.
But for encheson þat profetys toldyn long byfor how þe kyngdom 4
of Dauid schuld descende to Cryst, and soo dyddyn wryte yn
bokes; þe whech bokes wer kepte yn tresowr yn þe tempull yn
123 a mynde of þys þyng, for Herode, kyng of ‖ Ierusalem, þocht
forto turne þys lynage ynto hym and ynto his eyres aftyr hym, 8
wherfor he toke þes bokys out of þe tresery, and made forto bren
hom, soo þat, when þay wern don away, þe mynde of Crist schuld
haue be [1] forȝeton, and he myȝt soo conceyue by sleghtes þe lynage
of kyng Dauid don ynto hym and ynto his. Wherfor þer byn but 12
few bokes þat tellyn opynly how þat Ioachym com by descent
from Dauid. Neuerþeles when Herod had don þys fowle dede,
ȝet wer þer good men and wyse þat had copies of þes bokes wyth
hom at hoome, þe whech tellyth how þat Ioachym come of þe 16
kynde of Dauit.

For Dauid had mony chyldyrn, among þe whech he had on
son þat was cald Nathan of þe whech come Leuy, and of Leuy
Panther, and of Panther Barpanther. Þe whech Barpanther was 20
Ioachymys fadyr, and he was fadyr to Mary, Cristys modyr, þe
whech he had by Anne, hys wyfe, and aftyr ȝaf her to [2] maryge
to Ioseph. And þen deyt aftyr Ioachym, and toke Anne anoþer
husbond þat was calyd Cleophace, and had by hym anoþer doȝtyr 24
called [3] Mary Cleophe, and þen he deet. And þen scho had þe
III. husband þat was cald Salome, and by hym scho had þe III.
doghtyr, and scho was cald Mary Salome. And soo, when scho
had getyn her III chyldyrne yn þe worschip of þe Trinite, scho wold 28
haue no mor. But aftyr all her lyue scho ȝaf her to chastyte and
to holynes; and so of þes þre doȝters þer come on holy lynage.
For þe forme doȝtyr [4] Mary, scho bar our Lorde Ihesu Crist. The
II. Mary Cleophe was weddyt to a man þat was cald Alpheus, 32
and by hym scho had fowre sonnes: Iames þe lasse, and Ioseph
þat was callyd Barsabas, Symon, and Iude. The III. Mary was
weddyt to a man þat was callyd Ȝebede, and by hym scho had

---

[1] haue be *H.* abyn *G.* aben *C.*   [2] to *d.* a *G.* not in *D.*
[3] called *d.* þat *G.* not in *D.*   [4] forme doȝtyr *C.* III doȝtyrs *G.*

too sonnes, Iamys þe mor and Saynt Ion þe Euangelyst. ‖ Thus **123 b**
God sayth hymself: 'Of a good tre comyþe good frute;' soo of
þys[1] holy woman, Saynt Anne, com an holy ospryng.

4   Wherfor ȝe schul now knele adowne, and pray Saynt Anne to
pray to her holy doghtyr, oure lady, þat scho pray to her sonne
þat he ȝeue you hele yn body and yn sowle, and grace to kepe
your ordyr of wedlok, and gete such chyldyrn þat byn plesant and
8 trew seruandys to God, and soo com to þe blys þat Saynt Anne ys
yn. Amen.

52.

De Solempnitate Sancti Laurencii Martyris
Sermo Breuis.

12   God men and woymen, such a day ȝe schull haue Seynt
Laurenceys day, þat ys Godys holy martyr. Þe wheche martyr-
dome, as Mannus seyth, schynyth to al holy chirch, and lyghtyþ
al þe worlde. Wherfor ȝe schull fast his euyn and com on þe
16 morow to þe chirch yn þe worschip of God and his holy martyr;
for he was holy yn lyuyng, he was meke[2] yn passion suffryng, and
perfet yn ensampull ȝeuyng. Þen saythe Seynt Austeyn þat an
ensampull yn doyng ys mor commendabull þen ys techyng oþer
20 prechyng. Therfor Seynt Laurance ȝaf all cristen men ensampull
yn doyng techyng ych man forto schewe aȝeaynys malyce mekenes,
aȝeynys couetyes largenes, aȝeynys persecucyon louyng swetnes.

    This holy martyr schewyth aȝeynys malyce mekenes; for when
24 Sent Syxti þe pope had byn yn Spayne, and broȝt Laurence wyt
hym from þens to Rome, he ordeynt hym his archedecon forto
serue holy chyrche and to serue hom þat werne pore. Herefor þe
Emperour hade envy to hom, and schaput forto do hom to deth.
28 Þen þocht Laurence to schow mekenes aȝeynys malyce, and herkut
þer after þor men and woymen, and ȝode to hom, and ȝaf hom þat
hom nedut, mete, and drynke, and klothys. And soo he com to ‖
a wedoys howse þat had mony pore men hud wyth hyre. Þe **124 a**
32 whech wedow had byn long seke of þe hedake, but Saynt Laurence
had compacyon of her, and helet her of her sekenes, and toke all

---

    [1] þys *H*. þeis *C*. om. *G*.   [2] meke *H*. om. *G. C.*

þe pore men þat werne yn her hous, and mekely knelyd downe on
his kneys, and waschid hor fete, and seruyd hom of mete[1] and
drynke. And for he herde þat þer was a pore blynd mon yn
a howse bysyde, he ȝode þedyr anon and helut hym. Thus þe 4
more þat he herd of þe Emperourys malys aȝeynys hym, þe more
he ȝaf hym to mekenes and to holy deuocyon.

He schewyd aȝeynys couitys largenes[2]; for when þe pope
Sixtus had betakyn[3] hym þe tresour of þe chyrch, forto dele to[4] 8
hom þat werne pore, and seke, and blynd, and oþer þat hadyn
nede, þen was þe pope Sixtus takyn, and lad furth forto be hedyt
by byddyng of þe Emperour. Then sewyd Laurence his maystyr
remyng and sayde to hym on hyȝ þat all myȝtyn here: 'Holy 12
fadyr, forsake me not, for I haue al þe tresowre þat ȝe betoke me.
Wherfor, fadyr, goo þou not to þi passion thyn one selfe, let me
goo wyth þe; and as we han seruyd God togedyr, let vs suffur
deth togedyr.' Then sayde þe pope: 'I wil goo byfor, and þou 16
schalt come aftyr and suffyr mor payne þen I; for I am old and
may not dure and þou art ȝong and may suffyr. Wherfor make
þe redy, for þe ys moch turnement towart.' Then wer þer summe,
for þai herden Laurence speke of tresoure, þay[5] went to þe 20
Emperour anon, and tolde hym how Laurence had tresoure hyddyn
yn his warde. Then sende þe Emperour aftyr Laurence, and bade
hym delyuer þe tresoure þat he had hyddyn wyth hym; and yf he
wold not delyuer hit, he wold put hym ynto suche a turment and 24
passion, þat he schold be fayne forto delyuer hit. Then was
124 b Laurence || styll, and ȝaf hym non vnswar; wherfor þe Emperour
commawndyd anon forto cast hym ynto þe preson, and do hym all
þe payne þat þay myȝtyn, tyl þat he wold fayne ȝeue vp the 28
tresowre. But how þys pop Sixtus and Laurence com to þys
tresowre, now hit ys forto telle.

We redyn how þer was an[6] holy man Orygines þat conuertyd
Philip þe Emperour to cristyn fayth and alsoo Philip, þe Emperour 32
son. And þen, for þe reme of Frawnce was rebell aȝeynys þe
Emperour of Rome, þys Emperour Philyp send a knyȝt of his to
France wyth a gret ost. Þe whech knyȝt was callyd Decius, and

---

[1] mete *C*. me *G*.
[3] betakyn *C*. ben takyn *G*.
[5] þay *H*. and *G. C.*

[2] *MS.* largenenes.
[4] to *C*. om. *G*.
[6] an *C*. om. *G*.

he was a worthy knyȝt and a evourus yn batayle; wherfor he
ouercome þe reme of Fraunce yn schort tyme, and mad hom buxum
to þe Emperour as þay wer befor.   Then when þe Emperour
4 Philip herd how he had don to hym, and yn gret worschip of þys
Decius and forto thonke hym, he toke to hym a smal mayne, and
ȝode fer out of Rome aȝeynys hym.   Then, for þys Decius syȝ hym
do hym soo gret worschip, he [1] þoȝt yn his hert þat he was aferde
8 of hym, and þen þoȝt þat he wold be Emperour hymself, þenkyng [2]
þat he was moch more worthe þen he.   Wherfor, yn þe nyȝt aftyr,
as þe Emperour lay yn his bed slepyng, þys knyȝt Decius ȝode to
hym, and sloch hym, and toke hys ost w*yth* hym to Rome.   And
12 when þe Romanes and þe senatowrs herdyn herof, what for mon-
hode of hym, þer þay crownet hym Emperour.

Then herd Philyp, þe Emperourys sonne, how Decius had slayne
his fadyr and was Emperour, he dred lest he wold haue slayne
16 hym, and toke al his fad*yr*ys tresowre, and broȝt hit to þe pope
Syxty and Seynt Laurens, prayng hom, ȝyf soo befelle þat Decius
sloch hym, þat þay schuld dele þat tresowre, sum*m* to holy chyrches
worschyp, and þe remenant ȝef to pore men þat had nede þerto.
20 Then sone aftyr þys Decius made to take þys Philip and sle hym.
And when he herd þat Laurens had þys tresoure, ‖ he made to pyt **125 a**
hym ynto p*r*ison, and co*n*straynet hym wyth grete penau*n*ce forto
bryng forth þys tresowre.   Then was þer yn þat p*r*ison a mon þat
24 het Lucilles, þat by gret wepyng had lost his syȝt.   Þe whech
Seynt Larence folewet, and made hym forto se anone aȝeyne;
wherfor mony a blynd þat [3] herd þerof, comyn to Laurence, and he
heled hom by ue*r*tu of God.   Then, sone aftyr, þe Emperour send
28 to Laurence, to loke yf he wold schow þe tresowre.   Þen Laurens
prayde of þre days fyrst, and sayde þen he wold schew þe tresoure.
Soo þes þre dayes he ȝede lawse, and gedyrt togedyr al þe pore,
and halt, and crowket, and blynd þat he myȝt fynde, and broȝt
32 hom þe þryde day befor þe Emperour yn his palice, and sayde:
'Loo, her ys þe tresowr þat I beheȝt forto schow þe.   Þys tresowr
wol abyde and neu*er* be lorne, þys schall neuer fayle, but eu*er*
schall last befor God yn Heuen.   By þes I haue send þe tresowre
36 befor þat þou askys, ynto Heuen.'   This Saynt Laurence schowet

---

[1] he *H.*   and *G. C.*   [2] þenkyng *C. H.*   þoȝt *G.*
[3] þat *C.*   om. *G.*

aȝeyne couytyce largynes ; for he largely dalt abowte for Godys sake þat þay wolden haue spend yn vanyte and lust of synne.

He schewet alsoo aȝeynys *tur*ment louyng swetnes ; for when þe Emp*er*our herd þys, he commawndyt forto bryng byfore Laurence 4 al man*er* of turment : gynnys, ȝerdus, skorgis, staues, evillys, howk*ys*, pannys w*yth* brennyng colys, fures-brondys, brennyng schaft*ys* of eyron, salt, pych, code, brynston, myltyn led, fure, forkys, barres of a gret grydyr, and commawndyd þat al schuld be 8 spend on hym, but yf he wold schewe þe chyrch-tresowre, and for-sake his God, and offyr to mawmetys. Then sayde Laurens : ' Vnblessyd, þes torment*ys* I haue ȝore desyred [1], for ryȝt as swete metes plesyn þi body, ryȝt soo þes turmentys plesyn my sowle, and 12 makyth hym strong forto suffyr passyon for my Lorde sake.' Then

125 b was þys Emp*er*our ‖ nyȝ wode for wroth, and commaundyt forto bete hym wyt scorgis, and knottys [2] w*yth* lede, þat þe blod ran downe on yche syde, and aftyr laydyn ȝeardys of jron brennyng 16 to his sydys þat brent þe flesch to þe bar bones. But Laurens eu*er* thonkyd God w*yth* glad chere þat made Deci*us* wondur [3] sore tenet and sayde to hym : ' Thogh [4] þou w*yth* þi wychecraft scorne þys turment, þou schalt not [5] scorne me.' Wherfor he commaundytt 20 eftesony*s* to bete hym wyth whippys, knottyt w*yth* lede, þat his bonys weren bare al abowte, and þe flesch w*yth* þe blod droppyd downe on ysche syde. Then Laurence hevyd vp his hondys, and prayde to God forto take his sowle. Þen a voyce from Heuyn 24 vnsward and sayde þat Decius herd : ' ȝet þou most abyde more torment and passion for my loue, and þen þou schalt com*me* to me wyth grete worschip and ioye.' Then sayde Deci*us* : ' Heryn ȝe al how fendys confortyþ þys prowde rebelle wreche !' and bade 28 eftsone bete hy*m* w*yth* scowrgis.

Then was þ*er* a knyȝt þat hette Roman*us*, þat syȝ an [6] angyl w*yth* a whyt schete of selke wepe þe sydys of Saynt Laurens ; wherfor he halsut Laurence þat he schuld not forsake hy*m*, but 32 hye þat he wer folowed. So, when Laurence had crystonet hym, ano*n* be commau*n*dement of Deci*us* he was hedet. Then bade Deci*us* make a gret hote fure of brennyng colys, and sett þeron

---

[1] ȝore desyred *C.* your desyre *G.*
[3] wondur *C.* vndyr *G.*
[5] not *C.* om. *G.*

[2] knottys *C.* knottyd *G.*
[4] thogh *C.* thonke *G.*
[6] an *C.* om. *G.*

a grydull, and lay Laurence þeron, and soo rost hym to dethe.
So, when he was layde þeron, and þrust downe wyth fyre-forkes,
Laurence lokyd on the Emperowre and sayd to hym: 'Wreche,
4 þis syde ys ynoch; turne and etyth, whyle þat othir rostyth!'
And then Laurence turnyd vp his eȝen to God, thonkyng hym of
al hys sondes; and soo he ȝeaf vp his spyryt ynto Goddys ‖ hondys. **126 a**
Then ȝeden þe tormentowrys hor way, and laftyn þe body lyng on
8 þe gredyr. And þer come cristyn men by nyght, and tokyn þe body,
and buryet hit wyth gret lamentacyon and wepyng, boþe wyth
ee and hert.

Thus Seynt Laurence schewyd aȝeaynys males mekenes; for þe
12 mor þat he was þrat, þe mor meke he was. And aȝeynys couetyse
he schewyd largines; for þe mor þat þay couetyd þe chirches
tresowre, þe mor largyr he dalt hyt to hom þat hadyn nede to hyt.
And aȝeynes passyon he schowyd louyng swetenes; for the swetnes
16 þat he had of þe louyng of God yn his hert wythyn-forþe made
hym to sette noght by þe passyon, nor þe torment þat he suffyrde
wythout-forth.

Narracio.

20 Seynt Gregory tellyth þat a pryst was callyd Scatulus, was
aboute to amend a chyrch of Seynt Laurence þat was destryed
wyth Lumbardys. But when he wanted[1] mete to hys werkemen,
he was sory, and prayde to Seynt Laurence for helpe; and soo he
24 lokyd ynto his ovyn, and fonde hit full of new bred and whyte.
But when he for-lytyll wende hyt wold haue seruyd but to on
mele, hyt suffycyt to all ynoch for x dayes.

Narracio.

28 I fynde þat þer was an[2] Emperour of euyll lyfyng. And when
he was ded, a legyon of fendys come rennyng nygh a celle of
a holy ermyd; and he, for wondyr of þe noyce, opynd a wyndow,
and callyd to hym þat was[3] the hyndmast of hom, and askyd
32 what þay weryne. Then sayde he þat þay weryn fendys, send
to þe Emperours deth, forto loke yf þay myght oght gete of
hym. Then commawndyt þys ermyd þat he schuld come agayne

---

[1] wanted *C*. went wyth *G*.   [2] I fynde þat þer was an *C*. and *G*.
[3] þat was *C*. om. *G*.

by hym, and tell hym of hor spede. Soo, when he come aȝeyne, ‖
126 b he told, when alle his synnys wern layde on þe balans and was
nygh ouercomyn, then come [1] thylke brennet dekon, and layde
a grete pote on þe wey þe whech anon weyit vp al togedyr. 'Then 4
was I wroth þerwyth, and pullyd of þat on ere of þe pote.'
This pote he called a gret chalice þat þys Emperour let make in þe
worschyp of Seynt Laurence; and for hit was soo moch, þe fynd
callyd hit a potte. And þus was þys Emperour saued þrogh 8
the helpe of Seynt Laurence; and soo pray we to God þat we
may be.

53.

DE ASSUMPCIONE BEATE MARIE UIRGINIS MATRIS
DOMINI NOSTRI IHESU CRISTI.   12

Goode men and woymen, such a day N. ȝe schull haue an hygh
fest yn holy chyrch þat ys callyd þe Assumpcyon of our lady, þat
ys yn Englysch, þe takyng vp of our lady. For þat day scho was
takyn vp into Hevyn, and now ys helpe and socoure to all þat 16
callen to her wyth full hert. Wherfor ȝe schull fast þe euyn, ych
man and woman þat is XII ȝere old, ych mon as his deuocyon
techith hym, and aftyr he ys bedyn do by his scheryft-fadyr.
And on þe morow ȝe schull come to þe chirch, and worschip oure 20
holy lady wyth all your myght and conyng. Then schull ȝe know
well þat þys assumpcyon was don worschipfull, and joyfull, and
also holy, þat ys, boþe yn body and yn sowle infere.

Hit was don worscypfully; for God taght hymself yn þe 24
x commawndmentys þat ych chyld schuld worschip hys fadyr and
his modyr. Wherfor Cryst schowyd and dyd þat he taght byfor,
yn gret worschyp to hys modyr, when he wold take hur out of
þis world ynto þe blysse þat he ys yn. He send an angyll on 28
message to hur wyth gret lyght, beryng to hur a branche of
palme of paradyse of þe wheche þe ȝearde was grene as gresse, and
þe leues dytdyn schyne as þe day-ster, and bare datus swettyr þen
any wordely spyces. And when he come to her, he knelyd downe, 32
127 a and ‖ worschepyd hur as hym oght forto do to hys Lordys modyr,
and sayde mekely to hir: 'Hayle Mary, my Lordys dere modyr,

---

[1] come *C.* come he *G.*

take hys blessyng þat was borne of þe; he sendyth þe worde þat
the thryd day hethens he wyll come and fach þe to hym, forto
dwell wyth hym in[1] ioy and blysse wythout end.   Wherfor yn
4 tokyn þerof he sendyth to þe a branch of a palme þat was yn
paradyse; þe whech schall be borne byfore þy bere to þi towmbe,
and be not adrede, but be glad and blythe, for yn tyme of þi
deyng all wekyd spyrytys schall for ferd fle away from þe.   For
8 þen wyll my Lord, þi sonne, come to þe, and fache þi soule wyth
multitude of angelys, and bere hit vp ynto Heuyn wyth gret joy
and blysse.'   Then oure lady knelyd downe, and held vp her
hondys and her hert yfere, and thonkyd her sonne of hys swete
12 sonde, and toke þys palme yn her honde wyth gret reuerence
and sayde : 'I wold, yf hyt be my sonneys will, þat my
brethyrne, þe apostols, myght byn here at my dyryge, þat I
myght ons haue seyne hom, er þat I had passyd out of þis world.'
16 'Thus, my lady,' sayde þe angyll, 'þys day all schall come to þe
forto do þe seruyce, and bryng þe to þi tombe, and soo bury þe.'

Then flogh þe angyll aȝeyne, and anon a lyȝth clowde lyght
apon Seynt Ion þe Euangelyst þeras he prechyd yn þe syte of
20 Ephesym, and sette hym byfor our lady chambyr-dyre.   Þen Ion
knokyd on þe dyr, and come yn, and knelyd adowne, and gret
our lady.   Then, when scho sygh Ion, scho myȝt no lengyr for-
bere, but anon wepyd for joy and sayde : 'Welcom, my swete son
24 and cosyn,' and told Ion of þe message þat þe angyll broght to
hur from her sonne, and how scho schuld dye þe þrid day aftyr,
and schowed hym þe palme.   And þen anon all þe apostols wern
broght wyth clowdes, and || set byfor our lady dyr; and when **127 b**
28 jche sygh othyr, þay merueyld gretly wherto þay wern soo sodenly
brocht þedyr.   Then herde Ion hom speke, and come out to hom,
and welcomyd hom, and told hom what message our Lorde send
to his modyr, and how at her prayer þay wern fachet þidyr, to
32 be at her endyng.   Þen Ion broght hom before oure lady, and
þay al mekely fel downe on her kneys, and gret hur.   Þen scho
ful mekely welcomyd hom all by and by, and by name welcomyd
Poule.   Then sayde he aȝeyne : 'Þagh I haue not seen my Lord
36 bodely here on erthe, now I se you, I am gretly confortyd as þagh
I se hym present now here wyth myn een.'   Then com ther alsoo to

[1] in *C.* and *G.*

oure lady sex score of woymen þat were clene maydyns, forto don
hur seruyce. Wherfor anon þay madyn her bed, and dydyn hur
þeryn, and sette tapurs[1] about al nyght brennyng, and waken tyll
hyt was mydnyght; then all fellyn on slepe saue þe apostols.   4

And þen come our Lord Ihesu Cryst[2] downe from Heuen wyth
a gret lyȝt and a gret multitude of angels, and gret hys[3] modyr,
and sayde: '‘Wel be þe, blessyd modur!’ And so turnyd to þe
apostelus and sayde to ham[4]: ‘Pes be to you all, breþir all!’ And 8
þen sayde he to his modyr: ‘Comme now, modyr, wyth me ynto þe
blysse þat neuer shall haue ende.’ Then scho held up her hondys
and sayde: ‘My dere sonne, I ȝef vp my sowle ynto þi hondes.’
And soo Cryst toke her sowle yn his armys, and bade þe apostols 12
bere her body ynto a place þat was cald Gethsemany, and bury
hur þer yn a tombe þat þay schuld fynd þer, and abyde þer tyll þe
þryd day þat he come agayne to hom. And soo wyth his modyr
soule klippyng yn his armes in[5] syght of all þe apostols he bare 16
hit ynto Heuen.

128 a   Then toke þes maydyns ‖ and waschid her body as þe maner
ys of þat contray, þat þen cho chane as þe sonne, and sauyrd
swettyr þen any spices, and layde hit on a bere. Then toke Ion 20
þe palme, and ȝede before, and Petyr and Poule broghten þe bere
aftyr, and þe toþer apostols comen syngyng wyth angels, soo þat
þe song of hom was herd ynto þe cyte. And when þay of þe
cyte herd hom make such melody, þay ren toward hom wyth 24
bottys, and staues, and oþer wepon, yn ful purpos forto haue
drawyn downe þe bere, and cast þe body yn þe fenne. But he
þat layde fyrst hond on þe bere, anon boþe hys[6] hondys wern
puld of by þe elboues, and hongyt soo styll on þe bere; and he 28
wyth hys stompes stode soo, cryng and ȝellyng for ake and sorow
þat he suffyrd. Then sayde Petyr: ‘Kys þe body of oure lady,
and knowlech welle wyth trew heit þat Crist, veray God and
man, was borne of þat same lady, and þou schalt be hole.’ Þen 32
dyd he soo, and he was hole anon as he was byforne. Then toke
Petyr a date of þe palme, and betoke hyt hym, and bede hym goo
ynto þe syte, and lay hit on all þat werne seke; and þay wold

---

[1] *MS.* taburs.   taperres *C.*   tapies *H.*   [2] Cryst *C.*   Cryst come *G.*
[3] hys *C.*   om. *G.*   [4] well . . . ham *C. H.*   om. *G.*
[5] in *C.*   and *G.*   [6] hys *C.*   is *G.*

leue as he dyd, þay schuld be hole of what maner sekenes þat þay
had. And soo he heelyd gret nowmbyr of hom. Thus when
þay come to Gethsemany, þay dytdyn þys body in a towmbe þat
4 thay fowndyn þer, wyth all þe reuerens þat þay cowþe, and set
hom down by hyt, as Cryst bade hom abyde tyll þe þryt day. Þus
was þe Assumpcyon don worschypfully.

Hit was also ioyfull; for þe þryd day, as Cryst sayde, he come
8 downe out of Heuyn wyth gret multitude of angyls, of prophetes,
of patriarchus, and of othyr holy seyntys wythout nowmbyr || and **128 b**
Seynt Myghel beryng our lady sowle yn hys armes, bryghtyr þen
þe sonne. Then sayde Crist to hym: 'Myghell, do my modyr
12 soule aȝeyne!' And when he had don soo, Crist sayde to hur:
' Com, my swete, com my flour, com my culuer, myn owne boure,
com my modyr, now wyth me; for Heuyn qwene I make þe!'
Then þe body sat up, and lowted to Crist, and sayde : 'My swete
16 sonne, wyth al my loue I com wyth þe to þyn aboue; wher þou
art now, let me be, for al my loue ys layde on þe.' Then al þe
angels token up a song of swete melody and heuynly mynstrelcy,
þat all þe tongys yn erþe cowþe not tell on poynt þerof, so swete
20 hyt was and so mery to here. And so wyth al þys myrthe and
melody þay beryn our lady ynto Heuyn, boþe body and soule, and
soo Crist set hur þer by hym yn his trone, and crowned hur qwene
of Heuen, and emperice of hell, and lady of al þe worlde, and
24 hath[1] a hygh ioy passyng all þe sayntys. And as þe sonne legh-
tenyth al þe day, ryght soo scho lyghtenyth al þe cowrt of Heuen.
And al þat byn yn Heuyn byn buxom to hur and redy at hur com-
maundement, and don hur worschyp in honowre, as þay owyn forto
28 do to hor Lordis modyr and hor qwene; and ys þer of on wyll and
one loue wyth þe holy Trinyte þat grauntyth hur what þat euer
scho askyth, and at hur prayer rewardyth all hur seruantes. And
þus scho sittyþe yn Heuen next to þe Trinite, wyth body gloryfyet,
32 and[2] ys yn full certeyne þat þes ioyes schuld dure for euermor.
Þus was þis assumpcyon don ioyfully.

Hit was don alsoo holy, þat is, yn body and yn soule, puttyng
away the comyn condicion[3] of monkynd, þat ys, forto dey; and so
36 þe body turnyd ynto corupcyon and stynkyng careyne. But for
encheson þat Crist toke flesch and blode of oure ladyys body, and

---

[1] hath *C*. om. *G*.   [2] and *C*. in *G*.   [3] condicion *C*. conducyon *G*.

so were on flesch and on body, þerfor scho was outtakyn of þat condicion[1], and was fat ynto Heuen yn body and yn soule. But for summe wern yn doute þerof, hit myȝt be by Godys ordenaunce þat Thomas of Inde was not þer, when þe Assumpcyon was don, 4 but come aftyr, and sayde he myght not leue þat yn body and yn soule. Wherfor ryght as he spake þat word, ‖ oure lady lat her gurdyll fall downe from Heuen ynto Thomas hondys, as þogh scho had sayde to hym þus: 'Ryght as þou woldyst not leue þat my 8 son was resyn from deth to lyue yn veray body, tyll þat þou pyttyst þi hondys ynto his syde and preuyd þe soth, soo, by þat sonde of my gurdyll þat I send þe, leue well þat I am yn Heuen wyth my sonne, in body and in soule, as he ys.'   12

Othir probacyons byn mony of þe wheche Seynt Barnard says þus: 'Yf hit wer soo þat our ladyys body wer yn erthe, al men wold seche[2] hit, as men doþe Petyr, and Poule, and oþer mony seyntys. But for scho ys bodely yn Heuen, men sechyn not hur by 16 walkyng on erþe, but by deuocyon yn Heuen.' Saynt Austeyn sayþe so þat corupcyon of synne makyth mankynd to turne into corupcyon of caren, but God forbede þat þe body of Godys modyr schuld turne into corupcyon and styngkyng careyn, þat was halowd yn 20 hur modyr wombe, and alway aftyr kepyd wyth þe Holy Gost from al maner corrupcyon, and anoyntyd wyth þe creem of al maner holynes and clannes of lyuyng.

Then wythdraweþe he moch of þe sonnys worschip þat any 24 fulþe þenkuþ be hys modyr; for he þat is hur sonne and walle of loue, loþe he had byn forto haue sene þilke pappis sowken and gnawyn wyth stynkyng wormys þat he befor dyd sowke, and had his fode ful swete. Loth had hym ben to see þos swete lyppys 28 haue byn turned to styngkyng careyne þat he ful swetly had kyssyd befor. Loþ had he ben forto haue seen þat fayr face of hys modyr to rotte oþer to stynke þat made hym to lagh, when he lokyd þeron. Loþ had he ben forto haue seen þos swete and 32 qwyte hondys haue ben turnyd ynto fulthe and corrupcyon þat so ofte worschipet hym, and waschet hym, and mad hym clene of corupcyon. Loþ had he byn forto haue seyn þos armys rotte away by þe ioyntys þat soo oft clyppyd hym for gret loue, and beryn 36 hym aboute to comfort hym, when he wepyd. Loþe had he byn

---

[1] condicion *C.* conducyon *G.*   [2] seche *C.* suche *G.*

forto haue seen wormes and grubbes walewe ‖ yn þat blessyd full **129 b**
wombe yn þe whech he lay and turnyd hym ix monyths.   Thus
for he bade þe chyld worschip þe modyr, he toke his modyr from
4 all þis fulþe, and broght hur þedyr as scho schal be in [1] euerlastyng
clennes and perpetuall worschip.

Saynt Eliȝabeth of Spayne yn hur reuelacyon tellyþ how scho
saw a towmbe and a gret lyȝt about hit, and as hit wer a fayre
8 woman yn þe towmbe, and angels stondyng al aboute, and sone
aftyr scho was takyn up wyth angels of þe tombe.   And þer come
þedyr from Heuen a glorius man beryng yn his hond a syngne of
þe crosse, and gret multitude of angels, and oþer sayntys wyth
12 hym, and soo token þys woman ynto Heuen.   Then Eliȝabet
askyd an angyll þat scho spake wyth, what þys myght be.   Þen
sayde þe angyll : 'God haþe schowet þe how our lady was taken
ynto Heuen, yn body and in soule.'   Þus clerkys preuen how our
16 lady was assumpted bodely ynto Heuen.

Wherfor I red of a clerke þat louyd oure lady and wold yche
day grete hur wyth þe v ioyes þat scho had of hur sonne yn erþe.
But when he schuld dye, he was adred of Godys dome, and qwakyt
20 for fere.   Þen come oure lady to hym, and comfortet hym, and
sayde þus : 'My dere seruand, be not aferd ; but for þou hast
gladyd me ofte rehersyng to me þe ioyes þat I had of my son yn
erþe, wherfor þou schalt goo wyth me ynto þe ioy þat euer schal
24 laste.'

Narracio.

I rede of a woman þat greuysly was temptyd wyth þe fende, so
þat ofte-tyme he com to hur yn lyknes of a man and spake to hur.
28 Then scho soght al þe remedy þat any man couþe teche hir, forto
dryue hym away wyth holy watyr and oþer holy wordys, but al
gaynet not.   Þen ȝede scho to an holy ermet forto haue cownsell ;
þen taght he hur to say þus : 'Saynt Mary, helpe me !'   So,
32 when þe fende come agayne to hur, scho huld vp hur hondys and
sayde : 'Saynt Mary, helpe me !' and anon þe fend was aferd, and
starte on bakke, and sayde : 'An euol ‖ deuyl goo ynto his mowth **130 a**
þat þe þat taght.'   And so scho was deliuerd of þe fend for
36 euermor.

---

[1] *in inserted above the line.*

Narracio.

A Ive set his son to a scole among oþer cristyn chyld*yr*. And soo, on Estyr-day, when oþer chyldyr went to be howsyld, he for felyschip went w*yth* hom thidyr. And when þe masse was done, 4 and þes pepull schuld be howsyld, þ*ys* child sagh a fayre lady stond at þe auter and reched yche man hys howsyl. Then he among oth*er* childyr toke howsyle at þ*ys* lady hond, and soo ȝode home. But for he had ben long out, his fadyr askyd hym wher he 8 had byn. Þen was he adred, and durst not say but soth, and told all how he had ben at þe chirch, and was howsyld w*yth* oþ*er*. Then was h*ys* fadyr so wod wroþe, þat he cast þ*ys* child yn a brennyng hote oue þat was bysyde, and soo stoppyd hym þ*er*in 12 yn hope to haue brent hym to colus. Then was þe modyr soo sory for hure schylde and rerut suche a cry, þat mony cristyn men comyn yn to wytte what hur was. Þen sayde scho how hur husbond had brent her chyld yn þe hote oue. Then þay vndedyn 16 þe oue-mowþe, and segh þe chyld syttyng all hole playyng w*yth* þe leem of þe fyre. And when he was takyn out, thay askyd how he was sauet yn þe oue. And he sayde how þat fayre lady þat stode on þe hye aut*er* and ȝaf hym hys howsyll, scho com to hym 20 yn þe oue, and saued hym from þe fyre w*yth* her mantell-lappe about hym.

Now knele we all adowne, and pray we to our lady þat scho wyll helpe vs yn oure nede, þat we may haue þe blysse þat hur son 24 boght vs to. Amen.

54.

IN DIE ASSUMPC*I*ONIS BEATE MARIE S*ER*MO BREUIS.

Good men and woymen, þ*ys* day ys an hygh day and an hygh 28 fest yn all holy chyrch, þe heghest þ*at* ys of our lady. For þ*ys* day, as holy chyrch makyth me*n*cyon, Crist, Godd*ys* Sonne of Heuen, and our one lady d*er*e sonne, þat was borne of hur blessyd **130 b** body and fosterd wyth hur brestys, þ*ys* day haþe ‖ taken vp our 32 lady yn body and in sowle ynto Heuen, and set hur by hym yn hys trone, and crowned hur qwene of Heuen, and emp*er*ice of helle,

and lady of al þe world. Wherfor þys day al þe angels comyn
byfor hur, doyng to hur al þe reuerens and seruyce þat þay cowþe,
as þay owdyn to do to hor qwene and hor Lordys modyr. This
4 dey also þe seyntys þat wern yn Heuen comyn wyth processyon
aȝeynes hur, beryng rosys and lylius of paradise yn tokenyng þat
scho ys flowre of woymen and lylly of virgyns, and so dyddyn
vmage to hure. Thus al þe angels and þe seyntys yn Heuen
8 wern so gretly ioyet of hur come, þat þay madyn all þe myrthe
and melody þat þay cowþe, al yn honowur and worschyp of hur.

Then, for holy chyrch makyþe melody þys day of þys holy lady[1],
and redyþ and syngyth bysyly of hur worschip, mony han meruayl
12 qwhy þe gospell of þys day makyth no mencyon of hur, but only
of too sustyrs, Martha and Mari, hur sustyr, and sayth þus:
' Ihesus entret ynto a castell, and a woman þat was cald Martha
þat toke hym ynto hur hows. Þe wheche had a sustyr þat was
16 cald Maria þat sate at Cristys fote, and herd þe wordys þat come
out of hys moþe. Then, for Martha was besy forto serue Crist
and þos þat come wyth hym, scho stode and sayde to Crist : " Syr,
say to my sustyr þat sco ryse and helpe me." Then Cryst vnsward
20 and sayd : " Martha, Martha, þou art besy and art trowbult about
mony thyngus[2], whyll þat on ys necessary : Mary hath chosyn þe
best part þat schall not be takyn from hur." ' Thes byn þe wordes
of þe gospell of þys day, and here ys no mencyon of our lady
24 bysemyng to mony mennys vndyrstondyng.

But þay þat wyll rede þat Seynt Ancelme sayþe þerof, þay schull
se well þat þys gospell partaynyth all to our lady and to þe lyfyng
of hur. Scho was þe castell þat Ihesu entred into ; for ryght as
28 a castell hath dyuerse propyrtyes þat longyth to a castell þat
schall be byge and strong, ryght so had our lady[3] dyuerse uertues
þat made hur abolle befor all woymen forto receyue Cryst. For
þeras woymen byn frele and febull, || and eth to be ouercomyn, our **131 a**
32 lady was strong as a castell, and aȝeynestode þe saute of þe fyndes
engynes ; and put hym of at al. For ryght as a castell hath a depe
dych yn strengyth of hyt, soo hath our lady a dyche of mekenes so
depe downe ynto þe erþe of hur hert, þat þer myght neuer no mon
36 go ouer hit. Scho passyd all yn uertu of mekenes, wherfor God

---

[1] *MS.* lay.   [2] thyngus *C. om. G.*   [3] *MS.* ladyes.

chose hur to be modyr to his sonne befor all oþer woymen. Herto
scho hurselfe beryþ wytnes and sayth : ' Quia respexit, &c. For
God byhelde þe mekenes of his owne maydyn, þerfor all gen*er*ac*y*on
schall blesse me.' Thys dych also, yf hyt be full of watyr, hyt ys 4
þe mor strengyr to þe castell ; þ*ys* watyr ys compassyon þat a man
haþe for his owne gylt oþ*er* for any oþ*er* monnys deses. This
watyr had oure lady, when scho wepte for hur sonnys passyon and
for his deth so moch, þat when scho hade wepte all þe watyr þat 8
was yn hur een, scho wepte blode ou*er* this dyche, lyke a draw-
bryge þat schall be drawen vp aȝeynys enmys, and lete downe þe
frendys þat wyl kepe þ*ys* castell. By þ*ys* bryge ȝe schull vndyr-
stond discret[1] obedyens. For ryght as a man schall not lette 12
downe the bryge to his enmy, þagh he be bedyn, ryght so a man
schall not do nothyng for no byddyng þat wyll lette yn þe fende
to his soule. But when he ys bedyn do þat ys spedeful to his sowle,
þen schall he lette downe þe bryge[2] of obediens, and þen þe 16
sandyr, þe bettyr and þe buxom to hym.

Thus dyd oure lady ; when Gabryell þe angyll come to hur, and
spake to hur of þe concepc*y*on of hur sonne, scho lette not downe
þe bryge anon, tyll scho knew well þat he was frend and non enmy, 20
and how scho schuld conceyue and be maydyn, and so kepte þe
vow of chastyte þat scho had made befor. So, when scho herd þ*ys*,
anon scho lette downe þe brige of obediens and sayde þus : ' Ecce
ancilla Dom*i*ni. Lo, here Goddys owne maydyn ; be hit don to 24
131 b me aftyr þi worde.' Thys || castell ys dowbull-wald : a forþ*er* þat ys
lowyr, and a hynd*yr* þat ys heghyr. Þe forthyr bytokenyth
wedloke ; for scho was a wyfe to Ioseph, ellis þe Iewys woldyn
haue stenet hur as a lechoure, yf ho had conceyuyd out of wedloke. 28
Alsoo þe forþ*er* wall bytokenyth pacience, þe hynd*yr* bytokenyth
virginite, þat ys, maydenhode ; for maydenhode ys lytyll helpe
w*yth*, but yf hyt be strongyt w*yth* pacience. For a mayden ys
lytyll worþe þat con nothyng suffyre of p*er*secucyon ne of deses, 32
but scho playne ; and ys a claterer, a ianguler, a flyter, a curser,
a swerer, and a skold of hur mowþe. This defendyth not mayden-
hode, but[3] rayþ*er* castyth hit downe. Wherfor a mayden most be
of lytyll wordys, and loke þat scho speke by honeste and worschyp 36

---

[1] discret *C*.   disgret *G*.   [2] *MS*. byge.   [3] but *H*.   bot *C*.   hut *G*.

to hur person; for hyt ys an old Englysch sawe[1]: ' A mayde
schuld be seen, but not herd.' This uertu had our lady ; for Seynt
Barnard seyþe: rede al þe gospels ouer, and þou scha[l]t not fynd
4 þat our lady in alle hyr lyfe spak[2] non oftyr but foure syþes, ons
to Gabryell, the secunde to Elyȝabeth, þe þryd to her sonne yn þe
tempyll, þe fourþe at þe weddyng yn the Cane of Galyle. Þus
most þe wall of pacience defende þe wall of maydenhode.

8   This wall, þat ys þe ordyr of maydenhod, ys passyng hegh ; for
þeras hit ys well kepte, hit ys herre þen wedloke, hit ys her þen
wedowhod, and hath worschip yn Heuen passyng all oþer. This
wall kepyth our lady ; for scho was clene maydyn, boþe by fre
12 wyll and by a vow. And ȝet scho had a degre passyng al maydens
þat euer werne oþer euer schall be, for scho was maydyn and
modyr. Yn þys wall ys a ȝate þat bytokenyþe fayþe ; for ryȝt as
hyt ys ynpossybull for a man to goo ynto a castell þrogh þe hoole
16 wall, ryght soo hit ys ynpossybull for any mon forto ples God
wythout faythe. This fayth hade our lady passyng all oþer ; for
þeras hit was semyng forto be ynpossybull þat scho schuld con-
ceyue wythout ‖ cowpule of man—for hit was neuer befor seen— **132 a**
20 scho by techyng and ynformacyon of þe angyll, scho beleuyd, and
soo com Cryst, and entyrd by þys ȝate of byleue ynto þys castell,
þat ys, ynto þe body of our lady. This ȝeate had a toure aboven
þat bytokenyth charyte, hit ys aboue al uertues. Þys uertu
24 had our lady and ȝet hath ; for ryȝt as men and woymen and
childyrn fleyn ynto a castell for drede of enmys, to haue socoure,
so all men and woymen fleon to oure lady for socoure in all hor
deses, yn so moch þat þe lest chyld þat con speke, anon as he ys
28 aferd, he cryþe: ' Lady, lady !' Þus ys scho socour to all, boþe
old and ȝeong, rych and pore, seke and hole. The capten of þis
castell ys þe Holy Gost, and the sowdyours holy angels þat
walkyth wyth hur day and nyght, forto kepe hur safe yn yche
32 way. In þys castell byn too susturs, Martha and Maria ; but
Martha, scho receyued Crist ynto hur howse, and was besy forto
serue hym and þos þat come wyth hym, Mary sat at Cristes fete,
and hade gret lust to here þe wordys of hys mowþe.

36   By þes too sustyrs holy chyrch vndyrstondyth too maner of
lyuyng of man, þat on ys actyf, þat oþer ys contemplatyf. Actyf

---

[1] sawe *H.*   seyde *C.*   om. *G.*   [2] in alle hyr lyfe spak *C.*   om. *G.*

yn besynes of þe world þe whech may not be wythout trowbull
and gret bysynes. But hit schall be done only for God sake, and
forto haue wherwyth a mon may receyue pore, and ȝeue þat hom
nedyth mete and dryng, and cloþyng, and herbar[1], and helpe þe 4
seke, and vysed hom þat be in[2] prison, and bury þe dede. Þys ys
vndyrstond by Martha. By Mary ȝe schull vndyrstond þe con-
templatyf þat lyþe to men of holy chirch þat schuld voyde from
hom, yn all þat þay mowe, al man*er* wor[l]dely bysynes, and ȝyue 8
hom all to sp*iri*tuall occupac*y*on ; þat ys, to redyng and to pr*a*yyng,
to wrytyng and to contemplac*y*on. And ȝet þagh þay lyue þus
p*er*fytly, ȝet ben þer couetowse men þat sayn þat hit ys lost all þat
men of holy chyrch hauen; for hit ys semyng to hom þat þay do 12
no good, but playen hom. And þogh men of þe world playne þus,
132 b hit ys no wondyr[3]; for Saynt || Austyn sayþe þat all þe world ys
holy chyrch. And ȝet þe world, þat is wordely men, hatyþ holy
chyrch ; but eu*er* Cryst vnsweryth for hom, and ys hor avoket, 16
and wol all þe tyme þat þay lyuen yn pees and rest w*yth* homself.
But now se we how our lady fulfyllyth boþe þes lyues.

Scho was furst Martha ; for þe*r*as Martha was bysy forto receyue
Crist ynto hur houce[4], was Mary receyuy*n*g hym ynto hur owne 20
body and þeryn was ix moneþs; and þe*r*as scho fedde pore w*yth*
mete and dryng, scho fedde C*ri*st hurselfe w*yth* hur hondys,
and af hym dryng w*yth* hur owne brestys. And when he was
nakyd, scho kloþyd hym, as norses don. And when he was seke 24
for by kynd of youþe, scho com to hym, and v[y]sytut hym, and
wossche[5] hym and his kloþis, and beddut hys bed, and lay hym
þeryn. And when he was bowndyn hondys and fote wyth his
sweþeles, and was as a p*re*synner, scho come to hym, and toke hym 28
vp, and vnbond hym, and so losed hym of his bondes, and helet
hys sores w*yth* mylke of hur pappys. And when he was dede,
scho helpe forto bury hym and to lay hym yn hys towmbe ; and
þus scho fulfylled þe offyce of Martha, p*er*formyng þe seuen werkys 32
of mercy. And ȝet scho was oft ytrowbuld hard[6] þerw*yth*, for hyt
was gret trowbelyng to hur hert, when scho was so porsuet, þat
scho most nedely take hur ȝong sonne, and bere hym out of hur

---

[1] herbar *C*. herbe *G*.   [2] be in *C*. byn *G*.
[3] wondyr] wodyr *G*. wondur *C*.   [4] houce *C*. ho *G*.
[5] wossche *C*. worschyp *G*.   [6] hard] *the* r *is inserted above the line.*

owne hows and herber, and goo fer out of contre ynto anoþer lond
þat was full of mawmetes, and þeras scho knew no mon. Scho
was also gretly trowbuld, when scho saw hur sonne taken, and
4 beten, and bofetut, and doon nakyd, and soo betyn wyth scowrges,
þat his body þat was white as any mylke, aftyr hyt was all red
blode, and aftyr was nayled to þe crosse hond and fote, and soo
idon to deth befor hur owne blessyd een. Þys was to hur a gret
8 trowbull ; þus was scho actyf.

  Sho was also contemplatyf ; for as þe gospell tellyth þat scho
ʒaf so gret diligens to hur sonneys worde, and forto here hys
prechyng, þat scho bare yn hur hert al hur lyfe-tyme aftyr, and þe
12 techyng[1] of Cryst from þe tyme þat he[2] was borne yn‖to þe tyme 133 a
þat he steut ynto Heuen, in so moch þat scho taght þe euangelystys
much þat þay wrytton, and namely Seynt Luke ; for all þat he
wrot negh-hond he lurnyd at hure. Þus scheo[3] fullut þe lyfe of
16 Mary ; and for hit was þe bettyr, aftyr þat hur sonne was steuet
ynto Heuen, scho laft all hur bysynes, and ʒaf hurre all to con-
templacyon vnto þe tyme þat hur sonne fatte hur out[4] of þis
world.   This, good men and woymen, ʒe þat con vndyrstond, ʒe
20 may se þat þys gospell of þys day ys couenably red yn holy
chyrch.

  Then schull ʒe know þat scho had v specyall ioys of hur sonne
here yn erþe, þe whech gladyth hur moch, when þay byn rehersyd
24 to hur.   But nowe scho hath vij speciall yn Heuen þe wheche
scho schowet to Seynt Thomas of Caunturbury, and bade hym gret
hur wyth hom on þys wyse, behetyng hym for certeyne þat all þo
þat[5] deuowtly yche day gret hur wyth þes seuen ioyes, he schall
28 see hur here yn hys body, er þat he dey ; and scho wyll bryng his
soule þidyr, as hit schall come to þe ioy for euer.

  Þen schull ʒe say wyth mynd and deuocyon :

Be glad and blyþe, qwene of blys,
32 For þi ioy passyng is ⎱ In Heuen court and halle.

In þat court ʒe haue no pere
Of ioye and blysse and gentyll chere ⎱ Saue þe Lorde of alle.

---

[1] techyng *C.* tochyng *G.*   [2] he *C.* scho *G.*
[3] scheo *C.* om. *G.*   [4] out *inserted above the line.*
[5] þat *C.* om. *G.*

Be glad and blyþ, swete as creme
Bryght*yr* þen þe sonne beme } When scho ys most schene.

The chere of you ys so bry3t
That all Heuen hit makyþe lyght } And sayntys all bedene. 4

Be glad, my lady, and so 3e mow
Forto seen all bow } To you þat byn yn blysse.

All you louton and don honowr,
Thus yn Heuen 3e haue þe flo*ur* } Next to God iwysse. 8

Be glad and blyþe, swete þyng,
Þer 3e byn qwene, [3]our so*n*ne is [1] kyng ‖ } Syttyng yn hys trone.

133 b Whateu*er* hit be, 3e p*r*ayen for*re*
'Modyr,' he sayþe, 'and qwene Icor*re*, } I graunt wol your bone.' 12

Be glad and blyþ, lady fre,
Sittyng by þe Trinite } In blod and flesche yfere. 16

Full of ioy and full of *grace*,
God haþe made þ*er* þi place, } As to hys modyr dere.

Be glad and blyþe yn al wyse,
For all þat done you s*er*uyse } Full wele ys qwyt hor mede. 20

Thi sonne ys gent, and doþe hym gre,
And byddyþe hom all loue þe } And he will be at hor nede.

Be glad and blyþe, qwene of Heuen,
For þes ioys all seuen } Neu*er* schul 3e misse. 24

Well ys you þat 3e wer bore,
Thus to ioye for eu*er*more } Wyt*h* þe he3e kyng of blysse.

Now, swete lady, I you p*r*ay
Helpe vs at oure endyng-day } And scheld us from þe fende. 28

And *g*raunt vs alle suche myght
Of you forto haue a syght, } Or þat we heþen wende.

[1] is *inserted above the line.*

Narracio.

I rede of a clerke þat louyd our lady moch; and for he redde
of her bewte, he had a gret lust forto se hur. Then prayde he
4 blyþe þat he most se hur ones, or he dyet. Þen, at þe last, come
an angyll to hym and sayde: 'Syr, for þou seruyst our lady welle
to pay, scho wyll þat þou haue þi prayer. But yf þow see hur yn
þys world, þou most lese þyn een-syght; for þe lyȝt and þe clerte
8 of hur ys soo bryght, þat þyn een mow not ber þe syght þerof.'
Then sayde he: 'Syr, I vouchesaf wele, so þat I may se hur.' Þen
sayde þe angyll: 'Come suche a day to þat plas, and þer þou
schalt se hur.' Then was he wondyr fayne and glad of þat ioyfull
12 sight; but þen he beþoght hym, how he schuld do when he wer
blynd. Þen sayde he to hymselfe: 'I wyll hyde þe toon ee, and
loke wyth myne || oþir ee, so þat þogh þat on ee be blynd, I schall **134 a**
se wyth þat oþer.' Thus, when he come to þe place, he layde þe
16 toon hond on þe toon ee, and lokyd forth wyth þat oþer. So come
our lady, and schowet hur to hym; and when scho had soo don,
scho went hur way. And when scho was passyd, he toke away
his hond from his ee, and þen was he blynd on þat on ee, and
20 myȝt loke wele wyth þe toþer. Then was he so ioyfull of þat syght,
þat no man myȝt telle þe ioy þat he hadde yn his hert þerof. Þus,
for he was soo ioyet of þat on syght, hym þoght þat he schuld deye,
but yf he had anoþer syght of hur. Then prayde he bysyly day
24 and nyght þat he most se hur eftsones. Þen come þe angyll aȝeyne,
and sayde: 'Þou art blynd on þat on ee, and yf þou se hur efte-
sone, þen most þou be blynd on þat oþer.' Then sayde he: 'Syr,
I vouchsaf so þat I may se hur.' Þen sayde þe angyll: 'Come
28 aȝeyne such a day to þe same styd, and þer þou schalt se hur.'
So, when he was comyn, our lady aperut to hym; and when he
had lokyd on hur a while, þen scho spake to hym and sayde: 'My
dere seruant, when þou dyddyst se me last, þow loste þe toon ee;
32 how wylt þou do now, and þou lese þyn oþer ee?' Then sayde he:
'My dere lady, þagh I had a thowsand een, I vouchsaf forto lese
hom forto haue þat ioyfull syght þat I haue of you.' Then sayde
oure lady: 'For þou hast so gret lykyng yn þe syght of me,
36 I woll not bereve þe of þi syght, but se now wyth boþe þyn een,
as þou dyddyst byfor;' and soo went hur way. Then þis clerke
anon sygh wyth boþe his een bettyr þen euer he dyd before.

Now knele ʒe adowne, and pray ʒe to þys blessyd qwene of
Heuen þat scho will so pray for you to hur blessyd sonne, þat ʒe
may worschip hur so yn erþe, þat ʒe may haue þe kyndom þat
scho ys yn. Amen.   4

55.

De Festo Sancti Bartholomei [1] et Eius Festiuitate.

Goode men and woymen, suche a day ʒe schull haue Seynt
Bartholomews day þat ys Godys holy apostoll. Wherfor ʒe schull   8
fast his euen, and com on þe morow to þe chirch, and worschip
God and his holy apostull. Þen schull ʒe know þat Bartholomew
ys yn Lateyne 'Bartholomeus; et interpretatur: filius suspendentis
aquas, siue filius suspendentis me.' This Bartholomew ys vndyr- 12
stond yn Englysche: Þe sone of hongyng vp watyrs oþer hongyng
vp me.

Then, as ʒe knoweþe wel, God ys he þat hongyth vp watyrs too
ways. On ys, when he holdyth vp clowdys yn þe fyrmament, tyll 16
he se tyme forto lette hom falle, and reynyþe wher hym lust.
Anoþer way he hongyþe vp watyr, when a man oþer woman ys
sory oþer contryte for hys synne, þat he wepyþe for hys gylt
byttyrly. Then God takyth þes teres, and hongyþe hom yn þe 20
halle of Heuen, þat all þe seyntys mow haue syght of hom yn gret
ioye to all þe angels þat þer byn. For hit ys gret ioye to all þat
byn yn Heuen, when þay seen man or woman þat myssedoþe,
turne and leue hor synne, wepyng for contrycyon. Wherfor on 24
teer of a man oþer woman þat wepyth yn þys maner, hit qwenchyþe
þe brennyng fyre of hell þat was ordeynt to hym. Of þys teer
þus sayþe Ion Grisostome: 'O þou teer, þat art mekely lette yn
oryson, þy myght ys soo gret, þat þou gos ynto Heuen vp to 28
Goddys trone wythout any warnyng, and takes þe worde of þe
iuges mowth, makyng hym forto turne his dome ynto saluacyon,
þeras he most befor haue spoken hit ynto dampnacyon, and þer þou
makyst þyn accusers, þe fendes, dombe, so þat þay haue noþyng 32
to lay aʒeynys þe. And also þer þou qwenchyst þe fyre of hell
þat þe fendys haden redy bed aʒeyns þy commyng, and þus þow

[1] *MS.* Bratholomei.

paynyst þe deuyll wors þen he myght han[1] paynyd þe.' Thus God
hongyth vp watyr. Þen, for Bertholomew was Goddys sonne, as
all byn þat seruyn hym devowtly, he was hongyt‖vp yn þre **135 a**
4 wysys: yn deuot oreson, yn faythfull monycion, and suffryng of
gret passyon.

He was hongyt vp yn deuout oryson; for al þat he sayde wyth
his mowþe, he spake wyth hys hert, so þat yn all hys orysons his
8 hert was hongyd vp to God, as þe prist byddyth þe pepull yn his
masse, when he sayth: 'Sursum corda,' that ys: 'Haue vp your
hertys to Godd,' and þay vnsward aȝeyne: 'Habemus ad Dominum,'
'we haue to God.' Thus hadde þys holy seynt his hert hongyd vp
12 to God. Soo for þat gret deuocyon þat he had yn hys orysons,
ych day he knelud an hundyrd syþis to God, and an hundyrd
sythes yn þe nyght. But for he schuld not be wery of hys gret
trauayle, God made angels to sewen hym, forto kepe hym and to
16 comfort hym, þat he schuld not be wery. Þus was he hongyd vp
by holy orysons.

He was also hongyt vp by fayþefull monycyon; for he ȝaf hym
so gret power ouer fendes, þat he by his monycyon, þat ys, by his
20 commawndement, he suspendyt hom of hor pouer þat þay haddyn
yn Cristys creatures, boþe man and woman, and oþer mawmetes.
Of þys we redyn how þat Bartholomew com ynto þe lond of Inde,
and ȝede ynto a tempill þer was yn a mawmet þat was cald
24 Astaroth, þat ys, an ymage made of golde, or of syluyr, or ston,
or of tre by monnys hondys, and sette vp yn þe temple. Then
a fende went ynto þys ymage, and oft wold speke to hom þat
dyddyn hyt worschip, so þat by such betroylyng of fals wordys he
28 made þe pepull to beleue þat he was hor God, and non oþer. And
ȝet, forto make hom to haue þe more beleue yn hym, he made
mony croke, seke, halt, and blynd, defe, and dombe, and mony
oþer wayes seke. And he wold bydde bryng hom to hym; and
32 when þay weron broght to hym, he lowset hom of hor sekenes þat
he layde on hom, and so semyng to hom þat þay were helyt by
hym. But by þe sekenes þat God send on any mon, þat he myght
not hele, by no craft þat he cowþe do. Þen was þis tempull full
36 of seke pepull[2], broght forto haue byn heelyd of hor God. But

---

[1] han *C.* om. *G.*   [2] pepull] pull *G.* peple *H.* folke *C.*

from þe tyme þat Bartholomew com ynto þe tempull, he suspendyt
135 b vp so his power, þat he myȝt ‖ not hele no mon of hom.

Wherfor þay ȝeodyn to anoþer tempull þerᴀs anoþer mawmet
was, and askyt hym why þat hor God ȝaf hom non vnswar, ne helut 4
non of hor seke men. Þen vnsward he and sayde, for Godys holy
apostull Bartholomew[1] was comyn ynto hor tempull, and had
bondon hor God so sore wyth brennyng chaynys, þat he myght
not, ne dyrst, speke no worde, and told hom þe feture of Saynt 8
Bartholomew, and sayde for soþe þat Bartholomew knew and herd
yche word þat he spake to hom, by reuelacyon of an angýll, þat
told hym, and sayde: 'Yf ȝe seche hym, and he wyll, he may
schow hym to you; and yf he wyll not, ȝe schull not fynd hym 12
tyll hys owne lykyng.' Þen ȝeodyn þay aȝeyne home, and soghtyn
hym, and myght not fynde hym, by no waye. Then, as Bartho-
lomew walkyd amonge þe folke, a wodde man þat had a fend
wythyn hym cryet to Bartholomew and sayde: 'Bartholomew, 16
Goddys apostull, thy holy prayer brennyth me sore.' Then
vnsward he and sayde: 'Holde þi pes; but þou fende goo out of
þat man!' And anon þe fende wyth þat worde lafte hym, and he
was hoole anon. 20

Then hadde þe kyng of þe cyte a doghtyr þat was wode and
bowndyn wyth chaynes, for harme þat scho wold do to hom þat
scho myght euer rechyn. And when þe kýng herd of þys wode
man, how he was helut, anon he send to Bartholomew, prayng 24
hym to come to hele hys doghtyr; and so he dyd. And when he
hadde don soo, he prechet so þe kyng þat he[2] turned to þe fayþe,
so þat he commawndyt to drawe downe þe mawmetes þat wern yn
þe tempull. Þen went men, and kyst ropys abowt þe nekkes of 28
hore goddys, and woldyn haue drawen hem downe, but þay myȝt
not sturre hom for þe fynd þat was yn hom. Then commawndyt
Bartholomew þe fend forto goo out of þe ymages, and all topunne
hom to poudyr. Þen, for þe tempull was full of seke pepull, he 32
prayde to God þat þay most haue hele; and anon þay wern all
hoole. Soo þerwyth come þer an angyll of Heuen yn syght of
hom all, so bryȝt þat all þe pepull schone of hym, and flogh about
136 a þe tempull, ‖ and yn foure partys made a sygne of þe crosse wyth 36

---

[1] Bartholomew] lo *is inserted above the line.*
[2] þat he *C.* om. *G.*

hys fyngyr yn þe walle, and sayde þus to þe tempull : ' Ryght as
all you ben helet of your sekenes, ryght so schull þys tempull be
clansyd of all fyllþe of mawmetry and of þe fendeys craft and
4 power.   But furst I wyll schow you þe same fende þat ȝe haue
worschepyt and holdyn as for your God.'

Then þe fende aperyd yn syght of all þe pepull lyke a man of
Inde, blak altogedyr as pich, w*yth* a scharpe nase and a lodely
8 face, w*yth* a berde downe to his fete, blake as soote, w*yth* een
brennyng as doþe yern yn þe fyre spaiklyng on yche syde, and
blowyng out of hys mowth flam*ys* of brennyng fure, w*yth* hys
hondys bownden byhynde hym w*yth* chaynys brennyng.   Then
12 sayde þe angyll : ' Lo, þ*y*s ys he þat ȝe haue called your god ! '
But for þe pepull was afrayde of hym, he bade hom make [1] a sygne
of þe crosse yn hor forhede and haue no drede.   Then, yn syght
of hom alle, þe angyll vnbonde þ*y*s fynde, and bade hym goo þeras
16 was non accesse of man ne best, and be þer tyll þe day of dome.
Þen [2] went he forth wyth gret waylyng, and þe angyll flogh vp
ynto Heuen yn syght of all þe pepull.   Then was þe kyng and his
wyfe w*yth* all þe pepull turnyd to þe fayth and folowet of Saynt
20 Bartholomew.   *Þus* was Bartholomew hongyt vp by fayþfull
monycyon ; for he so suspendyt þe fendys power, þat he noþer
myght ne dirst do nothyng but at hys suffryng and byddyng.

He was also hongyt vp by suffryng of giet passion.   For when
24 þe byschoppys of þe tempull seen all þe pepull go to C*riste*s fayth
and leue þe fendys mawmetry, þen ȝeode þay to a [3] cyte bysydys
þeras was a kyng þat hette Astragesse, and was broþer to þe kyng
Pollymyvs, and playnet to hym, wepyng sore and sayde þat þer was
28 a man comon to hom þat was callyd Bartholomew, þe whech had
so turnyd hys broþ*er* ‖ and all þe pepull to c*r*iston fayth, þat þay **136 b**
settyn noght by hor goddys, but hadon drawen hom downe, and
brusset hom ynto powdyr, and soo was hor tempull to Crist
32 yhalowet þat was don on þe crosse ; and so p*r*ayde hym for helpe
and socour.   Then ſ*y*s kyng anon send a þowsand armet men
aftyr Bertholomew ; and when he com befor hym, he askyt hym
why he had turnet his broþer from þe fayth, and made hym to
36 beleue on a ded man ſat was hongyt and slayne on þe crosse.

[1] make *C.* made *G.*   [2] þen *inserted above the line.*
            [3] a *C.*   om. *G.*

Then sayde Bartholomew : ' I haue bondyn þe fynde þat þi broþer
huld for his god, and schowyt hym to hym ; and yf þou wolt do
soo wyth my God, I will beleue as þou dos, and ellys not.' Then
commawndyt þys kyng forto hong þys Bartholomew on þe crosse 4
and turment hym þer long. And when he was turmentyd on þe
crosse, he made to take hym downe and sle hym alltogedyr. And
when he was all sleyn, þen he made forto smyte of his hedde ;
and when he was dede, crysten men comyn and buryet hym wyth 8
þe reuerence þat þay cowþe. Thus was Bartholomew hongyt vp
yn gret passyon suffryng.

We redyn yn ' Gestus of Romauns' þat when þe Emperour
Fredwyk had destryet a gret cyte þer was yn a chefe chyrch of 12
Saynt Bartholomew and oþer moo of holy sayntys, a good holy
man com by þat cyte and sygh a gret company of men stondyng,
al clade [1] wyth white, and cownselyng togedyr. And for þys mon
had gret wondyr of hom, he askyt on of hom what men þay wern, 16
and what was hor cownsell. Then sayde he, how he was Seynt
Bartholomew and oþer seyntys þat hadyn chirches yn þat cyte
destryet, and þer token hor cownsell, what þay myght do wyth
þat Emperour þat had don hom þat vilony and harme. And now 20
þay han takyn full purpos þat þe Emperour schall comme anon
befor God, to make an vnswar of þys mysdede. And soo anon
þe Emperour deyd on a fowle deth [2], and was dampnyd ynto helle
for euer. 24

Narracio.

We redyn yn þe lyfe of Saynt Gowdelake þat fyrst ynhabit
Crowland yn þe fennys. And for þe forme day þat he come
þidyr was Bartholomew day, he prayde þys holy apostoll to be his 28
137 a patron and his socour || aȝeynys wykyt spyrytys þat wonet yn þat
wyld place ; for þat place was nomet and callyd þe abytacyon of
fendes þrogh all þe contre. Wherfor yche mon was aferd forto
comme þydyr, and no mon durst dwell þer, [3] for drede of hem. 32
Then [3] forto dryue hem [4] away, þes fendeus wern so wroþe, þat þay
tokyn þys man bodyly, and beryn hym vp ynto þe eyre, and

[1] clade] cloþed *H.* blak *C.* lade *G.*   [2] deth *C.* day *G.*
[3] for drede of hem. Then *H. C. om. G.*
[4] hem *H. om. G. not in C.*

turmentyt hym dyspytwysly mony wayes.   At þe last, þay woldyn
haue broght hym to paynys of helle, and when he sygh hom, he
was so sore afryght, þat he had nygh lost hys wytte; but ȝet by
4 *grace* of God he had mynde of Seynt Bartholomew, and þen he
callyd to hym w*yth* all his myght, besechyng hym of helpe and
socowr.   And[1] þen anon come Seynt Bartholomew schynyng ferre
bryghtyr þen þe sonne, and spytwysly rebuket þe fendes, and com-
8 mawndyt hom forto bryng hym aȝeyne to hys place, soft and fayre,
wythout any harme or deses.   Then, when he was broght aȝeyne
to hys place, þes fendes madyn a ȝellyng and a cryyng, þat any
myght be agast forto here hit and saydy*n*: 'Allas, now we haue
12 lost oure myght and our habitac*y*on, and now schull go to helle
for eu*er* ynto þe paynes þat eu*er* schall last,' and soo ȝellyng
ȝedyn hor way.   Then þ*ys* holy man þoukyt God and Saynt
Bartholomew for þe socowr and þe helpe þat he dyd hym, and was
16 eu*er* redy to hym aftyr yn ych nede, when he callyd to hym.

Herby ȝe may vndyrston[d] þat þ*ys* holy apostoll ys redy to all
þat callyþe to hym wyth full hert.   Wherfor þilke þat ben wont
forto worche on hys evyn aftyr none and on his day aftyr euen-
20 song[2], be hom war, lest þ*ys* holy apostoll suffyr þe fendes forto
haue pouer ou*er* hym, and for couetyes of a lytyll werke bryng
hom þeras þay schull harde be werkyd for eu*er*more yn þe payne
of helle.   Fro þe wheche payne God and Saynt Bartholomew
24 deliu*er* vs, yf h*y*t be hys wyll.   Amen.

56.

DE FESTO SANCTI ALKEMUNDI ET EIUS SOLEMPNI-
TATE SERMO BREUIS.

Goode men and woymen, such a day N ȝe schull haue Seynt
28 Alkmu*n*d*ys* day.   Therefore[3] comyth to þe chirche, forto || wor- **137 b**
schip God and Saynt Alkamunde, þe whech ys patron of þ*ys*
chyrche.   Then schall ȝe know þat patron yn Englysche ys a
defender; wherfor ȝe schul vndyrstond þat ych chirch hath too
32 patrons, on yn erþe and anoþ*er* yn Heuen: on forto defende her
from bodyly enmys, and anoþ*er* forto defende from gostly enmys.

---

[1] and *C*.   an *G*.   [2] euensong *C*.   ensong *G*.
[3] therefore *C*.   om. *G*.

He þat ys patron yn erþe, ys holdyn forto defende his chirche from all hor enmyes, nyght and daye, so þat þay don devyne serues þeryn, ben not dystrowbult, ne let by no wyse. For yn þe begynnyng of holy chirch, when summe wern cristen and summe 4 wern peynones, þe paynones hadyn suche envy to þe crystyn men, þat, when men wern at þe plogh and at hor oþer labyrs, þes payne[n]s comen to hom, and dyddyn hom gret dyspytes and dosesus, so þat þay durst not goo to hor labyr for drede of hom. And also 8 þay ʒedon ynto holy chyrche, and dyspoylet þe prystys as þay wern at hor masse, and kestyn downe þe chales wyth Godys blod, and token Goddys body and tredon hit vndyr hor fete. And yf þe cristyn men wern byggyr þen þay, þen þay chalanchet þe prestys, 12 and sayden how þe gospell was false and of no fayþe, and þys dyddyn gret deses and gret dysturbans yn holy chyrche. Then lordes and good gentyls, for loue þat þay haddyn to God, þat token on hom to be patrons, þat ys, forto be defenders, yche mon to hys 16 chyrche ; and so wyth strong hond keptyn þe pareschons þat þay ʒeden yn pees and to hor labour, and kepton so her chyrches, þat Goddys seruyce was don þeryn wythout dysturbans of any paynens. Wherfor ʒeet yn the[1] lond of Surry ys an vsage þat, when þe 20 gospell schall be red, anon yche knyght þat ys yn þe chyrche draweth out his sword, and soo holdyþ hit nakyd yn his hond till 138 a hit be don, yn schowyng þat he ys redy for || to feght wyth a man þat wyll come and chalanch oght þat ys red yn þe gospell, for þat 24 lond ys fast to þe paynens. Thus patrons of holy chirch begynnyþe[2] furst yn erþe.

Holy chyrch haþe also a patron yn Heuen, þat ys þe seynt yn worschip of þe wheche þe chyrche ys made and halowet. This 28 patron kepte his pareschons, prayng for hom bysyly to God nyght and daye ; for by hor mayne swynke holy chyrche ys holdon vp and[3] Goddys seruice þeryn mantaynet. He also takyþe al þe prayers of Goddys seruantes þat byn yn his chyrch, and offerþe 32 hom vp befor þe hygh mageste of God. For ryght as a temporall lord helpyth and defendyth all þat byn parechons or tenantys, ryght soo þe saynt þat ys patron of þe chyrche helpyth and defendyth all þat byn paryschons to hym, and don hym worschyp 36

---

[1] the C.   the ge G.   [2] begynnyþe C.   begonnyþe G.
   [3] and C.   yn G.

halowyng his day, and offyrne to hym.   Then, how Seynt Alk-
munde was made patrone of þys chyrche, now ȝe schull here.

Þys holy Saynt Alkmunde, as we redyn yn his lyfe, he was
4 kyng of Northhumbyrlond.   And for he was yn hys ȝouthe of
good maners, and curteyse, and hende, and full of all uertues, þat
all men louyd hym, wherfor he was made kyng, not only for þe
kyndom felle to hym by erytage, but alsoo he was full of grace
8 and alle good þewes; herefor all þe pepull made hym kyng.   And
þogh he wer þus avawnsyt passyng aboue all oþer, he was neuer
þe prowdyr of his state, but þe her þat he was avawnset, the lower
he was yn hert, and þe more meke yn all his doyng, thynkyng
12 algates, þe more a man hath, þe more he hath to ȝeue cowntys of,
and þe more greuesly he schall be apechyt befor God.   Wherfor
to hom þat wern meke, he was logh and sympull, and to hom þat
wern rebell, he was styf forto ȝeynstond hom yn all hor males.
16 He had algatys gret compassyon to all þat wern yn any dyses;
and to þe seke and to þe pore he was boþe fadyr and modyr, to
helpe hom and socoure hom to all þat þay haddyn nede to.   He was
large of mete and drynke to all þat woldyn aske hit for Goddys
20 sake.   He ‖ was devowte yn holy chyrch and susteynyng all þat 138 b
wern servyng þeryn ynto þe worschip of God.,   He had allgatys
a feruent desyre forto dey for þe ryght of God and for defence of
Goddys pepull, and herefor he prayde to God nyght and day.

24   Then wern yn Englond fowre kynges, wherfor þer was al day
gret debate bytwene hom, and muche crystyn blode sched yn
dyuerse parties yn Englond.   Then was þer a duke of þe Marche
and Wales, and was a cursyt lyuer, and pursewet þe duke of
28 Wyllschyr and all oþer of þat contrey, and destryed hom, and ouer-
rode hom, and so oft-tyme ryfult and pyllet hom so greuysly wyth-
out compassyon of any person.   Then, for Saynt Alkemund had
lordschyp yn þat contre nygh to Wylschyre, by cownsell of his
32 frendes he ȝode þidyr forto kepe his tenantes from hor enmyes.
And when he come þedyr, he ȝode bytwene þos too dukes, and
asayde yf he myght h[a]ue broght hom to pece, and soo forto haue
savytte gyltles blode vnsched on boþe parties.   But þe duke of þe
36 March and all his ost wern soo prowde of homselfe, þat þay wold
not acorde; wherfor þay settyn a day of batayle besydys a forde
þat was calde Chelmes-forde.   Then wern þes men of Wylschyre

soo adred, what for þay knew þe myght of hor enmyes, and wern
to woke to astond hom.   And soo þay come to Saynt Alkmunde
*pr*ayng hym of helpe and socoure, and forto stonde w*yth* hom yn
hor ryght yn þe day of batayle for þe loue of God, and helpe and 4
saluac*y*on of gyltles pepull.   Then was Saynt Alkemu*n*de glad
and fayne; for he sygh þe day was come*n* þat he had oft p*r*ayde
fore, þat he most dey yn a ryghtwys qwerayll and yn helpe of
Goddys gyltles pepull, and grawntyd hom forto come wyt*h* good 8
wyll.   Soo, when þe day of batayle was comen, þay foghtyn so
egurly on ey*þer* parte, þat boþe dukes wer slayne and moche o*þer*
pepull.   And as Saynt Alkmunde faght monly for Goddys pepull,
he was slayne also; [1] and so, be Goddys help and þys holy mannes[1], 12
men of Wylschire hadyn þe feelde.   Thus, for he sched his blod
139 a and suffurd deth for Goddys loue, he was made an holy || martyr
befor God and all his angels.   But ȝet, forto schow you how wele
apayde God ys w*yth* hom þat feghtyth for his pepull, I telle you 16
þ*ys* ensampull.

Narracio.

I rede yn þe lyfe of Saynt Ode, þat was archebyschop of
Cawnturbury, how þe kyng of Englond, Adulston, faght aȝeynes 20
curset men þat we*in* comyn ynto his r*e*me, forto haue dest*r*yet
hit; and as he knyghtly faght aȝeynys þe curset men, his swerd
barst fast by þe crosse.   And when his swe*r*d was brokyn, he stode
all ascowmfet of hymselfe; wherfor his enmyes þat befor began 24
to fle, when þei knewyn[2] þe kynges myschef, þay turnet hertely
aȝayne, and geton lond fast on þe kynges ost.   Then, os[3] Saynt
Ode was bysydis p*r*ayng for þe kyng, he sygh þe kyng all dyscom-
fort for defaute of wepon and callyd to hym and sayde : ' Why 28
stondyst þou soo styll and hast a swerd by thy syde; pull hit out,
and feght w*yth* þyn enmyes, and þou schalt haue þe victory of ham ! '
Then lokyd þe kyng to his syde, and fond a swerde þeras he wyst
no*n* befor; and whe*n* he had þat out, God ȝaf hym þe victory of 32
hom sone aftyr.   Thus God send hym a swerde by myrakyll,
schowyng þat he helpuþe all þat feghteþe yn þe ryght.

Thus Saynt Alkmunde sched his blod, and suffurd dethe for

---

[1] and so be Goddys help and þys holy mannes *C.*   by his helt *G.*
[2] þei knewyn *C.   om. G.*   [3] os *C.   om. G.*

Goddys pepull.   Wherfor he ys now an holy martyr befor God and
all his angels; wherfor God schowet mony myrakles yn þat plas
wher his body bledde.   But, for enchoson þat Saynt Alkmunde
4 was slayne ferre out of hys contre, his men token his body forth
wyth hom for gret loue þat þay haddyn to hym, and laddyn hym
to þe towne of Lulselle.   And as summe sayne, for enchosen þat
lytyll before þer fast by was a gret batayle bytwyx men of
8 Scheropschyre and of Staffordschyre, and moch pepull was þer
slayne of gret and small, and buriet yn þat chyrch-ȝeorde, þerfor
þay buryet Saynt Alkemunde þer; and, as old men tellyth, gret
lyght has ben seen oftyme þeras his body lay.   But, sone aftyr,
12 for hys frendys þoghten þat he lay ‖ not onestly, as fel for suche **139 b**
a kyng, þerfor þay token vp his body, and laddon hit to þe syte of
Derbe, and buryet hym yn a chirche[1] at þe towneys ende þe
wheche was called Whytchirch.   To þe whech place þe bodyus
16 of gret men wer caryet, and þer buryet as for gret worschip.   But
aftyr þe prestys of þat chirche, for too certeyn causys, þay remuet
his towmbe þeras hit now ys to mor worschip and honeste to þys
holy martyr, wher God hath schewet gret myracles.   Soo, when
20 þay remewet his tombe, þer come out so swete a sauore, þat yche
man þat felde hit, knew well þat hit was of no erþly sauore, but
of gostly sonde by þe myght of God.   Þe wheche swete sauore
duret longe yn þat chirche, til a reneyed man þat was not worþy
24 to sauer hyt, come ynto þe chirche, and þen anon þat sauer sesyd.
This for gret myracles þat God schewet, þerby Saynt Alkmunde
þe nome of his holynes sprad wyde yn mony contres.   Wherfor
a qwene of þys March of Wales þat was cosyn to Saynt Alkmunde
28 let make þys chirch yn þe worschip of God and Saynt Alkemunde,
and þus he was made patron of þis chirch.

Wherfor ȝe schull now knele adowne, and pray to þis patron
þat he kepe you yn body and yn sowle from all your enmys, and
32 soo come to þe blysse þat God boght you to.

---

[1] chirche *C*.   chirchest *G*.

57.

DE NATIUITATE BEATE MARIE ET EIUS SOLEMPNITATE.

Good men and woymen, such a day N. ȝe schull haue an hegh
fest yn holy chyrch þat ys callet þe Natiuyte of our lade, þat ys 4
yn Englysch, þe byrþe-day of oure lady; for as þat day scho was
borne of hyr holy modyr, Saynt Anne, yn a blessyd tyme to all
cristyn pepull. Wherfor ȝe schull on þe morow come to þe
chyrche, and worschip our lady, and hur holy fadyr, Seynt 8
140 a Iohachym, and Saynt Anne hur modyr. For hit ys yn‖possybull
to me to telle þe ioy and þe gladnes þat þay haddyn yn hor hertes
þat day, þat þay seen hor child borne for þe wheche þay hadde
twenty ȝere byfore prayde, nyght and day, to God, and dalton 12
moche worldes goode yn almes. And þerfor þay haddyn by
certeyne reuelacyon of God þat scho schuld be holy and[1] ples God
passyng all oþer woymen. And also, by þe byrþe of hur, þe gret
repreues þat þay haddyn suffirde so longe tyme for hur barennes, 16
þen was put away, and from þens furth þay ȝeodyn bo[l]dely amonge
oþir of hur lynage wyth worschip and honoure. Thus þe byrthe
of þys doȝtyr gladut þe fadyr, and þe modyr, and all oþer neght-
burs about. Wherfor, fore God had ȝeuyn hom fryte of hur bodies 20
by grace more þen by kynd, all hur neghtburs comon forto comfort
Anne, and callyd hur doghtyr Mary; for so bad þe angyll er þat
scho was getyn.

Then schull ȝe know well þat holy chyrch halowþe only þe 24
byrthe-dayes þat bene on of oure Lord Ihesu Cryst, and of oure
lady, and of Saynt Ion þe Baptyst, schowyng opynly þat yche man,
and woman, and chyld þat schall be sauet, he mote be þries borne :
fyrst of his modyr wyth þrowes and wepyng, and efte out of synne 28
wyth watyr waschyng, and þe þryt tyme out of þys world to ioy
passyng. The forme is tokened[2] by þe byrth of our lady, þe
secunde by Saynt Ion þe Baptyst þat was a folower, and þe þrytte
by oure Lord Ihesu Cryst. For yn his byrthe was gret myrthe 32
seen and herde. But þogh a woman by Goddys sentence bere hur

---

[1] and *inserted above the line.*   [2] is tokened *C.* bytokenyth *G.*

childyr wyth so gret penance, þat hit is wondyr þat scho ys not
all tobroken and braydon lymemal[1] yn hur burthe-tyme, neuerþe-
lesse I may haue full beleue þat Saynt Anne was ȝeesyt of þat
4 penawnce yn gret part yn beryng of hur doghtyr; for scho was
halowet yn hyr wombe, and holy yborne, and holy allgatys ‖
aftyr.   140 b

   Thus aftyr þat scho was borne and was þre ȝere old, Iohachym,
8 and Anne, and oþer wyth of hur frendes broghten Mary to þe
cyte of Ierusalem, forto offyr hur to þe tempull, as þay haddyn
befor made hor vow.   Then, for þe tempull stode on a hyll and
had xv grees to þe dyr, þay settyn Mary at þe neþemost grees,
12 whill þay madyn hom redy forto do hor offryng.   Then ȝede our
lady hur on vp all þe greces, and knelyd downe at þe ouemast
grece, and þer made hur prayers, as þogh scho had ben of full age;
for þe Holy Gost was algatys wyth hur, and af hur grace and
16 wyt forto know Good, þogh scho were ȝeong, and send angels
forto teche hur, and forto kepe hur yn all ways.   Wherfor, when
hur fadyr and hur modyr ȝodyn home, and laftyn hur þer hur one,
scho made no bere of wepyng, ne chaunged[2] no chere as oþer
20 chyldyr don, but ȝaf hur anon to spyrytuall occupacyon and
deuocyons, and toke suche a rewle forthe þat yche day from morow
vnto vndur of þe day scho was algatys yn holy prayers, and from
vndyr to none scho occupiet hir craft of weuyng cloþes and orna-
24 mentes to þe auter, and at þe none þe mete þat was broȝt hur
forto ete, scho ȝaf þat to þe pore folke, and was hurself yn
deuocyon, tyll an angyll broght hur mete.   Thus scho lyvet clene
and honestly, and was passyng all oþer yn bewte, þat all hur
28 felaws callyd hur qwene of maydyns.   And when any man spake
oght to hur mekely, scho lowtet þe hed and sayde: 'Deo gracias;'
for þys word was algatys comyn yn hur mowþe.   Thus ys scho
lyknet to a spycerys schoppe; for as a spycers schoppe smelleþe
32 swete of dyuerse spices, soo scho for þe presens of þe Holy Gost
þat was yn hur, and þe abundance of vertues þat scho smellyth
swettyr þen any wordly spycery.   And soo resyn wold, for scho
most nedys be swete of uertu‖es þat scho schuld bere of hur body 141 a
36 þe kyng of all vertues.   Then, for hur byrth-day ys ioy and gladnes

---

[1] lyinemal *C.*   lymmalu *G.*   [2] chaunged *C.*   chanchyng *G.*

to all cristyn pepull, ȝe schull here how þys day was furst schowet
to all cristyn men.

A gret clerke, Ion Belet, tellyth how þer was an holy man þat
prayde by nyght-tyme to God bysyly, and when he was yn his 4
deuocyon, he herd song of angels yn Heuen on nyght yn þe ȝere,
and soo hit fell mony ȝeres algatys. So hit fell yn a nyght he
prayd[1] to God þat he most wytte þe cause why he herd þe
melody þat certeyne nyght and non oþer nyght. Þen come þer 8
an[2] angyll, and told how þat nyght oure lade was borne of hir
modyr, and þerfor angels and all oþer sayntys madyn þat melody
yn Heuen. Then ȝode þys man to þe pope and told hym þys;
and he þen sende þrogh all cristyndome, commawndyng all men 12
forto halow þis fest, and soo come þys fest forþe.

Also oure lady was eft borne by watyr waschyng, þat ys, by
folowyng. For when hur sonne Ihesus was folowde yn flem
Iordan, þen, as holy fadyrs tellyth, scho and þe holy apostols 16
wern folowde wyth þat tyme; for ryght as Cryst fulfylled þe old
lawe and þe newe yn all þat lay to a man, ryght so oure lady
fulfyllet boþe lawes yn all þat lay to a woman. At þe whyche
folewyng hur sonne toke his ryght name and scho also. For, as 20
þe gospell telleþe, tyll Ihesu was folowet, and þe fadyr spake to
hym from Heuen, and callet hym his dere sonne, all men wenten
þat he had ben Ioseph son, getyn of oure lady; but aftyr þat
tyme he was callet Ihesu, God sonne. So oure lady before was 24
callet Iosephs wyfe; but aftyr scho was callet Ihesus modyr, and
was þe passyngar nome[3] of worschip to hur and more lykyng
to hor alway aftyr. Wherfor ȝet, forto schew all crystyn pepull
how moche scho louet hor sonne Ihesu, wher þat any ymage of 28
141 b hur ys, euer scho haþe hure sonne Ihesu on hur ‖ arme wyth hur.

Narracio.

We redyn yn þe myracles of hur how þer was a wedow þat had
but on sonne, þe whech scho louet as hur sowle, and was taken 32
wyth enmyes, and don yn prison, and put yn gret dystresse.
Wherfor his modyr criet to our lady nyght and day forto helpe
hur, þat scho myght haue hor sonne delyuert out of þat deses þat

---

[1] he prayd *inserted on the margin.*   [2] an *D. d. om. G.*
[3] passyngar nome *C.* passyng nome *G.* passyngur name *H.*

he was yn.   But for ho þoght þat hur pr*a*yer avaylet noght, scho
ʒode ynto þe chyrche to an ymage of our lady and sayde þus to
hur : 'Blessyd maydyn, oft I haue pr*a*yde þe for delyu*er*ance of
4 my sonne, and am not holpen.   Wherfore, so as ʒe wyll not helpe
me to haue my son, I wyll take youris ynstyd of myn, tyll ʒe send
myn home,' and toke þe ymage þat was on oure lady kne, and
bare hit home, and lappyt hit yn whitte cloþes, and clene lokket
8 hyt vp yn hur cofur.   Then, yn þe nyght aftyr, oure lady ap*er*et
to hur sonne yn þe pr*i*son, and vndyd his bondes, and openet all
þe dyrres, and sayde to hym : 'Go hom to þi mod*yr*, and say
I pray hur, as I send to hir hor sonne hole and sownde, so bryng
12 scho my sonne aʒeyne to me wythout harme.'   Then was þ*ys*
womon wondyr glad of þe comyng of hur sonne, and anon scho
ʒode to þe ymage, and bar hit aʒeyne to þe chyrch, and set hit
aʒeyne, and sayde : 'Blessyd lady, I thonke þe w*yth* all myn
16 hert for þe sonde of my sonne, and now I haue broght you your
sonne aʒeyne w*yth*out harme, and eu*er* whyl I lyue, my sonne
and I, wyll be þi s*er*uantys w*yth* a good wyll.'

   The thryd tyme our lady was borne to ioy passyng.   For when
20 scho passyt out of þ*ys* world, hur sonne Ih*es*u was redy w*yth* gret
multytude of angels and oþ*er* sayntys, and broght hur wyth gret
worschip ynto Heuen, and þ*er* crownet her qwene of Heuen, and
emp*er*yce of helle, and lady of all þ*ys* world, so þat scho ys now
24 yn þe blysse þat eu*er* schall last, and hath [1] power forto do yn
Heuen, and yn helle, and yn þ*ys* world, what þat ‖ eu*er* hur lust **142 a**
ys.   Wherfor I tell you þus ensampull.

Narracio.

28 I rede yn þe myracles of oure lady how þ*er* was a Ive þat was
borne yn Fraunce, and come to London for certeyne nedys þat
he had to do w*yth* oþ*er* of his nac*y*on ; and so from þens he went
to Glowsetyr, and so to Brystow.   And as he wold haue gon
32 from Brystow to Wylton, he was taken wyth thevys, and fowle
ferde w*yth*, and so broght ynto an old howse þat was an outsette
place, and bownden hym to a post by þe fete and his hondys
byhynd hym, and laft hym þ*er* all nyght.   Then, as he fell yn
36 a slepe, he sygh a fayre lady clothyd all yn whytte, suche anoþ*er*

[1] hath *H.*   haue *G.*   *not in C.*

of bewte he sygh neuer ere. Þe wheche com to hym, and vnbond
hym, and þer, when he woke, and loket abowte hym, and stode
hymselfe los, he wondyrt gretly how þat myght be. Then sagh
he oure lady so bryght, þat hym þoght þat scho passet þe sonne 4
yn bryghtnes. Þen sayde he to hur : 'What gentyll lady ben ȝe
þat þus goodely han holpen me þys tyme of þe nyght ?' Then
vnsward scho : 'I am Mary þat thow and all þi nacyon despysyþe,
and sayne I bare neuer Goddys sonne of my body. But neuerþe- 8
lese I am comen, forto bryng þe out of þyn erroure þat þou art yn.
Wherfor come now wyth me, and stond on ȝondyr stonde befor
þe and loke downeward.' So whan he lokud doune[1], he sygh þe
orybyll paynes of hell, þat he was nygh out of hys wytte for 12
ferde. Then sayde oure lady to hym : 'Þes paynes ben ordeynt
to all þilke þat woll not leue on Cristys fayþe. ȝet come forþe
and sew me !' and so sette hym on hegh hyll, and þer schowet
hym places of þe gret ioye and blysse, þat he cowþe not telle þe 16
142 b forþe part of þe ioye þat he segh || and of swete smell þat he
felde. Then sayde oure lady to hym : 'Þus place ys ordeynt for
hom þat leueþe yn þe yncarnacyon, and how Goddys sonne of
Heuen ys boþe of me, and I clen maydyn befor and aftyr, and 20
aftyr he sched his blode on þe crosse for monkynd. But now
I haue schowet þe boþe þe ioy and þe payne, ches wheþyr þe ys
leuer,' and soo passyd from hym. Þen ȝode he moche of þe nyght,
he wyst neuer wheþir. But yn þe morow he come to Baþe, and 24
þer was folowet of þe byschop, and callet Ion, and was aftyr a
holy mon and euermore aftyr full deuote to oure lady.

Now ȝe schull knele downe, and pray to our lady. As scho
gaf þys Iue chos wheþer he wold goo to ioy or to payne, so scho 28
kepe yow fro þe payne of helle, and bryng you to þe ioy þat euer
schall last. Amen.

58.

DE EXALTACIONE SANCTE CRUCIS SERMO BREUIS.

Goode men and woymen, suche a day ȝe schull haue þe Holy-rode- 32
day. Þe whech day ȝe schull come to þe chirche, and worschip þe
holy rode yn worschip of þe crosse þat Cryst deyet on, to bye al
monkynd. Then schull ȝe know how þat þe Holy-rode-day þat

[1] so whan he lokud doune *C.* om. *G.*

comyth aftyr Astyr, ys callet þe fyndyng of þe crosse. Þat day holy
chirch makyth mynde how Seynt Elyn fond þe crosse. But þys day
ys callet þe exultacyon of þe crosse, for aftyr þat Saynt Elyn hade
4 fonde þe crosse yn þe tempull of Ierusalem, cryston duden hit gret
honowre and worschyppe. But aftyr þat worschip hit was cast
downe by a curset kyng, as ȝe schull now here, þat come to þe
tempull of Ierusalem þeras þe crosse stode rychly arayde, and[1]
8 toke þe crosse forth wyth hym. And soo when þe crosse was gon,
þe worschyp þerof sesut and deut. Thys kyng was kyng of Perse,
and was callet Cosdre, þe whech þat God sufferd to haue suche
an[2] euer for þe curset lyfe þat þe pepull was yn, þat aftyr
12 he hadde destroyed[3] fele kyndoms þen he come ynto Ierusalem, and
pullet soo þe cyte, and || ȝode ynto þe tempull, and toke all þe **143 a**
tresowre, and all þe syluer vessel þat he fonde þeryn, and chalays,
and vestementys, and bare all away; and soo toke þe holy crosse
16 forth wyth hym ynto his one contrey.

Then herd Erraclyus þe Emperour herof, and was wondyr sory,
and send to þys kyng Cosdre, forto haue trete[4]; and he prowdly
ȝaf an vnswar he wold no trety hold wyth hym, tyll he and his
20 pepull had forsakyn cristyn faythe, and don sacramentys to his
mawmetys. Then þys Emperour Erraclius betoke hym al to Godys
kepyng, and gedyrt hym an ost forto feght wyth þys mysbeleuet
kyng, hopyng to God forto gete þe holy crosse out of hys[5] hond.
24   Then, when this kyng Cosdre come home, such a fantasy fell
yn hys hert, þat he betoke his sonne þe gouernance of his reme,
and he lette hymselfe make a howse yn a maner of a towre, lyke
to Heuon, of gold, and syluer, and of mony schynyng precyous
28 stones. And soo he sett hym yn a chayre of gold full of perre,
and commawndyt þat all men schuld call hym God of Heuon, and
sette on his ryght honde þe holy crosse as ynstede of þe Sonne,
and on his lyfte honde he sette a towne-cok ynsted of þe Holy
32 Gost; and þus sate he þer as a fonnet man.

Then, when his sonne herd þat þe Emperour Erraclius come
þedyrwart wyth his ost, he ȝeode aȝeynys hym wyth his ost, and
mettyn at[6] a gret watyr ouer þe which lay a brygge. But by
36 Goddys ordenans þes too hostes assentyt soo þat hor too chevetens

---

[1] and *C.* an *G.*   [2] suche an *C.* sche *G.*   [3] destroyed *C.* destruyde *G.*
[4] trete *C.* tretre *G.*   [5] hys *C.* hur *G.*   [6] at *written twice G.*

schuld feght on þe brygge homselfe, and wheþer of hom too had þe
victory schuld haue boþe hor remes. Then had þe Emperour
Erraclius so full fayþe yn þe vertu of þe holy crosse and yn prayere
of his criston pepull, þat he ouercome his enmy anon ; wherfor al [4]
þe ost on þat oþer syde wern soo isteryt by þe Holy Gost, þat þay
143 b of fre wyll comen || to þe crystyn fayth. And when þay wern all
folowet, Erraclius[1] ȝode to þys kyng Cosdre, as he sat yn his
heuen, and sayde to hym : 'For encheson þat þou hast done to þe [8]
holy crosse, þou schalt chose, whedyr þou wylt be criston and haue
þe reme for a lytyll trybute, or ellys take deþe anon.' But he nold
no wayse be criston, Erraclius anon smot of his hed, and made
breke þe howse, and þe syluer he partyt among his ost ; but þe [12]
gold and þe precyous stones he kepte to restore chyrches þe
wheche þys kyng had destriet. And so toke þe crosse and ȝode to
Ierusalem.

And when he come to þe mownte of Olyuete toward þe cyte, [16]
rydyng gayly on his trappet stede, and wold so haue gon ynto þe
cyte, sodenly þe ȝeate fell togedyr, and was as a clene wall. Then
was þys Emperoure and all hys ost gretly astonyet and sory yn
hor hert, and wondryng on þys myschef þat befell hom so. Then as [20]
þay yche on made hor mone[2] to oþer, þay seen an angell bryghtyr
þen þe sonne come downe from Heuen, wyth a sygne of þe crosse
yn his honde, and stode on þe ȝeate and sayde : 'When þe kyng of
Heuen come þrogh þys ȝeate towart his passyon, he come noþer on [24]
hegh hors, ne yn cloþys of gold ; but mekely rod on a sympyll
asse-backe, leuyng ensampull of mekenes to all crystyn pepull aftyr
hym.' And when he had sayde þis, he steȝe vp aȝeyne ynto Heuen.
Þen þys Emperoure, wyth all þe deuocyon þat he cowþe, dyspoylut [28]
hym to his schorte, and soo barfote toke þe crosse yn his hond, and
ȝode to þe ȝeate. And þen hit anon openet aȝeynys hym ; and so
ȝode to þe tempull, and offert þe crosse aȝeyne þeras hit was befor
wyth all þe reuerence and worschyp þat þay cowþe. [32]

Then, what for ioye þat þay hadyn getyn þe crosse aȝeyne, what
for myracles þat God schowet þer þat tyme, þe crosse was more
worschepet aftyr þen befor ; and soo þe worschip of þe crosse þat ||
144 a was cast downe before was þus hawnsut[3] vp aȝeyne, for þys day [36]

[1] Erraclius] ra *inserted above the line.*   [2] mone *C.* moo *G.*
[3] hawnsut] hawsut *G.* enaunsed *C.*

ys callet þe exaltacyon of þe crosse.   For, as Saynt Austyne sayþe, þe crosse[1] þat was fyrst a þyng of gret dyspyte and of vylene, now hit ys of hygh worschip þat Emperours worschypyth hit[2].

4   Narracio.

I rede yn 'Legenda Aurea' how a Iew come[3] to a chyrch.   And for he sygh no man þeryn, he ʒeode to a rode, and for gret envy þat he had to Crist, wyth his swerde, he kytte þe þrote, and anon
8 þerwyth þe blode sporrut out, þat hyt besprong al his cloþys. And when he segh hymselfe soo bebled, he was adred, wherfore he toke þys rode and hyd hit yn a priuey[4] plas.   And soo, as he ʒeode homward, a cristyn mon mette wyth hym, and sygh hym all
12 blode, and sayd to hym: 'Þou man-qweller, wher hast þou don hym þat þou hast slayn?'   Then forsoke þe Iewe, and sayde hit was not soo.   'ʒeus,' quod þe cristyn man, 'and ʒet þy cloþis byn all blode of hym.'   Þen þis Iewe knelit adowne and sayde: 'For
16 soþe, þat God þat ʒe cristyn men leuen apon ys of gret myght,' and told hym all how he had don, and cried Crist mercy wyth all his hert, and was folowet and aftyr an holy man.

Now ʒe schull all knele downe, and pray to hym þat sched his
20 blode on þe crosse for you and[5] al monkynd, þat he ʒef you full beleue yn þe crosse and yn his passyon, þat he suffyrd on þe crosse. By þe whech beleue ʒe schull come befor hym yn þe day of dome. Þer the crosse and all þe ynstrumentys of his passyon schull be
24 schowet, and so, by þe uertu of þe crosse, com to þe ioye þat euer schall last.

Here forʒet þou not to prononce þe Ymbryng-dayes.   For euer-more þe nexte Wannysday aftyr þe exaltacyon of þe crosse þay
28 begynnyn; for þagh þe exaltacyon of þe crosse be on a Wannys-day, þen þe Ymbryng-||dayes schall be yn þe Wannysday next **144 b** aftyr.

[1] þe crosse *written twice G.*
[2] hit *C.* hor frytys þerwyth *G.* hit for an hed-relyke *H.*
[3] come *written twice G.*   [4] priuey *C.* praue *G.*
[5] and *C. om. G.*

59.

DE IEIUNIO QUATUOR TEMPORUM.

Goode men and woymen, ȝe schull haue þe next weke þe
Ymbryng-days, þat ys to saye, Wannysday, Fryday, and Settyrday.
Þe wheche dayes Seynt Kalyx[1] ordeynt forto be fast foure tymes 4
yn þe ȝere of all þat byn XVI ȝere old, for certeyne skyllys þe
whech ȝe schull now here.

Oure holy fadyrs of þe old lawe þay fastyn foure tymes yn þe
ȝere aȝeynes foure hygh festys þat þay hadden. Þen, for we schuld 8
schew vs Goddys chyldyr, and sew þe *trace* of our holy fadyrs,
þerfor we fast foure tymes of þe ȝere : furst yn March, yn Wytson-
tyde, bytwyx þat heruest ys yn and[2] þe sede-tyme, and befor
Cristynmasse yn dede wyntyr. March ys þe tyme þat dryþe þe 12
erþe of slobur and wete þat ys *þer*yn. Wherfor we fast þat tyme,
forto drye þe erþe of our body of humeres þat byþe boþe nyus to
þe bodye and to þe sowle. That tyme þe humeres of lechery
temptyþe a man most. We fastyn yn þe Wytson-weke, forto gete 16
grace of þe Holy Gost, þat we may leue yn *p*erfette charyte
towart God and all oþer crysten men, and forto haue mekenes yn
hert forto pytte away pryde þat tempteþe a mon gretly þat tyme.
We fasten bytwyx heruest and syde-tyme, forto haue *grace* to 20
gedyr frute of goode werkes ynto þe berne of oure conciens, and
so by good ensampull of good lyuyng sowe hom among all þat we
conceyueþe wyth, pore and rych. We fasten yn þe wyntyr þat
deyþe and sleyþe all stynkyng wedys, forto sle yn vs all þe 24
stynkyng wedys of vyces þe whech han groen yn fowle erþe of oure
flesche þat makyþe our angelys and oþer good men eschew our
company ; for yche good man ys loþe forto be yn company wyth
a vycyous man. For as a netyll brennyth roses and oþer flowres 28
þat byn nygh hur, so a vicious man steruþ[3] and setteþe on fure
hom þat byn by ‖ hym, so þat a good man schall ofte be greuet
wyth hym.

For þes skylles we fasten four tymes yn þe ȝere, and yche tyme 32
thre dayes : Wennysday, Fryday, and Settyrday, þat bytokenyþe
þre specyall *u*ertues þat most helpyþe a synfull mannys sowle to

145 a

---

[1] Kalyx *C. scratched out G.*   [2] and *d. D. om. G.*

[3] steruþ *C.* sterueþe *G.*

gete[1] grece and mercy of God, þat ys : fastyng, and deuote prayng,
and almes-ȝevyng[2].   Fastyng hit clansyþe a mannys flesch of
evyll steryng and lyst to syn of gloteny and of lechery; for þes
4 byn synnys of þe flesch.   Devout prayer hit mekyþe a man sowle,
and pyttyþe away slowthe and envy.   Almes-dede hit qwenchyth
þe fure of couetyse, and pyttyþe away dedly wrath out of a mannys
hert, and makyþe hym mercyabull.   Then ȝe schull know[3] þat þes
8 dayes byn callet Ymbryng-dayes, for, as opynion of summe ys, þay
byn callet Ymbryng-dayes for encheson þat our old faders wolden
ete þes dayes kakes bakyn yn þe ymbres and was callyt 'panis
subciner[ic]ius,' 'brede bakyn vndyr þe askes,' and to askes schuld
12 turne þay wyst neuer when; so þat yn etyng of þys bred, þay
reducet to mynde how þay were but askes; and so by þys þoght
þay putten away all delicate[4] metes and drynkes, and werne well
apayde on dry mete, and toke no hede what þat þay haden but
16 a sympull sustenaunce.   For þe þoght of deþe makyþe a man forto
haue a lytyll wyll forto ete or forto dryngke, but only þat nede
dryuyth hym to.   Thus yn your fast þenkeþe on your deþe, and
partyþe your mete wyth such þat haue not such as ȝe hauen, and
20 þen God wyll fede you of his borde yn Heuen.   And so God
graunte.   Amen.

60.

DE FESTO SANCTI MATHEI APOSTOLI ET EUANGELISTE ET EIUS SOLEMPNITATE.

24   Good men and woymen, suche day N. ȝe schull haue Seynt
Matheus day þat was Godys holy apostoll and euangelyst.   Wherfor ȝe schull fast on þe euon, and comm on þe morow to þe
chyrche, and worschip God and his holy apostoll Saynt Mathew.
28 Then schull ȝe knowe well þat þys holy apostoll Seynt Mathew ys
commendyt yn all holy chyrche for foure uertues þat he had:
he was ‖ obedyent to Cryst radly, also he fedde Crist gladly, he **145 b**
prechet þe gospell boldely, and sufferd his passyon mekely.
32   Furst he was obedyent to Crist radly.   For as he sat yn a tolleboþe ful besy forto gete worldly lucure, and tentut all þerfore,

---

¹ gete d. D.   gret G.   ² almes-ȝevyng H.   almes-dede-ȝevyng G. C.
³ know d. D.   om. G.   ⁴ delicate C.   delycatys G.   delycious H.

Cryst com þat way, and loket on hym, and bade hym com and
sewe hym. And he anon [1] radly laft all his scores, and cownturs,
and his bokes, and suet Cryst forþe, and had suche a loue to
Crist, þat [2] he was wondyr fayne yn his hert to forsake all his 4
good, and so to sewe Cryst pouer and sympyll.

Also he fed Crist gladly ; for þen he prayde Crist to ete wyth
hym, and made hym a gret fest, not of daynteþe metys ne drynkes,
but yn fedyng of Cryst and of þe gret company þat suet Cryst. 8
For he putte away non, but was glad forto fede hom al for Crystys
sake. For wher þat Cryst went, gret pepull suet hym, somme for
to se þe myracles þat he dyd, somme forto be helyd of hor sekenes,
somme forto here hys prechyng, somme forto haue hor lyflode, 12
somme þat werne hys enmys forto haue taken hym yn somme
worde, yf þay myght, forto haue desesyt hym þerby.

When Mathew had fede Crist and all þat come wyth hym, Crist
made hym on of his dyssipull, and ȝaf hym conyng forto preche 16
þe beleue, soo þat aftyr he prechet Goddys worde boldely, and
sparit neuer for þrate ne for drede of deþe. Wherfor he was
send to a cyte þat was callet Nadabere wher he fond too men þat
wern þe fend al betaght ; for by nygremancy and iogulry þay 20
dydden mony thyngys þat werne wondyrfull to mennys syght and
all for men schuld leue on hom, and ȝeue hom, and fostyr hom, and
do hom gret worschyp. But when Saynt Mathew come, he dys-
keuert all hor wychecraft, so þat þe pepull knew opynly þat all 24
was of þe fende þat þay wroghtyn wyth. Wherfor þay wern so
wroþe, þat by hor crafte þay maden too dragons, gret and horribly,
forto spowte fyre and so fowle stenche, þat þay sloen mony men.

146 a Þes dragons þay broght wyth hom forto ‖ haue devowret Saynt 28
Mathew ; but when Seynt Mathew herd þys, he made a syngne of
þe crosse befor hym, and ȝode aȝeynys hom, and anon þe dragons
fellen downe ded befor hym at his fete. Then sayde Mathew to
hom : ‘ ȝ[i]f ȝe haue [3] myght, raysyth hom to lyue aȝeyne.’ But for 32
þay myght haue no power yn his presence, he sayde : ‘ Yf I wer
not Goddys seruant, I wold make hom to do to you þat ȝe had
purposut to do to me. But hit ys þe techyng of our maystyr,
algatys forto do good aȝeynys euell, wherfor I byd you dragons 36

---

[1] anon *C.* anon and *G.*   [2] þat *C.* and *G.*

[3] haue *C.* hue *G.*

þat ȝe arysyth vp, and goþe þedyr as ȝe schall neuer greue man ne
beest.' And so þay resyn vp and ȝoden hor way. Then Saynt
Mathew turnet hym to þe pepull þat was gedyrt to, and prechet
4 hom þe ioye of paradyse, and sayde how þat þere was[1] euer day
and neuer nyght, ther was euerlastyng youþe and neuer eld,
algates helþe and neuer sekenes, song and myrþe wythout sese,
roses and flowres wythout welewyng, popynjayes[2] and bryddes
8 euermore syngyng, loue, and rest, and all maner lykyng. So all þat
wyll be of Cristys beleue schull comme þedyr, and haue þys ioy
wythout endyng. Thus he prechet Goddys worde bo[l]dely.

He suffyrd also passyon mekly. For as he prechet yn a cyte,
12 wykket men token hym, and betyn hym sore, and aftyr puttyn
out his een, and castyn hym yn a prison, tyll þay hadyn cownselet
what deþe he schulld haue deyet apon. But þen come þer an
angell to Andraw þeras he prechet yn a fer contre from hym, and
16 broght hym ouer þe see to þe prison wher Mathew was yn. And
when Andraw sygh hym so fowle ferde wyth, he wepyd full sore
for reuþe of hym, and prayed to God for hym; and so anon God
restoret hym hys syght aȝeyne. And þen Andraw lad hym out
20 of prison, and bade hym goo aȝeyne and preche Goddys word;
and Andraw ȝode aȝeyn to hys contrey.

Then, as Seynt Mathew prechet yn þe cyte of Nadaber, þe
kyngys sonne of þe cyte deyet. Wherfor þe kyng send aftyr
24 Mathew, and prayde hym forto reyse[3] his sonne aȝeyne to lyue,
and soo he dyd. Wherfor þe kyng, and his wyfe, and a doghtyr
þat || was callet Eufanisia token cristen fayþe, and þe more part **146 b**
of þe pepull. And for he knew þat God had chosen hur forto be
28 an holy woman, he ȝaf hur þe vayle of chastyte, and blesset hur;
and aftyr scho was a keper of mony holy woymen and virgyns.
Then deyt þe kyng, hur fadyr, and þen comme þer anoþir, Hirtacus,
and loued þys Eufanisia, and spake to Saynt Mathew, prayng
32 hym of helpe, yf Eufanisia wold assent to hym and ben his wyfe;
for aftyr hym scho wold do and aftyr non oþer. Then sayde
Mathew þat myght not be, for scho was weddyt to þe Kyng of
Heuen, and myȝt by no way breke hur spowsehode. Then was þe
36 kyng so wroþe, þat he send men to sle Seynt Mathew; and soo,

---

[1] þere was] þere is *C. om. G.*
[2] popynjayes *H.* popians *G.* popinioþes *C.*   [3] reyse *H.* ryse *G.* reron *C.*

as he had sayde his masse, and stode at his auters ende yn his
deuocyons, on come behynd w*yth* a swerd and slogh hym. Then
cristen men token his body and buryet hit yn þat same chirche.
Þen also þe kyng let set fyre on Eufanisia hows, forto haue brent 4
hur þeryn. But þen Saynt Mathew aperyt, and turnet þe fyre
to þe kynges palyce, and brent hyt vp altogedyr, so þat noþyng
lafte saue þe kyng, þat vnneþe scope, and a ȝeong sonne of his[1]
wyfe. And þen was þys kyng smyton w*yth* a meselry þat was 8
soo vyolent to hym, þat for sorow þat he had, wyt his owne swerde
he slogh hymselfe; and soo for he schapput a fowle deth to oþ*er*,
hit fell apon hymselfe.

Now pray we to Seynt Mathew, as he sauet þys holy mayden 12
Eufagenia, þat he wyll pray for vs, þat we may be sauet, boþe
body and sowle. Amen.

61.

DE FESTO SANCTI MICHAELIS ET EIUS SOLEMPNITATE.

Good men and woymen, suche a day ȝe schull haue Seynt 16
Michaeles day, Goddys holy archangyll. Þe whech day ȝe schull
comme to chyrch and worschyp God and þys holy archangyll. Then
schull ȝe know þat holy chyrche þat day makyþe me*n*cyon of all
Godd*ys* holy angels for þe gret helpe and ser*u*ice þat mankynd 20
haþe of hom. But specyale he makeþe mynde of Saynt Mychaell
147 a for þe prerogatyues þat he haþe before || all oþ*er*; for he ys
wondurfull yn aperyng, he ys meruelous yn myracles worchyng,
and victoryus yn his feghtyng. 24

He ys wondyrfull yn aperyng for, as Seynt Gregory sayth,
when God wold do wondurfull þyng or dede, þen he sendyþe forþe
Saynt Mychaell as [h]ys one banrer. And as he þat beryþe hys scheld
and hys sygne of his armes þeryn, þat ys, þe syngne of þe crosse, 28
herfor he was send w*yth* Moyses and Aaron ynto Egypt, forto
worche meruayles þat þ*er* wer done; for þogh þe sygne wer yn
Moyses hond, þe myght of þe doyng was yn Mychaell. Michaell
also departyd þe Red See and huld þe watyr on[2] twyn, whill þe 32
childyr of Ysraell ȝeodyn þrogh þe see, drye fote. He had hom
fourty ȝere yn deserte, he broght hom ouer fleem Iordan, and
huld þe watyr aȝeyne, soo þat þe watyr rebondet aȝeyne lyke to

---

[1] *MS.* hir.   [2] on *C.* o *G.*

a gret hyll, whyll þe pepull ȝeode ou*er* drye schodde, and so he[1]
broght hom ynto þe londe of byhest. Also he kepyth paradyse[2],
and takyþe yn sowles þat ben send þedyr. He schall sle þe Ante-
4 cryst yn þe mownt of Olyuete. He schall byd all þe ded ryse
yn þe day of dome. He schall bryng to þe dome þe crosse of
Cryst, þe nayles, þe spere, þe crowne[3] of þornes, and all oþ*er*
ynstrumentys of his passyon, forto schow how ryghtwysly þay
8 schull be dampnet þat day þo þat settyth noght by Crystys
passyon. Thus Seynt Mychaell aperuþe wondyrfully.

He worchyþe myracles meru[el]esly. For, as we redyn, [4]in a
contre þat is called Appulea þer[4] ys an hygh hyll ys callet Garganus.
12 And þer ys[5] a cyte negh to hit yn þe wheche cyte dwellyt a ryche
man of dyu*er*se catell, and for his bestys lesuet apon þat hyll,
apone a tyme a bull was laft byhynd þe oþ*er* bestys. Wherfor
þ*y*s man w*yth* his s*er*uandys ȝeodyn forto seche þ*y*s bull, and soo
16 þay fondon hym stondyng al hymselfe befor an hole of a den þat
þer was. Then won schot an arow at þ*y*s bull, but þe arow
turnet aȝeyne, and smot hym þat schot hur, and wondyt hym sore.
Wherfor þay wer all aferde, and ȝeoden, and tolden þe byschop
20 of þ*y*s þyng. || Then, as this byschop pr*a*yde to haue wyttyng of **147 b**
þ*y*s thyng, Seynt Mychell come to hym, and sayde how hit was
hys wyll þat þe man was hurt wyth hys arowe. 'For by þat
doyng men schuld know þat I am keper of þat place. Wherfor go
24 þedur[6] and make of þat den a chyrch, þat þe pepull may come þedyr,
and worschyp God and me,' and soo he dyd.

He aperet also to anoþer byschop at a place þat ys callet now
Mychaell yn þe mownt yn Corneweyle, and bade hym go to a
28 hullus top þat ys þer, and þeras he fonde a bull tent w*yth* þeues,
þer he bade make a chyrche yn þe worschyp of hym. But for þer
wer too roches, won on ayþir syde þe chyrche, þat þe werke myght
not vp for hom, Saynt Mychaell bade a man yn a nyght goo þedyr
32 and put away þes roches, and drede nothyng. Þen ȝede þ*y*s man
þedyr, and set to þe roches his schuldyr, and bade hom yn þe
name of God and Saynt Mychaell sterte vttyr ; and so þay dydden
as moche as nede was.

---

[1] he *C.* be *G.*   [2] paradyse *C.* paradyde *G.*   [3] *MS.* crownes.
[4] in ... þer *H.* yn Appulea þat yn his contre *G.* þat in Appulea in þat cuntre *C.*
[5] And þer ys *d. D.* yn *G.*   [6] go þedur *H.* do *G.* go þou *C.*

In Seynt Gregoryys lyfe we redyn how þer was suche a qwalme
of pepull yn Rome, þat þay seen[1] arows of fuyr comyng from þe
erthe and slogh men, an hvge nowmbyr. Then Seynt Gregory
prayde to God forto ses þat pestylens. And þen he sygh an angyll 4
stondyng on a castell þat ys callet Anglestowre, wypyng his blody
swerde, and put hit vp ynto his schepe[2]. The wheche angyll, þay
sayden, was Saynt Mychaell þat was send þedyr from[3] God, forto
ponesche þe pepull for hor synne. Thus Mychaell was meruelyus 8
yn miracles worchyng.

He was also victorius yn his feghtyng. For when þe cytesons
of Sepontyne wern ouersette wyth paynones, and schuld ȝeue hom
a bateyll, þay prayde ȝorne to Seynt Mychaell for helpe. Þen, þe 12
nyght befor þe day of batayll, Seynt Mychaell aperut to þe
byschoppe, and bade hym haue no drede, but goo ynto þe bateyle
boldely, and he wold helpe hym. Then, on[4] the morow when
148 a the || batayle schuld mete, þe hull of Garganus was hullyd wyth 16
a dark myst. And out[5] of þat myst com fleyng so thycke arowse
of fyre and boltes of thondyr, and wondet þe paynems, þat
þay floen all þat myghten, and mony of hom wern slayne, and
þilke þat wern sauet þay seon þe nyracles of God, and werne 20
made crysten men by helpe of Saynt Michaell.

Seynt Ion þe Euangelyst segh yn þe apocalyps how þat Mychaell
and his angelys foghten wyth Lucifer yn Heuen, þat ys callet þe
dragonne and his angels. And soo, wyth helpe of God, Mychaell 24
had þe bettyr, and drof out of Heuen þe dragon and all hys feres
ynto erþe, bytwx Heuen and erþe, and þer ben as thyicke as
motes yn þe sonne. But for Crist come to helle wyth a berst of
thondyr, ȝet when þay herdyn þondyr, for fer þerof þay fallen don 28
ynto þe erþe, and þen þay gon not aȝeyne vp tyll þay haue don
some gret maleyce. Then þay reron debate and maken man-
slaght, þay maken wymen to ouerlye hor schyldyrne, þay reren
fyre, and breunen howses, þay reryn wyndys, and castyn downe 32
trees and howses, and don moche harme, and drowne schyppys yn
þe see, doyng þe harme þat þay mown and moche more þay

[1] seen *d. D. om. G.*   [2] schepe *C.* schope *G.* shepe *d. D.*
[3] from *d. D.* for *G.*   [4] on *inserted above the line.*
[5] out *inserted above the line.*

wolden nere þe helpe of Saynt Mychaell. For all hor sorow ys
forto se angeles beron vp sowles ynto Heuen, ynto þat plas of
ioye þeras þay wer. Oþer spyrytys were yn Heuen þat stod
4 not yn stydfast charyte toward God, but somwhat floturet; þe
wheche Seynt Mychaell drof out of Heuen ynto an yle of þe see.
Þe wheche Saynt Bran*d*an segh and tellyth þ*us*.

Narracio.

8   As [1] I was schyppyng yn þe see, I come to an yle, and segh
a tre soo þrod and so moche, þat ys wondyr forto tell. On þe
whech tre settyn bryddys, whit as snow, þat wern thyckyr þen
leues on the tre. The[n] I pr*a*yde to God forto haue wyttyng what
12 þay wern. Then come þer on of hom, and sat on þe horne of þe ||
schippe, and baturde wyth hor wynges, and gave a song as hit 148 b
wer organs. Þen sayde I to hur : ' Yf þou be Godys messager,
tell me what ȝe ben.' Then he sayde : ' We werne angeles yn
16 Heuen, when Mychaell drof out Lucifer and his angeles; and for
we aȝeynstod not hym as Lucyfer dyd, we werne dryfvyn out also,
but we byn soo departyd þat we come*n* yche holyday hedyr, and
here we worschepon God seuen syþes yn þe nyght and seuen yn
20 þe day, as ȝe don, and haue non oþir payne, but only þat we ben [2] put
out of Godys pr*e*sence. Thus Seynt Mychaell was wondyrfull yn
aperyng, he was mervayles yn myracles doyng, and victorius yn
his feghtyng.
24   Then schull ȝe all knel adowne, and pr*a*y to Seynt Michaell þat
he apere to you, when ȝe schull passe out of þ*ys* world, and defende
you from your enmyes, and bryng you to þe ioye of parad*y*se.
Amen.

62.

Good men and woymen, such a day N. ȝe schull haue Seynt
Lukes day, Goddys holy euangelyst. Þe wheche day ȝe schull
32 com to chyrch, and worschip God and his holy euangelyst. Then
schull ȝe know þat Cryst had iiii euangelystys : Marke, Mathew,

---

[1] As *C.* om. *G.*   [2] þat we ben *C.* om. *G.*

Luke, and Ion, þe whech wryttyn þe foure gospell þat ben Cristys wordis; for gospell ys yn redy Englysch, Goddys spelle, þat ys, Goddys word. Wherfore þese foure[1] wrytton not only what Crist spake, but also what he dyd and what he suffyrde here 4 yn erþe for mankynd, for encheson þat we and all oþer þat werne before vs and schull come aftyr vs, schull know and wyte, what he dyd and taght yn helpe and saluacyon of monkynd.

Then for[2] þes foure euangelystys ben lyknet to fowre dyuerse 8 bestys, and soo byn paynted yn fowre partyes of Cryst, þat ys: for Marke a lyon, for Mathew a man, for Luke a calfe, and for Ion an eron. Wherfor mony lewde men wenen þat þay wern suche bestys and not men. But þay þat soo vndyrstondes 12 þay schull know þay ben soo lyknet to þes bestys, for Cristys 149 a doyng yn þe gospell þat þay wrytton was lyke ‖ to þes bestys kynde. As þus Mathew he wrot most of Crystys monhed and þerfor he ys lykenet to a man. Luke he wrot most of Crystys 16 sacryfyce and his depe, and þerfor he ys lyknet to a calfe or an ox; for a calfe þat was offerd yn sacurfyce yn þe old law for synne, yn tokenyng þat Cryst schuld come, þat schuld be offurt yn sacryfyce for synne of þe pepull yn þe auter of þe crosse. Marke 20 wrot most of Crystys vpryst from depe and þerfor he ys lyknet to a lyon, for as bokes telleth þe kynd of þe lyon ys suche þat his whelpes þre dayes aftyr þat þay ben born þay shull lye ded. Then þe thryd day þe lyon comeþe, and for he sees his whelpys 24 ded, for sorow he maketh such a rore, þat þe ded whelpys þerwyth qwykeneþe and so takeþe lyfe. Thus, when Cryst had layne ded þre dayes, þe þryd daye þe Fadyr of Heuen spake to hym, and bade hym ryse; and soo rayset hym from depe to lyve. Ion ys 28 lyknet a eron þat ys kyng of fowles, and of kynd fleyng hext and next to þe son, and haþe gret delyte forto loke on þe sonne. Soo Seynt Ion he went next to God, for he prechet and wrot most of Crystys godhed and lytyll[3] of his monhede. For þes 32 skylles þes euangelystys ben lyknet to þes bestys.

But þen ʒe schull know þat Saynt Luke ys lyknet to a calfe þat was offert yn sacurfyce, for he offert hymselfe yn sacurfyce to God, day and nyght, by þre wayes: yn þoght, and worde, and 36

---

[1] þese foure *C. om. G.*   [2] for *C.* four *G.*   [3] *MS.* lythyll.

dede. He offert his þoght to God for þeras he was wonte before[1] forto
thynke on vanyte and how he myght gete wor[l]dely goodys ; for he
was leche of craft, and as bokes sayne, a lech boldely sleþe a mon,
4 and he[2] ful helt had sommtyme do mys before.   Wherfor he
turnet his þoght yn sacurfyce to God ; for as þe boke sayth God
ys gretly plesyt wythe þat þoght þat ys sory for his synne.

He offert also his worde to God yn sacurfice ; for þeras he was
8 wont before þat he come to þe apostles to speke mony an ydull
worde and of no vayle, aftyr he turnet al his speche ynto profyt
to hym and to all oþer cristyn pepull. || Wherfor he ȝede to our **149 b**
lady and lurnet at hur þe gospell þat he wrot, and for encheson
12 þat he was clene maydon, and had noþer wyfe ne chyld, he was
moch more chere to oure lady, and scho taght hym full godely
how þe angyll come to hur on message from þe kyng of Heven[3] ;
and what he spake to hur, and hur vnswar agayne, and so forþe
16 all þyng þat scho dydde wyþe hur sonne yn his ȝouþe and aftyr,
tyll he was steyt vp ynto Heuen.   And when he had lurnet þys
perfytly, þen he loket what Marke and Mathew hadon wrytton,
and soo toke at hom ; and þeras þei[4] passut derkely forth, he
20 wrot opynly all þyng.   And þus yn techyng and yn prechyng he
offeret his word vp to God.

He offeret his dedys also to God yn sacurfyce ; for he paynet
his owne body wyth dyuerse penaunce of fastyng, of hard lyuyng,
24 of hard knelyng.   Alsoo he was wyth þe apostolys yn all hor
pursewt þat þay sufferd of þe Iewes yn Ierusalem, and wyth hom
had gret pu[r]sewt for Crystys sake, and wrot all þe persecucyon
þat þe apostoles sufferet.   And alsoo he wrot all þe persecucyon
28 þat Seynt Steven sufferet, and how he was stenet to deth.   And
aftyr hys deþe he ȝode to Seynt Poule, and sewet hym yn bonchef
and myschef, and laft hym neuer tyll þat deþe departyd hom.   And
þen he ȝeod ynto a contray þat was callet Bytinys, and þer prechet
32 Goddys worde.   And when he was foure score ȝere old and ten,
þen he deyet full of þe Holy Gost and holy vertues.   So, aftyr
his deþe, God schowot for hym mony myrakles.

Now pray we to Saynt Luke þe holy euangelyst þat he wyll
36 pray for vs wyth Marke and Mathew and Ion, þat þrogh hor

---

[1] wonte before *C.*   won *G.*   [2] he *C.*   om. *G.*   [3] Heven *C.*   om. *G.*
[4] þei *C.*   scho *G.*

prayer we may haue grace of good lyuyng and Heuen at our
endyng. Amen.

63.

De Festo Simonis et Ivde et Eorum Solempnitate.

Good men and woymen, suche a day N. ȝe schull haue an hegh 4
fest and a holyday yn holy chyrche of Goddys too apostoles
150 a Seynt Symon and Iude. Wherfor ȝe schull fast ‖ þe even, and
come on þe morow to chyrch and[1] worschip God and his holy
apostols. Then schull ȝe know þat ayþir of þes apostoles hadden 8
two names, þat won was callet Symon ȝelotes and Symon
Chananeus, and þat oþer was callet Iudas Iacobi and Iudas
Thaddeus, in þis schoyng, how þe name þat[2] a man or of a woman
haþe, hit dyeth[3] yn this world and passuþ out of mynde yn schort 12
tyme aftyr his dethe. Wherfor ych crystyn man wyll be bysy
to gete hym a nome þat schall be wrytten yn Heuen yn þe boke
of lyfe, þat schall last for euermore. Herefore þe apostoles
suffren gret dyspyte, and doses, and trauayle, and penance, and 16
at þe last payne of deþe for Goddys sake wyth meke hert and clene
consyence. For Symon ys vndyrstondon obedience[4] þat makeþe a
man meke yn hert, and Iudas ys vndyrstondon confessyon, þat
clansyþ a mannys consciens of all maner fulþe of synne. Thus 20
befor deþe þay euen yche man and woman ensampull, and
techeþe how þat þay þat suffyrth any doses for Goddys sake wyt
meke hert and clene conscyens, þay ay schull be worschepyt hely
of God yn Heuen, and hor names wrytton þer wyth gret worschyp 24
ynto þe fraternite of all þe seyntys yn Heuen. But þen ben þer
mony þat God sendyþe doses and greues for gret loue and encres
of mede yn Heuen; but for þay take not hit wyth meke hert and
clannes of conscience, but grucchyth þerwyth and playneth ȝerne 28
þerapon, wherfor þay haue gret nede forto pray God of help, and
forto be helut of þat sekenes þat þay haue yn hor hert and yn hor
spyryte, as we redyn yn þe lyfe of þes apostles, how a kyng þat
was callet Abagarus dyet. 32

---

[1] and *C*. *om. G*.   [2] þat *C*. of *G*.   [3] dyeth *H*. deduþ *C. G.*
     [4] obedience *H*. obedient *G. not in C.*

Narracio.

We redyn þus : this kyng was lepur [1] and herd how oure Lord Ihesu Cryst wroght mony myracles and helyd all seke.   Wherfor
4 he wrot a lettyr to hym yn þis wyse : ' Kyng Abagarus gretyth well Ihesus, sauyour, þat precheth yn plases of Ierusalem.   I haue herd of þi myracles þat þou dos; how þou ‖ helyst all maner seke 150 b wythout herbes oþer any salue, and cures blynde, and halt and [2] crokut
8 wyth a worde, and þat ys more wondyrfull, þou reysys ded bodyes aȝeyne to lyue.   Wherfor I thenke yn my hert þat þou art Goddys Sonne, and art comen don frome Heuen ynto erthe, and lyues among men as on of hom.   Wherfor I wrytte to þe, prayng þat
12 þou come to me, and helpe me of my lypur þat greueth me ; for I haue vndyrstondyng how þe Iewes han schaput to do þe to dethe.   And I haue a lytyll cyte þat ys good and honest and plentwes and ys inogh for vs boþe ; wherfor y pray þe come to
16 me, and dwelle we togedyr yn rest and yn pes allway from þyn enmyes.'   Then Cryst wrot agayne to hym and sayde : ' Þou art blesset þat leues yn me, and has not ȝet sen me.   But for þou wylnes me to come to þe, I say þat I mot do þat I am comen for ;
20 and þen will I send som of my dyscypull to þe þat schall help þe of þy sekenes.'

Then, for þys kyng myght not haue Cryst to hym, for gret desyre þat he had to hym and for to haue sen hym, he sende
24 a maystyr payntur to Cryst, forto paynt his vysage as lyke as he cowþe and bryng to [3] hym, hopyng so forto haue som maner knoleȝ of hym.   But when þys paynter lokyt on Crist, hys vysage schon so bryght þat he myght noþyng se of hym.   Wherfor he
28 was all mowrnyng yn his hert þat he was send so fer and myght not spede.   Then Cryst toke a cloþe of þys payntur, and wypet his one vysage þerwyth, and þen was þe fowrme of his vysage apertly þeron all oþur.   Þen þe payntur cowþe make hyt, and he
32 bar þat from Cryst to þe kyng.   Then was þys kyng wondyr glad of þys sonde, and dyd hit all þe reuerens þat he cowþe, tyll aftyr Crystys ascencyon Seynt Thomas of Ynde send on of þe apostoles, Seynt Iude, to þis kyng.   And when þis kyng segh Seynt Iude,
36 þen segh he a schynyng yn hys face, þat he wend þat hit had ben

---

[1] lepur *C*.   lethyre *altered from* lethyrd.   [2] and *C.   om. G.*

[3] to *C.   om. G.*

Cryst hymselfe. Then sayde Iude: 'Byleue yn Cryst, and þou
schalt haue þy hele.' Þen sayde he: 'I beleue yn hym, and fayne ‖
151 a wold be wroken on hom þat han don hym to dethe, yf hyt wer
yn my power.' Then toke Iude þe lettyr þat Cryst send to þe 4
kyng befor, and weput þe kyngys forhede þerwyth, and anon þe
lepur fel from hym and he was hole as a fysche.

Then, when þis was don, Iude ȝeode to Symon, and ȝeodon boþe
yfere ynto Perse to preche Goddys worde; and þer wroghten mony 8
myracles, so þat þay turnet þe kyng and two and syxty þousant of
othyr pepull to cryston fayth. Then crysten pepull encresyt so, þat
þe kyng and negh all þe pepull of þe contre wythdrogh þe offryngys
þat þay weron wont to offur to hor mawmetus, þe wheche þe 12
byschoppys of þe tempull haden to hor lyflode. But when þis
was wythdrawen, þe byschoppys wern so wroth, þat þay gedyrt
hom togedyr, and als mony as þay myghten by frendeschyppe
and for hyre, and token þes apostoles, and ladden hom ynto hor 16
tempull, oþer forto haue don sacurfyce to hor mawmetys oþir
ellys forto haue byn don to dethe. Then come þer an[1] angyll from
Heuen, and asket hom whethyr þay wold haue hor enmyes ded
anon befor hom othyr suffyr marturdome for Goddys sake. Then 20
sayde þe apostoles aȝeyne: 'Boþe we desyre, forto haue oure
enmyes forto turne to þe faythe, and we forto suffyr deth for oure
Lordes loue.' Then þay turnet hom to þe mawmetes þat weron
yn þe tempull, and commawndet þe fendes þat weron yn hom 24
forto come out, and schow hom to þe pepull, and þen plucke þe
ymages al to powdyr; and soo þay dyd. Wherfor þes byschoppys
wern soo wroþe, þat þay anon fellen on þes apostoles, and all tohew
hom to deth yn peces. Then þerwyth anon come a þondyr and 28
a layte wyth þat, and clefe þe tempull yn þre partyes downe to þe
grownde. Þen toke þe kyng hor bodyes and buryet hom, and
made a ryall chyrch yn worschyp of hom.

Now ȝe schull knele downe and pray to God as he helet þys 32
151 b kyng Abagarus of his lepur, so, by prayer of þes apostoles, ‖ þat he
hele yow of all maner sekenes, boþe yn body and sowle.

---

[1] *an inserted above the line.*

64.

De Festo Omnium Sanctorum Sermo Breuis.

Good men and woymen, such a day N. ȝe schull haue a solen
fest yn all holy chyrche, þat ys, þe fest of all halowes of Heuen.
4 Wherfor yn worschyppe of God and all þes seyntys ȝe schull fast
þe euen, and come to þe chyrch to þe fyrst euensong, and on þe
morow to matens, and to masse, and to þe secunde evensong,
and worschip God and all hys haloues for oure neglegence of all þe
8 ȝere before.   Then ȝe schull know þat þys fest was ordenet to gret
helpe of all cryston pepull fore þre skylles þat þer ben, þat ys: for
a tempull halowyng, for omissyons fullyng, and for neclygence
clansyng.
12   Fyrst hit was ordeynet for a tempull halowyng.   For when þat
þe Romaynes wern lordes of all þe world, þay maden a tempull yn
Rome rownde as a dofhowse, and callet hyt Pantyon, and setten
yn þe mydyll of þe tempull an ymage þat was þe cheff mawmete
16 of Rome, and þen of yche a lond anoþir ymage [1] rownde all aboute
by þe wall, and þe nome of þe lond þat þe ymage was of wrytton
vndyr his fote.   And all wern made so wyth nygramancy, þat
when any lond turnet from þe Emperour of Rome, anon þat
20 ymage of þat lond turnet hys face to þe wall and his bake to þe
ymage of Rome.   So, when þe byschoppys comen ynto þe tempull
and seen any ymage turnet, þay loket what lond þat ymage was
of, and soo ȝeoden forth and told þe Emperour.   And þen he wold
24 gedyr a gret ost, and send þedyr and sett hom yn rest and pece
aȝeyne.   Then duret þis tempull tyll þe pope [2] Boneface þe furþ
come.   The whech ȝede to þe Emperour þat was callet Foca, and
prayde forto ȝeue hym þe tempull þat he myght put out of hit þe
28 multutud || of fendes, and halow hit yn þe worschyp of oure lady 152 a
and of all martyres; and soo he dydde.   Then aftyr com anoþer
pope [2] þat was callet Gregory, and he ordeynet þys day forto be
halowet yn worschip of God and of all þe seyntys, and so com-
32 mawndet all holy chyrche forto do to þis fest as furst was
begonnen.
    This fest was alsoo ordeynet of þe same pope [2], forto be fulfullet

---

[1] *MS.* ymages.   [2] pope *scratched out.*

yn oure omyssyons for mony seyntys-dayes we leuen yn þe ȝere
vnseruet ; for þay ben so mony þat we may not serue hom all.
For, as [1] Seynt Ion tellyth, yche day of þe ȝere ben mor þen foure
þousand of martyres, outtaken þe forme day of Ianuare.   Wherfor 4
holy chyrch ordeyneth þat connably þat, for hit so ys þat we may
not halow yche day of þe seyntys at hor festys, we schull halow
hom on won day, and soo fulfull yn won day þat we han lafte all þe
ȝere behynd.   Thus yche seynt of Heuen hath his worschip of vs 8
whyll we halewon þys day deuotly as we owen forto do.

Thys fest was ordeynet forto clanse oure neclygence ; for þogh
we halowen but few sayntes-dayes, ȝet we ben full neclygent yn
oure seruyce, and forȝetuþ mony thynges by vnconnyng, and by 12
lettyng oþer wor[l]des ocupacyon.   Wherfor yn þys fest we schull
make amendes of þat we haue trespaste yn oure festys before.
Wherfor ȝe schull know þat þay haue gret synne þat don not hor
bysynes þis day, forto serue God and all his seyntys, yche man and 16
woman, yn hys degre, aftyr hys conyng and hys hauere.   And
know well þat þis day your prayers schull be sandyr herd of God
þen anoþer day, for þis day all þe sayntys of Heuen yfere praythe
for vs ; wherfor ȝe schull know for certeyne þat all þe sayntes 20
prayng at ones schull be raythyr herd then on othyr too by hom-
selfe.   For þe seyntes þat now ben yn Heuen wern summe tyme,
as we ben now, of oure flesch and oure blode and our forme fadyrs.
152 b Wherfor þay haue compassyon || of vs, and byn fayne forto get any 24
prayers of vs þe whech þay mow presend God wyth yn oure name.
Then, forto schow þat all þe seyntys comen togedyr þys day forto
pray for vs, I tell you thys þat I fynde wrytton yn ' Legenda
Aurea.'   Þis vysion was seen yn þe secunde ȝere next aftyr þis 28
fest was ordeynet to be halowet.

Narracio.

Ther was a keper of Saynt Petrus chyrche yn Rome þat þys
day, aftyr maytens, at mydnyght when all wern gon to bedde, for 32
deuocyon þat þys man had, he ȝede to yche auter yn þe chyrche
and dyd hys deuocyons.   And when he had gon all abowte, þen
ȝede he to þe hye auter ; and when he had ben long þer yn hys

---

[1] as *inserted above the line.*

deuocyon, he fell on slepe byfor þe auter.   Þen anon he was raput
in slepe, and segh þe kyng of blysse syttyng yn his maieste, and
gret multytude of angeles abowt hym.   Then com þer a qwene
4 wyth a ryche crowne on hur hed, rychely arayed, wyth a gret
company of virgines and of woymen sewyng hur, and when scho
come, þe kyng roos aȝeynes hur, and made to sette hur a chayre of
gold and hur to sytte þeryn.   Aftyr com on clad yn camels skynnes,
8 and hym sewet a gret company of old men.   Aftyr come on clad
lyke a byschoppe, and hym sewet anoþir company, lyke to hym
honestly cloþyd lyke byschoppys.   Aftyr come multitude lyke to
knyghtes of dyuerse pepull, and all comen befor þe kyng, and soo
12 knelyng downe dydden hym worschype.   Þen þay þat weron lyke
byschoppys, þay begonnen and sayden matens.   Then spake thys
mon to the angell þat lad hym, and asked what wer all þys pepull
þat he segh þer yn such aray.   Þen sayde þe angell þat þe kyng
16 was God hymselfe, þe qwene was oure lady, and he þat was
clothyd yn camell skynnes was Saynt Ion þe Baptyst and othyr
patryarches and othir[1] prophetys wyth hym.   Þe byschoppe was
Saynt Petyr and othyr apostoles wyth hym and othyr men of holy
20 chyrche.   The knyghtes weron marturs, and *confessours*, ‖ and **153 a**
othyr pepull þat wern Goddys trew seruantys yn erth, and comen
all þus before hym, and þonket hym þe worschyp þat þay haden
þys day yn erth of all mankynd.   Wherfor þay prayet all to God
24 for you þat ben yn erthe þat God schuld qwyte you for[2] your
trauayle yn Heuen.

Wherfor ȝe schull now knele adowne, and pray oure lady and
oþer holy seyntys þat þay pray so for you to God, þat he ȝeue you
28 such a grace to do hym suche worschyp and seruyce here yn erth,
þat ȝe may be worthy forto come and here þe seruyce þat þay
maken yn Heuen before þe gloryous Trynite, þat ys þe Fadyr, and
þe Sonne, and þe Holy Gost.

---

[1] othir *inserted above the line.*   [2] for *C.   om, G.*

65.

In Die Animarum Sermo Breuis ad [1] Parochianos.

Good men and woymen, as ӡe kneweth well, þe morow aftyr All-halow-day ys euermor Sowlemasse-day, þat ben yn purgatory yn Goddys pryson and haue gret nede to be holpon. Wherfor as 4 holy chyrche þys day worschepyth all þe seyntes of Heuen generaly yfere, hopyng to be holpen by hom, ryght soo, on Sowlemasse-day, holy chyrch makyth mynd, and syngyth, and redythe generaly for all þe sowles þat ben yn purgatory, havyng full beleue forto relesch 8 hom of hor payne, othyr yn parte, othyr yn all. Wherfor ych crysten man and woman schall as þys day helpe þe sowles þat ben yn payne, for soo þay mown and þay woll; for þe lest prayer þat ys made for hom dothe hom ese. So þagh a man say but þus: 12 ' God haue mercy on all crysten sowles!' so þat [2] he þat sayth þus, be yn charyte and out of dedly synne. Then schull ӡe know wele þat þre þynges helpen soules most out of penance, þat ys: devot prayng, almes-ӡeuyng, and masse-syngyng.   16

Devot prayer helpyth moch a man sowle ; for as a lord þat hath a man yn dystres, at þe prayer of his godde seruand, oþer he relesches all, oþer som, soo God, at þe prayer of his trew seruand, releschuth a sowle þat he prayth for, othyr yn party, oþer yn all. 20 Then, forto schow you how gretly good prayers helpeth þe sowles, ǁ 153 b I tell you þis ensampull þat I fynde wrytten yn ' Legenda Aurea.' Þer he sayth þus:

Narracio.   24

Ther was a man þat had his howse by þe chyrch-ӡeorde, so þat þe dure openet toward the chyrche. Þen had he a maner þat, als oft as he come oþer ӡede ouer þe chyrche-ӡeorde, he wold say a ' De profundis ' for all crysten soules. Then, on a day, hyt 28 happonet so þat he was pursewet wyth enmys, þat he flogh homward ; but when he come ynto þe chyrch-ӡeorde, he þoght: ' Now ys tyme forto say "De profundys,"' and knelut adowne, and sayde. And anon þerwyth all þe chrych-ӡeorde rose full of bodyes, yche on 32 wyth an ynstrument yn hys hond of his craft, and dryuen aӡeyne

---

[1] ad *C.* om. *G.*   [2] þat *C. H.* om. *G.*

his enmyes. And when þay seen þat, þay cryed God mercy, and
þes men and he allway aftyr were þe more deuot forto pray for þe
sowles. Thus devout prayer helpyth moch sowles.

4   Also almes-ȝeuyng[1] helpyth moch hom ; for as watyr quench-
eþe fure yn our syght, ryght soo almes-dede qwencheþe þe
fure þat brenneth hom yn hor payne. And yf almes be don for
hom þat ben yn blys, for þay haue no nede þerto, hit ys putt ynto
8 þe tresowre of holy chyrche, and at Goddys byddyng hit ys dalt
among hom þeras he asynet hit. And þen þe sowles þat ben
holpen þerwyth, heyley þay þonken þe sowles þat hit was ȝeuen for.
Thus schull ȝe know þat almes-dede helpethe moch sowles ; for
12 oft-tyyme seyntes han herd fendes waylyng and ȝelle, for þat by
almes-dede and good prayers oft-tymes sowles wern taken out of hor
bondes. Wherfor, yn old tyme, good men and woymen wolden
þys day by bred and dele hit for þe sowles þat þay louedon[2], hopyng
16 wyth yche a lofe to get a soule out of purgatory ; and summe ben
þat ȝet vsyth þat ; but more harme ys, to few. I rede yn þe
same boke ' Legenda Aurea '—

Narracio.

20   A ‖ knyght, as he ȝode toward a batayle, he bade hys cosyn, yf **154 a**
þat he deyd yn þe batayle, þat he schuld sell hys hors, and dele þe
money yn almes for his sowle. Then, when þys knyght was ded,
hys cosyn lyket well hys hors and toke hym to hys owne vse.
24 Þen, sone aftyr, þis knyght aperet to hys cosyn and sayde : ' For
þou hast not done by my hors as I bade þe, þou hast made me to
be yn purgatory viij dayes. Wherfor God wyll take vengans on
þe ; for þi soule schall goo to hell, and my sowle schall goo to þe
28 blys.' Then anon an horrybull voys was herd yn þe eyre of lyons,
and berys, and wolues þat kaghten vp þys man bodely and beren
hym forth, þat neuermor aftyr herd man of hym.

The þrydde helpe þat þe sowle hathe ys massys syngyng ; for
32 when any soule apereth to any man, euermore he wylneth and
prayth forto haue massys songen for hym. For ryght as mete and
drynke conforteth a man when he ys febull, ryght soo þe sacurment
comforteþe and strenktheth[3] þe sowles þat hyt byn don fore.

[1] almes-ȝeuyng *H.* almes-dede-ȝeuyng *G. C.*   [2] louedon *C.* lyfden *G.*
[3] strenktheth *C.* strengthe *G.*

Narracio.

I rede alsoo yn þe same legend how a byschop suspendet a prest, for he cowþe syng non oþer masse but of requiem, þe whech he song yche daye deuowtly aftyr his conyng.   Then [1], on a hegh holy- 4 day, as þis byschopp ȝode toward þe chyrche to matens, when he come to þe chyrch-ȝorde, ded bodyes rysen vp aboute hym, a gret nowmbyr, and sayden to hym : ' Þou says no masse for vs and now þou has taken our preste from vs [2].   Do þat þis be amendet, oþer 8 for soþe þou schalt be ded.'   Þen was þys byschop soo agast, þat he send for þis prest anon, and bade hym synge as he ere dyd, and he hymselfe dyd als offt as he myght aftyr.

Narracio. 12

In þe same boke we fynden how þat fyschers of Seynt Tybaude [3] 154 b yn þe hote heruest token yn hor nettes ‖ a gret clot of yse, and beron hyt to hym, for he was pottagur ; and wyth þat yse þay refreschet þe gret hete of his fete, as oft as hit was layde to. 16 Then herd he a voyce þat spake to hym out of þe yse and sayde : ' I am a sowle þat dray my penons her ; and woldyst þou syng thrytty masses contynuantly, I schuld be delyuerd of my penance.' Then þys good man sayde he wold.   And soo, when he had sayde 20 a quantyte of þes massys, be steryng of þe fende on come to hym, and told hym how all þe towne was at debate, and yche was redy to sle oþer, and he most nedes come forto ses hom ; and soo he dyd. Eftsones he began aȝeyne, and when he had seyd halfe þe masses, 24 þen come þer anoþer, and told hym how enmyes wer comen, and bysegyd þe towne, and he most nedys go and ordeyne þerfor ; and so he laft hys masse.   Eftsones and ȝet he beganne aȝeyne. And when he had songen all þe masses but þe last, þen come þer 28 a worde þat [4] all hys place and moche of þe towne was on fure, and he most helpe hymselfe, lest he wer brent.   Then sayde he ' þagh all bren and I boþe, wyth þe helpe of God I wyll syngne þis masse.'   And when þe masse was sayde, hit was fonde all fantesy 32 of þe fend and noght els ; and þen was þe yse molten away, and so þe soule holpen.

And pray we so to Ihesu þat he wol help all þe sowles þat we ben bonden here forto pray for.   Amen. 36

[1] Then] The *G.*   þan *C.*   [2] preste from vs *C.*   om. *G.*
[3] Tybaude *C.*   Tybauce *G.*   [4] þat *C.*   to þat *G.*

66.

De Solempnitate Sancti Martini Sermo Breuis.

Good men and woymen, suche a day N. ȝe schull haue Saynt
Martynes day, and come to þe chyrche, and worschyp God and
4 Saynt Marteyne, þat ys aftyr þe apostoles holden þe holyest con-
fessour þat ys yn holy chyrche.   And þat ys knowen by þe gret
myracles þat God hath schewed by hym, boþe yn hys lyfe and
aftyr hys deth.   Fyrst, when he was but xv ȝere old, as he rode
8 among oþer knyghtys and was not ȝet folowed, he kyt his mantell ||
yn too pʌrtes, and ȝaf halfe to a pore man þat was naket.   Wherfor **155 a**
yn þe nyght aftyr he saw Cryst clothyd yn þe same cloþe and
sayde to hys angell by hym : ' Martyn þat ys not ȝet folowet haþe
12 claþyd me yn þys cloþe.'   Wherfor he was aftyr folowet, and laft
all þe worlde occupacyon, and ȝaf hym all to holynes.   Then as he
ȝede by þe waye, þe fende mette hym yn lyckenes of a man, and
askyd hym whedyr he wold; and he sayde whedyr þat God wold.
16 Then sayde þe fende : ' Go whedyr þou wolt, I woll be þyn enmy
yn all þyng þat I con oþer may.'   Þen sayde he : ' God is[1] my
helper, wherfor[2] I drede not what þat euer men do to me.'   Þen
he lyuet so holy aftyr, þat he reyset þre mon from deth to lyue.

20   So for þe gret holynes of hym he was chosen byschop of Towres,
and as men wern yn þe see negh to haue ben spyllet, on of hom
þat knew þe holynes of hym cryet and sayde : ' Seynt Martyne,
helpe vs now!' and anon þay werne holpen.   And as he rode
24 abowte yn his vysytacyon, howndys hunted a hare vndyr his hors
wombe.   Then, for he had compassyon of þat sely best, he bade þe
howndys stond styll, tyll þe gyltles best were paste[3] hor enmys.
Then anon þe howndes stoden styll, as þay haden be pyght yn þe
28 erth, tyll he ȝaf hom leue forto goo.   Then, as he rode forth, he
sawe a gret eddyr swym ouer a watyr.   Þen sayde Martyn to hyr :
' Turne agayne to þe[4] bongke þat þou come fro,' and so dyd scho
anon.   Þen sykyt Seynt Martyn ynwartly and sayd : ' I am sory
32 þat neddyrs heren me, and men wol not here me.'   Anothyr tyme,

---

[1] is *C.*   om. *G.*   [2] wherfor *C.*   om. *G.*
[3] were paste *C.*   passyth *G.*   [4] þe *inserted above the line.*

in [1] þe ȝatys of Paryse, he cusset an horrybull mesell, wherby he
was hole anon.   He was of soo gret pacyens and suffrence þat hys
clerkes smoton hym; but he toke hit pacyently, and was neuer þe
wroþer aftyr wyth hom.   4

Anoþer tyme as he rod by þe way all his one, for þat was hys
maner, and had on hym a rogh blake mantell, þen come þer a cart
155 b wyth caryge.   But when þe bestys þat droghen þe ‖ cart seen hys
mantell waftyr wyth þe wynde, yche on hurlet soo wyth oþer for 8
ferd, þat þay borston hor gere and ferden fowle wyth homselfe.
Then þay þat dryuen þis cart betyn Martyne wyth hor hoytes, and
ȝeuen hym mony strokes; but all he suffred and sayde noght.
Þen wenten þay aȝeyne, and rycched hor ger, and wolden haue gon 12
hor way; but for all þat þay myghten do, þay myght not sture hom
on fote out of þe place, tyll þay knew how hit was Martyn þat þay
haden beton, and cryet hym mercy.   And anon he forȝeue hom;
þen hor bestes ȝoden hor way esly ynogh.   16

Anothyr tyme as he sate yn hys selle, þe fende come to hym lyke
a kyng, cloþed yn purpure and crownet wyth a schynyng crowne
of gold, and sayde to hym : 'I [2] am comen from Heuen to erth;
furste I come to þe [3] to speke wyth þe for gret loue þat I haue to 20
þe : beleue yn me, for I am þi Lord Ihesu Cryst.'   Then Martyne
loket on hym and sayde : 'My Lord Ihesu Cryst wol not com yn
þys aray; but ȝyf þou be he [4], schow me þi wondes þat þou suffyrst
for me, and þen wyll I beleue.'   Then anon þe fende vanesched 24
away as smoke [5], and laft an horrybull stench þat fullet his sell
full.   Anoþer tyme aftyr þe fend come to hym, and repreuet hym
þat he toke to hym men þat [6] aftyr þay had synned and weren
schryuen, þay fell eftsones ynto þat same synne; and sayde þoȝ 28
he toke hom to his mercy, God wold not.   Þen sayde Marten :
'Wrecche, and þou woldest leue þy pursuyng crysten pepull, and
aske God mercy wyth a meke hert, y tryst to God þat he wold ȝeue
þe mercy, and take þe to grace.'   32

Then when he schuld passe out of þis world and lay on his deth-
bed, he saw þe fende syttyng and aspyyng on hym, yf he myght
156 a haue caght any mys of ‖ hym yn his ende.   Þen sayde Marten to

---

[1] in *C.   om. G.*   [2] I *C.   for I G.*
[3] furste I come to þe *C.   seust þou not G.*   [4] he *C.   om. G.*
[5] smoke *C.   snow G.*   [6] men þat *C.   meyne G.*

18

hym : 'Go forth, þou vnsely best, þou schalt fynd no mys yn me ; but Abrahams barm schall receyue me ynto þe blysse.'   Þen sone aftyr he ȝaf vp þe gost, and was buryed wyth gret honoure yn his
4 owne chyrch of Towres.

Then foure and fourty ȝere aftyr þer come a byschop þat translatud hym.   And when he hadde made all þyng redy, he layde hond to Martyns body, forto haue born hit forth ; but he
8 myght not sture hit by no craft þat he cowthe.   Then he þoght hit was not Seynt Martyns will to be sturet fro thens, and þoght forto leue of.   And þerwyth come an old fayre man, and bade hom goo to, and he wold helpe hom ; and þen anon þay beren forth
12 þe body wythout any lette.   So when þe seruyce was done, þis old man vaneschut away, wherby þay knew þat he was Seynt Martyne.

Then for God schewet gret myracles for hym yche ȝere at þe
16 day of his translacyon, moch pepull drogh þedyr, forto bere hys schryne aboute yn dyuers stretys of þe towne.   Then werne þer two beggers of þe whych on was blynd and þat oþer was crepull. Þen forto make men forto haue compassyon of hom, he þat was
20 blynd bare þe crepull on his schuldur, and he taght þe blynde wher he schuld goo.   And for þay geton moche good þus, þay wern aferd, lest þay had met wyth þe schryne of Seynt Martyne, lest hyt wold haue heled hom.   Wherfor þay schaput hom forto goo
24 out of þe way ynto anothyr strete þer as þe schryne schuld not come.   But þen hit fell so þat sodenly [1] þay metten þe schryne at a cornell of a strete, wherfor þay wern anon hole boþe.   Þen sayde þay to Seynt Martyne : 'We thonken þe for þe gret good þat we
28 haue had for þy loue, but for oure hele we thonke þe not ; for now we most gete oure lyuelod wyth swynke and trauayle þat haue lyued all oure lyue yn oure es.'

Now ȝe schull pray to God ‖ and Seynt Martyne þat ȝe may 156 b
32 haue suche lyuyng þat ȝe may haue þe blysse at oure endyng. Amen.

[1] sodenly] solenly *G*.   soddeyn *C*.

67.

DE FESTO SANCTE KATERINE ET EIUS SOLEMPNITATE SERMO BREUIS.

Good men and woymen, such a day N. ʒe schull haue Seynt
Kateryns day. þe whech day ʒe schull come to þe chyrch, and 4
worschyppe God and thys holy mayden and martyr Seynt Kateryn.
Then schull ʒe know þat Seynt Kateryn was a kynges doghtyr.
But þogh scho wer comen of so gentyll blod, ʒet, for Goddys sake,
scho sette noght by þe pompe of thys world; but set al hur hert 8
yn oure Lord Ihesu Cryst. Wherfor when scho hadde ben at scole,
and was lernet at þe full, and cowth dyspute wyth any clerke þat
come to þe scole, when scho herd þat Maxencius þe Emperour
come to þe cyte of Alysaundyr, forto make a solemp offryng to 12
his mawmetys of bullus, and caluure, and othyr bestys, soo þat all
þe cyte dynned of þe noyse of hom, then Kateryn blessyd hur, and
ʒede ynto þe tempull to þe Emperour, and bo[l]dely rebuked hym,
and sayde he dyd fowle forto worschip þes fendes, and leue þe 16
worschyppe þat he schuld do to his God of Heuen, þat made all
þyng of noght, and send hym lyfe, and hele, and all þyng to hys
nede, and preuet hym by open reson þat Crist was God, and boght
mankynd on þe crosse wyth his deth out of þe fendes bondage. 20
Then bade þis Emperour do hur ynto ward tyll he myght be at
leysyr forto here hur; for þen he was so besy forto ples hys
goddes, þat he myght not tend to hur.

Then þys Emperour made to sende aftyr fyfty scole[1]-maystyrs 24
of þe wysest þat wern yn any contrey. And when þay wern
comen, he bade hom goo, and dyspute wyth hur, and ouercome
hur[2]; and he wold reward hom heghly for hor trauayle. Then
haden þes maystyrs gret hokur þat þay wern comen of soo fer 28
157 a contre, forto dyspute wyth a woman, whil þe lest scoler of || hors
had byn wyse ynogh forto haue ouercome hyr. But when Kateryn
had spoken wyth hom a lytyll whyle, by helpe of þe Holy Gost,
scho conuerted hom, so þat þay leuet on Crist, and wold gladly 32
take deth for his loue.

---

[1] scole *d.* D. score *G.*   [2] hur *C. om. G.*

Then anon Maxens *com*maundet[1] to make a gret fyre, and brenne
hom all þeryn.   But God schewet þer his myracull for hom, so þat
þer was no clothe of hors, ny heere of hor hede ytamet wyth þe
4 fyre; but all leon ded by othyr wyth as fayre chere, as þagh þay
had ben on slepe.   Then was þe Emperour wode for tene, and
made forto do Kateryn nakyd and so beton hor fayre bode wyth
scowrges, þat all hor body was full of wondes, and rennyng all on
8 blode, and so puttyn hur ynto prison, forto abyde þer xxx^te dayes
wythout mete or drynke, tyll he come aȝeyne, for nedys þat he
most[2] goo fore.

Then had þe qwene a gret longyng forto speke wyth Kateryn,
12 and toke wyth hur yn a nyght a knyght þat scho tryst well, þat
was callet Porphirius, and ȝodon to þe pryson, and spake wyth
Kateryn.   And þen scho segh an angell þat had yn aythyr hond
a schynyng crowne of gold, and sette þat on on þe qwenes hede
16 and þat oþer on Porphiri*us* hede, and bade hom be stedfast yn þe
byleue, for wythyn þe thryd day þay schull boþe come to God by
martyrdome.

Then com þys Emperour to hom, and anon sende aftyr Kateryn,
20 and wende scho had ben negh ded for hungur; and þen was scho
all þylke dayes fedde wyth a coluere from Heuen, so þat scho was
yn bettyr poynt þen scho was before.   Wherfor þys Emperour
was negh wod, and *com*mawnde forto set Kateryn bytwyx fowre
24 wheles þat wer wondyrly maket, so þat two turned vpward and
two downeward, full of kene hokus, so þat two schuld haue raset
hur vpwart and two downeward.   But when Kateryn was sette yn
þe wheles, scho prayde to God for helpe; and anon þer come an
28 angyll from Heuen, and smot ‖ al þe wheles into[3] peces, and[4], as **157 b**
þogh hyd had ben a whyrlwynde þay rennon ouer þe pepull, and
slogh anon ryght foure þousand of hom.   Then saw þe qwene þys
myracull, and anon come downe before hur husbond, and spake to
32 hym boldely rebukyng hym, for he segh Goddys myracull so opynly,
and ȝet wold not beleue yn God.   Then anon þys tyraunt *com*-
mawndet forto lede forth þis qwene, and furst rase hur pappes
wyth hokes from hur body, and þen smyte of hur hed ; and so þay

---

[1] comaundet *C.*   commaundet anon *G.*   *In d. D. the first anon is omitted.*
[2] nedys þat he most *d. D.*   þat he most nedys *G.*
[3] into *d. D.*   y two *G.*   [4] and *d. D.   om. G.*

dydden. Then on þe morow, for Porphiri*us* had buryed þe qwene, he was taken and a hundret knyghtes of hys felawes, and weron beheduth[1], ych for Godd*ys* sake.

Then þe Emp*er*oure spake fayre to Kateryn, and byhet hur þat 4 he wold wed hur, and do to hur all þe worschyppe þat he cowth, yf scho wold forsake Cryst and leue on his godd*ys*. But for scho sette noght by hym ne by his goddes, he made forto smyt of hur hed. Then when þe hed was smytten of, ynstyd of blod ran out 8 whyt mylke. And anon þ*er*wyth come angeles, and token hyr body, and beren hit vp ynto þe eyre, and soo forth xx[ti] dayes iourne þenn*ys* to þe mownt of[2] Synay, and þ*er* buryet hit w*yth* gret worschyp wher God haþe wroght[3] mony gret myracles, and ȝet doþe 12 ynto þ*ys* day.

Narracio.

I rede of a woman þat fyrst s*er*uet Saynt Kat*er*yn, and fast hur euen, as mony don, but aftyr scho laft of. Then yn a vysyon scho 16 saw a *com*pany of fayre maydens comyng by hur, and among hom was on passyng all yn beute. But when scho come by þat on, scho hudde hor face, and wold not loke on hur. Then askyd ho won of hom þat come byhynd whad þay wer. Þen sayde scho þat þay 20 wern all seyntys of Heuen, ' and þat was Kateryn þat hudde hur face from þe, and wold not know þe, for encheson þat þou hast laft 158 a þe knowlech of hur.' Then this ‖ woman repentyd and turned aȝeyne to hyr deuocyon þat scho had don befor, and was a trew 24 s*er*uand to Kat*er*yn eu*er* aftyr, and had þe blysse of Heuen to hyr mede. Þe whech blysse þrogh þe p*r*ayer of Seynt Kat*er*yn God geue[4] you and me. Amen.

68.

De Dedicac*i*one Ecclesie S*er*mo Breuis. 28

Goode men and woymen, such a day N. ȝe schull haue your chyrche-halyday. Þe whech day ȝe schull come to chyrch to worschyp God, hauyng yn mynde[5] þre causes why þe chyrche ys halowed: on for the chyrch-clansyng, and for deuot p*r*ayng, and 32

---

[1] and weron beheduth C. he let smyt of her hedys G.
[2] of *d. D. om. G.* [3] *MS.* worght. wrought *d.* wrougth *D.*
[4] geue *inserted above the line.*
[5] *aftyr* mynde *the word* of *is inserted in the margin in red ink.*

for þe dede-buriyng.　Mony othyr causes byn why þe chyrch ys halowet, but of þes þre we schull as þys tyme say, so as God ȝeueth grace.

4　Furst hit was halowet for Ḱur owne clansyng; for þe chyrch ys a place ordeynet þat cryston pepull schull come togedyr yn charyte, forto worschyp hor God yn rest and yn pees, ych on wyth othyr.　Then ys God fayn of hom, and cometh to hom, and ȝeueth
8　hom hys blessyng, and walketh among hom, and ys wondyr fayn of hom, and dwellyth wyth hom, whyll þay ben yn rest and yn pes, ych wyth othyr.　But when þe fende seyth this, þen ys he sory, and schoweþe all hys malyce forto asay, ȝif he mow by
12　hymselfe oþer by any oþer of hys dyscypoles forto bryng hom out of charyte, and make debate and dyscencyon among hom, and so forto dryve God away from hom : for well I wot þat God ys not þeras debate and dyscencyon ys.　Then, for our holy fadyrs knew
16　hys maners and his malyce, þay ordeynet þe chyrch to be halowet ; and so, by holy prayer and halowyng, scho ys clanset of þe fende and of hys malyce, and he hath no power aftyr forto come ynto þe chyrch, but hit so be þat som wykkyd lyuer þat ys belafte wyth
20　þe fende, bryng hym ynto þe chyrche wyth hym ; for als longe as a ‖ man oþer woman ys out of charite, þe fend ys yn hym and **158 b** haþe power ouer hym.　Then, forto schewe you how þe fende ys dryuen out of þe chyrche by halowyng, I tell you þys ensampull
24　þat I fynde wrytton yn 'Legenda Aurea,' and Saynt Gregory rehersuth hit yn his boke þat ys callet 'Dyalogus.'

Narracio.

He sayth þat, when a chyrch was halowed, and relekys of sayntys
28　broght þedyryn, sodenly a swyne ran among þe pepullys fete, hedyr and þedyr, and so ȝode out of þe chyrch-dorre and was sene no mor aftyr.　Thus God schewed opynly how þe fende by halowyng of þe chyrch was dryuen out of hur.　And forto schew
32　how sory he was forto lese his habytacyon, þe fende com aȝeyne þe nyght aftyr, and ran on þe chyrch wyth suche noyse, þat he fered all þe pepull þat herden hit.　And þe secunde nyght he come aȝeyne, and made a more hydwes noyse ; and þe þryd nyght he
36　made a noyse, as all þe chyrch hadden fallen downe at ones, and þen went he forthe and come no more aȝeyne.

The chyrche ys also halowet for deuout prayng. I hope þat ȝe all[1] prayen well at hom yn your houses. For, as Seynt Austeyn seyth, a good dede ys a good prayer; so, whyll þat a man doþe well, he prayth well. But ȝet, when any of you wyll speke wyth 4 hys frende for any spedfull thyng, he goth home to his howse, hopyng wel þat he woll make hym þer bettyr chere þen yn any othir place. Then ryght so, when ȝe woll speke wyth God, comyth to hys howse and þer spekyth wyth hym, þat ys, holy chyrche; 8 for whill a man prayeþe, he spekyth wyth God, and whyll he redyþe, God spekyth wyth hym.

But for mony of you wyttuþe noght how ȝe schull pray to God, þe settyng of þe chyrch hyt tellyþe you: Hit ys sette yn þe est, 12 techyng yche man, when he praythe, to haue his hert ynto þe est, and thenke þat paradyse ys yn þe est. Wherfor ȝe schull pray God deuotly þat he haue compassyon of you, þat ben exilet out of **159 a** your eritage ‖ by males of your enmyes, and ȝeue you grace to 16 dyscomfet your enmy, so þat God yn your deyng send his angell, and fach your soules ynto paradyse aȝeyne ynto þat blysse þat ȝe losten by your old-fadyrs trespas. Also ȝe schull thenke how þat Crist deyd yn þe est on þe crosse; wherfor ȝe schull pray deuotly 20 to hym þat he ȝeue you grace, forto thenke on þe passyon, þat ȝe be worthy, to be wrytton yn þe nowmbur of hom þat he deyt for on þe crosse. Also þenke þat Cryst schall com out of þe est to þe dome; wherfor ȝe schull pray to hym to ȝeue you such contrisyon 24 of hert for your mys-dedys, and apon scheryft wyth mowthe and satysfaccyon yn dede, þat ȝe may be[2] sure forto stond on Cristys ryght hond yn þat dome, and scape þat horrybull rebuke þat schall be done to hom þat schall be dampnet for hor gret hert þat woll 28 not be sory for hor mys-dedes, ne aske no mercy yn tyme of mercy. For suche deuot prayers holy chyrch was halowed; for God hym-selfe sayth þus: 'My howse ys an house of oresons.' But more harme ys, now hit ys made an hous of dadull, and of whisperyng 32 and rownyng, and of spekyng of vanyte and of oþer fylthe.

Wherfor I rede þat, as[3] an holy byschop was at his masse, his deken turnet forto byd þe pepull bowe hom to þe blessyng; þen he sygh too woymen rowne togedyr, and þe fende sate on hor schuldyrs, 36

---

[1] all *inserted above the line.*   [2] be *C.   om. G.*   [3] as *C.   om. G.*

wrytyng on a long roll als fast as he myght. Then aftyr masse,
by byddyng of þys deken, þe byschop send aftyr þes woymen, and
asket hom how þay had occupyet þe masse tyme. Þen sayd þay
4 how þay haddyn sayde hor 'Pater Noster.' Then þe bischop com-
mawndet þe fende forto rede þat he had wrytton, and when he had
red[1] all þat þay hadden talked of, þay fellen downe to þe grownde
and asked mercy.

8   Holy chyrch ys also halowet for þe long restyng; for when any
lyfe ys dede, þen ys he broght to þe chyrche to hys longe home.
For, as Seynt Ion Belet saythe, som tyme ryche ‖ men wern on
hylles toppes buried[2], and at þe fote, and yn þe sydes yn towmbys
12 makut yn þe roche of þe hulle, and[3] pore men werne buried at   **159 b**
home in hor owne howses. But for þe sauor and þe odure of þe
cors was soo greues to hom þat lyued, þerfor holy fadyrs ordeynet
chyrch-ȝeordys, and þe cors to be broght þedyr and buried þer for
16 two skylles: on, forto be prayde fore for euermore, for holy chirche
vsyth forto pray for all þat restyþe yn þat chyrch oþer yn þe
chyrch-ȝorde; anothyr for þe bodyes of þe ded schuld lye þer wyth-
out trauelyng oþir vexyng of þe fende. Wherfor þe fende haþe no
20 power forto do noght to no body þat ys buryed yn cristen burynes,
but hit so be þat he haue soo trespast, þat he be not worthy forto
be þer. For Ion Belette telleth how þat non schuld be buryed yn
þe chirche but þe patrons þat defendyth þe chyrch, and prestes
24 and clerkes þat defendyn þe chyrch fro gostly enmyes wyth hor
prayers, and othir patrons þat defendyth hor chyrche fro bodely
enmyes. For suche haue ben buryed yn chyrche, þat yn þe morow
þe cors haue ben fownden cast out of þe chyrche, and all þe cloþes
28 laft yn þe burynes.

Narracio.

Also an angell com to þe wardeyne of a chyrche, and bade hym
goo to þe byschop, and byd hym do out of þe chyrche hym þat he
32 had buryed þeryn, othyr he schuld be ded hymselfe wythyn xxxti
dayes aftyr. And so he was, for he wold not do as he was
beden.

---

[1] red *C*.   wrytten *G*.   [2] buried *C*.   om. *G*.

[3] and *C*.   an *G*.

Narracio.

We redyn also yn þe 'Gestes of Fraunce' þat an angyll told an holy byschop Eukeri*us* how þat Charlys, þe kyng of Fraunce, was dampned, for encheson þat he raft[1] holy chyrche hur ryght þat holy men had ȝeuen hur before, and bade hym go and opyn his 4 tombe, and soo see þe soþe. Then toke þys byschop oþ*er* men **160 a** wyth hym; and when he openyd þys tombe, þ*er* come out ‖ a gret dragon, and flogh forþe, and laft þys tombe brent w*y*th*y*n, as hit had ben a culn-mowth. Thus buryyng yn holy plas helpyþe not 8 hom þat byn worthy to be dampned.

Also þ*er* ben mony þat walketh aftyr þat þay ben ded and buryet yn holy plase; but þat is of no wexyng of þe fend, but of grace of God, forto gete hom som helpe of som synne þat þay ben 12 gylty yn, and may not haue no rest, tyll þat synne be holpen. As hit fell bysyde þe abbay of Lulsull by þre men þat hadden stolen an ox of þe abbot, and he had made a sentens þ*er*for; then two of þilke wern schryuen and asked mercy, but þe þryd deyd and was 16 not asoylet. Wherfor his spyryte ȝede nyghtes and soo feeryd þe parysch *þ*at aftyr þe sonne going downe þ*er* dyrst no man go out of his yn. Then, as þe prest, Syr Thomas Wodward, þat þe*n*[2] was parysche prest, ther he toke Godys body, and ȝede toward a seke 20 woman at þe sonne goyng don. And þe*n* come þis spyryte, and mete hym, and told hym who he was and why he ȝede, and prayde hym forto take his wyfe, and go to þe abbot of Lulsull, and help þat he wer asoylet, and er he myȝt haue[3] no rest. And soo 24 he come to Lulsull, and made þe mon asoylet, and þe*n* he had rest.

Now pray ȝe to allmyghty God, as all goodnes and *grace* ys w*y*th hym, to[4] ȝeue you *grace* of þe Holy Gost yn holy chyrche 28 hym to worschyp here, þat ȝe may come to þe rest þat he boȝt you to. Amen.

---

[1] raft] rat *G*. berafts *C*.
[2] þat þen *H*. þeras he *G*. aftur was parson of Rokeley þan *C*.
[3] haue *C*. om. *G*. [4] to om. *G*. not in *C. H. L.*

69.

DE ORACIONE DOMINICA.

Goode men and woyme[n], ȝe schull know wele þat ych curatour
ys holden by all þe lawe yn holy chyrche, forto expowne þe 'Pater
4 Noster' to his paryschons ones oþyr twyse yn þe ȝere; and yf he
do not so, he schall be hard enpechet of God for þys necligens.
Wherfor as God haþe ȝeue me grace of vndyrstondyng, ‖ I wol at **160 b**
þis tyme schew you, as I fynde wryton.   Then schull ȝe know at
8 þe begynnyng þat hit ys moch more spedfull and meritabull to
you to say your 'Pater Noster' yn Englysche þen yn suche Lateyn,
as ȝe doþe.   For when ȝe spekyth yn Englysche, þen ȝe knowen
and vndyrstondyn wele what ȝe sayn; and soo, by your vndyr-
12 stondyng, ȝe haue lykyng and deuocyon forto say hit.   Then schull
ȝe know þat yn þe 'Pater Noster' ben vij prayers þe whech yche
man and woman han gret nede forto pray God for; for þat
puttyth away þe vij dedly synnys, and getyth grace of God forto
16 haue all þat man nedyth forto haue necessary, boþe to þe lyfe and
to þe soule.

Of þe wheche prayers the fyrst ys thys: 'Paʇer noster, qui es in
celis, sanctificetur nomen tuum!'   That ys yn Englysch to say
20 þus: 'Fadyr owren þat art in Heuen, halowed be thy name!'
Þus, when ȝe[1] sayn fadyr owren, ȝe knowlechyn þat ȝe ben Godys
chyldryn, and breþer and sustyr yn God, and ben so yf we lyuen
yn loue, and charite, and rest, and pes, yche on wyth oþer, as
24 brethern owen forto do.   And yf[2] ȝe lyuen þus, þen be ȝe breþern
and sustyrne to our Lord Ihesu Cryst, God Sonne of Heuen, and
schull be wyth hym cyvys yn þe kyndome of Heuen, and þe Fadyr
of Heuen ys glad and fayne of you, and takenyþe you to hym as
28 for hys dere chyldryn, and haþe gret lykyng forto here your
prayers.   Wherfor reysyth vp your hertys to hym and saythe þus
mekely to hym: 'Fadyr oures þat art in Heuen, þy name be
halowed.'   Yn þys ȝe prayen for all mysbeleued pepull, wylnyng
32 þat all þay schuld come to þe fayth þat ȝe haue, and so leef hor
fals goddys, and leue yn your Fadyr, þat ys, God yn Heuen, and
knewleche hym for God and maker of all þyng yn Heuen and on
erthe, and non oþer but only he.   And þus ȝe haloweþe Godys

---

[1] ȝe *C.*   we *G.*   [2] yf *H.*   om. *G. C.*

name, schowyng þat ȝe ben yn full charyte to your Fadyr, God yn
161 a Heuen, and to all hys pepull. And þus ȝe loueþe your ‖ neghtbur
as yourselfe, wylnyng hom to come to þe ioye of Heuen as ȝe hopen
all to done. Also yn þat ȝe sayn to God : ' Þy name be halowed,' 4
ȝe sleen þe fowle synne of pride. For he oþer scho þat ys dedly
prowde, he wold þer wer non oþer lyke to hym yn no degre ; but
desyryth þat his name schuld be worschypud and dered befor all
oþir, and ben praysed befor all oþer, and forto be so well before 8
and passyng all oþer, and wold þer wer no God aboue hym forto
chastyce hym. And þus, in all þat he may and þat ys in hys
myȝt, he is aboute forto destrye Godys name and hys worschip,
and take on hym þe worschip þat is dew to God. Thus ys he lyke 12
to Lucyfere þat wold haue beraft God his worschip. Wherfor yn
a poynt he fell done ynto hell, and syþen haþe ben þe fowlyst
fende yn hell þat before was þe fayrist angell þat was yn Heuen.
And soo schull all þay þat sewen his trace, but yf þay haue grace 16
of amendement.

The secunde prayer is þys : ' Adueniat regnum tuum ! ' ' Thy
kyndom be forto come ! ' Yn þys prayer ȝe schewon [1] þat ȝe haue
so feruent a loue to your Fadyr in Heuen, þat ȝe settyth noght by 20
no wor[l]dely worschyp, ny ryches, ny lordschyp ; but wyth all your
hert ȝe desyryn to come to your Fadyr kyndom þat ys yn Heuen,
and forto se hym gloryous kyng wher ȝe schull be kyng wyth hym
yn euerlastyng blysse, sewyng þe trace of Godys chyldyr þat haue 24
gret desyre forto se hor Fadyr and dwell wyth hym þeras he ys.
Thus he sleth þe fowle synne of couetyse þat ys euer about forto
spare, forto gedyr gold and tresoure wherwyth þat he may purches
his heuen here yn þys world, and yf he myght haue þys worlde [2] 28
at his [3] wyll, he kept neuer forto come ynto Heuen, ny Godis
syght, ny othyr Heuen haue but his lust here. Thus he þat haþe
more lust forto se gold yn his cofur þen God yn his blysse, he
schall lese þe syght of boþe, and bene [4] put ynto þe darknes, so 32
161 b þat he schall neuer ‖ se lyght aftyr. Thus, for he louet more þe
lykyng of þys world, þat ys fals and fadyth as a flowre, þen þe
euerlastyng blysse of Heuen, he schall lese boþe, and go þedyr
wher ys euerlastyng begere and pouerte and myschef. 36

---

[1] schewon C. knoweþe G.   [2] worlde H. om. C. G.
[3] his] hor G. her C. om. H.   [4] bene C. om. G.

The þryd prayer ys þis : ' Fiat uoluntas tua, sicut in celo et in
terra !' 'Thy wyll be don yn erþe, as hit ys done yn Heuen !'
In þis prayer ȝe schewen þat ȝe be boxom to Godys wyll, desyryng
4 þat his wyll be done algatys befor youres, and ȝe be [1] redy wyth good
wyll to leue ȝoure wyll and sew Godys wyll, as good chyldyr doþe,
þat byn boxom to þe fadyr, and doþe reuerence yche on to oþyr,
þe ȝongyr to þe aldyr, and so yche on to oþer yn þe degre þat God
8 haþe sette hym yn; as angeles don yche on to oþer yn Heuen, so
þat þe [2] lower degre doþe worschyppe and reuerence to hym þat is [3]
yn herre degre, wythout any simylacyon.　Herfor ȝe pray to God
forto haue suche, and mekenes yn hert, and grace forto do worschip
12 and reuerence yche on, he þat is lower to hym þat ys her, for
loue.　For he þat ys herre doþe worschip to hym þat ys lower for
gret mekenes of hert, and yche on helpyth oþer yn nede, fayne
and gladde yche on of othyr encrese and sory of hys mischef.
16 Thus ȝe schull sle þe foule synne of envy, þat may not fynd at [4]
his hert forto do reuerence and worschyp to hom þat he ys yn
company wyth; but haþe endeyn of all þat byn compenabull and
seruyabull, and is [5] redy to bakbyte all þat well don, and demyn
20 hom allgatys mysse, and ben sory when þay seen any man holpen,
and ben well payut of hys harme, and yf he here a lytyll worde
amysse, he woll lay more to and so encrese hit yn all þat he may,
yn hyndryng of his neghtbur.　But þoo [6] þat louen to bakbyte
24 so, helle-howndes schull gnawe hom bak and bely wythouten any
lesyng, but yf þay amende er þay hethen passe.

The forthe prayer is þys : 'Panem nostrum cotidi||anum da **162 a**
nobis hodie !' 'Oure yche dayys bred þou ȝyue vs þis day !'
28 ȝe say not þus, for God schuld ȝeue you þus yn on day all þe
bred þat ȝe schuld haue yche day aftyr, but bycause þat bred is
yche dayys fode, and makeþe man myghty forto trauayle for all
oþer þing þat ys nedfull to hym.　Þus is sayde, for bred þat
32 fedyth þe body; for yn prayng of þys bred, ȝe prayen to God
forto haue kynde wedryng to all maner of sedys þat ben cast yn
þe erthe.　For when sedys ben cast yn the erthe, manys myght
and conyng sesythe, and all is yn Godys doyng and ȝefture.　Thus
36 ȝe prayth for bred þat ys bodely fode.　Þen ys þer bred þat ys

---

[1] be *H*.　om *C. G.*　　　[2] þe *C.*　om. *G.*　　　[3] is *C.*　om. *G.*
[4] at *C.*　all *G.*　　　[5] is *H.*　ben *G. C.*　　　[6] þoo *C.*　ye *G.*

gostly fode and susteynyth þe sowle as oþer bred doþe þe body.
Þe wheche bred ȝe schull pray our gostly Fadyr forto ȝeue you on
þe holyday, þat ȝe mowe ete þat in your hert yche day aftyr yn
your labour, and soo strenkþen[1] your soule þerwyth þat ȝe grucche 4
not aȝeyn God for doses þat ȝe haue yn your labour, but taketh
hit in paciens and yn penaunce[2] for your synnys. And þus ȝe
schull put away þe foule synne of slouþe þat woll noþer trauayll to
helpe his body, ny his soule, but faryth as a swyne, etyth and 8
drynkyth and slepyth. Wherfor Saynt Barnard sayth þat suche
þat woll not trauayle wyth men here yn erþe, þay schull traueyll
yn helle wyth fendes.

The fyfthe prayer is þys: ‘Et dimitte nobis debyta nostra, sicut 12
et nos dimittimus debitoribus nostris!’ ‘And forȝeue vs oure
trespas, as we forȝeuen hom þat trespas to vs!’ Here ȝe prayen
þe Fadyr of Heuen forto ȝeue you hertes, þat ȝe mow wyth full
hert forȝeue all þat gyltyth to you, and so pray hym þat he 16
forȝeue you þat ȝe gultuþe aȝeynys hym. For our Fadyr of Heuen
ys Fadyr of mercy, and woll þat all his childyr be mercyabull as
he ys, and blessyth all hom þat ben mercyabull and sayth þus:
‘Beati misericordes!’ ‘Blessed be þay þat ben mercyabull,’ for 20
þay schull sewe merci. Þus your Fadyr of Heuen yn all louyng
162 b maner constreyneþe ‖ you forto do mercy at your prayer; for þer
may no man haue mercy of hym, but þay do mercy. And yn þat
ȝe don mercy, ȝe sleyne þe foule synne of dedly wrath, þat is so 24
full of vengeans and cruelte of maleyse, þat hit woll neuer forȝeue,
but algate do þe vtmast and þe vengeans þat he may. Wherfor
he schall haue no mercy yn þe day of dome, but be dampned[3]
ynto þe payne of helle, and curset and vnworþy to come among 28
Godis childyr; for dome wythout mercy schall be don to hym þat
doþe no mercy. Thus ȝif ȝe wollnoth to haue mercy of God and
forȝeuenes of your trespas, ȝe most forȝeue hom þat trespas aȝeynes
you, oþer ellys he woll not here your prayer. 32

The syxte prayer ys þis: ‘Et ne nos inducas in temptacionem!’
‘Thow suffyr not vs to be lad ynto temptacyon!’ Þys ys for ȝe
felyth wele how þe fende ys besy day and nyght forto tempt you
to synne; þerfor ȝe prayen to your Fadyr yn Heuen þat he suffyr 36

[1] strenkþen *C.* stryuyth *G.* [2] penaunce *C.* paciens *G.*
[3] be dampned *H.* suche be dampned *G.* dampne suche *C.*

not you to be ladde ynto temptac*y*on by þe fendes entysyng, for
sleghly he bryngyth a man oþer a woman ynto synne. Furst he
temptyth hym, þat ys, asaythe hym whethir he be strong oþer
4 lethy yn loue to his God. And yf he fyndyth hym lethy, he
makeþe hym to seen þat ys lykyng to his flessche. And so wyth
þe syght he makyth hym cacche a delyte yn hit and a lust þerto ;
and when he haþe a lust, þen makyth he hym to fall yn concent
8 þerto and so forth ynto þe dede of synne. Thus he temptyþ all
Godis chyldyr and namely yn þe synne of gloteny ; for w*yth* þat
synne he dysseyueth oure forme fadyr Adam and Eue. And
knoweþe wele þat yche best of kynde ys sonnest taken w*yth* mete,
12 layde yn grynnys and othyr gynnes. Wherfor, when ȝe etuþe or
drynkythe, [1] he temptuth ȝow moste to glotterye. Furst wit syȝte
of mete oþur offdrunke [1], and so makyth you haue lust þerto, and
þen forto tast hyt, and so, by lust of þe tast, forto ete othyr drynke
16 to euorously therof, and to take to moche, oþ*er* ete or þe tyme as
fastyng dayes or elles er þe tyme of day, oþur aftyr tyme as rere
sopers, oþer yn fastyng-dayes sytte at nyght and drynke to ||
moche, and so breke your fast. And oft makeþe a pore man to 163 a
20 spend his good yn vayne, boþe yn daynteþe [2] metys and drynk*ys*
fur þen hys state askyth, and soo ys made a begger and a borower
of anoþer manys good, and neu*er* wol qwyt. Suche gynnes þe
fendys vsyth to lede a man oþ*er* woman ynto þe synne of gloteny.
24 Wherfor ȝe haue gret nede forto pray bysyly to God forto kepe
you from þe fendeys temptac*y*on. And forto put away þ*ys* temp-
tac*y*on ȝe schull begynne your mete wyth blessyng, þat ys, to
make a crosse ouer your mete, p*r*ayng God to kepe you so, þat
28 ȝe fall not ynto gloteny. And aftyr mete ȝe schull ende your
mete w*yth* graces, þat ys, þonkyng God þat he haþe ȝeuen you
grace to kepe you, þat ȝe haue don no surfet.

The seuent prayer ys þ*ys*: 'Sed libera nos a malo!' That ys
32 to say: 'But delyu*er* vs from all euell.' Þ*ys* euell ȝe may calle
wele þe synne of lecherye; for þ*er* nys no man lyuyng þat may
telle þe euoll þat haþe comen by lechery, þat is to say : monslaght,
envy, fals oþes, avowtre, fals ayres, fals deuors, murþur, fals de-
36 famac*y*on, fals suspicyon, and mony a soule lorne. And when hit

---

[1] he . . . drunke *C. H. om. G.*
[2] daynteþe] daynteþs *G.* deynteþe *H.* deynte *C.*

fallyth on a man yn hys elde, hit maketh hym lese his good, and
his cateyle, and hys worschyppe, and his name, and maketh hys
frendys to loþe hym and hys company, and to speke mony an
euoll worde by hym, for hys grace schall fall from[1] hym. And so, 4
whad for defawte of grace and losse of hys grace, his wyt schall
apayre lytyll and lytyll, tyll he be a mopysche fole, and so suffyr
hys lemon to be hys maystyr. And þen schall he go to noght, and
schall neuer be delyuerd þerof, but God sette wyth grete prayer 8
hond to and delyuer[d] hym.

Narracio.

I rede, as þe maystyr of storiys tellyth, how þe kyng Darius
made a questyon to þre of hys wardcorsis, and asked hom whech 12
was þe strenggyst of hom þre: a kyng, othyr wyne, oþyr a woman.
163 b Then sayde on: 'A kyng, for he may commawnde all men, ‖ and
hor lyfe and hor lymmes lyþe yn hys hond.' Then vnswared þat
oþir, and sayde how þat wyne was strengyr then a kyng; for 16
wyne oft so ouercomyth a kyng, be he neuer soo strong, þat hit
mekyþe hym myghtles and wythout strengþe. Then sayde þe
þryd, þat was ȝorebabell, how þat a woman was strengur þen
a kyng oþer wyne; for a woman fosturs vp a kyng of a chyld 20
and hom þat settuþ and kepuþe wynes, and men ben not adrede
forto lese hor strength and hor lyue for a woman. And sayde how
þat he sawe a kyngys lemon smyt þe kyng vndyr þe cheke wyth
hur hond; and when scho logh, scho made hym to lagh; and whan[2] 24
scho wepte, scho made hym to wepe. Thus ys a woman strengyr þen
a kyng oþyr wyne; and þus þe fowle synne of lechery destryth
a man, boþe yn hys lyfe and yn hys deþe, and makyth hym so
ferre from Godys grace, þat he dredyth noþyr God ny man. 28

Narracio.

I rede of a woman þat was lemmon to a man and had ben mony
ȝerys. But þen hit happynd soo þat on a day, as scho was yn þe
chyrche and herd a predicacyon—yn þe wheche predycacyon scho 32
herd soo horrybull paynes of helle[3] yordeynt to[4] all þat vsyth
lechery and wold not leue hit—þat scho was contryte and steryd
by þe Holy Gost, þat scho ȝode, and schrof hur, and toke hur

---

[1] fall from *H.* from *G.* fronee (?) *C.*   [2] whan *C.* om. *G.*
[3] helle *C.* herre *G.*   [4] to *C.* om. *G.*

penaunce, and was yn full purpos forto haue lafte hur synne for
allway aftyr.   But þen as scho ȝode homwaɪde scheo mette[1] wyth
hur lemman, þat spake to hur to do þe synne, as he was wont
4 befor.   But scho forsoke and sayde nay; for scho had herd a
predycacyon how horrybull penaunce ys ordeynt for all such yn
hell, and scho was ferd þerof, and was schryuen, and wold no mor
trespas.   Then sayde he : ' Yf all þyng wer soþe þat ys preched,
8 þer schuld no man ny woman be sauet ; and þerfor leue hyt not,
for hit ys not soþe.   But be we heraftyr of won assent, as we haue
ben befor, and I wyll plyght þe my troþe þat I woll neuer leue,
but hold þe allway.'   Then turned ǁ þe womon hur hert, and 164 a
12 dyddyn þe synne as þay dyddyn befor.   But hit hapenyd soo þat
yn schort tyme aftyr þay dyet sodenly[2] ; and þen was þer a good
holy man þat knew boþe hor lyues, and prayde to God forto
wyte how hyt was wyth hom.   Then, on a day, as he walked by
16 a watyr prayng for thys þyng, he sawe a blak derke myst on þe
watyr ; and yn þe myst he herd þe man and þe womon speke þus
ayþer to oþer, and he knew well hor voyces boþe.   Þen sayde þe
woman to þe man : ' Icursed be þou of all men, and cursed be þe
20 tyme þat þou wer borne, for by þe I am dampned ynto euerlastyng
paynes.'   Then vnswared þe man : ' Cursed be þou and þe tyme
þat þou was borne, for þou hast made me dampned for euer !   For
had I onys be contryte for my synnes as þou wer, I wold neuer
24 haue turned as þou duddyst; and yf þou hadyst holden good
couenant wyth hym þat þou madyst, þou myghtyst haue sauid[3] vs
bothe.   But I behette þe þat I wold neuer leue þe.   Wherfor go
we now boþe ynto þe payne of hell þat ys ordeynt for vs boþe ! '
28   From þe whech payne God kepe you and me, yf hyt be hys
wyll.   Amen.

Explicit Liber Festiuale.

---

[1] ȝode homwarde scheo mette *C*.   met goyng homward *G*.
[2] sodenly *C*.   sodenly aftyr *G*.   [3] sauid *C*.   sauen *G*.

APPENDIX

[From MS. Claudius A. II.]

70.

116 b

SERMO DE NUPCIJS.

As ȝe here all seyne, a man and a woman ben weddut togydur os þe lawe of holy chyrch techuth. God of hys godenesse ȝef hem grace so to kepon þe sacrament þat þei han takon, so þat God be 4 payut, and þei worscheput þerby[1] in Heuen and in erthe. But for þer ben many þat takuth þis sacrament and wyttuth lytul whatte charge is þerwyth, þerfore I wil schortely at þis tyme schew[2] ȝow what þis sacrament is, þat ȝe schullon in tyme comyng 8 drede God þe more and kepon ȝoure ordur þe bettur. Wherefore ȝe schul knowon þat þis sacrament is holy, furste for gode begyn-nyng, sython for gode leuing, and aftur for gode endyng; for þei þat takuth hede what charge þei take at þe begynnyng and ben 12 besy to kepon it aftur in hure lyuyng, þey[3] schul comyn to þe blysse þat is wythowtyn endyng.

ȝe schul knowon þat þis ordur was not furste fondon be erthely man, bot be þe holy Trenite of Heuen; Fadur and Sone and Holy 16 Gost made hit in paradise erthely, and is in a place in þe est, and so heygh þat þe flode of Noe cam not nygh it. In þe whyche place is so myche ioy and blysse þat no tonge may telle, ne no[4] herte may thenk. And for encheson þat þis ordur was made in 20 þat mery place, ȝit holy chirch suffreth it to be made here in erthe wyth myrth þat is holy hymself, and wythoute vylony. Þan was it made þus: whan God hadde makud þis worlde and all þinge at hys wille þerin for man, þan, at þe laste, he makut man. So whan 24 þat he was makud, he fond alle þing redy and buxum to hys honde. Þan sayde þe holy Trenite yfere þus: 'Make we man lyk to vs in ymage!' Þat is, be ymaginacion and[5] be vertues þat a man hath in hym, mon is lyke to God in soule, but not in body. Þerfore 28 alle þe uertues þat a man hath, þei comyn oute of þe soule into þe

---

[1] þerby *H.* þat by *C.* [2] schew *H.* sewe *C.* [3] þey *H.* ȝe *C.*
[4] ne no] no ne *C.* ne *H.* [5] and *H.* om. *C.*

body. Þan browthe God þis man Adam into paradyse and makyd
hym keper þerof; and hit [1] is ful of trees bering froyte alle þe
tymes of þe ȝere, suche as [2] ben none lyke in þis worlde.   Þan, in
4 þe mydul of paradyse, God sette on tree þat was passing alle oþur
in bewte and of uertu, as for a princepal reseruot to hymself, þat
also ofte os Adam seygh [3] þat tree he schulde haue mynde of God;
for in wele a man forȝeteth God and hymself, bot he be holpon be
8 grace.   Þan seyde God to Adam : 'Ete of alle þe tren þat ben in
paradyse, saue only of þis tree ete not, in peyne of deth.'   And
þus be Adam þis same forbode passud into Eue.   Þan seyde God :
'It is not gode a man to ben hymself.'   Here begane þe forme
12 worde [of] ‖ weddyng of man and womman.

117 a

Wherefore, os by Goddys ordynaunce, a man schal takon a wyf
lyke of age, lyk of condicions, and lyk of burth ; for þereos þese
ben acordyng, it is lyk to fare wel, and ellys not.   In mynd hereof
16 þe preste schal makon a quere be hure oth wether þei ben
cosynnes wythinne degre of mariage or no, wheþur eyther of other
haue any bettur ryght to any other, wethur þei ben in ful wylle
eythur to othur to lyvon togydur and kepe þe scharge þe whyche
20 he wyl leyne on hem.

In tokenynge of þis, angellus, be Goddys byddyng, browthon
alle maner bestys before Adam ; bot for þer was no best lyk to
Adam, God made hym to slepon, and þanne anone hys spryte was
24 rapyt into Heven, and þer he sagh alle þ[y]ngge þat schulde fallon
aftur by hym and alle hys ospring.   But þis mene wyle God toke
on ryb wyth þe flesse of Adam, and sayde : 'Make it a womman,
flesse of flesse, and bon of bon.'   Þan wakud God Adam, and sette
28 þe womman before hym, and ȝaf hure to Adam.

And so doth þe preste, wan he ȝeveth [4] þe womman to þe man.
Þan leyth [5] þe mon syluer and money on þe boke þat beruth a
ymage of a man, in tokenyng þat he [6] takuth hure in atent to
32 geton chyldron þat ben Goddys ymages, forto restore þe noumbur
of angellus.

Þan toke Adam þe womman and seyde : 'Þis is [7] now bon of
bon and flesse of flesse,' for a man schal levon fadur and modur,

[1] hit *H.*   om. *C.*   [2] suche as *H.*   schul *C.*

[3] *MS.* seyght.   [4] ȝeveth *H.*   ȝeth *C.*   [5] leyth *H.*   legh *C.*

[6] þat he *H.*   om. *C.*   [7] is *H.*   om. *C.*

and draw to hur as a parcel of hymself, and louon hym and he hure trewly infere, and schuld ben too in on flesse; for þe schylde of hem is on flesse of fadur and modur. Þan aftur, for þe womman, be techyng of þe fende, wyth hure honde toke froyte of þat tree 4 þat was forbodon, and ete þerof, and ȝaf hur husbonde Adam, schewing þat heo louid more [1] hyre husbonde þan God.

Þerfore þe prest blessuth a ring, þat betokeneth God, þat hath neyther begynnyng ne endyng, and duth hit on [2] hur fyngur þat 8 haþe a [3] veyne to hure herte, tokenyng þat he schal loue God oure all thyng, and þanne hure husbond.

Þan, þus whan þei haddyn brokyn Goddys forbedyng, anone be Goddys bydyng an angel drof ham oute of paradyse into þis worlde, 12 to geton hure lyflode wyth travayle and desese, and þe womman to beron hure frythe wyth woo and peyne.

Herefore þe preste takuth hem be þe hande and brynguth hem into chyrch, þat is Goddys hous, as þilk þat han sworne and made 16 an opon oth to lyvon in Goddys lawe, and to fulfyllon hys commaundementes; and so setteth hem beforon þe auter as before Goddys awne faas. Þan, for þe holy Trynyte [4] dyde alle þis offyce before sayde, in tokeny[n]g þerof þe prest begynnyth þe masse of 20 117 b þe ‖ Trenite [5].

ȝette, for Adam and Eue weron nakud, God hadd compassion of ham and clothed ham wyth pylches, þat is, a cloth makud of dede bestus; so is [6] þer a clothe holdyn oure hur [7] þeis, teching hem to 24 haue deth in mynde, and þe hyllyng of hure graue, and so for drede levon þe ele and done þe gode.

And for also myche os þe womman gultud more þan Adam, þerfore þe preste reduth more ouer þe womman þan oure þe man. 28 Þan aftur, þe man cusseth þe preste and beruth it to hys wyfe, betokenyng þat þer is ful pes and ful acorde of loue betwyx God and ham, and eure schal ben whil þei holdon þe ordur þat þei haue takyn vpon hem. Þan to schewon whate penaunce þei ben worthy 32 þat brekon þis ordur, I telle ȝow þis ensaumpul.

I rede þat þer was an olde knythe and weddud a ȝung ladi ; but

---

[1] heo louid more *H.* he louid *C.*
[2] hit on *H.* om. *C.*
[3] haþe a *H.* ha *C.*
   MS. Tretrenite.
[4] Trynyte *H.* tyme *C.*
[6] is *H.* hys *C.*
[7] hur *H.* om. *C.*

for þis olde man plesud not hure alle to lekyng of hur, scheo toke
anothur freke knyte þat was neghtbur to hem. But whan þei hadde
long lyuod in synne, at þe laste þei dyud bothe sodenly.   Þan
4 was þer a man þat made charkolus in a park of a lordys besydes,
and whan he hadde makud a grete fyre of colus, he lay by it alle
nyght forto wakon on it.   Þan, before mydnyght, he sagh a
womman comyng rennyng as faste os scheo mythe, wondur[1]
8 gastely criing for fere.   Þan cam þer aftur hure a man, al in blak,
rydyng on a blak hors, and a drawon swerde in hys hande, and
huntod þis womman aboute þis cole-fyre, and, at þe laste, he caghte
hure, and al tohew hyre on peces, and caste hure in þe cole-fyre,
12 and rode forth hys way.   Þe same wyse he dude þe nexte nyght
aftur, and eure þis coleman seygh þat nythe be nythe, þat he was so
agaste, þat he ȝode to hys lorde and tolde hym why he durste not
dwel þer no lengar.   Þan sayde þe lorde : 'Go ageyne and I wil
16 cum to þe þis nyght, and wyth þe myght of God I schal wyton
whatte þei ben.'   Þan cam þis lorde þidur, and whan þis odur
hed[2] hewon þis womman in peson and caste hur into fyre, þis
lorde was redy and toke hym be þe bridul and coniurid hym to
20 tellon whatte þei weron.   Þan sayde he[3] : 'I am such a man, and
scheo such a womman þat I hadde vndur hur husband ; and þus
uche nyghte I schal slene hure and brenne hur in þis fyre, for
scheo was cause of my synne. And I ryde here on a fende lyk an
24 horse, and þis sadul brennuth hatter þan any erthely fyre ; and
þus we schul done til we ben holpon be sume gode man.'   Þan
sayde þe lorde : 'What may ben ȝoure helpe ? Telle me, and it
schal be don.'   Þan he tolde hym how many masses mosten ben
28 songon for hem, and whatte of almus-dedus.   Þan dude þis lorde,
as he behyghte ham, and so were boþe jholpon.   Þus is weddyng
holy in begynnyng.

    And also it is ‖ holy in lyuing. In tokening þerof Cryste and **118 a**
32 hys modur Mary and hys disciplus weron callud to a wedding
betwysse Iohn Euangeliste and Mary Mawdeleyne ; and so be hys
comyng he halowod weddyng, þat is now vsud as I haue sayde
before. In tokening hereof aftur masse þe prest is prayed to þe

---

[1] wondur *H.* wndur *C.*   [2] hed *H. om. C.*
[3] he *H. om. C.*

mete. Þan comuth he and blessuth hur*e* mete and hur drinke ; and
Criste w*yth* hys blessing, at þe preyere of our lady, he turnud
wat*ur* into wyne. Þan to schew ȝow þe vertu of a *prestes* blessing,
I telle ȝow þis tale þat was don in dede. 4

A cumpanye of [1] felowes haddon takon a stene of ale to drynkon
in a erbere. Þan schulde þe preste of þe toune ha[ue] [2] ben on of
hem, but for he hadde not songon, he badde hem drynkon wyl he
ȝode to syngon. Þen sayde on of hem : 'Sir, blesse þe drynk er 8
ȝe gone.' Þan sayde he : 'God blesse it, and I do : In no*mine*
Pa*tris et Filii et* Spi*ritus* Sancti. Amen.' And anone þerw*yth*
þe stene barste al to pesus, and a grete tode [3] was in þe stene
bothom. Þan alle heldon vp hure handus to God, þonkyng hym 12
þat sauid hym w*yth* hys blessing from poysynnyng.

Weddyng is also holy at hys ending ; for þei þat keputh it wel
in hure lyuing, þei schul come and ben takon in at þe gret [4] wed-
dyng þat schul ben aftur þe day of dome, whan God and holy 16
chyrch schul be wedded togydur for euerelasting blysse.

So besyde Northamton was a chylde of eleven ȝere olde, þat was
syk in a pestelens and was in a tra*n*son ; but whan he woke, he tolde
many wondrus. Þan amo*n*g othur þer was neygh besyde a man 20
þat hadde a lemman vndur hys wyf so priue[l]y þat no man wyste
hit. Þan þoght þis man to gone and spekon w*yth* þis chylde;
and as he ȝode þidurwarde, he mete þe fende lyk to hys lemman,
and kussyd hur, and ȝode forth. And whan he com to þis schylde, 24
he askud hym, how he ferde. Þan sayde he : ' Syr, wel ; but þou
farust ful ylle, for þou haste a lemman vndur þi wyf aȝeynus
Goddys lawe, þe wyche þou wendust þat þou haddust cussud in þe
way hydurwarde, bot it was a fende lyk to hur, and hath w*yth* þat 28
cusse sette a kanckyr in þi lypp, þat schal ete þe into þe herte-
cow, but þou amende þe.' But, for þis man toke hys wordes bot
for a fantasye, þis kanckur quikkonod, and ete hym os he sayde,
and dyud þeron. 32

Wherefore vch man and wo*m*man be ware þat he holde þat hye
othe [5] þat he hath made before [6] God and all hys seynt*es* ; for
whoso brekeþe þat, he schall not scape [6] w*yth*oute vengeans.

---

[1] cumpanye of *H*. certeyne *C*.   [2] haue] ha *C*. *om. H*.
[3] tode *H*. tote *C*.   [4] at þe gret *H*. þat degre *C*.
[5] þat hye othe *H*. *om. C*.   [6] God . . . scape *H*. *om. C*.

71.

In Die Sepulture Alicuius Mortui.

Gode men, as ȝe alle se[1], here is a myrroure to vs alle : a corse
browth to þe chyrch.   God haue mercy on hym for hys mercy,
4 and bryng hym into hys blysse þat eure schal laston.   But, gode
men, ȝe schal vndurstande þat þis cors is broght to chyrch for
þree pryncepal causes.

Þe forme is to schewon vs þat he was ‖ meke and buxum in hys   118 b
8 lyue to God and to holy chyrch.   But, for he knew þat he ofte-
tyme mystoke hym aȝeynus God be pride, os we alle doth, þerfore,
at hys[2] dying, he bequeth hys soule into Goddys handys and hys
body to holy chyrch, pottyng hym holy into Goddys mercy to don
12 wyth hys body and hys soule what hys owne wille be; for þer
schal neure man ben sauid, bot only þat is meke to God and to
holy chyrch.   Þis is þe forme cause why hys corse is browthe to
chyrch : ryghte os þe modur forsakuth not hur chylde þat wol
16 mekon hym to hur, ryght so holy chyrch reseyueth vche man þat
wyl mekon hym and knolach hys gylte in purpos of amendement.

Þe secunde cause is, mankynde was makyd of slem of þe erth,
þat is, of kynde stinkyng in hymself; þerfore mannus flesse, be hit
20 neure so fayre no swete whyl it is on lyue, anone os it is dede,
hit begynnuth to stynke and turne to foulest careyn þat is, and
sonnest a man schall takon hys deth of þe sauur þerof.   Wherefore
hyt is broght to þe chyrch, to ben hud in þe erth þat is halowod;
24 for vche cors is vrth, and comyth of þe erth, and lyuuth be þe
erth, and is, at þe laste, beried in þe erth.   Þan hath he[3] a white
schete on him[3], schewing þat he was clene schryvon, and clansud
of hys synnus be contricion of herte and be asoyling of holy
28 chyrch.   Þan is hys hed leyde into þe west and hys fette into þe
est, to ben þe more redy to sene Criste þat comyth oute of þe est
to þe dome, and so ryson aȝeynus hym.   He hath also a cros of
tre sette at hys hed, schewing þat he hath fulle leue to ben sauid

---

[1] se *H.*   heron *C.*   [2] hys *written twice C.*
[3] a white schete on him *H.*   on of hem a whyte schote *C.*

be Crystus passion, þat dyud for hym on þe cros of tre. Þan
is þer anoþer cros of a wax-candul leyde on hys breste, in tokenyng
þat he dyed in brennyng charite to God and man; for alle þi[l]k
þat dyon in ful charite, þei schul haue helpe and parte of alle þe 4
suffrages of holy chyrch in[1] all þe worlde. And þei þat dyoth
oute of charite schal haue no parte of þe prayeres of holy chyrch.
Þer is also a mete-ȝorde leyde be hym instede of a staf, in tokenyng
þat he goth to hys long home; bot þis staf is brokon, in tokenyng 8
þat þerin is[2] no defence, but mote nede take[3] bettur and worse,
as he hath deseruyth. Þen is þe erth caste on hym, and so þe
dor tyneth on hym for euermore and so eurelasting farewel
worthe[4] hym and hys werkys. Bot for encheson þat fyndys schal 12
haue no pouste in hys graue, þe preste springyth it wyth haly
watur and goth his way. And ȝyt hit is often sene þat fendis
han pouste to trobolon a cors þat hath not hys ful sacrament of
holy chyrch, and þat I preue by[5] þis ensaumpul. 16

I fynde þat þer wer[6] þre bretheren at debate in a toune, and
weron slayne alle þre; but þe too haddon alle þer rythus, and
119 a þe þrydde was not hosullud, and so weron beried togydur ‖ in þe
chyrch. Þan com a fend and toke þis cors þat was not anoylud, 20
and ȝode into itte and so forth into þe toun, and makud many
cryes be þe whych men weron sore agaste; and dured þus a long
tyme. Þan was þer an ankur in þat toun in þe chyrch, þat was in
hys preyeres before mydnythe, and seygh þe fende come be lythe of 24
þe mone leke an ape; and whan he com to þe graue, anone þe
corse arose, and he ȝode into hytte, and so forth in hys iurney, as
he was wonte. Þan, whan he com aȝeyne, þis ankur coniured þis
fende, in þe vertu of hym þat dyod on þe cros for mankynde, þat 28
he schulde tellyn hym, why he hadde such power in þat cors rathar
þan in any othur. Þan sayde he: 'For þis was[7] not annoylid,
þerfore I haue power in þis cors; bot þe soule is saffe. Wherefore
I go not þus for harme of hys soule, but to makon oþur to synnon 32
on hym and to demon hym oþur þan he is, so þat I may putton
þat aȝeynus hym in þe day of dome, and say[8] how þei demod here

[1] in *H.* om. *C.*   [2] þat þerin is] þat is *H.* þerin is *C.*
[3] take *H.* tokon *C.*   [4] worthe] and worthe *C. H.*
[5] by *H.* om. *C.*   [6] wer *H.* om. *C.*
[7] was *H.* wat *C.*   [8] say *H.* seygh *C.*

neyghburres othur þan þei schulde done, aȝeynus Goddys com-
maundement. Þan þis ankur charged hym be þe u*er*tu of Goddys
passion to leue of, and no more tempton Goddus pepul, and so
4 sesud. Þis is þe secunde cause why þis cors is browthe to chyrch.

Þe þrid cause is [1], forto ben yholpon be prayeres and sacrament*es*
þat ben done in holy chyrch. For sum tyme, os Iohn Belete sayth,
þe comyn pepul weron byryed at home in here owne houce; but
8 þan was þ*er* so grete stynch of þe cors and so vyolent, þat it
mythe not ben suffred. Þan, be comyn assent, þey [2] makyt a place
otwyth þe toun, and byried þere þe corses; but þe ryche men
þei [3] weron byried on hullus and in roches vndur hullus, but þus
12 was no sokur don to ham aftur hur deth. Wherefore ofton soules
apperuth to hur*e* frendys pleynyng sore þat þei haddon none helpe.
Wherefore holy chyrch is halowod be holy byschoppes, þe wyche
leton maken chyrch-ȝordys, and halowod hem, and makud to
16 bryngon all to holy chyrch, so þat alle schuldon haue parte of þe
suffrages of þe masse and of holy chyrch.

Wherefore we p*r*ayon bysyly for alle of þe which þe bodyes [4]
restuth in holy chyrch or in chyrch-ȝarde, and alle þei ben browth
20 to chyrch. For as ofton as hure frendys sene hur*e* byrinesse, þei
schullon hauen mynde of hem and prayen for hem; but for alle
þe prayeres þat ben don for helpe of mannes sowles, þe masse is
chef and p*r*incepal sokur to alle soules. But to a soule be hym*s*elf
24 þe masse þat he louyth moste [5] in hys life, þat helpeth hi*m* moste [5]
whan he is dede; as ȝef a man or womman loue a masse of þe
Trenite, or of þe Holy Gost, or of oure ladyes, þat masse schulde
moste helpon hym, whan he is ded [6]. But for comy*n* helpe of alle
28 c*r*iston soules aftur masse, þe salmes of þe sawter and specialyche
þe seven psalmes [7] w*yth* þe letany [ben songon] [8], for þei ben sokur
aȝaynu*s* þe seven dedly synnu*s*, w*yth* þe preyeres of þe seyntu*s*
þat ben called to forto helpon. Also 'Placebo' and 'Dirrige'
32 w*yth* nyne lessones, w*yth* þe 'Laudes' and masse of || requiem sung, 119 b
hit feduth soules, and makuth hem strong to suffren here peyne
w*yth* þe more paciens.

---

   [1] is *H.* om. *C.*   [2] þey *H.* þe *C.*   [3] *MS.* þei þei.
   [4] of þe which þe bodyes *H.* þat þe bonus of hem *C.*
   [5] in . . . moste *H.* om. *C.*   [6] ded *H.* ded moste *C.*
   [7] *MS.* psalmes.   [8] ben songon om. *C. H.*

And þe ioy of oure lady doth hem also grete socur and re-
fressyng. Þus tolde a spryte þat com and spak oponly to a prior
in audiens of moni othur þat weron callud þidur to heron þe
spyryte speken. And when þe spyrite goth first oute of þe body, 4
if it haue alle hys ryghtes of holy chyrch, þan is oure lady redy
to sokurron hym aȝeynus þe fray þat þe fendys makon on hym,
schewyng[1] hym wryton alle þe synnes þat he hath done, ȝelling
on hym, and þreting þat þei wil drawon hym to helle wyth hem. 8
But þan is oure lady redy—blessud mote sche ben!—and rebukyth
þe fendys, and sayth to hem þus : 'I am Goddus modur, and þat
I pray my sone þat he ȝef þis soule a place in Hewuen. I am also
emperace of helle, and haue power oure alle ȝow fyndys ; and þer- 12
fore I commaunde ȝow þat ȝe frayne þis soule no lengar, but goth
ȝowre way and latte hym han reste. I am also lady of alle þe
worlde, and þerfore I graunte þis soule helpe and sokur of alle þe
suffrages þat ben done in holy chyrch, and of alle þe prayeres of 16
seyntus in Heven. Þen goth þe fendes fleyng away ȝelling, for
þei mow not haue hur purpos. Þus ȝe schul knowon, [2] good men
and women, þat for þese III skylles corses ben broȝt to holy
churche[2] to ben ybyried ; wherefore vche man and womman þat is 20
wyse, make hym redy þerto, for alle we schul dyon and we wyte
note how sone, *etc.*

72.

Qui Sunt Sepeliendi in Cimiterio.

Now, sir preste, tak gode hede in þi byriing, lest þou do any 24
error, as ofton is seyne ; for þou schalte know þat þer ben some
þat schullon ben byriod in chyrch and in chyrch-ȝarde, and some
in chyrch-ȝorde and not in chyrch, and some neyther in chyrch ne
in chirch-ȝorde. 28

Þilk schul ben beried in chirch þat ben mynisteres in holy
chyrch, and also þe patrones of þe chyrch þat in hure lyf defenduth
holy chyrch from here enmyes.

Othur schulde not ben beryed in chyrch, wyth no reson ; but 32
now þei ben suffred, becaus þe chyrch schulde haue no grete

---

[1] schewyng *H.* swenjng *C.*   [2] goode ... churche *H.* om. *C.*

harme in warnyng þerof.   But ȝitte it is notte profytte for a man
to ben byried in chirch, no more þan he hath to be byriod in
chyrch-ȝorde, for in þis cas holy place helput notte.   Heven is an
4 holy place, and ȝytte Lucifer was caste oute of hyt os forcursyd ;
paradyse is an holy place, but Adam, for he was vnbuxum to God,
he was dryuon oute þerof.   So he þat is vnbuxum to God and to
holy chirch, and is cursyd, schal not ben byried in sentuary.

8   For, os Iohn Belet telluth, þer was a cursud man byried in
chyrch, and on morowon hys body was fondon nakud vtwyth þe
chyrch-ȝorde, bot þe cloþus þat he was byried in lafton in þe
graue.

12   Also he telluth of another þat was byried in þe chirch, and þat
same nyght an angel spake to an holy man, and bad hym go to þe
bysschop and bydde hym caste oute þat cursyd body ; bot ‖ for þe **120 a**
byschop wolde not don as þe angel badde hym, þerfore he dyed
16 wythinne þrytti dayes aftur.

Werfore, he þat is cursyd be holy chyrch, he schal not ben
byrie[d] in centuary, bot it be so þat, before hure dying, þei weron
repentant and askud mercy.

20   And a thef þat is slayne in hys þefte schal not ben beried in
sentuari.

A man or a womman þat is slayne in a-vowtry schal not ben
byried in sentuary, but he crye mercy before [1] hure deth ; for, in
24 þat þei brekon here spowsehed, þei ben vnbuxum to God and falce
forsworne.

And a þeff schal not ben byryed in sentuary, bot it be so þat he
haue made satisfaccion or he dye.

28   A womman þat dyeth in chyldyng schal not ben byred in chirch,
but in chirch-ȝarde, so þat þe schylde furste be takon oute of hure
and byried outewyth chyrch-ȝorde.

And he þat dyeth in iustes, bot he ask a preste ere he dye, he
32 schal not ben byried in sentuary.

And he þat dyed sodenly, or is slayne cummyng fro hys lemman,
and hyt may be fondon þat he dyd lechery, he schal not ben byried
in sentuary.

36   But he þat dyeth sodenly, or sleygh hymself be myschef aȝeynus

---

[1] before *written twice in C.*

hys wylle, or is drownyd be myshappe, he schal neureþelatter ben
byried in sentuary; for whate manner deth a gode man or a gode
womman dyoth on, þei schal ben saf.

But he þat in wanhope sleyth hymself be any wyse, he schal not 4
comme wythinne sentuary, ne holy chyrch schal not makon no
prayeres no more for such þan for a hounde, þow it so happyn þat
be priuylage of þe courte of Rome þei ben byried wythinne
chyrch-ȝorde.   8

A body þat is foundon drownod on þe see-warth or in othur
place, it may be beryed in seyntwary.

73.

DE SALUTACIONE BEATE MARIE SERMO.

Hit is gode to serue oure lady deuotely next aftur God, and 12
greton hur wyth þe holy Aue þat þe angil Gabriel broght to hure
from God of Heven and sayde to hure: 'Heyle be þou, Marie, ful
of grace, God is wyth þe; blessud be þou among alle womman,
and blessut be þe froyte of þi body, Ihesus!   Amen.'   16

Teche hem to sayne þus in Ynglis tonge, þat þei mown vndur-
stande what þei sayne.   And algate, whan þei comyn to þis worde
'God is wyth þe,' þat þei sayne hyt deuowtely and wyth ful
deuocion, not to hastely, to seyne mony Avees; for it plesuth oure 20
lady more to bene grete devotely [1] wyth one Aue, þan wyth many
wythowte deuocion.

For þus I rede, þat þer was sum tyme in þe nonnery of Schaftes-
bery a nonne þat heghte Evlalya, þat vch day for deuocion sayde 24
as many Auees to oure lady as ben psalmus in þe sawter þat we
calluth oure ladyes sawter; but for þis womman wolde not ben
behynde no day of þat noumbur, scheo sayde hem spakly and
passyngly.   Þan, in a nyght, as sche lay in hure bedde, oure lady 28
aperud to hure wyth grete lyght and sayde to hure: 'Sustur Eulalya,
I thank þe for þin deuoute seruice þat þou dust vche day to me,
120 b but ȝytte þou mythe || plese me bettur þan þou duste, and þou
woldon as I teche þe.'   Þan seyde scheo: 'My dere lady, ful fayne, 32
and ȝe wil telle me how.'   Þan seyde oure lady: 'Lef half þe
Aues þat þou seyste [2], and say þat othur half alle in trete, and whan

---

[1] devotely *H.*   devowth *C.*   [2] seyste *H.*   sayte *C.*

þou comyst to þis worde " God is wyth þe," þan say þat wyth alle
þine herte and alle in trete.   For þer[1] is no tong þat[2] may telle
þe ioy þat I haue in myn herte, whan þat worde is sayde to me
4 deuoutely ; for me thynkeþe[3] þat I fele my son Ihesu wyth þat
worde[4] pleying in my body, and so þat is so hegh a ioye þat it
gladuth me passing alle othur ioyes.'   Þan sayde þis womman :
' Lady, wyth a gode wille,' and so aftur lafte þe one half dole and
8 sayde þat oþer halfe dole, as sche was taght be our lady ; for God
and our lady boþe and alle seyntus of Heven han lever fewe
wordys wyth deuocion, þan many wythoute deuocion.

74.

DE MIRAC[U]LIS BEATE MARIE.

12   Ther was a man on a time þat[5] lant to anothur man IIII *s* of
money to an certeyn day, þat he schuld payen hym aȝeyne.   And
so þat day com and[6] passyd fer oure, þat he schulde han payed þe
man þat lant hym þe money.   And so hyt happut on a day þat
16 þis man mette þat othur man þat aght hym money, and bad hyt
hym ; and he sayde þat he had payed hym, and swore fast þerto.
And þe othur man sayde : nay, he payed hym no peny.   And þis
man pursewod þe oþur be þe lawe, and he sayde he wolde swere on
20 a boke þat he hadde payed hym þat money ; and so þat oþur man
þat lant þat money lette hym sweron falce on a boke.   And þer-
fore anone as he com homwarde, he fel syk, and hys spryte was
berafte oute of hym too dayes and too nygthes.   And hyt was so
24 þat hys spryte com þeros he segh God ryght os he was done on
þe rode, wyth blody woundys ryght þo[7] bledyng, wyth nayles in
hys handys and in hys fette, wyth hys crowne of thornys on hys
hed.   And God lokud so sterne on hym, þat alle þe sygthes þat
28 eure he sawgh, he was neure so sore aferde ; for he wolde haue
kropon into þe erthe, and he hadde mythe.   And þan God askud
hym why he hadde made hym forlorne þat he dere boght for þat
gode þat he sende hym, ' for þou haste madon hym to sweron, and

---

[1] þer *H.   om. C.*   [2] þat *H.   om. C.*
[3] thynkeþe *H,*   thynkut *C.*   [4] worde *H.*   þan *C.*
[5] þat *H.   om. C.*   [6] and *H.*   an *C.*
[7] þo *H.*   þoe *C.*

made hym forlorne body and soule.' And þan he commawnded
serteyne servauntes of hys to gone and skorge hym and beton hym;
and so þei dudun, and made hym so sore þat too ȝere aftur and
a half he lay in hys bede seke. And whan þe sprythe com to hym 4
aȝeyne, he tolde vche man þerof and bad hym be ware of þat
poynte for euremore aftur.

Aliud miraculum de Sancta Maria.

[MS. Harl. 2403.]   8

Hit was sum tyme an holy monke þat loued our lady wondur
muche. Þe whyche monke was neuer wery to preyse hur, and tell
feyr myracles of our lady, and feyre talus of hur nyȝt and day;
and so þys monke was þe feyrest wryter þat was knowen in all 12
þe world. And so þe Emperour of Rome hed a syb cosyn to hym
190 a þat was a yonge man, and he send || aftur þe monke and prayed
him to teche his cosyn to wryte as wel as he did, for encheson þat
he was his cosyn. And so þe monke tawght him to wryte as wel 16
as he did. And þen þis yonge man hed an envye to his mastur and
fayne wold haue had him ded, for he wold haue had þe mastrye
himself of wrytyng as his master hed befor; and so he caste how
he myȝt haue him ded. So he beþouȝt him and made a lettre to 20
þe Sowdan, and wryt þerin þat þe Emperour wolde in schorte
tyme and hed ordeyned to sle hym and destroye all his londes.
And þerfor in all þe haste þat he myȝt, he bade þat he schuld
ordeyne him to comme and destroye þe Emperour. And so when 24
þys lettre was made, he let fall hit in þe Emperours hall. And so
þys lettur was found and rad, and was brouȝt to þe Emperour
anon. And he merveled muche who hed wrytte þys lettre. And
þen come þer þys yonge man and sye þis lettre, and anon he seyde 28
þer was no man þat cowthe wryte suche a lettre but his mastur
and he, and seyde: 'Ye may wel wyt þat it was not I.' And þen
anon þe Emperour send aftur þys monke and apeched hym of þys
lettre; and he seyde he knew it not. And þen they schewed him 32
þis lettre, and seyde hit was his honde. And he seyde þat he
neuer wrote hit. And wythoute eny oþer jugement þe Emperour
commaunded to smyte of his arme by the elbowe. And so they
dyd, and send hym home to þe abbey, and þe arme wyth him, || 36

and commaunded þe abbot to set him in prison, and let no leche- **190 b**
crafte be do to hym. And so þe abbot dyd. And as he lay in
prison, he cried euer to our lady for helpe, for þe ache þat he hed
4 on his arme as hit roted away. And so, at þe laste, our lady,
on a nyȝt, come to hym and seyde: 'How farest þou?' And he
seyde: 'Ful soryly; for myn arme is roted awey þat was wont
to peynte an ymage of þe whereuer I went.' And þen heo seyde :
8 'Come to me and schew me þyn arme.' 'Lady,' *quod* he, 'hit
is roted away.' 'Brynge it hedyr to me,' *quod* heo, 'and schew
hyt me.' And so he went amonge þe rokes of stones þeras his
arme lay, and brouȝt hit to our lady, and schewed it hur. And
12 heo bade hym sette hit ayen to hys arme, as hit stode befor.
'Lady,' *quod* he, 'hit is al toroted to gobetes.' 'Set it ayen to,'
quod heo, 'and hit schal be hole.' And so he did as heo bade
him, and hit was as hole as euer hit was, and as wel he wrot as
16 euer he did befor. And þen he yede and rounge all þe belles in
þe abbey; and so þe abbot and all his covent rysen and sye þys
hye myracle, and þonked God and our lady. And so a steven
comme and tolde þe Emperour þat hit was þe yong man, hys cosyn,
20 þat hed wryt þylke lettre, and not þe monke. And þerfor, in þe
same maner þat he let serue þe monke, he let serve his cosyn.

And so þe monke went forth to Ierusalem on pylgrimage and to
many oþer good holy places. And so, vpon a day, a Iew þat was
24 a grete || mastur of þat contre, and he sete yfer and speke of our **191 a**
lady. And so þe Iew seyde þat a mayde myȝt neuer bere a
chylde ; and þe monke seyde ye, and so þey stryven faste þerfor.
And so, at þe laste, for the monke praysed our lady so faste and so
28 muche, þe Iew prayed him to purtray an ymage of hur on a borde,
þat he myȝt se þe ymage. And so he purtrayed a wondur fayre
ymage of our lady, and hur chylde in hur arme, and a lytel feyre
pappe on hur brest. And þen þe Iew behelde faste on hur and
32 þouȝt hur ful feyr. And so he asked þe monke whedur heo wos
so feyr as he hed made hur; and þe monke sayde ye, and xx m
sythe feyrer þen eny man cowþe make hur. And so, as þe Iew
stode and loked on hur, þe chylde þat was on hur arme, toke his
36 heed awey fro þe borde, and toke his modyr pap in his honde, and
mylked oute mylke, and sowked þerof. And when þe Iew sye þat,
he kneled adown and þonked God, and cryed our lady mercy, and

seyde he wyst wel þat hit was lasse wonder a mayde to ber a chylde, þen that ymage þat was purtrayed on þat borde, forto take his heed fro þe borde, and also þat pap to yeve mylke. And so þe Iew was fulwed, and turned to þe fayth, and made many 4 a crysten man moo.

Deo gracias.

GLOSSARIAL INDEX

a, *art.* a, an, 1/2; an, 5/15.

Aaron, *pr. n.*, Aaron, brother of Moses, 257/29.

Abagarus, *pr. n.*, Abgarus, a king, 263/32.

abaschen, *v.* (abash), to frighten, terrify; *pp.* abasschet, 19/20; abaschot, 106/18.

Abbanes, *pr. n.*, Abbanes, a messenger of the king of India, 19/1.

abbas, *sb.*, abbess, 96/33.

abbay, *sb.*, abbey, 5/15; abbe, 179/27; abbey, 197/5; abby, 180/11.

abbot, *sb.*, abbot, 17/19.

Abia, *pr. n.*, a priest in the temple of Jerusalem, 183/32.

abominabull, *adj.*, abominable, 194/9.

abominacion, *sb.*, abomination, horror, 194/5.

aboue, *pr. p.*, above, 4/24; abouen, 51/20.

aboute, *adv.*, about, 7/22.

Abraham, *pr. n.*, Abraham, 51/31, 76/34, 77/12, 94/6.

abreþut, *pp.*, out of breath, 193/35.

abrod, *adv.*, abroad, 124/5.

absent, *v.*, to keep aloof, *inf.*, 149/26.

absten, *v.*, to abstain, *inf.*, 72/27; absteyne, 97/17; *pt.* abstaynet, 6/27.

abstynens, *sb.*, abstinence, 83/33.

abull, *adj.*, able, suitable, apt, 19/26; abule, 210/26.

abundance, *sb.*, abundance, 246/33.

abyde, *v.*, to abide, remain, await, *inf.*, 2/13; *pr. 3 sg.* abydyþe, 130/10; *imp. sg.* abyde, 34/4; *pt. 3 sg.* abode, 34/5; bode, 177/31; *pl.* aboden, 127/9.

abydyng, *sb.*, abiding, waiting, 86/14.

abye, *v.*, to buy, pay for, *inf.*, 14/24.

abytacyon: *see* habitacyon.

accesse, *sb.*, access, 238/16.

accusars, *sb. pl.*, accuser, 4/24.

accuse, *v.*, to accuse; *pt.* accusyt, 7/19; *pr. p.* accusyng, 4/27; *pp.* accuset, 7/13.

accyon, *sb.*, action, 153/8.

ache, *sb.*, ache, pain, 136/20; ake, 223/29.

acold, *adj.*, cooled, chilled, 39/37.

acorde, *sb.*, accord, harmony, 291/30.

acorde, *v.*, to accord, reconcile, *inf.*, 242/37; accorde, 143/13; *pr. 3 sg.* acordyth, 76/16; *pp.* acordyd, 186/11.

acordyng, *adj.*, accordant, 290/15.

acownte, *sb.*, account, 96/20.

actyf, *adj.*, active, 230/37.

acursed, *pp.*, cursed, 42/3.

Adam, *pr. n.*, Adam, 1/24.

Adam, *pr. n.*, a citizen of the town of Erkaleton, 180/17.

adon, adowne: *see* downe.

adred, *adj.*, adread, afraid, 17/12.

Aduent, *sb. and pr. n.*, Advent, 1/4.

aduersary, *sb.*, adversary, 30/19.

Adulston, *pr. n.*, Aethelstan, king of England, 243/20.

adyrcope, *sb.*, spider, 181/8.

af: *see* ȝif.

aferde, *pp.*, afraid, frightened, 7/29.

aferme, *v.*, to affirm; *pr. 1 sg.* aferme, 37/10.

affeccyon, *sb.*, affection, 126/36.

affermyng, *sb.*, affirmation, 102/32.

affliccyon, *sb.*, affliction, 72/26.

afrayde, *adj.*, afraid, 121/28.

afryȝt, *adj.*, frightened, 178/15.

aftyr, *adv. and prp.*, after, 1/20.

aftyrward, *adv.*, afterward, 9/22.

agast, *adj.*, aghast, 174/19.

age, *sb.*, age, 3/28.

aȝenstond, *v.*, to object, resist, *inf.*, 170/12; *pr. 3 sg.* aȝaynestondyth, 35/8; *pt. sg.* aȝeynstode, 8/24; *pl.* aȝeynestoden, 27/30.

aȝeyncomyng, *sb.*, meeting, 58/22.

aȝeyne, *adv.*, again, back, 3/9, 269/33; aȝayn, 203/8.

aȝeynesette, *v.*, to withstand, resist, *inf.*, 53/11.

aȝeynestondyng, *sb.*, resisting, resistance, 32/7.

aȝeynward, *adv.*, against one another, 180/18.

aȝeynys, *pr. p.*, against, 13/30; aȝeyne, 22/13; aȝeyns, 58/15; aȝens, 171/16; agaynys, 193/30; aȝeaynys, 216/21.

agoo, *adv.*, ago, 87/21.

agreued, *pp.*, aggrieved, 121/22.

agryset, *pp.*, horrified, 146/2; agrysut, 97/7.

agylt, *v.*, to sin, incur guilt; *pp.* agylt, 100/24.

ahongyr, *adj.*, hungry, 127/10.

ale, *sb.*, ale, 139/37.

algate, *adv.*, always, 24/14; algatys, 188/15; allgatys, 242/21.

Alkmund, St., 240/25.

all, *adj. and adv.*, all, wholly, 1/1; *pl. gen.* allur, 46/9.

allas, *interj.*, alas, 240/11.

Alleluja, *pr. n.*, Hallelujah (name of a hymn), 1/14.

All-halow-day, *pr. n.*, All Saints' day, 269/3.

allway, *adv.*, always, 2/12; alwey, 177/28.

almes, *sb.*, alms, 39/36; allmes, 85/6.

almyȝty, *adj.*, almighty, 155/15; allmyghty, 281/27.

almys-dede, *sb.*, alms-deed, 85/5; almes-dede, 103/33; *pl.* almys-dedys, 71/19.

almys - ȝevyng, *sb.*, alms - giving, 197/21.

alonly, *adj. and adv.*, alone, lonely, alonely, 32/26.

alowe, *v.*, to allow; *pr.* 3 *sg.* aloweþe, 68/16; *pp.* alowet, 10/29.

Alpheus, *pr. n.*, Alphaeus, father of St. James, 215/32.

Alpynyus, *pr. n.*, Alpinius, 165/7.

als, also: *see* as.

also, *adv.*, also, 7/35; alsoo, 15/11.

altogedyr, *adv.*, altogether, 238/7; alltogedyr, 239/6.

alyue, *adv.*, alive, 9/3.

Alisandyr Nekkam, *pr. n.*, Alexander Neckam, 119/2.

Alysandyr, *pr. n.*, Alexander, master, 166/13.

Alysandyr, *pr. n.*, the town of Alexandria, 136/8; Alysaundyr, 275/12.

Alysaundyr, *pr. n.*, Alexander, the king, 183/10; Alesaundyr, 183/17.

Alysaundyr, *pr. n.*, Alexander, a pope, 165/9; Alexandyr, 198/19.

Amasa, *pr. n.*, Amasa, a knight, 112/14.

amated, *pp.*, dismayed, overwhelmed, 3/18.

Ambros, St., *pr. n.*, St. Ambrose, 108/11, 118/32.

amende, *v.*, to amend, *inf.*, 6/24.

amendement, *sb.*, correction, improvement, 18/1.

amendes, *sb. pl.*, reparation, fine, compensation, 5/1.

amendyng, *sb.*, amending, 53/3.

among, *pr. p.*, among, 6/23.

amonysche, *v.*, admonish; *pr.* 1 *sg.* amonysch, 89/16; 1 *pl.* amonechen, 86/5.

amyable, *adj.*, amiable, friendly, 25/12.

amys, *adv.*, amiss, 4/28; amysse, 284/22; he did amys, he did wrong, erred, 4/28.

an: *see* a, one.

anangren, *v.*, to make exceedingly angry; *pp.* anangrede, 27/33.

Anany, *pr. n.*, Ananias, 54/19.

and, *pron.* (*put for* that), 173/33, 184/26, 213/28.

and, *conj.*, and, if, 1/1, 59/4.

Andraw, St., *pr. n.*, St. Andrew, 6/33; 256/15.

Anglestowre, *pr. n.*, Angel's tower, 259/5.

angur, *sb.*, anger, grief, 53/27.

angyll, *sb.*, angel, 4/28.

anhongred, *pp.*, famished, 83/12.

ankur, *sb.*, anchorite, 295/23.

Anne, St., *pr. n.*, St. Anne, 15/21, 213/16, 245/9.

Anne, *pr. n.*, Anne (wife of Tobias the elder), 214/13.

Anne, *pr. n.*, Anne (Samuel's mother), 213/26.

Anne, *pr. n.*, Anne (the woman who waited for Christ's being presented in the temple), 58/22, 214/24.

Anne, *pr. n.*, Anne (Raguel's wife), 214/1.

anoon, *adv.*, anon, immediately, 2/14.

anoþer, *adj.*, another, 10/21.

Anothe selitos, *probably a corruption of* Γνῶθι σεαυτόν, 'know thyself,' 116/22.

anoylen, *v.*, to anoint with oil; *pp.* anoylud, 295/20.

anoynt, *v.*, to anoint, *inf.*, 143/3; *pt.* anoyntyd, 204/6; *pp.* anoyntyd, 225/22.

Anselm,St.,*pr. n.*,St. Anselm,87/33, 228/25.
ansetry, *sb.*, ancestry, 48/12.
ante : *see* awnte.
Antecryst, *pr. n.*, Antichrist, 32/28.
Antioch, *pr. n.*, Antiochia, 135/13.
anvgged, *pp.*, annoyed, disgusted, 122/24.
anunciacyon, *sb.*, annunciation, 106/7.
any, *adj.*, any, 10/28 ; eny, 301/34 ; ayny, 2/30.
anyed, *pp.*, annoyed, 35/7.
aparty, *adv.*, in part, partly, 2/27.
apayde, *pp.*, satisfied, 12/5.
apayre, *v.*, to impair, become worse, decay, *inf.*, 169/17.
ape, *sb.*, ape, 295/25.
apechet, *pp.*, impeached, accused, 36/9.
apechyng, *sb*, impeaching, accusation, 153/7.
apere, *v.*, to appear ; *pr. 3 sg.* aper-uþe, 258/9 ; 3 *pl.* apperuth, 296/13 ; *pt.* 3 *sg.* apered, 24/6 ; aperyth, 34/24 ; *pp.* apperyd, 152/1.
apertly, *adv.*, apertly, openly, mani-festly, 264/31.
aperyng, *sb.*, appearing, 257/23.
apocalyppys, *sb.*, apocalypse, 32/27.
apon : *see* upon, open.
aposayls, *sb. pl.*, question, 165/28.
aposet, *pp.*, opposed, 10/32 ; apposyd, 147/15.
apostoll, *sb.*, apostle, 6/5 ; apostole, 18/9 ; apostle, 18/10.
appetyte, *sb.*, appetite, 83/17.
appressyon, *sb.*, oppression, 197/28.
Appulea, *pr. n.*, Apulia, 137/13, 258/11.
appull, *sb.*, apple, 37/5.
aray, *sb.*, array, 39/19.
arayde, *pp.*, arrayed, dressed, 60/36 ; arayed, 268/4.
archangyll, *sb.*, archangel, 257/17.
archebyschop, *sb.*, archbishop, 40/17.
archedecon, *sb.*, archdeacon, 216/25.
arme, *sb.*, arm, 42/27.
arme, *v.*, to arm ; *pr. 3 sg.* armeth, 170/11 ; *pp.* yarmed, 42/10 ; armyd, 183/9.
Armeny, *pr. n.*, Armenia, 72/33.
armes, *sb. pl.*, arms, weapons, 83/12.
arow, *sb.*, arrow, 64/19.
aryse, *v.*, rise, *inf.*, 2/29 ; *pr. 2 pl.* arysyth, 256/1 ; *pt.* aros, 5/14.

Arystodemus, *pr. n.*, Aristodemus, 31/21.
arysyng, *sb.*, rising, 115/13.
as, *conj. and adv.*, as, where, 1/5 ; als, 5/28 ; also, 181/7 ; alsoo, 184/25.
as, *prp.*, on, at, 286/16.
asay : *see* assay.
ascencyon, *sb.*, ascension, 152/28 ; as-sencyon, 152/4.
ascendet, *pp.*, ascended, 26/32.
aschame, *sb.*, shame, 124/31.
aschamed, *adj.*, ashamed, 34/3.
ascowmfet, *adj.*, perplexed, confused, 243/24.
asent, *sb.*, assent, consent, 205/18 ; assent, 121/12.
asent, *v.*, to assent, *inf.*, 200/22 ; assent,256/32 ; *pt.* asentyd,109/16 ; assentyt, 250/36 ; *pp.* assentyd, 110/30.
aske, *v.*, to ask, *inf.*, 10/16 ; *pr. 2 sg.* askys, 218/36 ; 3 *sg.* asket, 172/18 ; askeþ, 127/1 ; 3 *pl.* asken, 108/26 ; *pt.* askyt, 8/3 ; *pp.* asket, 5/18.
askes, *sb. pl.*, ashes, 146/24 ; eskys, 82/25.
Aske-Wanysday, *pr. n.*, Ash-Wed-nesday, 82/21.
askyng, *sb.*, asking, demand, 13/19.
aslayne, *v.*, to slay, *inf.*, 211/17.
asoyle, *v.*, to absolve, pardon, solve, *inf.*, 10/30.
asoyling, *sb.*, absolution, pardon, 294/27.
aspye, *v.*, to spy, espy ; *pt.* aspyet, 163/8 ; *pr. p.* aspyyng, 273/34.
assay, *sb.*, trial, test, 31/18.
assay, *v.*, to try, test, *inf.*, 170/14 ; asay, 278/11 ; *pr. 3 sg.* assayeth, 27/18 ; asaythe, 286/3 ; *pt.* asayde, 77/17.
assayle, *v.*, to assail, *inf.*, 154/4 ; *pr. 3 sg.* assaylyp, 128/37.
asse, *sb.*, ass, 22/28.
asse-backe, *sb.*, ass-back, 251/26.
assumpcyon, *sb.*, assumption, 109/30.
assumpted, *pp.*, assumed, taken up, 226/16.
Astaroth, *pr. n.*, Ashtaroth, 236/24.
astond, *v.*, to withstand, *inf.*, 243/2.
astoned, *pp.*, astounded, 191/11.
astonyet,*pp.*, astounded, 10/12.
Astragesse, *pr. n.*, Astrages, a king, 238/26.

astronomy, *sb.*, astronomy, 48/15.

astryed, *pp.*, destroyed, 39/7.

astyr, *sb.*, hearth, 129/28.

Astyr, *pr. n.*, Easter, 39/8.

Astyr-euen, *sb.*, Easter-eve, 68/31.

Astyr-weke, *sb.*, Easter-week, 70/34.

Asy, *pr. n.*, Asia, 31/10.

asyne, *v.*, to assign ; *pr.* 3 *sg.* asynyþ, 158/4 ; asyngneþe, 158/7 ; *pt.* asynet, 270/9.

at, *pr. p.*, at, 8/9.

at al, *adv.*, altogether, 228/33.

in atent, *adv.*, with the intention, 290/31.

Ato, *pr. n.*, Pilate's mother, 120/18. *See note.*

atture, *sb.*, poison, 192/5.

Attyla, *pr. n.*, Attila, 165/2.

atwyn, *adv.*, asunder, 162/9.

Auberk, *pr. n.*, a nobleman in Venice, 172/22.

audyens, *sb.*, audience, 131/27.

Austyne, St., *pr. n.*, St. Augustine, 1/22 ; Austeyn, 279/2.

auter, *sb.*, altar, 34/18 ; autre, 77/36.

auter-ston, *sb.*, altar-stone, 126/17.

auauncement, *sb.*, advancement, 45/5.

Auxbryge, *pr. n.*, Axe Bridge, a place in Devonshire, 173/32.

avaunse, *v.*, to advance, *inf.*, 91/1 ; avance, 113/3 ; *pr.* 3 *sg.* avaunsuþe, 91/15 ; *pt.* avaunset, 51/33 ; *pp.* avawnsyt, 242/9.

avayle, *v.*, to succeed, avail, *inf.*, 39/14 ; *pt.* 3 *sg.* avaylet, 248/1.

Aue, *Lat.*, hail (first word of a prayer), 17/3.

aventurs, *sb. pl.*, aventure, 119/4.

aviset, *pp.*, advised, councelled, 7/27.

avoket, *sb.*, advocate, 153/4.

avowe, *v.*, to vow ; *pt.* auoued, 11/31 ; *pp.* avowet, 9/29.

avowtre, *sb.*, adultery, 286/35 ; avowtry, 298/22.

away, *adv.*, away, 2/8.

away-scape, *v.*, to escape, *inf.*, 64/18.

awe, *sb.*, awe, terror, 25/35.

aweylde, *v.*, to govern, get the mastery over, manage, *inf.*, 196/28.

awne : *see* owne.

awnte, *sb.*, aunt, 208/15 ; ante, 52/6.

ay, *adv.*, aye, always, 6/20.

ayle, *v.*, to trouble, afflict ; *pt.* ayled, 56/11 ; aylyd, 196/20.

ayre, *sb.*, air, 30/11 ; eyre, 239/34.

ayre, *sb.*, heir, 93/32 ; *pl.* ayres, 63/8 ; ayr, 71/35 ; eyres, 215/8.

aythyr, *adj.*, either, 4/24 ; eyþur, 190/27.

backe, *sb.*, back, 40/28 ; bak, 284/24.

backeward, *adv.*, backward, 49/10 ; bakward, 49/8.

bad, *adj.*, bad, 169/11.

badfull (*for* batfull), *adj.*, fertile, 73/12.

bagge, *sb.*, bag, 12/34.

bak, *adv.*, back, 83/28.

bakbyte, *v.*, to backbite, calumniate, *inf.*, 284/19.

bakbytyng, *sb.*, backbiting, calumny, 131/20.

bakyn, *pp.*, baked, 254/10.

Balaam, *pr. n.*, Balaam *or* Bileam (a famous sorcerer), 48/10.

balans, *sb.*, balance, 221/2.

baner, *sb.*, banner, 150/29.

banrer, *sb.*, standard-bearer, 257/27.

baptiȝet, *pp.*, baptised, 167/1.

baptyem, *sb.*, baptism, 128/21.

barayne, *adj.*, barren, 15/25.

bare, *adj.*, bare, naked, 40/29.

barennes, *sb.*, barrenness, 245/16.

barfote, *adj.*, barefoot, 43/35.

Baris, *pr. n.*, Baris, a hill in Armenia, 72/34.

barly-bred, *sb.*, barley-bread, 5/20.

barme, *sb.*, bosom, lap, 25/24.

Barnabe, St., *pr. n.*, St. Barnabas, 175/16.

Barpanther, *pr. n.*, Barpanther (the Holy Virgin's grandfather), 215/20.

barres, *sb. pl.*, bar, 219/8.

barst, *sb.*, burst, 160/6 ; berst, 160/21.

Bartholomew, St., *pr. n.*, St. Bartholomew, 235/5 ; Bertholomew, 238/34.

Barus, *pr. n.*, Barea, a town, 14/14.

basket, *sb.*, basket, 104/13.

batayle, *sb.*, battle, 2/17 ; batayll, 133/27 ; bateyll, 259/12 ; bateyle, 259/14.

bath, *sb.*, bath, 193/12.

Baþe, *pr. n.*, Bath, 249/24.

bathyd, *pp.*, bathed, 37/14 ; baþuþ, 140/3.

batren, *v.*, to batter, beat ; *pt.*, baturde, 260/13.

bawded, *adj.*, befouled, dirty ; bowdet, 89/9.

bawdy, *adj.*, dirty, 89/9.

bawmes, *sb. pl.*, balm, 204/20.

bawmet, *pp.*, anointed, 140/2.

baxter, *sb.*, baker, 98/12.

bayly, *sb.*, bailiff, 56/11.

be, *v.*, to be, *inf.*, 1/10; ben, 17/29;
byn. 222/14; *pr.* 1 *sg.* am, 9/28; 2
sg. art, 7/21; 3 *sg.* ys, 1/5; *pl.* byn,
10/15; ben, 30/32; be, 33/12;
beþ, 184/26; ar, 177/8; byþ, 84/3;
imp. sg. be, 232/31; *pl.* buth,
52/19; bethe, 84/2; *pt. sg.* was,
4/4; wos, 302/32; *pl.* wer, 8/4;
wern, 8/6; weren, 10/12; *pp.* ben,
3/23; be, 69/30.

be : *see* by.

bebled, *pp.*, covered with blood,
252/9.

becaus, *conj.*, because, 297/33.

become, *v.*, to become; *pt.* 3 *pl.* becom,
121/14; *pp.* bycomen, 71/24.

bed : *see* beten.

bedde, *sb.*, bed, 13/28; bed, 37/29.

beddien (a bed), *v.* to make (a bed);
pt. 3 *sg.* beddut, 231/26.

Bede, St., *pr. n.*, St. Bede, 5/12,
128/4, 152/32.

Bedelem, *pr. n.*, Bethlehem, 22/7,
36/1, 49/1, 108/21.

bedene, *adv.*, at once, at the same
time, 233/3.

beem, *sb.*, beam, 86/32.

befelle, *v.*, to fall, happen; *pt.* befell,
6/11.

befor, *adv. and prp.*, before, 1/19;
beforn, 171/10; byforne, 223/33.

begere, *sb.*, beggary, 283/36.

begger, *sb.*, beggar, 104/3.

beȝonde, *prp.*, beyond, 39/12.

begyle, *v.*, to beguile, *inf.*, 108/23.

begynne, *v.*, to begin, *inf.*, 50/34;
pr. 2 *sg.* begynnys, 104/16; 3 *sg.*
begynnyth, 51/30; begennyth,
24/37; bygynnyth, 35/23; 3 *pl.*
begynnyn, 56/3; begynnyþe,
241/25; *pt.* 3 *sg.* began, 52/10;
bygan, 122/34; beganne, 271/27;
3 *pl.* begonen, 99/28; begonnen,
268/13; began, 27/19; *pp.* begon-
nen, 41/4; bygonnen, 128/32.

begynnyng, *sb.*, beginning, 1/1.

beheded, *pp.*, beheaded, 210/11.

behest, *sb.*, promise, 77/22; byhest,
77/13.

beheten, *v.*, to promise; *pr.* 2 *sg.* be-
hetyst, 205/32; *pt.* beheȝt, 218/33;
behette, 288/26; byhet, 277/4;

behyghte, 292/29; *pr. p.* behetyng,
232/26.

behold, *v.*, to behold, see, *inf.*, 129/2;
imp. sg. behold, 78/13; *pt.* beheld,
193/19; byhelde, 229/3; *pr. p.*
beholdyng, 178/19.

behouen, *v.*, to behove; *pt.* 3 *sg.* be-
houed, 41/21.

behynde, *adv. and prp.*, behind,
44/14.

belafte, *pp.*, left in the power (of),
278/19.

beleue, *sb.*, belief, 18/24; byleue,
18/25.

beleue, *v.*, to believe, *inf.*, 18/16;
byleue, 18/32; *pr.* 1 *sg.* beleue,
18/27; 2 *sg.* beleuest, 18/29; be-
leuyst, 78/25; 3 *sg.* beleueth,
51/26; belevyn, 108/34; beleue,
171/6; byleuen, 51/25; *imp. sg.*
byleue, 265/1; *pt. sg.* byleuet,
18/34; *pl.* beleuedon, 18/14.

bell, *sb.*, bell, 117/29.

belouet, *adj.*, beloved, 51/16.

bely, *sb.*, belly, 284/24.

beme, *sb.*, beam, 233/2.

benche, *sb.*, bench, 39/25.

beneson, *sb.*, benison, blessing, 18/30.

Benet, St., *pr. n.*, St. Benedict,
198/15.

Beniamyn, *pr. n.*, Benjamin, 99/17.

bequethen, *v.*, to bequeath, commend;
pt. sg. bequeth, 294/10.

berd, *sb.*, beard, 125/19.

bere, *sb.*, gesture, 246/19.

bere, *sb.*, bier, 32/34.

bere, *v.*, to bear, *inf.*, 16/34; beron,
260/2; *pr.* 3 *sg.* beryth, 55/10;
pl. beryth, 190/16; *imp. sg.* ber,
191/18; *pl.* beryth, 15/1; *pt. sg.*
bar, 212/17; *pl.* beren, 14/26;
pr. p. beryng, 148/24; *pp.* borne,
1/25; yborne, 24/5; bore, 47/9.

berer, *sb.*, bearer, 179/29.

Bereson, Syr Raynald, *pr. n.*, Sir
Reginald Fitz-Orson, 41/36.

bereve, *v.*, to bereave, deprive, *inf.*,
234/36; *pp.* beraft, 283/13.

Beritus, *pr. n.*, a town, 145/7.

berken, *v.*, to bark; *pt.* 3 *pl.* berket,
165/17.

Berna[r]d, *pr. n.*, the man who was
saved by St. James from the devil's
tortures, 211/30.

berne, *sb.*, barn, 56/12.

Bernhard, St., *pr. n.*, St. Bernhard,
2/9, 49/29, 66/7, 93/10, 113/11,

153/9, 225/13, 230/3 ; Barnard, 285/9.

berthens : *see* burden.

beryng, *sb.*, bearing, 246/4.

berys, *sb. pl.*, bear, 270/29.

besechen, *v.*, to beseech ; *pt.* 3. *sg.* besoght, 7/12 ; *pr. p.* bysechyng, 7/2.

besegen, *v.*, to besiege ; *pt.* beseget, 135/14 ; besegyd, 271/26 ; *pp.* beseget, 122/14.

besemen, *v.*, to beseem, seem, befit ; *pr.* 3 *sg.* besemeth, 42/13 ; *pr. p.* bysemyng, 228/24.

besetten, *v.*, to arrange, place ; *pp.* beset, 40/11.

besom, *sb.*, besom, 126/20.

bespryngen, *v.*, to besprinkle ; *pt. sg.* besprong, 252/8.

best, *sb.*, beast, 3/13 ; beest, 256/2 ; *pl.* bestys, 13/31.

best, *adj.*, best, 28/12.

besy : *see* bysyly.

betaght, *pp.*, committed to, given over to, 255/20.

betaken, *v.*, to entrust, give in charge to, *pr.* 1 *sg.* betake, 42/25 ; *pt. sg.* betoke, 15/4 ; *pl.* betoke, 217/13 ; betoken, 149/7 ; *pp.* betaken, 130/11.

Betanye, *pr. n.*, Bethany, 114/28 ; 203/18.

bete, *v.*, to beat, *inf.*, 40/28 ; beton, 276/6 ; *pr.* 3 *sg.* betyth, 30/14 ; *pt. sg.* bete, 8/27 ; *pl.* beten, 145/28 ; *pp.* betyn, 14/34.

beten, *v.*, to kindle ; *pp.* bed, 235/34.

beten, *v.*, to mend, remedy ; *pr.* 1 *sg.* bete, 141/34.

beþenke, *v.*, to think upon, remind, bethink, *inf.*, 34/31 ; *imp. pl.* by-thynkyth, 89/17 ; *pt. sg.* by-þoght, 6/32 ; beþoght, 16/36 ; beþought, 301/20 : *pp.* beþoȝt, 124/13.

betrayen, *v.*, to betray ; *pt.* betrayde, 117/26.

betraylon, *v.*, to deceive, cheat, *inf.*, 192/33 ; *pp.* betroylet, 208/24.

betroylyng, *sb.*, betraying, 236/27.

betryflen, *v.*, to trifle, beguile ; *pt. pl.* betryfuldyn, 208/31.

bettyr, *adj.*, better, 19/30.

beute, *sb.*, beauty, 200/18 ; bewte, 144/21.

Bewnow, *pr. n.*, Beunous, Benow, a hermit, 177/15.

blacke, *adj.*, black, 19/14 ; blake, 40/21.

blakyd, *pp.*, blackened, 129/29.

blamen, *v.*, to blame ; *pt.* blamed, 33/36.

blasys, *sb. pl.*, blaze, torch, 183/24.

blede, *v.*, to bleed, *inf.*, bledde, 46/27 ; *pr.* 3 *sg.* bledyth, 112/35 ; *pt. sg.* bledde, 45/25 ; *pr. p.* bledyng, 173/23.

blenchen, *v.*, to flinch ; *pt.* 3 *sg.* blente, 193/4.

blesse, *v.*, to bless, *inf.*, 41/6 ; *pr.* 3 *sg.* blessyth, 23/25 ; *imp. sg.* blesse, 293/8 ; *pt.* blessed, 52/9 ; *pp.* blessyt, 1/26.

blessyng, *sb.*, blessing, 1/2.

blest, *sb.*, blast, 161/12.

blew, *adj.*, blue, 84/26.

blode, *sb.*, blood, 3/4.

blody, *adj.*, bloody, 14/35 ; blode, 252/15.

blomes, *sb. pl.*, mass of iron, 80/24.

blowen, *v.*, to blow ; *pr. pl.* blowyþ, 150/20 ; *pr. p.* blowyng, 238/10 ; *pp.* blowen, 71/25.

blynde, *adj.*, blind, 23/28.

blyndwarven, *v.*, to blind ; *pt.* blynd-waruet, 145/32.

blysse, *sb.*, bliss, joy, 1/13.

blyþe, *adj.*, cheerful, blithe, 222/6.

bobbin, *v.*, to beat ; *pt.* 3 *pl.* bobbyd, 145/32.

bobbyng, *sb.*, beating, 117/19.

boched, *pp.*, having a hump or lump, 140/5.

bode : *see* abyde.

bodely, *adv.*, bodily, 18/21.

body, *sb.*, body, 2/7 ; bode, 178/25 ; bodye, 253/15.

bodylyche, *adv.*, bodily, 10/25.

boffeten, *v.*, to buffet, strike ; *pt.* 3 *pl.* boffeton, 145/32 ; *pp.* bofetut, 232/4.

bogh, *sb.*, bough, 193/7.

boke, *sb.*, book, 6/25.

Boke of Kyngys, *pr. n.*, the Book of the Kings, 112/13.

bold, *adj.*, bold, 98/14.

boldnesse, *sb.*, boldness, 26/2.

bolle-senows, *sb. pl.*, the penis of the bull (used for flagellation), 134/32.

bolt, *sb.*, bolt, 7/31.

bon, *sb.*, bone, 290/27 ; boon, 95/21.

bonchef, *sb.*, good luck, happiness, 262/29.

bond, *sb.*, servant, 153/22.

bondage, *sb.*, bondage, 1/9.

bondam, *sb.*, bondage, 46/15.

bondys, *sb. pl.*, bond, 201/36.

bone, *sb.*, boon, request, prayer, 58/25.

Boneface þe furþ, *pr. n.*, Boniface the fourth, 266/25.

bonke, *sb.*, bench, bank, 204/35; bongke, 272/30.

bonnefyre, *sb.*, bonfire, 182/32.

bonte, *sb.*, goodness, 25/14.

borde, *sb.*, board, entertainment, table, joke, fun, 40/13.

bordell-hous, *sb.*, brothel, 6/29.

borower, *sb.*, borrower, 286/21.

borue, *v.*, to borrow, *inf.*, 45/17; *pt.* 3 *sg.* borowde, 194/25.

boschelles, *sb. pl.*, bushel, 13/17.

bosome, *sb.*, bosom, 174/6.

bost, *sb.*, boast, 187/30.

boster, *sb.*, boaster, 188/9.

bote, *sb.*, boat, 119/26.

bote, *sb.*, repair, remedy, 95/4.

bote : *see* but.

botes, *sb. pl.*, boot, 141/27.

boþe, *adj.*, both, 6/17.

boþom, *sb.*, bottom, 72/16.

bottys, *sb. pl.*, cudgel, 223/25.

boure, *sb.*, bower, 224/13.

bout, *prp.*, without, 127/31.

bow, *sb.*, bow, 64/18.

bow, *v.*, to bow, bend, *inf.*, 84/12; *pr.* 3 *sg.* bowþe, 84/10.

bowdet : *see* bawded.

boxe, *sb.*, box, 174/3.

boxom : *see* buxom.

boystres, *adj.*, boisterous, rough, 41/37.

bradlyng, *adj.*, wyth a bradlyng sworde, with the flat side of his sword, 193/4.

branche, *sb.*, branch, 20/21.

Brandan, St., *pr. n.*, St. Brandan, 80/1; 260/6.

bras, *sb.*, brass, 147/21.

brasyn, *adj.*, brazen, 31/12.

braydon, *pp.*, brayed, crushed, 246/2.

brayne, *sb.*, brain, 42/34.

breche, *sb.*, breech, breeches, 40/23.

brede, *sb.*, bread, 254/11.

breden, *v.*, to breed; *pt.* 3 *sg.* bred, 40/24.

breke, *v.*, to break, *inf.*, 9/31; *pr.* 3 *sg.* brekeþe, 293/35; *pl.* brekon, 291/33; *imp. pl.* brekyth, 52/20; *pt.* 3 *sg.* brake, 61/29; breke, 211/36; *pl.* breken, 201/24; *pp.* broken, 112/8.

brenne, *v.*, to burn, *inf.*, 30/20;

pr. 3 *sg.* brennyth, 30/14; *pl.* brennen, 150/19; brennyth, 162/5; *pt.* 3 *sg.* brennet, 5/29; brant, 7/31; brent, 146/23; *pl.* brennyn, 188/21; brendon, 192/24; *pp.* brent, 147/23; brant, 210/1; brennet, 221/3.

brennyng, *adj. and sb.*, burning, 3/22.

brerys, *sb. pl.*, brier, 77/30.

brest, *sb.*, breast, chest, 32/20.

Bretane, Syr Rychard, *pr. n.*, Sir Richard Briton, 41/36.

brethe, *sb.*, breath, 84/24.

breþen, *v.*, to breathe; *pr.* 3 *sg.* breþes, 128/13.

breþyng, *sb.*, breathing, breath, 139/8.

Brewafour, *pr. n.*, Gwenfrewi, Gwenfrwd (Acta Sanct) (original name of St. Winifred), 179/5.

bridul, *sb.*, bridle, 292/19.

broche, *sb.*, broach, 5/32.

brod, *adj.*, broad, 260/9.

brode, on, *adv.*, abroad, 112/33.

Brok, Robert, *pr. n.*, Robert Brook, 42/33.

brondys, *sb. pl.*, burning wood, 77/26.

broþell, *sb.*, wretch, worthless person, 89/8.

broþer, *sb.*, brother, 6/16; *pl.* brethern, 34/11; breþer, 40/15; bretheren, 295/17.

bruchull, *adj.*, brittle, 166/21.

brusset, *pp.*, broken, 238/31.

brydde, *sb.*, bird, 43/22.

brydyls : *see* bridul.

brygge, *sb.*, bridge, 144/2; bryge, 229/11.

bryght, *adj.*, bright, 17/5.

bryghtnes, *sb.*, brightness, 249/5.

brymston, *sb.*, brimstone, sulphur, 5/33; brynston, 219/7.

brynge, *v.*, to bring, *inf.*, 36/18; bryngon, 296/16; *pr.* 3 *sg.* brynguth, 291/15; *imp. sg.* brynge, 302/9; *pl.* bryngyth, 33/8; *pt.* 3 *sg.* broght, 1/13; brocht, 185/35; browthe, 290/1; *pl.* broghton, 14/19; broght, 16/26; browthon, 290/21; *pp.* y-broght, 20/30; broght, 53/7; broȝt, 123/18; brocht, 222/29; browth, 294/3; brouȝt, 301/26.

bryngyng, *sb.*, bringing, 193/27.

brynke, *sb.*, brink, 51/12.

Brystow, *pr. n.*, Bristol, 248/31.

buffen, *v.*, to strike; *pt.* 3 *pl.* buffed, 121/32.

bugull, *sb.*, ox, 136/33.

callyth, 23/18 ; *pl.* callen, 57/13 ; calue, 115/17 ; calluth, 299/26 ; calle, 172/3 ; called, 172/5 ; *pt.* callet, 6/19 ; *pp.* callyd, 182/29 ; calyd ; 184/26 ; cald, 213/23 ; callad, 6/23.

callyng, *sb.*, calling, 13/11.

Caluary, *pr. n.*, the hill of Calvary, 77/35, 122/2, 144/31.

camele, *sb.*, camel, 140/6 ; camell, 268/17.

candyll, *sb.*, candle, 59/30 ; condyll, 60/26.

Candylmasse-day, *pr. n.*, Candlemas-day, 57/1 ; Condylmasse - day, 60/18.

Cane of Galyle, *pr. n.*, Cana in Galilee, 48/7, 230/6.

canonysen, *v.*, to canonize ; *pt.* canonysyt, 137/35 ; *pp.* cananyset, 17/36.

Capitolion, *pr. n.*, Capitol, 190/10.

cappe, *sb.*, cap, 42/20.

capten, *sb.*, captain, 230/29.

capuls, *sb. pl.*, horse, nag, 22/31.

carallys, *sb. pl.*, coral, 113/17.

cardenalles, *sb. pl.*, cardinal, 11/20.

careyn, *sb.*, carrion, carcase, 73/3 ; caren, 156/3 ; kareyn, 156/7.

carien, *v.*, to carry ; *pt.* caried, 212/34.

carpenter, *sb.*, carpenter, 19/2.

cart, *sb.*, cart, 273/6.

caryge, *sb.*, carriage, 273/7.

case, *sb.*, case, 146/9 ; caas, 6/33.

cast, *v.*, to cast, deliberate, *inf.*, 7/26 ; *pr.* 3 *sg.* castyþe, 84/23 ; castys, 128/9 ; *imp. pl.* cast, 5/32 ; castys, 139/12 ; *pt.* 3 *sg.* kest, 13/1 ; cast, 53/36 ; *pl.* casten, 6/17 ; keston, 115/4 ; kyst, 237/28 ; *pp.* cast, 5/26.

castell, *sb.*, castle, fort, 42/13.

catayle, *sb.*, cattle, property, 88/25 ; catell, 94/13 ; cateyle, 287/2.

cause, *sb.*, cause, 2/2 ; cawse, 42/25.

caue, *sb.*, cave, 22/30.

cawdren, *sb.*, caldron, 5/32.

Cawnturbury, *pr. n.*, Canterbury, 243/20 ; Caunturbury, 40/18 ; Canturbury, 41/31.

celle, *sb.*, cell, 220/29.

centuary, *sb.*, cemetery, 298/18 ; sentuary, 298/7 ; sentuari, 298/21 ; seyntwary, 299/10.

Ceolus, *pr. n.*, Ceol, 144/19.

cercule, *sb.*, circle, 25/22 ; cerkyll, 25/23 ; cerkyl, 179/15.

certefyet, *pp.*, certified, 75/35.

certeyne, *adj.*, certain, 48/14 ; serteyne, 301/2.

Cesare, *pr. n.*, Caesarea, 19/2.

chafen, *v.*, to make warm ; *pt.* chafet, 160/16.

chaffaryng, *sb.*, chaffering, trading, 116/3.

chalanch, *v.*, to challenge, accuse, *inf.*, 241/24 ; *pt.* chalanchet, 241/12 ; *pp.* chalenchyng, 4/30.

chalange, *sb.*, challenge, 58/15.

chalice, *sb.*, chalice, 171/2 ; chalis, 171/8 ; chales, 20/25 ; *pl.* chalays, 250/14.

chambyr, *sb.*, chamber, 32/15 ; chambre, 178/3.

chambyr-dyre, *sb.*, chamber door, 222/20.

chanell, *sb.*, gutter, 195/21.

changen, *v.*, to change ; *pt.* chanchyd, 197/25 ; chaunged, 246/19 ; *pp.* changet, 112/7.

chansele, *sb.*, chancel, 29/30.

chapell, *sb.*, chapel, 30/2.

chapmen, *sb. pl.*, chapman, merchant, 91/22.

charch, *sb.*, charge, 10/5.

charche, *v.*, to charge, *inf.*, 100/31 *pr.* 1 *sg.* charche, 41/9 ; 3 *sg.* chargyth, 86/8 ; *pt.* charched, 13/6 ; charget, 25/27 ; charchet, 163/9.

charcolys, *sb. pl.*, charcoal, 105/10 ; charkolus, 292/4.

chare, *sb.*, cart, 37/16.

Charles, *pr. n.*, Charles, 46/30.

chartur, *sb.*, charter, 172/16.

charyotes, *sb. pl.*, chariot, 101/28.

charyte, *sb.*, charity, 70/23.

chastyce, *v.*, to chastise, chasten, *inf.*, 283/10 ; chastes, 67/6 ; chast, 64/34 ; *pr.* 1 *sg.* chast, 67/9 ; *pt. pl.* chastest, 68/25 ; *pp.* chastist, 161/9.

chastyte, *sb.*, chastity, 11/31.

chaunseler, *sb.*, chancellor, 38/34.

chaynes, *sb. pl.*, chain, 69/31 ; cheynes, 187/20.

chayre, *sb.*, chair, 10/8.

chedyng, *sb.*, shedding, 36/32.

chef, *sb. and adj.*, chief, 12/14 ; cheff, 266/15.

cheke, *sb.*, cheek, 19/9.

Chelmes-forde, *pr. n.*, Chelmsford, 242/38.

chep, *sb.*, cheap, bargain, 9/18.

Chepe, *pr. n.*, Cheapside, 39/34 ; Scheppe, 196/30.

chere, *sb.*, cheer, countenance, 16/7.

cheresly, *adv.*, lovingly, tenderly, 9/28.

cheressche, *v.*, to cherish, *inf.*, 90/36 ; *pt.* cherysched, 85/12.

Chere-þursday, *pr. n.*, Maundy Thursday, 169/5.

cherly, *adv.*, dearly, 39/17.

chese, *sb.*, cheese, 84/7.

chese, *v.*, to choose, *inf.*, 12/12 ; chose, 211/14 ; *imp. sg.* ches, 249/22 ; *pt.* 3 *sg.* ches, 79/9 ; chos, 191/15 ; *pl.* chosen, 28/10 ; *pp.* choson, 12/10.

chesyng, *sb.*, choosing, 11/27.

chevetens, *sb. pl.*, chieftain, 250/36.

choken, *v.*, to choke ; *pt.* choket, 71/11.

chose, *sb.*, choice, 90/34.

choton, *v.*, to shoot, *inf.*, 64/19.

choynus, *sb. pl.*, fissure, crack, 192/21.

chyld, *sb.*, child, 11/32 ; schyld, 25/20 ; schyll[d], 194/2 ; schild, 205/30 ; *pl.* childyrne, 3/28 ; chyldyrne, 4/3 ; childyr, 12/6 ; chyldren, 23/18 ; chyldyren, 29/10 ; chyldre, 36/21 ; chyldyr, 271/1 ; schylldren, 37/4 ; schyldyrne, 259/31.

chyld-bedde, *sb.*, child-bed, 49/31.

chyldhede, *sb.*, childhood, 26/21.

chyldles, *adj.*, childless, 37/3.

chyldyng, *sb.*, child-bearing, delivery, 298/28.

Chyldyrmas-day, *pr. n.*, Childermas-day, 41/34.

chyle, *sb.*, moment, 195/26, 212/19.

chyn, *sb.*, chin, 67/16.

chynchnes, *sb.*, stinginess, parsimony, 85/3.

chyrch, *sb.*, church, 1/7 ; chirch, 1/16.

chyrche-dyr, *sb.*, church-door, 12/17 ; chyrche-durre, 12/14 ; chyrch-dorre, 278/29.

chyrche-ȝorde, *sb.*, churchyard, 179/24 ; chirch-ȝorde, 297/28 ; chyrch-ȝeorde, 244/9 ; chirch-ȝarde, 298/29 ; chyrch-ȝarde, 296/19.

chyrche-halyday, *sb.*, church-holiday, 277/30.

chyrch-tresowre, *sb.*, church-treasure, 219/9.

chyualrous, *adj.*, chivalrous, 59/16.

chyualry, *sb.*, chivalry, 59/12.

circumcysed, *pp.*, circumcised, 46/20 ; circumsiset, 45/22 ; ycircumcised, 46/12.

circumstance, *sb.*, circumstance, 94/36.

clade, *pp.*, dressed, 239/15.

clanse, *v.*, to cleanse, purify, *inf.*, 50/36 ; *pr.* 3 *sg.* clansuþ, 59/2 ; *imp. pl.* clansyth, 89/18 ; *pt.* clansyd, 204/9 ; *pp.* clansed, 57/8.

clansyng, *sb.*, cleansing, 57/7 ; clansy-ing, 58/1.

clappys, *sb. pl.*, clap, noise, 118/27.

claterer, *sb.*, clatterer, 229/33.

Clement, *pr. n.*, Clement, 189/35.

clene, *adj.*, clean, 2/13 ; *adv.* clanly, 35/10.

clennes, *sb.*, cleanness, 32/9 ; claunes, 156/10.

Cleophace, *pr. n.*, Cleophas, 215/24.

cleped, *pp.*, called, 1/5.

clere, *adj.*, clear, 17/32.

clerge, *sb.*, clergy, 160/12.

clerk, *sb.*, clerk, scholar, 164/1.

clerkelyk, *adv.*, like a clerk, 163/5.

clerte, *sb.*, splendour, 102/21.

cleuen, *v.*, to cleave, split ; *pt.* 3 *sg.*, cleue, 102/1 ; clefe, 265/29.

clochus, *sb. pl.*, claw, 130/37.

cloppys, *sb. pl.*, monster, (*Legenda aurea* : marinae beluae), 2/34.

clos, *adj.*, close, shut up, secret, 41/10.

close, *v.*, to close, *inf.*, 194/12 ; *pr.* 3 *sg.* closyth, 20/28 ; *pt.* closud, 72/28 ; *pp.* closyd, 147/22.

clote, *sb.*, lump, piece (of cloth), 172/26.

cloþ, *sb.*, cloth, 39/19.

cloþe, *v.*, to clothe, *inf.*, 70/25 ; *pr. pl.* cloþuþ, 130/21 ; cloþe, 130/22 ; *pt.* cloþyd, 231/24 ; *pp.* cloþede, 39/19 ; ycloþet, 4/15 ; claþyd, 272/12.

cloþyng, *sb.*, clothing, 63/16.

clowde, *sb.*, cloud, 101/24.

clowten, *v.*, to repair ; *pr. p.* clowtyng, 136/14.

cloystyr, *sb.*, cloister, 42/11.

clymbe, *v.*, to climb, *inf.*, 135/19.

clyp, *v.*, to embrace, *inf.*, 8/33 ; klyp, 112/33 ; klip, 124/20 ; *pt.* clyppyd, 124/17.

clyppe, *v.*, to clip, *inf.*, 147/16 ; clyp, 125/11 ; klippe, 125/33 ; *pp.* clypped, 147/18.

code, *sb.*, pitch, 219/7.

cofur, *sb.*, coffer, 248/8.

coke, *sb.*, cock, 188/4.

colde, *sb.*, cold, 5/24.

cole, *sb.*, coal, 56/15.

cole-fyre, *sb.*, coal-fire, 292/11 ; cole-fure, 105/16.

coleman, *sb.*, coal-man, 292/13.

colet, *sb.*, collect (short prayer), 129/20.

Coleyne, *pr. n.*, Cologne, 21/5.

coloure, *sb.*, colour, 147/27.

combrans, *sb.*, trouble, annoyance, 129/10.

comburment, *sb.*, encumbrance, 202/29.

combyr, *v.*, to annoy, encumber, entangle, *inf.*, 68/11 ; *pp.* comburet, 208/18 ; combyrd, 23/29; combret, 24/3.

come, *v.*, to come, *inf.*, 1/20 ; comm, 254/26 ; comyn, 289/13 ; cum, 292/16 ; *pr. 2 sg.* comyst, 89/36 ; comys, 115/5 ; come, 272/30 ; *3 sg.* comyth, 2/28 ; comet, 172/5 ; *pl.* come, 50/14; comen, 2/26 ; *imp. sg.* comme, 12/20 ; come, 18/22 ; *pl.* comeþe, 4/3 ; *pt. 3 sg.* come, 1/26 ; comme, 8/7 ; cum, 180/6 ; cam, 289/18 ; *pl.* come, 4/7 ; comme, 7/18 ; comen, 12/12 ; *pr. p.* cummyng, 298/33; *pp.* commen, 14/26; comyn, 147/14 ; ycomyn, 75/26.

comendyng, *sb.*, commending, commendation, 2/18.

comfort, *sb.*, comfort, 46/20 ; confort, 55/4.

comfort, *v.*, to comfort, strengthen, *inf.*, 245/21 ; *pr. 3 sg.* conforteþ, 156/14; *3 pl.* confortyþ, 219/28 ; *pt.* confortet, 9/36 ; comfortet, 16/6; *pp.* conforted, 54/25; comfortet, 82/7.

commaunde, *v.*, to command, *inf.*, 62/13 ; *pr. 1 sg.* commaunde, 175/4; *imp. sg.* commaunde, 190/8 ; *pt.* commaundet, 7/25 ; commawndyd, 8/36; commaundytt, 219/20 ; commawnde, 276/23 ; *pr. p.* comawndyng, 22/20 ; *pp.* commawndet, 13/25.

commaundement, *sb.*, commandment, 219/34 ; comaundement, 149/23.

commendabull, *adj.*, recommendable, 166/4.

commenden, *v.*, to commend ; *pt.* commendyd, 9/23 ; *pp.* commendet, 10/22.

company, *sb.*, company, 10/6 ; cumpanye, 293/5.

compas, *sb.*, compass, 174/21.

compassyon, *sb.*, compassion, 11/28 ; compacyon, 216/33.

compenabull, *adj.*, companionable, friendly, 284/18.

comperson, *sb.*, comparison, 113/3.

compleynen, *v.*, to complain ; *pr. 3 sg.* compleynyþe, 112/22.

comprehend, *v.*, to understand, *inf.*, 167/25.

comyn, *sb. and adj.*, common, 27/29 ; *pl.* comyns, the common people, 65/35.

comyng, *sb. and adj.*, coming, arrival, 1/6 ; commyng, 2/23.

comynty, *sb.*, people, public, 189/6.

con, *v.*, to offer, to be able to do (something), *inf.*, 199/22 ; *pr. 1 sg.* kan, 4/9 ; *3 sg.* can, 3/2; con, 10/35 ; *pl.* con, 13/35 ; can, 50/15 ; *pt. 3 sg.* cowthe, 5/22 ; *pl.* cowth, 28/11 ; cowthen, 49/19.

concent, *sb.*, consent, 35/9.

concenten, *v.*, to consent ; *pr. 1 pl.* concenten, 46/7.

concepcyon, *sb.*, conception, 15/12.

conceyte, *sb.*, conception, 109/14 ; conseyt, 58/3.

conceyue, *v.*, to conceive, *inf.*, 106/29 ; conseyue, 16/24 ; *pr. 3 sg.* conseyueth, 57/26 ; *pl.* conceyueþe, 253/23 ; *pt. 2 sg.* conceyuedyst, 109/8 ; *3 sg.* conceyuet, 58/1 ; *pp.* conseyuet, 46/19 ; conceyuet, 47/2.

conceyvyng, *sb.*, conceiving, 57/9.

concyens, *sb.*, conscience, 2/13 ; consyens, 93/3 ; consyence, 263/18 ; conscyens, 263/23.

condicion, *sb.*, condition, 224/35 ; *pl.* condicions, 290/14.

condyll, &c. : *see* candle.

conferme, *v.*, to confirm, *inf.*, 46/20 ; *pr. 3 sg.* confermeþ, 158/4 ; *pt.* confermed, 136/5 ; *pp.* confermyd, 121/10.

confessour, *sb.*, confessor, 40/28.

confondyng, *sb.*, confounding, 163/31.

conformen, *v.*, to conform ; *pt.* conformed, 121/4.

confoundet, *pp.*, confounded, 164/35.

confusyd, *pp.*, confused, 209/30.

confusyon, *sb.*, confusion, 2/22 ; confucyon, 2/20.

confyrmacyon, *sb.*, confirmation, 32/30.

congelut, *pp.*, congealed, 166/21.

coniuren, *v.*, to conjure ; *pt.* coniured, 125/22.

connably : *see* couenable.

connyng, *sb.*, experience, skill, knowledge, 145/12 ; conyng, 221/21.

conqueren, *v.*, to conquer; *pt.* conquerod, 59/12.

consayle, consel, &c. : *see* cownsell.

Constantyn, *pr. n.*, the emperor Constantin, 37/11 ; Constantyne, 143/34.

Constantyne, *pr. n.*, the town of Constantinople, 151/9.

constrayne, *v.*, to constrain, *inf.*, 8/23; *pr.* 3 *sg.* constreyneþe, 285/22 ; *pp.* constrayned, 102/33.

constytucyons, *sb. pl.*, constitution, rule, 138/15.

consyderen, *v.*, to consider ; *pr. p.* consyderyng, 153/18.

contemplatyf, *adj.*, contemplative, 230/37.

contempplacion, *sb.*, contemplation, 207/17.

continuantly,*adv.*,continually,271/19.

contre, *sb.*, country, 8/5; contray, 8/14 ; contrey, 12/12 ; cuntre, 179/30.

contrycyon, *sb.*, contrition, 78/16 ; contricion, 74/26 ; contrisyon, 279/24.

contryte, *adj.*, contrite, 74/30.

contynue, *v.*, to continue, *inf.*, 44/28 ; contynew, 161/19; *pr. pl.* contynueþe, 56/4.

conuersyon, *sb.*, conversion, 52/26.

conuerten, *v.*, to convert ; *pt.* conuertyd, 217/31 ; *pp.* conuerted, 52/28.

conuertyng, *sb.*, converting, 52/27.

cood, *sb.*, pitch, 5/33.

coold, *adj.*, cold, 5/17.

cop, *sb.*, summit, head, 77/25.

copies, *sb. pl.*, copy, 215/15.

cordys, *sb. pl.*, cord, 122/30.

Corintheos, *Lat.*, *pr.n.*, epistle to the Corinthians, 86/3.

corne, *sb.*, corn, grain, 98/22.

cornell, *sb.*, corner, 130/17.

Cornweyle, *pr. n.*, Cornwall, 258/27.

corrupt, *adj.*, corrupt, 192/12.

cors, *sb.*, corpse, body, 64/1.

corseyntys, *sb. pl.*, a holy body, saint, 11/25.

corupcyon, *sb.*, corruption, 224/36.

coruen, *pp.*, carved, 201/7.

Cosdre, *pr. n.*, Cosdroe, king of Persia, 250/10.

cosse : *see* kysse.

cost, *sb.*, cost, expense, 206/4.

costen, *v.*, to cost; *pt.* 3 *sg.* cost, 20/7.

cosyn, *sb.*, cousin, 52/3.

cote, *sb.*, coat, 31/36.

councellyng, *adj.*, counselling, 157/8.

courte, *sb.*, court, 17/37.

couenable, *adj.*, suitable, convenient, 184/20; *adv.* connably, 267/5.

couenant, *sb.*, covenant, 45/2 ; cownant, 44/30.

couerlyt, *sb.*, coverlet, 196/27.

couet, *v.*, to covet, *inf.*, 98/4 ; *pt.* couetyd, 220/13.

couetowse, *adj.*, covetous, 231/11.

couetyse, *sb.*, covetousness, 21/32 ; couetyes, 216/22 ; couitys, 217/7 ; couytyce, 219/1.

cow, *sb.*, cow, 100/27.

cownsell, *sb.*, counsel, 41/18; consayle, 9/33; consele, 37/12 ; cownseyle, 10/3 ; counseyl, 112/11 ; concell, 133/8 ; counsell, 157/3 ; consell, 157/4 ; councell, 157/12.

cownsell, *v.*, to counsel, *inf.*, 103/12 ; consayle, 91/34; *pr.* 1 *sg.* counsell, 146/25 ; *pt.* counselyt, 64/32 ; conseylet, 91/25 ; concelet, 175/23 ; *pr. p.* counselyng, 157/10 ; cownselyng, 239/15 ; *pp.* counseylet, 121/20.

cownsell, *pp.* concealed, 13/7.

cowntenance, *sb.*, countenance, 64/32.

cownturs, *sb. pl.*, counter, 255/2.

cowntys, *sb.*, account, 242/12.

cowpull, *sb.*, couple, coupling, union, 72/15.

cowpult, *pp.*, coupled, 214/4.

cowthe : *see* con.

cracche, *sb.*, manger, crib, 22/8.

Cradok, *pr. n.*, Cradoc (murderer of St. Winifred), 178/1.

cradull, *sb.*, cradle, 12/3 ; kradyll, 196/15 ; cradyl, 196/21.

craft, *sb.*, craft, 55/12.

creature, *sb.*, creator, 174/16.

creatures, *sb. pl.*, creature, 236/21.

credebule, *adj.*, credible, 51/9.

creme, *sb.*, cream, 233/1 ; creem, 158/16.

crepen, *v.*, to creep ; *pr. p.* crepyng, 124/16 ; *pp.* kropon, 300/29.

crepull, *sb.*, cripple, 274/18.

crismatory, *sb.*, chrismatory, 158/15.

Cristenmasse-day, *pr. n.*, Christmasday, 109/21

Cristenmasse-nyght,*pr. n.*,Christmasnight, 48/15.

cristenyng, *sb.*, baptism, 158/7.

cristenyng tyme, *sb.*, time of baptism, 158/4.

cristyn : *see* crysten.

croches, *sb. pl.*, crutch, 100/16.

croket, *adj. and sb.*, crooked, 189/15 ; crowket, 218/31 ; croke, 236/30.

cromes, *sb. pl.*, crumb, 95/9.

cronyclys, *sb. pl.*, chronicle, 81/33 ; cronyculs, 146/16.

crosse, *sb.*, cross, 8/33.

crow, *v.*, to crow, *inf.*, 188/4 ; *pt.* 3 *sg.* cru, 188/5.

Crowland, *pr. n.*, Crowland, a town in Lincolnshire, 239/27.

crowne, *sb.*, crown, tonsure, 42/23.

crownen, *v.*, to crown ; *pt.* crowned, 109/32.

cruell, *adj.*, cruel, 1/15 ; cruele, 187/26.

cruelte, *sb.*, cruelty, 36/37.

cruschet, *pp.*, crushed, 134/15.

cry, *sb.*, cry, shouting, 98/8 ; crie, 195/13.

cry, *v.*, to cry, *inf.*, 5/34 ; *pr.* 1 *sg.* crye, 65/19 ; 3 *sg.* cryeth, 112/31 ; *pl.* cryen, 101/16 ; *pt.* 3 *sg.* criet, 6/30 ; cryed, 19/18 ; *pl.* cryedyn, 30/13 ; cryed, 30/15 ; cryde, 202/7 ; cryden, 209/11 ; *pr. p.* cryyng, 5/30 ; cryng, 223/29.

Cryst, *pr. n.*, Christ, 1/12 ; Crist, 1/8.

crystall, *sb.*, crystal, 20/14 ; cristall, 146/11.

crysten, *sb. and adj.*, christian, 21/11 ; cristyn, 227/1.

crystyn, *v.*, to christen, baptise, *inf.*, 210/3 ; cristen, 11/33 ; *pp.* crystened, 36/31 ; icrystenet, 45/2 ; crystenyd, 109/10 ; cristonet, 207/15 ; crystonet, 219/33.

crystyndome, *sb.*, christendom, 17/37 ; crystendame, 59/34 ; cristyndom, 196/16.

cryyng, *sb.*, crying, 13/26.

cubytys, *sb. pl.*, cubit, 2/31 ; cubites, 72/17.

culn-mowth, *sb.*, kiln-mouth, opening of a furnace, 281/8.

culuer, *sb.*, pigeon, dove, 73/4 ; coluer, 202/3.

culuer-bryddes, *sb. pl.*, dove, 57/22.

cum, cummyng : *see* come.

cuppe, *sb.*, cup, 99/21 ; coppe, 99/32.

curatour, *sb.*, curator, 89/25.

curen, *v.*, to cure ; *pr.* 2 *sg.* cures, 264/7.

curs, *sb.*, curse, 138/17.

cursed, *pp.* (*adj.*), cursed, 121/3 ; curseth, 170/20 ; icursed, 288/19.

cursen, *v.*, to curse ; *pt.* cursed, 29/20.

curtesy, *sb.*, courtesy, kindness, 80/8.

curteyse, *adj.*, courteous, 242/5.

curtyll, *sb.*, kirtle, tunic, 188/18.

custom, *sb.*, custom, 113/25 ; *pl.* costoms, 44/6.

cydyr, *sb.*, cedar, 78/1.

cypur, *sb.*, cypress, 78/1.

Cypure, *pr. n.*, Cyprus, 176/22.

cyrcumcysyon, *sb.*, circumcision, 45/21 ; circumsicyon, 45/7.

cyte, *sb.*, city, 12/12 ; cite, 8/20 ; syte, 12/11.

cytesons, *sb. pl.*, citizen, 259/10.

Cythya, *pr. n.*, Scythia, 138/34.

cyvys, *sb. pl.*, citizen, 282/26.

dadull, *sb.*, tattle, 279/32.

dalyance, *sb.*, dalliance, 145/16.

Damaske, *pr. n.*, Damascus, 53/30.

dame, *sb.*, dame, lady, 10/13.

dampnacyon, *sb.*, damnation, 68/7.

dampnen, *v.*, to condemn, *pr.* 2 *sq.* dampnes, 55/37 ; *pt.* dampnet, 46/9 ; *pp.* dampnet, 5/34 ; y-dampned, 13/29.

damysel, *sb.*, damsel, 185/21 ; dame-sell, 133/15.

daren, *v.*, to lurk, be concealed ; *pt.* daret, 3/17 ; *pr. p.* daryng, 194/15.

Darius, *pr. n.*, Darius, 287/11.

darknes : *see* derkenesse.

date, *sb.*, date, 223/34.

daunsys, *sb. pl.*, dance, 182/24.

Davyd, *pr. n.*, David, 166/15 ; Dauit, 215/17.

dawnce, *v.*, to dance, *inf.*, 65/8 ; dawnse, 185/18.

dawnyng, *sb.*, dawning, 204/19 ; dawyng, 24/36.

day, *sb.*, day, 1/5 ; dey, 6/4.

day-journes, *sb. pl.*, day's journey, 213/7.

dayntees, *sb.*, dainties, 39/26 ; daynteþs, 85/10.

daynteþ, *adj.*, dainty, 85/13.

day-ster, *sb.*, day-star, 221/31.

debate, *sb.*, debate, strife, 20/30.

Decius, *pr. n.*, Decius, 217/35.

ded, *adj.*, dead, 2/1.

dede, *sb.*, deed, 31/18.

dedly, *adj.*, deadly, mortal, 50/29.

Dedys of þe apostoles, Acts of the Apostles, 27/1.

defamacyon, *sb.*, defamation, calumny, 286/35.

defawte, *sb.*, default, want, 13/13.

defe, *adj.*, deaf, 189/14.

defence, *sb.*, defence, 146/26.

defende, *v.*, to defend, *inf.*, 128/37 ; *pr. pl.* defendyth, 111/28 ; defendyn, 280/24.

defender, *sb.*, defender, 240/31.

defendyng, *sb.*, defending, 53/2.

defowle, *v.*, to defoul, insult, *inf.*, 192/25 ; *pp.* defowled, 26/10.

degre, *sb.*, degree, 10/21.

deken, *sb.*, deacon, 162/29.

dele, *sb.*, deal, part, 42/28. *See also* dole.

dele, *v.*, to deal, *inf.*, 55/17 ; *pr.* 3 *sg.* deluþe, 156/21 ; *pl.* delon, 156/20 ; *pt. sg.* dalt, 19/31 ; *pl.* dalton, 245/12 ; delet togedyr, 'had intercourse,' 11/32 ; *pp.* dalt, 270/8.

deliberacyon, *sb.*, deliberation, 68/6.

delicate, *adj.*, delicate, 254/14.

delyte, *sb.*, delight, 96/14.

delyuer, *v.*, to liberate, deliver, *inf.*, 13/30 ; *imp. sg.* delyuer, 286/32 ; *pt.* delyuerd, 37/36 ; *pp.* delyuerd, 22/34 ; deliuerd, 226/35.

delyuerance, *sb.*, deliverance, 248/3.

deme, *v.*, to deem, judge, *inf.*, 1/11 ; dome, 4/34 ; demon, 295/33 ; *pr. pl.* demyn, 284/19 ; *pt.* demede, 75/9 ; *pp.* demed, 79/21.

demyng, *sb.*, deeming, punishing, 86/15.

den, *sb.*, den, cave, 258/16.

Denmarke, *pr. n.*, Denmark, 17/19.

depart, *v.*, to divide, depart, go away, *inf.*, 14/33 ; *pr.* 3 *sg.* departyth, 24/36 ; *pt.* departed, 5/14 ; *pp.* departyd, 47/20.

depe, *adj.*, deep, 145/24 ; *adv.* duply, 167/29.

depe, *v.*, to immerse deeply, *inf.*, 192/11.

Derbe, *pr. n.*, Derby, 244/14.

dere, *sb.*, dearth, 9/18.

dere, *adj.*, dear, 223/11.

dered, *pp.*, loved, honoured, 283/7.

derke, *adj.*, dark, 148/20.

derkenesse, *sb.*, darkness, 17/20 ; derkenes, 23/29 ; derknes, 23/31 ; darkenes, 24/3 ; darknes, 103/21.

derlyng, *sb.*, darling, 30/34.

derþe, *sb.*, dearth, 9/18.

des . . . : *see also under* dys . . .

desayue, dessayue : *see* deseyue.

desayuour, *sb.*, deceiver, 147/12.

descende, *v.*, to descend, *inf.*, 215/5.

descent, *sb.*, descent, 215/13.

deserte, *sb.*, desert, 6/9.

deseruen, *v.*, to deserve ; *pr. pl.* deserue, 155/21 ; *pt.* deseruet, 80/10.

desesyt, *pp.*, troubled, annoyed, 255/14.

deseyt, *sb.*, deceit, 208/19 ; dyssayte, 144/3.

deseyue, *v.*, to deceive, *inf.*, 46/17 ; desayue, 46/10 ; dessayue, 112/11 ; *imp. pl.* dessayue, 130/17 ; *pt.* deseyuet, 46/9 ; dysseyueth, 286/10 ; *pp.* deseyuet, 5/10 ; deseyvet, 45/15 ; dysceyuet, 76/24.

desolate, *adj.*, desolate, lonely, 195/33.

despeyre, *sb.*, despair, 13/8 ; dyspayre, 26/12.

despyte, *sb.*, contumely, spite, 117/19 ; *pl.* despytes, 97/20.

destruccyon, *sb.*, destruction, 140/34.

destrye, *v.*, to destroy, *inf.*, 24/20 ; dystrye, 31/20 ; destri, 207/13 ; destroye, 301/22 ; *pr.* 3 *sg.* destryth, 287/26 ; *pp.* destriet, 146/17 ; destryed, 53/12.

desyre, *v.*, to desire, *inf.*, 24/16 ; *pr.* 1 *sg.* desyre, 8/33 ; 3 *sg.* desyryth, 94/27 ; *pl.* desyre, 265/21 ; desyryn, 283/22 ; *pr. p.* desyryng, 284/3.

deþe, *sb.*, death, 1/23.

dethe-bedde, *sb.*, death-bed, 78/21.

deþ-day, *sb.*, death-day, 179/20.

deþ-tyme, *sb.*, time of death, 78/31.

deuell, *sb.*, devil, fiend, 9/24.

deuenyte : *see* divinity.

deuocyon, *sb.*, devotion, 26/32.

Devonschyre, *pr. n.*, Devonshire, 173/32.

deuors, *sb.*, divorce, 286/35.

devot, *adj.*, devout, 52/29 ; deuout, 279/1.

devowryd, *pp.*, devoured, 206/5 ; deuoured, 133/20.

devyne, *adj.*, divine, 241/2.

dew, *adj.*, due, 26/4.

dewe, *sb.*, dew, 146/19.

deye : *see* dye.

deyen, *v.*, to dye ; *pr.* 3 *sg.* deyþe, 253/24.

deynt, *pp.*, hallowed, 199/18.

diligens, *sb.*, attention, 232/10.

dismembryd, *pp.*, dismembered, 114/9.

diuinyte, *sb.*, divinity, 167/27 ; deuenyte, 186/6.

do, *v.*, to do, *inf.*, 4/19 ; don, 7/4 ; *pr.*

1 *sg.* do, 293/9 ; 2 *sg.* dos, 205/32 ; dust, 299/30 ; 3 *sg.* doth, 28/27 ; duth, 291/8 ; *pl.* do, 146/25 ; done, 50/17 ; doþe, 52/33 ; *imp. sg.* do, 25/26 ; *pl.* doþe, 50/29 ; *pt.* 1 *sg.* dyd, 10/36 ; 2 *sg.* dyddyst, 75/22 ; duddyst, 288/24 ; 3 *sg.* dyt, 4/26 ; dede, 13/2 ; dude, 20/33 ; dudde, 178/33 ; *pl.* dyddyn, 4/8 ; deden, 22/5 ; doden, 23/34 ; dedden, 27/28 ; dytdyn, 221/31, 224/3 ; dudun, 301/3 ; *pr. p.* doyng, 6/7 ; *pp.* don, 4/2 ; ydone, 16/13 ; ydo, 18/25.

doctor, *sb.*, doctor, scholar, 79/6.
doctryne, *sb.*, doctrine, 159/20.
dodde, *v.*, to shave, clip, *inf.*, 125/11.
dofhowse, *sb.*, dove-cot, 266/14.
dogge, *sb.*, dog, 19/14.
doghtyr, *sb.*, daughter, 9/28 ; dochtyr, 203/19 ; doȝtyr, 245/19.
dole, *sb.*, division, part, 156/17.
dolfully, *adv.*, in a doleful manner, sorrowfully, sadly, 194/29.
dombe, *adj.*, dumb, 96/11.
dome, *sb.*, doom, 3/6.
dome, *v.* : *see* deme.
domes-man, *sb.*, doomsman, 4/26.
Domician, *pr. n.*, Domitian, 31/9.
Domink, St., *pr. n.*, St. Dominic, 73/20.
don : *see* downe.
dongen, *sb.*, dungeon, 211/32.
dore, *sb.*, door, 72/28.
doses : *see* dyses.
dosesyd, *pp.*, diseased, 130/6 ; desesut, 137/14.
dount, *sb.*, force, violence, 39/11.
dowbull, *adj.*, double, 68/7.
dowbull, *v.*, to double, *inf.*, 57/24 ; *pr.* 3 *sg.* dowbulth, 57/30.
dowbull-wald, *pp.*, surrounded with a double wall, 229/25.
dowe, *sb.*, pigeon, 51/15 ; dowve, 51/22.
dowen : *see* downe.
downe, *prp.*, down ; don, 5/30 ; dowen, 13/4 ; doune, 249/11 ; adon, 8/11 ; adowne, 3/7.
downeward, *adv.*, downward, 249/11 ; donward, 97/4.
dowre, *sb.*, dowry, dower, 144/23.
dowte, *sb.*, doubt, 51/27 ; doute, 225/3.
dowten, *v.*, to doubt ; *pt.* dowtyd, 160/22.
doyng, *sb.*, doing, 17/8.
dragon, *sb.*, dragon, 200/30.
draw-bryge, *sb.*, draw-bridge, 229/9.
drawe, *v.*, to draw, withdraw, carry,

inf., 25/14 ; drawon, 297/8 ; *pr.* 1 *sg.* dray, 271/18 ; 3 *sg.* drawet, 25/8 ; *pt.* 1 *sg.* drewe, 9/33 ; dro, 188/1 ; 3 *sg.* drogh, 22/21 ; drew, 79/30 ; *pl.* drewen, 136/32 ; droghen, 42/9 ; *pp.* drawen, 7/24 ; drawn, 126/14.
dred, *adj.*, adread, afraid, 157/33.
drede, *sb.*, dread, terror, 1/26.
drede, *v.*, to dread, *inf.*, 151/1 ; *pr.* 2 *sg.* dredyst, 193/7 ; 3 *sg.* dredyþe, 151/3 ; *imp. pl.* dredyth, 5/10 ; *pt.* 3 *sg.* dred, 94/14 ; *pl.* dredyn, 183/11.
dredfull, *adj.*, dreadful, 47/22.
dreme, *sb.*, dream, 196/18.
dressen, *v.*, to direct, prepare ; *pr.* 1 *sg.* dresse, 67/9.
droȝt, *sb.*, drought, 137/14.
dromendarys, *sb. pl.*, dromedary, 48/23.
dronke, *adj.*, drunk, 127/7.
droppe, *sb.*, drop, 107/12.
droppe, *v.*, to drop, *inf.*, 132/14 ; *pr.* 3 *sg.* droppyþ, 128/16 ; *pt.* dreppyd, 43/9 ; dropet, 171/7 ; droppyd, 141/7 ; *pr. p.* droppyng, 132/1.
drowne, *v.*, to drown, *inf.*, 7/26 ; *pr. pl.* drownyþe, 150/17 ; drowne, 259/33 ; *pt. pl.* drownot, 209/35 ; *pp.* drownet, 8/3 ; drownd, 201/32.
drowpe, *v.*, to droop, to be humble, *inf.*, 65/23.
Drusyan, *pr. n.*, Drusiana, a widow, 32/33.
dry, *adj.*, dry, 102/2.
drye, *v.*, to dry, *inf.*, 66/29 ; *pr.* 3 *sg.* dryþe, 253/12 ; *pt.* 3 *sg.* dryet, 71/10 ; *pl.* dryden, 23/12.
dryngke, *sb.*, drink, 4/5 ; drinke, 293/1 ; drynk, 293/8.
drynke, *v.*, to drink, *inf.*, 3/5 ; dryng, 7/1 ; dryngke, 31/24 ; drynkon, 293/5 ; *imp. sg.* drynke, 31/25 ; *pr.* 3 *sg.* dryngketh, 32/20 ; drynkyth, 285/9 ; *pl.* drynkythe, 286/13 ; *pt.* 3 *sg.* dranke, 5/20 ; drangke, 31/31 ; *pl.* dronken, 127/6 ; *pr. p.* dryngkyng, 31/35 ; *pp.* drongken, 31/29 ; dronken, 160/26.
dryve, *v.*, to drive, *inf.*, 278/14 ; *pr.* 3 *sg.* dryuyþ, 150/35 ; *pt.* 3 *sg.* drof, 66/28 ; *pl.* drowen, 28/9 ; dryven, 183/21 ; *pp.* dryuen, 18/18 ; dryfvyn, 260/17.
duke, *sb.*, duke, 242/26.
dulfull, *adj.*, doleful, 37/18.

Dunstan, St., *pr. n.*, St. Dunstan, 60/17.

dure, *v.*, to last, endure, *inf.*, 169/3; *pt.* 3 *sg.* duret, 22/19.

durren, *v.*, to dare; *pt.* 1 *sg.* durst, 172/28; 3 *sg.* durst, 22/26; dyrst, 60/36; dirst, 238/22; *pl.* durst, 241/8.

dwelle, *v.*, to dwell, *inf.*, 177/3; dowel, 197/15; dwel, 292/15; *pr.* 3 *sg.* dwellyth, 278/9; dwelled, 40/34; dowellyd, 195/1; *pr. p.* dwellyng, 01/21.

dwst, *sb.*, dust, 178/34.

Dyaclisian, *pr. n.*, Diocletian, 134/11.

Dyalogus, *pr. n.*, Dialogue, 278/25.

dych, *sb.*, ditch, 228/34.

dye, *v.*, to die, *inf.*, 1/26; dyon, 297/21; deye, 9/9; deyn, 66/27; dee, 122/27; *pr. 1sg.* dee, 141/34; 3 *sg.* deyth, 76/27; dyeth, 298/28; *pl.* dyon, 295/3; dyoth, 295/4; *pt.* 3 *sg.* dyet, 1/28; deyet, 3/32; deyd, 7/8; diet, 205/25; *pl.* deydyn, 23/34; dyedyn, 35/11; deyeden, 50/8; dyet, 288/13; *pp.* deyet, 256/14.

dygge, *v.*, to dig, *inf.*, 143/13; *pt.* 3 *pl.* dygged, 144/33.

dygnyte, *sb.*, dignity, 153/15; dignyte, 153/15.

dying, *sb.*, dying, death, 294/10; deynge, 154/12.

dynien, *v.*, to din, resound; *pt.* 3 *sg.* dynned, 275/14.

dyrre, *sb.*, door, 42/12; dure, 269/26.

dyryge, *sb.*, dirge, 222/14.

dyscencyon, *sb.*, dissension, 162/9.

dysche, *sb.*, table, dish, 42/23.

dyscomfet, *v.*, to defeat, *inf.*, 279/17.

dyscomfort, *sb.*, discomfort, 46/22.

dyscomfort, *pp.*, discomforted, 243/27.

dyscord, *sb.*, discord, 162/9.

dyscrecyon, *sb.*, discretion, 157/6.

dyscretly, *adv.*, discreetly, 70/20.

dyscyplyn, *sb.*, discipline, 44/5.

dyscypull, *sb.*, disciple, 52/30; dyssipull, 255/16; descypull, 6/10; discipull, 209/9.

dysese, *sb.*, disease, 69/25; diseas, 177/2; doses, 14/6.

dyskeuer, *v.*, to discover, *inf.*, 112/10; *pt.* dyskeuert, 255/23; *pp.* dyskeuered, 112/1.

dyspensen, *v.*, to dispense; *pr.* 3 *sg.* dyspensyth, 82/16.

dysplayen, *v.*, to unfold, disclose, display; *pp.* desplayde, 150/29.

dysplesen, *v.*, to displease; *pr. pl.* dysplesyth, 112/27; *pt.* dysplesyd, 15/22.

dysposicione, *sb.*, disposition, 175/25.

dyspoyle, *v.*, to despoil, take away, annihilate, *inf.*, 121/21; *pt.* despoyled, 28/12; dyspoylut, 251/28; *pp.* dyspoyled, 121/21.

dyspute, *v.*, to dispute, *inf.*, 27/19; dyspytte, 48/14; dispute, 166/31; dyspyte, 186/9; *pr.* 3 *sg.* dysputyth, 53/13; *pt.* sputyd, 109/15; dysputed, 27/12; *pr. p.* disputyng, 48/16; dysputyng, 53/11.

dysputson, *sb.*, disputation, 27/14; dysputeson, 27/16; dyspytson, 27/35.

dyspysen, *v.*, to despise; *pr. pl.* dyspysyþe, 249/7; *pt.* 3 *sg.* dispisyd, 200/12; dyspysyd, 136/31.

dyspytes, *sb. pl.*, contumely, scorn, spite, 241/7.

dyspytously, *adv.*, scornfully, 155/3; dysputysly, 121/34; dyspytwysly, 240/1.

dystresse, *sb.*, distress, 247/33; dystres, 38/15; destresse, 90/34.

dystressyd, *pp.*, distressed, 189/8.

dystrowbult, *pp.*, disturbed, troubled, 241/3.

dystrye: *see* destrye.

dysturbans, *sb.*, disturbance, 241/14.

dyswayre, *adj.*, strayed, gone astray, 148/21.

dyuerse, *adj.*, divers, 8/10; dyuerce, 122/12.

eddyr, *sb.*, adder, 83/6.

Edmunde, St., *pr. n.*, St. Edmund, 167/15.

Edward, St., the Confessour, *pr. n.*, St. Edward the Confessor, 34/23, 148/10.

ee, *sb.*, eye, 86/31; eye, 100/12.

een-syght, *sb.*, eye-sight, 234/7.

eft, *adv.*, afterwards, 11/12.

eftsonus, *adv.*, eftsoons, 52/18.

eftys: *see* зift.

Egeas, *pr. n.*, Egeas, justice of Patras, 8/21.

Eзechyel, *pr. n.*, Ezekiel, 162/26.

eggys, *sb. pl.*, egg, 84/7.

eght, *num.*, eight, 45/25; зeght, 47/23.

egurly, *adv.*, eagerly, 243/10.

Egypt, *pr. n.*, Egypt, 24/22.

Eirlond, *pr. n.*, Ireland, 71/18 ; Yerlond, 192/16.

elbowe, *sb.*, elbow, 301/35.

Elcana, *pr. n.*, Elkanah, 213/28.

elde, *sb.*, age, 197/37.

ele: *see* euell.

element, *sb.*, element, 166/12.

eleuon, *num.*, eleven, 80/29 ; aleuen, 81/3.

Elizabeth, St., of Spayne, *pr. n.*, St. Elizabeth of Spain, 226/6.

elleswher, *adv.*, elsewhere, 74/28.

ellys, *adv.*, else, 9/6 ; els, 271/33.

eloquent, *adj.*, eloquent, 76/17.

Elyn, St., *pr. n.*, St. Helen, 143/34, 250/2.

Elyzabeth, *pr. n.*, Elizabeth, St. John the Baptist's mother, 107/22.

eme-crysten, *sb.*, fellow-christian, 52/2.

emperess, *sb.*, empress, 109/32 ; emperice, *sb.*, empress, 224/23 ; emperace, 297/12.

emperour, *sb.*, emperor, 13/14.

empyre, *sb.*, empire, 25/16.

enbawmet, *pp.*, embalmed, 204/21.

encawsen, *v.*, to cause, induce ; *pt.* encawsut, 183/2.

encharme, *v.*, to charm, enchant, *inf.*, 192/33.

encheson, *sb.*, cause, occasion ; *in phrase*, for þe enchesen þat, 'because,' 26/30.

encrese, *sb.*, increase, welfare, 43/30.

encrese, *v.*, to increase, *inf.*, 23/7 ; *pr. pl.* encresen, 53/18 ; *pt.* encreset, 142/10.

ende, *sb.*, end, 4/32 ; ȝende, 68/2.

ende, *v.*, to end, *inf.*, 286/28 ; *pr.* 3 *sg.* endythe, 68/29 ; *pp.* endyd, 87/20.

endeyn, *sb.*, indignation, 284/18.

endyng, *sb.*, ending, 1/2.

endyng-day, *sb.*, last day, 31/8.

enfamyschen, *v.*, to famish, starve ; *pt.* enfamecht, 141/26 ; *pp.* enfamyscht, 137/15.

enfecte, *pp.*, infected, tainted, 68/13.

enformen, *v.* to inform ; *pt.* enfowrmyd, 206/17 ; *pp.* enformed, 117/30.

enforse, *v.*, to enforce, *inf.*, 65/30 ; *pr.* 3 *sg.* enforsuþe, 65/29.

Englond, *pr. n.*, England, 5/12.

Englysche, *sb. and adj.*, English, 76/6.

engynes, *sb. pl.*, engine, 228/33.

Enklus, *pr. n.*, a hermit, 195/6.

enmy, *sb.*, enemy, 28/28.

enpayryng, *sb.*, impairing, damage, 109/1.

enpeched, *pp.*, impeached, accused, 13/24.

ensampull, *sb.*, example, 24/29 ; ensample, 170/19 ; ensaumpul, 291/33.

enscharmen, *v.*, to charm, enchant, *pt.* enscharmyd, 190/3.

ensens, *sb.*, incense, 48/20 ; encens, 128/3.

enspyre, *v.*, to inspire, *inf.*, 168/10 ; *pr.* 3 *sg.* enspyryþe, 157/4 ; *pp.* enspyret, 168/6.

entent, *sb.*, intent, 17/38.

entren, *v.*, to enter, *pt.* entred, 228/27 ; entyrd, 230/21.

entysen, *v.*, to entice, mislead ; *pt.* entyset, 70/6.

entysyng, *sb.*, enticing, enticement, 6/28.

envenome, *v.*, to envenom ; *pr.* 3 *sg.* envenomyth, 192/6 ; *pp.* enve[ne]-mode, 68/13.

envy, *sb.*, envy, 27/11.

envye, *v.*, to envy ; *pt.* envyut, 112/14.

envyus, *adj.*, envious, 27/31 ; envyous, 132/9.

eny : *see* any.

Ephesym, *pr. n.*, Ephesus, 222/20 ; Ephasy, 147/4 ; Ephesim, 32/32.

Epyphany, *pr. n.*, Epiphany, 47/32.

Epyphanyus, *pr. n.*, Epiphanius, father of St. Nicholas, 11/29.

erber : *see* herber.

erbys, erbes : *see* herbys.

ere, *sb.*, ear, handle, 221/5 ; heres, 112/21.

ere, *adv.*, before, formerly, 249/1 ; or, 184/18.

erle, *sb.*, earl, 172/22.

erly, *adv.*, early, 12/14.

Ermogines, *pr. n.*, Hermogines, a magician, 209/1 ; Ermegines, 208/22.

ermyd, &c. : *see* heremyt.

ermytage, *sb.*, hermitage, 195/36.

ernde, *sb.*, errand, 61/22.

eron, *sb.*, eagle, 261/11.

Erraclyus, *pr. n.*, Heraclius, 250/17 ; Erraclius, 250/21.

erroure, *sb.*, error, 46/28.

erþe, *sb.*, earth, 3/13 ; ȝerthe, 13/23 ; vrth, 294/24.

erþe-qwake, *sb.*, earthquake, 137/8.

erthyn, *adj.*, earthen, 192/21.
erytage : *see* herytage.
Esav, *pr. n.*, Esau, 93/22.
eschoyn, *v.*, to avoid, escape, *inf.*, 5/19 ; eschew, 253/26.
ese, *sb.*, ease, 148/33 ; ees, 80/18 ; ʒees, 99/26.
eskys : *see* askes.
est, *sb.*, east, 24/6.
Estyr-day, *pr. n.*, Easter-day, 227/3.
Estyr-weke,*pr.n.*,Easter-week,68/30.
esy, *adj.*, easy, 90/30.
esyd, *pp.*, eased, delivered, 80/14; ʒeesyt, 246/3.
ete, *v.*, to eat, *inf.*, 3/5 ; *pr.* 3 *sg.* etyth, 285/8 ; *pl.* eten, 66/21 ; etuþe, 286/12 ; *imp. sg.* ete, 290/8 ; *pt.* ete, 66/22 ; etyth, 220/4; *pt.* 3 *sg.* ete, 5/20; ʒete, 152/7 ; *pl.* (with pron.) ʒeten, 66/21 ; etyn, 19/13; ete, 23/4 ; *pr. p.* etyng, 142/9 ; *pp.* eten, 54/25 ; eton, 133/20.
eth, *adj.*, easy, 228/31.
Ethelbert, *pr. n.*, Ethelbert, 190/32.
euangelyst, *sb.*, evangelist, 260/32.
Eue, *pr. n.*, Eve, 35/17.
euell, *sb.*, evil, 10/5 ; ele, 291/26.
euell-lyuyng, *adj.*, evil living, 94/1.
euen, *sb.*, evening, 6/4.
euen, *adj.*, even, flat, 3/16.
euen-cristyn, *sb. pl.*, fellow christian, 4/2.
euen-old,*adj.*, of the same age,120/23.
euensonges, *sb. pl.*, evensong, 168/33.
euentyde, *sb.*, eventide, 5/13.
euer, *adv.*, ever, 1/10; eure, 291/31.
euere, *sb.*, good fortune, 59/14.
euerlastyng, *adj.*, everlasting, 1/29; eurelastyng, 293/17.
euermore, *adv.*, evermore, 164/33 ; euremore, 301/6.
euerous, *adj.*, fortunate, 59/13 ; evourous, 218/1.
euer-ych, *adj.*, every, 22/21.
euerych on, *adj.*, every one, 211/4.
Eufanisia, *pr. n.*, Ephigenia, the king of Nadaber's daughter, 256/26.
Eukerius, *pr. n.*, Eucarius, a bishop, 281/2.
Evlalya, *pr. n.*, Eulalia, a nun, 299/24.
euol, *adj.*, evil, 226/34.
euydente, *adj.*, visible, 179/15.
evyllys, *sb. pl.*, a hooked instrument of torture, 195/12, 200/24; evillys, 219/5.

euyry, *adj.*, every, 201/27.
exaltacyon, *sb.*, exaltation, 252/1 ; exultacyon, 250/3.
excepte, *prp.*, except, 66/13.
excusacyon, *sb.*, excuse, 154/25.
excuse, *v.*, to excuse, *inf.*, 65/37 ; *pp.* excuset, 158/3.
executure, *sb.*, executor, 1/27.
exen, *sb. pl.*, axe, 134/4.
exen : *see* ox.
experyment, *sb.*, experiment, 25/8.
expowne, *v.*, to expound, interpret, *inf.*, 282/3; *pt.* expowned, 162/30.
expressed, *pp.*, expressed, 82/32.
exyle, *sb.*, exile, 148/2 ; exhile, 39/18.
exyle, *v.*, to exile, *inf.*, 147/32; exile, 197/32 ; *pp.* exiled, 41/20.
eyre : *see* ayre.
eyron : *see* yerne.
eyther, *adj.*, either, 290/17.

face, *sb.*, face, 10/18 ; *pl.* facys, 132/8.
fache, *v.*, to fetch, *inf.*, 14/8; feche, 174/12 ; *imp. sg.* fache, 101/17 ; *pp.* fachyd, 192/18.
faden, *v.*, to fade; *pr.* 3 *sg.* fadyth, 283/34.
fadyr, *sb.*, father, 1/24.
fadyrles, *adj.*, fatherless, 15/17.
fall, *v.*, to fall, let fall, happen, become, suit, *inf.*, 2/32 ; fal, 3/14 ; fallon, 290/24; *pr.* 3 *sg.* fallyth, 15/31 ; *pl.* fall, 286/28 ; fallen, 95/9 ; fallyþe, 150/10 ; *pt.* 3 *sg.* fell, 5/13; fylle, 180/24; *pl.* fellen, 13/37; fallyn, 183/3 ; fel, 198/28; *pp.* fallen, 12/30.
fallyng, *sb.*, falling, 174/7.
fallyng-euyl, *sb.*, epilepsy, 180/17.
fals, *adj.*, false, 13/25 ; falce, 298/24.
fame, *sb.*, fame, slander, 108/16.
fantasy, *sb.*, fancy, 250/24 ; fantesy, 46/25.
fare, *sb.*, journay, success, fortune, behaviour, 43/5.
fare, *v.*, to go, travel, be, treat, *inf.*, 40/9 ; *pr.* 2 *sg.* farust, 293/26 ; 3 *sg.* faryth, 148/29; *pt.* 3 *sg.* ferd, 148/30; *pl.* ferden, 35/18 ; ferd, 114/6; ferden fowle wyth homselfe, 'fell foul with themselves,' 273/9 ; *pp.* ferde, 248/33.
farewel, *sb.*, farewell, 295/11.
fast, *adj. and adv.*, firm, quick, 5/32.
fast, *v.*, to fast, *inf.*, 6/4 ; *pr.* 2 *sg.*

fastes, 7/3; 3 *sg.* fastyth, 199/26;
pl. fast, 253/10; fastyn, 253/16;
pt. 3 *sg.* fast, 7/2; *pl.* fastyn,
253/7; *pr. p.* fastyng, 54/16; *pp.*
fast, 83/11.

faste, *sb.*, fast, abstinence, 82/21.

fastyng, *sb.*, fasting, 82/20.

fastyng-dayes, *sb. pl.*, fasting-day,
286/17.

fat, fatte, &c.: *see* feten.

fauer, *v.*, to favour, please, *inf.*, 40/5.

fax, *sb.*, hair, 147/17.

fay: *see* faythe.

fayle, *v.*, to fail, *inf.*, 194/1; *pr.* 3 *sg.*
fayleth, 68/16; *pt.* faylyd, 99/17.

fayne, *adj.*, joyful, willing, inclined,
7/30.

faynen, *v.*, to feign; *pt.* faynet, 40/11.

faynt, *adj.*, feigned, 41/25.

faynynge, *sb.*, feigning, 76/12; feynyng,
74/26.

fayre, *sb.*, fairing, 86/20, 86/25.

fayre, *adj.*, fair, 9/25; feyr, 301/11;
feer, 19/28.

faythe, *sb.*, faith, 7/33; fay, 18/11;
feyþe, 106/29.

fayþefull, *adj.*, faithful, 236/18.

Februa, *pr. n.*, Februa, 59/20.

February, *pr. n.*, February, 59/21.

febull, *adj.*, feeble, 34/13.

fede, *v.*, to feed, *inf.*, 85/9; *pr.* 3 *sg.*
feduth, 296/33; *pt.* 3 *sg.* fedde,
103/27; *pl.* fedden, 4/4; *pp.* fed,
4/14.

fedyng, *sb.*, feeding, 255 /

feer: *see* fayre.

feght, *v.*, to fight, *inf.*, 43/18; fyght,
111/29; *pr.* 3 *sg.* feghtyth, 55/11;
pl. feghtyth, 243/16; *imp. sg.*
feght, 243/30; *pt.* 3 *sg.* faght,
243/11; *pp.* fochtyn, 186/20;
foghten, 116/7.

feghtyng, *sb.*, fighting, 186/21.

felaw, *sb.*, fellow, 91/28; felow,
39/10.

feld, *sb.*, field, 151/3; feelde, 243/13.

fele, *v.*, to feel, *inf.*, 95/36; *pr.* 1 *sg.*
fele, 95/34; 2 *sg.* felys, 95/33;
3 *sg.* feleþe, 2/14; *pl.* felen, 88/1;
felyth, 285/35; *pt.* 3 *sg.* feld,
147/25; *pl.* felden, 142/2; *pr. p.*
felyng, 119/17.

fele, *adj.*, many, 10/6.

felyschip, *sb.*, fellowship, 227/4.

fende, *sb.*, fiend, devil, 2/21; fynde,
239/1.

fendys-chyld, *sb.*, fiend's-child, 92/12.

fene, *sb.*, dirt, mud, clay, 136/23;
fenne, 223/26.

fer, *sb.*, fear, 3/18; ferd, 3/5.

ferde, *pp.*, frightened, 193/5.

ferdfull, *adj.*, fearful, dreadful, 2/25.

feren, *v.*, to frighten; *pt.* fered,
278/34; feeryd, 281/17.

feres, *sb. pl.*, companion, 176/32.

ferre, *adj. and adv.*, far, 5/29.

fers, *adj.*, fierce, wild, 55/16; feers,
55/11.

feruent, *adj.*, fervent, 204/15.

fest, *sb.*, feast, 19/8.

fesycyon, *sb.*, physician, 193/25.

fet, *sb.*, vessel, cask, 7/26.

feten, *v.*, to fetch; *pt.* 3 *sg.* fatte,
6/15; fat, 103/21; *pl.* fatten, 7/18;
fattyn, 62/2; *pp.* fatte, 134/27.

feture, *sb.*, feature, 237/8.

few, *adj.*, few, 23/7.

fewte, *sb.*, dirt, 214/20.

feynyng: *see* faynyng.

Filet, *pr. n.*, Philet, a magician,
208/23.

flagellacyon, *sb.*, flagellation, 45/33.

flamys, *sb. pl.*, flame, 238/10.

flat, *adj.*, flat, 180/18.

flateryng, *sb.*, flattering, 74/27.

fle, *v.*, to flee, *inf.*, 36/26; *pr.* 3 *sg.*
fleþe, 156/5; *pl.* fleyn, 230/25;
imp. sg. fle, 42/17; *pt.* 3 *sg.* flogh,
34/3; flagh, 42/29; *pl.* floghen,
146/21; floen, 183/15; 204/15;
fleen, 137/9; fleon, 230/26.

fle, *v.*, to fly, *inf.*, 190/9; *pt.* 3 *sg.*
flogh, 222/18; *pl.* fleyn, 183/3;
pr. p. fleyng, 158/18; *pp.* flowen,
190/13.

flem, *sb.*, river, 48/5.

Flemyngys, *sb. pl.*, fugitive, outlaw,
39/1.

flesche, *sb.*, flesh, 40/23; flessch,
94/32; flesse, 290/26.

fleschly, *adj.*, fleshly, 57/33.

fleys, *sb. pl.*, fly, 138/5.

flode, *sb.*, flood, 289/18.

flore, *sb.*, floor, 39/24.

floteren, *v.*, to flutter, to be unstead-
fast; *pt.* 3 *sg.* floterut, 188/14; *pr.*
pl. flotereþ, 150/12; *pl.* floturet,
260/4.

floure, *sb.*, flower, 9/29.

flyter, *sb.*, one who quarrels, 229/33.

flyx, *sb.*, flux, 204/23.

fode, *sb.*, food, 71/36.

Foka, *pr. n.*, Phocas, 266/26.

folde, *v.*, to fold, *inf.*, 196/24.

fole, *sb.*, fool, 159/15.

folke, *sb.*, folk, people, 9/4.

fologht, *sb.*, baptism, 15/7; folgh[t], 126/33.

folow, *v.*, to baptise, *inf.*, 37/33; *pt.* folowed, 8/13; folewet, 136/28; folowde, 210/4; *pr. p.* folewyng, 184/21; *pp.* folowed, 35/11; foloet, 46/21; folowde, 184/22; fowlut, 202/11; fulwed, 303/4.

folower, *sb.*, baptiser, 245/31.

folowyng, *sb.*, baptism, 48/2; foloyng, 50/31; folewyng, 52/17.

foly, *sb.*, folly, 33/34.

foly, *adj.*, foolish, 96/27.

fonnet, *pp.*, foolish, infatuated, 250/32.

fonte, *sb.*, font, 36/31.

fonte-halowyng, *sb.*, hallowing of the font, 128/9.

for, *prp.*, for, as to, 1/12.

for, *conj.*, for, 1/18; (with *inf.*), in order to; fore, 178/6.

forbeden, *v.*, to forbid; *pr. 3 sg.* forbedyth, 96/22; *pt. 3 sg.* forbede, 49/11; forbade, 66/16; *pp.* forbedyn, 66/19; forbodon, 291/5.

forbedyng, *sb.*, forbidding, 291/11.

forbere, *v.*, to forbear, *inf.*, 222/22; *pt. 3 sg.* forbare, 214/10.

forbetyn, *pp.*, badly beaten, 192/20.

forbode, *sb.*, interdiction, 290/10.

forcursyd, *pp.*, cursed, 298/4.

forde, *sb.*, ford, 94/17.

forest, *sb.*, forest, wood, 119/5.

forfet, *sb.*, forfeit, offence, sin, 82/13.

forfeten, *v.*, to forfeit; *pr. subj. 3 sg.* forfet, 172/17.

forȝete, *v.*, to forget, *inf.*, 64/3; forȝeton, 115/29; *pr. pl.* forȝetuþ, 267/12; *imp. sg.* forȝet, 252/26; *pt. 3 sg.* forȝet, 6/28; forȝeted, 24/16; forgate, 145/14; *pp.* forȝeetyn, 10/10; forȝeton, 17/12.

forȝetfull, *adj.*, forgetful, 66/15.

forȝeuen, *v.*, to forgive, *inf.*, 26/21; forȝeue, 124/20; *pr. 1 sg.* forȝeue, 124/14; *pl.* forȝeuen, 285/14; *imp. sg.* forȝeue, 28/20; *pt. 3 sg.* forȝeue, 273/15; *pp.* forȝeuen, 26/22.

forȝeuenesse, *sb.*, forgiveness, 44/3; forȝyfnes, 96/5; forȝeuenes, 285/31.

forgo, *v.*, to escape, forgo, abstain from, *inf.*, 99/18.

forhede, *sb.*, forehead, 238/14.

forkys, *sb. pl.*, fork, 219/8.

forlet, *pp.*, left to go to ruin, 39/8.

forlorne, *adj.*, lost, 6/35; forlore, 107/27.

for-lytyll, *adv.*, very little, 220/25.

formast, *adj.*, foremost, first, 1/24.

forme, *sb.*, form, manner, fashion, 48/8; fowrme, 264/30.

forme, *adj.*, former, 18/34.

formen, *v.*, to form; *pt.* fowrmyd, 183/28; *pp.* formet, 164/3.

formyng, *sb.*, formation, 57/33.

forres : *see* furures.

fors, *sb.*, force, 117/27.

forsake, *v.*, to forsake, deny, *inf.*, 159/14; *pr. 3 sg.* forsakuth, 294/15; *imp. sg.* forsake, 217/13; *pt. 3 sg.* forsoke, 75/3; *pp.* forsaken, 130/11.

forsoþen, *pp.*, seethed, boiled to pieces, 147/25.

forste, *sb.*, frost, 5/17.

forsworne, *pp.*, forsworn, 298/25.

forþe, *adv.*, forth, 6/20; furthe, 71/12; fruth, 75/16.

forþer, *adv.*, further, 86/26.

fortheryng, *sb.*, furthering, promotion, 199/11.

forthynke, *v.*, to repent. *inf.*, 33/7; *pr. 3 sg.* forthenkyth, 72/10; *pt. pl.* forthoght, 33/3.

forthyr, *adj.*, earlier, former, fore, 229/25.

forto (*with inf.*), to, in order to, 1/11.

fostyr, *v.*, to foster, *inf.*, 255/22; *pr. 3 sg.* fosturs, 287/20; *pt. 3 sg.* fostrut, 214/33; *pp.* fosterd, 227/32.

fote, *sb.*, foot, 10/17; *pl.* fote, 8/29; fete, 19/18; fette, 294/28.

fotemen, *sb. pl.*, footman, 101/30.

founden, *v.*, to found, set; *pt. 3 sg.* fonde, 62/9; *pp.*, fonden, 17/17; yfond, 59/11; fownde, 182/19.

foure, *card. num.*, four, 44/9.

fourthe, *ord. num.*, fourth, 45/35; fourte, 172/35; furþe, 179/3; forþe, 249/17.

fourty, *card. num.*, forty, 7/6; forty, 82/12.

fourty, *ord. num.*, fortieth, 57/11.

fowle, *adj. and adv.*, foul, 7/15.

fowles, *sb. pl.*, foul, bird, 3/5.

fraction, *sb.*, breaking of the bread in the Eucharist, 171/1.

fragelte, *sb*, fragility, frailty, 70/18.

fransy, *sb.*, frenzy, 194/16.

fraternite, *sb.*, fraternity, 263/25.

Fraunce, *pr. n.*, France, 39/16; 120/30; France, 41/20.

fray, *sb.*, terror, 151/10.
fraynen, *v.*, to ask, inquire ; *pr. 2 pl.*
  frayne, 297/13.
fre, *adj.*, free, 31/3.
frechudly, *adv.*, greedily, 84/1.
fredome, *sb.*, freedom, 172/16.
Fredwyk, *pr. n.*, Frederick, 239/12.
freght, *pp.*, freighted, loaded, 13/14.
freke, *adj.*, insolent, daring, 292/2.
frele, *adj.*, frail, 228/31.
frelte, *sb.*, frailty, 87/15 ; freylt,
  166/22.
Frenche, *adj.*, French, 156/34.
frende, *sb.*, friend, 39/17.
frendeschip, *sb.*, friendship, 157/17 ;
  frendeschyppe, 265/15.
frerys, *sb. pl.*, friar, 91/34.
fresche, *adj.*, fresh, 130/20 ; fresshe,
  152/31.
freten, *v.*, to eat, devour ; *pt. pl.*
  freton, 27/33.
fro, *prp.*, from, 274/9.
frogge, *sb.*, frog, 193/33.
from, *prp.*, from, 2/13.
froþe, *sb.*, foam, spume, scum, 183/4.
froþe, *v.*, to froth ; *inf.*, 53/27 ; *pr. 3
  sg.* froþys, 84/27.
froton, *v.*, to rub ; *pp.* frotude, 184/29.
fruyte, *sb.*, fruit, 15/32 ; fruyth,
  15/24 ; frute, 138/1 ; fryte, 143/7 ;
  froyte, 290/2 ; frythe, 291/14.
Fryday, *pr. n.*, Friday, 12/4.
fryen, *v.*, to fry ; *pr. 3 pl.* fryeth,
  184/27.
fryghten, *v.*, to make afraid ; *pr. p.*
  fryghtyng, 160/9.
fulfyll, *v.*, to fulfil ; *inf.*, 50/33 ; ful-
  full, 51/8 ; fulfyllon, 291/17 ; *pr. 3
  sg.* fullfylleþe, 157/24 ; fulfyllyth,
  231/19 ; *pp.* fulfylled, 27/25 ; ful-
  fuld, 207/21 ; fulfullet, 266/34.
full, *adj. and adv.*, full, 18/30 ; ful,
  5/4.
fulle, *v.*, to fill, fulfil, *inf.*, 84/4 ;
  pr. pl. fullyþ, 201/25 ; *pt.* fulled,
  32/22.
fullyng, *sb.*, filling, 266/10.
fulthe, *sb.*, filth, 194/9 ; fyllþe, 238/3.
fulwed : *see* folow.
fur, *adv.*, farther, 48/24.
fur, *adv.*, more, 286/21.
fures-brondys, *sb. pl.*, firebrand, 219/6.
furures, *sb. pl.*, fur, 39/20 ; forres,
  40/21.
furut, *pp.*, fired, heated, 161/9.
fuson, *sb.*, plenty, abundance, 13/22.
fyf, *card. num.*, five, 7/2.

fyfte, *ord. num.*, fifth, 47/15 ; fyve,
  46/2 ; fyuet, 7/2 ; fyfthe, 285/12.
fyftene, *card. num.*, fifteen, 179/20.
fyfty, *card. num.*, fifty, 72/17.
fygge-tre, *sb.*, fig-tree, 35/22 ; fyge-
  tre, 66/26.
fygur, *sb.*, figure, representation,
  78/4 ; figur, 101/10 ; *pl.* fugurs,
  167/19.
fyguret, *pp.*, represented, 70/20.
Fylbert, St., *pr. n.*, St. Filbert,
  110/14.
fylle : *see* fall.
fynde, *v.*, to find, supply with food,
  inf., 53/23 ; *pr. 1 sg.* fynde, 50/1 ;
  2 *sg.* fyndest, 75/32 ; 3 *sg.* fyn-
  dythe, 24/31 ; *pt. 3 sg.* fonde,
  12/17 ; fownde, 197/16 ; *pl.* fon-
  den, 14/18 ; fowndyn, 207/10 ;
  fond, 129/12 ; *pp.* fonde, 11/8 ;
  fund, 201/22 ; foundon, 299/9 ;
  fownden, 280/27.
fyndyng, *sb.*, finding, invention
  (of the Cross), 142/32.
fyndyng, *sb.*, finding, 163/31.
fyne, *adj.*, fine, 40/1.
fyngyr, *sb.*, finger, 18/17.
fyoll, *sb.*, vial, phial, 158/20 ; *pl.*
  vyals, 146/11.
fyre, *sb.*, fire, 3/8 ; fure, 31/16 ; fuyr,
  259/2.
fyre-forkes, *sb. pl.*, fire-fork, 220/2.
fyrmament, *sb*, firmament, 160/5.
fyrst, *ord. num.*, first, 1/21 ; furst,
  18/34.
fyrþir, *adv.*, further, 199/27.
fyschen, *v.*, to fish ; *pr. p.*, fyschyng,
  6/18.
fyscher, *sb.*, fisher, 191/3 ; fischer,
  191/23.
fyssch, *sb.*, fish, 54/24.

Gabryell, *pr. n.*, Gabriel, 106/12 ;
  Gabriel, 299/13.
galpyng, *adj.*, gaping, yawning,
  4/31.
Galyle, *pr. n.*, Galilee, 154/19.
Garganus, *pr. n.*, Gargano, 258/11.
garlond, *sb.*, garland, 17/2 ; garland,
  17/10.
gastely, *adj. and adv.*, ghastly,
  292/8.
gayly, *adv.*, gaily, 251/17.
gaynen, *v.*, to gain ; *pr. pl.* gayneþ ;
  130/16 ; *pt. 3 sg.* gaynet,
  226/30.

geanology, *sb.*, genealogy, 51/30; geanologe, 52/2.

gederyng, *sb.*, gathering, 161/30.

gedyr, *v.*, to gather, *inf.*, 8/11; *pr. pl.*, gedyrth, 184/27; *pt.* 3 *sg.* gederyd, 101/20; gedyrd, 125/21; *pl.* gedyrt, 29/4; gedryn, 183/2; *pp.* gederet, 16/34; gedert, 37/15.

generacyon, *sb.*, generation, mankind, 229/3.

generaly, *adv.*, generally, 269/5.

gent, *adj.*, gentle, 233/21.

gentre, *sb.*, gentry, gentility, 205/6.

gentyll, *adj. and sb.*, gentle, noble, nobleman, 200/19.

gentyllych, *adv.*, gently, 10/7.

gentylman, *sb.*, gentleman, 190/21.

George, St., *pr. n.*, St. George, 132/33.

gere, *sb.*, gear, harness, 273/9.

Gestes of Fraunce, *pr. n.*, Gests of France, 281/1.

Gestus of þe Romayns, *pr. n.*, Gesta Romanorum, 113/29, 116/12, 239/11.

gestys, *sb. pl.*, guest, 185/19.

gete, *v.*, to get, *inf.*, 2/7; geten, 31/27; gett, 214/5; *pr.* 3 *sg.* getet, 173/5; *imp. sg.* gete, 88/13; *pl.* getyth, 50/30; *pt.* 3 *sg.* gate, 38/21; gete, 39/15; *pl.* geton, 11/30; geton lond, 'gained ground,' 243/26; *pp.* getyn, 51/5.

Gethsemany, *pr. n.*, Gethsemane, 223/13.

getyng, *sb.*, getting, 169/29.

glad, *adj.*, glad, 12/36.

gladien, *v.*, to make glad, be glad; *pr.* 3 *sg.* gladyþ, 131/5; *pl.* gladyth, 232/23; *pt.* 3 *sg.* gladut, 245/19; *pp.* gladyd, 110/18.

gladnesse, *sb.*, gladness, 54/35.

glas, *sb.*, glass, 146/11.

glaueryng, *sb.*, flattering, deceiving, 48/33.

glette, *sb.*, slimy matter, greasy filth, 194/8.

glorye, *sb.*, glory, 71/25.

gloryfyet, *pp.*, glorified, 224/31.

gloryous, *adj.*, glorious, 29/15.

glosyng, *adj.*, flattering, 130/14.

gloteny, *sb.*, gluttony, 83/8.

glotterye, *sb.*, gluttony, 286/13.

gloues, *sb. pl.*, glove, 113/16.

Glowsetyr, *pr. n.*, Gloucester, 248/31.

glyden, *v.*, to glide; *pt.* 3 *sg.* glode, 48/28.

gnawe, *v.*, to gnaw, *inf.*, 95/21; *pr.* 3 *sg.* gnawyth, 95/20; *pl.* gnawen, 132/11; *pt.* 3 *sg.* gnof, 85/27; gnow, 194/18; *pp.* gnawen, 19/11; gnawyn, 225/27.

gobetes, *sb. pl.*, small piece, 302/13.

God, *sb.*, God, 3/30; Good, 66/5, 246/16.

goddys, *sb. pl.*, god, 20/12.

godely, *adj.*, goodly, gracious, 208/3.

godenes, &c.: *see* goodnes.

god-fadyr, *sb.*, godfather, 103/1.

godhed, *sb.*, godhead, 60/6.

god-modyr, *sb.*, godmother, 103/1.

gold, *sb.*, gold, 4/22.

gome, *sb.*, jest, game, 65/28; gomen, 65/28; gamen, 65/29.

gonen, *v.*, to yawn; *pt.* 3 *sg.* gonet, 137/26.

goo, *v.*, to go *inf.*, 2/14; gon, 33/2; *pr.* 1 *sg.* goo, 43/16; 3 *sg.* goth, 20/22; *pl.* gon, 84/13; *imp. sg.* goo, 6/31; go, 17/14; gos, 133/23; *pl.* goo, 4/11; gooth, 14/35; goþe, 33/9, goos, 48/19; *pt.* 1 *sg.* went, 302/7; 2 *sg.* ȝedes, 183/29; 3 *sg.* ȝede, 5/16; ȝeode, 9/12; went, 14/25; ȝode, 212/22; yede, 302/16; *pl.* ȝeodyn, 14/16; ȝeden, 20/10; went, 146/8; ȝoden, 146/18; wenten, 44/12; gon, 151/10; *pr. p.* goyng, 3/8; *pp.* gon, 6/21; goon, 11/7.

good, *sb.*, good, 4/17.

good, *adj.*, good, 1/2; godde, 21/11.

Good: *see* God.

goodnes, *sb.*, goodness, 15/14; godenes, 15/23.

gospell, *sb.*, gospel, 6/25.

gost, *sb.*, ghost, spirit, 9/11.

gostly, *adj.*, spiritual, 25/2.

gouernance, *sb.*, government, 22/17.

gouernen, *v.*, to govern; *pt.* 3 *sg.* gouernyd, 197/18; *pp.* gouernet, 45/9.

Gowdelake, St., *pr. n.*, St. Guthlac, 239/26.

grace, *sb.*, grace, 6/24; grece, 254/1.

gracyous, *adj.*, gracious, 55/22.

grapes, *sb.*, grapes, 20/23.

gras, *sb.*, grass, 174/23; gresse, 221/30; grece, 67/17.

graspen, *v.*, to grasp; *pr. p.* graspyng,
205/26.

grate, *sb.*, position of the spear when
ready for striking, 133/28.

graue, *sb.*, grave, 298/11.

graue, *v.*, to bury, engrave, write
down, *inf.*, 206/5.

graunsyre, *sb.*, grandsire, grandfather,
120/19.

grawnte, *sb.*, grant, 58/29.

grawnte, *v.*, to grant, *inf.*, 13/16;
graund, 92/28; *pr.* 3 *sg.* grauntyþe,
74/19; *imp. sg.* graunt, 233/30;
pt. graunted, 9/27; grawnted,
58/25; *pp.* grawntyd, 202/22.

grayle, *sb.*, gradual, 129/4.

grayþe, *adj.*, suitable, prepared,
124/31.

gre, *sb.*, favour, goodwill, 233/22.

grece, *sb.*, step, 246/14; grees,
246/11; greus, 129/5.

Gregory, St., *pr. n.*, St. Gregory,
18/31.

Gregory, *pr. n.*, Gregory, 266/30.

grene, *adj. and sb.*, green, fresh,
39/23.

grenne: *see* grynne.

grenne, *v.*, to gnash the teeth, *inf.*,
145/21; *pr. p.* grennyng, 131/18.

gret, *adj. and sb.*, great, 2/16.

grete, *v.*, to cry, weep, *inf.*,
196/19.

grete, *v.*, to greet, *inf.*, 110/1; greton,
299/13; *pr.* 3 *sg.* gretyth, 264/4;
imp. pl. gretyth, 148/36; *pt.* 3
sg. greteth, 34/32; grette, 107/24;
grete, 110/5; *pl.* gret, 222/33;
pp. grete, 299/21.

gretnes, *sb.*, greatness, 119/7.

gretyng, *sb.*, greeting, 41/37.

grevance, *sb.*, grievance, pain,
180/20.

greve, *sb.*, grief, sorrow, pain, 180/27;
grefe, 201/25.

greve, *v.*, to grieve, vex, *inf.*, 201/28;
pr. 3 *sg.* greueth, 35/25; *pl.* 3 *sg.*
greuet, 64/31.

greues, *adj.*, grievous, 155/31;
adv. greuesly, 47/7; greuously,
112/22.

gripe, *v.*, to grip, seize, grasp, *inf.*,
65/27.

gronen, *v.*, to groan, *pr. p.* gronyng,
84/24.

gropen, *v.*, to grope, handle; *pp.*
groped, 18/33.

Grosched, Robert, *pr. n.*, Robert

Grosseteste, bishop of Lincoln,
78/19.

growen, *v.*, to grow; *pr.* 3 *sg.* grouyþ,
108/35; *pl.* growth, 184/28; *pt.*
3 *sg.* growet, 143/10; *pp.* groen,
253/25.

grownd, *v.*, to ground, *inf.*, 63/12;
pr. 3 *sg.* growndyþ, 116/33; *pp.*
groundyd, 71/28.

grownde, *sb.*, ground, bottom, 3/8;
grond, 70/3.

grubbes, *sb. pl.*, grub, caterpillar,
226/1.

grucchen, *v.*, to grudge; *pr.* 3 *sg.*
gruccheþe, 100/8; *pl.* grucchyth,
263/28.

grucchyng, *sb.*, grudging, 77/23;
grychyng, 69/23.

grydull, *sb.*, gridiron, 220/1.

grydyr, *sb.*, gridiron, 219/8; gredyr,
220/8.

grynd, *v.*, to grind, gnash, *inf.*,
145/21.

grynne, *sb.*, noose, snare, trap,
79/25; grenne, 79/24.

grys, *sb.*, gray fur, 40/2.

grysly, *adj.*, grisly, horrible, 90/10.

gryspen, *v.*, to gnash (the teeth); *pt.*
gryspude, 27/34.

gurd, *pp.*, girded, 184/23.

guttys, *sb. pl.*, gut, 79/29.

gyde, *sb.*, guide, 48/22.

Gylbert, *pr. n.*, Gilbert, 38/12.

gylden, *adj.*, golden, 16/18.

gylt, *sb.*, guilt, 28/20; gult, 35/30.

gylt, *v.*, to sin, incur guilt, *inf.*,
83/31; *pr. pl.* gylty, 68/4; gultuþe,
285/17; gyltyth, 285/16; *pl.* 3
sg. gult, 37/2; gultud, 291/27;
pp. gylt, 130/28.

gyltles, *adj.*, guiltless, 37/6.

gylty, *adj.*, guilty, 26/13.

Gylus, St., *pr. n.*, St. Giles, 180/3.

gynnys, *sb. pl.*, snare, 219/5.

gyrdyll, *sb.*, girdle, 184/23; gurdull,
133/30.

gyses, *sb. pl.*, guise, kind, 63/16.

habitacyon, *sb.*, habitation, 240/12;
abytacyon, 239/30.

habundant, *adj.*, abundant, 86/13.

half, *adj.*, half, 9/11.

half-breþern, *sb. pl.*, half-brother,
99/16.

halle, *sb.*, hall, 10/12.

hall-porche, *sb.*, hall-porch, 104/9.

halow, *v.*, to hallow, keep holy, *inf.*, 17/26 ; *pr.* 3 *sg.* halewoþe, 52/33 ; halowþe,245/24; *pl.*halewon,267/9; halowen,267/11 ;haloweþe,282/35; *pt.* 1 *sg.* halowed, 183/29 ; 3 *sg.* halowet, 50/32 ; *pl.* halowod, 296/15 ; *pp.* halowet, 17/35 ; halowde, 158/16 ; yhalowet, 238/32.

halowes, *sb. pl.*, saint, 266/3; haloues, 266/7.

halowyng, *sb.*, hallowing, 165/18.

halson, *v.*, to conjure, adjure, salute, *inf.*, 104/11 ; *pt.* 3 *sg.* halset, 105/24 ; halowst, 207/25.

halt, *adj.*, lame, 94/24.

handul, *v.*, to handle, *inf.*, 171/6 ; *pt.* 3 *sg.* hondeled, 23/11; hondylt, 214/31 ; *pp.* hondelet, 18/33.

happen, *v.*, to happen, *inf.*, 116/24 ; *pt.* 3 *sg.* happude, 13/13 ; hapenet, 29/24; happyd, 148/19 ; happant, 52/7 ; hapend, 88/15 ; happonet, 269/29.

hard, *adj. and adv.*, hard, 9/2.

hardnes, *sb.*, hardness, 84/32.

hardy, *adj.*, brave, bold, 62/13.

hare, *sb.*, hare, 272/24.

harlottry, *sb.*, tale-telling, buffoonery, evil - doing, 63/23 ; harlatry, 96/24.

harm, *sb.*, harm, injury, 31/24.

harow, *sb.*, harrow, 126/18.

harpe, *sb.*, harp, 89/8.

harpen, *v.*, to play the harp ; *pt.* harpyd, 89/6.

harper, *sb.*, harper, 89/6.

hast, *sb.*, haste, speed, 36/8.

hastely, *adv.*, hastily, 299/20.

hate, *v.*, to hate, *inf.*, 69/21 ; *pr.* 3 *sg.* hatyth, 72/4 ; *pl.*, haten, 22/2 ; *pt. pl.* hatud, 97/33.

haue, *v.*, to have,*inf.*, 2/2; han,77/27; hauen, 296/21 ; *pr.* 1 *sg.* haue, 5/20; 2 *sg.* hast, 13/28 ; haues, 17/9; has, 88/12 ; 3 *sg.* hath, 2/14; has, 7/24 ; *pl.* haue, 146/26 ; han, 153/7 ; hauen, 254/19 ; *imp. sg.* haue, 31/36 ; *pt.* 2 *sg.* hadyst, 288/24; haddust, 293/27 ; 3 *sg.* hade, 6/6 ; hadd, 291/22 ; hed, 292/18 ; *pl.* haden, 8/7 ; hadden,4/10;hade,173/22;hadde, 245/11.

hauen, *sb.*, haven, port, 13/11.

hauere, *sb.*, property, 267/17.

hauyng, *sb.*, having, 11/28.

hawnsut, *pp.*, enhanced, exalted, 251/36.

hay, *sb.*, hay, 22/32.

hayl, *interj.*,hail, 8/32; heyle, 148/25.

Hayles, *pr. n.*, Abbey of Hailes, 146/14.

Hayme, *pr. n.*, Haymo, 127/3.

he, *pron.*, he, 1/26.

hear : *see* hygh.

hed, *sb.*, head, 12/19 ; heed, 302/36.

hedake, *sb.*, headache, 216/32.

hed-cyte, *sb.*, capital, 48/26.

hede, *sb.*, heed, care, attention, 28/22 ; hyde, 173/29.

hede, *v.*, to behead, *inf.*, 202/10 ; *pp.* hedyt, 217/10.

hedyr, *adv.*, hither, 19/11.

beere, *sb.*, hair, 276/3.

hegh, heghly : *see* hygh.

heghnes, *sb.*, haughtiness, 21/32.

heght, *sb.*, height, 72/18.

hegh-way, *sb.*, highway, 80/13.

helde, *v.*, to pour, *inf.*, 167/35 ; *pt.* 3 *sg.* held, 32/5. *See also under* hull.

hele, *sb.*, heel, 200/32.

hele, *sb.*, health, 1/29.

hele, *v.*, to heal, *inf.*, 64/10 ; *pr.* 2 *sg.* helyst, 264/6 ; *pt.* 3 *sg.* heled, 23/28 ; heelyd, 224/2 ; *pp.* helyd, 43/29 ; heelyd, 186/23.

helle, *sb.*, hell, 4/14.

helle-howndes, *sb. pl.*, hell-hound, 284/24.

hell-ȝeate, *sb.*, hell-gate, 62/3.

hell-wormys, *sb. pl.*, hell-worm, 131/19.

helpe, *sb.*, help, 9/33.

helpen, *v.*, to help, *inf.*,27/6 ; helpe, 4/22 ; *pr.* 3 *sg.* helpuþe, 243/34; helput, 298/3 ; helpys, 18/32 ; *pl.* helpeþe, 157/26 ; *imp. sg.* helpe, 43/23 ; *pt.* 3 *sg.* halpe, 11/10 ; holpe, 13/6 ; *pl.* holpen,103/1 ; *pp.* holpen, 4/16 ; jholpon, 292/29 ; yholpon, 296/5.

helper, *sb.*, helper, 108/20.

helt, *adv.*, assuredly, with assurance, willingly, 136/19, 180/34, 206/2.

helth, *sb.*, health, 212/28.

hende, *adj.*, handy, gentle, 242/5.

hennys, *adv.*, hence, 212/18.

her, *pron.*, her, 2/31 ; hir, 10/1 ; hyr, 2/30 ; hure, 7/12 ; hor, 16/29.

heraftyr, *adv.*, hereafter, 18/24.

herber, *sb.*, inn, lodging, 22/30 ; erbere, 293/6.

herber, *v.*, to entertain, *inf.*, 94/1 ; *pt. pl.* herbert, 4/6 ; *pp.* herbert, 4/16.

herberles, *adj.*, shelterless, without a lodging, 4/6.

herby, *adv.*, hereby, 7/33.

herbys, *sb. pl.*, herb, 3/4 ; erbys, 184/24.

here, *v.*, to hear, *inf.*, 4/21 ; heron, 297/3 ; *pr.* 3 *sg.* heruth, 43/25 ; *pl.* here, 21/11 ; heryth, 87/28; heryn, 219/27 ; *pt.* 1 *sg.* hert, 9/32 ; 3 *sg.* herd, 6/8 ; *pl.* herden, 8/4 ; herd, 13/37 ; *pp.* herd, 8/6 ; herde, 28/8.

here, *adv.*, here, 5/7.

herefor, *adv.*, herefore, 242/8.

heremyt, *sb.*, hermit, 177/15 ; ermyd, 195/1 ; ermet, 195/7.

hereopyn, *adv.*, hereupon, 186/8.

heres : *see* er.

heretykes, *sb. pl.*, heretic, 46/24 ; herytykes, 163/11 ; heritykes, 164/23.

herien, *v.*, to praise, glorify; *pt.* 3 *sg.* herut, 75/34 ; heryed, 78/14.

herken, *v.*, to hearken ; *pt.* 3 *sg.* herkut, 216/28.

Herode, *pr. n.*, Herod, 24/20.

herof, *adv.*, hereof, 210/7.

hers, *sb.*, hearse, frame for holding candles in church, 118/15.

hert, *sb.*, heart, 2/5.

hert-blod, *sb.*, heart-blood, 37/7.

herte-cow, *sb.*, cove, cell of the heart, 293/29.

hertely, *adv.*, heartily, 5/4 ; hertly, 17/28.

hertfully, *adv.*, heartily, 28/26.

heruest, *sb.*, harvest, 253/11.

herwyth, *adv.*, herewith, 50/19.

heryng, *sb.*, hearing, 33/20.

herytage, *sb.*, inheritance, 94/28 ; erytage, 242/7.

het, *v.*, to call, to be called, *inf.*, 94/23 ; hette, 184/16 ; *pt.* 3 *sg.* hatte, 13/36; heght, 15/29; het, 29/25 ; *pp.* heton, 11/30.

hete, *sb.*, heat, 5/25.

heþen, *adv.*, hence, 6/31 ; hethens, 222/2.

heþen man, *sb.*, heathen, 135/30.

heþenes, *sb.*, heathen country, 171/33.

heue, *v.*, to heave, lift, *inf.*, 84/36 ; *imp. sg.* heue, 65/11 ; *pl.* haue,

236/9 ; *pt.* 3 *sg.* hef, 81/30; hevyd, 219/23 ; 3 *pl.* hevyn, 207/7 ; *pp.* heuen, 46/1.

heuen, *sb.*, heaven, 3/21; hewuen, 297/11.

heuen-blys, *sb.*, bliss of Heaven, 47/26.

heuenly, *adj.*, heavenly, 11/27.

hevy, *adj.*, heavy, frightened, 11/3.

heuynesse, *sb.*, heaviness, 64/27.

hew, *sb.*, colour, 84/25.

hew, *v.*, to hew, cut, strike, *inf.*, 143/12 ; *pt.* 3 *sg.* hew, 105/17.

hey, on, *adv.*, on high, aloft, up, 171/17.

heynes, *sb.*, highness, haughtiness, 2/5.

heyre, *sb.*, garment made of hair-cloth, 40/23.

hir : *see* hur.

Hirtacus, *pr. n.*, Hirtacus, a king, 256/30.

ho, *pron.*, she, 7/23 ; hoo, 7/13.

hoge : *see* huge.

hokur, *sb.*, mockery, derision, 275/28.

hold, *v.*, to hold, keep, *inf.*, 2/6 ; holden, 52/10 ; *pr.* 3 *sg.* holdeth, 44/32; haldyth,182/27 ; *pl.* holden, 45/3 ; *imp. sg.* holde, 237/18; *pl.* hold, 50/19 ; holduþe, 118/30 ; *pt.* 3 *sg.* held, 7/19 ; huld, 12/1 ; *pl.* hulden, 11/32 ; helden, 13/38; hild, 213/11 ; *pp.* holden, 25/32.

holdyng, *sb.*, holding, keeping, possession, 161/30.

hole, *sb.*, hole, 163/6.

hole, *adj.*, well, healthy, whole, hale, 147/26 ; hoole, 43/32 ; holy, 15/7. *See also under* holy.

holy, *adj.*, holy, 1/7 ; hole, 93/11 ; haly, 295/12. *See also under* hole.

holyday, *sb.*, saint's-day, 148/13.

holynesse, *sb.*, holiness, 40/31.

Holy-rode-day, *pr. n.*, Holy-rood-day, 142/28.

hom, *pron.*, them, themselves, 2/21.

hom, *adv.*, home, 149/4.

hom-comyng, *sb.*, return home, 152/22.

home, *sb.*, home, 296/6 ; hoome, 215/16.

hommes, *sb. pl.*, ham (bend of the knee), 40/24.

homselfe, *pron.*, themselves, 33/2.

homward, *adv.*, homeward, 9/12.

honde, *sb.*, hand, 20/15; hande, 292/9.

hond-maydon, *sb.*, hand-maid, 107/6.

hondywerk, *sb.*, work, creation of one's hands, 87/14.

honest, *adj.*, honest, seemly, 29/18; *adv.* onestly, 244/12.

honeste, *sb.*, honesty, decorum, 197/14.

honge, *v.*, to hang, *inf.*, 200/22; *pt.* 3 *sg.* hongyt, 9/3; *pr. p.* hongyng, 80/3; *pp.* hongyd, 15/2.

hongry, *adj.*, hungry, 4/4.

hongyng, *sb.*, hanging, 235/13.

hongyr, *sb.*, hunger, 13/12; hungyr, 122/15.

honowre, *sb.*, honour, 2/20; honor, 180/5; honowur, 228/9.

hony, *sb.*, honey, 184/26.

honysuculs, *sb. pl.*, honeysuckle, 184/26.

hoo : *see* scho.

hoo-wolfe, *sb.*, she-wolf, 210/18.

hope, *sb.*, hope, 19/35.

hope, *v.*, to hope, expect; *pr.* 1 *sg.* hope, 44/27; *pl.* hopyn, 115/34; *pt. pl.* hopyd, 148/30; *pr. p.* hopyng, 6/25.

hor, *pron.*, their, 6/19; herre, 28/27; hur, 3/17; here, 295/34.

horne, *sb.*, horn, 55/10.

horobylyte, *sb.*, horribility, 2/27.

horres : *see* hors.

horrybull, *adj.*, horrible, 2/25; orybull, 7/24; horryble, 28/8; horrybly, 33/21; orrybly, 197/25; horribly, 255/27.

hors, *pron.*, theirs, 275/29; horres, 4/30.

hors, *sb.*, horse, 48/25.

horsmen, *sb. pl.*, horseman, 101/29.

hory, *adj.*, filthy, dirty, 81/8.

hostage, *sb.*, hostage, 120/28.

hostes : *see* ost.

hote, *adj.*, hot, 5/28; *comp.* hattyr, 105/31.

hous, *sb.*, house, 32/13; houce, 231/20.

how, *adv.*, how, 4/29.

howkes, *sb. pl.*, hook, 82/6.

hownde, *sb.*, hound, dog, 133/32.

howselen, *v.*, to administer the Eucharist; *pr.* 3 *sg.* howseleth, 20/25; *pt.* 3 *sg.* howsulde, 173/13; howsulede, 175/8; *pp.* howsuld, 174/9; hosullud, 295/19.

howsell, *sb.*, housel, receiving of the Eucharist, 20/19; howsyl, 227/6.

howswold, *sb.*, household, 15/19.

hoytes, *sb. pl.*, a long stick, 273/10.

hudeloke, *sb.*, concealment, 159/32; in —, disguised, veiled.

huge, *adj.*, huge, 43/11; hoge, 62/15.

hull, *v.*, to cover, conceal, *inf.*, 85/30; *pt.* 3 *sg.* hulyd, 102/21; huld, 178/27; hult, 206/8; *pl.* helde, 199/5; *pp.* hullyd, 259/16.

humore, *sb.*, humour, 71/10.

hundered, a, *card. num.*, a hundred, 13/16; an hundyrd, 236/13.

hundyrthfold, *adj.*, hundredfold, 71/12.

hunt, *v.*, to hunt, *inf.*, 93/29; *pt.* 3 *sg.* hunted; 105/15; *pl.* huntet, 194/17.

hunter, *sb.*, hunter, 55/11.

hurle, *v.*, to hurl, *inf.*, 28/11; *pt.* hurled, 28/16.

hurne : *see* hyrne.

hurselfe, *pron.*, herself, 229/2.

hurten, *v.*, to hurt; *pt.* 3 *sg.* hurt, 189/17; *pp.* hurt, 258/22.

husbond, *sb.*, husband, 16/5; hosbond, 19/21.

husbond-man, *sb.*, husbandman, farmer, holder of husband - land, 5/12.

hyddous, *adj.*, hideous, 3/1; hydwes, 3/11; hydewes, 7/29.

hyde, *sb.*, hide, skin, 37/35.

hyde, *v.*, to hide, *inf.*, 43/36; *pt.* 3 *sg.* hudde, 40/26; *pl.* hydden, 35/22; *pp.* hud, 53/31; hydde, 60/5; hyddyn, 217/21.

hydurwarde, *adv.*, hitherward, 293/28.

hydwes, hydewes : *see* hyddous.

hydyr, *adv.*, hither, 209/19.

hydyrto, *adv.*, hitherto, 87/31.

hye, *v.*, to hie, haste, *inf.*, 88/35; *pr.* 3 *sg.* hyþe, 156/4; hyuþ, 156/9; *imp. pl.* hyth, 88/2; *pt.* 3 *sg.* hyet, 174/5; *pr. p.* hyyng, 195/10; *pp.* hyed, 84/28.

hygh, *adj.*, high, 3/36; heygh, 289/18; hegh, 18/11; heg, 55/21; heye, 79/19; hye, 176/1; hie, 186/32; hych, 193/19.

hyȝ, on, *adv.*, aloud, 217/12.

hygys, *adj.*, huge, 119/10.

Hyldon, Roudylf, *pr. n.*, Ranulphus Higden, 81/33.

hyll, *sb.*, hill, 2/30; hull, 72/30.

hyllyng, *sb.*, covering, 291/25.

hym, *pron.*, him, 1/9.

hymselfe, *pron.*, himself, 2/5.

hyndmost, *adj. and sb.*, hindmost, 220/31.

hyndryng, *sb.*, hindering, 63/26.

hyndyr, *adj.*, hinder, 229/26.

hyndyrlyngys, *sb. pl.*, a despised person, 140/33.

hyne, *sb.*, servant, 56/16.

hyr : *see* her.

hyre, *sb.*, hire, 71/33.

hyren, *v.*, to hire; *pt.* 3 *sg.* hyred, 145/8 ; *pp.* hyred, 66/5.

hyrne, *sb.*, corner, nook, 200/30; hurne, 200/35.

hys, *pron.*, his, 14/8 ; his, 1/2.

hyt, *pron.*, it, 5/17 ; hit, 2/21 ; itte, 295/20.

hytten, *v.*, to hit; *pt.* 3 *sg.* hut, 42/22 ; hutte, 42/26.

I, *pron.*, I, 7/13 ; y, 7/14.

i (for many forms with the prefix i-(j), see the simple forms).

Inde, *pr. n.*, India, 19/1 ; Ynde, 18/7.

infere : *see* ynfere.

Innocentys, the Innocents, 28/35 ; innocentes, 35/19.

inogh : *see* ynogh.

inspyracyon, *sb.*, inspiration, 136/7.

instaunce, *sb.*, instance, 136/2.

into, *prp.*, into, 1/21.

jrus, *adj.*, wrathful, 1/15.

Isaac, *pr. n.*, Isaac, 77/12, 93/20, 94/6; Isaake, 77/17.

Isakar, *pr. n.*, Isacar, a bishop, 15/30.

Israell, *pr. n.*, Israel, son of Isaac, 94/23.

Israell, *pr. n.*, Israel, the Jewish nation, 15/33.

Ive : *see* Jew.

iwysse, *adv.*, certainly, 233/7.

Jaboc, *pr. n.*, Jaboc, 94/16.

Jacob, *pr. n.*, Jacob, 48/11.

James, St., þe lasse, *pr. n.*, St. James, Alphaeus's son, 117/16; Jame, 117/15.

James, St., *pr. n.*, St. James, brother of St. John ante Portam Latinam, 148/5.

Jamys, St., þe mor, *pr. n.*, St. James, Zebedee's son, 208/10.

jangelyng, *sb.*, jangling, 201/10.

ianguler, *sb.*, jangler, 229/33.

Januare, *pr. n.*, January, 267/4.

iapys, *sb. pl.*, joke, trick, 63/22.

Jeremy, *pr. n.*, Jeremiah, 111/12.

Jerom, St., *pr. n.*, St. Jerome, 2/29.

Jeropolym, *pr. n.*, Hierapolis, 139/24.

Jerusalem, *pr. n.*, Jerusalem, 30/1.

Jeryco, ꝛ *r. n.*, Jericho, 82/29.

Jew, *sb.*, Jew, 14/22 ; Ive, 227/1.

jewels, *sb. pl.*, jewel, 33/11 ; jewelles, 33/28.

Jewre, *pr. n.*, Judaea, 48/20 ; Jure, 81/4; Jury, 121/9.

Jhesu, *pr. n.*, Jesus, 8/32 ; Jhesus, 52/8.

Joab, *pr. n.*, Joab, 112/14.

Joel, *pr. n.*, Joel, 160/32.

iogulry, *sb.*, jugglery, 255/20.

Johachym, St., *pr. n.*, St. Joachim, 15/15.

John Baptyst, St., *pr. n.*, St. John the Baptist, 6/9.

John, St., þe Evangelyst, *pr. n.*, St. John the Evangelist, 30/32.

Jon, *pr. n.*, John the converted Jew, 249/25.

Jon Belet, *pr. n.*, John Beleth, 79/5, 115/23, 122/34, 125/32, 164/1, 165/3, 171/25, 183/1, 247/3, 280/10, 298/8 ; Jon Belette, 280/22 ; Jon Belete, 296/6.

Jon Grysostom, *pr. n.*, John Chrysostom, 21/4, 235/27.

Jon, St., at the Port Latyne, *pr. n.*, St. John at the Latin gate, 146/30.

Jon Marke, *pr. n.*, John Markus, 176/7.

Joon, *pr. n.*, Johanna, St. Nicholas's mother, 11/30.

Jop, *pr. n.*, Job, 66/6, 89/21.

Jordan, *pr. n.*, Jordan, 48/5.

Joseph, *pr. n.*, Joseph, Jacob's son, 72/33.

Joseph, *pr. n.*, Joseph, the holy virgin's husband, 22/23.

Joseph Barsabas, *pr. n.*, Joseph Barsabas, 215/33; Josep Barsabas, 80/36.

Josephus, *pr. n.*, Josephus, 72/33, 122/13.

journay, *sb.*, journey, day's journey, 84/22 ; iourne, 277/11 ; iurney, 295/26.

joy, *sb.*, joy, 4/3.

Joy, *pr. n.*, mount Joy, 'mons gaudii,' 213/7.

ioyet, *pp.*, delighted, glad, 49/6.

ioyfully, *adv.*, joyfully, 224/32.

joynen, *v.*, to join, *pt.* 3 *sg.* joynut, 94/4 ; *pp.* joynet, 106/9.

ioyntys, *sb. pl.*, joint, 225/36.

Judas, *pr. n.*, Judas, who knew the place where the holy rood was hidden, 144/27.

Judas Skaryot, *pr. n.*, Judas Iscariot, 79/14.

Jude, St., *pr. n.*, St. Jude, 263/3.

juge, *sb.*, judge, 88/24.

jugement, *sb.*, judgement, 301/34.

Julianus Apostata, *pr. n.*, Julian the Apostate, 185/29.

iustes, *sb.*, joust, tournament, 298/31.

justyce, *sb.*, justice, judge, 7/18.

justyre, *sb.*, justice eyre, 114/2 ; the circuit court of a travelling judge.

k : for many forms beginning with a *k*, see under *c*.

kakes, *sb. pl.*, cake, 254/10.

kalender, *sb.*, calendar, 45/10.

Kalyx, St., *pr. n.*, St. Kalixtus, 253/4.

kanckyr, *sb.*, canker, 293/29.

Karpe, St.,*pr.n.*, St. Carpeus, 154/32.

Kateryn, St., *pr. n.*, St. Katherine, 275/6.

kepe, *v.*, to keep, *inf.*, 2/13 ; kepon, 289/4 ; *pr.* 3 *sg.* kepyth, 49/25 ; *pl.* kepyþe, 132/21 ; *imp. pl.* kepytt, 5/6 ; *pt.* 3 *sg.* kepyd, 15/19 ; kept, 23/15 ; *pl.* kepton, 22/3 ; keput, 153/25 ; kepte, 210/22 ; *pr. p.* kepyng, 31/3 ; *pp.* kepte, 93/14 ; kepyd, 194/11.

keper, *sb.*, keeper, 32/8.

kepyng, *sb.*, keeping, 32/10.

kerchef, *sb.*, kerchief, 102/21.

keys, *sb. pl.*, key, 187/18.

klippyng, *sb.*, embracing, 223/16.

knaue-chyld, *sb.*, male child, 205/24.

kne, *sb.*, knee, 50/15.

knele, *v.*, to kneel, *inf.*, 11/14 ; knell, 140/4 ; *pr.* 2 *sg.* kneles, 174/30 ; 3 *sg.* knelyþe, 123/8 ; *pl.* knelen, 174/31 ; *imp. pl.* knelyth, 50/15 ; *pt.* 1 *sg.* kneled, 17/13 ; 3 *sg.* knelet, 8/11.

knelyng, *sb.*, kneeling, 262/24.

knewlech, *v.*, to acknowledge, *inf.*, 25/34 ; knolach, 294/17 ; *pr. pl.* knowlechyn, 282/21 ; knowlachen, 51/23 ; *imp. sg.* knowlech, 223/31 ; *pr. p.* knowlachyng, 22/22 ; knowlechyng, 49/20 ; knolechyng, 170/5.

knoken, *v*, to knock ; *pt.* 3 *sg.* knokyd, 222/21.

knot, *sb.*, knot, 9/2.

know, *v.*, to know, *inf.*, 2/27 ; knowon, 289/10 ; *pr.* 1 *sg.* know, 30/7 ; 2 *sg.* knowes, 172/27 ; *pl.* knowen, 1/5 ; know, 13/36 ; knoeþe, 47/29 ; knoweth, 68/6 ; *imp. pl.* knoweþe, 235/15 ; *pt.* 1 *sg.* knew, 17/11 ; 3 *sg.* knew, 13/5 ; *pl.* knewen, 23/3 ; knew, 101/21 ; kneuyn, 183/18 ; *pp.* knowen, 80/31.

knowlech, *sb.*, knowledge, 159/11 ; knoleʒ, 264/26.

knowyng, *sb.*, knowing, knowledge, 132/7.

knyfe, *sb.*, knife, 37/5.

knyght, *sb.*, knight, 2/17 ; knythe, 291/34 ; knyte, 292/2.

knyghtly, *adv*, knightly, 243/22.

knyle, *sb.*, knell, 164/9.

knytten, *v.*, to knit ; *pt.* 3 *sg.* knet, 21/28 ; *pl.* knytten, 110/33 ; *pp.* knottyt, 219/21.

krucches, *sb. pl.*, crutch, 197/37.

kychon, *sb.*, kitchen, 89/8.

kyn, *adj.*, akin, 197/34.

kynd, *sb.*, kind, nature, 21/23.

kyndnesse, *sb.*, kindness, 112/30.

kyndom, *sb.*, kingdom, 33/14 ; kyngdome, 173/6.

kyng, *sb.*, king, 148/29.

kynne, *sb.*, kin, 184/15.

kyrieleyson, *interj.*, kyrie eleison (beginning of an antiphon), 128/35.

kysse, *sb.*, kiss, 117/18 ; cosse, 126/28 ; cusse, 293/29.

kysse, *v.*, to kiss, *inf.*, 41/28 ; *pr.* 3 *sg.* cusseth, 291/29 ; *imp.* 2 *sg.* kys, 223/30; *pt.* 3 *sg.* kysset, 17/6 ; cussed, 58/34 ; kussyd, 293/24 ; *pl.* kussyd, 186/24 ; *pp.* kyssed, 41/27 ; cussud, 293/27.

kytte, *v.*, to cut, *inf.*, 47/24 ; kut, 187/19 ; *pt.* 3 *sg.* kut, 42/21 ; *pp.* kytte, 45/23.

kyttyng, *sb.*, cutting, 46/29.

Laban, *pr. n.*, Laban, 93/37.

labour, *sb.*, labour, work, 65/25.

laboure, *v.*, to labour, work, *inf.*, 65/32 ; labyr, 64/11 ; *pr. pl.* labryn, 82/18 ; *pt.* labourt, 68/24.

laddyr, *sb.*, ladder, 94/3.

lady, *sb.*, lady, 11/17; lade, 245/4.

Laȝarus, *pr. n.*, Lazarus, 114/29.

lagh, *v.*, to laugh, *inf.*, 29/13; *pr. pl.* laghyth, 64/2; *pt. 3 sg.* logh, 287/23; *pl.* logh, 40/14; loȝe, 178/24; loch, 193/19.

laghtur, *sb.*, laughter, 78/3.

laghyng, *sb.*, laughing, 37/28.

lake, *sb.*, pond, wet place in the road, 44/1.

lake, *sb.*, lack, reproach, 165/29.

lambur, *sb.*, amber, 146/11.

lamentacyon, *sb.*, lamentation, 118/21.

lampe, *sb.*, lamp, 92/19.

langage, *sb.*, language, 160/25; langgage, 143/18.

lappen, *v.*, to wrap up, embrace; *pt. 3 sg.* lappyd, 23/2; *pp.* lappyd, 194/8.

large, *adj. (sb.)*, large, wide, liberal, generous, 189/9.

largenes, *sb.*, liberality, 83/33; largines, 220/13.

las, *adj. and adv.*, less, 82/13; lasse, 101/23.

Lasma, *pr. n.*, Lasma, 173/12.

last, *v.*, to last, *inf.*, 1/10; laston, 294/4; *pr. 3 sg.* lestyth, 21/2; *pt. 3 sg.* last, 39/32; 'to extend,' 174/18, 200/32.

last, *adj.*, last, 243/7.

late, *adv.*, late, recently, 79/28.

Lateyne, *sb. and adj.*, Latin, 182/28; Latyne, 146/33.

Latrens, *pr. n.*, Lateran, 194/14.

latymere, *sb.*, interpreter, 99/1.

lavntyrne, *sb.*, lantern, 183/23.

Laurence, St., *pr. n.*, St. Lawrence, 61/16; Laurance, 216/20; Laureus, 218/17.

lauere, *sb.*, laver, washing vessel, 201/34.

lawe, *sb.*, religion, law, dispensation, 20/10, 50/33.

lawfull, *adj.*, lawful, 160/31.

lawse, *adj.*, loose, 218/30.

lawsyng, *sb.*, loosing, 119/35.

lay, *v.*, to lay, *inf.*, 2/4; leyne, 290/20; *pr. 1 sg.* lay, 172/29; *2 sg.* lays, 188/12; *3 sg.* layth, 1/16; leyth, 290/30; *imp. sg.* lay, 31/37; *pt. 3 sg.* leyde, 19/15; layde, 23/2; *pl.* layden, 28/13; *pp.* layde, 22/8.

layte, *sb.*, lightning, 7/31.

leche, *sb.*, leech, physician, 141/12.

leche-crafte, *sb.*, art of healing, 302/1.

lechery, *sb.*, lechery, 6/24; lechere, 26/10.

lecherys, *adj.*, lecherous, 132/15.

lechore, *sb.*, lecher, 108/14; lechoure, 229/28.

lede, *v.*, to lead, wear, *inf.*, 11/16; lade, 189/9; *pt. 1 sg.* lad, 212/18; *3 sg.* lad, 5/23; ladde, 12/22; lede, 133/30; *pl.* ladden, 29/10; lad, 211/22; *pr. p.* ledyng, 113/17; *pp.* lad, 147/19.

leder, *sb.*, leader, 33/38.

leed, *sb.*, lead, 5/33; lede, 219/21.

lem, *sb.*, light, gleam, brightness, 160/8.

lees, *sb. pl.*, flame, 5/30.

lef, *adj.*, desirous, willing, 140/36.

lefe, *adj.*, dear, 167/7; *comp.* leuer, 7/14; — hym were, ' he would rather'; *superl.* leuest, 201/17; — me ys, 'I like best.'

lefe, *sb.*, leaf, 102/22.

lefetenant, *sb.*, lieutenant, 121/8.

leg, *sb.*, leg, 180/20.

Legenda Aurea, *pr. n.*, Golden Legend, 252/5.

legyon, *sb.*, legion, 220/29.

lemon, *sb.*, leman, 287/7; lemmon, 287/30; lemman, 288/3.

lenden, *v.*, to lend; *pt. 3 sg.* lant, 300/12.

lenen, *v.*, to lean, incline; *pr. 3 sg.* leneth, 32/20; *pt.* lened, 119/9; *pr. p.* lenyng, 198/1.

lengþe, *sb.*, length, 152/27.

lenton, *sb.*, Lent, spring, 2/13.

lepe, *v.*, to leap, run, jump, *inf.* 212/1; *imp. sg.* lepe, 213/6; *pt. 3 sg.* lept, 189/24.

lepull, *sb.*, leprosy, 37/35; lypur, 264/12.

lepur, *adj.*, leprous, 264/2.

lerede, *adj.*, learned, 53/10.

lerne, *v.*, to learn, *inf.*, 157/21; lernen, 177/14; *pr. pl.* lerne, 171/28; *imp. sg.* lerne, 167/19; *pt. 3 sg.* lernd, 107/30; lernyd, 184/4; lurnyd, 232/15; *pp.* ylurned, 135/33.

lernet, *pp.*, learned, 275/10.

lernyng, *sb.*, learning, 156/35.

lese, *v.*, to lose, destroy, *inf.*, 55/34; *pr. 3 sg.* lesyth, 60/14; *pl.* lesyth, 192/29; *pt. 2 sg.* loste, 234/31;

3 *sg.* lost, 21/31 ; *pl.* losten, 279/19; lost, 48/28 ; *pp.* lost, 7/9 ; lorne, 55/22.

lessones, *sb. pl.*, lesson, 296/32.

lest, *adj.* (*sb.*), least, 4/10.

lest, *conj.*, lest, 5/10.

lesuien, *v.*, to pasture; *pt.* 3 *pl.* lesuet, 258/13.

lesyng, *sb.*, deliverance, release, 284/25.

letany, *sb.*, litany, 151/11.

lethy, *adj.*, weak, 286/4.

lette, *sb.*, let, hindrance, delay, 274/12.

lette, *v.*, to let, leave, *inf.*, 235/17 ; *pr. pl.* latte, 297/14 ; *imp. sg.* let, 10/14; lette, 10/14 ; late, 10/31 ; *pl.* let, 186/21 ; *pt.* 3 *sg.* let, 6/25 ; lett, 14/22 ; lat, 225/6 ; 3 *pl.* letten, 22/3 ; leton, 201/24 ; *pr. p.* lettyng, 44/14 ; *pp.* lete, 229/10; lette, 235/27.

letten, *v.*, to retard, impede, keep back ; *pt. pl.* letted, 81/20 ; *pp.* lettyd, 110/32.

letturt, *adj.*, learned, 192/9.

lettyr, *sb.*, letter, 36/8 ; lettre, 301/20.

leudeschip, *sb.*, wickedness, 204/14.

leue, *sb.*, leave, 59/3.

leue, *v.*, to leave, be left, remain, *inf.*, 55/27; leef, 125/27 ; levon, 290/35 ; *pr.* 3 *sg.* leueþe, 118/19 ; *pl.* leuen, 267/1 ; *imp. sg.* lef, 299/33 ; *pl.* leue, 90/13 ; lef, 167/36 ; leueþ, 114/16 ; *pt.* 3 *sg.* laft, 6/14 ; *pl.* laften, 6/19 ; laft, 20/10 ; *pp.* lafte, 14/17 ; lafton, 298/10.

leue, *v.*, to believe, *inf.*, 23/11 ; *pr.* 1 *sg.* leue, 112/2 ; 2 *sg.* leues, 264/18 ; 3 *sg.* leuet, 173/6 ; *pl.* leuen, 252/16 ; leueth, 25/2 ; leuet, 172/36 ; *pt.* 3 *sg.* leued, 32/3 ; *pl.* leued, 24/10 ; leuedyn, 36/36 ; *pr. p.* leuyng, 200/11 ; *pp.* leuod, 165/19.

leue : *see also* lyuen.

leuer, leuest : *see* lefe.

leues, *sb. pl.*, leaf, 35/22.

Leuy, *pr. n.*, Levi, 215/19.

leuyng : *see* lyuyng.

lewde, *adj.*, unlearned, ignorant, 49/9.

Lewys, *pr. n.*, Lewis, 158/12.

liberalule, *adj.*, liberal, generous, 161/31.

Liberius, *pr. n.*, Liberius, 138/1.

lo, *interj.*, lo, 6/12.

lodely, *adj.*, loathful, 238/7.

lofe, *sb.*, loaf, 103/28.

loft, *adv.*, from loft, ' from above, down,' 140/21.

logget : *see* luggen.

logh : *see* lowe.

loken, *v.*, to look, see, *inf.*, 55/25 ; loke, 56/13 ; *pr. pl.* loken, 21/17 ; loketh, 23/27 ; *imp. sg.* loke, 88/20 ; *pt.* loket, 10/8 ; *pr. p.* lokyng, 154/19.

lokken, *v.*, to lock ; *pt.* 3 *sg.* lokket, 248/7.

Lollardes, *pr. n.*, the Lollards, 171/19.

Lombardys, *pr. n.*, Lombards, 164/16; Lumbardys, 220/22.

lombe, *sb.*, lamb, 6/13.

lompmale, *adv.*, in lumps, 44/15.

lompurt, *pp.*, entangled, 196/22.

lond, *sb.*, land, 8/10.

londen, *v.*, to land ; *pt.* 3 *sg.* londyd, 210/16.

London, *pr. n.*, London, 38/12.

lones, *sb.*, lowliness, meekness, 84/20.

long, *adj.*, long, 5/17 ; *comp.* lengyr, 18/24.

longen, *v.*, to long, belong; *pr. pl.* longyþe, 102/22.

long-taylet, *adj.*, long-tailed, 138/5.

longyng, *sb.*, longing, desire, 63/31.

lord, *sb.*, lord, 16/3, 16/33.

lordschepe, *sb.*, lordship, 180/2.

lore, *sb.*, lore, precept, 103/5.

lorel, *sb.*, laurel, 190/12.

lose, *adv.*, loose, 119/17 ; lowsly, 199/3.

losen, *v.*, to loose ; *pt.* lowsed, 119/33.

losse, *sb.*, loss, 157/17 ; loos, 63/26; lose, 70/14.

lote, *sb.*, lot, 81/2 ; loot, 81/1.

loþe, *adj.*, loath, 72/19.

loþe, *v.*, to loathe, *inf.*, 287/3.

loue, *sb.*, love, 4/8.

loue, *v.*, to love, *inf.*, 291/9 ; louon, 291/1 ; *pr.* 1 *sg.* loue, 172/27 ; 2 *sg.* louest, 55/35 ; 3 *sg.* loueth, 23/21 ; *pl.* louen, 34/17 ; louyþe, 56/31 ; lyuen, 55/31 ; *imp. pl.* loueth, 29/10 ; *pt.* 3 *sg.* louyth, 185/14 ; louid, 291/6 ; *pl.* louet, 4/17 ; loueden, 24/11.

loueday, *sb.*, love-day, day for the

amicable settlement of differences, 41/25.

louere, *sb.*, lover, 186/10.

louyngly, *adv.*, lovingly, kindly, 22/5.

low, *sb.*, flame, 107/17.

lowe, *adj.*, low, 50/19; lowȝe, 161/28; logh, 242/14.

lowen, *v.*, to make low, *inf.*, 63/2.

lowren, *v.*, to look sullen, *inf.*, 65/22.

lowten, *v.*, to bow, incline; *pr. pl.* louton, 233/7; *pt.* 3 *sg.* lowtet, 14/9.

Lucilles, *pr. n.*, Lucillus, 218/24.

lucure, *sb.*, lucre, 254/33.

Lucyfer, *pr. n.*, Lucifer, 10/36.

luggen, *v.*, to lug, drag, pull; *pt.* 3 *sg.* logget, 40/3; *pl.* luggut, 210/8.

Luke, St., *pr. n.*, St. Luke, 232/14.

Lulselle, *pr. n.*, Lilleshall (Shropshire), 244/6; Lulsull, 281/14.

Lupa, *pr. n.*, Lupa, a queen of Spain, 210/17.

lust, *sb.*, lust, 5/3.

lusten, *v.*, to be pleased, lust like; *pr. subj.* 3 *sg.* lust, 149/9.

lusty, *adj.*, desirous, 37/5.

Lya, *pr. n.*, Lea, 94/11.

lych : *see* lyke.

lye, *v.*, to lie, tell lies, *inf.*, 28/9.

lye, *v.*, to lie, *inf.*, 7/12; *pr.* 2 *sg.* lyse, 90/22; 3 *sg.* lythe, 20/16; lyet, 174/30; *pl.* lyne, 21/8; lyen, 24/12; lien, 162/5; lyþe, 287/15; *pt.* 3 *sg.* lay, 5/13; ley, 32/12; lay to, 'suited, became,' 247/19; *pl.* liyn, 180/18; lay, 122/15; leon, 276/4; *pr. p.* liyng, 63/20; lying, 220/7; *pp.* layne, 20/4; leyn, 115/9.

lyfe, *sb.*, life, animate existence, 2/1; living being, person, 195/21, 280/9.

lyfe-tyme, *sb.*, life-time, 232/11.

lyflaker, *comp.*, more lively, 31/31.

lyflode, *sb.*, living, 65/35; lyuelod, 82/19.

lyfte, *adj.*, left, 250/31.

lyften, *v.*, to lift; *pr.* 3 *sg.* lyftyþe, 83/2 : *imp. pl.* lyftuþ, 154/24; *pt.* 3 *sg.* lyft, 28/1; *pp.* lyft, 112/31.

lyfyng, lyfuyng : *see* lyvyng.

lyght, *sb.*, light, 9/10; lythe, 295/24.

lyghten, *v.*, to light, enlighten, *inf.*, 21/16; lyght, 62/12; leghten, 101/26; *pr.* 3 *sg.* leghteneth, 23/27; lyghtenyth, 24/33; lyght-

neth, 50/3; lyghtyþ, 216/14; *pt.* 3 *sg.* leghtenet, 24/9; lyghtned, 25/6; lyght, 51/15; *pr. p.* lyȝtyng, 160/9; lytyng, 183/23; *pp.* jlyghnet, 23/37; lightnet, 60/7; lyght, 60/28; jlyght, 118/23.

lyghten, *v.*, to descend; *pt.* 3 *pl.* lyghten, 49/17.

lyȝth, *adj.*, light, easy, 222/18; *adv.* lyghtly, 26/19.

lyke, *adj. and adv.*, like, likely, 16/8; lych, 156/20; like, 175/1; leke, 295/25.

lyken, *v.*, to like; *pt.* 3 *sg.* lyket, 6/15.

lyken, *v.*, to liken, compare, *inf.*, 107/10; *pr.* 3 *sg.* lykeneþe, 55/9; *pp.* lyknet, 261/8; lykenet, 261/16.

lykenesse, *sb.*, likeness, 51/14; lickenes, 9/25.

lykyng, *sb.*, liking, pleasure, 16/24; lekyng, 292/1.

lyly, *sb.*, lily, 108/27; lylly, 228/6.

lym, *sb.*, *in phrase*, fendys lym, 'fiend's limb,' 189/13.

lyme-kylne, *sb.*, lime-kiln, 134/23.

lymemal, *adv.*, piecemeal, limb by limb, 246/2.

lymmes, *sb. pl.*, limb, 180/25.

lynage, *sb.*, lineage, 22/21.

Lyncolnyens, *pr. n.*, Lincolniensis, 150/12.

lynnen, *adj.*, made of linen, 140/4.

lyon, *sb.*, lion, 19/12.

lypp, *sb.*, lip, 293/29.

lypur : *see* lepull.

lystes, *sb. pl.*, sinner, 4/13.

lytyll, *adj.*, little, 38/28; lytul, 289/6.

lyue : *see* lyfe.

lyue-dayes, *sb.*, life-days, 62/22.

lyuen, *v.*, to live, *inf.*, 1/25; lyfe, 190/7; leven, 200/6; leue, 253/17; *pr.* 1 *sg.* lyue, 65/20; leue, 178/11; 2 *sg.* lyuys, 207/3; lyues, 264/10; 3 *sg.* leueth, 47/13; lyueth, 56/20; *pl.* lyuen, 282/24; *pt.* 3 *sg.* lyued, 12/8; leued, 179/3; *pl.* lyueden, 35/10; lyued, 35/26; *pp.* lyuet, 16/1; ylyued, 75/11.

lyuer, *sb.*, liver, man, 91/23.

lyuere, *sb.*, livery, 131/13.

lyvyng, *sb.*, life, 6/7; lyfuyng, 194/22; leuyng, 12/9; lyfyng, 228/26.

m, one thousand, 302/33.

mageste, *sb.*, majesty, 168/13 ; maieste, 268/2.

make, *v.*, to make, *inf.*, 3/1 ; makon, 290/16 ; *pr.* 1 *sg.* make, 91/20 ; 2 *sg.* makyst, 235/32 ; 3 *sg.* makyth, 1/7 ; mekyþe, 287/18 ; *pl.* maken, 52/21 ; maketh, 84/14 ; *imp. sg.* make, 7/4 ; *pl.* make, 10/15 ; makeþe, 50/24 ; *pt.* 2 *sg.* madyst, 288/25 ; 3 *sg.* made, 1/24 ; makut, 289/24 ; *pl.* maden, 11/33 ; makut, 131/3 ; mad, 225/34 ; *pp.* made, 3/16 ; makyþe, 127/15 ; makud, 289/23 ; madon, 300/31.

maker, *sb.*, maker, creator, 1/1.

makyng, *sb.*, making, 8/17.

maledy, *sb.*, malady, disease, 141/6.

maleyse, *sb.*, malice, 29/20 ; males, 27/15 ; malyce, 28/1 ; maleyce, 259/30.

Malkys, *pr. n.*, Malchus, 188/1.

Mambre, *pr. n.*, Mamre, 76/36.

mamelen, *v.*, to chatter ; *pr. pl.* mameluth, 160/27.

man, *sb.*, man, 2/1 ; *pl.* men, 1/5.

manassen, *v.*, to menace ; *pr. p.*, manassyng, 53/28.

man-chyld, *sb.*, male child, 57/15.

maner, *sb.*, manner, custom, 2/4.

maner, *sb.*, manor, 56/9.

mankind, *sb.*, mankind, 1/8 ; monkynd, 21/15.

manna, *sb.*, manna, 9/16.

Mannus, *pr. n.*, Manes, 216/14.

man-qweller, *sb.*, manslayer, 252/12.

manslaȝt, *sb.*, manslaughter, 150/19 ; monslaght, 286/34.

man-state, *sb.*, state of manhood, manhood, 25/13.

mantaynen, *v.*, to maintain ; *pr.* 3 *sg.* mantaynyth, 71/29 ; *pp.* mantaynet, 241/31.

mantell-lappe, *sb.*, mantle-border, 227/21.

mantule, *sb.*, mantle, 178/28.

many : *see* mony.

March, *pr. n.*, the month of March, 253/10.

marchand, *sb.*, merchant, 88/16.

Marche, *pr. n.*, Marche, former province of Central France, 242/26.

Marcyle, *pr. n.*, Marseilles, 204/35.

Margarete, St., *pr. n.*, St. Margaret, 199/15.

mariage, *sb.*, marriage, 290/17 ; maryge, 215/22.

marien, *v.*, to marry ; *pt.* 3 *sg.* mariet, 12/36 ; *pp.* mariet, 9/30.

Marke, St., *pr. n.*, St. Mark, 135/28.

marked, *sb.*, market, 22/32.

marken, *v.*, to mark ; *pr.* 3 *sg.* markyth, 111/21.

Mars, *pr. n.*, Mars, 59/16.

marteren, *v.*, to martyr ; *pr.* 2 *sg.* marterys, 113/25.

Martha, *pr. n.*, Martha, 114/30.

Martyne, St., *pr. n.*, St. Martin, 272/22 ; Marteyne, 272/4 ; Marten, 273/29.

martyr, *sb.*, martyr, 38/10.

martyrdom, *sb.*, martyrdom, 28/28.

Mary, *pr. n.*, Mary, sister of Martha, 228/13.

Mary, St., *pr. n.*, St. Mary, the virgin, 21/15.

Mary Cleophe, *pr. n.*, Mary Cleophe, 215/25.

Mary Mawdelen, *pr. n.*, Mary Magdalene, 18/33.

Mary Salome, *pr. n.*, Mary Salome, 215/27.

maset, *adj.*, mazed, 29/24.

masse, *sb.*, mass, 20/20 ; mas, 126/27.

mater, *sb.*, matter, 25/14.

Mathew, St., *pr. n.*, St. Matthew, 79/1.

Mawdelen castell, *pr. n.*, Magdalene castle, 203/18.

mawmet, *sb.*, idol, 24/18.

mawmetry, *sb.*, idolatry, 8/21.

mawndement, *sb.*, command, 22/20.

Maxencius, *pr. n.*, Maxentius, 143/35 ; Maxens, 276/1.

Maximilla, *pr. n.*, Maximilla, the wife of Egeas, the justice of Patras, 9/14.

Maximius, St., *pr. n.*, Maximinus, a bishop, 204/31.

may, *v.*, I may, be able ; *pr.* 3 *sg.* may, 1/16 ; *pl.* may, 30/28 ; moue, 201/26 ; mvn, 14/5 ; mo, 54/32 ; mown, 158/28 ; mow, 5/3 ; mowun, 9/17 ; *pt.* 2 *sg.* myght, 40/9 ; myghtyst, 288/25 ; mythe, 299/31 ; 3 *sg.* myght, 5/24 ; mythe, 292/7 ; *pl.* myghten, 8/8 ; *pp.* mythe, 300/29.

mayden, *sb.*, maiden, 23/10 ; mayde, 230/1.

mayden-chyld, *sb.*, female child, 57/24 ; mayde-chylde, 57/29.

maydenhode, *sb.*, maidenhood, 31/4 ; maydenhede, 60/7.

mayn, *adj.*, main, 132/20.
mayntenyng, *sb.*, maintaining, 165/7.
maystry, *sb.*, mastery, dominion, 201/6.
maystyr, *sb.*, master, 8/32; mastur, 301/17.
maytines, *sb. pl.*, matin, 169/1; maytens, 267/32; matens, 266/6.
me, *pron.*, me, 7/13.
mede, *sb.*, meed, reward, 43/30.
mediator, *sb.*, mediator, 11/15; medyatour, 165/32.
medow, *sb.*, meadow, 174/5.
medyacyon, *sb.*, mediation, 21/28.
medyll, *v.*, to meddle, *inf.*, 64/35.
medysyn, *sb.*, medicine, 14/12.
meke, *adj.*, meek, mild, 11/27.
mekenes, *sb.*, meekness, 2/6.
mekon, *v.*, to render meek, *inf.*, 294/16; *pr.* 3 *sg.* mekyth, 112/27; *pt.* 3 *sg.* meked, 124/11.
mekyll, *adj.*, much, great, 14/20.
Melayne, *pr. n.*, Milan (?), 50/8.
mele, *sb.*, meal, 84/3.
melody, *sb.*, melody, 1/14.
membur, *sb.*, member, 46/30; membre, 161/4.
memory, *sb.*, memory, 147/29.
mencyon, *sb.*, mention, 1/7.
mene, *adj.*, mean, 65/3.
menen, *v.*, to mean; *pt.* 3 *sg.* mant, 43/25.
men-sleers, *sb. pl.*, murderer, 49/12.
mercy, *sb.*, mercy, 76/7.
mercyable, *adj.*, merciful, 72/19.
meritabull, *adj.*, profitable, meritorious, 282/8.
meroly, *adv.*, merrily, 152/36.
Merton, *pr. n.*, Merton, 197/5.
meruayl, *sb.*, marvel, 228/11.
mervelous, *adj.*, marvellous, 257/23; mervelyus, 259/8; mervayles, 260/22.
merueylen, *v.*, to marvel; *pr.* 1 *sg.* meruayle, 171/36; *pt.* 3 *sg.* merueylt, 107/36; merveled, 301/27; *pl.* meruelet, 160/24; merueyld, 222/28.
merueyll, *sb.*, marvel, 10/17.
meryt, *sb.*, merit, 60/14; merete, 80/10.
mesele, *adj. and sb.*, leper, leprous, 37/12; mesyll, 80/15.
message, *sb.*, message, 17/20; mesage, 17/33.
messagere, *sb.*, messenger, 10/32.
mesylry, *sb.*, leprosy, 186/23; meselry, 257/8.

mete, *sb.*, food, meat, 10/3; mette, 13/18.
mete, *v.*, to meet, *inf.*, 207/30; *pt.* 3 *sg.* mete, 281/22; mette, 300/16; *pl.* meten, 112/15; mettyn, 250/35.
mete-ȝorde, *sb.*, measuring-yard, 295/7.
metelles, *sb. pl.*, metal, 49/24.
meten, *v.*, to measure; *pr.* 3 *sg.* metyþe, 152/27; *pp.* mette, 10/35.
metyng, *sb.*, meeting, encounter, 57/5.
meyne, *sb.*, household, servants, 64/27.
misbeleuet, *adj.*, unbelieving, 154/33.
misse, *v.*, to miss, *inf.*, 233/24; *pt.* 3 *pl.* myssedon, 112/4.
mo, *adv.*, more, 23/29.
moche, *adj. and adv.*, much, large, great, 2/18; meche, 178/29.
modyr, *sb.*, mother, 7/12.
modyrhode, *sb.*, motherhood, 60/7.
molton, *pp.*, melted, liquified, liquid, 84/8; myltyn, 219/7.
moment, *sb.*, moment, 152/23.
Monday, *pr. n.*, Monday, 149/15.
mone, *sb.*, moan, 251/21; moon, 110/7.
mone, *sb.*, month, 59/21.
money, *sb.*, money, 19/31; mone, 17/9.
monfull, *adj.*, manful, 39/8.
monhed, *sb.*, manhood, mankind, 39/15; monhode, 54/9; monhede, 60/5; manhed, 83/12.
monke, *sb.*, monk, 5/15.
monly, *adj. and adv.*, manly, 38/32.
mont, *sb.*, mount, 152/12.
mony, *adj.*, many, 6/31; many, 293/20.
monycion, *sb.*, admonition, 236/4.
mony-on, *sb.*, many-one, many, 24/33.
monysschen, *v.*, to admonish, exhort; *pr.* 1 *sg.* monyssche, 87/29; 3 *sg.* monyscheþe, 86/17.
mopysche, *adj.*, foolish, stupid, 287/6.
morewyth, *adv.*, moreover, 170/23.
morne, *sb.*, morning, 146/20.
mornyng, *sb.*, morning, 12/35. *See also under* mowrnyng.
morow, *sb.*, morrow, morning, 5/13; morowon, 298/9.
morow-tyde, *sb.*, morning time, 63/20.
Morvyle, Syr Hewe, *pr. n.*, Sir Hugh Morville, 41/36.

most, *adv.*, most, 24/18.
moste, *v.*, must; *pr. 3 sg.* most, 1/26;
pl. most, 100/10; *pt. 3 sg.* most,
9/26; muste, 173/26; *pl.* mosten,
292/27.
mot, *v.*, must; *pr. 3 sg.*, mot,
2/11; mote, 146/29; *pl.* moten,
71/2.
mote, *sb.*, mote, atom, 86/31.
mow, &c.: *see* may.
mowntaynys, *sb.*, mountains, 3/15.
mowrnyng, *adj. and sb.*, mourning,
63/31; mornyng, 16/23.
mowþe, *sb.*, mouth, 5/28; moþe,
79/28.
Moyses, *pr. n.*, Moses, 101/9.
Moyses, raby, *pr. n.*, rabbi Moses,
152/24.
moystur, *sb.*, moisture, 162/7.
multytude, *sb.*, multitude, 76/7.
murþe: *see* myrþe.
murþur, *sb.*, murder, 286/35.
muste, *sb.*, must, new wine, 160/26.
my, *pron.*, my, 4/2.
Mychaell, St., *pr. n.*, St. Michael,
257/15; Michaell, 257/31; Myghel,
224/10; Mychell, 258/21; Myghell,
224/11.
Mychaell yn þe mownt, *pr. n.*,
Michael's mount, 258/27.
mydday, *sb.*, midday, 16/14.
myddyl, *sb. and adj.*, middle, 25/23;
myddys, 61/29; mydyl, 290/4.
mydnyght, *sb.*, midnight, 23/19;
mydnyȝt, 22/33; mydnythe, 295/24.
mydwyff, *sb.*, midwife, 107/29.
mydwyntyr-nyght, *sb.*, midwinter-
night, 51/30.
myght, *sb.*, might, 9/9; myth,
166/12.
myghtles, *adj.*, powerless, impotent,
55/15.
myghty, *adj.*, mighty, 8/17.
myld, *adj.*, mild, soft, 106/16.
myldewys, *sb. pl.*, mildew, 138/4.
myle, *sb.*, mile, 173/34.
Myletus, *pr. n.*, Miletus, 146/16.
mylke, *sb.*, milk, 302/37.
mylken, *v.*, to milk; *pt. 3 sg.* mylked,
302/37.
mylne-ston, *sb.*, mill-stone, 134/14.
myn, *adj. and sb.*, mine, my, 4/10;
myne, 112/33.
mynde, *sb.*, mind, memory, 21/13.
myng, *v.*, to remember, mention, *inf.*,
188/19.
mynisteres, *sb. pl.*, minister, 297/29.

mynnyng, *sb.*, remembrance, com-
memoration, 169/28.
mynstrell, *sb.*, minstrel, 19/16.
mynstrelsy, *sb.*, minstrelsy, 102/9;
mynstrelcy, 195/29.
myracull, *sb.*, miracle, 29/36; myr-
ackle, 180/16; myracle, 179/7;
miracule, 180/7.
myre, *sb.*, mire, 44/1.
Myrre, *pr. n.*, Myra, a town, 12/11.
myrre, *sb.*, myrrh, 48/20.
myrroure, *sb.*, mirror, 294/2.
myrþe, *sb.*, mirth, amusement, 8/15;
murþe, 14/20.
mys, *sb.*, wrong, 10/7.
mys, *adv.*, badly, wrongly, 47/30.
mysbeleue, *sb.*, misbelief, 45/19.
myschaunce, *sb.*, mischance, 41/16.
myschef, *sb.*, mischief, misfortune,
70/7; mischef, 284/15.
myschet, *sb.*, misfortune, 12/29.
mysdede, *sb.*, misdeed, 239/22.
mysdoers, *sb. pl.*, malefactor, 117/13.
mysdon, *pp.*, misdone, 130/30.
mysdoyng, *sb.*, misdoing, 133/32.
myshappe, *sb.*, mishap, 29/19.
myskepyng, *sb.*, miskeeping, 33/37.
myslykyng, *sb.*, dislike, 63/28.
myspenden, *v.*, to misspend; *pr. subj.*
3 *sg.* myspend, 87/6.
myssen, *v.*, to miss; *pt. 3 sg.* myst,
119/25.
myst, *sb.*, mist, 259/17.
mystaken, *v.*, to trespass; *pt. 3 sg.*
mystoke him, trespassed, 294/9.
myth: *see* myght.

nacyon, *sb.*, nation, 248/30.
Nadabere, *pr. n.*, Naddaber, 255/19.
Naȝareth, *pr. n*, Nazareth, 54/4.
naght: *see* noght.
nakedschip, *sb.*, nakedness, 70/7.
naket, *adj.*, naked, 4/5.
nalle, *sb.*, awl, 136/20.
name, *sb.*, name, 11/34; nome,
11/24.
name, *v.*, to name; *pp.* nomet,
239/30.
namely, *adv.*, namely, especially,
72/3; nomely, 23/32.
naseþurles, *sb. pl.*, nostril, 141/6.
Nathan, *pr. n.*, Nathan, 215/19.
natyuyte, *sb.*, nativity, 17/30.
nauell, *sb.*, navel, 97/3.
nay, *interj.*, nay, 10/4.

naylen, *v.*, to nail; *pt. pl.* nayled, 122/31 ; *pp.* naylet, 45/35.
nayles, *sb. pl.*, nail, 18/17.
ne : *see* no.
necessary, *adj.*, necessary, 228/21.
necke, *sb.*, neck, 42/34; nekke, 179/4 ; neke, 211/37.
neclygens, *sb.*, negligence, 174/25 ; neglegence, 266/7 ; neclygence, 266/10.
neclygent, *adj.*, negligent, 267/11.
neddyrs, *sb. pl.*, adder, viper, 155/7.
nede, *sb.*, need, 11/10.
nede, *adv.*, needs, 16/35 ; nedys, 22/24.
neden, *v.*, to need, want; *pr. pl.* nedyþe, 149/17 ; *pt.* 3 *sg* nedet, 49/30.
nedfull, *adj.*, needful, 4/7 ; nedefull, 97/21.
nedy, *adj.*, needy, 12/28.
negh, *adv.*, nearly, almost, 10/10 ; nye, 23/32 ; nych, 195/16 ; neygh, 293/20.
negh-hond, *adv.*, nearly, 232/15.
neȝtbur, *sb.*, neighbour, 145/19.
nempnyd, *pp.*, called, named, 96/27 ; ynempnet, 96/28.
nene, *card. num.*, nine, 69/33.
ner, *put for* were not, 73/17.
ner, *conj.*, unless, 104/32.
nere, *adj.*, nearer, 153/30.
Nero, *pr. n.*, Nero, 189/30.
nesch, *adj.*, soft, tender, 161/26.
nese, *v.*, sneeze, *inf.*, 137/29 ; *pt.* 3 *sg.* neset, 137/26.
neþemost, *adj.*, lowest, 246/11.
nettyll, *sb.*, nettle, 253/28.
nettys, *sb. pl.*, net, 6/20.
neuer, *adv.*, never, 5/17.
neureþelatter, *adv.*, nevertheless, 299/1.
neuerþelesse, *conj. and adv.*, nevertheless, 58/3 ; neuerþeleesse, 48/12; neuerþelese, 77/23.
newe, *adj.*, new, 3/27.
New-ȝerus-day, *sb.*, New-year's-day, 44/26.
next, *adj. and adv.*, next, 28/34.
neyther . . . ne, neither . . . nor, 291/8.
Nicol, *pr. n.*, Nicholas, 6/23 ; Nycol, 6/32 ; Nicoll, 7/9.
no, *adj. and adv.*, no, none, 3/1 ; noon, 16/8 ; none, 296/13 ; no . . . ne, neither . . . nor, 4/22.
nobull, *adj.*, noble, 85/12.

noght, *sb.*, nought, nothing, 13/18; naght, 7/20.
noȝtyng, *sb.*, inferior person, 201/6.
nold, *put for* ne wold, would not, 12/4 ; nolde, 111/1.
nombyrt, *pp.*, counted, reckoned, 81/3.
nome, &c. : *see* name, &c.
non, *sb.*, no one, nobody, 3/18.
non : *see* not.
none, *sb.*, noon, 66/3.
nonne, *sb.*, nun, 19/23.
nonnery, *sb.*, nunnery, 299/23.
non-power, *sb.*, want of power, impotence, feebleness, 71/4.
nonys, *in phrase for* þe nonys (for þen onys), for the nonce, 134/34.
noo : *see* not.
noon : *see* no.
Northhampton, *pr. n.*, Northampton, 41/16 ; Northamton, 293/18.
Northhumbyrlond, *pr. n.*, Northumberland, 242/4.
Norwych, *pr. n.*, Norwich, 91/23.
norys, *sb.*, nurse, 108/8 ; norse, 196/20 ; nors, 200/2.
norysche, *v.*, to nourish, nurse, *inf.*, 36/24 ; *pp.* ynorysched, 9/28 ; noresched, 103/34 ; noriched, 184/24.
nose, *sb.*, nose, 55/10 ; nase, 50/23.
not, *adv.*, not, 2/13 ; noo, 7/1 ; non, 129/4 + 11 + 15 ; notte, 298/3.
not, *sb.*, nought, nothing, 2/5.
not, *put for* ne wot, know not, 16/5.
note, *sb.*, note, 61/18.
noþer . . . ne, neither . . . nor, 3/5.
noþyng, *sb.*, nothing, 100/25.
now, *adv.*, now, 4/11.
now-dayes, *adv.*, nowadays, 86/12 ; now-on-dayes, 112/18.
nowmbyr, *sb.*, number, 68/28 ; nombyr, 80/33 ; nombre, 175/19.
Noye, *pr. n.*, Noah, 72/10 ; Noe, 289/18.
noyse, *sb.*, noise, 3/1 ; noyce, 220/30.
ny, *adv.*, nor, 5/26.
Nychodemus, *pr. n.*, Nicodemus, 145/9.
Nycholas, St., *pr. n.*, St. Nicholas, 11/25 ; Nicholas, 12/32.
nye, *sb.*, harm, guilt, 35/6.
nyes, *adj.*, noxious, 35/7.
nyght, *sb.*, night, 5/16 ; nyht, 182/22; nythe, 292/13.
nyght-tyme, *sb.*, night-time, 247/4.
nyghtys, *adv.*, at night, 67/16.

nygremancy, *sb.*, necromancy, 255/20;
nygramancy, 266/18.
nyll, *put for* ne wyll, will not, 19/10.
nys, *put for* ne ys, is not, 9/29.

obediens, *sb.*, obedience, 229/16;
obedience, 263/18.
obedyent, *adj.*, obedient, 254/30.
occupacyon, *sb.*, occupation, 6/10.
occupy, *v.*, to occupy, *inf.*, 196/1.
Octauian, *pr. n.*, Octavian, 22/17.
Ode, St., *pr. n.*, St. Odo, 170/30,
243/19.
odure, *sb.*, odour, 280/13.
of, *prp.*, of, among, 28/13.
offence, *sb.*, offence, 63/26.
offerne, *v.*, to offer, sacrifice, *inf.*, 8/22;
offyr, 15/26; offeren, 22/22; offre,
57/21; *pr.* 3 *sg.* offerþe, 241/32;
pl. offeren, 50/17; offren, 59/36;
imp. sg. offor, 77/30; *pl.* offreth,
48/21; offeryth, 101/18; *pt.* 3 *sg.*
offred, 57/22; offird, 212/3; offert,
251/31; offeret, 262/21; *pl.* offeryd,
49/19; *pp.* offryd, 61/20; offurt,
261/19.
offertory, *sb.*, offertory, 129/11.
officer, *sb.*, officer, 56/8.
offryng, *sb.*, offering, 15/29; ofryng,
205/3.
offyce, *sb.*, office, 64/13.
oft, *adv.*, often, 4/29; offt, 271/11;
ofton, 296/12.
oft-tyme, *adv.*, oft-times, 48/13; ofte-
tyme, 138/2; oft-tyyme, 270/12;
oft-tymes, 270/13.
oght, *sb.*, ought, any thing, 88/20.
old, *adj.*, old, 6/30; *comp.* eldyr,
'earlier,' 86/31; aldyr, 214/13.
oldely, *adj.*, oldish, 148/23.
old-fadyrs, *sb. pl.*, ancestor, 279/19.
Olybryus, *pr. n.*, Olybrius, 200/16.
olyfaundys, *sb. pl.*, elephant, 183/8.
olyue, *sb.*, olive, 78/1; olyfe, 116/28.
Olyuete, *pr. n.*, Mount Olivet, 117/8.
olyue-tre, *sb.*, olive-tree, 73/5.
omyssyons, *sb. pl.*, omission, 267/1.
on, *prp.*, on, 3/1. *See also under* owne.
on, *card. num.*, one, 167/10; an,
6/6; oon, 5/23; won, 5/26; to
make at wone, 'to reconcile,' 20/33.
See also under owne.
ones, *adv.*, once, 12/4; ons, 197/25.
onestly : *see* honest.
on-sondyr, *adv.*, asunder, 200/34.
onswar : *see* vnswar.

Onys, *pr. n.*, Onyx, 107/11.
oon : *see* one.
open, *v.*, to open, *inf.*, 20/28; apon,
31/14; *pr.* 3 *sg.* openeth, 20/29;
pt. 3 *sg.* openyd, 81/17; oponed,
167/4; opynde, 201/29; *pp.* openet,
31/15.
open, *adj.*, open, 10/11.
opon : *see* vpon.
oppressen, *v.*, to oppress; *pr.* 3 *sg.*
oppressyth, 101/14; *pp.* oppressyd,
74/15.
oppressyng, *sb.*, oppression, 101/15.
opyneon, *sb.*, opinion, 31/5.
or, *conj.*, or, 9/6.
ordenaunce, *sb.*, ordinance, provision,
208/16; ordenans, 250/36; ordy-
naunce, 290/13.
ordeyne, *v.*, to ordain, appoint, *inf.*,
10/3; *pr.* 3 *sg.* ordeyneth, 52/15;
pl. ordeyne, 9/34; *pt.* 3 *sg.* ordeynet,
12/30; ordeynt, 198/7; *pl.* ordey-
net, 14/15; ordeynt; 198/23; *pp.*
ordeynt, 4/18; ordeynet, 33/22;
ordenet, 266/8; yordeynt, 287/33.
ordyr, *sb.*, order, 136/3.
organs, *sb. pl.*, organ, 260/14.
ornamentys, *sb. pl.*, ornament, 246/23.
orybull : *see* horrybull.
Orygines, *pr. n.*, Origines, 217/31.
orygnall, *adj.*, original, 46/13.
oryson, *sb.*, orison, prayer, 27/18.
os, *conj. and adv.*, as, 289/3.
ospryng, *sb.*, offspring, 1/24.
ost, *sb.*, host, consecrated bread,
20/26.
ost, *sb.*, host, army, 102/5; *pl.* hostes,
250/36.
ostage, *sb.*, hostage, hostel, 160/2.
othe, *sb.*, oath, 185/21.
oþer, *adj.*, other, 1/10; odur, 292/17.
our, *pron.*, our, 1/1; owren, 282/20;
oures, 282/30.
oure, *sb.*, hour, 9/11.
out, *prp.*, out, 1/8.
outscheden, *v.*, to pour out; *pt.* 3 *sg.*
outsched, 79/29.
outsette, *pp.*, remote, out of the way,
248/23.
outtaken, *adj. and adv.*, excepted,
except, but, 72/32.
outward, *adv.*, outward, 42/33.
ove, *sb.*, oven, 155/6; ovyn, 220/24.
ouemast, *adj.*, highest, uppermost,
246/13.
ove-mowthe, *sb.*, opening of an oven,
155/6.

ouer, *prp.*, over, 66/27.

ouercharche, *v.*, to overcharge, over-burden, *inf.*, 100/32.

ouercome, *v.*, to overcome, *inf.*, 27/14; *pr.* 3 *sg.* ouercomyþe, 161/12; *pt.* 3 *sg.* ouercome, 27/21; *pp.* ouercomen, 67/2; ouercom, 201/5.

ouercomer, *sb.*, conqueror, subduer, 154/13.

ouerfallen, *v.*, to fall over; *pt.* 3 *sg.* ouerfel, 176/27.

ouerlong, *adj.*, overlong, 97/29.

ouerlye, *v.*, to overlie, *inf.*, 150/21.

ouerprudly, *adv.*, overproudly, 91/31.

ouerryden, *v.*, to ride over; *pt.* 3 *sg.* ouerrode, 242/28.

ouerset, *v.*, to overrun, upset, *inf.*, 41/12; *pp.* ouersette, 39/1.

ouertaken, *v.*, to overtake; *pt.* 3 *sg.* ouertoke, 13/5.

ouerwelde, *v.*, to subdue, govern, *inf.*, 196/30.

owen, *v.*, to own, owe, have; *pr.* 3 *sg.* ouyth, 62/28; owet, 171/23; owyth, 192/10; *pl.* owen, 130/15; *pt.* 3 *sg.* aght, 300/16; *pl.* owdyn, 288/3.

owne, *adj.*, own, 4/10; owen, 177/21; on, 4/27; awne, 291/19.

owtewyþ, *adv.*, outwardly, 196/4; otwyth, *prp.* outside, 296/10.

owtrage, *adj.*, outrageous, excessive, 63/21.

ox, *sb.*, ox, 22/25; *pl.* exen, 23/6.

oyle, *sb.*, oil, 9/16.

oynement, *sb.*, ointment, 49/25; vnement, 203/32.

pace, *sb.*, pace, 16/16; paas, 169/37.

pacyently, *adv.*, patiently, 273/3.

pale, *adj.*, pale, 84/26.

pales, &c. : *see* palyce.

Pallyda, *pr. n.*, Palladia, 29/25.

palme, *sb.*, palm, palm-tree, 78/1.

Palme-Sonday, *pr. n.*, Palm-Sunday, 172/3.

palyce, *sb.*, palace, 19/3; pales, 19/26; palyse, 19/30; paleyse, 19/35.

pament, *sb.*, pavement, 42/30.

pannys, *sb. pl.*, pan, 219/6.

Panther, *pr. n.*, Panther, 215/20.

Pantyon, *pr. n.*, Pantheon, 266/14.

panyme, *sb.*, pagan, heathen, 136/14;

pl. paynones, 241/5; peynones, 241/5; paynens; 241/19; pay-nems, 259/18; paynene, 45/12.

pappe, *sb.*, pap, 110/19.

paradyse, *sb.*, paradise, 66/12; para-dyce, 83/8; paradise, 289/17.

parcel, *sb.*, part, 291/1.

parchement, *sb.*, parchment, 126/18.

pardon, *sb.*, pardon, 74/22; perdon, 75/1.

paren, *v.*, to pare; *pt.* 3 *sg.* pared, 37/5.

pareschons, *sb. pl.*, parishioner, 241/17; parechons, 241/34.

pareyle, *sb.*, peril, danger, 47/13; parell, 127/34.

parke, *sb.*, park, 105/10.

parlament, *sb.*, parliament, 41/15.

partaynen, *v.*, to pertain; *pr.* 3 *sg.* partavnyth, 228/26.

parte, *sb.*, part, 18/13.

parten, *v.*, to depart, divide; *pr.* 3 *sg.* parteþe, 23/22; *imp. pl.* partyþe, 254/19; *pt.* 3 *sg.* partyt, 251/12.

partye, *sb.*, part, 5/14.

partyng, *sb.*, imparting, departure, 47/19.

paryche, *sb.*, parish, 173/33; pa-rysch, 281/18.

parysche prest, *sb.*, parish priest, 281/20.

Paryse, *pr. n.*, Paris, 273/1.

paschall, *sb.*, paschal, 127/15.

Pasche, *pr. n.*, Pascha, 129/22.

Pase-day, *pr. n.*, Easter, 129/24.

passage, *sb.*, passage, 127/22.

passe, *v.*, to pass, surpass, *inf.*, 103/25; *pr.* 3 *sg.* passyþe, 131/1; *pl.* passe, 284/25; *pt.* 3 *sg.* passed, 30/12; *pl.* passyd, 49/4; *pr. p.* pasyng, 187/8; passyng, 195/6; *pp.* passed, 19/4; pased, 88/35.

passyng, *adj.*, passing, 195/6; *adv.* passyng, 'very, exceedingly,' 85/25.

passyngar, *sb.*, passenger, 247/26.

passyngly, *adv.*, cursorily, hastily, 299/28.

passyon, *sb.*, passion, 3/34.

past, *prp.*, past, beyond, 77/14; passed, 82/17.

Pathmos, *pr. n.*, Patmos, 32/26.

Patras, *pr. n.*, Patras, 8/20.

patron, *sb.*, patron, 179/29.

patryarcha, *sb.*, patriarch, 43/17; patryark, 76/34.

Paule, St., *pr. n.*, St. Paul, 28/13; Powle, 127/4; Pole, 52/26.

plyte, *sb.*, danger, plight, 162/15.
Pole, *pr. n.*, Paul, 29/25.
Pollymyvs, *pr. n.*, Polemius, 238/27.
pompe, *sb.*, pomp, 24/26.
ponesche, *v.*, to punish, *inf.*, 259/8;
 pp. yponysched, 79/33.
Ponse, *pr. n.*, Pontus, 121/2.
Ponteney, *pr. n.*, Pontigny, 40/35.
pope, *sb.*, pope, 11/19.
popynjayes, *sb. pl.*, popinjay, 256/7.
porche, *sb.*, porch, 104/9.
pore, *adj.*, poor, 4/34; pouer,
 255/5.
Porphirius, *pr. n.*, Porphirius,
 276/13.
porsuet : *see* pursew.
port, *sb.*, gate, 146/33.
post, *sb.*, post, 56/12.
Postcomyn, *pr. n.*, first word of an
 antiphon, 129/15.
pottagur, *sb.*, pottage-maker, 271/15.
potte, *sb.*, pot, 109/5; pote, 221/4.
pouerty, *sb.*, poverty, 12/30.
Poules chyrch, St., *pr. n.*, St. Paul's
 cathedral, 38/19.
pounet : *see* punnen.
powdyr, *sb.*, powder, 3/16.
power, *sb.*, power, 78/30.
powren, *v.*, to pour, powred, 99/11;
 pp. powred, 126/25.
powste, *sb.*, power, force, 27/20.
poynt, *sb.*, point, 42/20.
poynych, *v.*, to punish, *inf.*, 118/33.
poysen, *sb.*, poison, 31/27.
poysonnen, *v.*, to poison; *pr.* 3 *sg.*
 poysynnyth, 192/5; *pp.* poysont,
 134/34.
poysynnyng, *sb.*, poisoning, 293/13.
pray, *v.*, to pray, *inf.*, 6/34; prayen,
 296/21; *pr.* 1 *sg.* pray, 9/34; 2 *sg.*
 prayes, 7/4; 3 *sg.* praythe, 28/27;
 pl. pray, 20/35; prayon, 296/18;
 praythe, 267/19; *imp. sg.* pray,
 7/16; *pl.* pray, 14/3; prayth,
 181/3; *pt.* 1 *sg.* prayde, 260/11;
 3 *sg.* prayde, 6/34; *pl.* prayden,
 19/20; prayet, 268/23; *pr. p.*
 prayng, 7/2; prayyng, 142/21;
 pp. prayet, 144/31.
prayer, *sb.*, prayer, 7/9; preyere,
 293/2.
prayse, *v.*, to praise, *inf.*, 4/1;
 preyse, 301/10; *pt. pl.* praysyd,
 12/9; *pp.* yprayset, 11/26;
 praysyd, 194/33.
praysyng, *sb.*, praising, 11/24.
prayyng, *sb.*, praying, 231/9.

preche, *v.*, to preach, *inf.*, 6/15; *pr.*
 2 *sg.* preches, 205/7; 3 *sg.* prechet,
 113/5; *pt.* 3 *sg.* prechet, 6/9;
 preche, 11/13; prechedde, 19/22;
 pl. prechet, 160/16; *pp.* prechyt,
 192/31.
prechour, *sb.*, preacher, 55/17.
prechyng, *sb.*, preaching, 6/16.
precyous, *adj.*, precious, 33/12.
predycacyon, *sb.*, preaching, 288/5;
 predicacyon, 287/32.
preface, *sb.*, preface, introduction,
 83/1.
prerogatyues, *sb. pl.*, prerogative,
 257/22.
presence, *sb.*, presence, 157/28; pre-
 sens, 246/32.
presend, *v.*, to present, *inf.*,
 267/25.
present, *adj.*, present, 156/15.
presumen, *v.*, to presume; *pr.* 1 *sg.*
 presume, 91/16.
presynner, *sb.*, prisoner, 231/28.
preue, *v.*, to prove, *inf.*, 21/19;
 preven, 186/7; *pr.* 3 *sg.* prevyth,
 93/7; *pt.* 3 *sg.* preued, 27/21; *pr.*
 p. preuyng, 8/25; *pp.* preuet,
 149/9.
preuy, *adj.*, privy, secret, 145/11;
 priuey, 252/10.
preuyng, *sb.*, proving, 18/11.
prime, *sb.*, prime (six o'clock in the
 morning), 66/2.
priuylage, *sb.*, privilege, 299/7.
probacyons, *sb. pl.*, probation,
 225/13.
Probatica Pyscyna, *pr. n.*, Bethesda,
 143/18.
processe, *sb.*, process, event, progress,
 58/36; proces, 182/23.
processyon, *sb.*, procession, 34/25.
proferen, *v.*, to proffer; *pr.* 3 *sg.*
 proferyth, 112/26; *pt.* 3 *sg.* pro-
 feret, 133/27.
profesyes, *sb. pl.*, prophecy, 27/25;
 prophecyus, 76/18.
profutyn, *v.*, to profit, help; *pr.* 3
 sg. profutyþe, 29/6; prophetyth,
 76/22.
profytabull, *adj.*, profitable, 50/5;
 profytabyl, 191/34.
profytte, *sb.*, profit, 213/11; profet,
 96/26.
prononce, *v.*, to announce, *inf.*,
 252/26.
prophet, *sb.*, prophet, 87/25; profyt,
 5/6; prophyt, 111/12.

prophysyen, *v.*, to prophesy; *pt.* 3 *sg.*
prophysyet, 48/10; profyseyt,
214/26; *pp.* proficiet, 160/32.
propurtes, *sb. pl.*, quality, 18/10;
propyrtyes, 228/28.
prosperyte, *sb.*, prosperity, 88/33.
prouynces, *sb. pl.*, province, 22/15.
prowde, *adj.*, proud, 52/29.
pryde, *sb.*, pride, 53/25.
pryke, *v.*, to prick, spur, *inf.*,
105/15.
prymet, *sb.*, chancelor, 198/32.
prynce, *sb.*, prince, 21/23.
pryncepal, *adj.*, principal, 294/6;
principale, 126/26.
pryour, *sb.*, prior, 179/32; prior,
179/33.
pryson, *sb.*, prison, 4/7; preson,
217/27.
pryson-dyrre, *sb.*, door of the prison,
81/17.
pryst, *sb.*, priest, 59/1; prest, 61/14.
pryuety, *sb.*, privacy, 12/21.
psalme, *sb.*, psalme, 76/4.
pull, *v.*, to pull, *inf.*, 40/5; *imp. sg.*
pull, 243/29; *pt.* pullyd, 221/5;
pp. pult, 151/11.
punne, *v.*, to pound, *inf.*, 237/31;
pp. pounet, 140/21.
pur, *adj.*, pure, simple, 18/3.
purches, *v.*, to purchase, *inf.*, 283/27.
purgacion, *sb.*, purification, 57/12.
purpos, *sb.*, purpose, 9/25.
purposen, *v.*, to purpose; *pt.* 3 *sg.*
purposet, 16/1; *pp.* purposut,
255/35.
purpure, *sb.*, purple, 273/18.
pursew, *v.*, to pursue, *inf.*, 165/4;
pr. 2 *sg.* pursues, 54/1; 3 *sg.* pur-
sewyth, 28/27; *pl.* pursew, 48/8;
pursuen, 111/17; *pt.* 3 *sg.* pur-
sewed, 24/20; pursued, 53/5; *pl.*
pursuet, 164/24; *pr. p.* pursuyng,
53/12; *pp.* porsuet, 231/34.
pursewt, *sb.*, pursuit, 262/25.
purtray, *v.*, to portray, *inf.*, 302/28;
pt. 3 *sg.* purtrayed, 302/29; *pp.*
purtrayed, 303/2.
puruay, *v.*, to provide, *inf.*, 98/21.
puryfiyng, *sb.*, purifying, 57/5.
puryfycacyon, *sb.*, purification, 57/6.
put, *v.*, to put, *inf.*, 2/8; putt, 9/24;
pyt, 102/26; putton; 295/33; *pr.*
1 *sg.* put, 39/32; 3 *sg.* puttyth,
20/22; pyttyþe, 254/5; *imp. sg.*
put, 18/22; *pl.* put, 65/15; puttyþe,
115/31; *pt.* 2 *sg.* pyttyst, 225/10;

3 *sg.* put, 5/18; pytte, 49/8;
putte, 201/6; *pl.* put, 30/25;
putten, 136/35; *pr. p.* puttyng,
224/34; pottyng, 294/11; *pp.*
put, 18/17; putte, 80/4.
put: *see* pyt.
Putyfare, *pr. n.*, Potiphar, 98/2.
pyche, *sb.*, pitch, 71/22; peche,
85/25.
pycher, *sb.*, pitcher, 146/3.
pyght, *pp.*, fixed (in the earth),
272/27.
Pylat, *pr. n.*, Pilate, 120/10, 194/24;
Pylatus, 141/3.
pylches, *sb. pl.*, pilch, fur garment,
66/35.
pyler, *sb.*, pillar, 101/25; pelere,
101/24.
pylgrym, *sb.*, pilgrim, 10/11.
pylgrymage, *sb.*, pilgrimage, 148/18.
pyllen, *v.*, to peel, rob; *pt.* 3 *sg.*
pyllet, 242/29.
pynacull, *sb.*, pinnacle, 83/20.
pynchyt, *pp.*, pinched, 113/19.
pystyll, *sb.*, epistle, 65/26.
pyt, *sb.*, pit, 1/11; put, 34/21.
pyte, *sb.*, pity, 157/24.

Quadragesin, *pr. n.*, Quadragesima,
82/11.
quake, *v.*, to quake, tremble, *inf.*,
3/13; *pt.* 3 *sg.* qwakyt, 202/1;
quaked, 144/32; *pl.* qwoken,
29/22; *pr. p.* qwakyng, 51/3.
quantite, *sb.*, quantity, 191/15.
quench, *v.*, to quench, *inf.*, 75/2;
pr. 2 *sg.* qwenchyst, 235/33; 3 *sg.*
quenchyth, 85/5; *pt.* quenched,
75/37; *pp.* qwenchet, 60/12;
quaynt, 60/22.
quere, *sb.*, inquiry, 290/16.
quere, *sb.*, choir, 151/31.
questyon, *sb.*, question, 10/15.
Quinquagesin, *pr. n.*, Quinquage-
sima, 74/9.
quod (*pt. to* cweðen), quoth, 10/5.
quycke, *adj.*, living, quick, 77/11;
qweke, 170/10.
quyte, *adj.*, quit, 89/29. *See also
under* whyt.
qwalme, *sb.*, death, slaughter, tor-
ture, 137/24.
qwene, *sb.*, queen, 16/29; whene,
210/23; qwhene, 211/9.
qwerayl, *sb.*, quarrel, fight, 243/7.
qwhen: *see* when.
qwhy: *see* why.

qwyken, *v.*, to quicken, receive life, *inf.*, 172/5; *pr. pl.* qwykeneþe, 261/26; *pt.* 3 *sg.* quikkonod, 293/31.

qwyt, *v.*, to requite, acquit (oneself), *inf.*, 5/4; *pr. pl.* qwyt, 199/20.

Rachel, *pr. n.*, Rachel, 94/10.

radly, *adv.*, quickly, 202/18.

raggyd, *pp.*, ragged, shaggy, 113/19.

raght, *adj.*, desirous, tempted, 83/15.

Raguel, *pr. n.*, Raguel, 214/1; Raguell, 214/8.

raken, *v.*, to rake; *pr. p.* rakyng, 195/12; *pp.* rakyd, 195/14.

Ramsey, *pr. n.*, Ramsey, 17/19.

ranklen, *v.*, to rankle; *pt.* 3 *sg.* rankut, 181/10.

rapen, *v.*, to carry off, transport; *pp.* rapyt, 290/24.

rase, *v.*, to tear, *inf.*, 276/34.

rathar, *adv.*, rather, 295/29.

raven, *sb.*, raven, 73/1.

raw, *adj.*, raw, 173/23.

rawtyng, *sb.*, noisy revelry, 63/21.

raynen, *v.*, to rain; *pt.* 3 *sg.* rayned, 72/29.

rayse, *v.*, to raise, *inf.*, 189/20; reysen, 8/1; reyse, 256/24; rase, 178/32; *pr.* 2 *sg.* reysys, 264/8; 3 *sg.* raysyth, 141/17; *imp. pl.* raysyth, 255/32; reysyth, 282/29; *pt.* raised, 189/21; *pp.* raysed, 115/9; reysed, 115/11; raset, 276/25.

Rebecca, *pr. n.*, Rebecca, 93/21.

rebell, *adj.*, rebellious, 217/33.

rebonden, *v.*, to rebound; *pt.* 3 *sg.* rebondet, 257/35.

rebuke, *sb.*, rebuke, reproach, 4/21.

rebuken, *v.*, to rebuke, blame, *inf.*, 4/12; *pr.* 3 *sg.* rebukeþe, 127/12; *pt.* rebuked, 275/15; *pr. p.* rebukyng, 276/32.

recchen, *v.*, to expound, *inf.*, rucche, 98/13.

receyue, *v.*, to receive, *inf.*, 38/29; *pr.* 3 *sg.* receuet, 173/5; resey-ueth, 294/16; *pl.* receyue, 46/7; *pt.* 3 *sg.* receyued, 41/20.

receyuyng, *sb.*, receiving, 138/6.

recheles, *adj.*, reckless, 114/19.

rechen, *v.*, to reach, give, *inf.*, 84/35; rechyn, 237/23; *pt.* reched, 227/5; raght, 94/4.

rechen, *v.*, to reck, care; *pr.* 3 *sg.* recchyth, 113/8.

recouered : *see* rekeuyr.

Red See, *pr. n.*, Red Sea, 101/24.

rede, *v.*, to read, *inf.*, 123/5; *pr.* 1 *sg.*, rede, 277/15; *pr.* 3 *sg.* redythe, 21/12; *pl.* reden, 11/29; rede, 103/27; *imp. sg.* rede, 230/3; *pt.* 3 *sg.* redde, 234/1; *pp.* red, 86/7; rad, 301/26.

redemacion, *sb.*, redemption, 103/31.

reducen, *v.*, to reduce, convey back; *pt.* reducet, 254/13.

redy, *adj.*, ready, 2/11.

redyng, *sb.*, reading, 231/9.

reet : *see* reten.

refresch, *v.*, to refresh, *inf.*, 101/25; *pt.* refreschet, 271/16.

refreschyng, *sb.*, refreshing, refresh-ment, 80/9; refressyng, 297/1.

refusen, *v.*, to refuse; *pt.* refuset, 165/11.

rehersen, *v.*, to rehearse; *pr.* 3 *sg.* rehersyth, 66/11; *pr. p.* reher-syng, 226/22; *pp.* rehersed, 20/32.

reioysen, *v.*, to rejoice; *pr. pl.* re-ioysen, 53/17.

rekeuyr, *v.*, to recover, *inf.*, 203/12; *pt.* recouered, 203/8.

relef, *sb.*, relief, remains of a meal, 127/10.

reles, *sb.*, release, 168/20.

relesch, *v.*, to release, *inf.*, 269/8; *pr.* 3 *sg.* relesches, 269/19; rele-schuth, 269/20.

releue, *v.*, to relieve, *inf.*, 13/17; *pp.* releued, 137/18.

religyon, *sb.*, religion, 157/11.

relygyous, *adj.*, religious, 5/21.

relyk, *sb.*, relic, 46/31; relycke, 61/34.

reme, *sb.*, realm, estate, 14/4; reem, 39/21.

reme,.*v.*, to cry out, *inf.*, 65/23; *pr. p.* remyng, 217/12.

remedy, *sb.*, remedy, 2/16.

remenant, *sb.*, remnant, 145/2.

remewe, *v.*, to remove, *inf.*, 76/20; *pt.* remuet, 244/17; remewet, 244/20; *pp.* remuet, 151/31.

remission, *sb.*, remission, 74/11.

Remus, St., *pr. n.*, St. Remy, 158/10.

ren, *v.*, to run, *inf.*, 40/7; *pr.* 3 *sg.* rennybe, 65/29; *pr. p.* rennyth, 65/27; *pt.* 3 *sg.* ran, 8/28; *pl.* rennon ; 276/29; *pr. p.* rennyng, 45/34.

renden, *v.*, to rend, tear; *pt.* 3 *sg.* rent, 189/26.

reneyed man, renegade, 244/23.
rennyng, *sb.*, running, 65/28.
renon, *sb.*, renown, 133/16.
rent, *sb.*, rent, 16/34.
rented, *adj.*, endowed, provided with rents, 65/33.
reparayle, *v.*, to repair, *inf.*, 39/9.
reparelyng, *sb.*, repairing, 39/6.
repentance, *sb.*, repentance, 75/15; repentaunce, 203/29.
repente, *v.*, to repent; *pt.* 3 *sg.* repentyt, 176/12; *pl.* repenteden, 33/25; *pr. p.* repentant, 298/19.
repentyng, *sb.*, repenting, repentance, 170/22.
repreue, *sb.*, reproof, 111/6; repref, 125/30.
repreuen, *v.*, to reprove; *pt.* 3 *sg.* repreuet, 8/22.
requiem, *sb.*, requiem, 271/3.
rere, *v.*, to move, rise, raise, *inf.*, 33/16; *pr.* 3 *sg.* reryth, 30/14; *pl.* reryþe, 150/17; reron, 259/30; *pt.* 3 *sg.* reryd, 33/17.
rere soper, a late supper, 286/17.
reseruot, *sb.*, reservation, 290/5.
resnably, *adv.*, reasonably, 64/11; resenably, 107/10.
reson, *sb.*, reason, 86/24.
rest, *pp.*, arrested, 65/2.
reste, *sb.*, rest, 2/1.
resten, *v.*, to rest; *pr.* 3 *sg.* restyth, 198/31; *pl.* restyþe, 280/17.
restore, *v.*, to restore, replace, *inf.*, 98/14; *pt.* 3 *sg.* restoret, 256/19; *pp.* restowred, 129/7.
restyng, *sb.*, resting, rest, 280/8.
resurreccyon, *sb.*, resurrection, 152/33; resurrecyon, 74/17.
reten, *v.*, to ascribe to, impute; *imp. sg.* reet, 28/20; þat retten not to God, 'who did not ascribe (their success) to God,' 59/13.
reuelacyon, *sb.*, revelation, 27/17; reuelachyon, 34/8.
reuelen, *v.*, to revel; *pr. pl.* reuelyþe, 64/2.
reuell, *sb.*, revel, 65/8.
reuelyng, *sb.*, revelling, 63/22.
reuen, *v.*, to rob; *pr.* 3 *sg.* reueþ, 150/35; *pt.* 3 *sg.* raft, 141/28.
reuerens, *sb.*, reuerence, 22/10.
reueschet, *pp.*, clothed, 61/14.
rew, *sb.*, row, line, 61/19.
reward, *sb.*, reward, regard, 60/1.
reward, *v.*, to reward, *inf.*, 44/33;

pr. 3 *sg.* rewardyth, 67/37; *pp.* rewardud, 79/32.
rewen, *v.*, to rue, pity, repent; *pt. pl.* reweden, 29/23.
rewle, *sb.*, rule, 161/8.
rewlen, *v.*, to rule; *pp.* rewlet, 45/9.
rewþe, *sb.*, ruth, repentance, grief, 9/5.
rewþefull, *adj.*, ruthful, 47/19.
reynen, *v.*, to reign; *pr.* 3 *sg.* raynyth, 192/13; reynyþe, 235/17; *pl.* reyneth, 161/18; *pt.* raynet, 161/14; *pr. p.* regnyng, 72/9.
reysen: *see* raise.
roch: *see* rogh.
roche, *sb.*, rock, 148/4.
rode, *sb.*, rood, cross, 145/10; *pl.* roodes, 171/16.
rode-tree, *sb.*, rood, cross, 38/5.
rody, *adj.*, ruddy, 154/11.
rogh, *adj.*, rough, 273/6; roch, 184/23.
rokes, *sb. pl.*, rock, 302/10.
roll, *sb.*, roll, 280/1.
Romanus, *pr. n.*, Romanus, a knight, 219/30.
Romaynes, *pr. n.*, the Romans, 59/12.
Romayns, *adj.*, Latin, 156/35.
Rome, *pr. n.*, Rome, 17/37.
ronsak, *v.*, to ransack, *inf.*, 99/27.
rope, *sb.*, rope, 79/23.
rore, *sb.*, uproar, 119/25.
roryng, *adj.*, roaring, 3/1; rorryng, 183/11.
rose, *sb.*, rose, 17/3.
rost, *sb.*, roast meat, 122/22.
rost, *v.*, to roast, *inf.*, 220/1; *pr.* 3 *sg.* rostyth, 220/4; *imp. pl.* rost, 5/32; *pt.* 3 *sg.* rostud, 122/20.
rote, *sb.*, root, 35/23.
rotyd, *pp.*, rooted, 192/27.
rotte, *v.*, to rot, become putrid, *inf.*, 225/31; *pt.* 3 *sg.* rotud, 44/15; *pr. p.* rotyng, 49/23; *pp.* roted, 302/6.
rotyng, *sb.*, rotting, 49/25.
roust, *sb.*, rust, 93/2.
rowe, *v.*, to pierce, *inf.*, 65/17; *pt.* 3 *sg.* rowude, 194/19.
rowe, *v.*, to row, *inf.*, 80/22; *pt. pl.* rowuyn, 210/14; *pr. p.* rowvyng, 206/21; *pp.* rowde, 205/20.
rowme, *sb.*, room, space, 198/25.
rownde, *adj.*, round, 167/21.
rowne, *v.*, to whisper, talk, *inf.*, 279/36.

rownyng, *sb.*, talking, whispering, 279/33.

rowten, *v.*, to make a noise; *pr. 2 sg.* rowtes, 113/13.

rubben, *v.*, to rub; *pt. 3 sg.*, rubbyd, 89/9.

rucche : *see* recche.

rusches, *sb. pl.*, rush, 129/30.

ruyne, *sb.*, ruin, 129/7.

ryaly, *adv.*, royally, 85/31.

ryb, *sb.*, rib, 290/26.

rybawdy, *sb.*, ribaldry, 63/22; rybowdy, 156/30.

rycchen, *v.*, to put in order; *pt.* rycched, 273/12.

Rychard, St., *pr. n.*, St. Richard, 125/18.

ryche, *adj.*, rich, 4/12.

ryches, *sb.*, riches, 24/16.

ryde, *v.*, to ride, *inf.*, 212/10; *pr. 1 sg.* ryde, 292/23; *pt. 3 sg.* rode, 34/2; wryde, 49/8; *pl.* rydyn, 39/34; *pr. p.* rydyng, 37/16.

rydell, *sb.*, curtain, 162/30.

ryflen, *v.*, to rifle, rob; *pt. 3 sg.* ryfult, 242/29.

ryght, *sb.*, right, 4/30.

ryght, *adj. and adv.*, right, just, 2/17.

ryghtfull, *adv.*, justly, 153/1.

ryghtwys, *adj.*, righteous, 88/24.

ryghtwysnes, *sb.*, righteousness, 24/2.

rymov, *v.*, to rhyme, sing, make a noise, *inf.*, 65/23.

ryng, *sb.*, ring, 148/16.

ryng, *v.*, to ring, *inf.*, 151/4; *pr. pl.* ryngyþe, 150/27; *pt. 3 sg.* rounge, 302/16; *pp.* rongyn, 117/29.

ryse, *v.*, to rise, *inf.*, 3/19; ryson, 294/30; *pr. 3 sg.* rysuþe, 162/10; *imp. sg.* ryse, 13/29; *pt. 3 sg.* ros, 8/2; roos, 33/18; ryse, 78/8; *pl.* rysen, 27/12; resyn, 256/2; *pp.* rysyn, 18/14; resyn, 225/9.

rysyng, *sb.*, rising, 154/13.

ryuen, *v.*, to rive; *pt. 3 sg.* ryuede, 20/12.

ryuet, *adj.*, rife, abundant, 1/22.

s, shilling, shillings, 300/12.

sacke, *sb.*, sack, 99/22; sakke, 99/33; *pl.* sekkes, 99/21.

sacrament, *sb.*, sacrament, 50/36; sacurment, 270/34.

sacryfyce, *sb.*, sacrifice, 261/20; sacrefise, 205/3; saeurfyce, 261/18.

sadde, *adj.*, sad, solid, 63/12.

sadul, *sb.*, saddle, 292/24.

saf, *adj.*, safe, 17/15.

sage, *adj. and sb.*, wise, wise person, 25/20.

saʒt, *adj.*, reconciled, at peace, 26/18.

sake, *sb.*, sake, 19/24.

sakeren, *v.*, to consecrate; *pt. 3 sg.* sakeret, 12/23.

Salamon, *pr. n.*, Solomon, 64/6, 201/20.

sale, *sb.*, sale, 79/22.

salmes, *sb. pl.*, psalm, 296/28.

Salome, *pr. n.*, Salome, third husband of Anne, the Holy Virgin's mother, 215/26.

Salome, *pr. n.*, Salome, one of the Holy Virgin's midwives, 23/8.

salt, *sb.*, salt, 219/7.

salt-watyr, *sb.*, salt-water, 120/3.

saluacyon, *sb.*, salvation, 34/17.

salue, *sb.*, salve, ointment, 64/20.

salutacyon, *sb.*, salutation, 108/27.

Salysbury, *pr. n.*, Salisbury, 198/25.

same, *sb.*, 35/11 (*see* 36/28, 29).

same, *adj.*, same, 8/24.

Samuel, *pr. n.*, Samuel, 213/26.

Sancta Sanctorum, *pr. n.*, Sancta Sanctorum, a church in Rome, 46/33.

sandelle, *sb.*, a silk stuff, 172/26.

sandyr, sannyr : *see* sone.

Sare, *pr. n.*, Sarah, Abraham's wife, 77/13.

Sare, *pr. n.*, Sarah, daughter of Anne and Raguel, 214/2.

Saresyn, *pr. n.*, Saracen, heathen, 171/33.

Sathan, *sb.*, Satan, 83/28.

satysfaccyon, *sb.*, satisfaction, 82/14.

saue, *v.*, to save, *inf.*, 39/24; *imp. sg.* saue, 133/23; *pt. 3 sg.* sauid, 293/13; *pp.* saued, 7/1; ysaued, 72/35; savytte, 242/35.

saue, *adv. and conj.*, except, save, 17/30.

sauer, *v.*, to savour, *inf.*, 244/24; *pr. 3 sg.* sauereth, 50/22; *pt. 3 sg.* saverde, 191/7.

Saule, *pr. n.*, Saul, king of the Jews, 53/5.

saute, *sb.*, assault, 228/32.

sauour, *sb.*, savour, smell, taste for, liking, 142/12; sauer, 142/2.

sauyour, *sb.*, saviour, 108/9.

sawe, *sb.*, saying, proverb, 230/1.

sawe, *v.*, to sew, *inf.*, 136/18; *pt.*
sewet, 136/19.

Sawle, *pr. n.*, Saul, original name of
St. Paul, 28/12.

sawter, *sb.*, psalter, 16/37.

say, *v.*, to say, *inf.*, 4/2; seyne,
299/20; *pr.* 1 *sg.* say, 65/21; 2 *sg.*
saydes, 19/19; sayst, 31/26; says,
55/34; seyste, 299/34; 3 *sg.* sayth,
1/21; seyth, 21/4; sayes, 79/6;
says, 111/21; *pl.* sayn, 282/21;
say, 34/16; *imp. sg.* say, 31/36;
pl. say, 50/20; sayth, 50/25;
pt. 3 *sg.* sayde, 5/23; seyd,
7/23; sayed, 168/29; saydy,
178/29; *pl.* sayden, 23/6; *pp.*
sayde, 2/23; jsayde, 17/4; seyd,
271/24.

saylen, *v.*, to sail; *pt.* 3 *sg.* saylet,
119/24.

sayng, *sb.*, saying, proverb, 86/19.

saynte, *sb.*, saint, 179/26.

sayntes-dayes, *sb. pl.*, saint's-day,
267/11; seyntys-dayes, 267/1.

scape, *v.*, to escape, 2/3; *pr.* 3 *sg.*
skapyth, 47/8; *pt.* 3 *sg.* scope,
257/7.

scapyng, *sb.*, escaping, escape, 58/20.

scarce, *adj.*, scarce, 9/19.

scarlad, *sb.*, scarlet, 40/2.

scaþe, *sb.*, injury, harm, 209/24;
skath, 209/20.

Scatulus, *pr. n.*, Scatulus, a priest,
220/20.

schadow, *sb.*, shadow, 188/24.

Schaftesbery, *pr. n.*, Shaftesbury,
299/23.

schaftys, *sb. pl.*, shaft, pole, 219/7.

schall, *v.*, to owe, shall; *pr.* 2 *sg.*
schalt, 9/9; schall, 14/32; 3 *sg.*
schall, 1/10; schull, 2/19; schal,
2/25; *pl.* schull, 6/4; chull, 203/6;
schullon, 289/8; *pt.* 2 *sg.* schuldest,
173/17; 3 *sg.* schull, 6/26; schuld,
7/1; schulld, 15/27; sculd, 57/15;
schul, 169/6; schold, 188/2; *pl.*
schuld, 50/13; schullden, 8/25;
schulden, 25/28; schulde, 290/24.

schambyr, *sb.*, chamber, 196/28.

schame, *sb.*, shame, 27/24.

schamfast, *adj.*, modest, 108/15.

schamyng, *sb.*, shame, abashing,
27/16.

schanons, *sb. pl.*, canon, 197/5.

schapen, *v.*, to shape, resolve, deter-
mine; *pr.* 3 *sg.* schapiþ, 97/22;
pt. 3 *sg.* schaped, 36/6; schap-

put, 257/10; *pl.* schaput, 274/23;
pp. schapon, 97/36; shapyd,
189/31.

schappe, *sb.*, shape, 'membrum geni-
tale,' 35/15.

scharge, *sb.*, charge, 290/19.

scharpe, *adj.*, sharp, 44/5.

scharpen, *v.*, to sharpen, *inf.*, 173/8.

scharpenes, *sb.*, sharpness, 67/12.

scharyte, *sb.*, charity, 29/5.

schaue, *v.*, to shave, *inf.*, 125/19;
pr. 1 *pl.* schauen, 126/4.

schauyng, *sb.*, shaving, 125/27.

schedde, *v.*, to shed, pour, *inf.*, 37/6;
schede, 55/1; *pr.* 3 *sg.* scheddet,
170/27; *pt.* 3 *sg.* sched, 29/2;
schedd, 170/34; *pl.* schedden,
36/33.

schedyng, *sb.*, shedding, 36/29.

schef, *adj.*, chief, 151/30.

scheld, *sb.*, shield, 257/27.

schelden, *v.*, to shield, protect; *imp.*
sg. scheld, 233/28.

schell, *sb.*, shell, 167/32.

schene, *adj.*, beautiful, splendid,
233/1.

schenschip, *sb.*, ignominy, disgrace,
2/22.

schep, *adj.*, cheap, 9/19.

schepe, *sb.*, sheep, 133/5.

schepherdus, *sb. pl.*, shepherd, 15/34.

Scheppe: *see* Chepe.

schere, *v.*, to shear, *inf.*, 126/5; *pr.*
1 *pl.* scheren, 126/4.

schere, *sb.*, cheer, countenance, 65/11.

Scheropschyre, *pr. n.*, Shropshire,
244/8.

Scher þursday, *pr. n.*, Maundy Thurs-
day, 125/3. *See also* Chere þurs-
day.

scherys, *sb.*, scissors, 194/25.

scheryue, *sb.*, sheriff, 38/13.

schete, *sb.*, sheet, 219/31.

scheþe, *sb.*, sheath, 259/6.

schipwrak, *sb.*, shipwreck, 70/2.

scho, *pron.*, she, 9/15, 7/13; she,
173/15; sche, 173/18; sco, 211/9,
228/19.

schodde, *sb.*, parting of the hair, top
of the head, 258/1.

schoer, *sb.*, mirror, 187/11.

scho, *sb.*, shoe, 136/10; *pl.* schone,
136/13.

schogen, *v.*, to be jerked; *pt.* schoget,
174/6.

schop, *sb.*, shop, 14/23.

schort, *adj.*, short, 91/13.

schorte, *sb.*, shirt, 251/29.

schote, *v.*, to shoot, *inf.*, 73/22 ; *pt.* 3 *sg.* schot, 258/18.

schow, *v.*, to show, *inf.*, 3/31 ; schew, 40/33 ; schewon, 291/32 ; *pr.* 1 *sg.* schow, 40/13 ; schew, 64/23 ; 3 *sg.* scheweth, 2/17 ; schoweþe, 278/11 ; *pl.* schewen, 284/3 ; schoth, 194/32; *imp. sg.* schew, 90/23 ; *pt.* 3 *sg.* schewet, 5/27 ; schowyd, 221/26 ; *pl.* schewet, 29/12 ; schewedon, 70/5 ; schowdon, 207/9 ; *pr. p.* schewyng, 21/23 ; schouyng, 51/32 ; *pp.* schowet, 2/22 ; schewet, 3/33.

schowyng, *sb.*, showing, 47/32.

Schrewsbury, *pr. n.*, Shrewsbury, 179/26.

schryft, *sb.*, confession, 9/26 ; schryf, 90/17 ; scheryft, 279/25.

schryft-fadyr, *sb.*, confessor, 2/15 ; scheryft-fadyr, 38/25.

schryne, *v.*, to lay into a shrine, *inf.*, 145/2.

schryuen, *v.*, to shrive, confess, *inf.*, 2/12 ; schryue, 2/14 ; schryf, 100/11 ; *pr.* 2 *sg.* schryues, 95/30; *imp. pl.* schryuyth, 90/12 ; schryue, 92/25 ; *pt.* 3 *sg.* scherof, 62/20; schrof, 75/15 ; *pp.* schryuen, 2/19 ; schrevyn, 20/29 ; schereven, 45/19.

schuldur, *sb.*, shoulder, 162/35.

schyld : *see* chyld.

schyne, *v.*, to shine, *inf.*, 25/1 ; *pr.* 3 *sg.* schyneþe, 107/12 ; *pl.* schynen, 132/22 ; schyne, 132/27 ; *pt.* 3 *sg.* schon, 17/3 ; chane, 223/19 ; *pl.* schone, 39/21 ; *pr. p.* schynyng, 61/8 ; schonyng, 132/5.

schynyng, *sb.*, shining, 264/36.

schype, *sb.*, ship, 210/14 ; schippe, 210/16.

schyppe-men, *sb. pl.*, sailor, 13/20 ; schipmen, 205/36 ; chypmen, 210/25 ; schepmen, 30/15.

schyppen, *v.*, to ship, sail ; *pt.* 3 *sg.* schyppyd, 80/1 ; *pr. p.* schyppyng, 260/8.

schyres, *sb. pl.*, shire, province, 113/33.

schyue, *sb.*, scrap, slice, 85/9.

sciens, *sb. pl.*, knowledge, 157/20.

scismatys, *sb. pl.*, schismatic, 123/12.

sclaundyr, *v.*, to slander, *inf.*, 7/15.

sclawndyr, *sb.*, slander, 27/36.

scole, *sb.*, school, 40/29.

scole-maystyrs, *sb. pl.*, schoolmaster, 275/24.

scoler, *sb.*, pupil, 275/29.

scolle, *sb.*, scull, 42/34.

scores, *sb. pl.*, score, 255/2.

scorgyng, *sb.*, scourging, 154/12.

scorgys, *sb. pl.*, scourge, 8/28 ; scowrgis, 200/23 ; skorgis, 219/5.

scorne, *sb.*, scorn, 147/16.

scorne, *v.*, to scorn, deride, *inf.*, 219/19 ; *pt.* skornyd, 123/9 ; *pp.* scornyd, 78/7.

scowre, *v.*, to scour, cleanse, *inf.*, 93/1.

scrapen, *v.*, to scrape ; *pt.* scraput, 42/34.

scripture, *sb.*, scripture, 58/5.

scryne, *sb.*, shrine, 180/22.

scrype : *see* skryp.

scrypull, *sb.*, scruple, 18/13.

seche, *v.*, to seek, examine, *inf.*, 19/2 ; *pr. pl.* seche, 237/11 ; sechyn, 225/16 ; *pt.* 3 *sg.* soȝt, 165/15 ; *pl.* soghtyn, 237/13.

second, *ord. num.*, second, 2/4 ; secunde, 2/24.

sede, *sb.*, seed, 47/2.

sede-tyme, *sb.*, seed-time, 253/11 ; syde-tyme, 253/20.

see, *sb.*, sea, 2/29.

see, *sb.*, see (seat of a bishop), 20/20.

seen, *v.*, to see, *inf.*, 5/29 ; se, 9/11 ; see, 148/21 ; *pr.* 1 *sg.* se, 6/31 ; 2 *sg.* sest, 31/25 ; 3 *sg.* seþe, 47/21 ; seyth, 62/28 ; sees, 89/23 ; *pl.* sene, 42/5 ; sethe, 21/12 ; seen, 25/7 ; se, 97/11 ; seyne, 289/2, 234/6 ; *imp. pl.* se, 184/35 ; *pt.* 1 *sg.* segh, 17/11 ; 3 *sg.* segh, 5/22 ; sygh, 25/22 ; see, 31/19 ; sagh, 56/11 ; sawe, 80/3 ; sech, 119/7 ; seygh, 290/6 ; sawgh, 300/28 ; sye, 301/28 ; *pl.* seghen, 48/31 ; seon, 20/9 ; seen, 22/4 ; sygh, 147/26 ; syghen, 49/5 ; saue, 171/3 ; sye, 302/17 ; *pr. p.* seyng, 63/27 ; *pp.* yseyne, 2/33 ; seyn, 5/20 ; sene, 16/2 ; seen, 18/15 ; yseen, 20/5 ; sayn, 179/1.

see-sond, *sb.*, sea-sand, 167/30 ; seesownde, 206/26.

seeswyne, *sb. pl.*, dolphin, porpoise, 2/34.

see-warth, *sb.*, sea-shore, 7/36.

see-watyr, *sb.*, sea-water, 167/32.

sege, *sb.*, siege, 135/17.

segen, *v.*, to besiege.; *pt.* 3 *sg.* seget, 141/23

seght : *see* syght.

seinien, *v.*, to bless ; *pt.* 3 *sg.* sang, 173/12.

seke, *adj.*, sick, ill, 4/6 ; secke, 43/32 ; syk, 293/19.

sekenes, *sb.*, sickness, 1/25.

seldyn, *adv.*, seldom, 188/17.

sele, *sb.*, seal, 41/17.

selfe, *adj.*, self, 4/11.

sell, *v.*, to sell, *inf.*, 22/26 ; *imp.* *sg.* sell, 40/8 ; *pt.* *pl.* solden, 32/38.

selle, *sb.*, cell, 273/17.

sellers, *sb. pl.*, seller, 115/36.

semely, *adj.*, seemly, 148/23 ; semly, 88/9.

semen, *v.*, to seem ; *pr.* 3 *sg.* semeth, 39/37 ; *pt.* 3 *sg.* semede, 31/31 ; *pr. p.* semyng, 230/18.

semen, *v.*, to burden ; *pp.* semot, 211/33.

senatour, *sb.*, senator, 29/36.

send, *v.*, to send, *inf.*, 2/12 ; *pr.* 2 *sg.* sendyst, 209/21 ; 3 *sg.* sendyth, 25/1; sendes, 42/1; *pl.* send, 248/5; *pt.* 1 *sg.* send, 225/11 ; 3 *sg.* send, 13/34 ; *pl.* senden, 81/12 ; *pp.* send, 19/1.

Seneca, *pr. n.*, Seneca, 193/1.

senew, *sb.*, sinew, 94/20.

sengyl, *adj.*, single, 188/17.

sens, *sb.*, incense, 25/27 ; sence, 50/22.

sentence, *sb.*, sentence, 245/33 ; sentens, 281/15.

sentuary : *see* centuary.

Sepontyne, *pr. n.*, Sipontanis ('Leg. Aurea'), a town, 259/11.

Septagesin, *pr. n.*, Septuagesima, 62/26.

sepulcur, *sb.*, grave, sepulchre, 118/22.

sepulture, *sb.*, burial, 206/16.

serge, *sb.*, wax-candle, 61/23.

serge-berers, *sb. pl.*, candle-bearer, 61/14.

Sergyus, *pr. n.*, Sergius, 59/26.

sermon, *sb.*, sermon, 191/20.

serteyne : *see* certeyne.

seruage, *sb.*, servitude, service, 67/9.

seruantys, *sb. pl.*, servant, 4/15 ; seruandus, 52/8.

serue, *v.*, to serve, *inf.*, 6/5 ; *pr.* 2 *sg.* serues, 102/30; seruyst, 212/20; *pl.* serueþe, 157/27; seruyn, 200/6 ;

pt. seruet, 15/18 ; *pp.* seruet, 14/31.

serues : *see* servyce.

seruyabull, *adj.*, ready to serve others, 284/19.

seruyce, *sb.*, service, 27/6 ; serues, 11/12.

sese, *v.*, to seize, *inf.*, 27/16 ; sesen, 28/16.

sese, *sb.*, cessation, 256/6.

sese, *v.*, to cease, *inf.*, 67/20 ; *pr.* 3 *sg.* sesythe, 284/35 ; *pt.* 3 *sg.* sesut, 17/32 ; *pp.* sesyd, 73/2.

se-syde, *sb.*, sea-side, 167/29.

set, *v.*, to set, place, *inf.*, 24/29 ; *pr.* 1 *sg.* sette, 125/30 ; 2 *sg.* settyst, 113/21 ; 3 *sg.* settyth, 31/12 ; *pl.* settyth, 283/20 ; *imp. sg.* set, 302/13 ; *pl.* settyþe, 139/13 ; *pt.* 3 *sg.* set, 17/2 ; *pl.* setten, 22/31 ; set, 81/27 ; *pp.* set, 16/35.

Seth, *pr. n.*, Seth, 143/2.

sethen, *v.*, to seethe, boil ; *imp. pl.* sethe, 5/32 ; *pp.* sothen, 31/13.

sethen : *see* syþen.

settyng, *sb.*, setting, building, 279/12.

Settyrday, *pr. n.*, Saturday, 125/19 ; Setyrday, 155/25.

Settyrday in Albis, *pr. n.*, Saturday after Easter, 68/34.

seuen, *card. num.*, seven, 14/15.

seuent, *ord. num.*, seventh, 47/21.

sewe, *v.*, to follow, *inf.*, 31/6 ; sewen, 236/15 ; *pr.* 3 *sg.* seweþ, 47/14 ; *pl.* seuþe, 28/31 ; sewyth, 47/1 ; *imp. sg.* sew, 249/15 ; *pl.* sewe, 97/18 ; *pt.* 3 *sg.* suet, 6/14 ; *pl.* sewet, 6/20 ; sewoden, 32/38 ; sudyn, 49/15 ; suyd, 101/23 ; sewdyn, 211/2 ; *pr. p.* suyng, 24/8 ; sewyng, 150/31 ; *pp.* sewot, 176/8.

sex, *card. num.*, six, 223/1.

Sexagesin, *pr. n.*, Sexagesima, 69/9.

sextens, *sb. pl.*, sexton, 97/6.

seynge, *sb.*, seeing, 171/13.

seynt : *see* saynt.

shap : *see* schappe.

simylacyon, *sb.*, simulation, 284/10.

Sixtus, *pr. n.*, Sixtus, 217/8 ; Syxti, 216/24.

skalus, *sb. pl.*, scale, 54/23.

skerre, *sb.*, projecting rock, 206/4 ; skyrre, 206/8.

skold, *sb.*, scold, blamer, 229/34.

skore, *sb.*, score, twenty, 58/28.

skorge, *v.*, to scourge, *inf.*, 301/2 ; *pt.* 3 *sg.* schowrget, 14/28.

skryp, *sb.*, scrip, bag, 212/7; scrype, 212/16.

skylfully, *adv.*, skilfully, 46/6.

skylle, *sb.*, reason, 58/14.

skynne, *sb.*, skin, 37/35.

skynnys, *sb.*, yche skynnys corn, 'each kind of corn,' 13/16.

slaght, *sb.*, slaughter, 140/9.

sle, *v.*, to slay, kill, *inf.*, 7/27; sley, 103/4; slene, 292/22; *pr.* 3 *sg.* sley, 55/10; sleth, 283/26; sleyth, 299/4; *pl.* sleyne, 285/24; *imp. pl.* sle, 5/31; *pt.* 3 *sg.* slow, 19/12; slogh, 20/13; sloch, 193/15; sleygh, 298/36; *pl.* slowen, 29/13; sloghen, 29/27; sloyn, 183/16; sloch, 194/27; sloen, 198/14; slogh, 121/3; *pp.* slayne, 13/26; sleyne, 31/35.

sleghly, *adv.*, cunningly, 286/2.

sleght, *sb.*, sleight, contrivance, 93/31.

slepe, *sb.*, sleep, 29/33.

slepon, *v.*, to sleep, *inf.*, 290/23; *pr.* 3 *sg.* slepyth, 285/9; *pt.* sleput, 28/21; slepte, 94/3; *pr. p.* slepyng, 196/18.

slewth, *sb.*, sloth, 2/8; slouþe, 63/20.

sleyng, *sb.*, slaughter, murder, 36/10.

slobur, *sb.*, mud, slush, 253/13.

slouþe : *see* slewth.

slyme, *sb.*, slime, 2/6.

small, *adj.*, small, 100/12; smal, 100/32.

smellen, *v.*, to smell; *pr.* 3 *sg.* smelleþe, 246/31; smellyth, 246/33; *pt.* smelled, 148/6.

smerten, *v.*, to smart; *pr. p.* smertyng, 160/9.

smeþ, *adj.*, smooth, flat, 164/18.

smoken, *v.*, to smoke; *pr.* 3 *sg.* smokeþe, 162/10.

smyle, *v.*, to smile, *inf.*, 173/15; *pr.* 2 *sg.* smyleste, 173/17; *pt.* smylut, 173/15.

smyte, *v.*, to smite, *inf.*, 87/17; *pr.* 3 *sg.* smytyþe, 74/1; *pt.* 3 *sg.* smot, 19/9; *pl.* smytten, 28/16; *pp.* smytten, 73/35; smytyn, 87/31; smyte, 190/24.

snorten, *v.*, to snort; *pt.* snorted, 53/27.

snow, *sb.*, snow, 166/9.

so, *adv.*, so, as, 1/15; soo, 2/6.

socowr, *sb.*, succour, 7/25; sokur, 9/34; succor, 198/5; succurre, 205/30; socur, 297/1.

socowr, *v.*, to succour, *inf.*, 17/27; sokurron, 297/6; *pr.* 3 *sg.* sokeryth, 199/26; *pp.* scocourt, 150/9.

sodenly, *adv.*, suddenly, 23/35; sodenlich, 146/23.

sodeyne, *adj.*, sudden, 54/29; soden, 137/25.

soft, *adj.*, soft, 16/16.

soget : *see* suget.

solas, *sb.*, solace, 189/32.

sole : *see* soul.

solemp, *adj.*, solemn, 115/7; solen, 266/2.

somdele, *adv.*, somewhat, 184/25.

some, *sb.*, sum, 12/34; somme, 13/2.

sommetyme, *adv.*, sometimes, once, 262/4.

somwhat, *adv.*, somewhat, 104/17; summewhat, 69/15.

somyr, *sb.*, summer, 39/23.

Sonday, *sb.*, Sunday, 1/4; Sonenday, 1/6; Soneday, 177/30.

sonde, *sb.*, sand, 34/22.

sonde, *sb.*, mission, message, 67/23, 184/18.

sonde, *adj.*, sound, healthy, 13/11; sownde, 146/7.

sone, *adv.*, soon, 2/14; *comp.* sannyr, 43/25; sondyr, 166/6; sandyr, 181/2, 229/17.

songes, *sb. pl.*, song, 1/14.

sonne, *sb.*, son, 1/8; sone, 289/16.

sonne, *sb.*, sun, 3/8.

soote, *sb.*, soot, 238/8.

sore, *adj.* (*sb.*), sore, grievous, sad; *comp.* sarre, 74/2.

sorow, *sb.*, sorrow, 147/34.

sorowfull, *adj*, sorrowful, sad, 159/26.

sorsery, *sb.*, sorcery, 45/15.

sory, *adj.*, sorry, miserable, 3/34.

sothe, *sb. and adj.*, truth, sooth, true; *adv.* for sothe, 17/10; sothely, 212/21.

soule, *sb.*, soul, 14/8; sole, 6/34.

Sowdan, *sb.*, Sultan, 301/21.

sowdyours, *sb. pl.*, soldier, 230/30.

sowe, *v.*, to sow, *inf.*, 13/23; *pt.* 3 *sg.* sew, 71/8.

sowke, *sb.*, suck, 122/8.

sowke, *v.*, to suck, *inf.*, 12/4; *pr. pl.* sowkyth, 184/25; *pt.* sowked, 302/37; *pp.* sowken, 225/26.

Sowlemasse-day, *pr. n.*, All Souls' Day, 269/3.

sowne, *sb.*, sound, 160/5.

sowne, *v.*, to sound, *inf.*, 117/32.

sowpe, *v.*, to sup, take food, *inf.*, 145/17; *pt.* sowped, 125/5; *pp.* ysoupyd, 56/13; sowped, 126/29.

sowpere, *sb.*, supper, 145/18; soper, 126/32.

sowrnes, *sb.*, sourness, 162/6.

space, *sb.*, space, 56/24.

spakly, *adv.*, quickly, hastily, 299/27.

spare, *sb.*, sparing, 154/4.

spare, *v.*, to spare, *inf.*, 81/18; *pr. pl.* sparyth, 125/31; *pt.* spared, 21/29; *pr. p.* sparyng, 95/15; *pp.* spared, 87/30.

sparow-hawke, *sb.*, sparrow-hawk, 43/21.

sparren, *v.*, to close, bar; *pt.* sparrut, 42/9.

spase, *sb.*, space, 179/19.

Spayne, *pr. n.*, Spain, 208/16, 210/16.

spaynell, *sb.*, spaniel, 119/18.

spayre, *sb.*, the opening in a garment, pocket, 174/3.

speche, *sb.*, speech, 92/17.

specheles, *adj.*, speechless, 212/13.

speciall, *adj.*, special, 6/6.

spectakyll, *sb.*, spectacle, 203/10.

spede, *v.*, to speed, prosper, *inf.*, 7/24; *pt.* 3 *sg.* spedde, 17/33.

spedfull, *adj.*, speedful, useful, 64/1; spedeful, 229/15.

speke, *v.*, to speak, *inf.*, 3/18; spekon, 293/22; *pr.* 3 *sg.* spekys, 13/22; spekeþe, 157/1; *pl.* spekyth, 282/10; spekyn, 117/31; *imp. sg.* speke, 34/4; *pt.* 3 *sg.* spake, 7/20; speke, 19/3; *pl.* speken, 22/5; spake, 148/25; *pp.* spoken, 18/15; spokyn, 214/14.

spekyng, *sb.*, speaking, 96/30.

spelle, *sb.*, word, 261/2.

spenden, *v.*, to spend; *pt.* 3 *sg.* spende, 12/27; *pp.* spende, 39/13.

spere, *sb.*, spear, 18/19.

spirituall, *adj.*, spiritual, 107/3.

spolde, *sb.*, spittle, 83/5.

sporten, *v.*, to spurt; *pt.* 3 *sg.* sporrut, 252/8.

spowsehode, *sb.*, marriage vow, 256/35; spowsehed, 298/24.

spowte, *v.*, to spout, vomit, *inf.*, 255/27.

spred, *v.*, to spread, *inf.*, 3/21; *pt. pl.*

spradden, 115/4; *pp.* sprade, 172/9.

spryngen, *v.*, to sprinkle; *pr.* 3 *sg.* springyth, 295/13.

spryng, *v.*, to spring, rise, *inf.*, 48/11; *pt.* 3 *sg.* sprong, 14/12; sprang, 109/6.

spryte, sprythe: *see* spyrite.

sputyd: *see* spyten.

spycerys, *sb. gen.*, grocer, 246/31.

spycery, *sb.*, spices, 148/7.

spyces, *sb.*, spices, 30/12.

spye, *v.*, to spy, espy, *inf.*, 55/12.

spyes, *sb. pl.*, spy, 99/2.

spyll, *v.*, to spill, lose, kill, be destroyed, *inf.*, 87/3; *pt.* 3 *sg.* spylud, 118/29; *pl.* spylleden, 13/13; *pp.* yspyld, 17/22; spyllyd, 205/23.

spyres, *sb. pl.*, sprout, 102/19.

spyrite, *sb.*, spirit, 297/4; spryte, 290/23, 297/2; sprythe, 301/4.

spyten, *v.*, to dispute; *pt.* spyted, 78/22; sputyd, 109/15.

spytten, *v.*, to spit; *pt.* 3 *sg.* spytte, 136/24; *pr. p.* spyttyng, 4/31.

spyttyng, *sb.*, spitting, 117/20.

spytues, *adj.*, spiteful, angry, terrible, 44/17.

sqware, *adj.*, square, 72/16.

stabull, *sb.*, stable, 49/33.

stabull, *adj.*, stable, firm, 74/27.

staf, *sb.*, staff, 188/28.

Staffordschyre, *pr. n.*, Staffordshire, 244/8.

stalke, *sb.*, stalk, reed, 108/34.

stanten, *v.*, to assert; *pt.* 3 *sg.* stant, 188/2.

staren, *v.*, to stare; *pt.* 3 *sg.* start, 200/36.

stark, *adj.*, stark, rigid, 172/9.

state, *sb.*, state, 11/19.

stede, *sb.*, horse, 251/17.

stedfast, *adj.*, steadfast, 8/14; studfast, 20/35; stydfast, 147/15.

steken, *v.*, to stick, put; *pp.* steked, 128/3.

stele, *v.*, to steal, hide, *inf.*, 79/18; *pt.* 1 *sg.* stale, 9/32; *pl.* stelen, 14/26; *pp.* ystolne, 14/27; stolen, 99/26; stolne, 189/3.

stench, *sb.*, stench, smell, 4/31; stynch, 296/8.

stene, *sb.*, pot, waterpot, 293/5.

stenen, *v.*, to stone, *inf.*, 28/9; *pp.* stenet, 30/23.

steppus, *sb. pl.*, step, 152/14.

stepuls, *sb. pl.*, steeple, high tower, 150/20.

ster, *v.*, to stir, move, excite, *inf.*, 26/32; styre, 158/8; sture, 199/27; sturre, 237/30; *pr.* 3 *sg.* steruþ, 253/29; *pt.* 3 *sg.* steryd, 145/13; styryd, 180/26; *pp.* isteryt, 251/3; sturet, 274/5; steryd, 287/34.

sterne, *adj.*, stern, 300/27.

sterre, *sb.*, star, 17/4.

sterte, *v.*, to start, leap, *inf.*, 258/34; *pt.* 3 *sg.* starte, 226/34.

sterven, *v.*, to starve, die, perish; *pt.* 3 *sg.* sterfe, 104/20; stervet, 9/14.

steryng, *sb.*, instigation, stirring, 98/18.

Steuen, St., *pr. n.*, St. Stephen, 27/12.

steven, *sb.*, voice, 302/18.

Steuon, *pr. n.*, Stephen, archbishop of Canterbury, 198/20.

steyng, *sb.*, rising, ascension, 153/14.

stoke, *sb.*, stock, log, 84/28.

stomok, *sb.*, stomach, 126/2.

stompes, *sb. pl.*, stump, trunk, 223/29.

stond, *v.*, to stand, *inf.*, 3/1; *pr.* 2 *sg.* stondyst, 243/29; 3 *sg.* stondeth, 45/10; stondys, 76/14; *pl.* stonden, 148/27; stond, 148/25; *pt.* 3 *sg.* stod, 5/16; stode, 8/35; *pl.* stonden, 10/20; stoden, 52/8; stod, 154/17; *pr. p.* stondyng, 2/31; *pp.* stond, 60/24.

stonde, *sb.*, stand, position, 249/10.

stone, *sb.*, stone, 71/9.

stoppe, *v.*, to close, stop, *inf.*, 58/14; *pr.* 3 *sg.* stoppyþe, 156/4; *imp. sg.* stop, 104/15; *pt.* stopyd, 181/11; stoppyd, 227/12; *pr. p.* stoppyng, 156/6.

stormely, *adv.*, stormily, 205/22.

story, *sb.*, story, 31/5.

stranglen, *v.*, to strangle; *pt.* 3 *sg.* strangylt, 214/3; *pp.* ystrangled, 79/25; strangult, 85/29.

strawen, *v.*, to strew; *imp. pl.* straw, 130/2; *pt.* strawed, 115/2; *pr. p.* strawyng, 129/33; *pp.* strawed, 39/23.

straynen, *v.*, to strain, stretch; *pt.* 3 *pl.* strayned, 122/29.

strayte, *adv.*, straitly, tightly, 9/2.

straytenes, *sb.*, straitness, strictness, 161/33.

strechen, *v.*, to stretch; *imp. sg.* strech, 155/17.

streght, *adv.*, straight, 180/25.

strengþe, *sb.*, strength, 52/32; strengyth, 228/34.

strenkþen, *v.*, to strengthen, *inf.*, 285/4; *pr.* 3 *sg.* strenktheth, 270/35.

strete, *sb.*, street, 193/22.

stripen, *v.*, to strip; *pt.* striput, 121/33.

stroke, *sb.*, stroke, 42/22.

strong, *adj.*, strong, 33/21.

strongyt, *pp.*, strengthened, 229/31.

strye, *v.*, to destroy, *inf.*, 72/11; *pr. pl.* strien, 71/27; *pt. pl.* stryeden, 14/13; *pp.* stryet, 140/29.

stryngys, *sb. pl.*, string, 89/9.

stryve, *v.*, to strive, *inf.*, 89/22; *pt. pl.* stryven, 302/26.

stryvyng, *sb.*, striving, 186/20.

stude, *sb.*, study, thought, 37/24.

studfast: *see* stedfast.

study, *v.*, to study, *inf.*, 163/2; *pr.* 3 *sg.*, studyeþe, 162/14; *pt.* 3 *sg.* studyet, 167/27; *pr. p.* studiyng, 65/32.

studyyng, *sb.*, studying, 162/31.

stuffe, *v.*, to stiffen, strengthen, reinforce, *inf.*, 89/2.

sturbans, *sb.*, disturbance, 185/14.

styd, *sb.*, stead, place, 2/30.

stydfastnes, *sb.*, steadfastness, 78/29; studfastnes, 188/11.

stye, *v.*, to rise, ascend, *inf.*, 109/28; stey, 153/35; *pt.* 3 *sg.*, stegh, 6/21; steȝt, 152/14; styed, 152/23; stygh, 152/31; steyd, 154/15; steyut, 159/25; *pp.* styet, 27/2; steyt, 262/17; steuet, 232/16.

styfly, *adv.*, stiffly, strongly, 7/19.

styll, *adj. and adv.*, still, 49/16.

stynkyng, *adj.*, stinking, 84/28; styngkyng, 225/20.

stynke, *v.*, to stink, *inf.*, 47/17; *pr.* 3 *sg.* stinkyth, 84/25; stynkeþ, 156/6; *pt.* 3 *sg.* stanke, 68/12; *pl.* stonk, 192/22.

stynte, *v.*, to stint, cease, stop, *inf.*, 32/25; *pr. pl.* styntyn, 5/34; *pt.* 3 *sg.* stynt, 178/13.

styre: *see* ster.

substance, *sb.*, substance, 166/9.

successor, *sb.*, successor, 189/36.

23

suche, *adj.*, such, 5/24; soch, 187/7;
    seche, 51/33.
suffrages, *sb. pl.*, suffrage, interces-
    sion, 149/30.
suffrance, *sb.*, sufferance, 214/17.
suffre, *v.*, to suffer, *inf.*, 169/7; suffyr,
    125/13; *pr.* 1 *sg.* suffyr, 113/15;
    3 *sg.* suffereth, 29/3; *pl.* suffren,
    67/31; *imp. sg.* suffyr, 51/7;
    pt. 2 *sg.* suffyrst, 273/23; 3 *sg.*
    sufferd, 8/19; suffred, 26/18; suf-
    fered, 41/23; *pl.* suffreden, 28/35;
    sufferd, 262/25; sufferet, 262/27;
    pr. p. suffryng, 6/8; *pp.* suffirde,
    245/16.
suffycen, *v.*, to suffice; *pt.* 3 *sg.*
    suffycyt, 220/26.
suget, *adj.*, subject, 22/18; soget,
    25/33.
suggestyon, *sb.*, suggestion, criminal
    charge, 13/25.
sum, *adj. and pron.*, some, 1/16;
    summ, 218/18.
superfluyte, *sb.*, superfluity, 126/2.
supperday, our Lordys, *pr. n.*,
    Maundy Thursday, 125/4.
supposen, *v.*, to suppose; *pr.* 1 *sg.*
    suppos, 199/18.
sure, *adj.*, sure, 56/20.
surfet, *sb.*, surfeit, 63/18.
Surry, *pr. n.*, Surrey, 241/20.
suspenden, *v.*, to suspend; *pt.* sus-
    pendyt, 236/20.
suspessyon, *sb.*, suspicion, 10/5; sus-
    picyon, 286/36.
sustenaunce, *sb.*, sustenance, 254/16.
susteynen, *v.*, to sustain; *pr.* 3 *sg.*
    susteynyth, 285/1; *pl.* susteneþe,
    162/8; *pr. p.* susteynyng, 242/20.
sustyr : *see* syster.
swalows, *sb. pl.*, swallow, 214/20.
swell, *v.*, to swell, *inf.*, 193/34;
    pt. 3 *sg.* swal, 181/11; *pp.* swolne,
    110/15.
swer, *v.*, to swear, *inf.*, 3/35; sweron,
    300/21; *pr.* 2 *sg.* swerus, 113/22;
    pt. 3 *sg.* swore, 300/17; *pp.* sworen,
    121/20; sworne, 291/16.
swerde, *sb.*, sword, 42/30.
swerer, *sb.*, swearer, 229/34.
sweryng, *sb.*, swearing, 113/25.
swete, *adj.*, sweet, 191/12.
swete, *v.*, to sweat, perspire, *inf.*,
    3/4; *pr.* 3 *sg.* swetyþe, 166/17;
    pt. 3 *sg.* swet, 45/28; swat, 45/32.
swetnes, *sb.*, sweetness, 53/33; swete-
    nes, 220/15.

sweþeles, *sb. pl.*, swaddling band,
    231/28.
swolon, *v.*, to swallow, overwhelm,
    inf., 4/31; *pt.* 3 *sg.* sowoluyd,
    81/23; swolut, 178/25; *pp.* swolyt,
    200/32.
swownen, *v.*, to swoon; *pt.* 3 *sg.*
    swownyd, 206/3.
swot, *sb.*, sweat, perspiration, 66/30.
swyft, *adj.*, swift, 48/24.
swym, *v.*, to swim, *inf.*, 272/29;
    pt. 3 *sg.* swam, 119/26; *pr. p.*
    swymnyng, 14/18.
swynasy, *sb.*, quinsy, 110/14.
swyne, *sb.*, swine, 278/28.
swynke, *sb.*, labour, 2/8.
swyuen, *sb.*, vision, dream, 38/26.
syb, *adj.*, related, 301/13.
Sybyl, *pr. n.*, Sibylla, a wise woman,
    25/19.
syde, *sb.*, side, 4/24.
syde to, *prp.*, beside, 40/23, 197/22.
syght, *sb.*, sight, 7/31; seght, 29/31.
sygne, *sb.*, sign, 29/12; syngne,
    153/3; syne, 171/2.
syke, *sb.*, sigh, 104/30.
syke, *v.*, to sigh, *inf.*, 65/22; *pt.* 3 *sg.*
    sykut, 68/9; *pr. p.* sekyng, 44/2;
    sykyng, 84/23.
sykur, *adj.*, safe, 153/9; sycour,
    153/4; sekyr, 169/24.
sykurnes, *sb.*, safety, 153/5.
sykyng, *sb.*, sighing, 63/31.
sylke, *sb.*, silk, 40/22; selke, 219/31.
syluer, *sb.*, silver, 39/21.
Syluestyr, St., *pr. n.*, St. Sylvester,
    37/10.
Symeon, *pr. n.*, Simeon, 99/7.
Symon, St., *pr. n.*, St. Simon, 57/5.
Symon, *pr. n.*, Simon, the Pharisee,
    203/31.
Symon Magus, *pr. n.*, Simon, a ma-
    gician, 194/29.
symple, *adj.*, simple, 176/1; sympyll,
    255/5.
sympulnes, *sb.*, simpleness, 12/2.
syn, *sb.*, sin, 6/13.
Synay, *pr. n.*, Sinai, 101/13, 277/11.
syndall, *sb.*, sendal, silken stuff,
    40/22.
syne, synys : *see* sygne.
synful, *adj.*, sinful, 23/30; synfull,
    46/14.
syng, *v.*, to sing, *inf.*, 151/13; syngne,
    271/31; syngon, 293/8; *pr.* 2 *sg.*
    syngyst, 113/13; *pr.* 3 *sg.* syngyth,
    20/25; sengyth, 68/32; *pl.* syng,

69/3; syngen, 118/20; *pt.* 3 *sg.*
sang, 151/15; *pl.* songen, 21/20;
pr. p. syngyng, 223/22; *pp.*
songon, 23/19.

synke, *v.*, to sink, *inf.*, 89/14; *pr.* 3 *sg.*
synkyth, 112/21; *pt.* syngkyt,
210/20.

synne, *v.*, to sin, *inf.*, 64/8; synnon,
295/32; *pr.* 3 *sg.* synnyþe, 149/21;
synnes, 149/22; *pr. pl.* synnen,
150/4; synneth, 68/5.

synners, *sb. pl.*, sinner, 149/17.

syr, *sb.*, sir, 7/11.

syser, *sb.*, cider, 139/37.

syster, *sb.*, sister, 29/32; sustyr,
29/25.

syte: *see* cyte.

syþ, *sb.*, compact, 46/5.

syþen, *adv. and conj.*, since, after-
ward, 7/23; sethen, 22/9; syth,
46/3.

sythes, *sb.*, times, 236/14; sythe,
302/34.

sytte, *v.*, to sit, *inf.*, 39/28; *pr.* 3 *sg.*
syttyþe, 10/34; settyth, 170/9;
sittyþe, 224/31; *pl.* syttyth,
182/33; *imp. pl.* sytte, 84/1;
pt. 3 *sg.* sate, 32/18; sete, 193/19;
pl. setten, 145/18; setyn, 104/5;
syttyn, 181/7; *pr. p.* syttyng,
80/3.

syx, *card. num.*, six, 27/4.

syxte, *ord. num.*, sixth, 47/18.

Syxti: *see* Sixtus.

syxty, *card. num.*, sixty, 27/5.

table, *sb.*, table, plate, 102/16.

tachut, *pp.*, attached, 113/18.

take, *v.*, to take, *inf.*, 2/15; taken,
64/33; *pr.* 2 *sg.* takes, 235/29;
3 *sg.* taketh, 21/23; taket, 173/7;
takenyþe, 282/27; *pl.* taken,
115/15; takuth, 289/6; *imp. sg.*
take, 8/34; *pl.* taketh, 28/22;
takes, 33/12; take, 48/20; taket,
172/22; *pt.* 1 *sg.* toke, 14/30;
pl. token, 14/19; *pp.* taken, 2/19;
take, 67/30.

takyng, *sb.*, taking, 158/16. *See also
under* talkyng.

tale, *sb.*, tale, 177/14.

talke, *v.*, to talk, *inf.*, 96/34; *pt.*
talked, 145/18; *pr. p.* talkyng,
148/22; *pp.* talked, 280/6.

talkyng, *sb.*, talking, 118/6; takyng,
83/25.

tapor, *sb.*, taper, 127/16.

tary, *v.*, to delay, *inf.*, 61/25; *pt.*
taryed, 44/14.

taryng, *sb.*, slowness, 18/29.

tast, *sb.*, taste, 173/1.

tast, *v.*, to taste, *inf.*, 286/15.

teche, *v.*, to teach, *inf.*, 33/33;
pr. 1 *sg.* teche, 88/13; 3 *sg.* techeth,
45/22; techeþe, 57/2; techith,
221/19; techuth, 289/3; 3 *pl.*
techen, 57/26; techyth, 83/5;
imp. sg. teche, 299/17; *pt.* 3 *sg.*
taght, 21/8; tawght, 301/16; 3 *pl.*
taghten, 151/12; taght, 160/17;
tacht, 183/19; *pr. p.* techyng,
279/13; teching, 291/24; *pp.*
ytaght, 38/8.

techers, *sb. pl.*, teacher, 159/9.

techyng, *sb.*, teaching, 46/8.

teer, *sb.*, tear, 235/25; *pl.* terys,
188/21.

tell, *v.*, to tell, *inf.*, 1/16; tel, 5/22;
telle, 36/2; tellon, 292/20; tellyn,
295/29; *pr.* 1 *sg.* telle, 293/4;
3 *sg.* telleþe, 5/12; tellyth, 31/5;
tellet, 171/26; 1 *pl.* tell, 48/8;
3 *pl.*, tellyþe, 83/5; tellyn, 215/13;
tellyth, 244/10; *pr. subj.* 2 *sg.*
telle, 17/29; *imp. sg.* tell, 17/9;
pl. tellyþe, 112/25; *pt.* 3 *sg.* told,
6/33.

tellyng, *sb.*, telling, 14/16.

Temmys, *pr. n.*, Thames, 191/1.

tempest, *sb.*, tempest, 8/6.

temporall, *adj.*, temporal, temporary,
secular, worldly, 50/15.

temptacyon, *sb.*, temptation, 6/22.

tempte, *v.*, to tempt, *inf.*, 11/1;
tempton, 296/3; *pr.* 3 *sg.* tempteth,
33/6; *pl.* temptyþe, 253/16; *pp.*
temptyd, 10/9.

tempull, *sb.*, temple, 15/19; temple,
57/19; tempyl, 183/32.

tempur, *v.*, to temper, moderate, *inf.*,
162/22.

ten, *card. num.*, ten, 27/5.

tenantys, *sb. pl.*, tenant, 241/34;
tenayntys, 242/32.

tend, *v.*, to set on fire, burn, *inf.*,
106/32; tynd, 60/29; *pr. pl.*
tendyþe, 150/19.

tenden, *v.*, to attend, give one's at-
tention to; *pt.* 3 *sg.* tentut, 254/33;
pl. tendedon, 27/2.

tendyr, *adj.*, tender, 45/24.

tendyrne[s], *sb.*, tenderness, 138/2.

tene, *sb.*, vexation, 276/5.

teneblus, *sb. pl.*, dusk, 117/4.

tenebrys, *sb.*, dusk, 122/12.

tenet, *pp.*, irritated, angry, 219/19.

tent, *pp.*, tied, shut in, 258/28.

testament, *sb.*, testament, 1/23.

teþe, *sb. pl.*, tooth, 194/18.

teþe, *sb. and adj.*, tithe; teþe-day, 'tithe-day,' 82/12.

þe toon (*put for* þat oon), that one, 5/23, 234/13; þe ton, 196/27.

þe toþer (*put for* þat oþer), that other, 5/27, 186/7, 223/22.

to, *prp.*, to, 1/2.

to, *adv.*, too, 28/8.

tobeton, *v.*, to beat in pieces, *inf.*, 3/10.

tobroken, *pp.*, broken in pieces, 246/2.

tobursten, *v.*, to burst, break in pieces; *pt.* 3 *sg.* tobarst, 190/18.

Toby, *pr. n.*, Tobias, 214/8.

to-day, *adv.*, to-day, 131/23.

tode, *sb.*, toad, 85/25.

todraw, *v.*, to draw asunder, *inf.*, 211/17.

tofor, *prp. and adv.*, before, 48/28.

togedyr, *adv.*, together, 3/5; togydur, 289/2.

tohewe, *v.*, to hew, cut in pieces; *pt.* 3 *sg.* tohew, 292/11; *pl.* tohew, 265/27.

token, *sb.*, token, sign, 60/28.

tokened, *pp.* signified, indicated, 245/30.

tokenyng, *sb.*, betokening, signification, 1/19.

tolle-boþe, *sb.*, toll-booth, 254/32.

tomarturd, *pp.*, cruelly martyred, 114/5.

tombe, *sb.*, tomb, 9/16; towmbe, 20/16.

tomble, *v.*, to tumble, *inf.*, 185/18.

tombelyng, *sb.*, tumbling, 178/14.

to-morrow, *adv.*, to-morrow, 75/31; to-moro, 191/17; to-morou, 142/8.

tong, *sb.*, tongue, 4/26.

tonne, *sb.*, tun, 31/12.

to-nyght, *adv.*, to-night, 88/20.

too, *sb.*, toe, 121/36. *See also* two.

toppe, *sb.*, top, 121/34.

topunne, *v.*, to pound to bits, *inf.*, 237/31; *pp.* topounet, 134/31.

torase, *v.*, to lacerate, tear to pieces, *inf.*, 134/21.

torches, *sb. pl.*, torch, 148/24.

toren, *adj.*, torn, 39/35; torne, 136/13.

tormentowrs : *see* turmentoure.

tosley, *v.*, to hew to pieces; *p'. subj.* 3 *sg.* tosley, 105/29.

toteren, *v.*, to tear to pieces, *inf.*, 211/18.

toward, *prp.*, towards, 53/28; towart, 205/2.

towch, *v.*, to touch, *inf.*, 23/13; *pr.* 3 *pl.* towchen, 124/29; *pt.* 3 *sg.* towched, 94/20; *pr. p.* towchyng, 58/3; *pp.* towched, 147/28.

towne, *sb.*, town, 23/1; towen, 173/34; toun, 175/2.

towne-cok, *sb.*, town-cock, 250/31.

towre, *sb.*, tower, 193/19.

Towres, *pr. n.*, Tours, 272/20, 274/4.

trace, *sb.*, trace, 253/9.

tractus, *sb. pl.*, tract, tractate, 63/30.

Tracy, Syr William, *pr. n.*, Sir William Tracy, 41/35.

translacyon, *sb.*, translation, 181/26.

translaten, *v.*, to translate, transfer; *pt.* translatud, 274/6; *pp.* translat, 50/9.

transon, *sb.*, trance, 293/19; travnsyn, 191/10.

trappe, *sb.*, trap, 144/3.

trappet, *pp.*, furnished with trappings, 251/17.

trauayle, *sb.*, travail, labour, 1/25; trauell, 1/23.

trauayle, *v.*, to travail, labour, rag, exercise, travel, *inf.*, 2/9; trauell, 205/24; traueyll, 285/10; *pr.* 3 *sg.* trauelyth, 95/18; *pl.* traueluþe, 159/10; *pt.* 3 *sg.* trauayld, 1/27; *pr. p.* trauelyng, 95/13; *pp.* trauayld, 95/5.

trauelyng, *sb.*, trouble, vexation, 280/19.

trayde, *pp.*, betrayed, 118/8.

traytere, *sb.*, treachery, 13/24.

traytour, *sb.*, traitor, 41/18.

tre, *sb.*, tree, wood, 66/23.

trede, *v.*, to tread, *inf.*, 80/14; *pt. pl.* tredon, 241/11.

tremblen, *v.*, to tremble; *pr. p.* tremblyng, 51/3.

trenis, *sb.*, lamentation, 122/11.

tresery, *sb.*, treasury, 215/9.

trespas, *sb.*, trespass, sin, 26/21.

trespas, *v.*, to trespass, *inf.*, 204/8; *pr.* 3 *sg.* trespassype, 108/18; *pl.* trespassuþe, 157/29; trespas, 285/14; *pp.* trespassyd, 60/11; trespast, 112/24.

tresure, *sb.*, treasure, 201/23; tresowr, 215/6.

treten, *v.*, to treat ; *pr.* 3 *sg.* tretyþe, 112/26.

trety, *sb.*, treaty, treatise, 41/24; trete, 250/18.

trew, *adj.*, true, 15/18.

tribulacyon, *sb.*, tribulation, 69/20.

tribut, *sb.*, tribute, 49/30; tribet, 120/29.

triflen, *v.*, to trifle, beguile ; *pt.* 3 *sg.* trifuld, 194/29.

trobolon, *v.*, to trouble, *inf.*, 295/15; *pp.* trowbet, 13/35; trowbuld, 48/33; ytrowbuld, 231/34.

trobulere, *sb.*, troubler, 147/12.

trompe, *v.*, to trumpet, *inf.*, 65/1.

trompers, *sb. pl.*, trumpeter, 64/37.

trondelen, *v.*, to trundle; *pt.* 3 *sg.* trondelut, 174/8.

trone, *sb.*, throne, 153/17.

troth, *sb.*, truth, faith, vow, 38/16 ; treuþ, 89/19.

trowbelyng, *sb.*, trouble, 231/34.

Troye, *pr. n.*, Troy, 193/16.

troyng, *sb.*, trowing, 97/34.

trust, *sb.*, trust, 9/36; tryst, 14/31.

Trynyte, *sb.*, Trinity, 163/19; Trenite, 289/16.

trysten, *v.*, to trust ; *pr.* 1 *sg.* tryst, 273/31; *imp. pl.* tryst, 5/9; *pt.* 3 *sg.* tryst, 65/4; trust, 175/31.

Turkes, *pr. n.*, the Turks, 14/13.

turment, *v.*, to torment, *inf.*, 56/1 ; torment, 219/26; *pt.* turmentyt, 240/1.

turment, *sb.*, tournament, 119/20.

turment, *sb.*, torment, 134/22; torment, 219/26.

turmentoure, *sb.*, tormentor, 202/23.

turne, *sb.*, turn, trick, 53/17.

turne, *v.*, to turn, *inf.*, 3/15 ; *pr.* 3 *sg.* turnyþ, 127/12 ; *imp. sg.* turne, 17/30; *pt.* 3 *sg.* turnet, 7/32 ; *pl.* turneden, 27/4 ; *pr. p.* turnyng, 48/2 ; *pp.* yturnet, 52/31.

turnement, *sb.*, torment, agony, 181/14, 202/6, 217/19.

turnyng, *sb.*, turning, conversion, 53/2.

turturs, *sb. pl.*, turtle-dove, 57/22.

Tuysday, *pr. n.*, Tuesday, 149/15.

twelfe, *card. num.*, twelve, 79/14.

Twelfeday, *pr. n.*, Twelfth-day, 47/30.

twelmo[n]þe, *sb.*, twelve months, 48/6 ; twolfmonyþe, 73/1.

two, *card. num.*, two, 1/7 ; twoo, 9/3 ; tweyne, 164/9 ; too, 61/17.

twyn, on, asunder, 257/32.

twys, *adv.*, twice, 177/14 ; twy, 90/1 ; twyys, 128/23.

Tybaude, St., *pr. n.*, St. Thibaut, 271/13.

Tybur, *pr. n.*, Tiber, 121/27.

tydes, *sb. pl.*, time, 66/4.

tyen, *v.*, to tie, bind ; *pt.* tyed, 136/31 ; *pp.* tyed, 77/29.

tyll, *prp.*, to, till, 5/13 ; til, 244/23.

tyme, *sb.*, time, 5/17.

tynen, *v.*, to close ; *pr.* 3 *sg.* tyneth, 295/11.

tyrand, *sb.*, tyrant, 52/28 ; tyraunt, 276/33.

Tyrus, *pr. n.*, Tyrus, Pilate's father, 120/17.

tysut, *pp.*, enticed, 46/16.

tytuld, *pp.* entitled, 124/32.

tyt[h]yng, *sb.*, event, tidings, tyþyng, 99/13 ; *pl.* tyþyngys, 80/23.

Tytus, *pr. n.*, Titus, 141/22.

tytyl, *sb.*, title, 198/31.

þaȝ : *see* þogh.

þat, *conj.*, that, 1/15.

þat, *pron.*, that, who, which, 1/10 ; *pl.* þes, 2/26.

þat (*put for* þer), *adv.*, where, 5/23.

þay, *pron.*, they, 3/17 ; þei, 147/22.

þe (the), *art.*, the, 1/6 ; þy, 76/7, 143/9.

the, *pron.*, thee, 7/22.

þedyr, *adv.*, thither, 5/35 ; þidur, 292/17.

þedyrward, *adv.*, thitherward, 146/18; þidurwarde, 293/23.

þedyryn, *adv.*, therein, 278/28.

þef, *sb.*, thief, 17/8 ; þeff, 298/26.

þefte, *sb.*, theft, 298/20.

þei : *see* þay.

þeis, *sb. pl.*, thigh, 291/24.

þen, *conj. and adv.*, then, when, 2/15 ; þanne, 290/23.

þenke, *v.*, to think, *inf.*, 47/2 ; þynke, 115/30 ; *pr.* 3 *sg.* þenkyth, 47/22 ; þynkyþe, 162/14 ; *imp. sg.* þenke, 68/12 ; thynke, 82/24 ; *pl.* þenkeþe, 254/18 ; þenke, 279/23 ; *pt.* 3 *sg.* þoght, 5/29 ; þocht, 216/28 ; þought, 302/32 ; *pl.* þoghten, 27/35.

þens, *adv.*, thence, 156/4.

þer (ther), *adv.*, there, where, 1/22 ; þyr, 179/24.

þerapon, *adv.*, thereupon, 166/15.

358

Mirk's Festial

þeras, *adv.*, thereas, where, 10/25;
þereos, 290/14.
þerfor, *adv.*, therefore, 1/13.
þerfro, *adv.*, therefrom, 5/35.
þerof, *adv.*, thereof, 90/16.
þeron, *adv.*, thereon, 146/29.
þerto, *adv*, thereto, 120/33.
þerwyth, *adv.*, therewith, 7/30.
þeryn, *adv.*, therein, 30/3.
þes: *see* þys, þat.
þewes, *sb. pl.*, manner, virtue, 242/8.
Thewythe, *pr. n.*, Theuyth (St. Wini-
fred's father), 177/16; Thewyt,
177/20.
þiself, *pron.*, thyself, 55/37.
þo, þoo: *see* þys.
þo, *adv.*, then, at that time, 300/25.
þogh, *conj.*, though, 5/1; þaȝ, 15/23;
þach, 180/33.
þoght, *sb.*, thought, 19/8.
Thomas, St. (of Canterbury), *pr. n.*,
St. Thomas, 38/10.
Thomas, St. (of Inde), *pr. n.*, St.
Thomas, 18/4.
þombe, *sb.*, thumb, 136/1.
þondyr, *sb.*, thunder, 7/29.
þonke, *v.*, to thank, *inf.*, 4/1; *pr.* 1 *sg.*
thonke, 16/19; thank, 299/30;
3 *sg.*, þonketh, 29/3; *pl.* thonken,
274/27; thonke, 274/28; þonkyth,
84/15; *pt.* þonket, 10/7; þankyd,
186/25; *pr. p.* thonkyng, 13/38.
þorne, *sb.*, thorn, 166/17.
þose: *see* þys.
þou, *pron.*, thou, 7/3.
þowsand, *card. num.*, thousand, 9/4;
þowsant, 202/9.
þral, *sb.*, thrall, slave, 153/22.
þraldam, *sb.*, thraldom, 172/15.
þrale, *adj.*, low, base, of low birth,
200/19.
þrate, *sb.*, threat, 255/18.
þre, *card. num.*, three, 5/14; þree,
294/6.
þrede, *sb.*, thread, 179/5.
þrete, *v.*, to threaten, *inf.*, 14/3;
pr. 2 *sg.* þretyst, 15/3; *pr. p.*
thretyng, 53/27; *pp.* þrat, 159/30.
þretteneth, *ord. num.*, thirteenth,
47/30; þretten, 48/2.
þrogh, *prp.*, through, 15/9; þurgh,
29/24; þroch, 196/16.
þrost, *v.*, to thrust, cast, *inf.*, 145/36;
pr. 3 *sg.* þrostys, 83/2; *pt.* 3 *sg.*
þroste, 201/2; *pl.* þroston, 140/21;
pp. þrost, 152/15; thrast, 195/12;
þrust, 220/2.

þrote, *sb.*, throat, 110/15.
throw, *v.*, to throw, *inf.*, 81/27.
þrowes, *sb. pl.*, suffering, pain,
245/28.
þrydde, *ord. num.*, third, 96/9; þryde,
218/32; þrytte, 245/31.
þryse, *adv.*, thrice, 70/1; þryes,
188/5; þries, 245/27.
þrytty, *card. num.*, thirty, 22/19;
þrytte, 142/15.
þurgh: *see* þrogh.
Þursday, *pr. n.*, Thursday, 77/10.
þurst, *sb.*, press, crush, 158/14.
þurst, *sb.*, thirst, 70/8.
thursty, *adj.*, thirsty, 4/4.
þus, *adv.*, thus, so, 1/18; thys, 4/33.
See also þys.
þy, *pron.*, thy, 7/9; þi, 7/21; þine,
300/2. *See also under* þe.
thykke, *adj.*, thick, 80/5; þekke,
165/14.
thylke, *adj.*, such, these, 221/3;
thelke, 63/1.
þyn, *pron.*, thine, 67/21.
þyng, *sb.*, thing, 1/1; þenges, 49/20.
þynkyng, *sb.*, thinking, 196/5.
þys, *pron.*, this, 1/8; this, 165/2;
þus, 14/28; *pl.* þose, 2/21; þo,
15/18; þes, 15/32; þoo, 23/28.
See also þus and þe.

vche: *see* ych.
vmage, *sb.*, homage, 228/7.
vmbeclyppen, *v.*, to embrace; *pt.* 3 *sg.*
vmbeclypped, 51/13; *pp.* vmbe-
clypped, 64/15.
vmbeschadow, *v.*, to shade around,
inf., 106/31.
vmbrayden, *v.*, to reproach; *pr.* 2 *sg.*
vmbraydys, 113/22; *pl.* vmbray-
den, 132/12.
vmbstad, *pp.*, surrounded, 64/17.
vnavyset, *adj.*, unadvised, uncoun-
selled, 10/15.
vnbarren, *v.*, to unbar, open; *pt.*
vnbarret, 42/12.
vnbeleued, *adj.*, unbelieving, 139/1.
vnblessyd, *adj.*, unblessed, 219/11.
vnborne, *adj.*, unborn, 87/21.
vnbrent, *adj.*, unburnt, 163/15; vn-
brennet, 176/32.
vnbrydlen, *v.*, to unbridle; *pt.* vn-
brydylt, 56/10.
vnbuxamnes, *sb.*, disobedience, 22/1;
vmbuxomnes, 22/2.
vnbynd, *v.*, to unbind, *inf.*, 209/29;
pt. 3 *sg.* vnbond, 231/29.

vnclene, *adj.*, unclean, 57/16.

vnclennes, *sb.*, uncleanness, 63/11.

vnconnyng, *sb.*, ignorance, 267/12.

vnconyng, *adj.*, unlearned, 213/23.

vncull, *sb.*, uncle, 93/36.

vncurtes, *adj.*, uncourteous, 61/25.

vndampned, *adj.*, uncondemned, 89/21.

vndo, *v.*, to undo, open, *inf.*, 85/24; *pt.* 3 *sg.* vndyd, 248/9; *pl.* vndedyn, 14/18; vnduden, 198/29; *pp.* vndon, 192/35.

vndyr, *sb.*, the time from nine to twelve o'clock in the morning, 66/2.

vndyr, *prp.*, under, 4/24.

vndyrlyng, *sb.*, underling, 187/27.

vndyrstond, *v.*, to understand, *inf.*, 3/12; vndurstande, 294/5; *pr. pl.* vndyrstondyn, 282/11; vndyrstondyþe, 156/33; vndyrstondes, 261/12; *pt.* 3 *sg.* vndyrstode, 19/17; *pl.* vndyrstode, 148/31; *pp.* vndyrstonden, 11/24; vndyrstond, 94/29.

vndyrstondyng, *sb.*, understanding, 228/24.

vndyrtake, *v.*, to undertake, *inf.*, 13/18.

vnement : *see* oynement.

vnfolden, *pp.*, unfolded, 150/32.

vnfulle, *adj.*, incomplet, 80/33.

vnknowon, *adj.*, unknown, 207/19.

vnkynde, *adj.*, unkind, 26/17.

vnkyndnesse, *sb.*, unkindness, 113/12.

vnlykly, *adj.*, unlikely, 140/28.

vnneþe, *adv.*, with difficulty, scarcely, 2/32.

vnponysched, *adj.*, unpunished, 89/27.

vnquyte, *adj.*, unrewarded, 89/27.

vnresynabull, *adj.*, unreasonable, 101/15.

vnrobbet, *pp.*, unrobbed, 39/5.

vnschauen, *pp.*, unshaven, 125/29.

vnsched, *adj.*, unshed, 242/35.

vnschryuen, *adj.*, unshriven, 100/30.

vnsely, *adj.*, unhappy, wretched ; vnsley, 6/30.

vnsemely, *adj.*, unseemly, 81/8.

vnservet, *adj.*, unserved, 267/2.

vnskylfully, *adv.*, unreasonably, 63/17.

vnstabyll, *adj.*, unstable, 188/10.

vnswar, *sb.*, answer, 10/21 ; vnswer, 10/29 ; onswar, 196/2.

vnswar, *v.*, to answer, *inf.*, 10/14 ;

pr. 3 *sg.* vnswares, 115/27 ; vnsweryth, 231/16 ; *pt.* vnswered, 5/19 ; vnsward, 8/3 ; vnswerd, 10/18 ; onsueret, 172/1.

vnwarned, *adj.*, unwarned, 39/28.

vnworschypen, *v.*, to do dishonour to; *pr.* 3 *sg.* vnworschypyth, 87/33; *pt.* 3 *sg.* vnworschypyd, 87/34.

vnworthy, *adj.*, unworthy, 20/28 ; onworthy, 131/36.

vnwyttyng, *adj. and adv.*, unwitting, 30/10.

vnycorn, *sb.*, unicorn, 55/9.

vnyte, *sb.*, unity, 162/2.

vp, *adv. and prp.*, up, 2/30.

vpcasting, *sb.*, vomiting, 172/25.

vpon, *prp.*, upon, 6/30 ; apon, 6/11 ; opon, 5/32.

vprist, *sb.*, resurrection, 80/36.

vpryȝt, *adv.*, upright, 172/8.

vprysyng, *sb.*, rising, 3/9.

vp so don, *adv.*, upside down, 140/30.

vpsteyng, *sb.*, rising, ascending, ascension, 152/20.

vpward, *adv.*, upward, 97/3 ; vpwart, 276/26.

Urban, *pr. n.*, Urban, 168/22.

vrth : *see* erth.

vryn, *sb.*, spider, 181/8.

vs, *pron.*, us, 1/1.

vsage, *sb.*, usage, custom, 241/20.

vse, *sb.*, use, 113/25.

vsen, *v.*, to use ; *pr.* 3 *sg.* vsyth, 1/13; *pl.* vsen, 45/12 ; vsyþ, 15/16; *pt.* 3 *sg.* vsyd, 40/29 ; *pl.* vseden, 24/26 ; vsut, 182/23 ; *pp.* vset, 169/27.

vssu, *sb.*, issue, offspring, 77/22.

vtas, *sb.*, octave, 45/7.

vtmast, *adj.* (*sb.*), utmost, 91/12.

vtture, *adj.*, utter, outer, 178/5.

vttyr, *adv.*, outwards, out, 258/34.

vale, *sb.*, valley, 76/35.

vaneschen, *v.*, to vanish ; *pt.* vanechet, 11/4 ; vanescet, 175/6 ; vanechid, 78/27.

vanyte, *sb.*, vanity, 25/4.

varyen, *v.*, to vary, differ ; *pt.* varyet, 207/7.

Vaspasyan, *pr. n.*, Vespasian, 141/6.

vayle, *sb.*, avail, aid, 76/14.

vayle, *sb.*, veil, 126/7.

vayn, *adj.*, vain, 64/22; veyn, 102/31.

vemens, *adj.*, venomous, 101/26.

venemen, *v.*, to envenom; *pr. pl.*

venemyth, 183/4; *pt.* 3 *sg.* ve[n]e-
met, 139/8.

vengabull, *adj.*, avenging, 140/35.

vengans, *sb.*, vengeance, 1/20; ven-
gens, 66/32; vengeans, 141/2;
veniauns, 5/6; veniaunce, 7/22.

venge, *v.*, to avenge, *inf.*, 209/27;
pp. venget, 44/18.

Ventulan, *pr. n.*, a town, 148/3.

venym, *sb.*, poison, 31/24.

Venys, *pr. n.*, Venice, 172/22.

veray, *adj.*, true, 3/30; verray,
170/7.

verefiyng, *sb.*, verifying, verification,
23/18.

verefy, *v.*, to verify, *inf.*, 152/33.

vermyn, *sb.*, vermin, 40/24.

vertu, *sb.*, virtue, 6/26.

vessell, *sb.*, vessel; *fig.* conscience,
37/14; vessel, 250/14.

vestementys, *sb. pl.*, vestment,
140/6.

vexen, *v.*, to vex; *pt.* vexude,
57/32.

vexyng, *sb.*, vexing, 280/19; wexyng,
281/11.

veyne, *sb.*, vein, 291/9.

victory, *sb.*, victory, 116/5.

victoryus, *adj.*, victorious, 257/24.

Vitas Patrum, *pr. n.*, Vitae Patrum,
the lives of the fathers, 194/35.

vouchesaf, *v.*, to vouchsafe, *inf.*,
168/10; *pr.* 1 *sg.* vouchesaf,
234/9; vouchsaf, 234/27.

vow, *sb.*, vow, 9/31.

vowtrye, *sb.*, adultery, 72/7; vowtre,
105/6.

voyce, *sb.*, voice, 7/3; voys, 270/28.

voyde, *v.*, to remove, keep away, *inf.*,
231/7.

vyals : see fyoll.

vyce, *sb.*, vice, 118/33; *pl.* vysis,
83/2.

vycyous, *adj.*, vicious, 253/28.

vykere, *sb.*, vicar, 173/32.

vylany, *sb.*, villainy, 106/22; vilony,
239/20; veleny, 103/13.

Vyncent, *pr. n.*, Vincent, 61/16.

vyne, *sb.*, vine, 20/22.

vyne-ȝorde, *sb.*, vineyard, 66/3.

vyolent, *adj.*, violent, 257/9.

vyrgenes, *sb. pl.*, virgin, 16/29;
virgyns, 214/35.

vyrgynyte, *sb.*, maidenhood, 31/2.

vysage, *sb.*, face, 141/6.

vyset, *v.*, to visit, *inf.*, vysed, 231/5;
viset, 70/27; *pr.* 3 *sg.* vysetyþe,

156/13; *pt.* v[y]sytut, 231/25;
vyset, 4/6; *pp.* vyset, 4/16; vy-
seted, 162/3.

vysion, *sb.*, vision, 17/34.

vysitacion, *sb.*, visitation, 41/7.

vytayle, *sb.*, victuals, 98/22; vy-
tayles, 98/31.

vyteld, *pp.*, stored, victualed, 205/14.

wach, *sb.*, watch, vigil, 180/23.

waftyr, *v.*, to wave, *inf.*, 273/8.

wager, *sb.*, wager, 104/8.

wake, *v.*, to wake, be awake, watch,
inf., 189/3 ; wakon, 292/6 ; *pr. pl.*
waken, 182/31 ; wakyth, 182/34;
pt. 3 *sg.* wakud, 290/27 ; *pl.* wakyd,
182/22; waken, 223/3.

waken, *v.*, to awake; *pt.* 3 *sg.* woke,
29/34; awoke, 119/9.

wakefyre, *sb.*, watchfire, 182/33.

wakyng, *sb.*, waking, 40/32.

Wales, *pr. n.*, Wales, 179/32, 242/27.

walewe, *v.*, to turn, wallow, roll, *inf.*,
226/1.

walk, *sb.*, walk, march, 55/13.

walke, *v.*, to walk, *inf.*, 84/38;
pr. 3 *sg.* walketh, 278/8 ; *pl.*
walkyth, 230/31; *pt.* walket, 7/36;
pr. p. walkyng, 6/11.

walker, *sb.*, fuller, 140/24.

walkyng, *sb.*, walking, 225/17.

wall, *sb.*, wall, 2/31.

walle : see well.

wallen, *v.*, to well up; *pr.* 3 *sg.*
walleth, 9/19; *pl.* walleþ, 9/16;
pt. 3 *sg.* wallut, 140/25.

wallyng, *adj.*, welling, 147/21.

walus, *sb. pl.*, weal, 113/20.

wan : see when.

wanhope, *sb* , despair, 150/23.

want, *v.*, to want, *inf.*, 13/18; *pt.*
wonted, 52/7 ; wauted, 220/22.

war, *adj.*, aware, 11/12.

warant, *sb.*, guarantee, safeguard,
53/22.

wardcorsis, *sb. pl.*, body-guard, 287/12.

warde, *sb.*, guard, care, 217/22.

wardeynes, *sb. pl.*, guardian, 157/12.

warmer, *adj.*, warmer, 39/36.

warmyng, *adj.*, warming, 160/9.

warnen, *v.*, to warn; *pr.* 1 *sg.* warne,
199/18; 3 *sg.* warneþ, 153/27 ;
pt. 3 *sg.* wernet, 36/26 ; *pp.*
warnet, 146/22. *See also under*
werne.

warnyng, *sb.*, warning, admonition,
98/20.

waryson, *sb.*, treasure, salary, payment, 193/2.

wasche, *v.*, to wash, *inf.*, 40/30; wasschen, 50/36; *pt.* wassched, 49/34; wossche, 231/26; *pp.* weschyn, 90/27; wasschen, 96/2; waschyn, 181/17.

waspes, *sb. pl.*, wasp, 141/7.

watyr, *sb.*, water, 2/30.

wax, *sb.*, wax, 60/4.

wax, *v.*, to wax, *inf.*, 23/7; *pr. pl.* wexyn, 84/26; *pt.* wax, 8/27; waxet, 9/13; wex, 79/19.

wax-candul, *sb.*, wax-candle, 295/2.

way, *sb.*, way, 9/13.

way, no, *adv.* by no means, 4/25; no wayse, 251/11; by wayes, 'by means,' 21/31.

waylen, *v.*, to lament; *pt.* wayled, 122/4; *pr. p.* waylyng, 139/10.

waylyng, *sb*, lamenting, 238/17.

waymentacyon, *sb.*, lamentation, 113/12.

wayne, *sb.*, wain, cart, 211/14.

wayten, *v.*, to wait; *pt.* wayted, 120/33.

wed, *v.*, to wed, *inf.*, 38/16; *pt.* weddyd, 15/21; wedde, 94/10; *pp.* weddet, 63/34; ywedded, 106/13; yweded, 13/3; wedet, 19/6.

weddyng, *sb.*, wedding, 1/18.

wede, *sb.*, garment, dress, 33/3.

wedlok, *sb.*, wedlock, marriage, 103/7; wedlocke, 108/13.

wedow, *sb.*, widow, 16/22; wydow, 32/33.

wedowhod, *sb.*, widowhood, 230/10.

wedryng, *sb.*, weather, 284/33.

wedyr, *sb.*, weather, 17/32.

wedyr, *sb.*, wether, 77/29.

wedys, *sb. pl.*, weed, 253/24.

weke, *sb.*, week, 163/23; wyke, 172/2.

weke, *sb.*, wick, 60/4.

welcom, *interj.*, welcome, 222/23.

welcomen, *v.*, to welcome; *pt.* welcomed, 206/12; *pr. p.* welcomyng, 115/20.

welde, *v.*, to wield, dominate, rule, *inf.*, 196/25.

weldoers, *sb. pl.*, welldoer, 1/9.

welewyng, *sb.*, fading away, 256/7.

welken, *sb. pl.*, cloud, sky, 160/22.

well, *sb.*, well, fountain, 14/12; walle, 179/1, 180/14, 225/25.

well, *sb.*, wealth, happiness, 9/29; wele, 66/15; weyle, 188/13.

well, *adv.*, well, 1/5; wele, 27/23.

wem, *sb.*, spot, stain, crime, 77/7.

wench, *sb.*, wench, girl, 201/4.

wenden, *v.*, to turn, go; *pr. subj.* 1 *pl.* wende, 233/31.

wene, *v.*, to ween, suppose, *inf.*, 46/18; *pr.* 3 *sg.* wenyth, 76/23; *pl.* wenyn, 71/22; weneþe, 160/29; *pt.* 2 *sg.* wendust, 293/27; 3 *sg.* wende, 46/12; *pl.* went, 17/20; wenden, 30/15; *pr. p.* wenyng, 96/16.

wened, *pp.*, weaned, 16/26.

Wenfryd, St.: *see* Wynfrede, St.

Wennysday, *pr. n.*, Wednesday, 12/3; Wenysday, 40/27; Wonnysday, 70/33; Wannysday, 252/28; Wanysday, 149/16.

wepe, *v.*, to weep, *inf.*, 32/34; *pr.* 1 *sg.* wepe, 113/14; 3 *sg.* wepyth, 45/29; *pl.* wepen, 64/2; *imp. pl.* wepyþe, 122/5; *pt.* 3 *sg.* wepte, 196/19; *pl.* wepyd, 67/25; wepton, 33/23; *pr. p.* wepyng, 15/34; *pp.* wepte, 229/8.

wepen, *v.*, to wipe, *inf.*, 188/22; wepe, 219/31; *pt.* wyput, 178/19; wepyd, 204/4; *pr. p.* wypyng, 259/5.

wepon, *sb.*, weapon, 223/25.

wepyng, *sb.*, weeping, 13/26.

were, *sb.*, pond, 143/15.

weren, *v.*, to wear; *pt.* wered, 40/21; werd, 197/22.

werk, *sb.*, work, 116/33.

werkeday, *sb.*, working-day, 102/36.

werkemen, *sb. pl.*, workman, 39/9.

werne, *v.*, to refuse, deny, *inf.*, 148/11; *pr.* 3 *sg.* warneth, 153/27.

werre, *sb.*, war, 22/15; warre, 183/10.

werren, *v.*, to make war, fight, *pt. pl.* werredyn, 44/13.

wery, *sb.*, weariness, 180/24.

wery, *adj.*, weary, 79/19.

west, *sb.*, west, 294/28.

Westmynster, *pr. n.*, Westminster, 34/23.

wete, *adj.* (*sb.*), wet, 191/22.

weuen, *v.*, to weave; *pr. p.* weuyng, 246/23.

wexyng: *see* vexing.

wey, *sb.*, balance, scale, 221/4.

weyen, *v.*, to weigh; *pt.* weyit, 221/4.

weymen : *see* woman.

wharto, *adv.*, what for, for what reason, 209/14.

what,*pron.*,what,10/16; whad,33/19.

whatsoeuer, *pron.*, whatsoever, 103/34.

whech, wheche : *see* whych.

whele, *sb.*, wheel, 134/19.

whelpes, *sb. pl.*, whelp, 95/9.

when, *conj.*, when, 4/4 ; qwhen, 178/33 ; wan, 290/29.

whene : *see* qwene.

wher, *adv.*, where, 4/29.

wheraboutes, *adv.*, whereabout, 167/34.

wherby, *adv.*, whereby, 195/8.

whereuer, *conj.*, wherever, 302/7.

wherfor, *adv.*, wherefore, 1/7.

wheorf, *adv.*, whereof, 4/14.

wherwyth, *adv.*, wherewith, 231/3.

wheryn, *adv.*, wherein, 121/2.

whete, *sb.*, wheat, 13/14.

wheþer, *pron. and conj.*, whether, which of both, 7/1.

whethyr, *adv.*, whither, 16/5 ; whydyr, 211/15.

whippys, *sb. pl.*, whip, 219/21.

whisperyng, *sb.*, whispering, 279/32.

whosoo, *pron.*, whoso, 28/32.

whosoeuer, *pron.*, whosoever, 111/22.

why, *conj.*, why, 5/18 ; qwhy, 54/1.

whych, *pron. (adj.)*, which ; whech, 3/11 ; wyche, 296/14.

whyle, *sb.*, while, time, 65/3 ; whyll, 125/14.

whyll, *conj.*, while, 5/7 ; whyles, 13/7 ; wyl, 293/7 ; whyllys, 41/10 ; whil, 193/20.

whyll : *see* wyll.

whyrlwynde, *sb.*, whirlwind, 276/29; whyrlyng-wynde, 138/4.

Whyssentyde, *sb.*, Whitsuntide, 39/8 ; Wytsontyde, 253/10.

whyt, *adj.*, white, 154/11 ; qwyte, 225/33.

Whytchirch, *pr. n.*, Whitechurch, 244/15.

whyt-mete, *sb.*, food prepared with milk, 84/7.

Whitsonday, *pr. n.*, Whitsunday, 159/4.

Whytson-euen, *pr. n.*, Whitsun-eve, 155/26.

wikytdoers, *sb. pl.*, misdoer, 1/11.

wlatfull, *adj.*, disgusting, 47/3.

wlaton, *v.*, to feel disgust, *inf.*, 47/5.

woch, *sb.*, wall, 181/9, 192/21, 214/19.

wod, *sb.*, wood, 16/35.

wod, *adj.*, mad, furious, 8/27 ; wood, 81/12.

wod-honey, *sb.*, wood-honey, 184/30.

Wodward, Syr Thomas, *pr. n.*, Sir Thomas Woodward, a priest, 281/19.

woke, *adj.*, weak, feeble, 196/25.

wolfe, *sb.*, wolf, 175/30.

Wolstan, St., *pr. n.*, St. Wulfstan, 81/34.

wolward, *adj.*, clothed in wool, 43/35.

woman, *sb.*, woman, 7/21 ; womon, 6/30 ; woymon, 187/5 ; womman, 291/3 ; *pl.* woymen, 1/5 ; weymen, 6/3 ; wymen, 23/17 ; wymmen, 59/29 ; women, 297/19 ; womman, 299/15.

wombe, *sb.*, womb, belly, 38/24.

won : *see* one.

wond, *sb.*, wound, 18/17.

wonden, *v.*, to wound ; *pt.* wondyd, 136/19 ; *pp.* ywonded, 43/12 ; wonded, 62/29.

wondyr, *sb.*, wonder, surprise, 18/26.

wondyr, *v.*, to wonder ; *pt.* wondyr, 54/29 ; wondyrt, 249/3 ; *pr. p.* wondryng, 251/20.

wondyr- *(in comp.)*, very, 25/23.

wondyrfull, *adj.*, wonderful, 20/14.

wondyrly, *adv.*, marvellously, 276/24.

wone, *sb.*, custom, habit, 79/19.

wone, *v.*, to dwell, *inf.*, 145/8 ; *pt.* wonet, 145/19.

wone : *see* one.

wont, *adj.*, accustomed, 133/12; ywont, 113/34.

wonte, *v.*, to want, *inf.*, 169/33.

woo, *sb.*, woe, 4/21 ; wo, 23/24.

worch, *v.*, to work, do, *inf.*, 125/31; *pr. 3 sg.* worcheth, 20/13 ; *pt. 3 sg.* wroght, 30/25 ; *pl.* wroȝton, 208/30 ; *pr. p.* worchyng, 57/8 ; *pp.* ywroght, 14/21 ; werkyd, 240/22.

worchyng, *sb.*, working, 164/5.

worde, *sb.*, word, 16/9.

world, *sb.*, world, 1/21.

worldly, *adj.*, worldly, 24/30 ; wor[l]dely, 12/27.

wormes, *sb. pl.*, worm, 49/35.

worschip, *sb.*, worship, honour, 2/16.

worschip, *v.*, to worship, 6/5 ; *pr. 1 sg.*

worschippe, 8/33; *pl.* worschip, 115/26; worschepon, 260/19; worschipen, 171/25; worschypyth, 252/3; *imp. pl.* worschyppeth, 173/29; worschyppet, 175/12; *pt.* 3 *sg.* worschepyd, 77/1; *pl.* worschepen, 23/4; worschipet, 225/34; *pp.* worschypped, 21/6; worscheput, 165/19; worschypud, 283/7.

worschypfull, *adj.*, worshipful, 38/15.

worschypyng, *sb.*, worshipping, 163/32.

worse, *adj.*, worse, 72/22.

worsont, *pp.*, worsted, rendered worse, 112/7.

worst, *adj.*, worst, 145/28.

wortes, *sb. pl.*, root, herb, 188/17.

worth, *adj.*, worth, 86/20.

worþy, *adj.*, worthy, 86/25.

worthen, *v.*, to become; *pr.* 3 *sg.* worthe, 295/12.'

woryet, *pp.*, worried, 189/23.

wossche : *see* wasche.

woymen : *see* woman.

wrach, *sb.*, vengeance, punishment, 36/22.

wrasteler, *sb.*, wrestler, 94/29.

wrastelyng, *sb.*, wrestling, 61/31.

wrastyll, *v.*, to wrestle, *inf.*, 94/31; *pt.* wrasteled, 94/19.

wrecche, *adj.*, wretched, 47/9.

wrecchet, *adj.*, wretched, 66/28.

wreche, *sb.*, wretch, wretched person; wryche, 2/6; *pl.* wreches, 81/11.

wreke, *v.*, to wreak, avenge, *inf.*, 20/12; *imp. sg.* wreke, 88/24; *pp.* wroken, 162/14.

wrengen : *see* wryngen.

wresten, *v.*, to wrest, twist; *pt.* 3 *sg.* wrast, 9/2.

wreþe, *sb.*, wreath, 113/15.

wrong, *sb.*, wrong, 5/1.

wrongfully, *adv.*, wrongfully, 13/28.

wroth, *v.*, to make wroth, become wroth, *inf.*, 66/24; *pt.* 3 *sg.* wraþut, 118/10; *pl.* wraþeden, 29/19.

wroþe, *adj.*, wroth, angry, 4/26.

wryche : *see* wreche.

wryde : *see* ryde.

wryen, *v.*, to turn; *pr. pl.* wryeth, 112/36.

wryngen, *v.*, to wring, twist, press; *pr.* 3 *sg.* wrengyth, 20/24; *pt.* 3 *sg.* wrong, 205/27; *pr. p.* wryngyng, 206/10.

wryte, *v.*, to write, *inf.*, 6/25; *pr.* 1 *sg.* wrytte, 264/11; *pl.* wrytyþe, 117/6; *pt.* 3 *sg.* wrot, 32/30; *pl.* wryton, 135/29; wrytton, 232/14; *pp.* wrytten, 34/24; wryton, 102/22; wrytte, 301/27.

wryter, *sb.*, writer, 301/12.

wrythen, *v.*, to wreathe, twist; *pt. pl.* wrythen, 121/36.

wrytyng, *sb.*, writing, 231/10.

wych, *sb.*, witch, 147/12.

wychecraft, *sb.*, witchcraft, 13/35.

wyckednesse, *sb.*, wickedness, 52/31; wykednesse, 53/20.

wyde, *adj.*, wide, 196/23.

wydow : *see* wedow.

wyf, *sb.*, wife, 8/20.

wyked, *adj.*, wicked, 7/21; wykked, 30/18; wekyd, 222/7.

wyld, *adj.*, wild, 67/10.

wyldernes, *sb.*, wilderness, 175/5.

wyle, *sb.*, wile, trick, 64/34.

wylfully, *adv.*, wilfully, 149/28.

wyll, *sb.*, will, 21/16.

wyll, *v.*, to will; *pr.* 1 *sg.*, wyll, 5/6; wil, 289/7; 2 *sg.* woll, 31/22; wold, 54/10; wyll, 92/5; wylt, 234/32; wolt, 239/2; 3 *sg.* woll, 1/20; wyll, 2/3; *pl.* wil, 299/33; *pt.* 1 *sg.* wold, 9/31; 2 *sg.* woldyst, 17/26; 3 *sg.* wold, 6/35; *pl.* wolden, 8/5; wold, 4/17.

wylles, my, *adv.*, with my will, 174/33.

Wylliam þe Conqueror, *pr. n.*, William the Conqueror, 17/18.

wylne, *v.*, to desire, *inf.*, 103/12; *pr.* 3 *sg.* wylnyþe, 151/18; *pl.* wollnoth, 285/30; *pt. pl.* wylnet, 48/13; *pr. p.* wylnyng, 282/31.

Wylschyre, *pr. n.*, Wiltshire, 242/28.

Wylton, *pr. n.*, Wilton, 248/32.

wymen : *see* woman.

wynden, *v.*, to wind; *pt.* 3 *sg.* wonde, 126/15.

wyndow, *sb.*, window, 12/33.

wyndys, *sb. pl.*, wind, 150/20.

wyne, *sb.*, wine, 20/25.

wyne-potte, *sb.*, wine-pot, 108/26.

Wynfrede, St., *pr. n.*, St. Winifred, 177/24; Wenefryde, 101/2; Wenfrede, 179/7.

wyngys, *sb. pl.*, wing, 172/8.

wynne, *v.*, to win, *inf.*, 104/17; *pt. pl.* wonen, 135/22; *pp.* wonen, 7/9; ywonon, 116/31.

Ȝebede, *pr. n.*, Zebedee, 215/35.
Ȝebel, *pr. n.*, Tebel, midwife to the Holy Virgin, 23/8.
Ȝeesyt : *see* esyd.
Ȝef : *see* yf.
Ȝefture, *sb.*, gift, 284/35.
Ȝeght : *see* eght.
Ȝeld, *v.*, to yield, *inf.*, 123/4 ; *pr.* 3 *sg.*, Ȝeldyth, 84/27 ; *imp. sg.* Ȝelde, 14/10 ; *pt.* 3 *sg.* Ȝeld, 140/25 ; *pl.* Ȝoldyn, 144/15.
Ȝelle, *v.*, to yell, shout, scream, *inf.*, 5/34 ; *pr. p.* Ȝellyng, 223/29.
Ȝellyng, *sb.*, yelling, shouting, 240/10.
Ȝende : *see* ende.
Ȝeonien, *v.*, to yawn ; *pt.* Ȝeonet, 200/31 ; *pr. p.* Ȝeonyng, 4/30.
Ȝere, *sb.*, year, 44/29.
Ȝerne, *adj. and adv.*, eager, willing, 147/23.
Ȝerthe : *see* erþe.
Ȝet, *adv.*, yet, 6/28 ; Ȝeet, 187/34 ; Ȝit, 289/21.
Ȝeten : *see* ete.
Ȝeuen, *v.*, to give, *inf.*, 21/18 ; Ȝif, 10/2 ; Ȝef, 20/6 ; Ȝyue, 21/16 ; *pr.* 1 *sg.* Ȝeue, 43/13 ; Ȝef, 223/11 ; 3 *sg.* Ȝeueth, 23/17 ; *pl.* Ȝeueþe, 157/26 ; euen, 263/21 ; *imp. sg.* Ȝyf, 172/20 ; *pt.* 3 *sg.* gaf, 5/15 ; Ȝaue, 80/15 ; Ȝef, 156/25 ; Ȝeaf, 220/6 ; af, 231/23 ; *pl.* gaf, 4/5 ; Ȝeuen, 273/11 ; *pr. p.* Ȝeuyng, 4/6 ; *pp.* Ȝeue, 4/15 ; Ȝeuen, 15/32 ; geven, 43/13.
Ȝeynestonde, *v.*, to oppose, *inf.*, 27/20.
Ȝift, *sb.*, gift, 156/22 ; Ȝeft, 169/14 ; *pl.* yftes, 4/23 ; eftys, 158/6.
Ȝoken, *v.*, to yoke ; *imp. pl.* Ȝokyn, 211/13 ; *pp.* Ȝeokyn, 211/20.
Ȝolow, *adj.*, yellow, 84/26.
Ȝonde, *adv.*, yonder, 6/12.
Ȝondyr, *adj.*, yonder, 39/36.
Ȝong, *adj.*, young, 7/11 ; Ȝung, 291/34 ; Ȝeong, 8/4.
Ȝorebabell, *pr. n.*, Zorebabel, a soldier, 287/19.
Ȝoskyng, *sb.*, sobbing, 84/27.
Ȝoure, *pron.*, your, 289/9.
Ȝouþe, *sb.*, youth, 11/30.
Ȝus : *see* Ȝe.

OXFORD : HORACE HART
PRINTER TO THE UNIVERSITY